宋會要輯稿

7

劉琳　刁忠民　舒大剛　尹波等校點

上海古籍出版社

宋會要輯稿　職官三四

閤門通事舍人〔一〕

1 政和六年〔二〕，詔以閤門通事舍人名稱鄙俗〔三〕，可改爲宣贊舍人。

【宋會要】

閤門通事舍人。太祖乾德五年四月，以右班殿直鄭粲爲閤門通事舍人。

真宗咸平四年七月，以右侍禁焦守節爲閤門通事舍人。

景德元年十二月二十八日，翰林學士梁顥等言：「乞於閤門祇候内選試通識文字、善能宣贊、熟於祇應者六人，授通事舍人，仍令兼閤門祇候，專切祇應，只與京城勾當，不差使出外。別於閤門祇候、供奉官、侍禁、殿直内選試二人充後殿詞令，候通事舍人有闕，便以次填補，以次別選詞令，永爲永式。其餘閤門祇候只隨班起居外，更不赴殿庭祇應。所貴精習禮容，遵守官業。」詔閤門具自來祇應精熟人數、職任、姓名以聞。

二年四月，以閤門通事舍人焦守節爲衣庫副使，仍兼通事舍人。真宗謂宰相曰：「守節以財利羨餘，計司請行甄奬，苟循級改官，當爲閤門副使。若然者，使邊防效命之人聞之，何以爲勸？但稍遷而已。」

三年八月，帝謂宰臣曰：「閤門祇應、通事舍人等，禮容詞氣亦須詳閑，近來失於慎擇。可自閤門祇候已上選定人數，具名以聞。更有合制置事件，並令本司條列聞奏。」

天禧二年十二月，禮儀院言：「《儀制圖》内言閤門通事舍人者，今欲止名 2 通事舍人。」從之。

仁宗慶曆四年四月，詔：「通事舍人如未係諸司副使者，與除合入副使；在職係副使者，轉五資。候至宮苑、皇城副使，如累經任使，有勞效，並除横行副使；若未大經任使，別無勞績，除中等使額。諸司使更不兼通事舍人。」

嘉祐二年十月，以内園副使、閤門通事舍人夏佺爲西上閤門副使。仍詔通事舍人自今十年無贓私罪者，除閤門副使，即不得陳乞。

【宋會要】

英宗治平二年八月十七日，閤門言：「祇應、通事舍人例各不願住京，蓋外任俸給差優。即目全闕祇應，欲望係住京祇應無勾當者，依諸司使、副以下差攝南班體例，月支添支錢，候有差遣罷給。」詔應閤門祇應未有差遣及待闕通

〔一〕題下屠寄批：「下行録『故事』云云，在第四頁第十行。」按，此批語意爲：應將下文職官三四之四「故事，閤門無通事舍人」一條移至此題之首行，作爲本門之序文。

〔二〕屠寄眉批：「此條移下第三頁，夾注在『政和六年八月二日』條下。」

〔三〕稱：原作「行」，據《群書考索》後集卷一二改。

事舍人、閤門祇候，每月支添支錢七千。在京者候別請添支，外任者候朝覲即並住支。以上《國朝會要》。

神宗熙寧四年二月一日，閤門通事舍人范愈言：「已授開封府界咸平縣兵馬都監，所有兼宣詞令，乞別差人。」詔閤門於祇候内選定一名聞奏，仍（令）〔今〕後著例選定以聞。

十二月十六日，詔閤門：「自今通事舍人以下日輪二人，察視内殿起居臣寮，其無故不赴者，並行彈奏。分故失定斷，三次者勘罪取旨。察視之官自敢容庇，委閤門舉劾以聞。」

六年九月二十三日，樞密院言：「諸司副使兼閤門通事舍人，充職及十年，轉閤門副使及中等使額。本條 3 雖言曾經邊任及朝廷委寄、顯著勞能者方與遷轉，即不定邊任職局去處〔一〕，亦不分勞能大小等差，及以何使額爲中等〔二〕，故王咸有得以滑州鈐轄爲寄任，王易、王澤、李瑊皆自宮苑副使轉南作坊使。一十五資使額爲中等，良以立法之初，不甚詳備。欲今後諸司副使額兼閤門通事舍人，如充職及十年，曾經四路沿邊路分都監，或沿邊知州軍，或安撫都監、副使、同安撫差遣，或自轉大使臣後，以勞績曾轉官者，皇城、宮苑副使並除閤門副使。雖不歷上項差遣，又無勞績，但及十二年者，亦與轉閤門副使。其餘副使，並於使額上轉五資，依舊兼職。若不願兼職及轉正使者，並罷兼通事舍人。其舊條内曾經邊任及朝廷委寄、顯著勞能，并轉中等使額三項更不行用。餘依前後條貫。」從之。

八年四月二十三日，西京左藏庫副使王昭序兼閤門通事舍人。以昭序自陳入仕五十三年，老病，乞解點檢閤門簿書并提點承受，特有是命。

元豐七年正月十八日，右侍禁、閤門祇候朱伯材遷閤門通事舍人，以德妃進位恩也。

紹聖四年十二月十六日，詔内殿承制、閤門祇候張忠特用閤門祇候年勞并理過磨勘年月，與除閤門通事舍人。以先朝藩邸之舊也。

【宋會要】

徽宗元符三年徽宗即位未改元。十月十一日，詔張維周特（受）〔授〕 4 閤門通事舍人。以頃事潛邸有勞也。

政和六年八月二日，改閤門通事舍人爲宣贊舍人。

十四日，詔：「閤門以宣贊爲職，每遇播告，吟諷聲韻，不能達言道意，至稽留百辟，莫能曉知。可（今自）〔自今〕直誦其詞，勿復循舊。」

七年七月七日，詔：「東上閤門全闕應奉宣贊舍人，以並不習，喉音不明，引贊生疏。特許勳臣、戚里之家敦武郎以上能贊喝、有喉音者，聽於投狀，知閤門按試，及將舉止詳雅、無過犯二十人，限一月引對取旨。」

〔一〕定：原作「是」，據《長編》卷二四七改。

〔二〕以：原作「是」，據《長編》卷二四七改。

【宋會要】

故事〔一〕，閤門無通事舍人，而通事舍人沿唐制自隸中書省。如抽赴閤門，並稱閤門祗候。其後直授閤門通事舍人，非舊制也。天禧中，去「閤門」二字。政和六年，改爲宣贊舍人。

【宋會要】

高宗紹興元年十一月十八日，詔閤門宣贊舍人李永志特降一官，落閤職，送吏部與遠小處監當。以閤門奏永志不赴起居故也。

二十七日，詔閤門宣贊舍人、充神武中軍右部統領官韓世良免赴閤門供職。以世良見管馬軍職事故也。

三年四月二十五日，詔武顯大夫任仕安兼閤門宣贊舍人。從荆湖南路安撫使折彦質言：「勘會本司統制官任仕安，前後立到功効，未蒙旌賞，欲望特除一閤職。」故有是命。

五月七日，詔：「武翼大夫、兼閤5門宣贊舍人、點檢閤門簿書公事陳誼，以年勞合該陳乞鈐轄差遣，爲係簿書官祗應詳熟之人，特留依舊供職。仍依元降奏留指揮，具名闕申朝廷，特與差兼行在諸司差遣。」從誼請也〔二〕。

九月二十三日，詔：「敦武郎、借閤門宣贊舍人、權主管壽春府事、統制軍馬羅興特與轉一官，補正閤門宣贊舍人，賜金帶，差權發遣壽春府。」先是，僞齊王彦先占據本府〔三〕，蒙廬州壽春府鎮撫使王宣贊委興統領軍馬，收復了當。自到任經今一年，夙夜捍禦，别無疏虞，講究葺治，稍成倫緒，遂陳乞朝廷别遴選重臣彈壓邊面，故有是命。

四年六月五日，詔：「閤門供職宣贊舍人已下并帶職提點、承受等，已令不妨供職，注授兼領諸司差遣。緣行在窠闕數少，自今後特許不拘内外，注授合入差遣。如合經密院人，聽從密院陳乞。如係外任人，候闕到日，方許陳乞，免罷供職。」

五年二月二十二日，詔岳雲依舊帶閤職。先是吏部勘會，忠訓郎、閤門祗候岳雲以收復襄陽府等處有功，未承增賞指揮，已特除閤門宣贊舍人。今來增賞，轉武翼郎，緣不係閤門見供職之人，依條合罷閤職。故有是命。

十月一日，詔武經大夫、兩浙東路兵馬副都監黄鐸許帶行閤職。以隨逐兵馬大元帥府有勞，進狀陳乞故也。

六年六月五日，詔：「武功大夫、兼閤門宣贊舍人裴公孫自政和四年到閤門供職，實及一十七年，可將建炎覃恩并平江府邑6從賞合得回授兩官，并與收使，於見今官上特與轉行遥郡一官。其已給回授公據，令吏部拘收毁抹。」

十一月二日，御前祗應、幹辦御前馬院李彦實、冀彦

〔一〕屠寄眉批：「此條移在首頁第一行。」
〔二〕誼：原作「宜」，據前述改。
〔三〕王彦先：原作「王彦充」，據《建炎要録》卷五六改。

明，仵彦宏言：「臣等伏自今上皇帝纔出外第，差在潛邸祇應，以至扈從至應天府，遭遇登寶位，實萬載一遇。伏覩閤門兼祇應李觀、嚴僅元係供報班次，已蒙聖恩作藩邸人，各除閤門祇候，並見今供職。再念臣等夙夜應奉，與其它隨龍人事體不同，欲望睿慈特許依李觀等例施行。」詔李彦實、冀彦明、仵彦宏並特除閤門宣贊舍人，餘人不得援例。

四日，詔敦武郎、閤門祇候孫暉與轉三官，除閤門宣贊舍人。以淮南西路兼太平州宣撫使司申：「契勘僞賊劉麟聚集賊衆侵犯淮西，分遣賊馬攻圍壽春府芍陂水寨[一]。其知府孫暉躬親統押本府兵等，駕舡下湖岸劫奪賊寨，生擒僞賊，及奪到戰馬、器甲并被虜人民等。其賊續後增添萬數，併力攻打水寨，其孫暉獨當一路，糾率所部官兵，晝夜盡死與賊鬭敵，保護一城生靈，致兵不能攻取，委是立到奇功。伏乞先次優與垂恩，庶幾有以激勸。」特有是命。

十二月十日，武翼郎韓誸言：「臣元是閤門宣贊舍人，近該磨勘轉武翼郎，即不帶行前件閤職。伏念誸昨用父贈慶遠軍節度使遺表恩澤一資，除前件閤職，即與尋常特帶閤職人事體不同。今竊見曹浸亦係用父遺表恩澤除閤職，後來磨勘不曾帶 7 行，蒙特降指揮，復令依舊帶行閤職了當。誸與曹浸事體一同，伏望特賜依曹浸例，依舊帶行閤職。」從之。

七年九月三日，詔武德大夫轉閤門宣贊舍人韓世良特授榮州團練使，官職如故。以世良行在供職日久，備見忠勤，故有是命。

十二年九月二十三日，詔閤門祇候陳靖特與轉宣贊舍人。以靖昨在殿陛首尾九年，祇應詳熟，並無遺闕故也。

十三年三月六日，閤門言：「點檢簿書公事趙環等申，皇帝二月四日初御正殿及四參官起居，舉行曠典，閤門應奉並無差失，伏乞推恩。」詔各與轉一官資。

閏四月十二日，詔：「閤門供職舍人可依靖康年裁減定例，以十四人爲額，仍取宣和七年以前供職詳熟人填見闕。」

十四年五月六日，詔今後閤門待闕舍人不得過十員。

二十五年六月十二日，詔：「武功大夫、吉州團練使王漢臣兩任簿書官滿，合轉兩官，特與見今遥郡上轉行一官。武功郎李大授簿書官三年滿，合轉一官，特與見今官上轉行一官。」

二十九年十二月十六日，詔：「武經大夫、閤門宣贊舍人鄭立之係第八等，依閤門格，滿三年合轉一官，今已上十二年，特與遥郡刺史。」

三十年五月三十日，詔閤門宣贊舍人任叔向展二年磨勘。以使人在庭失儀之故也。

六月十九日，詔：「宣贊舍人李昺(經曾)〔曾經〕引使副及曾當(晏)〔宴〕殿第二番次祇應，依昨降陛等指揮，陛充第

[一] 芍陂：原作「勾破」，據《建炎要録》卷一〇六改。

二等祗應，填見闕。」

十月十九日，詔武經【8】郎、閤門宣贊舍人李偁與轉一官。以偁父存納昨解罷内侍省押班推恩，合得恩例乞與子故也。

三十一年三月二十四日，宰執言後省繳金鼐除閤門通事舍人除目，上曰：「初不知有如此曲折，依所請，便與報行，以戒後來僥倖之求。」以權中書舍人虞允文奏，(鼐)〔金〕鼐納粟命官，及交結權門，四爲國信三節人，皆納賂以得之故也。以上《中興會要》。

孝宗乾道二年二月十日，詔：「閤門宣贊舍人以下提點至承受，金國使人到闕，應奉及一十番，各轉一官資，自隆興元年爲始。」

三年十一月二十八日，詔：「在外待闕舍人依昨降指揮，曾經歷任人簿書官審量，方令填額外闕供職；其請給候有正闕撥填入舍人，方許支破。」以上《乾道會要》。

乾道六年八月六日，詔：「閤門官屬舊有定制，今欲稍清其選，因以擇材。除宣贊舍人、閤門祗候依舊通掌贊引之職外，可置閤門舍人十員，專掌覺察等事。並先召赴中書省，試時務策一道，限八百字以上。并試步射七斗弓四箭，就學引試。如應格，則(收)〔取〕旨除授，立爲定式。其所分職務，别令閤門件析以聞。」

同日，詔：「閤門舍人如供職及十年，願補外任者，並宜優異，與郡守差遣。」

十九日，閤門言：「近置閤門舍人十員，令閤門具所分職務。諸殿覺察失儀，兼侍立，駕出并行幸去處亦如之，兼六參、常朝、後殿引親王起居。」從之。

七年十二月二十日，詔：「閤門舍人自今依文臣館(閣)〔閣〕以次輪對。所有立班，可與【9】簿書叙官，願募添作八人。」

八年二月七日，詔：「閤門舍人從義郎已下，可依帶閤門祗候准四年磨勘，餘依本法。」以吏部申明，故有是命。

淳熙三年三月十七日，詔自今管軍官更不帶行閤職，非閤門供職人仍不轉官。

紹熙二年五月十五日，臣僚言：「檢照先降指揮，(令)〔令〕後閤門官以四十員爲額，見今已是溢額四人，不可復增。今來張顯祖特除閤門宣贊舍人，正是溢額之數，欲乞且令仍舊看班祗候。」從之。

四年六月八日，閤門宣贊舍人、幹辦皇城司鄭挺言：「閤門供職已踰十年，幹辦皇城司係再任。照得昨降指揮，閤門宣贊舍人供職及十年人與州鈐轄差遣，皇城司幹辦官曾經任滿人與陞擢。欲照元降指揮，改差兩浙東路兵馬鈐轄，衢州駐扎，依王瑛等例，依舊閤門供職，到日之任。」從之。

慶元二年正月十一日，臣僚言：「閤門西班之清選，亦國家儲才之地。内宣詞令，必取其音吐洪暢，能通曉文義者，然後可以爲之。照得閤門之官，有帶點檢簿書、宣詞令職事者，多是不通文義，不識字句，每遇宣制日分，旋託他官代宣。乞令閤門長官將帶宣詞令人再加選擇，如有不稱，日下住罷，庶幾公朝無曠官之累。」從之。

四年正月十七日，詔：「閤門宣贊舍人以下，日在殿陛應奉，事體繁重，可將見供職人候入額實及六考，依內外場務官例，與理關陞。令閤門保明，報吏部施行，令（候）〔後〕准此。」

【宋會要】

10 淳熙元年十月二十九日，詔：「忠訓郎、閤門舍人熊飛在殿陛應奉並無遺闕，已授外任，於祗候庫取賜金荔枝一條，繫赴朝參。」

三年三月十一日，中書門下省言：「淳熙元年十一月二十日，敕令所編類落閤職轉官申明指揮，謂帶閤職閤門見供職人得旨除落，方合轉官。其不係見供職人，如祗候轉武翼郎，宣贊舍人轉武翼大夫，依條自合除落，難以一槩推恩。」詔自今依此施行。

四年正月二十三日，中書門下省言：「閤門舍人若除授差遣，合與不合於銜內帶行？」吏部檢承乾道八年七月二十七日詔旨，環衛官係行在職任，既除授在外差遣，不合於銜內帶行。詔吏部申明行下。《史浩行狀》：淳熙中，孝宗幸秘書省，（承）〔丞〕相史浩奏：「閤門舍人，陛下方以視館職，亦（各）〔合〕參與，坐於西廊。」

嘉泰元年十二月二十六日，詔：「今後召試閤門舍人，必擇右科前名之士，及照已降指揮，履歷考任應格，方許與郡。」先是，淳熙四年三月，詔閤門舍人依秘書丞例，理親民資序後，供職實歷二年，乞補外，與知州差遣。至是，臣僚繳奏，閤門舍人戴炬、潘樫不顧格法，僥求郡寄，復有是命。

二年七月二十七日，詔：「閤門待闕人數頗多，自今後以三十人爲額外，雖有降到指揮，令閤門執奏，更不施行。」

三年二月二十一日，詔：「見任閤門官供職及二年，許奏本宗期親閤職一名，特與不作員闕，額外供職，經任人方許赴上。曾任知閤 11 門事及一年，未曾陳乞者，亦許奏一名，令閤外待闕，候有闕，經任人依名次撥填供職。」

四年八月十三日，詔：「已除閤職待闕之人，除未經任人合候經任、見在外任人許候任滿外，今後遇（關）〔闕〕，批問已經任人，如不願供職，可落閤職，與轉一官，令閤門具申施行。如在外州寄居，令閤門移文，各州守臣取會供申。」

嘉定元年四月十四日，詔待（關）〔闕〕未供職人落閤職轉官指揮更不施行。

二年十一月二十六日，臣僚言：「閤職所以擯相朝儀，爲右列清選，故乾道增置舍人之員，試而後用，以比儒臣館職，自此即可試郡。近年以來，有非所當得者亦萌干請之念，至於任郡寄，乖繆無聞，不孚物論，甚失掄才之意。乞自今閤門舍人專以處右科及曾發文解、衆稱其行能兼備者。儻更有躁進之徒，僥踰干請，雖已頒成命，亦許輔臣執奏，給舍繳駁，臺諫論列，不容冒濫，務在必行。」從之。（以上《永樂大典》卷二九六七）

帶御器械

【宋會要】 12 國初已來，嘗選三班已上武幹親信者佩櫜鞬〔一〕、御劍，或以內人爲之。

真宗咸平元年四月，以西京作坊副使石知顒爲西京作坊使〔二〕，西京作坊副使綦政敏爲供備庫使，供奉官張旻爲供備庫副使，並帶御器械。初，是職止名御帶〔三〕，至是改焉。

天聖七年十一月，詔帶御器械給馬三匹，并芻粟。

景祐二年正月二十九日，詔帶御器械自今不得過六人，非時更不添置〔四〕。

仁宗慶曆元年七月〔五〕，詔帶御器械闕員，以歷邊任有功者補之。申明康定二年中詔也〔六〕。

八年三月，詔樞密院：「內臣諸司使、副在邊五年而無過者，遇帶御器械闕，以名次取旨。帶御器械五年而無過者，遇內侍省押班闕，亦如之。」

十二月十二日，殿前郭承祐言〔七〕：「男供備副使士遜昨准恩旨，與帶御器械，今臣管軍，慮有妨礙。」詔士遜兼通事舍人。

神宗熙寧六年十二月二十三日，帶御器械鄧德言〔八〕，乞權差官輪番宿直。詔令向寶宿直。舊制，外任帶御器械過闕朝見不宿衛，時寶移真定府路總管，過京師，故特命之。

元豐二年二月三日，詔：「自今帶御器械遇獨員，差內侍押班兼權。」

三年閏九月二十二日，詔：「入內東頭供奉官、幹當御藥院李舜舉左右歲久，清謹寡過，可文思使、遙郡刺史、帶御器械。」以上《續國朝會要》。

高宗紹興五年五月十九日，詔：「今後外任臣寮初除帶御器械，並候告謝、正謝訖供職。」

七年五月二十三日，樞密院言：「帶御器械官合帶插。」上曰：「祖宗置此官，所以衛不虞也，今乃佩數隻骸箭，不知何用。方承平時，至飾以珠珍，車駕每出，爲觀美

〔一〕上：原作「下」，據《事物紀原》卷六引《宋朝會要》改。

〔二〕石知顒：原作「石顒」，據《事物紀原》卷六、《宋史》卷四六六《石知顒傳》補。

〔三〕止：原作「上」，據《事物紀原》卷六、《職官分紀》卷四四改。

〔四〕按，此條原僅有一「景」字，天頭原批據《大典》補，今移入正文。

〔五〕「仁」字原脱，據天頭原批補。

〔六〕二：原作「三」，按康定僅二年，「三」當是「二」之誤，因改。

〔七〕殿前：似當作「殿副」，即殿前副都指揮使之省稱。郭承祐除殿副見《長編》卷一六四慶曆八年七月丙辰條。

〔八〕鄧德：《長編》卷二四八作「鄭德誠」，然《長編》卷二三一熙寧五年有內侍押班鄧德誠，當爲一人，「鄧」、「鄭」或有一誤。此處「德」下當脱「誠」字。

而已。又有毬仗隊，皆極文繡之飾而無實。他日恢復之後，此等事當盡去之。」上每論天下事，常欲貴實而惡爲文具，是以及此。

十八年七月十八日，景福殿使、安德軍承宣使、内侍省押班張去僞言〔一〕：「昨任帶御器械，於去年九月除内侍省押班，所有解帶合得恩例，欲望許於臣父見道見今官上轉行一官。」從之。

二十九年四月十六日，詔：「近降指揮，令中外舉薦武臣，召到者無闕可處，可增置帶御器械四員。」

六月二十五日，詔隨龍帶御器械李彦實特與落階官〔二〕。上曰：「自藩邸事朕，至今三十六年，備著勤勞。」故有是命。以上《中興會要》。

孝宗乾道六年九月十四日，中書門下省勘會：「已降指揮，帶御器械立班在樞密院檢詳諸房文字之下，其雜壓叙位亦合一體。」詔前降帶御器械官在横行本等官之上、餘官在横行之下指揮更不施行。

十月五日〔三〕，帶御器械雜壓叙位依近降指揮，令在樞密院檢詳諸房文字之下。遇合班處，依閤門元降指揮立班。

六日，詔：「今後筵宴等插戴花朵，帶御器械官并環衛將官未至横行人，特與依横行副使支破。」

淳熙二年正月二十九日，詔帶御器械依舊堂除。

13 三年二月二十四日，詔：「諸帶御器械正除授軍中差遣或外任者，並不許銜内帶行。」先是，二年閏九月十六日，詔敕令所增修此法，至是上之，故有是詔。

十二年九月二十五日，詔：「今後帶御器械供職及一年，方與解帶恩例。」以司農少卿吳煥言：「比年改除帶御器械，供職未幾，復還舊任，倏來倏去，規求解帶恩例。在法，歷任謂二年成資，今雖不及二年，亦合供職及一年以上方可。」上曰：「此説甚當，今後供職及一年，方與解帶恩例。只作特旨行下。」故有是命。（以上《永樂大典》卷一五一二六）〔四〕

内殿崇班〔五〕

【續宋會要】〔六〕

14 太宗淳化二年正月，詔置内殿崇班，在供奉官之上〔七〕；左、右侍禁，在殿直之上。先是，供奉官、殿直有四十年不遷者，故特置崇班、侍禁之目，差定其俸給，以次授

〔一〕張去僞：《宋史》、《建炎要録》等書皆作「張去爲」。
〔二〕官：原脱，據《建炎要録》卷一八三補。
〔三〕「十月五日」下疑脱「詔」字。
〔四〕按原稿前一頁板心《大典》卷次標作卷一五二二六，此頁標作卷一五一二六，據《永樂大典目録》作一五一二六是。
〔五〕原稿此條之標目，一於「續宋會要」之旁批作「左右侍禁」，一於天頭批作「内殿崇班」。據《永樂大典目録》卷一二，《大典》卷四二二四爲「班」字韻，是《大典》本以「内殿崇班」收入，故據以爲題。
〔六〕「續」字疑衍。
〔七〕奉：原作「俸」，據《長編》卷三二改。

焉，人用胥悦。（以上《永樂大典》卷四二二四）

皇城司

【宋會要】

15 皇城司在左承天門内北廊，本名武德司，太平興國六〔年〕十一月改今名。掌皇城管籥、木契，親從親事官名籍及命婦朝會，頒冰，供内取索物及入内尼院齋料、國忌齋醮之事，以諸司使、副使、内侍都知、押班三人勾當，後或增差，踰舊員。

《兩朝國史志》：皇城司勾當官三人，以諸司使副、内侍都知、押班充。掌宫城管籥、木契，親從親事之名籍及命婦朝會、伏日頒冰、内中須索、内院齋料，并國忌修齋醮設之事，皆總焉。勾押官、押司官各一人，前行四人，後行六人，勘契官二人。神宗、哲宗《正史·職官志》同此。

提舉官一員，提點官二員，幹辦官五員，以諸司使副、内侍都知、押班充。點檢文字使臣、法司使臣、主押官、押司官各二人，前行五人，後行、曹司各四人，表奏司、正名貼司、私名貼司、專副各二人。

本司掌官員到任并滿罷合得酬奬等；親從親事官五指揮、入内院子指揮、司圍轉資事故、作過移送、開收名糧等，每年换給勅號。郊祀大禮，差隨從聖駕祗應親從及製造添修應奉物色等〔一〕，并前十日本司官吏將帶親從等往青城搜空止宿。照管使臣人吏，開收遷補任滿酬奬并陳乞磨勘轉官。大金使人到闕賀聖節并賀正旦，差撥入驛把門約攔、入位代剩員祗應親從等，并造儀仗下綴帶勅號。奉使大 16 金賀正旦、生辰，差入國親從和寧等門機察人物、頭刃、火燭入出，并驗牌號，宣押人物等入出。每年上下半年探替内外諸寨坐，親事官、守闕入内院子等差使去處；每季探替在内諸門地分、崇政殿、垂拱殿親從占役差使去處。天申節、貢院御筵，差把門約攔并投送文字等親從、〔親〕事官。每遇朝獻，聖駕行禮，差親從搜視，守把門禁，辨驗機察人物等入出。應諸官司降到指揮，差取親從、親事官等。御試舉人，差撥殿司鏁宿親從，排辦掃灑等。春秋銓試選人，差巡視親從、親事官、守麗正等門寄班祗候，批書到任滿罷。忌辰行香立班處，差約攔親從。寒食節、十月朔内人朝陵，差入内院子、守闕入内院子，親從五指揮揀選崇政殿祗候親從。大禮畢，將崇政殿親從、堆垛子配填班直等。大禮前，預差親從、親事官充近上軍分。每三年一次排轉親從，親事官、入内院子、守闕入内院子職名。應承奉指揮權留在内諸門并留住人物等内中止宿。每年於親從、親事官逐指揮，并於殿前、馬、步軍司取揀合過守闕入内院子指揮之人，并製造在内諸門地分、崇政殿、垂拱

〔一〕親從：原脱「從」字，按《宋史》卷一四四《儀衛志》二，皇城司隨駕人員有「崇政殿祗應親從」，據補。

殿樓衫笠子，添修上下半年付物掃灑等。每於九月内關太史局，於十月内選日蓐拔在内自生蒿草。每季禁止高阜去處不得觀望禁中，約束杖子門外不得諸色人作鬧。每年春秋，按賞親從逐指揮、親事官第一指揮、長行三色武藝、弓弩槍手[17]銀鍱子。應皇城周回遇有疊裂、墊陷、倒兑，移文修整。應諸官司關報到人物、頭刃等入出諸門，給牌子照驗放入。

太宗淳化二年閏二月，詔：「諸色人不得帶刀子入内，委皇城司牓門告示。」

真宗咸平三年八月，詔定臣僚趨朝下馬之處，令皇城司告（論）〔諭〕：凡宰臣、親王、節度使至刺史，文武升朝官，殿前諸班，馬步軍、厢軍主、都虞候，諸司使至崇班，供奉官至殿直，樞密承旨、副承旨，醫官待詔，於皇城門内下馬。若由左掖門入，向北，於左長慶門外下馬；宰臣、參知政事、親王、樞密、宣徽並於左銀臺門外下馬。若由右掖門入，向東，於中書門東下馬，向北，於右長慶門外下馬；宰臣、參知政事、親王、樞密、宣徽並於右銀臺門外下馬。若由東華門入，向西，於左承天門外下馬。若入崇政殿起居，向北，尋城牆，於謻門外下馬；宰臣、參知政事、親王、樞密、宣徽於横門下馬。指揮使以下至員僚、奉職、借職、幕職、州縣官等，並於皇城門外下馬。

九月九日，詔：「拱宸門每假日早朝，其御前馬步軍、厢軍指揮使以上，北宅將軍以上，止得入拱宸門内下馬。其使臣奏事急速者，許於此門入，自餘須於朝門出入。崇政殿後苑，宿直内品、親事官，交番内中修造工匠，依舊出入。」

十一日，詔：「京官及中書、樞密、堂後官主事以上，許入皇城門下馬。」

十一月一日，詔：「宰臣、參知政事聽騎馬入中書門，於小廳前下馬，出便門趨朝。其出亦聽於[18]本廳上馬。」

十日，詔：「宰臣及臺省清望官〔一〕、正言、監察、郎中、諸司四品以上，聽戴帽至下馬處；自餘雜品官，如雨雪即許戴入。」

四年閏十二月四日，詔：「南宫、北宅將軍遇假日及非時宣召，許入拱宸門。」

十四日，詔：「自今如賞花、射弓，拱宸門不放人出入。宴會時，知制誥以上聽於北極樓下東横門外上馬，自餘（於須）〔須於〕夾道門東上馬。」

五年正月，詔皇城司，應文武臣僚不得帶從人至排班及閤門左右。

九月，詔：「皇城司前選三司役吏補軍校、掌内庭管庫者，並授三班奉職，自今勿復補置。」

〔一〕清：原作「請」。按唐宋之制，有所謂「清望官」，「請」乃「清」之誤。孫逢吉《職官分紀》卷九：「清望官，謂内外三品以上官，及中書黄門侍郎、尚書左右丞、諸司侍郎、太常少卿、秘書少監、太子少詹事、左右庶子、左右率，及國子司業。」蓋此類官多由進士出身，有文學清望，故名。據改。

景德二年十一月，詔皇城司：「今後差上番親從、親事官，於未開内門前，於門外編欄合入殿庭之人，先門道内守門，以次趨朝官排馬，即於後排立，依次入門。若不係殿庭排立祇應人，須趨朝前入絶，方得放入。所有從内者，亦差補宿親從官約欄於門裏空處，候入門人静，方得放出，即不得擁併占先奔走。」

三年九月，皇城司言：「乞今後應中書、樞密院、三司、開封府及諸臣僚引從祇應公人，依崇政殿門例放入長春門；准備祇應人即止外貯廊西，如有公事，逐旋勾喚。餘並不放入長春門。及東角門兩處，取便出入。」詔：「宰臣等各許帶從人入長春門，内宰臣、親王、樞密使五人，知樞密院事、參知政事、同知及簽書、樞密副使、宣徽使三人，三司使、開封府二(年)〔人〕外，餘依所請。仍令皇城司常切點檢。」後以翰林學士晁迥乞，許各帶【19】一人入長春殿門，仍併罷三司使、開封府、御史中丞長春門裏引接之人。

四年六月，詔皇城司：「今後雄州遞直赴内東門進下，每旬具數報樞密院。」

九月，同管勾客省、閤門公事王克明等言：「自來雙日紫宸殿門外見謝辭文武臣僚，放班之次，諸色人於殿門外及廊上往來交雜。欲乞令皇城司差人於殿門外東西排立，不令放入不係見謝辭臣僚及諸色人過往。如有違犯，臣僚即許閤門彈奏，諸色人送開封府劾問。仍下閤門、御史臺、三班院、入内〔内〕侍省、皇城司告示。」從之。

大中祥符元年二月，以汲水器賜宿衛諸班，充皇城内掃灑所用。初，事材場以退材造成汲器，真宗曰：「此細物爾，以給宿衛諸班供用，或致亡失，則官司必責備償。可特賜之，勿附帳籍。」

四月，詔：「兩街僧道録、傳法譯經三藏許入皇城門下馬。」

八月，詔皇城司：「崇政殿門外快行、十將、節級等，應内侍傳宣勾喚臣僚及密差勾當外，其餘並止於皇城司差親事官。」

二年五月，詔皇城司：「每常朝日，臣僚起居未退，其諸宮院車馬並令於東華門裏夾道内過，入軍器庫東横門并崇政殿東横門，赴内東門。如假日及常朝已退，即許入左承天門。」

九月，詔尼院供用官遇假日亦許入拱宸門。

三年八月，詔：「皇城門所遣親事官伺察者，自非姦盗及民俗異事，所由司不即擒捕者，勿得以聞。」先是，遣此輩四十人，給緡錢，每季代之，凡所察事【20】悉上本司，即時録奏。帝慮其恐喝擾人，故令樞密院條制之。

十一月，詔：「皇城司闕額親從、親事官，委本司差指揮使將等架於軍頭司招到人内揀填，旋押赴司看驗引見。」

四年四月，詔：「自今東華門、左右掖門外緣皇城居民，有將己業出賣者，官爲收之，優給其直。」先是，右掖門外民家遺火，頗接内庭，上封者因請徙東華門、左右掖門外居民地所，官市其屋以爲廊廡。帝以民居既久，不欲搔擾，故有是詔。

五月，勾當皇城司劉承珪言：「皇城内諸門出入人，多袒衫下領，不甚端謹。自今乞降宣示諭，有違犯者，送所司量從懲責。」從之。

五年正月，詔：「皇城司親從、親事官十將已下，依舊五人爲保，遞相覺察，不得飲酒、賭博。其指揮使、都頭亦須遞相覺察鈐轄，晝時(中)〔申〕舉。仍令指揮使已下置曆，輪掌一月，具有無作過之人，抄上印曆，書押於後，却稱飲酒至醉，賭博受財，故作非違，令内職覺察。如不申報蓋庇，致人陳告，察探得知連科違制之罪者，第遷一資。」

是月，詔：「前議以塼壘皇城，可令擇日興葺。」

二月，詔：「乾元門至朱雀門及皇城四面，每歲植木，自景德四年至今，尚未得茂盛，可委勾當皇城司劉承珪專切管勾。」

十二月，詔：「皇城内盜百錢以上，法皆杖配。頃來有諸道納綱之人懷錢出入，一爲發覺，即無以免。其令皇城司曉諭應出入役人，使知條約。」

六年十一月，詔皇城司：「自今契丹人使到闕，其入内
21 内侍省、三班使臣並曉示逐月趁朝者，令只入左掖門、東華門，候人使進發日依舊。」

天禧元年正月，詔：「皇城司每遇正陽習儀，即開西廂門，令臣僚出入。」

八月十五日，右正言魯宗道上言：「皇城司每遣人伺察公事，民間細務一例以聞，頗亦非便，請行條約。」帝曰：「叢脞之事，多寢而不行，有司之(賦)〔職〕亦不可廢也。」

二年正月，詔皇城司：「自今勾押官入仕二十年以上，充勾押官及五年，依例以聞，與班行安排。」

二月，勾當皇城司藍繼宗言，請與劉美、周懷政遞宿於本司。詔繼宗自今止居本司，勿復遞宿。先時繼宗將家屬居本司，至是徙外舍，故上言也。

仁宗乾興元年仁宗即位未改元。十一月，皇城司言：「自來中使奉使差出及朝臣替迴入見，並以名報皇城門外把門人員以憑認，近日多因循不報。望下閤門、審官、三班院、入内内侍省，徧行告報。」從之。

天聖元年十二月，詔：「皇城司親從、親事官，有飲博、逃亡及別爲過惡合該移配六軍并京畿縣鎮下軍者，自今並相度情理，配外州軍本城或邊遠牢城。仍下三司、開封府，應有親從、親事官作過、例該移配者，並決訖奏裁。」

二年六月，皇城司言：「近日諸色工匠將帶頭刃、作仗，稱奉宣勾喚入内工作、留宿，並無關報，深慮夾帶姦詐，無憑辨認。欲望自今如奉宣勾喚人匠及諸色人、百姓入内工役并留宿者，並據人數關報當司，以憑經歷内諸門點校放入。」從之。

22 七年六月，詔：「入内内侍省自今抽差親從、親事官，須憑皇城司文字抽差，不得令使臣直行勾取。」先是，有

内侍鄧德用傳宣親從第一指揮勾抽副校黄遂以下二百二十六人赴昭應宫救火〔一〕，無文字關本司，上以爲非便〔二〕，故有是詔。

八年三月，詔：「皇城司，自後諸軍班直及諸司庫務、坊監，不得每日差入内探及抄劄班次姓名。」

景祐二年八月十三日，詔：「勾當皇城司李用和五人，每車駕行幸，常令二人在内，依例管勾。」

慶曆六年四月二十九日，詔皇城司曉示：「自來使臣、軍員等因朝見謝辭，多於殿庭唐突。今後如合該條例酬獎，仰於所轄投狀，如别有抑塞，即於理檢院陳訴。更輒於殿庭唐突，令行門止約。如違，當行劾問，並以違制私罪論。」

七年十一月二十四日，詔皇城司：「在内諸司庫務有着火燭并有頭刃去處，如遇乘輿出，内各留監官一員照管。」

八年正月十二日，詔皇城司：「每遇駕登樓，即將合係對御祗應諸司並額定數目，令合屬司分依入後苑例。内逐司只許本處人員、工匠、院子、長行帶牌子上樓祗應，即不得夾帶抽差到兵士衮同在内。」

閏正月，降勾當皇城司楊景宗等六人，坐不覺察崇政殿親從官夜寇宫闈也。時親從官四人夜入禁中，焚宫簾，斫宫人傷臂。三人爲宿衛兵所殺，一人匿宫城北樓，經月方得，即支分之，不知所以始謀者。景宗等皆領皇城司，故被責焉。景 23 宗自建寧軍節度觀察留後降徐州觀察使、知濟州；鄧保吉自皇城使、康州刺史、入内内侍省内侍副都知落副都知，爲（穎）〔潁〕州兵馬鈐轄；楊懷敏自左藏庫使〔三〕、通州團練使、入内内侍省副都知降爲文思使、賀州刺史；劉永年自北作坊使、廉州團練使降洛苑使、英州刺史、蔡州兵馬都監；趙從約自洛苑使、眉州防禦使降領陵州團練使、濮州兵馬都監；王從善自供備庫使、榮州刺史、帶御器械落帶御器械，爲曹州兵馬都監。

是月，臣僚上言：「皇城司在内中最爲繁劇〔四〕，祖宗任爲耳目之司，勾當官四員，多差親信有心力人。近年員數倍多，並不選擇。乞今後只差四員，選經歷有心力沉厚之人勾當〔五〕，各更不許人指射陳乞〔六〕。如違，並以違制論。」從之。

七月六日，詔：「今後勾當皇城司都知如遇非次差遣、假故，即令勾當皇城司内諸司使副并帶御器械官員相兼，輪鄙赴崇政殿宿直勾當〔七〕。如不係内諸司使副、御帶，只

〔一〕勾抽：原作「勾當」，據《長編》卷一〇八改。又「二百二十六人」，《長編》作「二百六十人」。
〔二〕上：原脱，據《長編》卷一〇八補。
〔三〕左藏庫使：《長編》卷一六二作「左藏庫副使」。
〔四〕司：原作「使」，據《長編》卷一六二改。
〔五〕沉：原作「況」，據《長編》卷一六二改。
〔六〕各：《長編》卷一六二無此字，似可删。
〔七〕「鄙」字疑衍。

輪在内東門外并皇城司管勾宿直公事。」

皇祐元年三月十七日，詔：「皇城司在禁中，外城牆正不點檢，至生青草。輪差勾當皇城司使臣躬親將帶裹外巡城人員、兵士剗削，並管常令潔浄。」

十一月十一日，皇城司言：「相度到皇城東兩壁有諸位次，内小屋子搭靠城牆，并簷楹俯逼皇城，計三十七處，屋後别無巡道，致外仗親從官無由巡覷。乞令東西八作司監官部押人匠，並令拆去小屋子并 24 簷楹俯近皇城去處，並留出充巡道，更不得開置通後門子。并宣德門外兩頰朵樓下，有儀鸞司木場子二處，排垛木植甚多，況接近内城下更不便，亦乞令儀鸞司遷置别處。」詔：「逐位次元有後門處依舊存留，只於逐位兩道置角門子，通作巡道。如官員不在位次，即閉後門，却開角門子，令親事官通（遇）〔過〕，往來巡覷。餘依從之。」

二年正月，詔樞密院：「自今勾當皇城司並選差人，仍不許陳乞。」

二月，御史臺、閤門同定臣僚合帶從人出入禁城數目，除入宫城門至殿門准舊制外，各於著令節減，及（宗）〔定〕下馬去處，其餘即令門外祗候。所有中書、樞密院及臺省諸司吏人，各有職局。在内祗應者，於合入門户别置名籍，點檢出入。在外諸司祗應公人若廳子之類，並許帶入皇城。若係主判官并上殿臣僚，合帶引接人并將帶文字合要手分、書表司等，亦仍舊例，即不過二人。其應差在臣僚下當直人，諸軍指揮差到兵士，限半年一替。如過限不令交替，乞行嚴斷。因而在皇城内作過，本官以違制論，條重者自從重。若散從親事官、街司從人，以諸司人等緣常闕人替換，且依舊例。其合將帶入皇城門從人姓名，並仰本處關報皇城司照會。若在京不勾當事文武臣僚，即委本官具合將帶人力姓名關報門司，置籍抄上，（嘗）〔常〕切檢察。其從人遇有替換，亦仰接續關報。若額外將帶人入，仰門司收領送官，其從人嚴 25 斷外，本官亦行朝典。如敢多將人數出入，或逼門司，不容檢點，許御史臺、閤門彈奏，重行貶責。其皇城内諸司庫務人等，亦委本司勘合逐番祗應詣實人數、姓名，關報出入門户，各别點檢，不得與合破當直人衮同將出入。今定到令出節數并將帶隨從人數。詔皇城司並依所定施行。中書、樞密院、執政官二十人，宣徽使十八人，御史中丞十四人，知雜御史十人，左右金吾八人。其出節元不開元坐，今定比舊減半，僕射以下四節，提印單行及執仗節級不在數中。餘皆准此〔一〕。今定入皇城門兩節外，從人十六人。尚書以上及觀文殿學士、資政殿大學士、節度使三節，今定入皇城門兩節外，從人十六人。翰林學士以下至龍圖閣直學士及丞郎以上、節度觀察留後兩節，今定入皇城門一節外，從人十四人。給事中、諫議、舍人、它官知制誥同。大卿監、待制、觀察使、内客省使、延福宮使、景福殿使、

〔一〕此注原作正文書寫，據文意改。下注同。

客省使、諸軍衛大將軍、引進使、防禦團練使各一節，今定〔入〕皇城門依舊一節，即不過五步，從人十二人。三司使、權知開封府四節，今定入皇城門一節外，從人十人。諸司四品官及宣慶使、四方館使、諸州刺史、樞密都承旨、宣政使、閤門使、昭宣使，舊制許兩人呵引，今定入皇城門去呵引外，破從人十人。樞密承旨、副承旨、樞密院都承旨、諸衛將軍、起居舍人、侍御史、諸部郎中、皇城以下諸司使，舊許兩人呵引，今定26入皇城門去呵引外，破從人八人。樞密院副承旨、諸房副承旨、殿中侍御史、左右司諫、諸部員外郎、客省引進閤門副使、左右正言、監察御史、見任三司判官、主判官、開封府推判官，舊制許兩人呵引，今定入皇城門去呵引外，破從人八人。太常博士以下升朝官及帶館職京官，許帶從人四人。不帶職京官，許帶三人。諸司副使以下至內殿崇班及閤門祗候、樞密院兵房吏房禮房副承旨，各許帶從人四人；如在內庭勾當，許帶六人。入內內侍省供奉殿頭，許帶從人三人；如在內庭勾當，許帶六人。三班使臣班直以上，內臣黃門以上，許帶從人二人；如在內庭勾當，許帶四人。皇親、諸衛將軍以上，出節及帶從人自依本官外，其率府率以上(下)，各許帶從人六人。伎術官合騎馬入皇城門者，許帶從人二人。

四年四月十六日，詔皇城司：「今後內中宿直臣僚等，更不得似日前飲酒聚會。如違，重寘之法。」

嘉祐五年十二月，詔入內內侍省、皇城司詳定今後夜開宮殿、皇城門關防條貫。省、司同奏：「京城內夜間遺火稍大，及非次汴河水漲，差使臣傳宣及撫防河兵士，并降放舊城門鑰匙。今(從)〔後〕更不降在內門户鑰匙開門，止令入內內侍省每司差入內供奉官至高班二人，於申時後赴東華門外仗止宿祗候，隔門承受文字；其舊城門鑰匙，亦令封轉與差下使臣降放。非次宣喚醫官并事干急速，須合27開門、留門者，乞差內宿使臣傳宣入內內侍省，令隔手差使臣於垂拱殿窗子下傳宣，內侍省并鑰匙庫令本處使臣覆奏訖，差當宿使臣降放。并內中差入內使臣付與御寶劄子，賫赴門首監覷，仍委監門驗認，使訖却須進納。仍並差年長歷事使臣及皇城司差在內巡檢或地分人員等，與所差下使臣同視開閉。其內東門鑰匙，亦乞差委當宿勾當內東門司使臣奏請，躬親降付內東門，與勾當本門官員同開閉，辨認出入人等，候鏁門畢復進納。當宿翰林學士有事故不宿者，值晚鏁院並逐次留門，或降鑰匙開門放使宣喚。今後如當直學士有故不宿，乞令本院晝時告報，以次學士宿直，免致開留門户。每宣試官赴閤門授敕，值晚即降鑰匙開門及留門放入，赴閤門授敕訖，勾當御藥院使臣押赴試院。兼計會閤門，稱自來差發降南省知舉、考試官等，係御藥院密差人宣到閤門，伺候齊足，方將實封於衆試官當面拆封給賜，與當直閤門祗候同押赴逐處鏁宿。如值晚宣未齊足，御藥與閤門祗候於東華門及左右掖門外齊候，給勅訖押赴逐處，乞更不開留在內門户。皇親、諸宮宅院并究國公主宅内，有自來合得下隨身牓子入内，如遇午後，令所司更不收接。每年遇上元節及遇郊禋大禮、宴會并御試舉人，合開留在内門户，依自來體例施行。」並從之。時(衮)〔兖〕國公主夜開皇城門入内，28故有是詔。

英宗治平元年三月，皇城司言：「蒙降下諫官呂誨奏：『乞今後應宫門並須遵守著令，檢察合入之人，及官員將帶從者，定以數目。遇百官入朝，人吏等不得争行，嚴爲禁止。如有欄入之人，勘鞫分明，應經歷門户及所管司分並一等科罪。所(責)〔貴〕人不懈慢，門禁稍肅。』令本司一依條約施行。本司舉行舊例，緣出入之人多不稟畏，每至趁朝宴設排當，祗應衆人多〔一〕，例皆争先擁鬧，不成次第。既當整肅人員以下編欄約鬧，因致過悮，往往送開封府斷決。乞自今後諸門約鬧人等，如因約欄之次小有悮犯，乞送本司酌情斷遣，所貴敢行止約。」從之。

二年七月，皇城司言：「先准康定元年七月二十二日詔旨，以在内守諸門兵級等不切子細點檢出入之人，因緣抵罪，遂降旨下本司，令自今後常須嚴切鈐轄出入之人。緣今在内合出入門户臣僚、合將帶公人數目、合到甚處，並未有明立條約指揮，致本司無憑按驗。況近帝所親嚴之地，出入之門動關防不細，乞下御史、閤門參詳前後條約，重定奪件析以聞。」於是御史臺、閤門並上言：「具到除自來元合破引接人外，自三公、三師下至伎術官，除合祗應者，畫定從人數目并引接人等。然只得將帶入宫城門，其至殿門祗應人并主判臣僚自來合帶將文字手分一兩人得入殿門，並依舊制。」並依所定施行。凡祗應從人，三師、三公、東宫三師、僕射，29以上各五人；東宫少師、少傅、少保、州府牧、御史大夫、六尚書、左右金吾街仗、左右衛上將軍、門下中書侍郎、節度使、觀文殿學士、資政殿大學士、三司使、翰林學士承旨、翰林學士、資政殿學士、端明殿學士、翰林侍讀侍講學士、龍圖閣學士、樞密直學士、龍圖閣直學士、散騎常侍、六統軍、諸衛上將軍、太子賓客、太常宗正卿、御史中丞、左右丞、諸行侍郎、節度觀察留後、給事中、諫議大夫、中書舍人、知制誥、龍圖天章閣待制、觀察使、祕書監、内客省使，以上各四人；大卿監、祭酒、延福宫使、景福殿使、客省使、開封河南應天尹、太子詹事、諸王傅、司天監、左右金吾衛以下諸軍衛大將軍、左右庶子、引進使、防禦使、團練使、三司三部副使、少卿監、宣慶使、四方館使、司業、少尹、太子少詹事、諭德、家令、率更令僕、諸州刺史、諸王府長史、司馬、司天少監、樞密都承旨、承旨、副都承旨、宣政使、閤門昭宣使、諸衛將軍、起居郎、舍人、知雜御史，以上各三人；侍御史、郎中、皇城以下諸司使、樞密院副承旨、諸房副承旨、殿中侍御史、左右司諫、員外郎、客省引進閤門副使、正言、監察御史，以上各二人；太常博士、諸司副使、次府少尹、大都督司馬、通事舍人、國子五經博

〔一〕衆人多：似當作「人衆多」。

士、都水使者、開封祥符河南洛陽宋城縣令、太常宗正秘書丞、著作郎、殿中丞、内殿(丞)〔承〕制、殿中省六尚奉御、大理正、中(充)〔允〕、贊善、崇班、中舍、洗馬、樞密院兵房吏房禮 30 房副承旨、率府率副率、諸衛中郎將、司天五官正、閤門祗候係祗應者及内侍黄門以上，寄班祗候係殿祗應庫務者、京官帶館職，以上各一人。内技術官如遇宣喚入内祗應同。

神宗治平四年未改元。五月十七日，皇城司言：「親事官見闕人多，少有投名，蓋久例有酒氣并喫酒不醉，配外州軍本城。欲乞今後如此罪犯，並降移别指揮親從、親事官，仍三年内不與優輕差遣。」從之。

熙寧元年三月，皇城司言：「在内諸司地分并諸司庫務等處，至晚各著鋪分，即無(玄)〔互〕相關防條約，致有寅夜作過之人。乞應係内宿人至鏁門後各著鋪分，如的有勾當，須告同鋪或同房止宿人，同報本轄人員職掌等，稱所欲往，仍與同覆人同行。所有内宿(從親)〔親從〕官直到地分報覆，天明後方得各處止宿去處，犯者並科違制之罪。如地分巡更不切覺察，致令地分收領，其同鋪及經歷巡宿人並行嚴斷。如有一兩人守宿處，即報本地分巡宿人同共往來。」並從之。

四月二十四日，皇城司言：「今後在内諸門地分透漏合行收理人數，欲乞依條從本司一面斷遣。(加)〔如〕情理重者，即開封勘斷。」從之。

五月十八日，詔開封府：「今後皇城司親從、親事人員已下真犯罪，勘見情理係杖罪已下，合牒皇城司一面斷遣。」

十三日〔一〕，樞密院檢會治平三年八月内皇城司親從官四指揮元額，共二千二百七十人，今來見闕長行二百九十六人，乞 31 招填。詔差昭明〔二〕、鄭餘懿外面置司招召。

十二月一日，詔皇城司今後以七員爲額，差兩人前班諸司使以上，永爲定式。

五年五月二十六日，詔轉員親事、親從官闕指揮使，差副指揮使權管勾。舊制，親從、親事官各於本軍轉補，以入殿宿衛，欲其互相檢察，不令衮轉，所以防微也。

九月十二日，相度在京諸司庫務利害劉永淵言：「相度將來只於瓊林苑收藏冰，更不般往冰井務，其爲省便，永遠可行。今相度冰井務減罷監官外，應人盡撥屬瓊林苑管轄〔三〕，依舊請受。」從之。

六年十二月，皇城司言：「奉旨，爲今年冰消溶過數，令候瓊林苑金明池收外，依去歲更於冰井務收三井。本司看詳，乞就本苑更增收貯，不應兩興井窖。欲(坼)〔拆〕移冰井務塼石，就營造供進。」詔依已降指揮收三井外，並從之。

〔一〕十三日：按前條爲「十八日」，此處似當作「二十三日」，否則此條當移前。
〔二〕昭明：按此當是人名，疑脱其姓。治平初有内侍省押班王昭明（見《長編》卷二〇三），疑是此人。
〔三〕應人：似當作「應干人」。

元豐五年六月四日，詔西京左藏庫使、吉州刺史、內侍省內侍押班石得一再任皇城司。

六年二月十四日，開封府乞自今本府官吏夜救新城裏火，如舊門(開)〔關〕閉，聽關大內鑰匙庫，差東華門外當宿使臣降鑰。從之。

四月十七日，上批：「幹當皇城司官數多，可除兩省都知、押班外，取年深者減罷，止留十員，自今勿員外置。」

哲宗元祐元年十一月六日，詔：「勾當皇城司三年無過犯者，與轉一資。皇城使及遥郡刺史以上與子，有官者轉一資，無子者許回授有服親，減二年磨勘。再任滿者減二年磨勘，皇城使32及遥郡刺史以上許回授與子；如無子，與有服親，仍減一年。見任再任官准此。」

六年八月二十六日，詔：「今後幹辦皇城司官除入內省都知、押班任滿許取旨再任外，餘非特旨，再任依元條。」

元符元年，詔：「應宮城出入請納官物、呈稟公事、傳送文書并御厨、翰林儀鸞司非次祗應，聽於便門出入。即不由所定門者，論如闌入律。應差辦人物入內及內諸司差人往他所應奉，並前一日具名數與經歷諸門報皇城司。」

徽宗崇寧五年二月十五日，知入內內侍省事閻安奏：「見勾當皇城司，招子弟刺填親從、親事官(闗)〔闕〕額。自祖宗以來，止是招刺在京軍班子弟。後來准朝旨，許招在京諸班直軍民換受前班，并品官之家子弟，及在京禁軍減充剩員子弟親屬。竊緣百姓子弟非土著人，其所從來不能盡知，雜行會問，亦慮不實，恐姦惡之人竄名其間。乞自今不許招收百姓。」從之。

大觀三年六月十四日，詔：「京城舊門并皇城司外承傳御封文字親從、親事官長官可並罷，只依舊法。」

政和五年十一月十日，詔：「皇城司親從每遇大禮及行幸出郊，并在內諸門地分令闕人守把〔一〕，止差親事官充代窠役。可創置親從第五指揮，以七百人爲額，仍以五尺九寸一分六厘爲等。候來年八月等揀招填數足，其將校、十節級、曹司、營門子等，并應合行事件，並比親從第四指揮及見行條貫施行。」

六年三月三日，33皇城司奏：「臣僚將帶人從，依格各有定數。其輒帶外借人力，除宗室已立法外，在內供職臣僚亦合一體禁止。今後應臣僚輒帶借請或售雇人力入宮門，罪賞並依宗室法，將帶過數，止坐本官。若兼領外局，所破人從非隨本官(轍)〔輒〕入者，自依闌入法。」從之。

十一月十九日，詔：「(喜)〔嘉〕王楷差提舉皇城司整肅隨駕禁衛所，兼提舉內東門、崇政殿等門。」

七年正月十八日，詔：「皇城司創置五指揮，并班直及親事增添入額，招刺二千五百餘人，應副宿衛、守門等差役，備見官吏用心。可依下(頃)〔項〕推恩：內人吏減年，候出職日收使，願換支賜者，特許將一年比換。提舉官嘉王

〔一〕令：疑當作「全」。

楷降詔奬諭。勾當官二員，各轉一官，內中亮大夫已上回授，未至中亮大夫與轉行。承受二員，各減二年磨勘。勾押官等共二十七人，各減三年磨勘；到司未及一年，減二年磨勘。」

宣和二年六月五日，詔：「皇〔城〕司點（校）〔檢〕文字、法司使臣見破太官局第四等喫食可罷。見有官司攀援及帶請去處，亦行止罷。應人吏并有官充吏職人，破太官食，除元豐格法（設）〔該〕載外，餘罷。」

欽宗靖康元年三月十九日，內降劄子：「應入皇城門之人，依法服本色，近來多有輒衣便服及不裹頭帽入出。今後如有違犯之人，許守門等地分合干人收領，送所屬科杖一百罪。諸官司每季具知委聞奏，仍報皇城司檢察。」詔依，每名立賞錢五十貫。

高宗建炎二年四月九日，[34] 詔：「皇城司親事官等，日前應逃亡之人，或輒投他處及影占私役，許指揮到日，限一年所在州縣出首，特與免罪，不理過名支破請給，押送皇城司，依舊職名收管。限內不首，依先降依軍法從事。容蔽及影占私役官員，亦科違制之罪，人吏決配二千里。」

四年五月二十八日，詔：「御前中軍差赴禁衛所充親兵祇應，共三百四十八人，並特令改刺充皇城司親從五指揮收管。如內有不及等三路人，亦令改刺。」

紹興元年二月三日，詔行宮禁衛所改爲行在皇城司稱呼。從幹辦皇城司馮益等（清）〔請〕也。

五月六日，提舉皇城司言：「乞將皇城周迴山坡并皇城脚下係屬皇城界至，分明置牌標識，設置笋樁青索，令中軍禁止，不得牧放羊馬并令人過樁索。」詔犯人從杖一百科罪，羊馬過樁索，牧放人依此。

二年正月二十五日，皇城司言：「本司掌給行在應奉人等及臣僚下從人敕入皇城、宮、殿門三色牌子，照驗入出，近緣紹興府遺火，燒毀去失。今來所造勑號，欲乞使本司二印，仍角印上用『紹興壬子新號』六字小印子（辦）〔辨〕驗。如日後印文字號暗淡，許齎執保明，移文赴司納換。敕入禁衛，黄綾八角號三千道；敕入殿門，黄絹方號一千道；敕入宮門，黄絹圓號八千道；敕入皇城門，黄絹長號三千道。」並從之。

五月二十二日，皇城司言：「乞依自來條例，諸寨坐局所等處應差占親事官已轉至副都頭以上之人，除御[35]前祇應并海巡依舊差占人員外，餘並行拘攔赴司，應副差使，其闕依優重別行差填，免致在外虛破人員請給。如諸處執占，不即發遣，亦乞立法科罪。」詔並依，如輒敢占留，以違制論。

十二月十二日，詔：「行宮皇城週迴各徑直空留三丈、皇城門外各空留五丈外，許見存人居住，並須防謹火禁。如有違漏之家〔一〕，依開封府皇城法斷罪。」

〔一〕違漏：似當作「遺漏」。

三年正月二十六日，皇城司言：「乞造敕入殿門黃絹圓號一千道，敕入宮門緋紅絹方號八千道，敕入皇城門緋紅絹圓號三千道。」從之。

十一月二十一日，詔：「皇城司係專一掌管禁庭出入〔一〕，祖宗法不隸臺察，已降指揮更不施行。自今後臣僚不得亂有陳請，更改祖宗法度。如違，重行黜責。」先是殿中侍御史常同乞皇城司隸臺察，已從其請，至是遂不行。

五年十月十九日，皇城司言：「今省記下條：《開封府重定在京編勅》：一、皇城內不係存留燈火之處，輒存留者徒二年，因而遺漏者當行處斬。本處當番監官、干係專副、巡防人員、兵級并同房宿人知而不禁，及至遺漏者，與同罪，不知者各減三等。即雖下番，知而不禁者，亦減當番罪一等，不知者不坐。雖非地分，皆聽糾舉，知而不糾者亦行嚴斷。其本處當番監官、干繫專副、巡防人員、兵級并同房宿人顯然違慢，不切防戒，致遺漏者，雖不知存畏因依，亦與犯人同罪。以上並不分首從。一、皇城內應係合留燈火之處，並須[36]嚴切防戒，或有遺漏，本犯當行處斬。其本處監官、干繫專副、巡防人員、兵級并同房宿人顯然違慢，不切防戒，致遺漏者，雖不知存畏因依，亦與犯人同罪。以上並不分首從。一、皇城內應係合留燈火之處，並須嚴切防戒，或有遺漏，本犯當行處斬。其本處監官、干繫專副、巡防人員、兵級上番者，亦當極斷；內有顯然違慢，不切防戒，致遺漏者，與犯人同罪。以上並不分首從。」從之。

九年正月五日，(照)〔詔〕：「應親從親事官、宿衛親兵逃走，爲有專一斷罪、不許收留條法，致不敢出首者，限百日首身免罪，依舊收管。限滿不首，復罪如初。」

十八年二月十六日，詔：「今後如有將帶敕號逃亡之人，不曾施用，見在而首身者，與於本罪上減一等斷罪。餘依見行條法。」

二十年六月十三日，詔：「御前支降錢一十五萬貫，令兩浙運司限一季修蓋皇城司寨屋三千間，務要如法，不得科敷搔擾。」

二十七年十月二十七日，皇城司言幹(辨)〔辦〕本司公事劉伉三年任滿無過，詔特與轉遥郡刺史，請給等全支本色，今後准此。

三十一年八月四日，詔：「大禮及日常給黃色、緋色敕號，許(人)〔入〕禁衛、皇城諸門，應官司輒以黃、緋色爲號者，罪賞依僞造大禮敕號法施行。」

孝宗紹興三十二年即位未改元。六月十一日，詔：「德壽宮諸門，令依皇城門及宮門法，仍依行宮大內置巡警守衛一次，務令如法，可疾速措置。」

八月八日，詔：「將來大慶殿[37]發册寶日，麗正門、和寧門并南北宮門及合經由門户，並比常日早二刻開。」以恭上太上皇帝、太上皇后尊號故也。

〔一〕專一掌管：原作「專掌一管」，據《建炎要録》卷七〇乙。

九月十七日，詔皇城司，皇子鄧王、慶王、恭王上下馬處，並依宰執例。

十一月二十九日，詔：「張燾朝謁，許乘轎出入皇城門，至宮門内上下馬處。」其詳見「優禮」門。

十二月十一日，詔：「觀察使劉允升幹辦皇城司任滿，（嘗）〔當〕轉一官，許回授，今後准此。」以給事中金安節言：「允升今年四月二日以（推）〔堆〕垜子賞轉正任觀察使，未及一年，又轉承宣使，況皇城司任滿自有常法，望賜寢罷。」故有是命。

隆興元年四月七日，詔：「楊存中應上下馬處，令依宰臣、親王。」

二年十一月十日，詔：「參知政事周葵爲墜馬所傷，免乘騎，權令乘轎入内趁赴朝參。」

閏十（二）〔一〕月三日〔一〕，詔尚書左僕射陳康伯權令乘肩輿入出皇城門，至殿門外。其詳見「優禮」門。

〔乾道〕七年四月一日〔二〕，皇城司言：「先降指揮，諸官司諸色人入出皇城門，依法合服本色、（裹）〔裹〕頭帽入出。如違，杖一百，賞錢五十貫。近有諸官司吏人輒衣紫生紗衫，并手執彩畫扇子等入出。欲行下諸門地分，今後如有犯人，牒送所屬斷罪追賞。」從之。

八月二十四日，皇城司言：「本司幹辦官依舊法，滿三年無過犯，保明奏聞，降付樞密推賞，（毋）再任及三年無遺闕者同，即是每任皆許推賞。兼依先降聖旨，曾經本司幹辦任滿人，取旨陞擢差除，今後依此。」詔兩任滿，與推一次任滿賞。以臣僚有請，故38有是命。

淳熙二年正月二十九日，詔皇城司幹辦官依舊堂除。

八月二日，詔皇城司：「德壽宮後苑實占親事官等，將已歷過後苑五年合得轉資恩賞，自今更不改轉；別該轉資内有合折補資級之人，並特與免折補。」

三年七月十五日，皇城司言：「將來大禮，預行互等親從、親事官近上指揮敷填闕額，乞將親事官第四、第五指揮等中親從指揮人，不候保引，子弟並令先次過營應副差使，候保引了日，依法揀選。崇政殿及應親事官，取年二十五歲以下插一指板、二十歲以下插兩指板等親從指揮。如有避等揀逃亡之人，候出首日，欲依紹興二十八年九月已降指揮，依舊令等揀合入軍分。」從之。

十一月二十八日〔三〕，詔：「今後皇城司官如服窄衣束帶〔四〕，並令著黑靴。」

六年十月十日，詔皇城司：「皇子魏王府可特添差皂院子二人，充借差實占祗應，理年、轉資等並依在府祗應人

〔一〕十一月：原作「十二月」。按《宋史全文》卷二四上及陳垣《二十史朔閏表》，隆興元年閏十一月，據改。

〔二〕乾道：原脱，按隆興僅有二年，此云七年，又在淳熙之前，必是乾道七年，據補。

〔三〕二十八日：本書儀制五之三一作「二十七日」。

〔四〕窄：原作「穿」，據本書儀制五之三一改。

前後已得指揮施行，遇闕指名差填。」

十一年十二月十六日，右正言蔣繼周言：「臣聞天子之居，尊嚴邃密，唯群臣之進見，四方之朝覲，乃得出入。是故門著籍禁，闌入有罪，所以謹防閑，絶窺伺也。僧、尼、道士、女冠之屬，除爲民祈謝有故事入内道場外，其餘小小齋醮不繫大體者，可只就寺觀，不許輒入，以示(官)〔宫〕禁嚴密。内言不出，外言不入，防微杜漸，莫大於此。乞敕皇城司，應僧、尼、道士、女冠等人，雖有特降聖旨，須候奏審，方39許出入，庶於法禁不至有違。」從之。

十二年二月二十六日，詔：「皇城司守闕入内院子見闕長行一百三十五人，令殿前司、步軍司，可依淳熙四年例，於馬軍司見管不入隊、年五十歲以上至六十歲，十將以下至長行取揀一次。内有職名人，比换皇城司職名安排。」

十三年十二月九日，詔：「皇城司減正貼一人，親從、親事官等曹司減八人，翰林司二人。」以司農少卿吴煥議減冗食，下敕令所裁定，故有是命。

紹熙五年三月一日，詔：「皇城司守闕入内院子見闕長行一百二十八人，令殿前、馬步軍司，可依淳熙十二年例，於馬軍司見管不入隊、年五十歲以上至六十歲，十將以下至長行取揀一次。内有職名人，比换皇城司職名安排。」

慶元(四)〔二〕年八月二十七日〔一〕，皇城司言：「刑部措置，今後敕號以《千字文》爲號，將敕號簿各書鑿字號，仍各縫印，計定數目，呈長官簽押，不得指留多印。本司契勘遞年印造敕號并給散收换拘籍數目，及關防辨驗檢察，并禁止借賃及僞造〔二〕，自有立定條格指揮，約束罪(罪)賞，非不嚴備。緣有不畏公法之人，將請到敕號借賃與人，緣此有僞造之弊，亦係本司緝獲，並已斷罪了當。刑部申請前項措置，今來將欲製造來年丁巳敕號，緣其間委有未便事件，合將前項措置事理，逐一參照本司見行格法體例，重條具到下項：一、照得每歲給换禁衛、殿門、宫門、皇城門四色敕號，40歲計約用三萬餘道，各有文簿，分内外官司立定門目，依格法拘籍合破敕號數目。遇有納换〔三〕，據憑諸百官司并百官廳分應合破號去處申到窠役、姓名，繳納舊號，保明换請新號。本司專副合干人先次辯驗舊號印文，對簿批鑿交收，然後照合破數目、元請人姓名，委無差錯重疊，先行書勘職級并點檢文字，次又簽押官當官毁抹舊號，開匣支給新號。如有額外創支，雖有承降指揮，本司又行奏審訖，方始支給，委是關防嚴緊。今若以《千字文》爲號，又用合縫印，竊緣所造敕號已有立定大小樣制，依例先用墨印『敕入某處』大字，又於大字之下，印『慶元某歲』新號，大小字作兩行，於上又用本司二紅印。且以今年丙辰宫門論之，其號長四寸八分，闊三寸四分，中門上下二印。其印

〔一〕二年：原作「四年」。按下文稱「今年丙辰」、「來年丁巳」，丙辰爲慶元二年，據改。
〔二〕借賃：原作「借借」，據下文改。
〔三〕納：原作「約」，據下文改。

文每一印目方一寸八分，兩壁止有八分空處，僅可題寫某處官司并帶號人姓名。不唯《千字文》號難以拘籍三萬餘道敕號，若更用合縫印，委是印文重疊，其守把合干人轉難辯驗檢察，委有未便。今乞從本司舊例印造施行。一、契勘本司所造四色敕號，以方、圓、長、八角方勝爲樣制，每歲遞互更易，三年週而復始，並皆預明具奏進呈訖，申中書門下省奏審，(扎)〔札〕付本司製造施行。其所造敕號共三萬餘道，一月之間方可了辦。(共)〔其〕三萬餘道，至歲首納換僅二萬道，將納換訖數目奏聞外，其餘數目當官用匣收盛封押，起置[41]赤曆樁管見在，充日常諸百官司及百司廳分等遷轉、改差、替移等人前來支請。專副、庫子等抄轉赤曆，勘同職級點檢結押，委是關防嚴切。今若不得指留多印，必致臨期旋行印造，竊恐難以關防，轉生姦弊。及點得每歲納換新號，本司先印號樣，出榜於在內諸門曉示分明。逐門辨驗入出，不得空名綴帶，如有違犯，自有約束。兼有立定舊制，歲首止限五日換訖，五日之外，並要各帶新號入出，易於檢察。緣件拘定日限〔一〕，其內外諸百官司等處每日擁併前來換請，官吏專庫合干人等盡日收換，連夜攢類。今若從本司填寫，非但有妨限日納換，又慮因而差誤不便。今乞從本司舊例施行。一、照得本司拘收舊號，當官點數勾銷毀抹外，有歲首換納。近年將收到舊號並依資次逐一點數目，委無漏落，具詣實文狀申司，然後差通管巡視，管押人員同合干人等赴親從寨教場內再行覆點見數，監視燒毀。今遵從前項措置，候歲首納換見數燒毀。內有不到舊號，即牒會元請去處根究施行。一、照得今承措置，應合帶敕號出入宮禁人，仰綴帶在胸前衫上，不得繫帶在腰間，庶幾守衛易於檢察。如有違戾，並從違制科罪。見行備坐出榜曉示，并行下逐門守把人常切遵守、辨驗覺察施行外，緣本司(作)〔昨〕準紹興二十七年八月十一日聖旨指揮：『近來入出皇城門，應諸色人將合帶敕號並不分明綴帶，[42]多用衣服蓋藏，摺疊在懷，慮生詐冒。仰皇城司常切禁止，如有違犯之人，具奏取旨施行。』見行每季檢舉。今欲將上項措置，仰綴帶在胸前衫上，并立到斷罪指揮，從本司一就每季檢舉施行。一、契勘(非)〔自〕來應合破敕號去處，內有冒利違法之人，將請到本身敕號借賃與人，致有僞造。今措置，遇有請號之人，於請領狀內並仰分明聲說，委得給付正身，綴帶在胸前衫上，照驗入出，即無重疊僞冒，不敢移見借帶並衣服蓋藏〔二〕、從便摺疊。內人從宮門號，委的給付係正身綴帶，等事。如違，甘伏條制斷罪追賞施行。欲乞令應請換敕號官司，遵從上件狀式書寫，前來關請。官司公文支請，亦仰依上件事理分明聲說保明，前來支給，庶可關防借賃之弊。」並從之。

嘉定二年十一月八日，給事中鄒應龍言：「伏見賈浚

〔一〕件：疑當作「有」。
〔二〕移見：疑當作「移易」。

明差兼幹辦皇城司，候有闕日差填。舊來此職皆是見闕差人，或差待次，亦須顯言某人闕。乞將浚明兼幹辦皇城司、候有闕日差填供職指揮追寢。如閤門官前此降指揮者，併乞更不施行。」從之。

二十六日，臣僚言：「皇城一司，總率親從，嚴護周廬，參錯禁旅，權亞殿巖。漢以儒生位執戟，唐以勳臣子弟備宿衛，可謂重矣。古制既難遽復，今隸籍于中者，類多市井烏合，訓齊不素，全藉統攝得人，豈可輕授？自今乞專以知閤、御帶兼領，不以畀資望輕淺者。儻更有躁進之徒僥踰干請，雖已頒成命，亦43許輔臣執奏，給舍繳駁，臺諫論列，不容冒濫，務在必行。」從之。

三年五月九日，臣僚言：「皇城司親從等人，自來立定員額。紹興間不過三千七百三十餘人〔一〕，至嘉泰、開禧，增至四千八百三十餘人，續又增招一千餘人。乞將合干親從將校、節級等人自轉員之後，比照紹熙元額有無增減，若已過數，即乞一例住行招填。將來不及紹熙之數，徐議補刺未晚。皆更化急先之務。」詔親從官闕人權住招刺，令皇城司於親事（管）〔官〕并溢額人內，將甚好人材等揀親從祇應，條具申樞密院。（以上《永樂大典》卷一一〇五）

〔一〕紹興：據下文，疑當作「紹熙」。

宋會要輯稿　職官三五

四方館

【宋會要】

1 四方館在朝堂門外，掌通事分番供奉宣贊之名籍，文武官正衙見謝辭、國忌賜香、諸道月旦正至章表，郊祀、朝會番官、貢舉人、進奉使、京官、致仕官、道釋、父老陪位之事。使闕則客省、引進、閤門使副兼掌。

《兩朝國史志》：四方館使名雖列於内職，然其吏屬則同京百司，掌通事舍人分番供奉宣贊之名籍，文武官正衙見謝辭、國忌賜香、諸道月旦正至章表，郊祀、朝會蕃官、貢舉人、進奉使、京官、致仕官、道釋、父老陪位之事。使闕則客省、引進、閤門使副兼掌。令史一人，表奏官一人，驅使官一人。元豐改制，具載《職官志》。

舊制，本館官係知閤門兼管，今同。主管文字使臣一名，承受行首一名，承受五人，典書二人，貼書二人。掌節旦外任臣僚進慶賀、起居表章；大朝會諸番國陪位立班；大朝會京官、選人并致仕官、諸州進奏官立班；大禮太廟、圜壇行事、執事、陪祠京官、選人班次；宣德門肆赦諸番國陪位立班；宣德門肆赦京官、選人并致仕官、僧道陪位立班；車駕行幸諸番國宣德門起居立班，進士、舉人、耆壽、僧道應於陪位立班〔一〕。

太祖建隆中，以客省使張保續爲衛尉卿，判客省、閤〔門〕事。保續在閤門四十年，善宣詞令，歷事六朝，未嘗有過，故特寵之。

真宗景德二年十一月十八日，詔：「韓崇訓管勾客省公事，如北使就客省賜酒食，仰崇訓伴賜，其客 2 省進目即令當上閤門使進呈。」

大中祥符五年七月，真宗謂知樞密院王欽若等曰：「累有臣僚言客省所管擔床纓帕多已隳壞散失，無所拘轄。事雖至細，然添修之際亦勞煩人力，可專差使臣點檢條制。」

仁宗天聖四年三月，東上閤門使、高州刺史李昭亮言：「自客省、四方館闕官，相承以閤門使、副使名次在上者權行點檢，不曾聽候朝旨。今客省、四方館闕官，臣雖准例權行點檢，即未受朝廷文字，慮亦非便。欲望特降旨揮差官。」詔昭亮兼權管勾。

慶曆四年正月二十五日，客省言：「自來樞密副都承旨以下至翰林醫官等，逐年進奉乾元節物色，進呈後送宣徽院撥送所屬庫務，候過節申樞(樞)密院，回賜本色物。欲乞今後依新授閤門祇候例，當日取旨回賜，給與本官。有香藥，依例送宣徽院。」從之。

〔一〕應於：似當作「應干」。

六年九月十七日，史館言：「每外夷人入見，其(管)〔館〕伴所申送國邑風俗形貌圖軸外，其夏國囊霄人使每入朝貢，未見引伴官司供到文字。欲乞下四方館牒報引伴夏國官員，依外夷入見，令詢問國邑風俗、道途遠近，及寫衣冠形貌兩本，一以進呈，一送史館。」從之。

七年四月二十七日，入内内侍省言：「乞下四方館勘會已曾差人進奉去處，更不須寫形貌。若有異國創初差人進奉去處，到闕即令潛寫，令本處子細保明，關報館伴使臣。」從之。

皇祐三年十二月，詔四方館，自今減臣僚所進謝恩馬【3】價之半〔一〕。

嘉祐三年六月十六日，(詔)四方館言：「乞下御史臺，令文資官自今改轉過正衙，將請受文曆同正衙狀前一日先送本館，方許引(付)〔赴〕正衙。過正衙日，却收領批訖。」從之。

十月，詔：「客省、引進、四方館使，如遇有闕，須候改官各及四年，方得依次遷轉。」

《神宗正史・職官志》：客省使二人，從五品；副使二人，從七品。四方館使二人，正六品。東上閤門、西上閤門使各三人，正六品；副使各二人，通事舍人十人，並從七品；祗候十有二人，從八品。客省掌四方諸蕃國朝貢之儀物，還則授以賜予詔書。執政、侍從官、禁衛將校節物，則頒以式。若中散大夫、刺史、東班横行副使、樞密承旨及監司、知州、寨主以上還闕，則主其酒食。《哲宗正史・職官志》同。四方館掌通元日、冬至、朔旦之表章，郊祀則定蕃國使、致仕、未陞朝官、貢士、道釋主首陪祠之服位，大朝會亦如之。《哲宗正史・職官志》同。閤門掌朝會供奉、贊相之事，使、副承旨稟命，舍人宣辭令，祗候分佐舍人。應見謝辭官，視其秩序，各以次爲之相導而糾其失。乘輿行幸則從。凡百官赴閤門，慶禮奉表則詣東，慰禮進名則詣西〔二〕。月進班簿，歲一易之。自客省而下，因職事以建官名，額有定員，遂立積考序遷之法，聽其領職居外。別置引進使，副以爲等級，班四方館上。而閤門復增看班祗候六人，由看班遷至使皆五年，使以上七年。遇闕即遷，無闕則加遙郡。分房二，設吏八，而客省、四方館總【4】七人。《哲宗正史・職官志》同。

神宗熙寧四年十月六日，樞密都承旨李評言：「乞應諸國朝貢，一司總領，取索諸處文案會聚照驗，預爲法式。」詔除契丹、夏國外，應諸國朝貢，令管勾客省官置局取索文字。今後閤門使以上，並同管勾客省、四方館公事，雖有本使亦不罷。仍權就差閤門祗候賈祐、馬仲良編次客省諸蕃國文字，候了日罷。

十二月十一日，詔凡護葬、賻贈、朝拜，令四方館差人押當。

〔一〕半：原作「伴」，據《長編》卷一七一改。

〔二〕慰：原作「尉」，據《宋史》卷一六六《職官志》六改。

六年六月十六日，詔：「在朝横行使、副，自今並管勾客省、四方館公事。」先是客省、四方館闕正官，即以閤門使、副管勾。至是引進使李端愨赴闕，西上閤門副使張誠一應罷，而端愨乞令誠一依舊權管勾，故有是詔。

二十七日，客省言：「諸蕃進奉人送管勾使臣等土物，欲除送押賜及傳宣使物受而不答外，仍比舊數不相遠者，並聽準例收。」從之。仍禁不得輒有計會。

元豐五年九月二十一日，詔：「客省、引進、四方館各置使二員，東、西上閤門共置使六員。客省、引進、閤門共置副使八員。閤門置通事舍人十員。内閤門副使以上，並依諸司使、副條例磨勘，閤門使以上遇有闕，改官及五期者，樞密院檢舉。如歷閤門職事後犯贓及私罪杖以上事理重者，遇遷日並除他官。閤門、四方館使及七年無私罪，未有闕遷者，與加遥郡。其特旨與正任者，引進使四年遷團練使，客省使四年遷防禦使。」

七年四月九日，客省副使曹誘言：「乞本省 5 治事畢，候三省、樞密院出，方許出局。」詔客省、四方館所治職事全簡少，徒縻占人吏，端坐無補，可令治務罷出。

二十二日，詔：「客省、四方館使、副各領本職外，官最高者一員仍兼領閤門事。」

五月十九日，詔：「自今客省、四方館、閤門暫闕官，即互權。」

徽宗崇寧二年十二月二十九日，禮部言：「客省簽賜臣僚正旦、寒食、冬至節料并到闕賜生餼羊，即日闕本色支供，欲乞自今後並支價錢。」從之。

四年七月十四日，客省言：「占城進奉人在闕，合赴起居。檢會崇寧三年十月十七日駕詣景靈西宮朝獻、上清儲祥宫燒香，于闐國進奉人宣德門前起居，更不隨駕。今後如有對御即隨。」詔依例，今後諸蕃國准此。

大觀元年七月十一日，詔：「客省、四方館與閤門一同，其審奏旨揮并不隸臺察，行移文字并依閤門近降指揮施行。」

十月十九日，詔：「大遼國信使、副入内賜酒食，今後令内添入三節人從。」

二年十二月三日，文思副使兼閤門通事舍人范訥，詔特與轉一官，特授客省副使。以管押僞王子臧征樸哥等到闕朝見了當，故有是命。

三年五月十八日，詔：「今後客省、四方館應陳乞恩澤等，並依大觀三年四月二十日聖旨。閤門提點、承受等有陳乞祗應年勞轉官差遣，並仰經由閤門陳乞，保明申奏朝廷推恩。如敢隔越，以違制論，所乞仍不行。」

政和二年十一月十六日，詔：「客省、引進、四方館、東西上閤門，除今來立定外，6 如有該載未盡，仰尚書省將自來所掌職務釐正，條具隸事格法，進呈取旨行下。」横行職任差官員數：知客省二員，知引進事二員，知四方館事二員，知東上閤門事六員，知西上閤門事二員。右一十四員。不以文武内外官充。客省掌信使到闕儀範，伴賜酒食，并臣僚等節儀、節料、生餼之事。四方館掌致仕官、耆壽、僧道主首、蕃國貢首立班，并節旦外任臣僚進慶賀、起居表章之事。引進掌臣僚、蕃國等應干進奉及禮物之事，仍以司稱。東上閤門掌朝會、宴集、視朝、前後殿起居、臣僚見謝辭班、儀範贊引、恩禮錫賜、承旨宣答、糾彈失儀、行幸前導，信使到闕授書，慶賀捧表，宣麻引案，應干吉禮等事。西上閤門掌忌辰奉慰，臨奠，問疾，應干凶禮之事。今擬下項：今來分隸所掌職務外，其舊來合行條貫即無衝改，自合依舊施行。一、客省掌信使到闕儀範，伴賜酒食，并臣僚等節儀、節料、生餼之事。信使，大遼[7]使到闕儀範：大遼使到闕，(管)〔館〕伴奉使等相遇許相揖。節儀、節料：立春、春秋社、寒食、端午、初伏、重陽，宰臣、親王以下至觀察使，簽賜節儀；正旦、寒食、冬至，宰臣、親王以下至諸司使帶遥郡，簽賜節料；立春、春秋社、寒食、端午、初伏、重陽，簽賜諸蕃國節儀；正旦、寒食、冬至，簽賜節料。檢舉生日：宰臣、親王、皇子、宗室及不係宗室開府儀同三司。職務：開府儀同三司、節度使朝辭，到闕，京城外賜御筵，貼坐次，關所屬排辦。大遼使見前五日，關吏部等處；大遼使見，辭，預關殿中省等處；大遼使朝見訖，給歇泊假三日，關館伴所；大遼使常朝赴起居前一日，關館伴所。大遼使到(關)〔闕〕，差承受引揖；大遼使見、辭、上壽、赴宴，傳事入殿引揖，祗應賜酒食。開府儀同三司至觀察使到闕，簽賜，伴賜臣僚酒食。道僧見，辭賜齋食茶果。大遼、高麗、交州副使朝見，簽賜。大遼、高麗、夏國諸蕃國、溪洞蠻人入内。車駕行幸，高麗諸蕃國如有對御從駕。車駕行幸，西南蕃宣德門起居。集英、紫宸殿宴高麗、諸蕃國人從。夏國、高麗進奉副使見、辭伴賜，差閤門祗候。諸蕃國進奉人見、辭伴賜，前一日差舍人。大遼使常朝日起居，伴賜酒食。教坊使以下謝衣賜、茶酒，前一日關所屬。生餼：正任防禦、團練使、刺史到闕，大遼使到闕朝見，三節人從。一、四方館掌致仕官、耆壽、僧道主首、蕃國貢首立班，進奉人到闕儀範，并節旦外任臣僚進慶賀、起居表章之事。立班：大禮，致仕官宣德郎至承務郎，道僧官主首以下、諸蕃國進奉副使等立班；御大慶殿，致仕官、未陞朝官，諸道進(奏)〔奉〕官，諸蕃國諸州貢首立班。蕃夷朝貢，朔日視朝，正旦、冬至節拜表，引揖進奉副使等入殿。表章：節旦外任臣僚進慶賀、起居表章。蕃國進奉人到闕儀範：夏國、高麗、諸蕃國，後殿再引；外國進奉人謝酒食，諸蕃夷朝集宴進宴會處，與別國須相避者並回去；車駕行幸，蕃夷進奉使以下赴宣[8]德門外迎駕起居。職務：應正冬御殿，本館預先牒禮賓院等處取索人數。諸蕃夷朝貢，關館押伴所詢問風俗國邑等。上元節駕幸宣德門觀燈，入内省使臣關到合赴露臺外國進奉人數。諸蕃國進奉人見、辭，御龍直同引入殿。于闐、高麗、諸蕃國進奉人見、辭、上壽、赴宴，譯語等入殿引揖祗應。夏國、高麗、諸蕃國到闕，差引揖人。一、引進司掌臣僚、諸蕃國等應干進奉及禮物之事。臣僚進奉馬及金銀器并表；駕幸金明池水殿，普安院進蒸餬；車駕行幸諸園苑射弓，臣僚進奉；夏國、諸蕃國、溪洞蠻人進奉。夏國、高麗及諸蕃蠻進奉表匣、道僧進香合，送尚書禮部。應臣僚投進章表奏狀。一、東上閤門掌朝會、宴集、視朝、前後殿起居、臣僚見謝辭班、儀範贊引、恩禮錫賜，承旨宣答、糾彈失儀、行幸前導、信使到闕授書、慶賀拜表、宣麻引案，應干吉禮等事。朝會：朝賀、上壽。視朝起居、前後殿起居：崇政殿再坐視事，延和殿同。假日特旨後殿引上殿臣僚。視朝退殿坐與不坐，取旨；前殿坐日公與一兩件〔二〕，人數不多，取旨坐與不坐；崇政殿引雜公事，遇臣僚奏事退日高，取旨再引。恩禮錫賜：特旨改賜章服，大臣特恩異物，賜臣僚告勑，臣僚等見、謝、辭擡賜衣帶等分物，諸蕃國進奉見、辭賜例物，差承受點檢。承旨宣答：稱賀宣答賜，學士院請降御札答。宣麻：赦書、德音。儀範贊引：天寧節上壽、大禮宿食致齋、行禮肆赦、車駕【9】朝拜、行幸後苑賞花、上元節宣德門觀燈、慶賀拜表、臣僚上殿。大遼使見，值雨雪霑服，儀仗並退，禁衛班直等上廊。諸蕃國進奉人見、辭宣班。蕃國進奉人在闕，值集英、紫宸殿宴，副使、首領並與坐。大遼使見、辭前一日，差舍人提點，并承受就驛習儀。大遼使見、辭、上壽、赴宴，差習儀勸酒舍人等。大遼使赴宴，人從上、中節爲一行，下節爲一行坐。高麗、交州進奉副使遇朔、望、四參日，諸蕃副使、首領遇朔、望日，赴前殿起居。詣景靈宮朝獻日值雨雪，差官分獻，差舍人引揖。宰臣、執政官景靈宮恭謝，差舍人引揖。集英殿宴、紫宸殿宴、垂拱殿曲宴，大輔臣僚等見、謝、辭班次。宰臣以下謝衣等，後殿班直謝時服，元日寒食冬至節假、開參假，臣僚給假、參假，臣僚等授制告免等。大遼國、夏國、高麗諸蕃國見、謝、辭、起居班入次序，大遼及諸蕃國見、辭，傳事、譯語人並免引門見謝。車駕行幸，差承受貼定臣（遼）〔僚〕等幕次。朔日不值假，文德殿視朝，開鴻臚寺禮賓院。將相遷拜，合迎授或見辭勞餞，奏聞得旨，申禮部。糾彈失儀。貢士釋褐，臣僚因見遷授，申中書省。轉官等批曆，觀察使以上及駙馬等服闋申所屬。賀祥瑞、勝捷，俟有定日。如諸蕃在闕，本處照會臣僚朝謝并起發日限，諸處進呈（衣）〔表〕樣。後殿坐值雨雪，御馬上殿門外擺立。諸蕃國進奉人見、辭職次（前二日）支賜，〔前二日〕關太僕寺等處。溪洞進奉人見、辭支賜，前一日具【10】職次、人數關祗侯庫。高麗入貢見、辭支賜，前二日關太僕寺等處。常朝假故，前一日關大內鑰匙庫。崇政殿疏決罪人。一、西上閤門掌忌辰奉慰、行香、臨奠、問疾，應干凶禮之事。詔：「高麗，神宗皇帝優待，使命已稱國信，可改隸客省，餘並依擬定。逐處看詳，如未盡未便，條具申尚書省。」

〔二〕公與：似當作「公事」。

三年六月十七日，詔：「知四方館事黃冕自仕禄至今，並不曾陳乞磨勘，稍(釋)〔識〕廉恥，宜加褒賞，可特與轉遥郡觀察使。」

五年二月十八日，客省言：「皇太子箋賜春社節儀，本省令内止有宰臣、親王賜節料節儀，即未敢依上件令例箋賜。」詔應合賜節料、節儀等，並依親王例。

欽宗靖康元年四月十三日，詔：「客省、引進司、四方館、西上閤門爲殿庭應奉，與東上閤門事體一同，可依祖宗法隸中書省。其隸臺察指揮更不施行。」

高宗建炎元年十二月二十一日，知東上閤門事韋淵言〔一〕：「横行五司尚未遵依元豐舊制，欲乞將西上閤門、引進司、四方館併歸閤門、客省，其三司印記、案牘、條令、什物，並閤門、客省隨事拘收。内人吏依職次撥填閤門、客省見闕，餘人並罷，免致虚費廩禄恩賞。」詔依元豐舊例。

二十五日，〔詔〕：「今後客省承受闕，可依元豐舊法遷補施行。」

四年四月二十二日，同管客省四方館公事藍公佐等言〔二〕：「本管人吏先奉旨權留越州，所有臣僚下到起居旦表，繳進奏狀，并日逐行移印記，欲乞就用客省印記行使。」詔依，候印記到11日依舊。

十一月十九日，客省、四方館言：「伏(都)〔覩〕曉示，百司留吏、户部等，其餘並令從便。今契勘所掌職事與閤門一同，亦合量留人吏，并所管擡擎進奉人兵，並依舊祇應，餘人依已降旨揮，令各從便。」從之。

紹興三年十一月十四日，詔客省、四方館并隸臺察。先是，御史臺六察所隸官司，有因一時申明免隸臺察去處，至是，殿中侍御史常同乞依舊制施行，所貴百司庶務有所按察，不敢違戾故也。

四年四月七日，詔：「四方館、客省並依祖宗舊制，隸屬中書省，不隸臺察。」

五年六月九日，詔：「引進司、西上閤門及客省、四方館官已省廢外，可只依見行員數。右武大夫以上，并稱知閤門事兼客省四方館事；若官未至右武大夫者，即稱同知閤門事，同兼客省四方館事。今後並依崇寧《在京通用令》，以除授爲序，稱同知者在知閤門之下，餘並依閤門事。其觀察使以上即序官。」緣建炎元年十二月内韋淵奏，將引進司、西上閤門廢併，當時止以東閤門事六員同管三司職事。今來武臣階(宫)〔官〕見遵用政和二年改定官制，其吏部討論，即與當年九月内釐正旨揮不同，切慮又有臣僚申請更改，難以遵守，故有是詔。

六年正月二十六日，客省、四方館言：「逐司依格每季合破紙劄、朱紅，係雜物等庫支請。後來續承指揮，應官司紙劄、朱紅，並於請受都曆内批勘。逐司自東京勘請至揚

〔一〕事：原作「使」，據《建炎要録》卷一一改。

〔二〕省：原作「有」，據《建炎要録》卷四〇改。

州，昨（據）〔緣〕渡江散失都曆，糧審院阻12節，不肯批勘，堅要（曆元）〔元曆〕放行。今來逐司所破紙劄、朱紅不多，欲乞依格內所破，逐色三分爲率，支破二分，截自今年春季勘請。」詔依舊逐司請受都曆批勘，令赴左藏庫支給。所破紙劄、朱紅，以四（方）〔分〕爲率，支破一分。《客省格》：每季表紙七百，大抄一千，小抄一千二百，朱紅四兩，閏月加三分之一。《四方館格》：每季表紙二百，大抄紙八百，小抄紙一千，朱紅三兩，閏月加三分之一。

十二年八月十八日，客省言：「大金使人到來，朝見、朝辭訖，殿門外幕次內賜酒食，依格各合差客省官一員伴賜。」詔更不差官。

十三年六月六日，四方館言：「舊例，郊祀、宣德門肆赦，蕃國進奉使副、大小首領并賣馬蕃部郊壇陪位，及肆赦稱賀立班，係鴻臚寺具到職次、姓名習儀，（上）〔止〕令承受分任班位，至日引押。契勘將來郊祀、登門肆赦，若有上件蕃國使、副等在闕，欲乞下禮部依此施行。」本部看詳：「鴻臚寺昨於建炎三年減罷，除無案籍考據外，若將來大禮，諸蕃國有因朝貢到闕，即本部開具職次、姓名關報四方館，令依自來條例。內賣馬蕃部若不因朝貢，止緣賣馬到闕，即令兵部開具，回報本館施行。」從之。

十二月三十日，客省言：「正旦使人朝見與將來朝辭，各殿門外賜酒食，合差伴賜官。」詔各就差館伴官伴賜。

十四年正月二日，詔：「今後使人入界，止差承受一名，隨逐接送伴前去，掌管一路御筵儀範。所得口券食錢等，並依接13送伴白身主管文字則例支破，仍舊接送伴一曆批勘。」

二十五年十月八日，客省言：「將來占城國進奉使、副到闕，在驛禮數儀範，緣無舊案牘，今條具到禮數、行馬、坐次下項。」詔並依擬定。一、進奉使、副與押伴官相見：其日，進奉使、副到驛，歸位，次客省承受引譯語赴押伴位參押伴，復作押伴問：「遠來不易！」參訖，譯語作進奉使〔一〕、副傳語押伴官訖，退。客省承受同譯語入進奉使、副位，次使、副起立，與客省承受相見，揖訖，客省承受作押伴官回傳語進奉使、副：「遠涉不易，喜得到來，少頃即得披見。」次客省承受引首領赴押伴位參，復作押伴問：「遠來不易！」參訖退，客省承受次撥人從參押伴。客省承受喝：「在路不易！」參訖，退。譯語齎進奉使、副名銜分付客省承受轉押伴訖，復請押伴轉銜分付譯語訖。少頃，客省承受引押伴官同進奉使、副陞廳對立，客省承受互展狀相見訖〔二〕，揖，各赴坐。點茶畢，客省承受喝：「入卓子。」五盞酒食畢，客省承受喝：「徹卓子。」次點湯、喫湯畢，押伴官、進奉使副相揖畢，分位。一、習朝見儀：其日，候閤門差人

〔一〕進：原脱，據本書蕃夷四之七七補。
〔二〕互：原稿先作「玄」，旁批「元」，俱誤，據本書蕃夷四之七七改。

赴驛教習儀範〔一〕，同客省承受先見押伴，訖，計會譯語，請進奉使、副服本色服〔二〕。次客省承受同譯語引教習儀範人相揖，教習朝見儀。訖，相揖畢，退。朝辭准此。一、朝見：其日五更，人馬、從物入位，客省承受計會譯語，請進奉使、副上馬，相次上馬。次押伴官與進奉使、副相揖畢，行馬。首領於門外上馬，至**14**待漏閣子下馬。俟開内門，押伴官、進奉使、副上馬，至皇城門裏宫門外下馬，至殿門外（侍）〔待〕班幕次待班。其首領已下步行入皇城門。俟閤門報班，引進奉使、副出幕次，入殿朝見。拜數禮儀並如閤門儀。俟朝見畢，閤門引進奉使、副出殿，客省承受接引歸幕次。客省承受引伴賜舍人、押伴官、進奉使副對立，相揖畢，客省承受贊坐。點茶、喫茶畢，客省承受喝：「入卓子。」酒食畢，客省承受喝：「（入卓子酒食畢客省承受喝）徹卓子。」點湯、喫湯畢，客省承受引伴賜舍人與進奉使〔三〕、副相揖畢，伴賜舍人先退。次押伴官、進奉使副相揖畢，引至宫門外上馬。首領以下步行出皇城門外上馬歸驛。朝辭准此。一、在驛客省簽賜節料節儀：其日，俟客省承受齎到賜目，管押所賜節料等到驛。客省承受先報押伴訖，於設廳前望闕鋪設所賜物。客省承受引進奉使、副立定，引進奉使、副拜賜目，跪受訖，次引首領以下拜賜目，跪受賜，訖，退。一、御筵：其日，候賜御筵天使到驛，諸司排辦備，客省承受取進奉使、副名銜轉押伴看訖，納天使，復取賜御筵天使轉銜分付譯語。少頃，客省承受引天使、押伴官〔四〕、進奉使副降階對立定。客省承受先引押伴官望闕謝恩如儀畢〔五〕，引依位立。次引進奉使、副謝恩如儀，畢，引依位立。天使與進奉使、副相揖畢，天使先退。次押伴官與進奉使、副相揖畢，引押伴官、進奉使副陞廳，席後立。客省承受撥首領以下謝恩如儀，訖，赴席後立。客省承受上廳贊**15**揖畢，赴坐。點茶、喫茶訖，行酒。俟酒食畢，客省承受喝：「徹卓子。」點湯、喫湯畢，引首領以下謝恩。客省承受贊：「席後立。」俟首領以下謝恩如儀畢，客省承受引押伴官、進奉使副降階對立定。先引押伴官謝恩如儀，畢，引依位立；次引進奉使、副謝恩如儀，畢，引依位立。客省承受引天使依前位立，進奉使、副令譯語跪執謝表，拜訖，進奉使以表跪（受）〔授〕天使，訖，引依位立。與天使相揖畢，天使退。次押伴官、進奉使副相揖畢，引分位。一、起發日〔六〕，進奉使、副與押伴官相別：其日，候進奉使、副以下般擔行李盡絶，就驛酒食五盞。俟排辦備，客省承受引押伴官、進奉使副陞廳對立，相揖畢，客省承受贊坐。點茶、喫茶畢，客省承受喝：「入卓子。」五盞酒食畢，喝：「徹卓

〔一〕驛：原作「譯」，據本書蕃夷四之七七改。
〔二〕本色服：原脱，據本書蕃夷四之七七補。
〔三〕省：原脱，據本書蕃夷四之七七補。
〔四〕伴：原作「官」，旁批「客」，並誤，據本書蕃夷四之七七改。
〔五〕望：原作「至」，據本書蕃夷四之七八改。
〔六〕起發：原作「進奉」，據本書蕃夷四之七八改。

子。」點湯、喫湯畢，客省承受引押伴官、進奉使副對立定。客省承受互展狀相別，訖，分位。客省承受引首領以下辭押伴，並如參押伴儀。畢，次伴送使臣交割，起發前去。

同日，詔：「占城進奉人到闕，在驛主管諸司官就差監驛官與臨安府排辦事務官同共管幹，疾速施行。」

十一月三日，客省言：「占城國入貢，其進奉人非晚到闕，緣本省別無見存條令案牘檢點，今具合行排辦事件，伏乞施行。」並從之。一、欲乞候進奉人到闕，客省就驛置局，主管事務。一、令來進奉人候報到至國門日分，客省承受同合用人從、鞍馬等出城幕次，內計會引伴使臣祗備使用。候入城到驛，與押 16 伴相見，茶湯畢，排辦酒食五盞訖，分位。所有相見酒食五盞，令在驛御厨、翰林司隨宜供應排辦。其城外幕次，令臨安府於經由入國門外側近去處釘設幹辦。一、進奉人到驛，所有朝見日分，欲乞候本省取到進奉人牓子，具奏取旨引見。及朝辭日分，依此施行。所有皇城門外待漏幕次、(付)〔什〕物等，欲乞從本省關報儀鸞司排辦釘設。一、押伴官并進奉使、副乘騎素銀鞍馬四匹，判官等鞍馬一十匹，乞下馬軍司差撥，事畢遣發。一、進奉人到闕，本省置局取索文字，欲乞下步軍司差投進文字兵士五人，事畢發遣。乞從本省保明，關報皇城司，權關請敕入宮門號五道，逐人綴帶，事畢送納。一、進奉人起發日，就驛排辦酒食五盞〔一〕。押伴官相別訖，進奉人交付伴送使臣起發前去。所有酒食五盞，(食)〔令〕在驛御厨、翰林司排辦供應。

二十一日，詔：「福建市舶司差到使臣韓全等八人〔二〕，押伴占城進奉人到闕，回日可就差伴送前去。合得券錢，令臨安府自到闕日照券批(文)〔支〕。」

同日，詔：「占城進奉人到闕，已降旨揮，客省置局主管，日輪官一員到驛照管。合破酒菓、喫食等，依押伴官支破。其客省使臣、行首、承受、典書、投送文字兵士，各日支食錢并合用紙劄、朱紅，據數並令臨安府支破，食錢自入驛日起支，起發日住支。」

二十二日，客省言：「今來占城進奉人到闕，別賜國信物色，已下所屬製造訖，欲乞送祗候庫打角，學士院 17 封題請寶訖，付客省關送押伴所施行。」從之。翠毛細法錦夾襖子一領，二十兩金腰帶一條，銀器二百兩，衣著絹二百匹，白馬一匹，八十兩鬧裝銀鞍轡一副。

二十七日，詔：「引伴占城進奉人使臣韓全等八人，并譯語二人，自泉州引伴并伴送前去，特與等第犒設一次。使臣韓全一百貫，與占射差遣一次，令吏部給據。譯語二人各五十貫，衙前一名五十貫，手分一名三十貫，軍兵五人各一十五貫，並令户部支給。」

同日，詔：「占城進奉人到闕，押伴官與(衣)〔依〕館伴

〔一〕驛：原脱，據本書蕃夷四之七八補。
〔二〕使臣：原作「使司」，據下「二十七日」條改。

大(全)〔金〕使、副例減半，支銀絹各一百匹兩，充收買私覿。客省官置局主管，與依國信所主管官例減半，每員支銀、絹各二十五匹兩，並令户部支給。其當行房分折食錢，令臨安府依大金人使到闕例減半支給。」

二十八日，客省言：「占城進奉人回程，其沿路差破遞馬、宿泊、飲食等，並乞依引伴來程體例施行。所有擔擎人，乞據合用人數，令臨安府應副起發，前路逐州交替，經由州軍委巡尉防護出界。及依已降旨揮，令押伴所於未起發已轉牒經由州軍，預行差人界首祗備交替。」從之。

二十六年正月十四〔日〕，樞密院言：「交趾差太中大夫周公明等管押稱賀昇平，及差右武大夫李義等管押常貢綱運，同赴闕投進。本省契勘，熙寧四年諸蕃國稱賀，令客省官置局主管，今後應緣蕃國入貢，並乞依上件省記旨揮施行。今後交趾、占城、羅殿國、小張蕃入18貢，係屬客省主管置局。本省已有占城國昨到闕見、辭等體例，所有將來交趾國到闕見、辭等應干合行事件，伏乞旨揮。」詔：「將來交趾國到闕，並依占城國進貢人昨到闕體例。并內有事體輕重，或該載未盡事件，並令客省逐旋申朝廷取旨。今後遇諸蕃到闕，准此。」

同日，詔：「今來交趾到闕，其見、辭分物等，依占城國到闕，闕會太常寺檢討典故施行。」太常寺檢討到交趾朝見分物故例支賜，內使韡改作履，一十五兩渾鍍銀腰帶改賜一十五兩金腰帶，衣著作五十匹，鞍轡令造銀裹橋，錦緣素紫羅韉，紫羅刺裹鞦轡，間鍍稀釘銀作子。副使朝見分物依正使件數，內金腰帶一十兩，衣著三十匹，銀器二十兩，鞍轡令造銀裹橋，錦緣素紫羅韉，紫羅刺裹鞦轡，間鍍簇三銀作子。監綱絹作一十匹，內錢五千改作銀器一十兩。書狀官絹作一十匹，內錢二千改作銀器一十兩。並依昨占城朝見已賜例，各賜一十兩金花銀腰帶、絹寬汗衫、小綾夾襪頭袴、幞頭、絲鞋。孔目官、防援官行首、都衙、常押衙，各絹作七匹，內錢二千改作銀器五兩，各賜絹汗衫、絹勒帛、絹夾襪頭袴、幞頭、麻鞋。通引官行首、通引官知客、衙官行首、看詳公人，各賜絹汗衫、絹勒帛、絹夾襪頭袴、幞頭、麻鞋，絹五匹。其使、副以下朝辭分物，並依昨占城已賜例，其通引官行首、通引官知客、衙官行首、看詳公人朝辭，特各賜銀五兩、絹三匹，令所19(所)屬先次製造排辦。候會到的確人數，稱呼，如有該載未盡名色，可比擬等第給賜施行。

二十四日，詔：「令伴送三佛齊進奉人使回程，除日用喫食、蔬菜、熟藥外，並不得應副買賣金銀、匹帛、生藥等物。仰經由州縣(其)〔具〕應副過物件申尚書省、樞密院并各省。」

四月三日，詔：「將來交趾進奉人到闕，押伴并一行應辦人，並依昨占城進奉人到闕著紫衫帶子體例施行。」

同日，詔：「今來交趾到闕，懷遠驛差監門官一員機察出入，兼提振火燭，管轄祗應軍兵鞍馬從物等，仍與諸司官同共管幹。其差取日支食錢，並依押伴所差破引接已得旨揮施行。」

二十七日，客省言：「據客省主管文字張彥中狀：伏覩本省《元豐格》，主管文字大禮畢銀器四十兩、衣一襲。昨緣紹興十三年八月内，有主管文字劉撰差充奉使大金賀正旦國信所都轄，至當年十一月内郊祀，不在省祇應，因而不曾批勘。伏乞自紹興二十五年郊祀大禮畢爲始批勘。」詔依本省見行《元豐格》批勘，今後准此。

六月十七日，客省言：「交趾國入貢，應〔干〕事件並依占城體例外，今續有合行事件，欲乞施行。」並從之。一、押伴官并進奉使、副乘騎素銀鞍馬，及判官以下并本省使臣人吏鞍馬，候會到的確等第、稱呼、人數，乞從本省據合用數目關報馬軍司差撥，事畢發遣。其一行鞍馬，欲乞差管押使臣一員并(空)〔控〕馬人，各日支食錢，於押伴所料次錢内【20】支給。一、將來交趾進奉人到驛，切慮諸色人亂有出入，應入驛人並置牌號，機察出入。無牌號人輒入者，乞從本省送所屬依條施行。仍每名立賞錢三十貫，犯人名下追取。一、本省使臣人吏置局，行移文字事體繁重，欲乞依國信所使臣人吏等第添破食錢，並乞減半支給。自進奉人過界日起支，出門(人)〔日〕住支。三省禮房、樞密院廣西房提點職級至主行人，依客省使臣體例施行，守闕減半支給，點檢、催驅印房依條施行，並隨逐處大曆内批勘。今來係是時暫，乞不理爲名色(也)次數。今後諸蕃國入貢乞依此。一、懷遠驛差監門官一員，欲乞於見任寄居待闕大小使臣内指差，進奉人到闕前三日赴驛。若係寄居待闕官，其本身請給仍令臨安府按月幫勘，候進奉人起發日住支。

七月十三日，客省言：「昨占城國入貢，本省差承受一名入驛掌管儀範，引接祇應。今來交趾到闕，切慮一名祇應不前，欲乞每綱各差承受二名。」詔遇蕃國到闕，特貼差承受一名入驛引接祇應，今後準此。

八月二十七日，客省言：「每歲正旦、生辰，大金人使到闕，合賜簽賜，亦是本省依格繳進謝表。今來交趾賀昇平、常貢兩綱使副朝見，依本省格繳進。」

九月十五日，詔：「交趾到闕，令内藏庫支絹四十九匹、錢二十貫五百文客省使臣以下〔一〕，銀絹三十匹兩支在驛諸司官，絹五匹支在驛監門官，錢三十貫支學士院點檢文字【21】等，並充犒設。」

十月三十日，詔：「今來三佛(齋)〔齊〕到驛，懷遠驛差監門官一員機察出入，兼提振火燭，管轄祇應軍兵鞍馬從物等，仍令諸司官同共管幹。其差取請給食錢并所破喫食等，並依昨交趾已得指揮體例施行。」

十一月二十二日，詔：「諸蕃到闕，日輪客省(客)〔官〕一員在驛宿直。内監驛、監門、掌儀、承受、巡視、把門親事官，應在驛諸色祗應人等，自合依國信所隸客省官主管，日

〔一〕「客省」上疑脱「與」或「付」字。

食支錢，并事畢依例支賜犒設，令客省官奏請支散。客省押班所行移案牘，如敢拆截隱漏，當行使臣、手分並從徒一年科罪。」

十二月二十四日，詔：「昨占城、交趾進奉人到闕，客省已差承受二人，國信所掌儀一名，赴驛同共祗應。今來國信所已降指揮更不差，客省添差承受一名，充添掌儀祗應。今先次施行鞍馬、食錢，依國信所差到掌儀則例支破。」

同日，詔：「押伴官鄭應之遇在驛闕官，職事相妨，令申閤門，免赴起居事。」

同日，詔：「三佛(齋)〔齊〕進奉人到闕，正月一日合赴拜表，待班幕次於南宮門外以西廊上管軍、知閤幕次，〔儀〕鸞司釘設，令出入麗正門。其管軍、知閤門幕，權於宮門裏以東廊上釘設。」

孝宗隆興元年八月十七日，右諫議大夫王大寶等言：「客省吏額一十五人，今減典書二人，以典書五人爲額。四方館吏額一十一人，今減貼司二人。」詔見在人且令依舊，將來遇闕，更不還補撥填。（以上《永樂大典》卷一一三〇七）

閤門司〔一〕

22 閤門司在紫宸殿前南廊，掌供奉乘輿、朝會、游幸、大宴，及贊引親王、宰相、百寮、蕃客朝見辭謝，糾彈失儀。置使、副使，亦有通事舍人。（以上《永樂大典》卷次原缺）〔二〕

閤門使

【宋會要】

紹興元年，詔主管閤門宋籛孫轉横行一官，落權字。上 23 曰：「籛孫乃藩邸内知客，稍習閤門儀注。」而法非横行不許知閤門，故與轉横行一官。

紹興五年，詔右武大夫以上〔三〕，並稱知閤門事；若官未至右武大夫者，即稱同知、同兼，序在閤門之下，即副使也。

引進使

【宋會要】

真宗景德元年十一月二十八日，契丹遣左飛龍使韓杞朝于行在宮，命知澶州、引進使何承矩郊勞〔四〕，翰林學士趙安仁接伴之。

〔一〕原無此題，徑補。

〔二〕按，據《永樂大典目録》卷三，似當在《大典》卷一一〇五「司」字韻「皇城等司」事目下。

〔三〕右：原作「左」，據《群書考索》後集卷一二改。

〔四〕矩：原作「知」，據《長編》卷五八改。

乾興元年仁宗即位未改元。二月，遣崇儀副使薛貽廓假引進使使契丹，以真宗崩告哀。（以上《永樂大典》卷一三三二六）

宋會要輯稿　職官三六

内侍省

【宋會要】

[1]國初有内班院，淳化五年改黄門院，又改内侍省内侍班院，景德三年止名内侍省。所領舊有監，少監，内侍，内給事，内謁者，内寺伯，宫教博士，掖庭、宫闈、奚官、内僕、内府五局令、丞。〔令〕〔今〕置左右班都都知〔一〕、左右班都知〔二〕、副都知，並景德三年置，以諸司使、副使已上充。其初，左、右班各有押班，後止爲押班，内殿崇班已上充。其屬官有東西頭供奉官、殿頭、高品、高班、黄門六等，掌分番入直宿、出使之事，行幸給使。押班已上領省事。又有前殿祗候、高班内品、祗候内品、後苑内品、北班内品、散内品及寄班供奉、侍禁、殿直、奉職、小底。其内府局丞以上爲加官，自小黄門以上皆有加官，至内常侍止。内侍已上不常置，亦有特爲内常侍，以檢校官爲之，在内東頭供奉官上。

《兩朝國史志》：内侍省有左、右班都知，左班都知、副都知，右班都知、副都知，押班、内東頭供奉官〔三〕、内西頭供奉官、内侍殿頭、内侍高品、内侍高班、内侍黄門。都知以諸司使充，副都知以諸司使、副充，押班以内殿崇班以上充，領省事，然不備設。自供奉官至黄門一百八十人，爲定員。凡内侍初補曰小黄門，經恩遷補則爲内侍黄門。自都知至黄門皆番休直宿，或奉使中外，車駕行幸則供給使。又有前殿祗候、高班内品、祗候内品、後苑内品，其[2]掌與黄門以上同。凡以罪出者，降爲灑掃院子，今北班内品、散内品是也。又有寄班供奉、侍禁、殿直、奉職、小底，日奉内朝，以備乘傳急詔。凡天子巡幸，則執乘輿服御。其吏屬則有前後行各二人，典二人。元豐改制，具載《職官志》。

太祖乾德四年六月，詔曰：「宦者四星，著於垂象，給事宫掖，自有定員。人臣之家，豈宜私養？因而規利，尤紊舊章。准唐開元七年詔：『内侍五品以上許養一子，以同姓者充，初養不得過十歲。』又准寶曆二年詔：『百官及方鎮之家，不得私置白身内侍者。』自今内官不計班品〔四〕，須年及三十以上，兼見在朝廷繫職，方許養一子〔五〕。若是自有養父見在，不得轉置養子。餘依開元、寶曆中處分。如降詔前已有養子數多者，不在此限。内外士庶不得將童男養爲宦者及規求財利。所在嚴加覺察，違者不赦。」

開寶四年七月，詔曰：「前詔内侍不計官品高低，逐人

〔一〕都都知：原脱一「都」字，據《職官分紀》卷二六補。
〔二〕「左」下原衍「班」字，據《職官分紀》卷二六删。
〔三〕内：原無，屠寄批云：「寄按史志，『東頭供奉官』上當補『内』字。」據補。
〔四〕計：原作「許」，據下條改。
〔五〕子：原作「字」，據《長編》卷七改。

許養一子，以充繼嗣。近日訪聞多有論訟，爭競資財，宜令宣徽院曉示：見在內侍自今日已前已有養男者，不計人數，明具姓名、年幾，報宣徽院置籍收係。今後如年滿三十，已無養父，欲收養義男者，本家具姓名、年幾，經宣徽院陳狀以聞，候得指揮，給與憑據收養。若衷私養者，許人糾告處死，告者賞錢百千，以犯事人家財充。如詔前已有義男多者，不（許）〔計〕人數，分析久後資産，特許諸子均分。如帳籍無名，不在此限。」

太宗太平興國六 3 年五月，詔：「內班舊著黃者，自今令著碧。」

雍熙三年十月，以內中高品都知王仁睿爲洛苑副使〔一〕，仍舊都知，初領諸司副使也。

淳化五年八月，改內班爲黃門。以崇儀副使兼內班左都知竇神興充莊宅使，兼黃門左班都知，初領諸司使也。

九月，改黃門爲內侍，以黃門院爲內侍省。

真宗咸平四年七月，詔：「內侍省差出內品，所賜盤纏錢，候見樞密院劄子，請赴班當面給之〔二〕。」

五年五月，溫台巡檢〔三〕、內品徐志通坐養百姓李歡男四人作男，得十二日〔四〕，懼罪還本家；又縱軍人奪婦人鄭氏男，致鄭氏抱兒入海死。詔決杖，配掃灑院子。因下詔曰：「內侍許養一子，前條具載編敕，年歲稍遠，不知有此明文，致陷深刑，良增惻憫。再行告示，庶俾遵依。其今日以前已有數人，許令仍舊。自今宣徽院置籍收係姓名，分明告示，一依乾德四年、開寶四年詔命施行。」

十月，詔：「內侍省應抽公人當直者，至日發遣，各歸逐處，不得令宿班院。」

十一月，以內侍高品張仁恭爲內侍省內侍殿直。仁恭從晉國長公主積歲，頗勤幹，主爲言，求遷秩。真宗以仁恭當還內侍殿頭高品，而給事主第，其名非便，故置是職命之，而給殿頭高品俸料。仍令與殿頭高班衮同排連，自今止以轉補月日排名。

六年十二月，詔：「崇德、長春殿坐朝日，內侍省差使臣四人更番於板鄣覘步，如有窺覦者，密具名聞。」

真宗景德三年二月，詔：「比者入內 4 內侍班院分遣使臣於內東門等處勾當，建置名目，細而甚煩，詳其所掌，甚有可省去者。其內東門取索司可併隸內東門司，餘入內都知司；內東門都知司、內侍省入內內侍班院，可立爲入內內侍省〔五〕，以諸務隸之。仍令逐處各據合行事件條列以聞，即降詔條約，各令遵守。」遂定入內內侍省管勾下項事：凡三司及憑由司等處，據諸處支遣過物取索同否，非傳宣行遣公事，出劄子赴逐處。在內庫務及造作所合係本

〔一〕洛：原作「落」，據《宋史》卷四六六《王仁睿傳》改。
〔二〕請：疑誤，詔旨處分內侍事不當用「請」字。似當作「須」。
〔三〕溫台：《長編》卷五二作「明台」。
〔四〕得十二日：《長編》卷五二作「凡十一日」。
〔五〕立：《長編》卷六二作「併」。

司除破物色，具帳點勘，印書除破。諸王宮院及公主、郡縣主宅奏乞物色，皇城六指揮及翰林儀鸞司、御厨、輦院宣給特支。皇親下財出室迎娶，内降尚書内省劄子取物。入内供奉官已下勾當公事，諸班内品勾當及出外監當，收補入内供奉官已下及料錢、(依)〔衣〕糧請受，日奏宿直并私身係名内侍季帳，定諸色人恩賜及身亡孝贈。應宣奉聖旨，合係本班勾當公事，皆著宣命指揮。

五月，内侍省内侍班院言：「准淳化五年詔，内班院改爲内侍省内侍班院，入内黄門班院改爲内侍省入内内侍班院，已止稱入内内侍省。本班亦請稱内侍省，及賜新印。」從之。

八月，詔：「内侍省逐月差使臣於禮賓院監散蕃部酒食、馬價者，無得給食直錢，仍令勾當崇政殿門者提舉賜蕃部酒食。」

大中祥符元年四月，詔：「今後入内内侍省、内侍省(巡)更互逐年差使臣巡黄、汴河堤。」

十月，東巡，詔：「自來車駕 5 出入，止差中使二人祇候傳宣。自今令行在入内内侍省選中使五人，逐日入閤内承旨。」

二年正月，詔：「内侍俸薄，比以銜命出使事例，不藉俸給。自今一切止絶，(糧)〔量〕增俸給。」因言：「内臣以高班内品，廣南舊有此名，宜改爲入内内侍省黄門高品，視秩如舊。」

二月，詔：「入内内侍省供奉官改爲入内内侍省内東、西頭供奉官，殿頭高班爲内侍殿頭，高品爲内侍高品，高班内品爲内侍高班，黄門爲内侍黄門。小黄門如初收補，且稱小黄門，候該恩轉遷，方得補内侍黄門。内侍省供奉官、殿頭、高品、高班、内品準此。」

四月，詔曰：「入内内侍省都知李神祐等首冠禁庭，總轄内省，屬普行於慶澤，俾精考於勤勞。而乃自爽公平，殊虧整肅，致煩瀆之滋甚，在寬慢以何多！聊行懲戒之文，尚示優容之旨。其都知李神祐、石知顒，副都知張景宗、藍繼宗，並可守本官；内供奉官范守遜、皇甫文、史崇貴、張廷訓〔一〕，妄有覬覦，頗爲煩黷，適行慶賜，尚示優容，可内侍省内常侍。」先是，封禪迴，内臣有扈從升山者，有至岳下不升山者，有不從祀者，帝令都知司第其勞(續)〔績〕，親閲之，以勞叙遷。而守遜等競述勤効，皆望超擢，且言神祐等品第不盡公當〔二〕，止之，止而復來者數四〔三〕，神祐等不能禁止，故有是命。

是日，又詔：「内臣任諸司使、副使，有子隸入内内侍省〔四〕、内侍省，經恩未遷者，並特遷補一人。」

十六日，又詔：「鄧永遷已授入内都知，内中職官不欲

〔一〕廷：原作「延」，據《長編》卷七一改。
〔二〕且：原缺，據《長編》卷七一補。
〔三〕止而、者：原無，據《長編》卷七一補。
〔四〕隸：原缺，據《長編》卷七一補。

更6在他局，其先勾當皇城司、整肅禁衛御輦院，並罷之。」

七月，詔：「內使宣賜，有送錢者，宜令本省差定其數，勿使過當。」時軍校有亡歿者，賜錢五十千，其家以十千奉使臣，上封者言，故命條約。

九月，改灑掃院子爲散內品，（請）〔諸〕色請受、差役悉如院子例。

十月，內侍省言：「本省使臣保任子弟，咸（不乞）〔乞不〕隸本省，並補入內內侍省，望行禁止。」從之。

三年二月，詔內侍省，每車駕出入，差內侍二人，與御廚同散隊食。」

三月，詔內侍省：「內品闕馬及馬病乞納換者，須具名奏送群牧司。」

四年三月，詔：「內侍監捕賊者，無得製非法凌遲物〔一〕，仍每差下使臣，取知委狀以聞。」

六月，內供奉官張承素請爲故父贈豐州觀察使崇貴立神道碑。帝曰：「中官立碑，恐無體例，如李神福、竇神興曾立碑，即聽。」

七月，帝謂近臣曰：「昨覃慶，中外遷官，唯入內〔內〕侍省、內侍省官若依例改轉〔二〕，即自來在朕左右經歷指使，勤憤勞逸不能均矣。因取兩司姓名、入仕年月、勾當度數及祗應汾陰人數，（現）〔親〕自較量勞績改轉，則勤勞怠易者有所區別。」遂詔：「從祀至（睢）〔脽〕上及河中府、入仕及十年者，至西京〔三〕、入仕及十五年者，留司掌事、入仕及十七年者，並與改轉。將命在外者亦如之。其請長假及事故，入仕未滿年限者〔四〕，量增俸給。內諸司使有子者，恩例外更特改轉一人。」

十月，詔：「先差內品往諸州勾當場務，其內品皆是克復廣南後即選識事強明者任之〔五〕，今老不任7事，若別用後生者，多不能幹。自今有內品員闕，精加選擇，如闕人，即改差使臣。」

五年二月，入內內侍省言，前行費遜乞依陳瑩例轉職。帝曰：「陳瑩，太宗尹京日宅庫前行，故特補殿直。入內內侍省止有前後行、曹司名目，自今不得別置勾當官，餘罷之。」

四月，詔：「內侍省本班內，今後所招人力，並須審聽行止，保識分別，方得引赴內侍班勾當人處。仍勒與見在班人力五人遞相合爲一保，委不作過，重結罪文狀，於本省收附。如是班內稍有疏虞，若許令陳告，無人保委者，即發遣出班。其有更巡兵士，亦取索三人共爲一保，如無人保者亦替換。及令寅夜常切經署巡檢，及不得令庫務、倉場

〔一〕遲：原作「持」，據本書兵一一之六改。

〔二〕改：原作「以」，據《長編》卷七六改。

〔三〕西京：原作「四京」，據《長編》卷七六改。

〔四〕入：原作「人」，據《長編》卷七六改。

〔五〕品：原脱，據《長編》卷七六補。

當直公人在班上宿〔一〕。先於東、西八作司抽差到廣德指揮節級、長行共四十二人，作兩番，每番二十一人，寅夜在班，分作四鋪，每鋪五人，分定經次巡宿。打火割移名糧，係内侍省充打火從人，逐日皇城司差親事官、節級點檢。其入内内侍省所招人力，亦仰皇城司、入内内侍省依此指揮。」

十一月，内侍楊懷恩言家婢間諜父母，欲各居。帝曰：「中官皆是養子，亦宜深察此弊。」特杖一百，隸唐州内品。

六年正月，詔：「比來内臣將命出外，不許干預州郡事。如聞有收受牒訴送所在州縣，官吏不敢拒之，恐緣此或致枉抑。自今宜切禁絶，違者重論之。州郡受而不奏者同罪。」

八日，詔：「如聞入内内侍省遣親事卒於京城采察 8 公事，因緣搔擾，並止絶之。」

（二）〔三〕月〔二〕，帝作《内侍箴》并注，賜内侍副都知閻承翰等。承翰表請刻石本省〔三〕，從之。

七月，詔：「入内内侍省、内侍省内供奉官已下并寄班等，自今有乞差遣者，並送逐省勘會，定奪取旨。候得處分者，即却送樞密院勘會定差。」

七年七月十六日，詔：「每崇政殿軍頭司引公事，差内侍高品二人整肅祗應人不得諠譁。」

十九日，詔：「内侍省使臣差出勾當者，勘會有已滿三年或元定二年替者，逐旋申奏差替。」

八月，詔：「入内内侍省、内侍省使臣，今後須三年一替。或有績効及曠怠不治者，有司考第以聞，升（陞）〔降〕差遣，增損俸給。」先是臣寮上言，内中（西）〔兩〕省使臣有差遣請給不均者，故條約之。

八年五月，廢内侍省黄門，其高班内品改爲前殿祗候高班内品。

九月，詔：「入内内侍省自今命使臣勾當後苑、御園、内東門司、龍圖閣、太清樓，並報樞密院給宣。」

天禧四年四月，詔寄班祗候自今並依三班使臣所定年限磨勘。

十二月，詔：「自今中使傳宣，齎手詔御寶文字赴中書、樞密院，係遷秩加恩事，並先赴入内都知司上籍覆奏訖，仍給付施行。」

仁宗景祐二年九月，詔：「今後内臣入仕三十年已上，累有勞効，經十年不曾遷轉者，仰勘會保明取旨。」

十二月三日，詔：「入内都知、押班今後經落職，只得前殿都知、押班。今後前、後殿都知、押班不勾當皇城司，見勾當者年滿差替，其張永和皇城司闕更不差人。前、 9

〔一〕上宿：似當作「止宿」。
〔二〕三月：原作「二月」，據《長編》卷八〇改。
〔三〕承翰表：原無，據《長編》卷八〇補。

後殿都知、押班親戚，不得差勾當御藥院。」

四年二月十七日，詔：「自今內品犯罪，並勘罪，檢刑名杖數聞奏，降所屬處斷遣。」時高品陳崇祐抵罪贖金，令未得與差遣，因有是詔。

五年十月二十一日，入內內侍省言：「乞依景祐二年九月詔，內臣勾當諸般差遣了畢，除依久例合與遷轉外，不得投進文字及御前乞改轉。及乞今後勾當內東門、龍圖、天章閣，並本省選擇差使。」從之。

慶曆元年七月，詔：「內侍省押班闕員，取嘗歷邊任、累有功者補之。」

四年九月四日，入內內侍省言：「文武臣僚在京勾當，並依外任批書所抵曆子。其使臣係(二)〔三〕班院出給，諸司使至(閣)〔閤〕門祗候係樞密院出給。入內供奉官已下，緣各有差遣勾當去處，欲並從本省出給，所抵批書勞績及過犯。」從之。

六年九月，詔：「入內殿頭李繼和爲擘畫券馬等勞績，於轉官年限內與減四年，仍不理入仕及三十年。今後有酬獎勞績，並准此。」

皇祐元年三月，內侍省言：「自今內供奉官有過，且勒歸班，給半俸，候復赴入內祗應，方許全給。」從之。

十一月，以昭宣使、眉州防禦使、內侍省內侍副都知楊懷敏領梓州觀察使，爲三陵副使，罷副都知。舊制，內臣都知以過罷去者不許再除，懷敏頃以宿衛不嚴被黜，至是復用，臺諫共論列，卒罷之。

二年十月十二日，詔：「內臣東頭供奉官，如內有情願回授或(對)〔封〕贈父母，亦聽從便。」

三年正月十二【10】日，詔：「入內內侍省、內侍省供奉官已下至內品，自來每因勾當遇勞績事件，合得指射差遣者，只得各於本省差遣內陳乞指射。其已授下未赴(賦)〔職〕勾當及見勾當者，並候將來年滿，一依今詔。并有年限違礙對移差遣，亦只得於本省差遣內回換。」

四年三月十一日，詔：「近來入內供奉官已下承領傳宣者，並須躬親赴逐處，仍令承准傳宣處依近條覆奏，審取指揮。若是使臣依前封齎傳宣(女)〔文〕字投下，不得收接。」

五年閏七月，詔內侍省：「自今內侍供奉官至黃門，以一百八十人爲額〔一〕。」

八月十四日，詔：「入內內侍省使臣爲不合直批聖旨，特與放罪。今後奏乞事件，並依條約申中書、樞密院取指揮。」

九月，詔：「內臣有自陳勞績而求遷改者，自今並下入內內侍省定奪當否，令樞密院取旨。其明合賞格者，即與施行。」

是月，以入內內侍省內侍都都知、延福宮使、武信軍節

〔一〕以：原脱，據《長編》卷一七五補。

度觀察留後王守忠爲入内内侍省、内侍省都都知〔一〕。兩省都都知，國朝未嘗除也，於是御史俞希孟乞今後更不除前後殿都都知，乃詔自守忠後更不差除。

十二月，詔：「入内内侍省、内侍省都知、押班，非年五十以上、歷任無贓私罪者，毋得除。」

至和元年十二月，詔：「自今内臣傳宣，令先至都知司出劄子，其被旨處仍覆奏之。」

二年二月，詔入内内侍省、内侍省：「應内臣曾犯罪停降復得叙名職者，不許通計舊勞以覬恩賞〔二〕。」

二十七日，内侍押班 11 武繼隆言：「乞今後應係前、後兩省内供奉官已下至内品等，如有授到諸(殷)〔般〕指射轉官優等差遣，及朝廷與減守年代轉官劄子等，若或因爲公事決配、勒停、降責者，自後却漸經赦恩叙復内侍省名職，更不得再將未犯罪已前所授文字陳乞使用，及内侍省不得施行。内有本非己過、因事緣坐累及者，不在此限。」從之。

嘉祐四年四月四日，臣僚上言：「乞今後應係宫禁閤分衹應内臣、諸色人等，不得請求嬪御乞批降指揮，僥倖恩澤。如實有勞効，合該酬奬，即令經所屬官司自陳，具狀取旨施行。如違，令二府依舊條奏(刻)〔劾〕，使臣特降名，諸色人並(淩)〔決〕配。」詔(令)〔今〕後請求内降刑名，並依自前詔約施行。

五月十一日，詔：「入内内侍省内臣員多，自今權住進養子入内。」從翰林學士韓絳之奏也。至治平元年十一月十七日，始有旨壽聖節、南郊許奏薦也。

六月，詔入内内侍省：「自今選内臣年五十以上無過犯者，勾當内中諸閤分。」

五年二月，詔入内内侍省：「内臣曾犯贓私罪勒停，雖經赦，毋復隸入内省。」

十一月六日，詔：「今後内臣更不得理大使臣資序，内勾當御藥院特旨留者，候出外，據所留歲月比類優轉。應已理者依已得指揮外，今後更不再與遷理資序。」

六年七月八日，入内内侍省言：「乾元節合得食禄人，准慶曆六年五月聖旨，收一十人爲額，其諸班内品則無定數。請補入内内侍高品王日言 12 等四人各男一，並爲入内黄門衹候高品；内品羅成寧等三人各男一，並爲貼衹候内品。」從之。

十月五日〔三〕，樞密院奏：「乞自今前、後省内臣入仕，並理三十年磨勘；有已經磨勘者，理二十年。其以勞得減年，無得過五年。」從之。自祖宗以來，内臣未嘗磨勘轉官，唯有功乃遷。至景祐二年九月，詔内臣入仕三十年，累有勤勞，經十年未嘗遷者，奏聽旨，蓋猶無磨勘定格。慶曆以

〔一〕内侍省都都知：原脱「省」字，據《長編》卷一七五補。
〔二〕覬：原作「規」，據《長編》卷一七八改。
〔三〕十月五日：按《長編》卷一九五繫於十月壬午，即十月三日，疑此「五」當作「三」。

後，其制漸隳，黃門有勞，至減十五年，入仕纔五七年，有遷至高品以上者。兩省因著十年磨勘之例，而減年復在其中。至是，樞密院患其幸進者不已，故釐（堇）〔革〕之。

十（一）月十六日〔一〕，樞密院言：「勘會兩省使臣磨勘條例，欲除景祐二年九月詔并入內省自來黃門轉高班例依舊外，並依今年十月五日指揮〔二〕，其餘條例更不施行。」詔合該改轉高班已上，內元因勞績者及無勞績有公罪杖已下者，並理十年磨勘；無勞績、有贓私及公罪徒已上者，並理二十年磨勘。內私罪情理輕取旨。餘並從之。

七年正月，以文思使、帶御器械李繼和爲內侍省內侍押班。近制，兩省都知、押班並選年五十以上及有邊功者參用之。去年繼和當次補，而年四十九，至是始命之。

八月六日，詔自今祗候、殿頭以下不許乞入內職名。

英宗治平元年十一月十七日，樞密院言：「勘合自來內臣每遇聖節，安排兒男食禄。嘉祐四年五月十一日，令權住養子。」詔今後[13]遇壽聖節及南郊奏薦，並依自來條貫，嘉祐四年五月指揮更不施行。

二年五月四日，詔：「兩省今後應有本省使臣已得聖旨與改轉及差遣等，並仰具元進呈因依供申樞密院，覆奏取旨。」

六月十五日，詔：「今後內臣除御藥院依嘉祐五年十一月指揮外，自餘合轉內殿崇班、特旨留住者〔三〕，如年月理至供備庫副使，便令轉出。」

《神宗正史・職官志》：入內內侍省都都知，從五品；都知、副都知、押班，並正六品；內東、西頭供奉官，從八品；殿頭、高品，並正九品；高班、黃門內品，並從九品。無定員。都知、押班掌禁中供奉之事。凡中外官司應用內侍省辦其所治之事，按供奉官以下閥閱，以法選焉。乘輿行幸及祭祀、朝會、燕饗，諸以省給使者，皆前期戒令辦具；即奉使若督察國事亦如之。頒詔札之附疾置者，邊奏或機速文字則受而通進。祖免以上宗女出嫁，則視服屬給其資賜。宗室中都官若賻贈之物，則賦以品式。禁養餘子爲私身，願進外官者，推恩加等。遷至內殿崇班，則寄理資級。押班以上秩高者，加昭宣、宣政、宣慶、景福殿、延福宮使，領刺史，至觀察留後止。其要近職任，則彰善閣、延福宮還後苑；次龍圖、天章、寶文閣、東門司、御藥院，乃除帶御器械或押班，而遷除皆檢勘上樞密院。雖兼治職事，計於臨時而設（宮）〔官〕置局者有四：掌契丹使介交聘之事以檢察姦僞，則歸管勾往來國信所，都知、押班領[14]之；《哲宗正史・職官志》云：凡奉使、接伴、館伴，所需服飾器用應官給者皆掌之。使命在驛，則掌其宴犒、飲食、例賜之物。若非泛須索，則準例以給，無例者奏稟。應掌儀及通事、譯語使臣，皆以名籍分其職務，而檢察其姦僞。置吏四。

〔一〕十月：原作「十一月」。按《長編》卷一九五繫於十月乙未，即十月十六日，據刪。

〔二〕十月五日：《長編》卷一九五作「十月三日」。

〔三〕留住：似當作「留任」。

承旨須索，給要驗以授府庫，則歸合同憑由司；《哲宗正史·職官志》云：監官二人，掌禁中宣索之物，給其要驗。凡特旨賜予宗室、外戚及文武官，皆具名數憑由，任有司準給。置吏四。造服用之物以供禁省，則歸後苑造作所；《哲宗正史·職官志》云：後苑勾當官無定員。後苑造作所蓋官三人。後苑勾當官掌苑囿、池沼、臺殿種藝(碓)〔雜〕飾，以備遊幸。造作所掌造禁中服用之物，凡工作所需，具數奏稟畫旨，取給有司，而謹其出納之令。斂(阻)〔租〕稅之課入以修營佛祠，則歸提點寺務司。《哲宗正史·職官志》入鴻臚寺。皆内侍領之。凡分房二，設吏十有四。《哲宗正史·職官志》同。内侍省左右班都知、副都知、押班無定員，並正六品；内東西頭供奉官，殿頭、高品、高班、黃門、(納)〔内〕品，總一百八十人，品與前同。掌内朝供奉之事，應遷官、任子、選授、給使、將命之節，倣入内省法。日直禁省則視其多寡而番休之，天子行幸則執乘輿服御以從。後省官闕則承詔選補，押班以上仍聽(玄)〔互〕遷。凡分案三，設吏六。《哲宗正史·職官志》同。

神宗治平四年神宗即位未改元。二月，詔：「内侍内臣聖節合奏兒男，今年已經壽聖節收録，將來同天節權罷奏薦。」

四月七日，詔：「應兩省都知、押班、帶御器械及内臣大(臣使)〔使臣〕兼職及正勾當去處差遣，自來無年限替者，今後並以三年爲滿，差人承替。如内有合且令勾當，即候滿日臨時取旨。」

是月，樞密院言：「檢會内臣所領在京職局，自來並無更代之期。」詔内臣正領官局并兼職，並以三年爲任滿。

六月，詔：「入 15 内内侍省今後諸閤分闕使臣，選差謹畏有行止、別無過犯者充，仍常切覺察。及令開封府、皇城司察探，如有内臣於街市作過，即密具名聞。」時侍御史吳申言：「乞今後諸閤分祗應内臣，並令入内省結罪保明素有行止，別無過犯，方得差充。仍不得諸閤分指名勾喚。及乞下開封府、皇城司常切覺察，應有内臣於街市作過，重行決配，庶使閤寺謹畏，宮闈清肅。」因有是命。

熙寧元年二月九日，入内内侍省言：「乞將太皇太后殿等十二處使臣依舊祗候及十二年無過，餘閤分祗候及十五年無過，即並與放轉一資出閤。仍乞依舊令内東門司使臣保明。如累在閤分不得通理年月，只以新差到後來閤分年月酬奬。」從之。

二年正月十九日，翰林學士承旨王珪等言：「詳定内臣諸司副使奏薦兒男，須是年五十歲者方得奏薦。」詔内臣諸司副使須自入仕後經兩省祗應及三十年者，方許奏薦。

三年(三)〔七〕月〔一〕，宣慶使、遂州觀察使、入内副都知石全育言：「臣歷任四朝，今老且病，願罷本省，乞一宮觀寺院。」詔爲係先朝攀附，特依所乞，與免職轉官，提舉東太一宮，仍依石全彬例免朝參，仍遷節度觀察留後。

〔一〕七月：原作「三月」，按《長編》卷二一三繫於七月九日丁酉，據改。「三」字蓋承「三年」而誤。

十月二十八日，詔：「兩省都知、押班歲滿當還，自今令樞密院契勘施行。」

四年四月二日，上諭樞密院：「內臣宮中凡有勾當，須稱聖旨，若一一關申中書、樞院，則傷繁碎，或稽緩不及事，可令本省具自16來合依久例施行事節件析以聞。」時以內侍直批聖旨獲罪，因降是旨也。

十月十六日，詔樞密院：「入內內侍省內侍都知、押班并帶御器械係外任差遣，時暫到闕者，除有旨及兼領在京司局並供職外，每日起居退，更不供職。」從所請也。

是日，詔：「內侍省內臣不係禁中祗應，及入內省人數寖多。今後前、後省內臣轉至承制，崇班、內常侍，許進一子，與下班殿侍、三班差使；內侍省東西頭供奉官、殿頭許進一子，與下班殿侍、諸班內品，更不許進入內內侍省所管諸班內品。每年通許進五人，餘悉仍舊。內供奉官以上至黃門，如願進外官者，比內侍省遞加一等推恩。其內臣諸司使、副合該奏兒男充前班者，今後更不得奏內臣。」時上諭樞密院曰：「方今宦者數已多，而隸前省者又不入內，空絕人之世，仁政所不取，且獨不可用三班使臣以代其職事乎？」吳充對曰：「此曹盛衰，前代或繫興亡，聖朝固無茲(盧)〔慮〕。然人君重絕人繼嗣，此盛德之舉也，臣等敢不奉行！」

五年閏七月九日，詔：「入內內侍省供奉官以下至黃門，并本省所管諸內品，見無兒男充內食祿者，許養私身內侍一子爲繼嗣，初養日不得過十歲。須己身年三十無養父或養父致仕，方許具狀經本省與狀充係內侍，遇聖節依名次收補食祿。如未進名及已係名間淪亡，亦許依上項條約別養子。若已有一子，更養次子爲私身內侍者〔一〕，當行處17斬，不在自首之限外，並依前後條令，入內內侍省明諭之。」

六年七月六日，以內侍押班蘇利涉爲內侍省右班副都知。仍詔自今入內省〔二〕、內侍省押班五周年無違闕，並除副都知。

十年十一月二日〔三〕，以昭宣使、嘉州防禦使〔四〕、入內副都知王中正領果州防禦使。初，樞密院奏中正當磨勘，上以其軍功，故特遷之。仍詔自今兩省都知、押班已轉至觀察使，如該磨勘及雖有功，止遷使額。其有特旨者，令樞密院執奏。

元豐元年正月十二日，詔皇城使、達州刺史、入內副都知蘇利涉領海州團練使。時利涉校年當遷，詔以利涉先朝攀附，而有是命。

二年三月六日，上批：「前內侍高班梁堅坐監嵩慶陵

〔一〕者：原作「省」，據《長編》卷二三六改。
〔二〕詔：原無，據《長編》卷二四六補。
〔三〕二日：疑誤。《長編》卷二八五繫此事於十一月辛酉，即十四日。
〔四〕嘉州防禦使：《長編》卷二八五作「嘉州團練使」，同書卷二七九、二八三亦同。

自盜贓，貸死編管襄州，該恩已放逐便。今貧窶無所歸，内臣執事，兩省更無他所安排，可與一内侍省把門内品。」遂録爲後苑散内品。

五月十八日，内侍押班張恭禮爲邠州觀察使〔一〕，恭禮事上藩邸歲久故也。

八月十二日，詳定編修諸司敕式所上《入内内侍省敕式》，詔行之。

四年四月四日，入内供奉官王懷政差管押軍器往瀘州，欲不停見幹當後苑西作，别給驛券。上批：「瀘州道路半在陝西，與廣南不同，可止依條給驛券或本任添支。令入内省取問懷政妄陳乞。」

五年三月十四日，詔：「自今入内、内侍兩省初除都知、押班，中書、樞密院同進呈。」

五月十一日，詔：「内侍省、入内内侍省於三省用申狀，尚書六【18】曹用牒，不隸御史臺六察。如有違慢，委言事御史彈奏。」

七月二十一日，詔：「西京左藏庫使、吉州刺史、内侍省内侍副都知石得一爲入内内侍省副都知，東作坊使、嘉州刺史、帶御器械劉有方爲内侍省内侍押班〔二〕。仍自今遷補都知、押班，並三省、樞密院同取旨。」

八月四日，詔入内内侍省聽御史長官若言事御史彈糾。先是，置監察御史，分六察，隨所隸察省曹、寺監，而三省至内侍省無所隸，故以長官、言事御史察之。

十月十一日，詔西京左藏庫使、果州刺史張允誠爲内侍押班。以逮事英宗藩邸也。

十一月十八日，詔都知、押班除授歸樞密院。

六年正月二十二日，大理寺言：「内侍黄門宋訪下直日，入需雲殿裏幞被，當闌入殿門私罪徒，該赦原。」詔勒歸本班。

八年十二月二十四日，延福宫使、寧國軍節度觀察留後、入内内侍省都都知張茂則爲入内内侍省〔三〕、内侍省都都知，以太皇太后手詔，昨建儲及祗奉皇帝即位有勞故也。

哲宗元祐元年八月十八日，詔：「入内東頭供奉官、勾當御藥院馮宗道見寄右騏驥使，梁惟簡見寄文思副使。宗道爲係隨龍，惟簡久在太皇太后殿祗應，各有勤績，可與改寄正官，並特除内侍省内侍押班，更不簽書内侍省公事〔四〕。餘人不得援例。」

同日，詔：「入内内侍省押班梁從吉久更邊任，宣力居多，特與轉遥郡團練使，遷入内内侍省副都知。」

十月二日，詔：「内侍押【19】班梁惟簡在太皇太后殿祗候近二十年，累有勤績，今轉出，可特帶遥郡刺史，後毋

〔一〕按《長編》卷二九八，「内侍押班」之上有一「贈」字，似此人死後贈官，此處疑脱「贈」字。

〔二〕劉有方：原作「劉有萬」，據《長編》卷三二八改。

〔三〕都都知：原脱一「都」字，據《長編》卷三六三補。

〔四〕「更不簽書」上原衍「公事」二字，據《長編》卷三八五删。

爲例。」

二年三月二十八日，詔：「内侍省供奉官以下至黄門，以一百人爲定額。遇聖節許進子二人，與收係。額内有闕，於已收係人内從上撥二人食禄。願依舊進借差殿侍者，聽奏三人。餘依著令〔一〕，仍自今年爲始。」

四年六月二十九日，左諫議大夫梁燾言：「准朝旨差押賜大寧郡王佖生日禮物〔二〕，緣有書送事例。恭聞祖宗差宫省親信左右之人，並爲非次恩澤。後來頗及侍從，近年多在言官，大懼隳損朝廷故事，寖失祖宗馭臣之意，望許免行。」詔改差入内供奉官、勾當御藥院閻安。

八年十一月十八日，三省奏：「刑部侍郎豐稷言，近取内臣大使臣寄資充入内供奉官，不便。」上曰：「前取此輩，但充場務差遣耳。外人不知，以爲盡在左右。」呂大防曰：「禁中事，雖從官亦無緣知。然陛下恕其不知而容其直，以招來言者，此明主之事也。臣等若見諸臣，當諭以聖意。」

紹聖元年，取内侍省張士和等爲入内省祗候，及選私身内侍二十人爲入内黄門。

閏四月十七日，詔宣政使、忠州團練使趙世長爲宣慶使，昭宣使梁從政爲宣政使，吴靖方爲昭宣使，落帶御器械，添差勾當皇城司，六宅使周宥等各遷一官。以神宗皇帝隨龍人也。

六月十二日，詔：「入内内侍省闕使臣差使，令本省於供奉官以下兒男私身内侍人數内(遷)〔選〕長 20 立二十人，先次食禄。」是年，内侍省奏闕員，請於私身選十人，詔許選五人，又詔宗室諸位都監不許指名奏差。

二年九月七日，詔内侍省人吏並行倉法。

三年四月七日，詔：「宣慶使、階州防禦使、内侍省内侍押班李祥，昭宣使、榮州團練使、内侍省内侍押班、權主管入内内侍省押班公事馮世寧，宣政使、瀛州防禦使、内侍省内侍押班宋用臣，依例自授押班日與理磨勘。自今内臣横行初除兩省押班以上如之。」内臣昭宣使以上無磨勘法，唯押班以上例皆取旨，自初除理五年磨勘，故因祥等著爲定法。

元符三年徽宗即位未改元。正月二十三日，詔：「内侍省官因元祐責降之人，如藤州羈管梁知新〔三〕、萬州監税曾燾，並與依例轉官。兼内侍省見今闕官，應見責降在外監當人，已經大赦，並放還赴省供職。入内内侍省人因黜責降充前省者，悉召還。」

二月二十五日，管勾御藥院郝隨、劉友端並與外任宫觀。輔臣對，因請問郝隨、劉友端所以逐，上云：「禁中營造過當，非先帝意，皆此曹所爲。」因命太常少卿孫傑等驅磨兩人所領後苑作書畫，先詣逐處對鎖文籍(則)〔財〕用，及

〔一〕「著」下原衍「爲」字，據《長編》卷三九六刪。
〔二〕押：原無，據《長編》卷四二九補。
〔三〕藤：原作「滕」，據《長編》卷四六八改。

拘留干繫人。

二十八日，輔臣奏内臣劉瑗乞磨勘，瑗遥防，非押班，無磨勘法。上頗稱瑗循理，然例不可啓，遂已。

四月二十六日，取入内省祗候使臣二十員赴内侍省，以本省額百員，而見管止三十員故也。

九月十六日，詔入内内侍省都知劉 21 有方等各更遷一官。以故事覃恩，知内侍省官合遷兩官，非止遷一官，而有〔以〕〔方〕及梁從政皆自陳。詔使額至延福宫使，遥郡至觀察使，無可遷者回授。

十九日，入内内侍省副都知劉瑗等各遷一官，礙（上）〔止〕法者回授有官有服親。

十月十六日，詔：「内侍裴彦臣追五官勒停，送峽州羈管，令開封府差人押送，其前降依隨龍人例指揮勿行。」坐勾當御藥院閻守懃在御前進呈文字，而彦臣輒扣守懃之冠，斬侮不恭，侍御史陳次升彈奏，乞正典刑，故有是責。

徽宗建中靖國元年七月二十八日，宣慶（侍）〔使〕、成州團練使、入内内侍省押班、管勾蔡王府閻安責授高州刺史，（有）〔以〕府吏鄧鐸有狂悖之言，不能伺察故也。

崇寧二年五月四日，詔：「入内内侍省昭宣使以下〔一〕，正使以上〔二〕，各繫真官。謂如請俸〔三〕、奏薦、恩例等並依本官，無寄資，入内内侍省皇城使之類〔四〕。内侍省依此。」

八日，改入内内侍省都知爲知入内内侍省事，副都知爲同知入内内侍省事，押班爲簽書入内内侍省事。

大觀三年九月十七日，詔：「王仲千前後在彰善閤及勾當内東門司、帶御器械，如通及七年，特與依在閤條例轉資施行。」勘會王仲千係四方館使、耀州觀察使、帶御器械，通理前後彰善閤祗候月日，計六年有零；通理勾當内東門司及帶御器械月日，共七年有零。依已得指揮，特轉引進使，餘依舊。

政和三年九月二十二日，詔帶直睿思殿人繫銜、序位等在 22 不帶職人之上。

十一月十五日，詔：「通侍大夫〔五〕、保寧軍節度觀察留後、知入内内侍省藍從熙特與落通侍大夫，依舊保寧軍節度觀察留後，罷知入内内侍省，除直睿思殿。及今後餘人不得援例，雖奉特旨，亦令中書省執奏，仍令御史臺彈奏。」

宣和元年五月二十三日，刑部奏，入内祗候、黄門内品趙頒狀：「伏爲舊係黄門，蒙刑部却叙充黄門内品名目，即不復元官。及覩梁毅因罪犯序充入内祗候、黄門内品，理訴舊係黄門，乞改叙黄門。承樞密院劄子，特與叙入内黄門了當。切念頒與梁毅並是刑部約定只叙黄門内品之人，

〔一〕下：原作「上」，據《九朝編年備要》卷二六改。

〔二〕上：原作「下」，據《九朝編年備要》卷二六改。

〔三〕請：原作「謂」，據《九朝編年備要》卷二六改。

〔四〕「入内」至「之類」十字原作正文，據文意改作小字。

〔五〕侍：原作「直」，據下文改，宋無「通直大夫」之官名。

欲乞比類敷奏，與頒叙充入内黄門。」詔與叙入内黄門。

四年十月十一日，内侍省奏：「今後應發過入遞御前文字，立定日限收附，并將金字牌子同封報省，所貴驛程不致阻滯，兼於本省易爲勾考。」詔限到日三日回報，如違，以違制論。

欽宗靖康元年二月十六日，詔：「内侍轉出或致仕者，通侍大夫與換武功大夫，正侍至中侍大夫換武（得）〔德〕大夫。自餘以差降等，元帶遥郡者悉去之，其已轉出者依此改正。仍今後轉出内侍，並至武功大夫止。」

二十一日，詔：「内侍官陳乞寄資復祖宗法，除省官已降指揮外，所有轉出或致仕，已立新格。緣其間參照未備，可依下項：已轉出或致仕者依此，其合改正之人，令入内、内侍兩省具名申尚書省，給降付身。見帶太尉換内客省使、遥郡 23 承宣使，節度使帶禮官同。換延福宫使、遥郡承宣使，正任承宣使換宣慶使、遥郡防禦使。曾任省官者换遥郡觀察使。省官通侍大夫、遥郡承宣使，昨來減作昭宣使、遥郡防禦使，今來不係省官，已別改正。其省官通侍大夫、遥郡承宣使人，依不係省官正任承宣使換宣慶使、遥郡防禦使，并曾任省官依此。見帶通侍大夫換武功大夫，正侍至中侍大夫換武德大夫，中亮大夫至親衛大夫換武節大夫，拱衛大夫換武經大夫，左武、右武大夫換武翼大夫。以上見帶遥郡承宣使者與改遥郡防禦使，帶遥郡觀察使者與改遥郡團練使，遥郡防禦使、團練使者與改遥郡刺史，遥郡刺（使）〔史〕無可换者，仍舊武功至武翼大夫。見帶遥郡者止依本官轉出。内有戰功人，依祖宗法合除帶御器械者，依祖宗法。下準此。通外官共六員。武功大夫以下不帶遥郡人八階，並換武功郎以下。將來轉出或致仕，如依祖宗法合轉所資官，祖宗法合寄轉至副使。即依祖宗法。」

二十四日，詔入内内侍省更定御前金字牌子制度。以舊所發牌間爲金賊攔截竊去，恐有倣傚故也。

三月一日，詔：「每歲遣内侍一員往川路，謂之詔使，自今勿遣。」

六月二十六日，殿中侍御史胡舜陟言：「昨降旨揮，内侍領外局職事並依祖宗法，後又詔除熙豐稟闕依舊外，餘並罷。今都水、將作監有承受官，非祖宗制，乞賜罷廢。」從之。

高宗建炎元年十月二十七日，詔入内内侍省、内侍省：「今後 24 兩省使臣不許與統制官、將官等私接見、往來、同出入，如違，追官勒停，編管遠惡州郡。」

二年正月十六日，詔：「内侍邵成章不守本職，輒言大臣，自祖宗朝未嘗有内侍言大臣者，可特除名勒停，送南雄州編管。」

七月六日，詔内侍王嗣昌不可留禁中〔一〕，送吏部與差遣。上謂宰臣黄潛善曰：「嗣昌見爲門司，好大言議國政。」

〔一〕王：原作「三」，據《建炎要録》卷一六改。

朕前後屢誡其曹各恭乃職，勿預他事，嗣昌不可不斥。」潛善曰：「陛下初踐祚，臣便聞先以訓敕內侍，致治之本也。」

三年四月十日，詔：「自崇寧以來，內侍用事，循習至今，理宜痛革。自今內侍不許與主管兵官交通、假貸饋遺、借役禁軍、非所管職務擅行移文、取索貼占屋宇、陳乞提領外朝官職事、干預朝政，外朝非親戚亦不得往還。如違，並行軍法，委臺諫糾察彈劾。仍許諸色人陳告，如委得實，量事加賞。」

四年六月五日，上諭宰臣曰：「比遣內侍蘇淵賜韓世忠茶藥回，聞世忠喜甚，淵得銀二百兩，奏聞。朕以往來稍勞，特許之受。朕凡遣內侍，不容輒受一毫私餽，或因使命有，但非得旨不可受。朕待此曹，每告戒約束，凡小過失或畧而不問，至於故犯則必痛懲之，未嘗恕免。」

七月二十四日，詔：「入內內侍省法司程僖已年滿出職補承信郎，可特留充依舊祇應，應見請諸般請給等，權於本省文曆內批勘。」

紹興元年五月二十六日，詔：「諸陵香火并都監，令入內內侍省差。」

十一月六日，詔：「[25]差內侍省押班岑筌充主管迎奉溫州景靈宮等處神御，其應行移文字，並與向宗厚同銜申發〔一〕。其餘內侍並依已降指揮，不得一面行移、申發文字。」

十二月十五日，詔：「遇內殿日，有急速事，令入內內侍省引對。」

三年四月二十六日，詔：「今後內侍官不許出謁及接見賓客，（今）〔令〕敕令所立法。」

十二月二十五日，詔：「自今後內侍並不得收養禽蟲等，并市肆遊行。如違，以違制科罪。」

五年四月七日，詔：「入內內侍省使臣今後遇泛恩，特許轉武功郎止，並寄資。」

六年二月二日，敕令所看詳：「內客省使至昭宣使，東、西頭供奉官至內品，靖康元年已降指揮，內侍官稱一遵祖宗舊法。今參照元豐、紹興法官品、雜壓修立，諸內客省使至內侍省內品爲內侍官。」從之。先是，入內內侍省言，本省官稱於元豐條令備載，今來《紹興新書》即未該載，故有是命。

七月十一日，詔：「內侍官已裁減外，各有定額，今後不得額外增添。」

七年十二月二日，詔約束本省使臣，不得將分毫銷金翠毛入內，令互相覺察奏聞。

九年六月二十三日，詔：「內侍省寄班祇候依元豐法，今後以十五員爲額。」

十二年十月二十七日，詔：「已降指揮，本省使臣冠帶

〔一〕向宗厚：原作「同宗厚」，據《建炎要録》卷四九改。申發：原作「由發」，據文意改。下同。

出入皇城門，仍今後不得依舊繫犀帶。」

十八年閏八月二十八日，詔：「入内内侍省聽喚使臣，今後以六十人爲額。」

二十二年十二月八日，詔：「睿思殿祗候見係二十人爲額，今差慈 26 寧殿使臣二人充睿思殿祗候，今後以二十三人爲額〔一〕。」

二十三年六月一日，上諭宰執曰：「近差内侍往盱眙軍賜北使宴，却擅買北地物貨，實爲不便，已令拘收没官，庶少懲誡。」

二十七年十月十一日，詔：「今後差往川中賜夏、臘藥内侍，經由去處，如敢收受例外饋送，及非理須索、買賣騷擾，仰守臣具申尚書省、樞密院，取旨施行。」

三十年九月二十五日，詔：「内侍省所掌職務不多，張官置吏，徒有冗費，可廢併歸入内内侍省。」

孝宗紹興三十二年未改元。十月二十二日，左奉議郎、殿中侍御史張震言：「乾德間，内臣年及三十以上，兼見在朝廷繫職，方許養一子。至皇祐五年，始詔内侍省，自今内侍供奉官至黄門以一百八十人爲額。熙寧中，每年止許進五人。自渡江以來，一時草創，人數闕少，故權免試，便行勾喚供職。近年人數比舊寖多，宜立爲定制，使久遠可行。欲令入内内侍省立定員額，限以官品年格，遇有闕依條施行。」從之。先是，震上殿論此事，讀劄方數行，上曰：「朕有此意久矣。祖宗以來，止許進一子，朕意欲依祖宗法。」震讀畢，上曰：「此曹人多則黨盛，今人數已不少，若平居無事猶可，設使當母后少主之時，豈不能爲禍？漢、唐之事是已。」震曰：「陛下聖慮及此，天下之福也。」因奏曰：「祖宗時，聖節許其進子。今年天申節已進子矣，將來會慶節乞且住罷。」上曰：「固然，豈可再也！」又曰：「此事當即施行。」

27 隆興元年十一月十五日，入内内侍省奏：「自朝廷調發大軍，節次承發過御前降下軍期機速金字牌文字共二千餘封，並無稽誤。」詔：「官吏委是勤勞，可各特轉一官資。内礙（正）〔止〕法人依條回授，白身人吏候有名目或出職日，作一官資收使。如不願轉資人，支絹二十匹。」

乾道三年正月二十七日，詔内侍以二百五十員爲額。先詔：「内侍昨以二百員，近緣差赴德壽（官）〔宮〕四十四員應奉朝殿傳宣撫問、齎降香表，闕人數多，可自今以二百五十人爲額。」以臣僚奏請故也。

六年閏五月十四日，詔：「令入内内侍省今後差官抽摘諸食支遣軍米料〔二〕，于臨安府差撥斗級前去盤量，如有少剩數目，取旨施行。」

七年七月十七日，詔：「入内内侍省，今後本省祗候班使臣轉至入内祗候殿頭，如因恩賞得轉一官，止與落『祗

〔一〕二十三人：似當作「二十二人」。
〔二〕食：疑當作「倉」。

候』二字。」（以上《永樂大典》卷一一九四六）〔一〕

內東門司

【宋會要】

28 內東門司，掌受機密實封奏牘，及取索庫務寶貨之名物、貢獻之品數、市易之件直以納于內中，并給皇親賜衣節料之物，內中修造、筵宴之事。舊止名內東門取索司，景德三年二月改今名。勾當官二人，以入內內侍充。後或增差，踰舊制也。

《兩朝國史（忠）〔志〕》：內東門司勾當官四人，以入內內侍充。掌宮禁人物出入，周知其名數而譏訶之。承接機密實封奏牘，內外功德疏，回賜僧尼道士恩澤。凡寶貨名物、貢獻品數、市易件直，咸宣索於有司，受而納于禁中。凡禁中須索、修造、宴設，皆先期排辦。若太醫診視則引押入內。凡皇親衣物節料，則以時給之。押司官二人，前行五人，後行八人，典四人。

真宗景德三年二月，詔：「內東門司每承受尚書等處降出御寶憑由及內降劄子取索錢帛賜與等，即翻寫劄子，於諸庫務取索。應諸州府及在京諸處進奉物，並收接上曆進呈。若支皇親院俸錢、衣賜、節料，並降御寶支散。」

三月十九日，詔內東門〔司〕於諸（軍）〔庫〕務取索物，乞破憑由，於通進司投下。

二十三日，詔鑄內東門司印給之。舊行文字無印驗，至是始給之。

《神宗正史·職官志》：內東門司勾當官四人，以入內內侍充。掌宮禁出入之事，凡人物關由，以法式進止之。若承詔有所須索、錫予，則謄報所隸而留其底。貢奉之物則受而注籍以進，奏封千機速亦如之。太 29 醫診視則爲之帥。宮中慶賜則視其名數等差，以時頒給。凡七年進一官。分案四，設吏十有九。（《哲宗職官志》置吏九。）

神宗熙寧二年二月二十三日，御史中丞呂誨言，乞下三司取索內東門司自大長公主而下請受則例，編入《祿令》。詔令三司於內東門等司取索文字，詳定以聞。

八年九月六日，詔：「今後勾當內東門使臣滿七周年，與轉一官，仍不隔磨勘。」

元豐三年六月二十二日，詔：「醫官入內祇應并看驗病證醫官，隸內東門司。」

七年九月二十六日，詔：「會通門承傳文字并祇候使臣，委內東門司責本番上名內中不犯贓盜、請求、獻遺、賣買同罪保明狀。經保明後改節，事未發，許經內東門司陳首。上名亦責相保明狀，並許遞相覺察，陳告施行。上名三年無遺闕，酬奬外更減磨勘三年。」

哲宗元祐六年閏八月十四日，詔：「今後管勾內東門

〔一〕一一九四六：原作「一萬一千九百四十五」，據《永樂大典目錄》卷三三改。

司使臣年滿合該轉官，如未係皇城使者，非有特旨不許改轉遥郡。」

高宗紹興二年四月八日，提舉内東、崇政殿等門梁邦彦等言：「本司職事自來係入内省官提點，皇城司官提舉。在京日，舊例差皇城司第一房人吏兼行遣文字。緣本司在京額管使臣、人吏、專副共六十一人，分隸諸房主行事務，昨因巡幸，舊人止有三五人見在。即今事務比舊繁重，若令皇城司人吏兼行，委是相妨。」詔令入内内侍省人吏兼行遣文字。

二十七年三月二十日，詔：「宮中首飾衣[30]服並不許鋪翠銷金，仰幹辦内東門司常切覺察，不得有違。若失覺察，以違制論。如有違犯之人，令會通門捉獲，先於犯人名下追取賞錢一千貫，如不及數，令内東門司官錢内貼支，將犯人取旨重作施行。其元經手轉入院子、儀鸞等，從徒三年科罪。」

紹興三十二年八月十七日，孝宗即位未改元。詔〔一〕：「太上皇后生辰物色，令内東門司並依元豐令數，全取索本色供奉。」

孝宗乾道元年九月六日，詔：「皇太子合取賜生日等物色，令内東門司比親王例三分增一分取賜。」

三十日，詔：「皇太子妃錢氏請給，令内東門司依婉容禄式則例，出曆支破供納。」（以上《永樂大典》卷一一〇六）

合同憑由司

[31]合同憑由司在宣祐門内東廡，掌禁中宣索所須之物而給其要驗。監官二人，以入内内侍省充。

《兩朝國史志》：合同憑由司，監官二人，以入内内侍省充，掌禁中宣索之物而給其要驗。典四人，主管官二員，以内侍充；人吏五人。通掌御前及宮禁取索，并破除金銀寶貨錢帛合同事。

淳熙六年正月十一日，太社令葉大廉言：「内侍省遇有宣索之物，合依舊法給合同憑由二本，一本付傳宣使臣取索，一本令本省晝時實封〔二〕。差人置曆，付所取庫務官勘驗支供，仍將合同繳奏，降下户部除破。南庫、封樁庫下提領所。庶絶姦弊。」從之。

二十一日，詔：「自今取索（稿）〔犒〕賞軍須并非泛物色等，並出給合同憑由司合同，付所屬支取。」從臣僚所請也。

十四年七月七日，詔合同憑由司減親事官一人。以司農少卿吳燠議減冗食，下敕令所裁定，故有是命。（以上《永樂大典》卷一一〇九八）

〔一〕「詔」字原在「十七日」下，依本書通例乙。

〔二〕「令本」二字原脱，據《宋史全文》卷二六下補。

主管往來國信所

【宋會要】

32 主管往來國信所，掌契丹使介交聘之事。景德初遣內臣排辦禮信，四年改。每契丹使至，則有館伴、接伴、送伴使、副使，管押三番諸司，內侍三班及編欄寄班等。以諸司使、副二人管勾。譯語、殿侍二十人，通事十二人。初，雄州當用兵之際，每有密事，擇馴謹吏主之，號機宜司。及契丹請和，改爲國信所。

《兩朝國史志》：管勾往來國信所，管勾官二人，以都知、押班充，掌大遼使介交聘之事。舊大遼使至，有管押三番諸司、內侍三班及編欄寄班等，皇祐二年置。初，緣路州軍大困於三番使臣須索，知諫院吳奎極言其擾。既罷遣三番，而頓置什物並令逐州官自辦之。神宗、哲宗《志》具在篇首。主管官二員，以內侍充。前行一名，後行四人，孔目官二人，係名貼司四人，守闕、私名貼司各二人。掌行大金賀生辰、正旦使人到闕應干合排辦事件，及遣發奉使大金賀生辰、正旦行遣事務，諸官司投下到文字，發放行遣架閣庫案牘，并日常書寫文字。

真宗景德二年五月，詔：「將來契丹使至，翰林御厨、儀(鑾)〔鸞〕緣路供帳，完飭都亭驛及所過州縣官舍。在京內侍省右班副都知閻承翰管勾。」承翰請徙在京勑海、契丹諸營於外，真宗曰：「本因通好，重勞斯人，非吾意也。」罷之。

十二月，命鎮安軍節度石保吉賜 33 契丹使宴射于玉津園，自後皆命樞密或帥臣主之。是月，契丹使辭歸國，賜宴崇德殿，發日遣近臣餞于班荆館。自是歲以爲例。

三年九月，詔：「如聞契丹緣邊諸色人將書籍赴榷場交易〔一〕，自今除九經書疏外，違者案罪，其書没官。」

是月〔二〕，閻承翰等又上言：「朝廷遣賜契丹國信，其使、副隨從兵士已差馬軍員寮一人部轄，望更令使臣同共管勾。」帝曰：「若更差使臣，則本國恐難爲禮〔三〕，但令增差軍頭。」

十一月，詔入契丹使從人不得過百人。帝以使臣奉命外境，慮其事體不一，令有司每奉使，以近年體例諭之，令其遵行，無輒改易。其書題有文辭者〔四〕，皆樞密院送學士院看詳，俾令中禮。

四年八月，帝謂近臣曰：「契丹使到闕，見辭及在館接伴，支賜例物，并朝廷遣使，合行之事並有規制。行之二年，已成定例，可特置管勾往來國信所一司，差內侍副都知閻承翰、供備庫使帶御器械綦政敏勾當。每年依時申舉，

〔一〕邊：原脱，據文意並參《長編》卷六四補。
〔二〕按，此條《長編》卷六四接書於下條之後，在十一月，恐此處乃《大典》誤。
〔三〕「則」下原有「志」字，據《長編》卷六四删。
〔四〕文：原脱，據《長編》卷六四補。

遵守施行，朝廷更不臨時處分。」舊（正）〔止〕云排辦禮信所，至是建局置印。

大中祥符二年二月，詔：「國信所祇應通事張榮、李達，可與除流外散試官。」

十一月八日，詔：「先差充北朝國信副使及曾接伴人等〔一〕，每有北朝人使到闕，並令依所借服色、官位、稱呼立班坐宴。」

三年正月，帝謂樞密曰：「管勾國信閤承翰等累奏應副契丹使事件及管設次第，多有增損不同。事繫長久〔二〕，可盡取本司應承宣敕、劄子、34起請事件看詳，事有過當於理不便者，並改正之，咸令遵守。緣路修飾館舍，排當次第，已曾畫一指揮，不至勞煩。近累據臣僚上言，多欲添修改易，朕思之，恐州縣因緣勞人，可降宣命，悉令仍舊。」是月又詔：「送伴契丹使回日，依程赴闕，不必匆遽〔三〕。」時王隨送伴遽回，故有條約。

十一月一日，閤承翰等言：「每年伴契丹使至，遣使傳宣撫問人使湯藥等，望定每年五七次，令內侍省差人押賜。」詔內侍省與定五次，餘令入內內侍省均匀定差。

十一日，臣僚上言，都亭驛每年契丹使至，所差殿侍甚多。詔以付閤承翰等相度今後的實合銷人數以聞。

十二月，監察御史劉謹請今後接伴使到闕，於契丹使未見前先對。從之。

五年正月，詔：「契丹使所送與臣僚私覿土宜物數已不少，各有定例，近年倍多，恐因誘致事。可降詔示，自前有例者賜與，無例者不得給與。」

是年，河東安撫司言：「契丹遣人至寧化軍，自來止泊於橫嶺鋪，望量造館舍。」從之。

八年十月，詔：「入北界持禮國信使緣路支用錢物，並依體例，不得輒有更改。并接伴使、管押（二）〔三〕番使臣等，不得妄有言説。及詢察契丹事宜，務存大體，各須齊肅，無令隨行人等多酒率易，并與契丹語言戲謔，逐程妄有呼索擾民。其管押三番使臣據（言）〔官〕給料例，常切點檢，盡數供給。」

天禧三年十二月，臣僚上言：「每見押賜契丹、高麗使御宴，樂人致語不依體例，35亦無迴避，聞於四夷，頗失大體。自今賜筵，教坊令舍人院撰詞，衙前於開封府僚屬中選撰。」已從所請，後開封府又乞請直館撰，亦從之。

五年二月，詔：「三班差使殿侍，自今入契丹祇應，隸三班與優穩差使者，無得更差接送。」

仁宗乾興元年未改元。四月，詔：「接送契丹使，自今並須慎重禮貌，穩審言語，不得因循，別致猜疑。管押三番使臣亦須用心鈐轄，常令齊整，供應豐備。巡欄使臣亦須提

〔一〕「國信」下原衍「所」字，據《長編》卷七二刪。
〔二〕繫：原作「繁」，據《長編》卷七三改。
〔三〕匆：原作「赴忽」，據《長編》卷七三刪改。

舉覺察，不得作過。違者牢固送所屬州軍劾罪以聞。自今每年依此施行，及取責知委結罪狀。」

天聖元年四月，臣僚上言：「繼好已來，每差臣僚奉使，尤須經濟得人。欲乞今後差文臣給事中、武臣遥郡以上，每至選差入國之次，預行詔敕，專委奏舉行止〔一〕，方得差充。候回(闕)〔闕〕別無曠職，優賜差遣，以旌勞效。」宰臣言：「自今後欲止令中書、樞密院選擇充使。」從之。

是月，内殿承制馮仁俊上言：「每年迎接契丹使，三番祗應頗有未便之事，欲乞擘畫定奪。」詔仁俊與禮賓副使張懷則同相度以聞。

八月，樞密院上言：「入界三節人從，舊條並令逐處揀選有行止、無過犯者，須都將委保定差，候到國信所，更相責戒勵狀〔二〕，非不丁寧。昨國信使張師德、劉諧、趙賀等隨行二十五人，因醉酒不謹言語，遂致釁隙。内親從長行李達已行處斬，自餘亦合决遣。宜令管勾國信所，應每年合差祗應人去處，依條揀選，交付使、副。若顔 36 情鹵莽，夾帶無行止、有過犯人等在内，當職官吏劾罪嚴斷。其國信亦常切鈐轄。仍曉示三節人等遞相覺察，或有作過，仰同保人或知次第人密於使、副處陳告。候回雄州，交付本州枷勘情罪，牢固押送赴闕。其同保與免連坐，量與酬獎。若不陳告，亦當重行斷遣，即不得虚有告報。所差親事官即令皇城司子細揀選。」

十二月，詔：「自今管押三番使臣，凡有起請、擘畫未便事件，或乞添差脚乘，抽取諸色公人，并製造行李物等，並令關報國信所，檢會前後條貫，不得一面聞奏，直送所屬庫務。」

二年三月，内殿承制馮仁俊言：「管押三番接送契丹使回，據隨行司録司貼司李元稱，自天禧五年至天聖二年，接送往回八次，並無遺闕。准舊例，若不就本司遷轉，即於優輕庫務安排。(令)〔今〕御厨係第一等重難，見闕後行，情願就填。」許之。仍詔自今後接送三番所帶公人，不得更指體去處，奏乞酬獎。

五月，國信所言：「客省傳事郭榮稱，每年契丹使到闕，祗應了當，乞改班行。」詔補三班借職，依舊祗應，止約依傳事例，不得援使臣年限遷轉。

三年三月，管勾國信所言：「翰林御厨、儀鸞司每年所借入國接伴三番器物陳設多破損脱落，望自今須揀選新好者，回日別貯。」詔自今後所差使臣管押三番者，並預先三五日前請領，赴國信所呈驗訖，打角裝發。

五年三月，管勾國信所上言：「每年接送契丹三番使 37 臣，於在京庫務將帶物料不少，及至緣路州軍，又更取撥

〔一〕奏：原作「奉」，據《長編》卷一〇〇改。

〔二〕戒：原作「成」。按宋代文獻中常見「戒勵狀」一詞，乃保證書之一種。如《長編》卷二一二：「樞密院又請責（王）韶等戒勵狀。」《名臣碑傳琬琰之集》下卷二二《劉公（珙）行狀》：「公乃叱（王琪）使責戒勵狀而去。」《齊東野語》卷五：「從尚書省劄下吳革責戒勵狀。」此處「成」亦當作「戒」，因改。

錢帛，回日逐番各造帳赴當司投下，却從當司移公文取索，動經五七月未足。況逐州軍係京西、河北轉運管轄，雖逐度移文，緣不相統轄，延遲不赴。乞自今後每接送三番回京日，令使臣專差逐番元祇應親事官監逐管勾官物。軍大將、長入使臣等據合係回納支使不盡物，限半月内須管納了取索收付齊足，即先發遣親事官歸司。其三番手分更與限十日，依舊例攢帳赴國信所投下繳牒。三司乞限半月内先次勘會結絶。其使臣、軍大將須（送候）〔候送〕納齊足、見得歸著，即歸逐處差使。」從之。

五月，詔：「自（京）〔令〕人使到京，並令接三番管押諸司使臣與長入使臣及管押暖車殿侍、醫官等同共押領一行禮物、車乘、鞍馬、綱擔、暖車，於人使後面隨逐。仍令編欄寄班量押驍捷兵士三二十人編欄，同都亭驛於監門使臣處，據一行物色、車乘一一交入人使位内。候交撥了足，別無遺失疏虞，具狀申訖，即得各歸所屬去處。其醫官即須每日在驛祇候。至進發時，除三番諸司使臣先行外，只令編欄寄班内輪那一名量押（繞）〔驍〕捷兵士三二十人，候進發日，於人使後編欄管勾。」

七年六月，審（院官）〔官院〕上言：「大理寺丞封直知瀛州河間縣，祇應契丹使往來了當。檢（書）〔會〕大中祥符三年九月詔，應係祇應國信所驛知縣並與優差遣。四年五月，又奏定合入近者 38 與升陟差遣，合入遠者與近便。」詔自今祇候契丹使者，更候一任知縣，即與同判差遣。

景祐元年二月九日，國信所言：「通事趙萬祇應九年，人使四十餘次，欲乞與下班殿侍。」從之。

康定元年十一月二十六日，禮部郎中、知制誥賈昌朝等言：「奉詔差館伴契丹回謝使，所有郭稹奉使及張奎接伴語録，並乞關送。及更有言語事（意）〔宜〕，乞令密諭臣等。」詔國信所郭稹、張奎語録封送昌朝等，仍今後並依此例。

慶曆五年十月二十三日，國信所言：「奉詔相度王平奏，乞今後令河北州軍破隨處公用錢置衲襖，權借祇應人使、兵士裝著。欲依所請，及乞逐處不係支給口食，即依三番兵士例給口食。」詔令逐處以不係省頭子錢收置；如無，即破係省頭子錢。餘從之。

七年五月二十七日，入内都知張永和言，乞替國信司。詔永和管勾年深，別無遺闕，自陳乞罷，特降勑書獎諭，以宣（和）慶使、遂州觀察使[一]。

[一] 此句文意未盡，當有脱文。

皇祐二年五月十日，詔國信司罷三番使臣〔一〕。初，契丹通好，其接送使人皆自京差三番使臣〔二〕，緣路州軍大困於須索，知諫院吳奎極言其擾。既罷遣三番，而頓置什物並令逐州官自辦之。

三年三月，管勾國信所言〔三〕：「自今通事殿侍與契丹私相貿易及漏泄機事者，以軍法論。在驛諸色人犯者，配流海島。若博飲鬬爭、欺竊及損壞官物、書門壁者，亦行配隸。」從之。

十月，知諫院吳奎言：「迎送契丹使三番之弊〔四〕，所經道路如被寇賊。自寢罷以來，大河之北，39 人人利之，特於私昵不便，故浮議紛紜，妄有攻奪〔五〕，乞以言者姓名付外施行。」

五年二月二十一日，詔：「令國信所申明舊條，密諭河北州軍，今後人使驛舍不得供設置州府圖障。」先是，户部副使傅永言：「臣昨奉使契丹，接伴副使李翰問益州事，臣詰其由，乃是嘗於都亭驛見益州圖。詳此非便。」故有是命。

治平三年九月二十三日，國信所言：「點檢公事、侍禁劉宗顔已再留點檢三年，有兼勾當去處，欲乞差劉宗顔兼勾當德寧公主宅。每遇人使到闕，即乞長上祇應。」從之。

神宗治平四年未改元。六月，詔應差入國接伴等職位、名銜有北朝名諱者，並回避。

熙寧三年四月七日，國信所言：「接伴大遼賀同天節使、副吳幾復等牒，使人到臨清驛，有契丹下節迪列子夷離根夜刺同宿契丹，死者四人〔六〕，傷者十二人，除孝贈錢絹外，未敢支對見生餼、節衣、朝辭例物等。」〔詔〕並依病患身死人例賜與。其迪列子夷離根亦賜對見生餼等，如身死亦賜與孝贈。

五年六月二十五日，入内副都知張若水、押班藍元震言：「乞罷北使、西人赴闕訖例賜管勾國信所及都亭西驛所官銀絹。」從之。

八年八月三日，詔：「今後國信從人於宣武以下軍差人，代車營、致遠務、尚衣庫所差人。」從國信司請也。

十二日，權三司使公事章惇言：「乞今後國信所於近上庫務權差人祇應者，令一面關報差撥，不須牒省。」從之。

〔一〕「皇祐」以下二句原脱，下文「初契丹」云云直與前條相接。然其事與前文全無關涉，必是另一條，但其前尚有脱文。查《長編》卷一六八載：皇祐二年五月「丙申（十日），詔國信司罷三番使臣。自契丹通使，其接送使人皆自京差三番使臣，而沿路州軍大困於須索，諫官包拯、吳奎極言其擾。既罷遣三番，而頓置什物並令沿路州軍官自辦之。」《長編》此條當即取自《會要》。據此，《宋會要輯稿》此條之前當是脱去「皇祐二年五月十日，詔國信司罷三番使臣」等字，因補。以下三條亦爲皇祐事（均見《長編》），即承此條年號。

〔二〕京：原作「今」，據《長編》卷一六八改。

〔三〕管勾：原倒，據文意乙。

〔四〕迎：原作「近」，據《長編》卷一七一改。

〔五〕妄：原作「將」，據《長編》卷一七一改。

〔六〕死：原作「使」，據《長編》卷二一〇改。

40九月十六日，國信所言：「裁減大、小通事，大通事以五人爲額，小通事難以裁減，止以六人爲額。」從之。

哲宗〔元祐〕元年四月二十二日〔一〕，國信所言：「遼國賀坤成節人使赴闕，合差接伴祗應人及給散行李等，未敢比附神宗皇帝同天節例施行。」詔令比附。

紹聖三年三月十八日，詔國信所：「今後祧主不諱，勿傳與北使。」以司勳員外郎王柏等言「順祖、翼祖係祧廟，至今録與北人，北人既以爲諱，則經由州府每與北人交語通書，並不得干犯」故也。

元符二年六月十八日，接伴遼國泛使朝散大夫、試秘書監曾旼等言：「新國信敕令儀例中不無增損，而事干北人者恐難改革；又泛使往來，新條元不該及。乞下詳定編敕國信條例所，取合用書狀條式參詳修定，編寫成册，送國信所照使。」

政和六年十一月十三日，詔：「已降指揮：『管勾往來國信所使臣祗應並及三年已上，謹畏詳熟，各與旌賞。大通兼掌儀韓士廉見任準備將領，可就陞充正將。』其霍弼、韓士廉可特各轉一官，所有霍弼與權發遣中山府路都監、韓士廉陞充正將指揮更不施行。」

宣和七年十一月十九日，南郊赦書：「河北、京西、京畿國信經由驛路，近因使人連併往來，州縣應辦不易。內有借買過諸般物色未支還者，並限一日，須管支還盡絶。」

高宗紹興三年六月五日，奉使大金國信所言：「近差到有官人，許帶行前任、新任、見任請給；如41無前件請給，每月支(瞻)〔贍〕家錢三十貫，每日各支食錢五百。緣今來本所內有差到見任官請給不一，往往不願帶行舊請，今欲乞應所差官不願帶行舊請之人，乞依已降指揮，止支破贍家食錢。兼有下節充代軍兵之人，隨身日支食錢五百并(瞻)〔贍〕家錢等，並於行在或寄居州軍從便勘支。內軍兵除帶破舊請，令逐營依舊批勘，應一行官兵等請給隨家願改移往所至州軍，乞依已降指揮勘支。」並從之。

十一月十七日，三省言：「北使非晚到來，除已將大金國諱旻、晟二字行下經由州軍照會，如榜示、牌號內有此二字，並權行貼改外，所有見張掛應干文榜及民間賣物等見出牌榜，如金銀匹帛鋪之類，亦合指揮照應北使經由州縣并臨安府，仰於北使未到已前，將牌榜權行收藏。仍委官點檢，不管稍有違戾，亦不得貪緣搔擾。」

二十六日，國信所言：「本所大小通事、傳語、指使、使臣等，遇人使到闕，引接使副、三節人從殿庭并在驛抄劄聽審語録，押送喫食酒菓等，及入位承領傳語計會公事，輪差奉使接送伴覺察祗應。兼已奉旨差歸朝人教習譯語，亦合差撥逐色人習學祗應，即目止有一十二人，實見分差不足。今不敢依舊額差填，欲乞比舊裁減貼差，其所破請給、輪差祗應等，並乞依見行條例。內大、小通事最要慣熟詳審之

〔一〕元祐：原脱，據《長編》卷三七六補。

人，仍乞從本所於見在人内選揀撥填。一、舊額管再留通事、傳42語、指使、使臣共二十四人，見在止有八人。今裁減，乞貼差六人，通共一十四人，閱習祗應，並乞從本部於見任得替待闕已未到部大小使臣内踏逐指差，及許拘收舊曾在本所充再留使臣填闕。大通事祖額五人，見在一名，今乞貼差二人，通共三人。小通事祖額六人，見在一名，今乞貼差二人，通共三人。傳語祖額五人，見在二人，今乞貼差二人，通共四人。指使祖額八人，見在四人，今乞添差一名，通共五人。一、舊額指（揮）使下班祗應共二十人，准備祗應五人，見在止有四人，今乞添差，内六人充入額指使，二人充准備祗應。並乞下殿前司，先次劄刷曾在所充指使下班祗應，如不足，即行選差，發遣赴所。」從之。

十二月十七日，知臨安府梁汝嘉言：「人使非晚到行在，昨來在京合係三衙差軍巡人把巷約闌。今來本府依倣下項：一、自候潮門裏并朝天門裏，候人使到，並於一更三點斷夜。一、朝天門裏欲每十丈或十五丈置一鋪，每鋪差軍〔兵〕十名或五名。一、所宿泊一門外，欲令臨安府巡尉分地分約闌；候潮門裏，乞朝廷選差施行。一、地内如有遺漏，乞加等斷罪。」詔：「第一項依。第二項，每十五丈各置一鋪，每鋪差軍兵五人，其軍兵仰神武中軍差撥。第三項，令神武中軍并臨安府各差兵將官二員，分地分約闌，仍具姓名申尚書省。第四項依。仍出榜曉諭。」

四年正月二日，樞密院言：「大金元帥府差43到奉使，元不曾分使、副，今來並作一等錫賜。其人從自入界，諸處並不曾（到申）〔申到〕分三節，並已依中節錫賜。今據館伴所申到，奉使下客司、書表司係是上節。」詔今後應有錫賜，内書表司、客司並作上節〔一〕，餘依已降指揮作中節。

十七日，知臨安府梁汝嘉言：「人使到館，自候潮門至朝天門裏，每一十五丈置一鋪，每鋪差軍兵五人，令神武中軍差撥外，及令本軍差將官二員分地分約闌。已據神武中軍兵五百七十五人，及將官温全、左宏兩員，并每員親兵一十人，共五百九十五人。及蒙朝廷差到左右廂巡檢并兵丁六十二人，專在驛前晝夜巡邏。其前項軍兵及將官、巡檢共四員，自人使到館，雨雪，晝夜巡防，委是勤勞，別無疏虞，並不曾支破食錢。欲乞朝廷候人使出門，即行放散，仍乞指揮量行犒設一次。」詔特與犒設一次，並令户部日下支破見錢。餘依。

八年五月二十八日，詔：「將來大金人使到行在，應干錫賜物色等，並令有司預行排辦製造。」

十二月二日，詔左僕射府權充使館，令臨安府日下差人擗截。

九年十二月一日，國信所言：「本所舊額（官）〔管〕人吏後行四人，係名貼司四人，守闕貼司人〔二〕，私名貼司不限

〔一〕客司：原作「各司」，據上文改。
〔二〕「人」上原脱數目。

人數，不下十五餘人。今來見管後行三人，貼司二人，所有見闕後行一名，貼司内不可選填。其見闕係名貼司二名，今於守闕貼司内試補，今來又無守闕貼司。又緣已差官奉使大【44】金，切慮不測有使人到來，人力不勝。」詔：「見闕後行一名，依例於本所孔目官内選填，請給、遷補、出職並依見行條例。其退下孔目名闕，依條例差填施行。兼本所掌行事務繁重，不可闕人，自今後依舊額内裁減，差置守闕貼司，私名各二人，更不支破請給。向去有闕，依條遷補。」

十二年三月十六日，臨安府言，修蓋都亭驛了畢，乞關報所屬差人前來交割照管。詔令〔主〕管國信所交割。

八月十八日，詔引人使朝見并朝辭，並不作常朝。

九月十二日，館伴所言，人使乞要前去上天竺燒香，從之。

十五日，詔：「主管往來國信所，大金使人見、辭，所有下節人從並許於皇城門裏宮門外上下馬。」

二十八日，詔：「仰福建路轉運司將逐年供進京鋌茶料製造作大龍餅子，依數如法封角，依大龍茶題寫，充國信使用。令別作一項差人投進。」

十三年十一月二十四日，主管往來國信所言：「大金賀正旦國信使、副來程，於盱眙軍排筵館待，即未審將來回程合與不合筵待。」詔内侍省差使臣三員沿路賜御筵，一員於平江府排辦，一員於鎮江府排辦，一員於盱眙軍排辦。

十二月五日，知臨安府張叔獻言：「主管往來國信所報：舊例，大遼國賀正旦使人赴闕，開封府少尹一員往陳橋迎接，茶酒；於班荆館賜御筵、酒菓；入門赴驛。本府契勘，已降指揮於赤岸賜御筵，所有本府東倉排辦接見茶酒係在御筵之【45】後，即與舊例不同。」詔於臨平鎮排辦。

十四年二月十八日，知臨〔安〕府張叔獻言：「近者鄰國遣使講明賀正之禮，辭意恭順，無異昔時；而朝廷待遇一遵舊制，郡縣奉承，莫敢少懈。切慮天申朝賀與夫泛使之來，從此當絡驛於道。然郡縣制度或至情文差忒，豐儉失中；矧復其間科借掻擾，不無病民。欲望稽考(古)〔故〕事，立爲定式，頒降沿路，使之遵守。其供帳之屬則量行支撥製造，俾置國信庫以貯之，嚴立法禁，不得擅用。」詔令兩浙、淮東路轉運司，取見逐州軍已行體例并見在陳設供帳物色等，開具申尚書省。

八月十八日，詔：「今後奉使入國，内上、中節自辦本色衣服，令使、副點檢，並要新鮮，無致故弊。」

十二月二十四日，國信所言：「舊例，北使到闕，玉津園射弓畢，觀看馴象。其去年賀正旦使人即不曾觀象。所有近賀天申節使人到闕，準(馳)〔駝〕坊申，宣押象赴驛觀看了當。切慮今來賀正旦使人到闕，亦要觀象，臨期備辦遲悮，欲令馳坊常切依例祗備施行。」從之。

十七年十一月十六日，詔置國信所回易庫幹辦官二員，從主管陳瑛請也。

十八年正月一日，宰執進呈淮南轉運副使錢端禮言：

「本路應辦國信使宿食程頓乞省併，只作十二頓。」上宣諭曰：「如有不須排辦去處，自宜省併，亦免官吏乘時搔擾。」五日，詔：「大金使人到闕，今後應臨安府排辦御筵及觀(朝)〔潮〕、冷泉亭飲食，並要造作如法供應。46仍令本府差慣熟人兵，依赤岸例托引。如稍有滅裂不前，仍令國信所奏劾。」

十五日，詔：「今後使人到闕，雜劇並令鈞容直并化成殿親事官前一月赴教坊，依舊例互相分付。仍令教坊將已分付所排定雜劇名色、語言報國信所，關館伴使、副閱視。」

二月二十六日，詔：「景福殿使、寧國軍承宣使、入內內侍省副都知、主管國信所陳永錫，武經大夫、和州團(使練)〔練使〕、入內內侍省押班、主管國信所李珂，並特轉行一官。」以應辦人使有勞也。

十九年十一月二十二日，禮部言：「主管往來國信所陳永錫等檢會在京舊例北使赴闕及人從身故體例，乞下有司看詳，降付本所，以備照用。本部今欲依具到體例并勘會到事理施行，詔令國信所照會。今據太常寺開具到正旦接送伴語録：元祐七年，契丹賀正(丹)〔旦〕使(尤)〔左〕番係賀太皇太后耶律迪、高端禮，右番蕭仲奇、劉彦國。來程：六年十二月五日到瀛州，(尤)〔左〕番太傅耶律迪遣人傳語，欲得醫者看脈，并要兜轎。十五日到磁州釜陽驛，中使王慎押到醫官楊文蔚過位，迪立聽口宣，看脈。十六日早，離磁州上馬。行次，高端禮云：『左番太傅不安，蒙朝廷遣醫，一行人皆放心。兼來得甚速，必是朝廷留意。』二十四日，入內內侍高班蘇世長傳宣館伴所：『北朝人使耶律迪不安，與放免朝見，其例物就驛交割。』七年正月二日，入內內侍高品康承錫傳(官)〔宣館〕伴所：『大遼國使人47耶律迪見爲患，所有玉津園本人射弓例物，令就驛(使)〔交割〕，仍免次日引謝。』六日，入內內侍黄門邵琦傳宣館伴所：『大遼國使人耶律迪爲患，與免朝辭，所有例物令就驛交割。』又入內東頭供奉官張士良傳宣，宣問耶律迪：『春寒安樂！知所患未得一向康和，入辭不得，已差醫官元常、楊文蔚二人隨行看醫調治，途中切在加愛。』耶律迪令人答：『小人上感聖恩，願太皇太后、皇帝萬萬歲。』尋左番副使代跪謝表一道與天使。七日，入內東頭供奉官馮世寧傳宣，問耶律迪：『春寒安樂！今特賜湯藥一銀合、御酒一十瓶，途中宜加調護。』耶律迪令人答：『自到館，累蒙聖恩差天使宣問，賜湯藥物及差到醫官，上感聖恩。只是爲患，不瞻見得聖人，心裏瞰不好。』左番副使代跪謝表與天使。是日回程到班荆館，耶律迪乘檐子先行。九日，到滑州通津驛，晚遣人傳語：『爲左番太傅昏困，欲來日住一日。』往復一兩次，遂許之。十日，住滑州。至晚，蕭仲奇差人傳語：『左番太傅身亡，告令聲鍾及請僧於靈前道場。』十二日，住滑州，送伴呂希績、李世昌過位澆奠，與蕭仲奇等相見，遣人送耶律迪襚衣、銀裝棺及棺衣、奠酒銀器物等。既殮，希績等又過位奠酹及慰蕭仲奇。十三日，住滑州。希績等過位澆奠，與高端禮等相見。揖次，遣人持迪賻贈下饗銀器及三節人從孝贈等與之，端禮等致謝。晚，中〔使〕王慎至，齎仲奇等詔書并迪本家密 48 賜。仲奇等受賜，拜表謝恩如儀。十四日早，離滑州過河。馬上，高端禮謂送伴李世昌云：『耶律迪不幸物故，諸事皆感激。昨日蒙朝廷差中使降詔撫問，及密賜耶律太傅本家，上荷天恩，唯祝二聖聖壽無疆也。』十九日早，離驛。馬上相揖次，希績等諭蕭仲奇等：『昨日得朝廷文字，皇帝爲耶律太傅輟視朝一日。』北副使劉彦國云：『左番太傅雖九泉之下亦有榮耀。』本寺契勘上項事理內襚衣數目，今按穀梁氏云：襚者，衣服之名。故送死之衣亦名襚也。衣多少之數，《喪大紀》小斂之衣皆十九稱，大斂之衣大夫五十稱，士三十稱。斂衣稱數不同，則所歸襚服亦當有異，但所歸者未必具其稱。先儒無説，不敢斷其多少。又按《喪大記》：『袍必有表不單〔一〕，衣必有裳，謂之一稱。』杜預云：『衣單復具曰稱。』今來若北使有似此身故之人，其大使欲賜五十稱，副使欲賜三十稱。切緣古今衣製不同，今參酌，大使賜綾、羅、絹各五十匹，副使折賜綾、羅、絹各三十匹。其銀裝棺及棺衣各合用一件，內奠酒銀器合用注椀一副、銀盤盞三副，係三次澆奠。銀稜茶盞托一副。其大使身亡合得賻贈，欲賜絹六百匹，布一百五十匹，生白龍腦一斤，燭六十條，濕香、茶各三十斤，酒六十瓶；副使欲賜絹五百匹，布一百五十匹，濕(茶香)〔香、茶〕各三十斤，酒六十瓶。下饗奠酹銀器，大使賜銀三百兩，副使賜銀二百兩。若副使身亡，大使合得孝贈，欲賜絹 49 三百匹，布一百五十匹；大使身亡，副使賜絹一百匹，布一百五十匹。三節人從孝贈，上節絹一十匹，中節七匹，下節五匹。其密賜本家，合聽臨時指揮。又元祐三年七月三日，本所據隨從接伴大遼國賀坤成節人使指使楚珣等申，六月二十三日堯山縣驛人使傳語，有下節契丹一名身死。准條，北使三節人沿路身死，便仰焚燒，造木匣絹袋盛貯骨殖，候回日分付。仍作朝廷意度，隨處州軍取係省絹三十匹、錢三十貫，接送伴使、副分付人使，充賜與身亡人從孝贈。又條，三節人沿路及到闕身亡，應合給例物並賜與。又紹興八年十一月二十三日，大金泛使張通古等過界，當日人使呼索轎子一頂前去，至青陽驛宿泊，問得係上節書狀官、承議郎、行臺尚書省主簿魏千運一名見患不安。二十八日到高郵軍，本人身亡，委高郵知軍劉舜士營辦棺木，盛殮了當，請本軍僧衆作佛事，誦諷經文，設香燭、酒菓、綵繒等，供養於公詔院〔二〕，用塼灰攢。次日差提舉官趙時前去澆奠，又留錢委本軍知軍請僧續作節次齋七追薦。九年正月四日到闕，在館賜使人張通古等金銀，數內身故書狀官魏千運賜銀六百兩。二十二日，回程至高郵軍，張通古等傳語：『前時死者魏千運，恐將來出

〔一〕單：《禮記·喪大記》作「襌」。
〔二〕公詔院：疑有誤。

陸(臺)〔擡〕舁不行〔一〕，不若燒化了。』送伴使、副莫將等傳語：『甚好。』遂令高郵軍燒化，用小棺木盛去。本寺契勘，數內三節人身亡支賜50數目，今照得止有魏千運一名體例。今參酌，將來若有上節到闕或回程身亡之人，欲賜銀二百兩。如未到闕，在沿路身死，欲依魏千運體例，止賜六百兩。其中節人比附上節減半，給銀三百兩。下節人却比附中節減半，給銀一百五十兩。」〔詔〕依。所有中、下節人沿路及到闕合給例物，並依前項本所條例支給。

二十年五月二十六日，尚書省言：「使人往回渡江，不測值風，竊慮拘於排日程頓，濟渡不便。」詔今後使人渡江值風，不拘所定日分，候濟渡，却令兼程進發。

十月八日，詔：「今後入國使、副令常切鈐束三節人從，不管與北界承應等人相等作鬧，慮失國體。以三人爲保，如有違犯之人，仰國信所差指(揮)使等覺察，候回日具姓名申所聞奏。」

十二月十八日，詔：「使人到闕，赤岸等處錫宴，其排辦供須不及經過州府，甚非朝廷撫勞遠人之意。可行下臨安府并賜御筵等官，今後須管躬親行(事)視，並要排設豐潔，不得減剋料例。仍令國信所主管官依條抽閱點檢，如稍有減裂，具事因申尚書省，應干主辦官吏等重寘于法。」

二十二年六月一日，主管往來國信所言：「今重別參酌到大金都管、上節到闕未回程身死支賜，欲都管(錫)〔賜〕銀五百兩，上節賜銀四百兩。其都管、上節沿路到闕應合給例物並賜。所有支賜銀，如到闕下，左藏庫支供，(令)〔令〕館伴使、副給賜；沿路下轉運司應副，令接送伴使、副給(使)〔賜〕，51並作朝廷意度。其中、下節支賜銀等，並依紹興十九年十一月已降指揮施行。所有三節人孝贈錢絹，緣已有支賜銀，今後依近降指揮，更不支給。」從之。

二十四年十二月十八日，上宣諭(輸)輔臣曰：「大金人使將到，并接送伴等一行，應牽挽人夫聞多未嘗支破錢米，或值雪寒，不無凍餒，有至死者，深可憫惻。令所差州軍依已降指揮優加存恤，無令少有失所。如違，在內令御史臺覺察，在外轉運司按劾。」

二十五年十二月二十四日，工部侍郎丁婁明等言：「被旨差充接伴使、副，陛辭日令措置淮南打凍、牽挽人兵，毋令失所，已具奏聞。如遇河凍，乞將打凍及牽挽人逐日分作三番輪替。如遇交番，即預先犒設酒肉蒸糊，令飽暖方得上船。乞下淮南轉運司，每遇河凍年分，即於係省錢內支破三百貫，充應上項使用。浙西路亦乞依此。」從之。

二十六年十二月二十六日，詔：「大金使人赴闕，接、送、館伴諸官司應差祗應人姓名如有犯大金名諱旻、晟、幹、亮四字并同音，及軍民人面上刺有避忌字，並不許差赴使人前祗應。雖不係使人前祗應人，如有似此刺字犯諱者，仰所屬權暫迴避。」

〔一〕舁：原作「捭」，據文意改。

二十八年十二月二十五日，國信所言：「自來使人朝見，禮物、檐(妝)〔牀〕、鞍馬於紫宸殿門以西至過道門外一帶陳列，候入殿進呈。今來使人經由新路入皇城南門，若依舊陳設，有礙館伴、使人等下馬及入殿班路。52除國書合依舊在紫宸殿門上，其餘禮物、檐牀等，欲乞於紫宸殿門内兩壁陳列，庶無妨礙及使人應入内經由上下馬去處。」詔大金使、副體宰相上下馬，及於麗正門外西廊從北第一至第三間爲待漏幕次。餘從之。

二十九年二月五日，詔：「年例接送北使，浙路牽挽人夫素無支請，晝夜暴露，或至(贏)〔羸〕乏。可委兩浙運司，自今遇接送，每船預給米二石。或遇阻風及大寒極暑，令各於人夫具牽挽人姓名，各日支米二升，炊飯俵散。候接送畢，具數申所屬出豁。」

十九日，國信所言：「每遇大金使人到驛告覓物色，自來止據排辦騎御馬直一面於本府取索供納，至晚開具告覓物色申所照會，似此無以關防。欲乞今後遇有告覓物色，專差通事、指使應各一名在位次門外置曆逐一抄轉，赴所書勘結押，至夜令排辦官具日下的實告覓過物色申所參照。」從之。

同日，國信所言：「大金使人在驛打造銀器，自來係通事承領，分付排辦騎御馬直，依例一面計會本府書手、鋪户取索造作，徑赴通事處交割，遂致銀料出豁不明。欲自今每遇轉出打造銀器，委當管通事具名數申所，行下排辦使臣，(收)〔取〕索銀料應副。候交納了當，開具用過銀數報所屬出豁。」從之。

五月五日，詔：「大金賀生辰使人王可道等到闕，(尤)〔左〕都管爲病，兩浙轉運司差到管船使臣二人，更不經由館伴使、副等，徑行呼索臨安府卧轎應付53入門。仰本司將逐人依條施行。仍鈐束自今後所差人，如遇使臣呼索告覓，須管計會所屬館伴、送伴等官司訖，方許遵行。如違，以違制論。」

十四日，國信所言：「在京日，都亭驛俯近皇城外廊，火禁嚴切。今來本驛亦與皇城相近，況係安泊使人去處，兼見收貯在京案牘及官物浩瀚，事體至重。欲乞遇使人在驛，除合停留燈火官司許行在留委監驛使臣同提點監門常切巡覷照管，仍置曆拘籍，所有其餘不合留燈火去處，並令本驛禁止施行。」詔非使人在驛，國信所除遇檢照案牘、書寫緊急文字許權暫關燈，用畢即時打熄，餘並禁止。

六月四日，國信所言：「本所被旨，奉使大金所有行移文字，除申朝廷合用公狀外，其餘去處依例合用劄子。」從之。

三十年正月十八日，詔：「去年以來〔一〕，使命往還，淮南州郡如有買過人户諸般物色不支價錢及有虧價，令人户赴本所陳訴，具姓名聞奏。」

〔一〕去年：疑當作「比年」。

二月二十一日，國信所言：「准御寶批，隨使副下節額二人，聽御前差，今後改充中節。」從之。

三月二日，知臨安府錢端禮言：「本府排辦國信，多緣闕乏錢物，臨期於行鋪收買物色，過期則不支價錢，致使行户失業。自紹興二十八年以後，未還鋪户國信等買物錢二萬九千四百八十餘貫，若更歲月漸久，人户無緣請領。照應本府(級)〔緣〕去年揀汰將兵，見今按月將揀汰人料錢并折糧米錢四千五百餘貫赴左 54 藏庫送納，欲望自三月以後，將欠鋪户錢數截撥上件窠名，盡數當官支還。」從之。

四月十一日，詔：「差親從四十人，充人使到闕都亭驛充代剩員使人位看房等祗應。令皇城司於使人過界前半月交割，事畢日發遣。今後准此。」

十二月二日，臣寮言：「每歲接送伴使副所差將校軍兵三十餘人，每名起發借請及沿路批券再借用緡錢無慮百餘。又皆烏合，無甚顧藉，影帶商貨，避免官征。」詔使、副各差將校一十三人、軍兵七人。

五日，主管往來國信所言：「昨對境報到大金廟諱，其『旻』字項内有『文』字一字，今來賀正旦使虞允文有犯元報到諱内一字。」詔令虞允文權改名允。

三十一年七月十八日，臣寮言：「遣使金國，往來所(有)得語言率皆大事，往往先(照)不相照知，酬應之間，不無差舛，此爲非便。每遇使回，有所受事，不載語録，誠爲闕典。欲自今後奉使回程，各具所得之語，實具劄子聞奏，降付三省、密院編録成册，不許泄漏。遇遣使命，則令通知前後事宜。如此則(其)〔具〕知首尾，應答之間無失詞之患，可以專對。」從之。

三十二年四月十九日，國信所言：「本所舊額管指使祗應二十人，准備祗應五人，昨裁減，差置指使祗應一十人，準備二人。逐年輪番隨從奉使入國，及差赴接送伴使副下，掌管引揖儀範，聽審語録，并遇使人到闕，在驛祗應，全藉慣熟舊人。今來見管指使祗應二人、準備祗應二人，55 到所日淺，未諳使事，其見闕指使祗應，若移文殿前司差撥，又是新人，竊慮生疏，難爲倚(杖)〔仗〕。欲乞依已降指揮，從本所於殿前司踏逐曾經差入驛祗應人充填，及許依再留使臣例，拘收舊曾在所充指使祗應人填闕，請給等(上)〔止〕依權留指使體例施行。」詔依，今後准此。

孝宗隆興元年八月十四日，主管往來國信所言：「依指(指)〔揮〕條具併省吏額，本所見管使臣二十一員，點檢、通事、指使、傳語使臣共二員，指使祗應一十員，欲並減半。」從之。

二年十二月二十一日，國信所言：「勘會已降指揮，將奉使金國傳語、宣問意度，今後令國信所録白一本，候使副赴都亭驛閲視日，主管官當面分付使副遵執，仍取知委聞奏。昨奉金國上尊號，本所傳旨陳誠之修寫聞奏。所(在金)〔有〕今來金國賀生辰傳語意度，遂具奏聞。」詔令洪适修寫《大金朝見日傳語宣問意度》一本，赴國信所進呈。

乾道元年正月二十四日，洪邁、張掄言：「接伴金國人使已到揚州，於泗州虹縣北境虞姬墓界首取接，不發遠迎狀。兩朝廟諱、御名，彼此不傳；兩朝皇帝聖躬萬福，彼此免問；相見叙志，彼此稍前。三節（文）〔人〕公參盡冠服，接伴只著紫衫。上節先參，稍起，不還揖；中、下節則坐受其禮。舊例止曾與賜御筵，中使口宣人有敕，中使、北使相揖，各只依位。御筵勸酒，傳語稱聖恩隆厚。送私覿，彼此用日子。上件事理元係逐一往復議定，欲降付三 56 省、樞密院，劄下主管往來國信所照會。如已差館伴及日後接伴并賜御筵中使等，並令通知，庶免異同。」詔令李若川、張説照應，參酌施行。

二月二十四日，國信所言：「勘會金國國信使副非晚到闕，訪聞經由州縣以准備應辦物色爲名，（遇）〔過〕有科取，欲令逐路監司嚴行戒約。兼人使經由州縣，將醫人、獸醫、工匠、行鋪户等人預期科差，顯是搔擾。今後如有合用之人，令接送伴所報所屬，臨期據數和顧。所有賜宴更不用妓。」從之。

三月九日，中書門下省言：「提舉修内司承受提轄劉慶袓狀〔一〕：今來人使赴闕，沿路御筵已承指揮用樂。其到闕合用樂人等，乞令臨安府差撥，仍委本府承受官主管教習。令勒前鈐轄教坊所人吏并教坊省記到舊例，行人自起教日並赴教閲處教習，庶得應奉詳熟。」從之。

二十四日，國信所言：「檢准紹興三十二年三月二十五日尚書省劄子，館伴使徐嘉、副使孟思恭奏：今來館伴金國報（金）〔登〕寶位使人高忠建等，自接見至出驛，有更改到事一十三件。一、館伴與北使初相見通狀，彼此只用一張雙銜。一、使副相見，彼此只各就船同上轎擺定，入館内並兼立。一、本所掌儀以下與北上、中節各不恭參。一、使副在驛，每遇過位，彼此只就設廳上對立相揖。一、使人入内，使副於宮門内隔門各上下馬。一、三節（入）〔人〕於皇城門外上下馬。一、使人相朝見并意度、儀範，並係臣等與北 57 使副面議事，朝廷降到指揮，今來與近例更改不同。一、使人在驛，遇中使賜到物，逐次拜謝恩。一、使人觀潮、天竺之游，今更不往。一、臨安知府送酒食并贐儀，與北使副更不（門）〔用〕狀子。一、使人朝辭，捧受國書等禮儀，並從舊例。一、夜筵解換館伴，請都管已下就筵勸酒。與都管以下相揖，彼此使副皆起身。一、勸都管以下酒，只令通事斟勸。伏望降下有司，令今後館伴參照施行。」詔並依。内觀潮、天竺燒香依正旦體例施行。

六年十一月十九日，詔：「兩浙轉運司每次應辦人使，管船使臣往往逐州旋行差到，不能管轄。今後專委臨安府於緝捕并應管使臣内選差，每船各一員管轄，及添差八廂

〔一〕劉慶袓：按「袓」字不宜作人名，疑是「祖」之誤。據周必大《文忠集》、樓鑰《攻媿集》、周密《齊東野語》等書載，孝宗至寧宗間有内侍劉慶祖，當即此人。

一名，親從一名，作管船軍員名色，同使臣自盱眙軍至行在往回管幹機察。如覺察到違犯事件，當行推賞；若失覺察，重作施行。」

七年四月二十九日，詔：「(金)〔今〕後使人往回所差防護人，令浙西安撫司行下沿路諸州府，依臨安府例，於禁軍内差撥，逐州交替。其鎮江府諸軍所差人更不差發。」

十一月二十七日，詔：「今來奉使所差三節人内，都轄禮物官、引接儀範指使、執旗、報信、醫官、小底共十二員，令樞密院將國信所見管并曾出疆及三省、樞密院等處慣熟儀範人置籍，從上銓擇，取旨差。書狀官、書表司、親屬親隨指使職員共十員，令正、副使選差。下節四十人，令樞密院於三衙并皇城司等處選(擇)差。」以臣58僚言：「切見入國使、副循習舊例，盡將三節人從稟闕公相(衆)〔貨〕易，皆有定價，多出權貴轉相薦送，分金入己，所費已多，且正、(使副)〔副使〕不敢揀擇，合行約束。」故有是命。

八年三月三日，詔：「今後奉使往回經過州縣，統兵、帥臣、監司、知、通除有職事行移公文外，不許投接啓狀書劄。除巡尉防護外，餘人並不許迎送接見。」以賀正旦國信副使孫顯祖言：「切見國家遣賀正旦、賀生辰并接伴、送伴使副，一年凡八往回。自臨安至盱眙千有餘里，所過州縣投下啓狀書劄，爲使、副者回答不暇；統兵、帥臣、監司、知、通已下出門伺候，又須接見。稽留行程，彼此疲勞，非徒無益，實妨職事。」故有是命。

九年十一月九日，國信所言：「已降指揮，應辦奉使并使人到闕通及二十番官吏，與轉一官。緣官吏一等推賞，初無優劣，内主管乞與改作每任滿無違闕特轉行一官，礙止法人依條回授。」從之。

【續宋會要】〔一〕

59 淳熙三年四月二十四日，詔：「國信所都轄謝良弼、掌儀範趙選各降兩官，掌儀範陳斌降兩資，並特送千里外州軍編管。」良弼等隨湯邦彦出使金國還，臣僚言邦彦等舉動乖繆，因併責之。

六年正月四日，臣僚言：「生辰、正旦，國信往來，正當嚴寒，沿路牽駕舟船人夫衣裝不辦，多致凍死。今歲尤衆，平江府界死者一十八人，而官司不爲措置。乞特降指揮，應經過國信人使往來州縣，多備牽駕人夫衣裝，常加犒勞。今次沿路凍死人去處，令州縣每名量支官錢埋瘗。」詔逐路轉運司措置存卹，令平江府及沿路州軍將實死人數於係省官錢内支埋殯錢。

四月一日，知常州李結言：「國信使副回程河道水淺，乞將禮物權寄留鎮江府，使副等人出陸先歸，候水通日行船。」上曰：「使副回程只有國書一封，並無禮物，聞三節人多有私貨，豈可勞擾人夫！可依所乞。」

〔一〕原稿此下重標「國信所」之題，今刪。

七年正月十日，詔：「國信所大小通事，指使、傳語使臣，自今與依元符詳定國信一司條法參部，止令注授臨安府庫下并行在合入差遣，願就同監臨安門者聽。」

十月四日，詔自今的實應辦處方許差官，不得泛差冒賞。以右正言葛邲言：「每年人使到闕，自盱眙軍至臨安府，一路州縣應辦官員皆有酬賞。緣此盡以應辦爲名，往來將迎，動費數日，並不存留一員在州縣。乞自今應辦人使官，在[60]州常留當職官一員，在縣常留佐官一員，與免應辦。」故有是詔。

十一月十九日，詔：「自今奉使入國下節人，除親從并譯語、親事官外，及將不轉資八人許使、副差親隨厨子，其餘人並令殿前、馬步軍司輪差，毋得於諸處抽摘。令各司排定軍分，於每一軍一將内有職名家口、無過犯人充，曾經入國人不得再去。仍於本將内選差正、副將一員部轄，正將充上節，副將充中節。本將人數不足，許於别將内差撥。」

十二月二十四日，詔：「每歲奉使金國上、中節内，除都轄，引接并國信所指使定例外，更留二員聽候御前降下。自今使、副許辟差親屬二人，書狀官一員，掌管私覿職員一名，其餘人數令吏部於見在部籍定名次、經任無過犯大小使臣内差。仍委長貳公共選擇〔體〕貌魁偉、年六十以下、無殘疾人充。諸軍班換授人免行差撥。在部人不足，申樞密院，令三衙輪差入隊准備將、訓練官湊數。已曾經入國人不得再去。差定姓名申樞密院訖，發赴使副收管，依舊赴國信所審量。」

八年十一月十九日，詔：「自來年爲始，令六曹將合差奉使金國正旦、生辰使副，并館伴、接送伴下引接、儀範人，每曹籍定一十人，於差使副前兩月，遇旬休日，分輪一曹所籍人數，發赴都亭驛，令國信所掌儀、通事使臣指教，閱習儀範節次。」

十一年六月二十二日，主管往來國信所言：「賀金國正旦使副，舊例係九月二十[61]三日差官，十一月九日起發，約至二十三日到盱眙軍，二十九日過界。今來盱眙軍申，準泗〔洲〕〔州〕牒，權改定賀正旦十月二十一日過界，十二月二十七日到京。小盡並二十五日到京。賀金國生辰使副，舊例係十一月十九日差官，次年正月九日起發，約至二十三日到盱眙軍，二十九日過界。今來盱眙軍申，准泗〔洲〕〔州〕牒，權改定賀生辰十二月二十一日過界，二月二十七日到京。得旨，令國信所照應舊例并今來盱眙軍申到事理約度，開具合差官及起發約程到盱眙軍，并關報過界月日，逐一疾速指定，申中書門下省。本所今指定，賀金國正旦使合於八月中旬差官，於九月下旬或十月初旬選日起發，約半月可到盱眙軍。依今來改定，用十月二十一日過界。賀金國生辰使合於十月中旬差官，於十一月下旬或十二月初旬選日起發，約半月可到盱眙軍。依今來改定，用十二月二十一日過界。其關報過界月日，乞照應自來體例施行。」從之。

十二月七日，樞密院言：「盱眙軍申，泗〔洲〕〔州〕報：來歲正旦、生辰使，彼此權止一年。」

十三年十二月九日，詔：「國信所減私名貼司一人，譯語、親事官二人，投送文字、教駿長行二人。」以司農少卿吳煥議〔定〕〔減〕冗食，下敕令所裁定，故有是命。

十五年七月八日，樞密院言：「新差京畿第二將、臨安府駐劄、國信所小通事田愿，乞將報謝國信使副下祗應回程特轉一官恩 62 例，候新任滿日，乞特添差差遣一次。」從之。

十六年正月十一日，詔：「國信所大小通事、指使、傳語使臣與依舊法，注擬一千一百里差遣。」

十七日，樞密院言：「國信所檢點使臣安傑依舊通事等例，赴部先次注授差遣。」詔依，特令赴部注擬，授合入差遣，遇使人到闕前一月赴驛祗應，事畢還任。餘依見行條法。

同日，〔照〕〔詔〕：「國信所點檢公事郝守二兼同監臨安府嘉會門，敦武郎彭林兼同監豐豫門，帶行本等驛料供給，不理名色次數。今後准此。」先是，七年，詔國信所等事許同監臨安府諸城門，近有赴部注授差遣，多有不願就者，故有是命。

十八日，詔：「武功大夫、特添差兩浙西路馬步軍副總管、湖州駐劄、掌儀、大通事王舜臣與轉遥郡刺史，武功大夫、新特差權發遣兩浙東路兵馬鈐轄、衢州駐劄、掌儀、大通事李錞與轉〔遥〕郡刺史。」以舜臣等在國信所應辦引揖使副陞殿，六年轉一官，今已及九年，未經推賞，故有是命。

淳熙十六年二月十二日，國信所言：「報哀使人到闕，所有修〔飾〕〔飭〕驛舍什物、差破在驛祗應人并鞍馬、館伴使人行李從物等，及應干合行事件，乞照應金國泛使到闕，依正旦體例施行。」從之。〔遣〕〔遺〕留使到闕亦如之。

二十三〔日〕，禮部、閤門、太常寺、國信所言：「報哀使人到闕，皇帝衣服欲乞權易忌日之服。禁樂一節，緣目今國樂未舉外，所有輟朝日分，欲乞輟朝三日。其典故內所載待制以上 63 就驛弔慰，今乞不行弔慰之禮。其輟朝日分自使人朝見日爲始。檢照建中靖國元年三月四日北朝告哀使人朝見，係御幄殿坐。今來報哀使人朝見御殿，合取自朝廷指揮。使人服著、鞍韉，欲候接伴接見使人，見得服著是何衣服、鞍韉，關報所屬參酌，申取朝廷指揮。其館伴使副服著、鞍韉，乞照應接伴使副沿路體〔例〕施行。所賜衣帶例物，合依自來體例給賜。陳設幃幕，除金國使人位次用紫外，其餘陳設去處並合照應淳熙十四年正旦體例。如使人辭免，聽從其便。」如北使副本位欲用青，聽從其請。詔：第一項遇人使見辭權易忌日之服，第二項輟朝三日，第三項御後殿，令閤門修定儀注。餘依討論到事理施行。

四月九日，閤門言：「檢會紹興三十年金國賀天申節并紹興三十一年賀正旦人使朝見，其日紫宸殿坐，人使朝見畢，垂拱殿不設樂，賜酒五醆，免宣視醆，兩次宣勸。今來金國報登寶位人使朝見，未審合與不合賜酒并宣視醆。」詔依例賜酒五醆，宣（示）〔視〕醆。

八月二十四日，禮部、閤門、太常寺、國信所言：「將來賀登寶位使人到闕，合於紫宸殿賜筵宴，不用樂，不簪花。」從之。以高宗服制故也。

十二月三十日，館伴金國人使所申：「北引接張倜言，來時得處分，往回沿路并在館遇筵宴，乞並免簪花、舉樂。掌儀王舜臣答云：『皇帝方行慶禮，殿庭免簪花、舉樂，斷難稱。此禮非專爲使人設。』張倜言：『殿64庭舉樂，國信固不敢辭花，宴日乞免簪花。』」詔依例賜花，仍免簪。紹熙元年賀重明節亦如之〔一〕。

紹熙二年二月八日，國信所言：「金國報哀使人到闕，所有宴殿合與不合排辦給賜宰執親合受相使人并諸免祗應人等花朵？」禮部、太常寺、國信所檢準《國朝會要》：大中祥符三年正月五日，契丹告哀使辭，宴于崇殿政，不作樂，以輟朝故御便殿。以契丹國母喪。自後契丹國有喪，其使者見皆不作樂。今來金國報哀使人到闕，照得前項典故即不該載給賜花朵，不合排辦。從之。

十七日，禮部、閤門、太常寺、國信所言：「金國報哀使副過界，檢準淳熙十六年三月報哀使到闕，見、辭日權易忌日之服，御後殿。今欲依上件（禮）〔體〕例，欲候接伴接見使人，見得服著是何衣服、鞍韉，關報所屬參酌。其館伴使副服著、鞍韉，照應接伴沿路體例。所賜衣帶例物，合依自來體例給賜。陳設幃幕，除金國使人位次用紫外，其餘並照應淳熙十四年正旦體例。如北使本位欲用青，聽從其便。賜宴并出入觀游等，亦乞依自來體例。如使人辭免，亦從。赤岸、班荆館、都亭驛御筵，欲照淳熙十六年體例，不用樂棚，止絞縛一字照壁，用紫絹釘設。」從之。

五月十六日，樞密院言：「檢準淳熙八年十一月十九日奉旨，令六曹將合差奉使金國正旦、生辰使副，并館、接、送伴下引接、儀範人再行遴選十人，於差使、副前兩月，遇旬休日分輪一曹65所籍人數，發赴都亭驛，令國信所掌儀、通事使臣指教閱習。應用儀範，節次申國信所照會。尚或違戾，令國信所具申樞密院，取旨施行。臣僚言，上節有引接二人，見係六曹輪差，平時不諳禮儀，一旦責以引揖進退，鮮不錯誤。」詔令國信所申嚴行下，今後教習，務要詳熟。

紹熙五年十二月十五日，都省言：「皇帝見行三年之制，今來金國賀登寶位使人到闕，其都亭驛使人位陳設簾額等，依例見用紫色。」所有館伴使、副位，詔並用青色，令所屬疾速排辦。

慶元元年八月二十六日，禮部言：「今來瑞慶聖節，賀生辰人使到闕，係在孝宗皇帝小祥之後，所有平江府往還排辦陳設等，欲並令用紫色。其餘經過州軍準此。」從之。

〔一〕重明節：原作「重門節」，據《宋史》卷三六《光宗紀》改。

嘉泰元年九月二十三日，臣僚言：「國朝自中興以來，講修睦使命，禮儀尤爲詳備，故前後使者罔不恭順，相安於無事已四十年矣。爲國信之吏，豈不知此？近者此輩多自謀利，不卹大體，前後出使及爲接伴、館伴者，皆求以逃責，不暇與較。且掌儀，小胥也；二使，王人也。今掌儀之權重於二使，有私求，則不容不遂所求；欲接坐，則不容不與之對。夫二使非不知自有階（給）〔級〕，今乃遂其所求而與之抗禮者，亦曰姑惟上下和同以辦國事而已。而此輩不知以此自重，蓋欲權歸於己，多是密與北引接等私相交，誘以甘言，啖以告覓。虜人貪利，既中所欲，則凡事聽從。或因本朝國信使、接66送伴一儀之稍失，一語之稍差，遂教使虜人生事，然後掌儀、通事等却從而調護，以爲己功。若本朝銜命之人無事可指，亦復多方挑摘，得以邀功。且銅禁，累降指揮非不嚴切，其三節人使及座船兵梢等或作禮物籠篋，或作隨身衣裝，所至公然差撥人夫（瞻）〔擔〕擎般運，夾帶過北界者，正以掌儀等與之通同作弊，皆有所恃，畧無畏憚。乞自今以往，一切責辦掌儀二人，凡國信使與接、送、館伴使應有疏失，並先將掌儀重行謫罰。至於與北界引接官私交通、行禮酬酢，並乞嚴行止約，毋使依前往來。所有銅錢之禁，亦責令掌儀專一覺察，如敗露，首罪以坐。自今掌儀以下依條合得差遣之人，並只與臨安府添差不釐務差遣，使之專意國信所職事，不得干預民事，庶幾可以革去前弊而重國體。」從之。

二年九月二十日，主管往來國信所言：「今來賀瑞慶聖節使人到闕，係在光宗皇帝禫除之前。近接伴所已申請到指揮，將來十月三十日光宗皇帝禫除畢，自十一月一日從吉。所有今來接送伴金國生辰使如在禫祭之前，欲令照應嘉泰元年體例施行。至十一月一日及以後，在路御筵、受賜謝恩，舞蹈山呼，作樂供帳陳設等，並合純吉。所有今來使人到闕，本驛使人、館伴位及赤岸、班荊館、仁和館等處陳設簾額等，欲照嘉泰元年體例，並用紫色釘設。內被褥有紅錦緋紅顏色，亦乞用紫色排辦。」從67之。

四年二月九日，賀金國生辰國信使劉甲、副使郭倬言：「已回程結局。先恭承宣諭指揮節文，數內一項，私覿腦子、香藥等并生白絹換易之弊。甲等除已恭稟聖旨指揮，逐一措置革弊外，所有諸庫元納到私覿香藥、匹帛等，並皆就都（京）〔亭〕驛當官受納，差委（使）〔私〕覿官打角掌管，過界支用。甲等自到泗（洲）〔州〕至燕京并回程，沿路所送私覿，逐一對衆抄轉簿曆，同都轄、掌儀、私覿官等公共點檢指實，書押文簿分明。今據私覿官開具收支見在細數帳狀，已行繳申朝廷，將見在物件特賜指揮給還元來庫分外，今來欲將支送私覿簿子一冊，送所屬鏤版成冊，永爲定例。及乞每遇差奉使賀金國生辰，給降一冊赴奉使所照使。」從之。

開禧元年十一月十日，尚書省言：「使人到闕，自紹興十三年差近下禁軍充入位祗應，例皆年高，懵然村纛，行之二十餘年，初無闕事。後來改差親從四十人入位，亦係揀選有行止、無過犯、該陞（揀選）轉之人充應。至淳熙七年，始令皇城司籍定入位之人，遇闕補填，竊慮因而漏泄。」詔除譯語人外，令皇城司於親從、親事官、皂院子内選四十人，並年六十以上，不識字、有行止、無過犯人差撥祗應，已差人不許再差。

十二月二十七日，金國賀正旦人使朝見。宣名訖，國信使、副不肯折身。掌儀葛宗裔等云：「久例折身，如何今次不行此禮？」北使趙之傑云：「僚例册上無折身兩字。」68 整會數次，終不肯折身。續閤門傳旨，且令歸館，別聽候指揮朝見。葛宗裔等即時引出殿歸館，有旨賀正旦使人令改作正旦日朝見。至日朝見如常儀，次賀正旦。

嘉定五年四月十五日，臣僚言：「國信所禮物並從朝廷支降一色精細金銀製造，積弊既久，往往滅裂。乞下文思院，自後遇製造上件禮物，須管監官躬親監視。仍須於人使未行半月以前，預期齎至都亭驛交納，以憑稽考施行。」詔令文思院，如遇製造禮物，須管監官躬親監視，不管稍有滅裂。候差使副畢，限五日齎合用禮物赴都亭驛交納。稍有情弊，從使副申取朝廷施行。

同日，臣僚言：「每歲遣使，下節所差之人例轉一資。照得軍兵資賞止可轉至五次，過是則爲寄資。俸既不增，何苦冒涉萬里？緣是往回頻數，與北界承應合干人稔熟，多有貿易物貨，交通言語，漏泄國事。乞自後每名不許差過三次。」小帖子稱：「其上、中節亦乞准此。照得奉使官屬已降指揮，從朝廷於在京見任文武官内點差。其下節軍兵已降指揮，於殿、步、馬軍三司輪差。」詔：「奉使官屬其有礙止法，不合轉行官資之人，軍兵應寄資者，並不許差。其弩子、教頭、排軍、私覿庫子或有生疏，許使、副臨時申取朝廷差换施行。已上各不得差過三次。」

同日，臣僚言：「每遇遣使之時，殿司差撥官馬四匹以備乘坐，又於兩浙漕司差二舟載至鎮江，却寄留軍中養飼，別易 69 四匹前過北界，遂致虚破草料，多差船隻。今乞免於殿司撥馬，止就鎮江都統司或揚州差撥前去。如至回程日帶北界所得馬繳進之時，却令乞淮東漕司及鎮江府接續差船載至[一]，庶免煩費。又照對正副人從自殿、步、馬三司輪差下節之外，逐廳止可申差不轉資控攏四名，以備使令。自過界之後，凡般取私覿禮物及飲食、衾裘、行李登車下馬，盡是四人執役，往回萬里，委是有闕使令。所有差到下節人，除庫子、排軍外，沿路更無人專聽使令。乞後遇遣使日，劄下各廳使副收管執役。其都轄、掌儀許於正副廳下各止許借一人過界使喚。如至泗（洲）〔州〕、東京、燕京，合般運禮物、執打從物之際，仍舊歸官聽候差使。」從之。

六年三月三日，臣僚言：「國家以遣使爲重，三節官軍皆其屬也。上、中二節必由廟堂之選差，而下節軍兵取于

[一] 令乞：似當作「乞令」。

禁旅之更迭，所以示至公、絶倖僥也。然有名稱未正、事權不一、弊倖尚多者，合議施行。且曰親隨，曰親屬，必使副至親可以相依者也，今或以勢奪，或以賄售，以非親而爲親，得非名稱之不正乎？曰將官，曰排軍，必下節軍兵素所聽命者也，今以本軍之將而使爲之將，他軍之卒而經營爲排軍，不能相統攝，得非事權之不一乎？上、中節官皆受差于朝廷，今乃欲徇利以便利、托疾以求免者；官屬倖給各有抱券之人，今乃夤緣而求幫請，恃勢而行減尅者，此又弊倖之不可不70去者也。乞今後親屬、親隨，必令使、副差本宗有服紀之親；將官、排軍，必令主將差本軍見部轄之人；官屬委有不可行者，使副牒所至郡州差見任一等官替行，不許私自抵兑；官屬有合得倖給，各隨所任，令元抱券人幫支，不許分文減尅。夫名正則言順，權一則令行，倖去則(請)〔情〕安，將見士夫易慮而廉静知恥矣，軍旅革心而行伍知禮矣。」詔從之。其接、送、伴一體施行，今後准此。

閏九月十日，給事中曾從龍言：「伏覩聖旨，(今)〔令〕承旨司籍定國信所慣熟行遣人姓名，各與出給文帖，遇差使，副畢日，從朝廷輪流點差兩名，發下奉使所著役祗應。仍將帶過界，於下節准備差使内安排，却於四員准備差使内除去兩名。如有過犯遺闕，仰使、副回程日(期)具申朝廷，重作施行，仍永不許充應。内白身人祗應四次，無遺闕過犯，從吏職補授法補一資；有官資人祗應三次，無遺闕過犯，轉一官資。或稍有違慢，不理爲數。白身人以補授後，從有官資人例施行，所有支賜之類，並照舊例支破。仍令承旨司、國信所籍定祗應次數，或違慢因依、姓名，以憑參考推賞施行。臣竊謂國信之有司行，非省部寺監胥徒之比也。游手之徒本無顧藉，一遇遣使則宛轉請囑，求以厠名，兜攬商貨以避關征，私帶禁物以博虜貨，管倖給則恣行刻剥，過州郡則並緣騷擾，皆利之以爲姦爾。今許之出疆，豈不益滋其奸邪！而白身人祗71應四次，又許從吏職補資，以歲次計之，不過八年，則所謂八人者皆可以得資矣，豈不濫乎！自炎、興以來，銜命出疆不知其幾，未聞其不帶行司而有乏使之慮。乞只令承旨司籍定姓名，遇差使、副日從朝廷輪差兩名，發下奉使所著役，以革請託之弊。如有遺闕過犯，即行銷籍，永不得充應。其過界補資等指揮，乞賜追寢。」從之。

九年正月十九日，臣僚言：「近將明指，護迎虜介，所見一路應辦，自江以北供帳食物之屬，其間有合加損者，事雖至微，實關國體。夫宴勞飲食之供，不過如羊豕、鷄鶩、魚蝦、果蓏、酒茗、醯醢、筍蕈、蔬乳水陸之物不至闕供而已。今乃狃於紹興間虜使一時之需〔一〕，官吏循習並緣，妄以所需必辦爲辭，科擾百姓。如雜蟲、怪禽、生麕、毚兔、彘胎、羊羔、長虵、文雉，以至龜、蚌、鼠、蝟之屬，瑣細必備，皆

〔一〕狃：原作「紐」，據文意改。

生致之以告覓，水載陸負，憧憧道塗。與夫先期追集，整辦伺候，動涉旬月，不得著業，甚爲可念。夫飾供帳之屬以禮賓客，此吾國體之當然，而備不應備之物以過奉之，殆若有所畏而幾於失國體。凡百必加之意，而意外過奉之物則一切罷之，以絶科擾，以幸民生，以全國體。」從之。（以上《永樂大典》卷一〇九四一）

後苑造作所

72在皇城北，掌造禁中及皇屬婚娶名物。舊在紫雲樓下，咸平三年併於後苑作，改今名，以内侍三人監。始領作73七十四，曰生色作、縷金作、燒朱作、腰帶作、鈒作、打造作、面花作、結條作、玉作、真珠作、犀作、琥珀作、玳瑁作、花作、蠟裹作、裝鑾作、小木作、鋸匠作、漆作、雕木作、平撥作、鏴作、旋作、寶裝作、纓絡作、染牙作、砑作、胎素作、竹作、鏃鏤作、糊粘作、像生作、靴作、折竹作、稜作、匙筯作、拍金作、鐵作、小爐作、錯磨作、樂器作、毬子作、棆棒作、毬仗作、絲鞋作、鍍金作、橑洗作、牙作、梢子作、裁縫作、拽條作、釘子作、剋絲作、繡作、織羅作、絛作、傷裹作、藤作、打絃作、銅碌作、綿臙脂作、臙脂作、桶作、雜釘作、響鐵作、油衣作、染作、戎具作、扇子作、鞍作、冷墜作、傘作、劍鞘作、打線作。後增置金線作、裹劍作、冠子作、角襯作、浮動作、瀝水作、照子作。

《兩朝國史志》：後苑造作所，監官三人，以内侍充，掌造禁中及皇屬婚娶之名物。專典十二人，兵校及匠役四百三十六人。舊有西作，掌造禁中服用之物。舊在皇城司，天禧五年徙置於拱宸門外，慶曆二年罷。

西作舊在皇城司，天禧五年徙置於拱宸門外，掌造禁中服用之物，以入内都知、押班一人提點，以〔高〕班四人監，别以二人監門，兵校及匠一百七十一人。

真宗景德二年八月，詔後苑造作所：「應傳宣製物，請領憑由，不得著所造物名，止用字號請撥物料。若除破之時，自依舊例。」

（太）〔大〕中祥符元年正月，詔後苑造作翠毛，不得言「七寶」字。

天禧元年七月，詔後苑造作所：「自今每製造物色，據合使物74料勘會，委是管庫見無此物名件，即得下雜買務收買供應，不得將官庫所有物色一例收買别置，搔擾行户。」

仁宗慶曆四年六月二十二日，詔：「後苑今後不得似别句當處一例三年一替，如非次有闕，即差人填闕。」

至和元年十二月，詔：「後苑作金箔，只令本所作造。除製造皇帝頭冠、禮物及北朝禮物即便使用，并毛頭金，仍據合使數目旋行計料拍造供使。所有其餘應係製造諸般生活，並不得使用，及更不得準備拍造。本作以句押官、前行各一名，後行、曹司共八人爲額〔一〕。凡係翠毛造作，不得（七言）〔言七〕實，只畧言事宜。除乘輿禮衣頭冠、國信禮物使用外，其餘並不得使用。」

二年二月，詔：「本作左右番聽唤使臣製造金銀并諸般物色等，令於貼黄上不得開説名件數目，只具實重斤兩，並稱内降生活。」

十月，詔：「後苑造作所要真珠，並於見管庫務取索，更不下行收市。餘應製造物色物料名件，委的官庫無者，方下雜買務收市〔二〕。」

嘉祐元年三月，詔：「應本作除係製造御前要用物色并官中所造生活，即破物料，所有其餘製造生活即不得破官中物料。應所製造生活係合使金銀諸般物色，合下諸處取索并雜買數目，並令本所具數關報合同憑由司取索。仍仰本所只以所造生活字號爲名，取索使用。」

六年十二月二十二日，詳定利害所言：「文思院定每鋌銷金百兩破火耗五錢，雜白銀百 75 兩破一兩，每成鍋鋌銀百兩破五錢，並不使行人。後苑每鋌銷金百兩却破火耗二錢半，雜白鋌銀破五錢，須要行人承受。斤兩銷折不盡，至界滿收爲出剩；如火折過，勒行人陪填。看詳兩所鋌銷並同，收耗不等，乞應今後諸行人赴後苑作鋌銷金銀，並依文思院所破火耗則例。」從之。

治平四年四月二十四日，神宗即位未改元。詔後苑造作所諸色工匠以三百人爲額。

神宗熙寧元年八月二日，詔：「自今諸司局取工匠，聽三司一面指揮。」先是，内侍楊棁等已得旨，差後苑工匠造舒國、祁國公主下嫁禮物，而後苑奏留不遣，中書奏令兩所祗應。上批：「此末事也，自今可止令三司一面指揮。」故有是詔。

同日，詔：「今後除每歲合造契丹逐時禮物外，應有諸處降下本作渾鍍金生活〔三〕，並畫時令所降使臣於所奉指揮來處請領金貨，本作更不得申三司計料。仍自今内降指揮到日爲始遵守。」

四日，詔：「今後除朝省指揮製造生活依舊申請金貨外，應有諸處并使臣下本作製造生活，及拍連六毛頭金并鍍金物色，其合使金貨並依前日内降指揮，更不得取索，令得旨使臣並於元奉指揮來處請領。所有諸般物料，即令依例申請。」

二年十一月十日，詔：「應内降指揮製造羅絹花，仰並用撚草蓓蕾，仍著爲永式。非特有指揮令用羅外，餘不得輒有變易。」

〔一〕曹司：原作「曹使」，據本書職官三〇之七等改。曹司，公吏名。

〔二〕雜買務：原作「雜賣務」。按宋置雜買務、雜賣場，一管買，一管賣，然文獻中買、賣二字亦常互誤。此處據文意當作「買」，因改。

〔三〕作：原脱，據下文補。本作指後苑作。鍍：原作「渡」，據文意改。下條同。渾鍍爲鍍金銀的一種方法，如本書蕃夷四之二四有「渾鍍銀腰帶」，又四之六七有「渾鍍金劍」是也。

元豐八年十二月十四日，詔罷後苑西作院。

徽[76]宗崇寧元年五月二十一日，提舉後苑作修造所言，内中殿宇修造，合用金箔五十六萬餘斤。詔：「用金爲箔以飾土木，一經縻壞，不可復收，甚無謂也。其請支金箔内臣，令内侍按治。」

宣和三年正月十二日，詔：「訪聞提舉後苑作生活所以度牒下兩浙、淮南等路收買紗帛，頗見搔擾，可立行止絶，更不收買，度牒拘收焚毁。」

七年十二月二十一日，詔：「後苑作生活所自元豐年置建外及久來局所合存留外，本所供奉局今罷歸本所。」（以上《永樂大典》卷一〇九四〇）

後苑燒朱所[一]

後苑燒朱所，掌燒變朱紅以供丹漆作繪之用。太平興國三年置，令僧德愚、德隆於後苑中令鍊。咸平末權（亭）〔停〕，大中祥符初復置。天禧五年，僧惟秀省其法，以内侍一人監之。（以上《永樂大典》卷一〇九四〇）

軍頭引見司[二]

【宋會要】

[77]《兩朝國史志》：軍頭引見司，舊稱御前忠佐引見軍頭司。勾當官五人，以通事舍人以上或都知、押班充。掌崇政殿供奉[三]、諸州駐泊捕捉權管之事，并軍頭之名籍，諸軍揀閲、引見、分配，并馬直、步直，後殿起居軍員之政令，及諸司引見之事。勾押（管）〔官〕二人，前行二人，後行四人。神宗、哲宗《職官志》但稱軍頭引見司，提點官一員，幹（辨）〔辦〕官三員，以閤門官充。使臣二人，押司官二人，前行一名，守闕前行一名，後行九人，貼司五人，守闕貼司五人。本司所掌事務：進目司三房所掌，祗候軍員等遷補，開收、事故、諸般請給及引見公事，并春季體量祗候軍員等；忠佐司所掌，御前忠佐遷補、開收、事故、諸般請給等；下名房所掌，祗應正、副指揮使并散員、剩員、曹司等遷補、開收、事故、諸般請給等；開拆司收發諸房（生）〔主〕事并朝旨文字等。

太宗端拱元年六月，詔：「每差撥馬步軍士，朝辭訖，仍傳宣戒諭本管人員鈐轄隊伍，愛惜鞍馬，磨鍠甲器，閲弓弩，沿路毋擅離隊伍，先後擾人，及差員僚輪番管押，如有違犯，當行嚴斷。」

二年正月，改軍頭司爲御前忠佐軍頭司，引見司爲御前忠佐引見司。

真宗咸平四年八月，詔軍頭引見司：「自今如傳指揮

[一] 原無「後苑」二字，據正文補。
[二] 原無此題，徑補。
[三] 崇政殿：原作「崇寧殿」，據《職官分紀》卷三五改。按，《文獻通考》卷五八又作「崇班供奉」。

公事，未審會者須再取旨。」

九月，詔：「軍頭引見司應管軍頭，每事須聽受本司指揮，如有奏陳機密，許實封於本司投下，畫時[78]以聞，即不得非時接便出頭奏告，違者勘斷奏裁。」

景德二年四月二十一日，詔：「軍頭司自今引見罪人，召法官先定刑名。」時本司言開封府獄囚當引見，不坐格律，請再送司録定斷。真宗慮其繫滯，故有是詔。

九月，詔：「取箭鏃醫官，自今令軍頭司上簿，具取得不得姓名，逐季申奏。」三年，又令具射着至取出年月聞奏。

十月，詔：「軍校充川陝馬步軍都、副指揮使者，如元授宣有候三年差替、無過犯遷轉者，替回具有無功過引見。」

三年正月，詔：「軍頭司每差軍頭權軍(王)〔主〕、都虞候合入得軍頭者五人，前一日具職位、姓名、脚色進呈，次日引見。如不及五人，即據合差人數進呈。若差往巡檢捉賊、駐泊守城、指使閱教，即每差一人，以二人引見。不當輪差遣，即置簿依資次差定引見。」

七月，詔：「三班院每引見磨勘差遣使臣，內有御前記姓名者，仰軍頭引見司今後並令喝謝恩。」

四年閏五月四日，詔軍頭司，如諸軍人員補忠佐者，許移家於馬步直營或諸軍空營屋住，不得令泊舊營。

六日，詔軍頭司：「忠佐入殿起居，多不齊整，自今差忠佐二人提舉，仍令勾當司官鈐轄。」

八月，詔：「御前忠佐軍頭應有病乞假者，給訖乃奏之。」

十二月，詔：「吏部流內銓引見官員，凡得旨與京朝及職事官加階、循資、起資，大縣令、萬户簿尉、府界簿尉、左右(相)〔廂〕巡判官、諸處法直官、御史臺主簿優與注官，令録、知令録、初入令録人依例與官，却與河北[79]官並送引見司施行。」

大中祥符元年正月，詔：「每車駕出入，內侍省送到接駕進狀人，本司官密切詢問事宜。如未經諸處者，即以所進狀曉示：若勘罪即抵徒刑。如乞不施行，即不問坐；如堅乞施行者，取狀繳連。仍定本合送去處或合放，實封聞奏，候御寶批降，即得施行。」

七月，詔御前忠佐軍頭引見司：「今後應引見軍頭差充諸處管軍及權管，並具本人舊請受并新差定職名、請受則例，一處比類取指揮。如無新職名、請受，即行公文與三司取索。」

九月，詔軍頭司，今後不得令殿前司抄劄引見公事。

二年正月，詔：「置軍頭司祗候、指揮使、副指揮使、都軍頭、副兵馬使、副都頭名目，自今遇赦敘理降配軍兵，依此安排。每後殿起居，於軍頭司祗候軍員別行立。」

二十七日，改軍頭司伴飯指揮使爲散指揮使。五代以來，軍校立功無闕可補者，第令與諸校同其食膳，因以爲名。是後目爲冗秩，惟被譴者處之〔一〕，且以名品非正，故改焉。

三年三月，詔：「諸軍寄位忠佐軍頭，自今人給屋止七間。」

四年五月，詔軍頭司：「應諸軍乞出箭鏃者，押送樞密院呈驗。乃先問中箭年月，願出取者於本司官前出訖引見，不願出者置簿管數。」

十月，同勾當軍頭引見司焦守節言：「每遇駕出，有諸色官員、僧道、軍人、百姓等進呈文狀，洎至詢問，又別無異見冤枉情理，各是無例施行事件。自今欲望有此違犯者，並令軍頭司收[80]送開封府，依先降勅命嚴斷。」從之。

六年十一月，詔諸班直謝賜衣日不引公事。

七年五月，知宿州李防言〔二〕：「引見司科罪人於崇政殿門外，切爲親近〔三〕，有虧嚴肅，欲望自今並送開封府或皇城司決遣。」真宗曰：「外人不知，近年每月不過一二次，決罰人皆杖笞以下，此事已久，不欲遽改。」

八月，詔軍頭司：「罪人瘦不任決者，並送配所軍州區分。」

九月五日，詔軍頭司：「應回軍兵士在京者，若老病合配（州）〔外〕處軍分及草場、倉場、神衛看營三等剩員者，限駐泊半月後編排引見，見訖更與限五日般移。其經過軍士編排引見後令歸本營，限十日般移。」

二十六日，詔：「軍頭司祇候、散副指揮使自今更有降補者，須經恩方與差遣。」

仁宗天聖三年十月，皇城司言：「自今遇筵宴及駕出內，其軍頭司迴軍并招揀到兵士，直至引見公事，即依例放入，所貴整肅。」詔軍營在京并招到兵即依所奏，若營在外處，經過合門見者即放見，依例支賜給食茶酒錢等。

四年九月，軍頭司言：「本司元額勾押官已下七人，內勾押官前行三人都大點檢書押本司公事，并入殿內抄劄聖語祇應外，餘四人各更分擘行遣諸般公事不少。望許招收貼司三人，本司守住，更不於三司抽揀。候及一年，別無過犯，即補充守闕後行，未支請受；如有正後行名闕，即依名次引見轉補，仍依軍頭司後行例支給請受。」從之。

慶曆五年六月，罷[81]軍頭引見司引不急公事。

十二月二日，勾當軍頭司錢晦言：「本司條制，見任、故任臣僚及兩省都知、押班合破兵士、剩員額定人數內有闕，並許別差人承填，即不得額外抽占。即未有替換指揮，有牒到逐處作過、病患者，未敢便行差替。欲乞今後並許別差人替換，即不得於額外抽占。乞下步軍司遵守。」詔尚書兵部、殿前司、侍衛馬步軍司依奏施行。

嘉祐五年十月二十七日，樞密院言：「軍頭司狀，支散

〔一〕譴：原作「遣」，據《長編》卷七一改。

〔二〕知宿州李防：原作「知徐州李昉」，據《長編》卷八二改。參《宋史》卷三〇三《李防傳》。

〔三〕切爲親近：《長編》卷八二作「切近帝所」。

在京諸軍兵士等來年出軍春衣，勘會自來開坐合支日分并所支色額數目，勾當本司前後省都知、押班、閤門使副於宰臣未起居班次前進呈衣樣，然後支散。勾當本司王道恭在假，欲權令閤門進呈。今後無都知、押班、閤門使副勾當，亦乞准此。」從之。

六年十月十四日，軍頭司言：「馬、步軍司關合行引見配填諸軍兵級三百四十六人，緣每日引見不得過三十人，慮更有諸處揀來軍士，轉至積壓。」詔增至五十人引見。刺鎗、打刀、相撲，每番各呈兩對；射弓、踏弩亦添人數。候無留滯，却依舊例。

《神宗正史·職官志》：軍頭引見司勾當官五人，以內侍省都知、押班及閤門通事舍人以上充，品視其官。掌禁衛軍入見之事。應(戊)〔戍〕還及選閱、分隸，則具名以進，詔其進止之節。若供奉便殿馬步軍都、副軍頭，仍總其名籍，頒其禁令。凡乘輿行幸，有自訴者，審詰事狀稟奏。分房六，設〔吏〕八。《哲宗正史·職官志》同。

神宗熙寧三[82]年十二月十二日，軍頭司言〔一〕：「備軍元額一千九百六十人，今闕一千一百九十八人〔二〕，應副差使不足。舊等五尺五寸，乞減二寸。」詔今後以一千人爲額，如闕白直，即差步軍司剩員。

四年十二月二十二日，詔：「軍頭司步直并馬直，闕馬者撥填步軍司虎翼，有馬者填雲騎。」按馬直，雍熙四年置；步直，端拱元年置。請給優厚，不差發屯戍，唯給軍頭司官白直驅使而已〔三〕，最爲優倖，故撥廢之。以內批「軍頭司見管馬、步兩直，令撥入殿前、步軍司請受一般軍分」故也。

元豐二年正月二十一日，上批：「軍頭引見司所管東京司備軍借事，聞自來差科無優重之別，勞逸頗偏〔四〕，一出於主轄官受禱私意。間雖有守公之人，患無法守以拒干請。宜依昨詳定剩員差科例，委燕達具約束條目送承旨司看詳，聞奏頒降。其備軍借事隸步軍司差使。」

六年八月二十一日，詔軍頭司：「自今諸路解撥到武藝高彊兵級，雖有減退，如尚在同解發武藝最下人之上者，並依元豐令施行。」元豐令檢尋未獲。

八年四月八日，詔軍頭司：「應後殿引見事，如呈試武藝人申樞密院，令承旨司官與軍馬司同試，有妨嫌即與不干礙軍馬司同試〔五〕；如並涉干礙，即與軍頭司同試以聞。」上未御後殿故也。

高宗建炎四年五月十五日，詔：「今後選人改官，如不及甲，亦令吏部報軍頭引見司，先次引見。」

十一月十六日，樞密院言：「御前忠佐軍頭引見司勘

〔一〕言：原脱，據《長編》卷二一八補。
〔二〕今：原脱，據《長編》卷二一八補。
〔三〕頭：原脱，據《長編》卷二三八補。
〔四〕逸：原無，據《長編》卷二九六補。
〔五〕馬：原脱，據《長編》卷三五四補。

會，本司所83管祗候、軍員，悉依祖宗舊法，差往川廣等路州軍權管克寧、牢城等指揮，三年一替，遇闕依令由樞密院下（車）〔軍〕馬司差取承替填闕。 散員係差往福建路權管保節、清化等指揮，三年一替，遇闕合差興仁、潁昌府員寮，剩員直該期法量移取充散員之人； 如無合入人，依條例許借差祗候、軍員、承旨填闕。 其應干窠闕，簿籍見管祗候、軍員、散員見在東京軍頭司收管差使，如有年滿、事故合使闕之人，並免引見，申乞給降宣命，前去承替填闕。 近緣道路梗阻，其東京約二年有餘並無差到權管軍員，若不別行擘畫，顯見在外權管年滿之人卒無承替期限。 本司今相度，欲乞令川廣、福建等路監司勘會，開具見今軍頭司祗候、軍員、散員職次、姓名、人數，權管是何指揮，到管年月日。 如已事故之人窠闕，各元係本司是何軍額、職位、姓名、權管指揮，的實於甚年月日爲何事故，後來曾未差到人填闕，並各録白逐人元授付身、宣命或本處信宣及本司元差充文牒，從本司依自來條例重别起置簿籍。 並乞理逐人到營權管年月日，三年爲滿，逐旋收係，抄轉文簿，挨排資次，將已係年滿并事故合行使闕之人，依自來條例申樞密院，乞行軍馬司差取，候引見訖給降宣命，前去承替填闕。」並從之。

紹興元年七月二十四日，詔軍頭司：「續到行在正額等子，因金賊燒毀請受文曆，并承局等東京不曾分擘到84請受文曆，令使屬將逐人依舊有曆人例一等支破請給。 今後更有似此之人依此。」

十月二十一日，詔軍頭司：「正額等子彭遇等久在殿庭祗應，近因閱教閃撲傷病，不堪充扈衛祗應，特與免引呈，依合出職人例，陳乞外處院（防）〔坊〕監及廂軍見闕員寮。」

二年六月九日，詔：「軍頭司等子内見有轉充將校人并今後有轉充將校至副指揮使已上人，爲見隨逐行在全闕舊人，並與留充依舊扈從祗應。」

七月九日，詔：「軍頭司幹辦官今後不許替成資闕，仍常切遵執，立爲永法。 如被奉特旨、内降聖旨指揮，只具奏知，更不施行。」

三年正月二十五日，詔：「幹辦軍頭引見司宋籛孫爲入殿引呈公事詳熟，候今任滿日，特令再任。」

二月四日，軍頭司言：「正額等子趙璧等四人合該陳乞出職，已被旨並留充依舊祗應，指教新人。 候將來引呈陳乞，其逐人並不依前項指揮出頭陳乞出職。」詔趙璧不合鼓唱無時陳乞，先次斷訖，特與郴州牢城都頭，日下出營。 餘人免斷，依舊收管。

四年正月二十五日，詔：「保義郎、軍頭引見司主管文字郭仲祥引見公事祗應詳熟，候今任滿日，依舊留充主管文字祗應，依舊支破請給，不理爲資任與不妨參部注授。」

三月十四日，詔：「軍頭引見司頭名押司官依政和五年指揮，今後滿三年出職。」先是，本司言近降吏部（之）〔七〕司條法作五年出職，即與本司見行條令不同，緣人吏爲係殿庭85應奉東京舊人，故有是詔。

十一月二十二日，樞密院言：「軍頭司申，神武中軍今來内教引見射射人教拜習儀，引拽入殿，引呼起居謝恩，及前一日關報合經由門户，乞令本軍依自來内殿引見内教射射體例。」從之。

五年四月十七日，樞密院言：「御前忠佐軍頭引見司申：樞密院得旨，大禮次年二月，諸班直將校、親從親事官合依自來條令排轉一次。本司契勘今來轉員引見諸班直，年代上名出職，呈試事藝，弓弩破體、槍刀標牌手輸贏格法，分作三等推恩，前行、後行、第三行並係依格法當殿傳喝推恩。今有元自東京抄録到傳喝格法，乞詳酌施行。」從之。弓箭手前後箭滿不破體爲前行，前箭滿破體、後箭滿不破體爲後行，前後滿破體存箭一指兩指三指、射箭不去、掉下箭第一第二次爲後行，前箭滿或存箭一指兩指三指、後箭一把爲第三行，箭存一把、三次掉下箭弓了、弓掉下弓身倒爲第三行。弩手踏上弰、得踏上望山子〔一〕。一次射箭不去、踏上衮了謂脚離鐙子後衮了。爲前行，獲不發脚落掉下箭、兩次射箭不（玄）〔去〕爲後行，三次踏不上、掉下弩身倒爲第三行。槍手贏爲前行，輸爲後行，輪却與鬬對人鬬贏爲前行，掉下槍身倒爲第三行。刀手贏爲前行，輸爲後行，輪却與鬬對人鬬贏爲前行，掉下刀身倒爲第三行。標牌手贏爲前行，輸爲後行，輪却與鬬對人鬬贏爲前行，掉下標、掉下蒲、掉 86 下牌身倒爲第三行。

二十九日，詔：「軍頭司見闕準備等子、相撲打拵子共一十二人，係隨從行在扈衛祇應。可將見闕人數，特令軍頭司踏逐少壯有筋力二十四人，指名牒軍馬司抽取一次，不許占留。引見訖，贏者收充祇應，輸者遣還。」

十一月十四日，軍頭司言：「等子人員已下並係禁衛，依令後殿祇候退，分番上番人東華門外準備。昨自隨從車駕駐蹕，並未曾依令差撥祇應。欲乞自今後每日入皇城門裹，於南宫門外祇候，俟朝殿退，分番上番人於行宫北門外準備，下番人趁赴本司等揀軍兵差使。又契勘東京日，東華門外有等子外房二間，今踏逐到行在宫北門外六部南街西牆脚下空地一段，欲於本司雜支錢内修蓋蓆屋三間，充等子祇候外房。」從之。

六年正月十一日，詔軍頭引見司：「今後應射殿特坐，内教引呈軍馬射射、馳逐弓馬等，依舊制令軍頭司官量將帶人吏并合入等子，隨引呈人入殿祇應。」

四月四日，詔：「軍頭司準備等子見日逐與正額等子衮同祇應，自今後如遇入殿排立等，并令入殿祇應。」

十九日，軍頭司言：「準備等子元符二年争揀入額，昨自崇寧四年，本司申請到指揮，理到司月日資次，從上撥填入額祇應。其等子在司更不閲習，止是等候歲月，廢墮事藝，坐守撥填，切慮無以激勸。」詔：「如遇正額有闕，將見管準備人并額外準備人先次依元符二年所降指揮， 87 争

〔一〕此注原抄作正文，據文意改。下注同。

揀逐色事藝精强人；次依崇寧四年指揮，理元取揀到司月日，從上撥填。今後闕額，並依兩項已得指揮，間行收補。」

六月二十三日，軍頭司言：「準入內內侍省李存約奉旨，軍頭引見司御前忠佐步軍都頭張明該遇天申節，特與奏次男張永堅，依御前忠佐張青等例，仍不候覆奏。」臣僚言：「契勘忠佐奏補軍頭司自有成法，所奏子須年十歲以上，仍召保驗實聞奏。今來張明奏補男張永堅，係是特降指揮，未審應與不應條法。若別無違礙，自可付之有司，（條）〔依〕法施行。伏望特降睿旨，應事有條法者，諸司不得取降特旨，一切付之有司。」從之。

九年正月十四日，軍頭司言：「正額等子十將已下，依令引呈輪，祇應及一十年，許乞外處院、坊[一]、監并廂軍見闕員寮。內有已轉正員寮并將校之人，得旨留充依舊扈衛祇應，即未有立定許陳乞出職年限。若不別作擘劃，顯是授宣將校即無出職格法，却不及後來轉授十將之人。今欲乞將等子內有轉充（自案）〔員寮〕及正、副指揮使之人，今後引呈輪，依十將以下陳乞條例，祇應及一十五年，許陳乞外處院、（防）〔坊〕、監并廂軍見闕將校，內員寮許陳乞副指揮使，正、副指揮使許陳乞指揮使，仍與帶過舊請受。」從之。

十一年十月二十一日，詔：「軍頭司使臣、人吏係殿庭應奉人數，所職引呈公事委是繁重，可將見請糧米與依步軍司已得指揮，隨寺監人吏敖分一等支給。」

[88] 十二月十五日，軍頭司言：「供內儀鸞都虞候翁政近因年勞合轉一資，不就改轉，乞改正元舊御前忠佐馬軍都軍頭職名。」詔特令軍頭司收係名籍，餘無干照放停之人，不得援引爲例。

十二年五月十三日，軍頭司言：「貼司、守闕貼司自南京隨從巡幸（楊）〔揚〕州，係與押司官已下一等支破巡幸券錢。自隨從至温州，一例住罷。紹興元年內已降旨揮，押司官至後行，與支破巡幸食錢。貼司、守闕貼司當時全闕，未曾支破巡幸食錢。今來見管貼司、守闕貼司爲係殿庭（支）〔祇〕應人數，除見請給外，並欲乞依諸司庫務貼司見請則例，一等支破巡幸食錢。」從之。

十三年二月二十五日，詔：「軍頭司押司官張珣等係昨隨從迎奉皇太后祇應人數，與依閤門、客省、四方館例，檢照昨平江府已經批勘犒設則例，將見今人數依近降指揮增倍犒設批勘。」以張珣等言：「軍頭司正係隨從車駕往回、沿路收接唐突人、取責文狀聞奏聽旨祇應人數，比之他司事務不同，自合依閤門、客省、四方館已降指揮增倍犒設，其糧料院未肯批放。」故有是命。

七月二十一日，軍頭（司）〔引〕見司言：「見管使臣、人吏共二十一人，引見公事、入殿應奉并隨從車駕行幸祇應人數，依在京例，於行在文思院打造金鍍荔枝銀腰帶二十

[一] 坊：原抄作「監」，塗改爲「防」，亦誤，當作「坊」。院、坊、監均爲養馬之所，參見《宋史》卷一九八《兵志》一二。

一條，單、夾紫羅公服各一領，單、夾紫羅窄衫、披襖各二十領㊀，充入殿引見公事、隨從車駕儀注。」從之。

十月一日，詔：89「已降指揮，軍頭司等子轉充員寮、正副指揮使出職，陳乞外處院、(防)〔坊〕、監并厢軍正、副指揮使之人，今後與免會問，逐處依軍馬司病切將校陳乞州軍體例，令軍頭司據陳乞州軍窠闕去處，徑申樞密院給降宣命發遣前去，依職名高下管營。餘依已得指揮。」

十一月二十二日，詔：「軍頭司幹辦官並不得占破等子當直，亦不許差借。并承局係殿庭排撥引呈公事、投進日奏牓子、投下朝廷諸官司文字身役，自今後幹管官各差承局一名，止令隨逐趁赴朝殿祗應，俟朝殿退發遣歸司，趁赴本司差使。如敢違戾，以違制論。」

十四年三月六日，詔幹辦軍頭司藍師㚆爲在假多日㊁，與罷幹辦軍頭司。

六月二十一日，詔：「軍頭司人吏、等子、承局，刺字人及不以是何名色子弟，並不得投充本司人吏祗應。見充手分、貼司者，且令依舊，候出職日更不得占留在司。數内見充手分、貼司人，日後作過，與(勤)〔勒〕罷。」

十五年十一月五日，詔：「軍頭司見闕軍醫一名，可差翰林醫官局翰林醫學盛時充，依令支破請給，候依令召募到人即依舊。」

十八年十二月十五日，軍頭司言：「所管承局，昨在京日年及七十，許指射看管養老，即今别無指射看管養老去處。緣爲久在殿庭祗應，欲乞自今後如有年及七十之人，特與依舊支破請給，額外執役養老，指教新差到人殿内引見公事儀範。」從之。

二十六年閏十月十三日，詔90：「軍頭司使臣、人吏係殿内引呈射射等公事，日逐趁赴朝殿祗應，與依客省、四方館使臣、行首、承受例，令步軍司差破兵士，使臣、職級依使臣例，手分依承受例。其錢米就本司大曆内批勘。」

十一月十五日，詔：「〔幹〕辦軍頭司知閤門官每日輪差等子二人、承局二人隨逐，宣贊舍人已下各一名。内等子止合趁赴朝殿祗應，歸營止宿。餘依已降指揮，不得借使及過數差撥。」

二十八年十二月十三日㊂，軍頭司言：「等子每遇車駕行幸，收接唐突人，除宗室宗子、宗女、宗婦外，餘人自合便行毆擊。比來諸官司人亂有詢問，急於得知，擅行指約不得毆擊，理宜禁止。」詔：「自今後除親從、快行接表當詢問㊃、八廂入殿御前祗應許毆擊訖量問事因外，餘人不得詢問。如尚敢違戾及本司人漏泄，並依無故(轍)〔輒〕入通

㊀ 各二十領：「十」字疑衍，蓋儀注服飾偶一着之，一二套即可，不必如此衆多也。
㊁ 藍：原作「監」。按劉一止《苕溪集》卷三六有《藍師㚆除閤門宣贊舍人詔》，即此人，據改。
㊂ 十三日：本書禮五二之七同條作「十八日」。
㊃ 快行：原作「仗行」，據本書禮五二之七改。

進司法斷罪，仍令本司覺察聞奏。」

二十九年二月二十七日，詔：「軍頭司承局今後遇闕，如殿前司無年五十歲以上人，特令軍頭司於軍馬司上四軍內指名踏逐年五十歲已下識字人填闕。」

十二月四日，詔：「軍頭司踏逐捧日充等子，自今後可於殿前、馬、步軍司據人數均差。」

三十年二月五日，詔：「軍頭司見趁赴後殿起居祇候軍員，今後遇忠佐，併作一班起居。」

孝宗紹興三十二年未改元。九月二日，詔：「幹辦軍頭司知閤門官兼，改作提點，請給等依幹辦舊例，今後兼者准此。」以閤門宣贊舍人、祇候充幹 91 辦司，知閤門官一員亦乞幹辦名稱一同(一)，遂改易之。

四日，詔：「軍頭引見司稟闕，見差宣贊舍人及閤門祇候充幹辦司，爲有奏陳文字例差知閤門官一員兼管，亦稱幹辦，與宣贊舍人、閤門(官)〔祇〕候稱呼一同，可將兼幹辦知閤門事官改作提點，其請給等只依舊幹辦例，仍自今後差知閤門官兼者准此。」

十四日，詔：「軍頭司人吏已補官人，如轉至保義郎，除有引見公事合赴殿內祇應外，依內諸司有官人吏例，與免每日朝參。」

隆興元年二月二十日，御前忠佐軍頭引見司言：「本司人吏額管二十七人，見管二十五人外，有後行并貼司共二名，自建炎年間交番，至今存留逐人名闕，欲乞開落使闕施行。」從之。

四月十七日，軍頭引見司言：「檢會紹興八年轉員後，引呈諸班直年代上名合出職長行共七十九人，奉旨作兩日引呈，續奉旨作一日引呈。勘會今來殿前司開到諸班直年代上名合出職長行共一百一人，欲乞依逐次體例作一日引呈。」從之。

七月十六日，詔：「軍頭司踏逐等子，可自今後遇闕，十分爲率，殿前司踏逐六分，馬、步軍司各踏逐二分，揀選填闕。」

二年六月六日，軍頭引見司言：「臣僚言，州縣民户尋常訟訴事不當冒干清蹕，今後許詣登聞鼓院進狀，敢邀駕唐突者，依法斷罪。已獲旨依。本司欲乞今後遇有收接到唐突人，更不責狀聞奏，徑送臨安府依已降指揮施行。」從之。

十一 92 日，詔軍頭司：「今後如遇收接到唐突人，依自來條例責狀聞奏。」

乾道元年十月十五日，樞密院言：「軍頭司自今後補忠佐，乞令並遵大觀三年、宣和七年逐次指揮施行。」從之。檢准大觀三年十二月八日指揮，補御前忠佐：一、除隨龍人御前幕士察視親從文字、外庫巡視謂須班直禁軍轉員應補者。並許補充及許轉行外，餘並不得遷補。一、免體量并養老，除係隨龍人并御前幕士察視親從文字、外庫巡視可依已降

(一) 此句疑有訛誤，據下條，似當云「知閤門一員兼，亦稱幹辦，名稱一同」。

指揮特免外，餘並依條體量。宣和七年七月二十一日指揮，補御前忠佐除依舊法外：一、皇城司親從親事官、大小園子、化成殿樂藝監作、諸軍巡視等，并諸局工匠一時特轉入者，給見(諸)〔請〕俸給、傔從之半。奏補子孫，間歲許一次奏補。一、輦官、車子、官健，翰林儀鸞司、太官局等處轉入者，並請俸、傔從並給三分之一。奏補等切並只依元來處都虞候或指揮使法，如願請元來處舊俸者聽。一、養老人並給半俸，奏補亦(在)〔如〕之。

三年五月十七日，詔：「幹辦軍頭司王正臣已降指揮令赴新任，軍頭司(關)〔闕〕更不差人，今後提點、幹辦官共以四員爲額。」

四年四月三日，詔：「今後押等子人員遇闕，更不於軍馬司差取。」

二十六日，詔：「御前忠佐步軍都軍頭張成年老有勞，依條補(乞)〔充〕臨安府崇節第一指揮馬步軍副都指揮使，與支半分請給，不令管人，送軍頭司祗候，依舊本司居住。」

八月二十四日，詔：「軍頭引見司 93 所管等子係扈衛祗應，等子長行神衛沈勝逃走，令步軍司、臨安府捕捉，候獲更不得令充等子祗應，送步軍司依條施行。」

十二月四日，臣僚上言：「軍頭引見司奏，壽聖太上皇后親姪秉義郎、閤門祗候吳玫特添差幹辦御前忠佐軍頭引見司。臣契勘添差文武官及宗室、戚里、歸明并恩例或特差之人，並不釐務，已有近降指揮。吳玫以戚里恩例與添差，於近制自不合釐務。此門一開，攀例者衆。欲望聖慈將上件特令幹辦指揮更不施行。」從之。

五年三月三日，軍頭司言：「勘會等子人員闕，自來係於上五對内差填，内事藝精强之人沉壓在下，無緣陞進。欲乞遇闕，將上五對依公争揀填闕祗應，其上五對闕，將正額人争揀，正額闕却令准備人争揀，劍棒手依此。如五次争揀，不中正額，委是事藝生疏，發歸元來去處。」從之。

二十六日，詔：「將來引呈諸班直年代上名出職换官，射弓弩下項：射兩石力弓人，如射不得，依格補將校；射一石七㪷力弓恩例人，如射不得，更不射以次㪷力弓，依一石五㪷力弓免引呈例推恩换官，展二年磨勘；射六石力弩，如射不得，依格補將校。」

七年八月十一日，軍頭引見司言：「本司人吏自今遇後行闕，乞將貼書揀試行遣五道，取優長者充。」從之。

十月九日，詔軍頭司：「自今後收接到唐突人，除事干機密利害、實負冤抑外，有所訴事不經次第、(轍)〔輒〕敢唐突之人，令所屬從 94 杖一百斷罪。」

淳熙二年正月二十九日，詔軍頭司官依舊堂除。

五年閏六月一日，詔：「自今軍頭司踏逐三司禁軍充等子，於逐月已揀填班直外，方許踏逐。其輸者同家屬遣還本處收管，不得額外占留。」以殿帥王友直言：「軍頭司踏逐等子，每闕一名(還)〔選〕二人，同家屬前去，其贏者撥填作等子，輸者臨時降留作額外祗應，更不遣還。」故有是詔。

十三年十二月九日，詔：「軍頭司減手分、正貼司、守闕貼司共三人，承局三人。」以司農少卿吳煥議減冗食，下敕令所裁定，故有是命。（以上《永樂大典》卷一一〇五）

翰林院〔一〕

95 翰林院〔二〕，在宣祐門内東廊，掌供奉（國盡）〔圖畫〕、弈碁、琴阮之事，常以翰林司兼領，待詔、藝學無定員，有書畫、琴阮、棋、合香、裝畫、捏塑等名。

《兩朝（圖）〔國〕史志》：翰林院掌天文、御書，供奉圖畫、弈棋、琴阮之事，以執（授）〔技〕事上，待詔、藝學、裝鑾、捏塑，無定員。元豐改制，具載《職官志》。舊置提舉官一員，以内侍官充，今置同。舊置前、後行九人，今置前行一名，後行四人，貼書二人。本院舊總天文、書藝、圖畫、醫官四局，今掌行管轄翰林醫官局、天文局事務〔三〕。分四案，承行醫官二十階酬奬、磨勘轉官、奏薦、遺表致仕恩澤，擬差諸州軍駐泊參局撥額、改換服色及陳乞入品，并依省記政和格出給醫官翰林祇候、醫學、醫候、醫診、醫證、醫愈六階付身，兼直（丞）〔承〕御前降下聖旨指揮，差診御脈、御醫等醫官之類。

祥符六年十二月，詔：「祠祭用香，令太府寺要用香前一月具數牒翰林院，差内侍一人與監官修合，勾本寺手分一人封印，送寺封掌供用。」

《神宗正史·職官志》：翰林院勾當官一人，以内省押班、都知充，掌藝學供奉之事，總天文、書藝、圖畫、醫官四局。天文局掌瞻候卜筮，以參質太史之異同，日具所占事，季定星圖以進。有天文官局生、學生。書藝局掌書詔命賜目及供奉書籍、筆墨、琴弈。有待詔、藝學、書學祇候學生。圖畫局掌以繪事應奉，若塑造則課工爲之。有待詔、藝學、祇候學生。醫官局掌以醫藥入侍及承詔診療治衆疾。有使、副使、直局、〔尚〕藥奉御、太醫丞、醫官、醫學、祇候。副使以上五年一遷。雖歷東班使、副，亦兼領本資，其賜服、叙品，選任有法，而翰林院皆統隸焉。分案四，設吏五。《哲宗正史·職官志》同。

紹興二年八月十一日，詔内侍省押班藍珪差提舉翰林院。

紹興十八年十二月十三日，詔：「自（令）〔今〕後應奏試補授翰林名目之人，限五年許到局供職。及有乞改換科目者，並依太史局生附省試法，仍令試所各逐名色分場引試。」

淳熙十三年十二月九日，詔翰林院減後行一人。以司農少卿吳煥議減冗食，下敕令所裁定，故有是命。

〔一〕原無此題，徑補。
〔二〕天頭原批：「宜入内侍省。」
〔三〕天文局：原作「天人局」，據文意改。

翰林御書院〔一〕

翰林御書院，在崇政殿東北横門外，掌御製、御書及供奉筆劄、圖籍之事，以内侍三人勾當。御書待詔以同正官充，亦有正官在院祗候者，皆不常置。又有翰林書藝在院祗候，遷翰林待詔者則隸學士院，後亦有依前祗候者。祗候十七人，筆匠十七人，裝界匠九人，印碑匠六人，雕字匠五人。

嘉祐五年正月，詔省御書院并翰林圖畫院待詔以下額外所增員。

二月六日，詔：「宣徽院勘會御書院、圖（書）〔畫〕院見今【96】額外人内有合係請受者，即且令依舊，候額内有闕撥填。其額外未有請受人，即依三司詳定所奏並減罷，仍今後不得額外添人。」

英宗治平元年七月二十二日，以翰林書藝時君卿爲太常寺奉禮郎，以舊在藩邸祗應故也。

熙寧三年十二月十六日，以明州鄞縣草茅王珦爲御書院祗候。珦進所篆《證宗要覽》三卷并印樣一軸，故有是命。

紹興十六年十一月十七日，詔：「御書院建炎三年罷，可依祖宗法復置，依舊隸翰林院。」本院今省記到：一、幹辦官一員，係差睿思殿祗候。一、印以「紹興御書院印」六字爲文。一、書寫待詔，掌行書寫三元八節奏獻祖宗神御表詞，并大禮畢奏謝諸宮觀寺院表詞、道場醮儀玉簡，及書寫國書，御試舉人主行陞降進卷，題寫諸王字頭春貼子、端午貼子。待詔以下每季進呈所習書札并書寫錫賜牌額等事務。一、置局舊在崇政殿門裏，次遷臨華門北，次遷拱宸門，次遷閶闔門裏北城下。一、押宿官二員，於書待詔出職人内奏差。一、伎術官直長充書待詔三人，書藝學七人，書學祗候一十四人，書學生不限人數，並無請給。一、諸色祗應彈琴一名，着碁四人，擘阮一名，鐫字三人，點筆班一名，描邊花一名，裝界三人，造墨一名，雕字二人，畫細文一名，打碑二人，硾紙兼印書二人，繫筆三人，繫飛白筆一名，造琴阮一名，裁縫一名，漆作一名，小木一名，鏃作一名，剪字一名，鏃鏤作一名，鈒作一名。一、專知官一名，前行一名，兼副知後行二人，貼司二人，庫子四人，背印、守門、投送（送）文字、親事官共四人，翰林司二人，雜役兵士一十人，内節級二人。一、書學待詔等資級依年限出職，補授合得官資。書學祗候滿一十五年補承信郎，書藝學滿一十年補保義郎，直長充書待詔滿五年補（保）成忠郎，諸色待詔祗應轉祗候，次轉藝學，次轉着緑待詔，次轉緋待詔，次轉賜紫待詔，到院十年差充廟令差遣。待詔四等職名，遇有闕，取旨申翰林院選日揀試。書學生試五體書札：王書、虞書、鍾繇書、真小字書、批答。書學祗候試六體書札：王書、虞

〔一〕原無此題，下文與上文接寫，今分出並添題。

書、鍾繇書、真小字書、批答、勾勒。書藝學試七體書札：王書、虞書、鍾繇書、真小字書、勾勒、批答、玉柱篆。直長充書待詔試七體書札：王書、虞書、鍾繇書、真小字書、勾勒、批答、玉柱篆。三等待詔申吏部給告，藝學祇候由翰林院給帖。

十七年四月十七日，翰林院言：「御書院近降指揮於皇城宫門裏資善堂後修蓋置司去處，今欲了畢，本院應押宿官并諸色祇應人等合分番本院止宿。及造作合用頭刄，逐旋據合用數目，欲乞關入在院收掌，祇備製造御前所須物色使用。今後遇有修整頭刄等，放令入出，并通進司許令收接本院人宿奏牓子投進。乞指揮皇城司 97 等處。」從之。

二十二日，御書院言：「據押宿官骨正臣等狀：近降指揮内書學待詔至書學生試法，考試官係初覆審詳定四次考校，合差書待詔出職人并本院待詔藝學别無妨礙人考校。契勘日近選試書學生，緣自建炎三年後來，至今即無本院待詔藝學，目今雖有舊書待詔出職人，止有七人。近取到投試人親戚師弟狀，拖照得逐人往往有師弟，若將來差試官已見妨礙，委是闕人考校。」詔特權免迴避，應所差考校官如有不當，從徒二年科罪。

七月五日，翰林院言：「御書院合差庫子四人，内召募人即未有指定請給去處。」詔依行在御藥院庫子請給例，自到院日支破。

紹興三十年正月十七日，詔：「御書院可罷，本院案牘文字并諸色人請受文曆等，並送翰林院收管。」

十一月二十二日，吏部言：「前御書院藝學雷濟等狀，依本院指揮，書藝學滿十年出職補保義郎，濟等歷過年勞實及九年四箇月，少八箇月，近因省罷，乞依年勞出職條法上降等補官。」詔並與補承信郎。

翰林醫官院 [一]

翰林醫官院，在宣祐門内之東廊，掌供奉醫藥及承詔視療衆疾之事。使、副領院事，以尚藥奉御充，或有加諸司使者。直院、醫官、醫學，無定員。醫官、醫學以服色爲差。加同正官至尚藥奉御者，或加檢校官，其直院奉御及同正官皆爲之，多自醫官特奬命授，又有祇候之名。

太宗雍熙二年三月，翰林醫官使、檢校户部郎中劉翰責授和州團練使。時武成軍節度使劉遇疾，遣翰候之，復言必瘳，未幾而卒。太宗怒，送中書簿責降職。

真宗景德元年八月，魯國長公主乞授翰林醫官使趙自化尚食使，兼醫官院事，不許。先是，雍王元份亦嘗請除自化遥領刺史，帝諭以非朝廷典制，不可。至是，謂樞密使王繼英曰：「自化爲本院使，居太醫首，安可更有請求，宜召至院誡之。」

[一] 原無此題，下文與上文接寫，今分出並添題。

祥符五年六月，翰林醫官院官見闕醫學祇候醫人〔一〕，詔令召方脈醫五人，傷折一人，仍精加考擇。

天聖六年七月，翰林醫官院言：「醫學李誠十年當改轉，其人兇頑，嘗有負犯，請不遷改。自今後醫學祇候醫人如補授十年有過犯一度者，並不在補轉之限。」從之。

景（佑）〔祐〕五年七月十二日，宰臣張士遜言：「翰林醫官宇文泠之自入仕至今得二十年，不曾經差押衣襖。其人本貫晉州，有父母墳塋，欲乞差押晉絳路衣襖一次，所貴省拜松楸。」從之。

慶曆二年五月，詔：「翰林醫官有勞者止遷本院官，毋得換右職及兼差遣。」

六月，三司減省所言：「比來醫官多僥求實俸，至有尚藥奉御而其入多於醫官副使者〔二〕，請自今並依例折支。」從之。

六年二月十一日，詔：「醫官院今差入國醫官，不以名次選人，如兩次醫較人數稍多，別無遺闕，與改轉酬獎。」先是，國信使楊察言，自來只憑本院輪差，98不惟緣路無醫，兼恐貽外國輕笑，故有是詔。

八月五日，大宗正司言：「乞下提舉醫官院所，指揮醫官、醫學祇候人，今後如有皇族宮院醫治，不許告囑奏免本院差遣。如有皇族下表到本司，乞行劾問。」從之。

是月，詔令直翰林醫官院犯罪並依七品例，以贖論。

皇祐三年正月，詔翰林醫官院日輪近上醫官一員在院總領諸科醫官，以備應奉。

七月三日，醫官使齊士明等援例乞同管勾本院公事，仁宗曰：「士明輩輒敢違條妄陳，以供奉藥餌時有功効，特免劾罪，令提舉所嚴加戒勵。」

十一月，詔翰林醫官自今選年四十以上無過犯者，以三十二人爲額，仍分三番入宿院中。

十二月十五日，詔：「醫官之屬今後有闕遞遷，不得額外差置。」先是，帝謂輔臣曰：「醫官愈人之疾，乃其職爾，而每治後宫及宗室愈，輒僥倖以遷。」故條約之。

至和元年四月四日，翰林圖畫院言：「遞年畫造忌辰并諸處酌獻圖幛等，及準御前降送畫造等，生活不少，並是指定時日要用呈進，全藉手分供申帳目。欲自今應有諸處酬獎并特與人，不許指射本院學生、工匠、前後行等名目祇應。如有闕額，乞從本院招填，或踏逐抽取。」從之。

六月七日，内侍省内侍押班、提舉醫官天文等監院武繼隆言：「乞今後診御脈并内祗應醫官闕人，即於近上大方脈或所闕科目内，揀選有行止、會醫藥者，試本科經義或方脈、用藥次第一二道，以通六七分以上者爲合格。仍自今後凡有所試醫官，乞下入内内侍省差近上供奉官一員，與管勾本院公事醫官使同共揀選，問題試驗，所貴精選得

〔一〕後一「官」字似當作「言」。

〔二〕入：原作「人」，據《長編》卷一三七改。

人祗應。」詔今後試十道，以六通爲合格，仍將通粗相折，封彌卷首考試。餘並從之。

至和二年九月，詔提舉醫官院：「自今試醫官，並問所出病源，令引醫經、本草、藥之州土、主療及性味、畏惡、修製次第、君臣佐使、輕重奇偶條對之。每試十道，以六通爲合格。」

嘉祐二年十月，詔：「翰林醫官院，自直院以下自今以一百四十二人爲額。」

神宗治平四年未改元。六月十四日，昌王顥言醫官副使仇鼎治瘡瘍平愈，乞與轉正使。詔仇鼎與轉醫官使，其副使闕更不添填，只以使副四人爲額。

熙寧五年五月十三日，詔：「應妃、主、臣寮等不得奏尚藥奉御、太醫丞乞轉直翰林醫官院已上名目。」先是，陳國長公主奏太醫丞李永昌用藥有効，乞轉直翰林醫官院名目，止與兒男一名充醫學，仍別立法，遂定此制。

六月十九日，岐王顥言試國子四門助教張延年換額外翰林醫學，詔特與依例免試换額外醫學。今後應陳乞醫人换醫官院職名，並依條不許免試。時奏薦醫官皆乞免試，上慮方技不精，容有倖進，故申嚴舊制以革其弊。

熙寧六年十月二十一日，以鄆州醫人杜壬爲翰林 99 醫(醫)學，仍賜緋。壬醫術有名於京東，知鄆州邵亢薦之，召赴闕，試於御藥院，諸醫稱其能，故有是命。

八年六月四日，詔：「醫官使、副並理五年磨勘年限。自醫官副使每遇推恩即改正使，今後理五年磨勘，依資轉東班諸司使、副，仍舊兼醫官使、副。內副使候轉至軍器庫副使，即次遷醫官使。」

八月四日，以三班奉職秦迪特換授尚藥奉御、直翰林醫官院，充診御脈祗應。以迪能醫，世其家也。

元豐元年四月二日，詔翰林醫官院選醫學二人，馳驛給券，往修閉決河所。以上批「塞河役衆闕醫治疾」故也。

七日，詔：「軍器庫使兼翰林醫官使陳易簡等五人、幹當御藥院李舜舉等四人各轉一官，易簡與今年上路衣襖，舜舉等四人聽寄資，餘減磨勘二年，及與中、下路衣襖共二十二人。」以上批「近太皇太后服藥康復，醫官、內侍供奉有勞，可推恩」故也。

八月二十六日，詔：「翰林醫官使朱有章治知樞密院事馮京疾有勞，可特與一子翰林醫學。」

十月二日，神衛剩員王舉爲翰林醫官，賜紫及絹三百，以治太皇太后疾有著効也。

二年正月二十一日，詔：「直翰林醫官院沈士安候遷副使減磨勘二年，醫學吳有成遷一官。」以治嘉王頵疾有勞故也。

七月二日，翰林醫官院熊日嚴與一子醫學〔一〕，以治嘉王頵疾有勞也。

〔一〕熊：原作「能」，據《長編》卷四一二改。

三年五月十八日，醫官陳易簡罰銅六十斤，沈士安三十斤，杜壬追兩官，國子四門助教楊文蔚追一官，並勒停，治蜀國長公主疾無驗故也。

六月二十二日，詔：「醫官使以下診御脈并御藥院祗應者隸御藥院，其入內祗應並看驗疾證醫官隸內東門司。」

四年三月十七日，詔醫官前皇城使、嘉州刺史陳易簡等降舊官一資叙。以皇太后服藥累月康復也。

五年五月十五日，詔：「直翰林醫官院至祗候依舊更不改換，其見帶太僕丞至流外主簿並罷〔一〕，仍今後更不除授，令詳定官制所立法以聞。」先是，官制所定到改醫官院爲翰林院〔二〕，唯使、副、尚藥奉御依舊外，直院而下隸大醫局，今復如故。

六月十四日，詔：「翰林醫官院改爲翰林醫官局，使、副已下如舊〔三〕。」

六年十二月二十四日，詔：「翰林醫官副使能中復、尚藥奉御張介臣並除名編管，中復滁州，介臣郴州。翰林醫官副使姚元善、翰林醫官秦玠各追一官勒停。皇城使、康州團練使陳易簡，西綾錦副使沈士安，各罰銅三十斤。皇城使朱有章，翰林醫官使（奏）〔秦〕迪，直翰林醫官局王永和、郭震，翰林醫官曹應之、高務本，各罰銅二十斤。」以治魯國大長公主疾無狀也。

七年正月十一日，軍器庫使兼翰林醫官使李永昌、張昭文各追三官，免勒停，以治（中）〔申〕國公主疾無狀也。

四月十日，詔翰林醫官副使卓順之、李永昌、張昭文各降三官，孟永和、李肩各降兩官，醫官副使仇鼎、醫[100]學龐希道各降一官，以治莘國公主疾無狀也。

八年三月七日，診視大行皇帝醫官陳易簡、朱有章、秦迪、沈士安、王永和、郭震、高務本、曹應之、劉全方並除名勒停編管，杜壬、張濡、張德用、張宗古、張純臣、秦玠、齊宗和、邵化及、席延賞、潘璟並奪官罰金。

哲宗元祐三年七月六日，貶権易副使兼翰林醫官副使熊日嚴而下六人〔四〕，坐醫荆王不効。入內內侍省東頭供奉官朱遘、梁和各追兩官，坐荆王疾奏聞不以時、太皇太后臨問不及故也。

元符二年閏九月二十八日，詔：「醫官卓順之等六人醫治皇子無効，並除名勒停，卓順之送衡州，李士爽永州，張倚全州，王周道隨州，李士奭徐州，胡完唐州〔五〕，並編管。」

十月六日，詔翰林醫官張永元追一官勒停，石與齡、班公權並特勒停，以療魏國公主無功故也。

徽宗崇寧元年五月四日，詔：「今後醫官供應湯藥有

〔一〕流：原作「化」，據《長編》卷三二六改。
〔二〕「定」、「改」二字原脱，據《長編》卷三二六補。
〔三〕使副：原重此二字，據《長編》卷三二七刪。
〔四〕熊：原作「能」，據《長編》卷四一二改。
〔五〕胡完：《長編》卷五一六作「胡宗」。

勞，特旨令改轉者，授皇城使須實及五年已上，方許除遥郡刺史；授遥郡刺史須及七年已上，方許除遥郡團練使；授遥郡團練使須實及十年已上，方許除遥郡防禦使止。已上如勘當得理年未滿，止許將恩澤回授與本色有官有服親改轉。」

三年六月二十日，講議司言：「契勘熙寧九年詔旨，興置太醫局，教養生員，分治三學、諸軍病患，歲終比較等第支給食錢，激勵生員，責其成效。元祐裁減浮費，遂行廢罷。今來除別置醫學教養上醫外，所有本局並合興復熙寧、元豐舊法。今參酌刪潤，修立到敕令格式并對修條，乞頒付太醫局施行。」從之。

五年二月四日，詔：「醫官兼宫觀可並罷，今後更不得差管勾宫觀。」

同日，詔：「判太醫局可從上留元額定人數，餘並罷」。

政和二年十一月五日，西上閤門使、德州防禦使、直睿思殿譚(積)〔稹〕言：「奉旨差點檢翰林醫官局，今相度條畫如(德)〔後〕：一、本局前後被受條制錯亂不一，及官吏失於檢詳，或致引用不當。今乞將醫官局及翰林院應前後被受條令并續降朝旨與本局見行條制送所屬，責近限先次參照修立，須降奉行。一、本局見管醫官副使已下至翰林祗應醫人數多，除入内内宿諸科醫官已有專切管轄、入内内宿醫官所差注外，其餘醫學已下磨勘轉資及應遷補職序、改換服色，今(色)〔乞〕令本局將醫官副使已下至翰林祗候醫人各取脚色一本，依下項格目申納，抄上文簿。如脚色内有一事隱漏、增減不實，乞依命官供吏部家狀不實法科罪。遇有遷轉移任等諸般事故之人，限當日銷注，令比擬本局批書格目增立如法，具職位、姓名、本州縣某鄉里某人爲户。（一）三代。如謂曾祖父母、父母，各具存亡，如内有見在，即具見年若干。（一）某年若干。元係太醫局生，或因某官奏試并回授恩澤、郊禮蔭補、致仕遺表之類，試中經合[101]格或酬獎特補、翰林院帖補，充翰林祗候醫人或學生，某年某月某日赴局供職，逐次轉官年月日、因依。（一）見係某科目，自前曾與不曾改換別科。（一）見係額内或額外員數，曾與不曾入額，聲説於某年月日入額。（一）經與未經住程差遣。（一）經與未經在京時暫非泛差遣。（一）經與未經改換服色。（一）經與未經入品加恩。（一）有無勞績。（一）有無過犯并停降、斷贖、展磨勘。（一）有無尋醫、侍養請長假。已上逐件並是詣實，如内有隱漏、增減不實，甘伏朝典。一、本局人吏復行重禄，其應取會行遣未有立定約束。乞今後應合取會節次，限三日一起行遣，不得依前節次會問。候圓備，限當日申所轄官司，依條施行。如有違滯不法等事，並委翰林院舉劾聞奏。一、本局額内之人，緣即目闕多，合差之人數少，并久在外任，過滿之人卒無差注替期。乞將外任駐泊見闕若任滿已入本局季限合差注去處，不以優重，並一衮挨排年滿資次先後，將見在局額内外人，依到局供職月日名次定差前去承替。如有托故推避之人，並從本局送所屬推治施行。一、本局泛差醫官並無籍記，致有差使不均。欲乞本局置簿，將合差醫官各以逐科名次籍定職次、姓名，遇有差使，將直日曆對簿，依名輪差。如有開收，即時銷注。若本局差注不當，或被差之人輒避免者，並委翰林院檢察，送所屬推治。一、自來試驗醫官等人，其(誠)〔試〕卷並不謄録。欲乞今後應試人合差考試等官，令本司具應管姓名申翰林院差，仍本院别差人謄録，送監試使臣及考試官依法考校。一、本局所管職事頗繁，其管勾使臣並係兼行，常日不得專一在局。欲乞今後本局使臣常留一員在外轉那，一員應副時暫差遣。遇上宿日，乞添破太官局第三等食一分。一、點檢得翰林院所管醫官至祗候人數不少，差遣等第不同。雖有法翰林醫官局各置簿，二十餘人注簿外，其内外差注、奏辟并就差再任醫官至祗候，逐等額内額外人數并逐時遷補之類，並不注都差簿拘管。今乞置簿籍定姓名、差遣、到罷等因依。」詔未置簿書並行起置，其違法事件改正。翰林院并醫官局條令，令詳定一司敕令所修立。

三年八月十八日，翰林院奏：「據翰林醫官局申請，未有差遣等醫官四百餘員，端閑並無職事，乞將不經就試、試不終場人不得注授内外差遣。本局勘會，若不經就試及試不終場人依上件指揮不注授内外差遣，轉見在局端閑。乞除不得注授内外差遣外，如承朝廷特旨差發，亦從所屬申取尚書省指揮施行。其祗候、醫學、醫官、太醫丞、直局、醫正已上無差遣人，不就將來秋試及試不終場並不願注授人，更乞詳酌，嚴賜約束施行。」從之。

十二月二十一日，提舉入[102]内醫官曹孝忠言：「奉詔編修入内醫官應約束條令，候成書日進呈取旨頒降。」詔依。孝忠乞以詳定編修入内内宿醫官勅令所爲名，就用提舉所印，乞差開封府檢法使臣董忱充檢閱文字〔一〕，兩頭祗應。除見請外，每月特給錢一十五貫。就差本所手分孫士謹、王應，詳定一司敕令所手分李豐等，支破見請外，每月更特給錢一十貫，了日依舊。承發通引官一名，楷書二人，看管剩員五人，裝界作一名。(除)〔餘〕並依詳定編修六尚供奉敕令所已得指揮。

四年十月二十二日，臣僚上言：「臣伏見今翰林醫官員數比之熙豐舊額增溢倍多。熙豐醫官使二人，今自醫官已上三十三人；副使二人，今自醫正已上六十二人；直局二人，今二十人；太醫丞六人，今四十八人；醫官、醫學、祗候、醫人一百三十二人，今自醫官至祗候七百三十二人。總計方脈諸科幾一千人，數之增溢如此，不亦多乎？夫郎與醫正視郎，而良醫與大夫視大夫，直局與丞視陞朝官，其請給、恩數畧等，下至祗候、醫人，皆有常秩，奈何不爲限節而使日滋月益，且至於不可勝計矣。臣按寶元、康定立法甚嚴，而政和二年指揮，非批降特與者不許轉行。比來恩

〔一〕檢法：原作「檢檢注」，據文意删改。

澤，往往僥求轉行，例皆特與。方陛下稽古建法，慎惜名器，如武臣橫行、遥郡等悉關宸慮，已有定制，臣以謂茲事亦不可緩。」詔元額各增一倍，額外不許奏薦。內有請受人，仍只支半俸。

六年正月二十一日，禮部言：「翰林院奏，翰林醫候、齊州醫工俞頔已到任，後因父昺授一官，與頔轉翰林醫診，係在醫候之上，乞比附遷改在外職名。本部勘會昨降指揮，翰林醫候已下充醫工、醫痊、醫効充醫職〔一〕。近降指揮，創立翰林醫診、醫愈三階，依例遇赦給告，並入從八品，其請俸等並依醫効、醫痊(别)〔則〕例支破。緣未有合作醫職注授明文，其俞頔係新法首先改轉之人，致未敢指揮行下。」詔翰林醫官已上充某州工全，翰林醫診充某州工審，翰林醫候充某州工視，翰林醫効充某州工治，翰林醫愈充某州〔工〕療，翰林醫證充某州工理，翰林醫職充某州工給〔二〕。

宣和元年二月十二日，詔：「醫職有保和名，可改平和。」

宣和三年閏五月一日，詔尚藥局醫佐、內宿醫官並(醫)〔依〕元豐法試補。醫佐闕委尚藥醫職同選保(由)〔申〕殿中省，內宿醫官闕委醫師選保申翰林院。試合格者，從上差填。

八日，詔：「醫官和安大夫至翰林醫學額外人，除曾經入額人外，不許作官戶。」先是，二年八月十二日，詔：「先帝董正治官，立醫官員額。使、副元豐舊額共四員〔三〕，今自和安大夫至翰林醫官凡十四階，額內外總一百十有七人。直局至祗候〔四〕，元豐舊額共一百四十二人。今自醫効至祗候凡八階〔五〕，並不立額，見在職者總九百七十九人，冗濫莫此之甚。應額外人可特免改正，郎以三十員，大夫以二十員，醫効至祗候以三百人，並爲額。額外人依已降待詔等指揮例施行〔六〕。見帶遥郡 103 人請給等并應醫官入品及依官戶，並依元豐法。比附元豐法不該入品依官戶者，并改正。醫効已下分立員額。」至是，都省言：「見今額外人比元豐數多。近自大夫已下立定員額，過如元豐之數，合作官戶人比舊增廣，已是優倖；其額外人亦已多如元豐舊數，一例便作官戶，顯屬太倖。今比附元豐法，不該依官戶並改正。既比舊數增多，理當革其冗濫。」故降是詔。

宣和六年正月二十日，詔：「翰林醫官局合差外任駐泊醫官，可令本局以見闕先後，將額內人依條令疾(連)〔速〕

〔一〕充醫職：疑當作「等醫職」。

〔二〕「職」字疑誤，「醫職」乃所有醫官職位之泛稱，並非一階之專名。據《宋史》卷一六九《職官志》九，醫官之階除上述外，尚有翰林醫痊、翰林醫學。醫學階位最低，疑此處「醫職」爲「醫學」之誤。

〔三〕使副：原無，據本書職官二二之三九補。

〔四〕候：原作「應」，據本書職官二二之三九改。

〔五〕上句「元豐」至此句「祗候」凡十八字原脱，據本書職官二二之三九補。

〔六〕額外：原作「外額」，據本書職官二二之三九乙。

差注。其差人不足去處，特於額外人内權差一次，仍以供職先後爲次。日後闕人准此權差，候額内有人可差日依舊。本處合破請給，理任。并授付身後不依條限起發，或托故稽緩不行，斷罪約束，並依本局前後已得指揮施行。」

高宗建炎四年六月三十日，詔：「翰林院風科、入内内宿醫官劉安道差充診御脈祗應，特與免試。」

紹興元年四月五日，詔：「醫官童從善差充御醫祗應，填見闕。」以醫官局檢準宣和二年三月十八日御筆，内宿醫官今後並依元豐法選保試補，仍依太醫局生差官法，就別試所附試。所有醫師聽御筆差填，御醫已下闕即遞遷，雖奉特旨傳宣宣押等，仰醫官局、内東門司執奏不行，違者以違制科罪。今來差童從善充御醫，有礙前項指揮，合行執奏。奉御寶批「特依今來指揮」故也。

九月二十八日，詔醫官史演特賜緋服色。以祗應湯藥有勞故也。

二年四月二十五日，詔：「行在醫官昨依禮部勘當，止以四十三員爲額，今遇有闕日依條以本色名次最先之人撥填入額。若見管額内醫官有在今來均立到額數外之人，緣隨駕祗應，可將撥不盡人以先後許借闕補填，作入額人數。」以翰林院乞將舊額於行在權擬定醫官以八十五員爲額，禮部言有礙元降指揮故也。和安大夫至良醫元額二十員，今五員。和安郎至醫官元額三十員，今四員。醫効元額七員，今二員。醫痊元額一十員，今一員。醫愈至祗候：大方脈兼風科元額一百五十三員，今一十五員；小方脈元額二十四員，今四員；針科元額一十四員，今二員；瘡腫科兼折傷科元額一十四員，今二員；眼科元額一十六員，今二員；産科元額一十八員，今二員；金鏃科兼書禁科元額三十二員，今三員；口齒科兼咽喉科元額一十二員，今一員。

四年二月二十五日，詔：「差入内内侍省官一員主管醫官局，今後準此。」

紹興七年四月二日，詔百姓醫人曾守淳特補額外翰林醫學，以供應湯藥累有勞効故也。

七月二十四日，詔：「建康府内外居民病患者，令翰林院差官四員分詣看診，其合用藥令户部藥局應副，仍置曆除破。」

八年六月二十四日，詔：「診御脈并内宿醫官不[104]許免宿直，雖降到特旨，更不執奏，不令施行。」

九年四月十三日，詔：「昨緣服藥，王繼先醫治有功，可特於遥郡上轉一官，餘人不得援例。」

十二年正月二十八日，詔翰林醫證、入内内宿、賜緋仇師顔特賜紫服色。以醫治有勞故也。

四月二十四日，上批：「皇太后非晚還闕，見今診御脈、御醫員額數少，慮妨應奉。自今後診御脈十人爲額，御醫十人爲額，分番應奉。」

十一月二十三日，詔入内内宿醫官王繼善特與轉一官。以供應湯藥有勞故也。

十三年二月五日，詔：「翰林醫官局各添後行二人，貼司二人，請給、補遷、出職並依見管人體例條法。內貼司贍家食錢，乞依庫務支破〔一〕。」以本局言「所掌自祇候至和安大夫二十二階醫官，宿直看驗、諸般差使、奏薦封贈、（歷）〔磨〕勘酬獎、陞改服色、致仕遺表、臣寮舉試醫人、注擬諸州駐泊、去失審實、叙理官資等類，依格合破前行一名、後行五名、貼司三人，通共九人爲額。昨緣交番，三分之一權留行在，是致即今止有前行一名、後行二名，委是人力不勝」故也。

四月四日，醫官局言：「醫官多是初補，參局供職了當，便求差出爲名，不赴任所，請假事故，不行公參，在外端閑，避免本局差使。乞今後非見在局供職之人，不許陳乞撥填。如額內有闕，乞將在局醫愈至諸科各理本科到局供職日，醫痊、醫効、正副使並以受本色告日，如同日入仕，以先後并試補高下，依次撥填。其未參局已前歷過供職月日，並行釐革。若已入額□事，轉充額外，候到局止理再參局月日，諸處實占與理到任供職月日。遇額內闕，同本局人衮理名次，依見行條法。」從之。

十六年六月二十一日，詔：「方此盛暑，切慮庶民闕藥服餌，令翰林院差醫官四員遍詣臨安府城內外看診，合用藥仰户部行下和劑局應副，置曆支破。依例支給食錢，仍於本部轄下差撥擔藥兵士二名，候秋涼日住罷。每歲依此。」

紹興十九年十二月六日，翰林院言：「據翰林醫官局申，檢準本局宣和令，諸醫候初補遇大禮應入品者，申翰林院。除在局供職醫官見遵依上條施行外，有奏試補授之人，已降指揮限五年許到局供職。今來未供職醫官一例陳乞入品，本局難以考究有無事故過犯，詐冒不實。欲乞應未到局醫官候供職日該遇大禮，方許入品。」從之。

二十二年六月十六日，尚書省言：「行在每歲差醫官遍詣城內外看診給藥，其諸路州軍亦有歲賜合藥錢數，依法選官監視，隨風俗氣候所宜修合，許軍民請服，縣鎮寨量應用數給付。緣方此盛暑，切慮州軍不切奉行，未副朝廷矜恤之意。」詔令户部行下諸州軍遵守施行。

十月七日，詔：「額內翰林醫効御醫楊師道、額內翰林醫痊御醫仇師愈醫術淺陋，不識病源，可各降一官。」

二十105三年二月二十七日，詔：「保安大夫潘士忠醫治有勞，特與轉遥郡刺史。」

四月二十七日，詔：「眼科醫人徐遠特與補翰林醫候，免試驗，差充入內內宿。」以醫治皇太后眼疾有効也。

紹興三十年八月九日，詔：「診御脈翰林良醫馮彥祖、翰林醫効高楙各爲年老，難以祇應，并特與致仕。」

孝宗乾道三年四月十四日，詔：「御醫、內宿醫官，大

〔一〕乞：疑當作「仰」，此節爲詔語，不得用「乞」字。

方脈通以五員，小方脈通以三員，風科、口齒科、眼科、針科、瘡腫科、産科通以二十員爲額，診御脈四員，入内看醫三員。在内見在溢額人且令依舊，今後並不作闕差人。在外職事人内，除德壽宮六員，殿前左右班宿直四員，國子監、大理寺、和劑局、雜買務、大宗正司各一員許存留外，餘人并在局祇應直日。太醫局及局生、醫生並罷，今後更不試補。」

四年六月八日，詔：「翰林醫證、診御脈、德壽宮祇應李延年供進德壽宮湯藥有勞，特與轉一官。」

八月八日，翰林院言：「太上皇帝聖旨，醫官朱仲謙爲醫藥有勞，特與賜紫服色，仍於祇候庫取賜。今契勘《元豐令》，諸醫官將恩例等改換服色者，候本色服及五年已上許改換。宣和二年四月(旨)指揮，應醫官見係服緑、未經賜緋隔等賜紫者，聽執奏不行。其朱仲謙於隆興二年九月内補翰林醫學，方及五年，未經賜緋，有礙本局條法，合行執奏。」詔爲係德壽宮祇應，特依今來指揮。

十一月二日，翰林院言：「准太上皇帝聖旨，百姓大方脈科趙確特與補翰林醫學，差充德壽宮祇應。尋取到醫官局檢准宣和六年八月内旨揮，應補醫學或祇候，自補受日實及五年，方許試驗供職。今來趙確特補翰林醫學無違礙外，所有差充德壽宮祇應有礙前項指揮。」詔爲係太上皇帝聖旨，特依今來指揮。

十九日，翰林院言：「太上皇帝聖旨，翰林醫證蔚紹祖爲供應德壽宮湯藥有勞，特差充入内内宿、兼德壽宮祇應。尋取醫官局狀，契勘蔚紹祖見係針科差兼德壽宮祇應，別無違礙。所有差入内内宿，緣元豐法『選保試補醫師聽御筆差填，御醫已下闕即遞遷，雖奉特旨傳宣宣押等，仰醫官局執奏不行』，合行執奏。」詔爲係太上皇帝聖旨，特依今來指揮。

五年六月五日，中書門下省言：「盛暑，細民闕藥，已令翰林院差醫官四員遍詣臨安府城内外看診，其合用藥於和劑局置曆支破，候秋涼日罷。又勘會諸路州軍亦有歲賜合藥錢，許諸軍民請服，尚慮州軍不切奉行。」詔令户部申嚴條法，行下諸路州軍遵守，務行實惠。

二十日，翰林院言：「太上皇帝聖旨，醫官趙確爲醫藥有勞，特與依朱仲謙例賜紫服色。」詔爲係德壽宮祇應，特依今來指揮，内紫服色依例於祇候庫取賜。

十年十月十四日〔一〕，詔：「額外成安郎、診御脈何滋特授額内成和郎，額内和安郎、診御脈湯 106 公材特授額外翰林良醫。」並以醫藥有効也。

九年十二月十六日，詔：「内宿診御脈、大方脈醫官額管五員，内二員見差赴德壽宮祇應，内宿闕人應奉，可於元額内添置二員，通以七員爲額。」

淳熙元年四月二十五日，詔：「翰林醫候、小方脈科郭

〔一〕十年：按，乾道無十年，疑是「七年」之誤。

師諒醫藥有勞，特差入内内宿。」已而醫官局言：「内宿醫官舊法選保試補，政和改充銓擇，有紊舊制。乞依元豐法選保試補，雖奉朝旨、特旨、傳宣、宣押等，許執奏不行，違者以違制科罪。」詔特放行。其後大小諸科特差内宿者同此。

九年三月二十日，詔：「以降指揮，奉使金國上節内醫官一名，吏部於大小使臣内差撥承代名色。自今令翰林醫官局將在局大方脈醫官依資定姓名申樞密院，輪差一名隨逐前去。」

十年八月十八日，臣僚言：「元豐舊法，内宿醫官以選保試補，雖奉特旨，許執奏不行。比來不問年甲，不行保試，結托求進，工拙相(離)〔雜〕。乞杜絶僥求，遵守法令，申嚴選保試補之舊規，仍革遷就改科之近弊。非惟能否不(離)〔雜〕，緩急可備使令，亦使僥倖息心，法令不至全廢。」從之。是時金大亨直瘡腫科，以本局瘡腫科人數已多，内宿不可復益，遂改爲口齒科。於是臣僚言大亨平日止以瘡腫爲業，一旦改爲口齒咽喉，但知徼冀内宿增俸，而不量藝術空疏，因有是請。

十五年九月十日，詔：「比年醫官少精方脈，可自來年爲始，令内外州縣白身醫人各召文武臣選人、醫官一員委保，具狀經禮部陳乞。於省試前一年附銓試場，隨科目試脈義一場三道，以二通爲〔合〕格，就本所拆卷，出給公據照會，赴次年省試場，試經義三場共一十二道，將五通爲合格，以五人取一名，令禮部給帖，補充習醫生。候次舉再赴省試場，試經義三場共一十二道，以五人取一名，八通補翰林醫學，六通補祗候。今後特補，許有司執奏不行。其臣僚已奏試醫人，更不收試。仍仰禮部、太常寺更參照太醫局試補舊法，條具申尚書省取旨。」十二月初六日，禮部、太常寺乞令大方脈科、風科、小方脈科依今降指揮試脈義三道，其眼科以下依舊法試大道二道〔一〕，假令法一道，以二通爲合格。其次年省試經義一十二道，依舊法以六通爲合格。從之。

翰林圖畫院〔二〕

翰林圖畫院，雍熙元年置，在内中苑東門裏，咸平元年移在右掖門外，以内侍二人勾當。待詔等舊無定員，今待詔三人、藝學六人、祗候四人、學生四十人爲額。舊工匠十四人，今六人。

至和元年十一月二十七日，勾當翰林圖畫院李從正等言：「當院額管待詔三人，藝學六人，學生四十人。近來諸處造作去處，使臣下院抽差待詔、學生等五七人至十人以上，占留動經歲月，未遣歸院，深慮有誤諸處造作及御前生活。欲自今後應有諸處使臣赴院抽取待詔、學[107]生等往外

〔一〕大道：似當作「大義」。

〔二〕原無此題，下文與上文接寫，今分出並添題。

處祇應，乞從本院相度，量差一二人往彼計料外，有合要畫造人數，令下三司抽差畫行百姓同共畫造了當。若或内有製造神御去處，即許依合要人數差撥應副。」(沼)〔詔〕直送入内〔内〕侍省，令告報入内供奉官以下，各遵守施行。

嘉祐六年四月八日，翰林待詔杜用和等言：「自來每年差撥押送諸路衣襖，昨於康定年中，諸路權罷，後來却蒙再行十路押送衣襖，唯有圖畫院不蒙差撥，欲乞檢會舊例施行。」詔依舊輪差。(抽)〔押〕賜衣襖提舉所勘會，乞依康定元年九月内所降條詔，若入仕及二十年未經差送衣襖者，逐年輪差一名。從之。

熙寧二年十一月三日，翰林圖畫院祇候杜用德等言：「待詔等本不遞遷，欲乞將本院學生四十人立定第一等、第二等各十人爲額，第三等二十人，遇有闕，即從上名下次挨排填闕。所有祇候，亦乞將今來四人爲額，候有闕，於學生内撥填。其藝學元額六人，今後有闕，亦於祇候内撥填。已曾蒙許立定爲額，今後有闕，理爲遞遷。後來本院不以藝業高低，只以資次挨排，無以激勸。乞自今後將元額本院待詔已下至學生等有闕，即於以次等第内揀試藝業高低，進呈取旨，充填入額。續定奪到揀試規矩，每預令供報所工科目，各給與印絹幪之孟切子，令待詔等供到名件，點定一般監試。畫造至了當，即差待詔等定奪高下、差錯去處多少及合與不合格式，編類等第。」從之。

熙寧六年正月一日，中書言，欲以翰林圖畫院隸都大提舉諸司庫務，從之。

翰林天文院〔一〕

翰林天文院，掌察天文祥異，與司天監互相關防，以質同異。事具備於司天監。

大中祥符二年六月，召河北〔二〕、陝西諸路祇候翰林天文歸闕〔三〕，以邊防無事故也。

仁宗天聖五年八月，上封者言：「先朝以司天監與測驗渾儀官凡奏災祥多商議(上方)〔方上〕，或非摭實，遂別立翰林天文院，每天象差忒，各得以聞，使相關防，庶明儆戒。近來却令判監提點曆書、知算造，兼翰林天文院占驗，頗異舊制。」事下開封府，判官李應言與内殿承制、提舉司天監天文院王克讓同定，各分歸逐司祇應，免致扶同。從之。

宣和二年九月，詔：「翰林天文局測驗渾儀刻漏所合臺節級與卒伍同例，自今後改作司辰。」

宣和四年九月，詔：「翰林天文局書寫局學生以四人爲額，專一書寫奏報御前文字，別無酬賞。自今後□及七周年，與依司辰條例試補出職。」

宣和七年五月八日，詔：「翰林天文局天文官食直錢

〔一〕原無此題，下文與上文接寫，今分出並添題。
〔二〕召：原無，據《長編》卷七一補。
〔三〕「天文」下原有「院」字，無「歸闕」二字，據《長編》卷七一删補。

可不給，每月止給添支錢一十貫文。」

十二月二十二日，詔罷待詔額外人。

欽宗靖康元年正月二十日，詔：「今不諱之朝，明目達聰之時，天文局尚習舊風，隱蔽諂佞。今後應天文變異，具以實聞。上天譴誡，朕當克己省過，庶銷災祥。如敢更似日前，國有典刑，朕不108（貨）〔貸〕汝。」

七月七日，詔：「翰林天文官見趁赴朝參，可依祖宗舊法，與免趁赴。」

十（十）七日，詔：「天文院、太史局自今後應諸處勾喚并取索，事干天文文字等，先具奏聞，聽旨前去。」

閏十一月二十一日，詔天文局：「翰林天文官係屬應奉御前天文休咎之人，並不許諸司踏逐，指名抽差。雖備到不拘常制特旨等許差指揮，並不發遣。」

高宗建炎元年五月六日，詔：「今後如有天文休咎，令翰林天文局依經書（實具）〔具實〕聞奏。如敢隱蔽，當從軍法。」

二年六月二十六日，詔：「翰林天文局瞻望學生見闕頗多，可於太史局等處逐急指名抽差，依條支給例物。所有逐局已取窠闕，仰太史局於額外人内踏逐補填。」

三年四月十三日，詔翰林天文局併歸太史局。

五月十四日，詔：「太史局天文官今後許將帶學生内中止宿〔二〕，祗備御前宣問天象。」

紹興元年七月八日，詔：「依舊置翰林天文局，專一奏報天象。」太史局言：「翰林天文局舊額天文官四員〔三〕，見今四員；司辰、太史〔局〕學生共二十四人，見今十八人；玉漏額外司辰、局學生共十二人，見今六人；手分一名，見今一名；把門親事官二人，見闕；儀鸞司工匠二人，見今二人；洒掃靈臺、投送文字剩員八人，見今闕。」詔除把門親事官更不差破外，洒掃靈臺、投送文字剩員差四人，餘並以見在人數爲定額。

二年九月十日，詔：「翰林天文局見祗應學生不曾經試之人，並限半年習學，依法比試，不合格人發遣歸元來去處，其闕於諸局試選充填。其先降免試差取指揮更不施行。」

三年十二月一日，詔天文院學生以十人爲額。舊法各以三十人爲額，分兩番祗應，至是省之。

六年十一月二十日，詔：「翰林天文局學生、諸色人等傳報漏泄天象，並依太史局見行條。」

七年六月十九日，詔：「諸司辰、太史（生）〔局〕學生、玉漏學生擅離局所杖八十，爲首誘引（家）〔衆〕人者加二等，仍奏裁。」

十四年三月十一日，詔：「翰林天文局瞻望天象學生可特（與）〔於〕太史局、天文院額外學生内指差填闕。」（以上

〔二〕止：原作「上」，據《宋史全文》卷一七上改。

〔三〕天文官：原脱「文」字，據文意補。

翰林天文局(一)

【宋會要】

109 翰林天文局。淳熙四年九月二十三日，翰林天文局言：「已降指揮，太史局天文院、渾儀所、鐘鼓院曾經試中額內學生，祗應實及五年，與補局生。所有翰林天文局不曾該載。乞將本局曾經試中額內正名學生祗應實及五年，仍依太史局等處與補局生。」從之。

六年四月七日，翰林天文局生楊源差充書寫奏報御前天象文字，實及年(二)，依司辰條例補出職。從之。

七年六月十二日，詔：「翰林天文局官循習弛慢，掌事不專，可于太史局官四員內差置諳曉天文主管官一員爲額，專一提督本局職事，務要整肅。可改差太史局直長、翰林天文劉思義充翰林天文局主管，請給、酬賞、人從等並依同判太史局則例支破。自今除主管翰林天文局官一員外，天文官止以三員爲額。」

九月十三日，詔：「天文局額內局學生年及七十以上願養老者，聽帶本身請給養老。退下名闕，依條補填。」

紹熙二年二月十六日，詔：「天文局玉漏學生特與依太史局體例，年及七十願養老者，聽與帶本身請給。所有退下名闕，依條補填。其書寫學生劉炤特與依司辰體例試補出職。」（以上《永樂大典》卷一九七七九）(三)

技術官

【宋會要】

110 醫官院，有使、副使、直院、醫官、醫學、祗候。使、副使以尚藥奉御充，或有加諸司使者。醫官、醫學加同正官，至尚藥奉御者或加檢校官。其直院則奉御及同正官皆爲之。醫學則加(化)〔流〕外簿尉。祗候未加命不得服袍笏，諸書藝、藝學、祗候亦同。御書院，有書待詔、書藝、藝學、祗候。書待詔以同正官充，諸待詔亦同書待詔，祗候有以正員充者。翰林院，有內供奉、待詔、碁琴阮待詔、藝學、祗候。內供奉或以道釋充。翰林天文院，有翰林天文。以司天監官充。翰林圖畫院，有畫、裝鑾、捏塑待詔，藝學、祗候、學生，學生同祗候。皆執伎以事上者，無定員。醫官、醫學、待詔、書藝、藝學皆以服色爲差。

太祖開寶八年四月，以教坊使衛得仁爲太常寺大樂局令。時得仁以年老求外官，且引後唐莊宗時事希領一郡。太祖謂宰相曰：「用伶人爲刺史，此亂世事，焉可效邪！」宰相即曰：「擬上州司馬。」帝曰：「此輩止宜於樂部中遷

(一)翰林：原無，據下文補。

(二)「年」上脫年數。

(三)《大典》卷次原缺，陳智超《解開宋會要之謎》頁三六九定於卷一九七七九，姑從之。據《永樂大典目録》卷五二，《大典》卷一九七七八至一九七八一爲「局」字韻「諸局沿革」目。

轉，上佐官亦不可輕授。」故有是命。

太宗太平興國七年二月，制以翰林御書祗候、賜紫僧清潤號奉真大師。

雍熙元年十一月，以翰林祗應、著作佐郎張符爲左贊善大夫。

四年三月，以翰林（畫）〔書〕學趙偉等七人並爲翰林書待詔。先是，太宗留心筆劄，召善書者十餘人於後殿，日習鍾、王書，而偉等爲工，故有是命。

端拱元年十一月，以翰林畫待詔、光禄寺丞夏侯延祐爲廬州巢縣令。

十二月，以翰林書學、少府監主簿何允元爲漢州綿竹縣令。允元蜀人，[111]以攻書隸御書院，至是求授家便官，故特有是命。

淳化五年五月，以前廣安軍判官、校書郎駱偃爲翰林琴待詔。偃進士成名，雅善鼓琴，故授此職。

至道二年三月，詔：「應有落伎術頭銜見任京官者，遇恩澤只轉階，或加勳，不得授朝官。」

真宗咸平三年七月，以沙門元藹授朝散大夫，依前翰林内供奉。以元藹有傳神之妙，故有是命。

大中祥符元年二月，翰林書藝楊昭度、御書待詔盛亮等言：「臣等爲當直入院稍遲，有監院中使趙履信便去巾帶，欲行笞責。忝受命服，專具披雪。」詔送宣徽院〔一〕，劾其不奏擅行之罪以聞。

三年六月，以御書待詔、光禄寺丞同正盛亮爲秘書丞同正，翰林待詔、國子博士同正尹熙古、裴瑀爲將作少監同正，並依舊充職。翰林書藝、振州延德縣主簿王德潤爲光禄寺主簿同正，充翰林待詔。亮、德潤以模勒御製御書《泰山銘》及諸碑贊，熙古、瑀以書封祀等三壇頌也。

六年五月，詔：「伎術官見佩魚袋者，特許仍舊，自今未至升朝官賜緋紫者，不賜魚袋。」

九年十月，詔：「諸色臣僚及御書院、司天監、天文院、翰林醫官圖畫院等處，今後須經五年未該差遣者，方得送衣襖。如未及五年，輒敢陳乞及告託皇族國親，并夾帶實封乞差遣者，並科違制之罪。」

天禧元年八月，詔審官院：「今後司天監及諸色伎術官雖係京朝官，並不得磨勘。」

十月，詔：「御書院翰林待詔、書藝、祗候等，入[112]仕十年以上無過犯者，與出職。」

二年二月，以翰林待詔、司農少卿同正尹熙古、裴瑀並爲太子右贊善大夫，太府少卿同正白憲爲太子洗馬。熙古等祗候禁中三十年，因大禮模寫碑頌，至是表求出官，特有兹授。

二年八月，詔：「倉草場監門，令司天監依元降指揮差人監當，以替使臣。仍自有犯贓罪者，永不得差。」

〔一〕「送」下原衍「監院中使」四字，據《長編》卷六八删。

乾興元年五月，中書門下言：「翰林醫官、圖畫琴碁待詔舊制轉官止於光禄寺丞，如遇恩澤，止加階、勳。天禧四年，並自諸寺監丞除中允、贊善、洗馬同正。自今常例轉官欲至贊、洗止，如更遇特恩，即至國子博士止，不入少卿、監。」從之。

九月，詔：「自今司天監并諸色伎(技)術官，不得依京朝官例磨勘加階勳、轉官。」

十二月，詔：「司天五官正自今不得依京朝官例差監庫務，見監當者候滿日差替。」

仁宗天聖元年閏九月，詔：「翰林醫官院、司天監、天文圖畫院諸色人等，凡該恩澤改轉，自有體例，近多妄進文狀及行告屬。令御史臺指揮，但係伎術官，自今不得妄進文狀并告託皇族國親、形勢臣僚乞改轉官資服色，及夾帶實封文字希求恩澤。如敢故違，並科違制之罪。」

二年十月，翰林待詔、太子中舍同正王文度言：「近書勒牌額畢，蒙恩賜紫，緣見今賜緋魚袋，乞依舊佩魚。」仁宗曰：「舊條曾有條約，不許伎術官輒帶魚袋，所以區别士類，不令混淆，今宜遵守。所奏不行。」

四年正月，御書113院言：「翰林待詔、太子中舍同正、御書院祗候王文度合依條出職遞遷，文度自陳，乞(此)〔比〕換正官。」詔與大理評事，留御書院祗候。中書門下言：「自來伎術藝雜流多不與京朝官，蓋慮班序之間混淆名品，今擬且與轉同正官。」從之。

慶曆六年十二月，詔伎術人自今毋得任畿内兵馬都監、監押。

皇祐四年四月，詔今後伎術官更不得除遥郡。先是，諫官、御史並言醫官栢温恭不合除遥郡刺史，故有是詔。

嘉祐元年十一月，詔：「伎術官合奏蔭者，止授以伎術官，仍一次而止。其封贈，初以副率，次正率，次小將軍，毋得隔資而授。司天監官聽贈至大卿、監止。」初，知制誥王珪言：「近歲伎術官因緣進授者甚衆，其合奏蔭者又參用士人之條而無定數，雜污仕塗，莫斯爲甚。請自今各以其類推恩者，醫官使奏醫學，教坊使奏色長之類。仍只許奏一人。不唯可使世專其藝，誠足革入官之濫。」下兩制并以伎術官封贈詳定，而翰林學士承旨孫抃等以謂伎術官法毋得任子及封贈，今若以類推恩，亦近漢疇人子弟之法，故著此條。

神宗元豐六年六月十八日，知登州趙偁言：「乞諸縣主客不及萬户補醫學一人，萬户以上二人，每及萬户增一人，至五人止。除合習醫書外，兼習張仲景傷寒方書，委本州差補試，依得解舉人例免丁贖罪。」詔禮部立法。

哲宗紹聖二年十一月二十一日，詔元祐元年十一月功114力技藝不得入官條勿用。

徽宗崇寧元年五月四日，詔：「伎術雜流令補授子弟作班行或文資者，自今雖奉特旨令衝改舊條等指揮，並許三省、樞密院子細契勘，若於祖宗貽訓格法實有衝改侵紊者，可明具有礙是何條法奏知，更不施行。」以近來有貪冒之徒不顧廉恥，夤緣請謁告囑，希求衝改格法，泛濫陳請故也。

五年二月九日，詔省内外冗官，罷醫官兼宫觀者。

政和三年六月六日，禮部尚書鄭久中等言[一]：「本部注授外郡醫長、醫職、醫工，係據試到高下等第依格差注。其醫官應有諸般非泛恩澤等，並不許換授醫正、醫工差遣，所貴諸州軍得實學之人。及罷任到部再試，若注授外郡醫官求囑舉辟再任，實占優輕窠闕，竊慮差注不行。今相度，欲應注授醫職、醫工，並不許州軍及諸官司奏辟，亦不許舉留再任，所貴易爲差注。」從之。

宣和元年五月二十六日，權知明州樓异言：「檢會《政和令》，諸醫藝業優長、治療應効、爲衆推稱、堪補翰林醫職者，所在以名聞。今據州學教授游覺民等狀稱，醫學助教臧師顔供應本學湯藥，治病有効。臣契勘明州最爲地遠瀕海，少有諳知藥脈之人，今來臧師顔委是藝業優長，治療有効，在學十年所有勞績，欲乞補充翰林祇候。」從之。

十一月二十七日，禮部言：「唐州合注醫官四員，乞下合屬去處差注。」下翰林醫官局勘會，看詳唐州雖不是舊破駐泊醫[115]官去處，緣本州依條格合差注，今欲令唐州權許奏舉一次。如有似此州軍去處，亦乞依此奏辟施行。」從之。

二年六月二十日，刑部言：「開封府勘翰林醫學屠儼因就試外州工視差選，入貢士舉院赴試懷挾，依條於勒停私罪上定斷，該恩原免釋放。」詔屠儼依斷特勒停。

七月二十三日，詔：「近歲諸路差置醫職等，請給、白直、公廨，並視州縣官，至爲冗濫，增破顧錢，有害後法[二]，可並罷。見任者依省罷法，舊合差醫官去處，並依元豐法。」

四年四月十四日，臣僚言：「臣聞真宗皇帝有言曰：『方伎之流，不可以任郡秩。』至哉，聖謨之遠也！謹按奉議郎、通判蜀州陳令初以伎術授武階，未幾換文資。繼爲倅貳，不遣吏迓新守，意欲專郡政，爲姦利，乞行按治。」詔令提刑司根治聞奏，仍依舊與武官。今後伎術授官勿差守貳。

六月十三日，詔：「醫官自翰林醫學以上曾經入額人盡爲官户，比元豐舊制頗多，聞有營利侵民免差科者，實爲僥倖。可自今轉至翰林醫痊已上，曾經入額，方許爲官户。已充者並改正。」

二十七日，詔：「醫官曹孝忠二子見任文臣，伎術雜流，玷辱士類，可換醫官，不得換授文資。令尚書省遵守。」

八月四日，臣僚言：「檢會大觀元年五月三十日敕，修立下條：諸伎術官非隨龍及有戰功者，不得換授右職。內

[一] 鄭久中：典籍亦多作「鄭允中」。
[二] 後法：似當作「役法」。

醫官仍轉至和安大夫止，不得轉遥郡刺史以上。《政和令》，諸和安大夫至醫學，太史令至116挈壺正，書藝、圖畫、奉御至待詔，爲伎術官。伏望特降詔旨，自宣和二年五月已後，應改更裁定等事，有敢議衝改者，並重寘典刑，必罰毋赦，御史臺常切覺察彈奏。御史臺失察，三省按治以聞。」詔三省常切遵守，雖奉御筆特旨，亦許將上執奏不行。

十月四日，詔：「諸州駐泊醫官序位在州縣官之下，非緣醫藥不許與見任官往來，違者以違制論。」

十二月十一日，詔：「諸州駐泊醫官並依元豐法差注，内無人願就去處許奏辟，又無人奏辟聽闕。其不願就人令致仕，或放歸田里。在外醫人不願赴醫官局公參者依此。赴局公參人，方許理磨勘差使。」

孝宗隆興元年正月二十九日，翰林院據醫官局申：「欲將應醫學因酬獎特旨改轉醫候已上名目之人，如自補轉醫學後來未曾經磨勘，與自供職日起理；如因酬獎節次轉官，與自轉(受)〔授〕末後官資日起理；若有用減年貼理磨勘之人，其所得減年内元無比折條法指揮，陳乞日一年止作一年收使。」詔依。時隨龍御醫成和郎潘攸陳乞磨勘，翰林醫官局相度立此例。

三月十三日，中書舍人張震奏：「准御前降下聖旨，大方脈科醫官、殿前左右班宿直醫治陳輿、李延年，小方脈科潘興世，口齒科潘侃，並特與差(克)〔充〕入内内宿，各填見闕。取到醫官局狀，檢准宣和二年三月十八日指揮：『内宿醫官舊法選保試補，政和改充銓擇，有紊舊制，自今後並依元117豐法選保試補，醫師聽御筆差填，御醫已下闕即遞遷。雖奉特旨、傳宣、宣押等，仰醫官局執奏不行〔一〕，違者以違制科罪。』契勘陳輿等並礙前項指揮，合行執(事)〔奏〕。奉旨並特依今來指揮。臣聞醫雖一伎，而執事禁掖者，其選試之法加嚴，以其所繫重也。謹按宣和指揮，立法甚嚴，今陳輿、潘〔興〕世、侃並未嘗試補，李延年以繆誤久罷，一旦忽奉特旨差充入内内宿，翰林院執奏，可謂能守法矣。仍復特依今來指揮，是法不信於下也。伏望聖慈令依舊法試補。」從之。

乾道元年二月二十六日，臣僚上言：「據主管侍衛馬軍司公事張守忠申：『契勘本司諸軍遇有病患，止係醫官朱中孚一員醫治。守忠去年七月内出戍日申獲朝廷指揮，差辟醫官局翰林醫候鮑師文前(主)〔去〕。本人諳曉方書，精明色脈，欲望特降指揮，將鮑師文收充本司醫治。仍乞依朱中孚例，支破衙官五人例請給。』臣伏見增添醫官雖爲公磨〔二〕，外廷論列恐又有甚於此者，不可不杜其源。欲望聖慈將前項指揮更不施行。」從之。

八月二十八日，執政進呈次，洪适等奏曰：「昨日張説傳聖旨，詢問醫官換授事，吏部供並無條法，惟有王繼先以

〔一〕仰：原作「御」，據本書職官三六之一〇三「紹興元年四月五日」條改。
〔二〕公磨：似當作「公事」、「公務」之類。

特恩换授。」上曰：「伎術官自是不許换授。」适等奏曰：「陛下欲推恩一小臣，亦須問法。」上曰：「正恐批出，又不可行。舊無條法之事，豈可增創？卿等亦當如此。」适奏曰：「陛下如此遵守法度，臣等豈敢輕違三尺！」

十一月118二十二日，中書門下省奏：「准降下聖旨，翰林醫證、診御脈，賜緋何滋醫藥有勞，特與賜紫服色。取到醫官局狀，檢准《元豐令》，諸醫官將恩例等改换服色者，候本色服及五年以上，方許改换。本局契勘，何滋自紹興三十一年十月内服緋，至今未及五年，有礙前項條令。」詔特依今來指揮。

二十九日，臣僚上言：「竊惟陛下昨壬午年受册皇太子推恩，應官吏諸色人各轉兩官。續降指揮，遇該轉遥郡之人，將兩官作一官收使，方許轉行。今皇太子受册，應官吏、諸色人各轉一官。雖降指揮礙止法人與轉行，而醫官能誠已係遥郡觀察使，陳孝廉已係遥郡團練使，李師堯係和安大夫，合轉遥刺，若將今來轉一官便轉行遥郡，則是前日礙止法人以兩官轉行，而今日止以一官轉行，今日一官恩例却與前日兩官恩例無異。欲望聖慈特賜行下，遇有轉行兩官，方許於礙止法上轉行一官。其轉一官恩例，止令回授。」詔依，再因轉官日，通作一官收使，遥郡上轉行。

二年十一月六日，吏部狀：「准批下翰林醫證張琮乞放行磨勘事。本部契勘，張琮見係翰林醫證，依醫官局條法，合理七年磨勘。緣本人已曾磨勘，依已降指揮，合自轉授末後官資朝謝供職日起理，至今未及七年，致磨勘未得。今來却稱係是殿前司護衛軍賞，即與本局事體不同。緣本官見係翰林醫證，係屬醫官局磨勘，即不屬本部所掌，119乞朝廷詳酌施行。勘會張琮昨因磨勘後來該遇覃恩及護衛功賞，依得文武臣已用恩賞轉官不隔磨勘體例，合依所乞。」詔令吏部施行磨勘。

三年正月二十四〔日〕，臣僚上言：「隨龍醫官平和大夫、階州團練使潘攸差判太醫局，請給依能誠例支破。尋取會能誠全支本色因依，係與陳孝廉皆援幹辦軍頭司王公濟例，特旨用隨龍恩數。在於《禄令》，固無伎術官請真奉之文。按能誠係和安大夫、潭州觀察使，月請米麥百餘石、錢百千，春冬衣綿絹之屬比他人十倍。今潘攸官秩雖降誠兩級，然其所得亦已多矣。以醫職而授觀察、團練使厚俸，何以别將帥、勳舊哉！欲望睿旨將潘攸合得請給，令户部照條支破。」從之。

三月六日，詔：「御醫、内宿醫官大方脈五員，小方脈三員，風科、口齒科、眼科、針科、瘡腫科、産科各一員，通二十員爲額，診御脈四員，入内看醫三員。在内溢額人且令依舊，今後並不作闕差人。其在外職事人内，除德壽宫六員，殿前左右班宿直四員，國子監、大理寺、和劑局、雜買務各一員，大宗正司一員許存留外，餘人並在局祇應直日。太醫局及局生、醫生並罷，今後更不試補。」

四月四日，詔：「應諸路州軍駐泊醫官，並以二年一替。其已過滿人不候替人罷任，今後不許陳乞奏辟再任。」

六月九日，臣僚上言：「伏見今年二月二十四日指揮，醫官何滋爲應奉湯藥有勞，特與轉行一官，仍120不隔磨勘，臣已命詞行下訖。今月七日又降旨，何滋特轉一官，其請給、官序並依禄格支破。至今纔及百日，未審合與不合又令改轉。伏望聖慈詳酌，如以滋應奉中宮果爲宣力，特與荐行恩典，則乞再賜睿旨，臣敢不奉詔？如只是向來醫事，已經轉官，委是月日未久，誠恐難以便頒再命，亦乞特從寢罷。」詔特與轉行。

七月十四日，臣僚上言：「醫官杜楫祗應皇太子湯藥無効，可降兩官，送袁州編管。臣切見皇太子本以伏暑微疾，未至膏〔肓〕，而醫非其人，投藥失當，議者謂陛下當取數人斷其腰領，以快天下冤忿。俟命兩日，不過貶黜杜楫一人，而所謂主病元惡如郭良者，蓋偃然自若也。欲望聖斷，將郭良、杜楫等明正典刑。縱未有肆諸市朝，猶當黥配海外，永不放還。」有旨，杜楫專充皇太子醫官，最先用藥無効，可除名勒（亭）〔停〕，送韶州編管。郭良可降兩官，送興國軍編管。風科秦鑄可降兩官，送處州編管。是日續有旨，郭良與免編管，仍追官勒（亭）〔停〕，仍且令臨安府居住，聽候德壽宮使喚。

四年八月八日，翰林院狀：「准太上皇帝聖旨，醫官朱仲謙醫藥有勞，特賜紫服色。尋取到醫官局狀：契勘朱仲謙見係翰林醫證、御醫、德壽宮祗應，於隆興二年九月內補翰林醫學。自補授日服緑，至今未及五年，亦未經賜緋，今承指揮特賜紫服色，有礙本局下項條法：一、《（豊）〔元〕豐令》，諸醫官將恩例等改换服色者，候本色服121及五年以上，許改换。一、宣和二年四月指揮，應醫官見係服緑，未經賜緋隔等賜紫者，聽執奏。」有旨，爲係德壽宮祗應，特依今來指揮。

六年二月十五日，詔王繼先兒孫令依赦叙復職名指揮更不施行，從臣僚之請也。臣僚上言：「真宗皇帝時，工部郎中陳堯咨嘗任龍圖閣學士，坐事削職，會赦求牽復。上曰：『學士清近之職，非會赦可復。』祖宗愛惜名器如此。況延閣之直，祖宗所以待文學政事之臣。如王繼先子孫本出醫術，其文資職名，因附會秦檜，得所不當得。其後罪蹟既著，太上皇帝特出睿斷，盡從停廢。當時言章所載過犯，其子孫所爲。乾道三年已行復官，陛下之恩至矣。今又引赦復職，若遂放行，則是陳堯咨之賢不得之於真宗，而反使王守道輩乃得之於陛下，此臣之所甚惜也。欲望特賜寢罷。」有旨依奏。

十二月二十日，翰林院狀：「太上皇帝聖旨，醫官趙確爲醫有勞，特與依朱仲謙例賜紫服色。取到醫官局狀，本局契勘，趙見係翰林醫學大方脈科，服緑至今未及五年，未曾賜緋，兼有礙宣和二年四月執奏指揮。」詔爲係德壽宮祗應，特依今來指揮。

七年十二月二十三日〔一〕，宰執進呈太醫局生乞附省試試補。虞允文等奏曰：「醫人入仕之路三：有試補，有(陰)〔蔭〕補，有薦補。今獨試補之法廢，恐庶民習醫者無進取之望，不復讀醫書。且局生請給歲不過四千緡，國用司省之過矣。」上曰：「然。」122於是詔更不置局，依舊存留醫學科，可令逐舉附試。

同日，詔：「隨龍太史局令、判太史局李繼宗兩經該遇德壽宮應奉有勞，特轉三官，許回授，可將未曾收使三官特與男安國補太史局保章正，充曆算科。」臣僚上言：「保章正雖號太(使)〔史〕局，然從八品，與宣(儀)〔義〕郎、成忠郎等爾。祖宗著令，功賞轉官礙止法者，許回授有服親，皆謂有官人，非白身也。自大觀、政和以後，蔡京紊亂法度，(郡)〔群〕臣始有以轉官回授爲蔭補者，今吏部以爲非泛補官而不與放行致仕恩澤者是也〔二〕。其後蔡攸遂又回授轉官以爲職名，其子蔡衛、蔡衎皆自待制以回授而遷直學士。由是武臣高俅亦用此例，其子堯康以回授自遙郡轉正任，堯輔以回授自觀察而轉承宣。名器之濫，有不可勝言者。今陛下命一小臣爲保章正，固無足惜，然使其精於曆算，衆所共推，則雖特命之可也，用其父之回授，臣恐不可開此例爾。」從之。

八月二日，吏部隨龍和安大夫〔三〕、吉州刺史、入內內宿兼德壽宮句看李師堯狀：「先於乾道元年十一月該遇莊文皇太子授册，依已降指揮與遙郡刺史。後因臣僚上言，該轉遙郡之人將兩官與作一官收使，師堯一官，止合回授。得旨依奏，候因轉官日通作一官收使，遙郡上轉行。竊念臣於乾道七年五〔月〕再該遇德壽宮五年有勞賞，合轉一官。所有前後兩官，並未曾收使，乞依陳孝廉例轉行遙郡一官。」詔依，特轉123成州團練使。

九年五月十一日，中書門下省勘會，李繼宗等推算太陽交蝕時刻分數並皆差舛。詔太史局令、判太史局李繼宗特降授太史局正放罷，太史局春官正、判太史局吳澤特降太史局中官正，太史局丞、同判太史局荆大聲特降授太史局靈臺郎，並差遣如故。

淳熙三年十月四日，詔：「翰林醫官局自今應醫官已授差遣違一年不赴任，及不到局公參者，並行退額。」從本局請也。

十一月二十九日，詔：「醫官帶遙郡，非祖宗舊制，自今不得轉授。」

十二月二日，詔：「太史局可增置春官、夏官、中官、秋官、冬官大夫五階，令敕令所修入雜壓，其磨勘年限並請給則例，令吏、户部比擬以聞。」既而四年八月十四日，執政進

〔一〕按，此條月分與再下條失次，疑有誤。

〔二〕泛：原作「乏」，參本書職官七七之七八、七七之八一改。

〔三〕「吏部」下似脱「言」字，蓋下文「和安大夫」乃醫官階品，非吏部屬吏，當是吏部轉呈其奏，故應補「言」字。本書中此類事例甚多，隨處可見，茲不列舉。

呈吏、户部言：「太史局官序、服色等並依醫官見行格法，今比擬格目，自局生至春官大夫計一十六階，共理一百四年磨勘，服色、封贈、恩澤、理年即與醫官事理頗同，并將太史局學生及增置挈壺正至春官正請給依舊支破。其冬官大夫至春官大夫五階，係是增置，其請給並依局令支破。」禮部又言：「太史局官服色，欲自局丞以下並服緑，冬官正以上並服緋，冬官大夫以上並服紫。」參知政事李彦穎等奏曰：「局生、靈臺郎舊法並合試補，難用磨勘陞轉。蓋醫官獨有勞効可考，至太史局官只是曆算，若免試補，恐其術不精。」上曰：「善。」又奏：「吏部參酌，局丞欲服緋，禮部欲服緑。」上 124 曰：「可服緋。」冬官正吏部欲服紫，禮部欲服緋，上曰：「可許服紫，紅鞓。」吏部以局生爲太史局正，令爲太史大夫，上曰：「此兩官不須置，蓋春官大夫以上，比醫官已增展磨勘。」又奏：「見任李繼宗是判局，吳澤同判局，恐陞轉却難。」上曰：「李繼宗曾在潛邸日久，特與換過冬官大夫。」詔令局丞許服緋，挈壺正至局丞若判太史局，帶權字，冬官正至春官正，服紫，紅鞓。餘從之。

十六日，詔：「自今除授宰相、執政官及依執政體例人，初除并轉廳合得選試醫人、太醫、助教仍依舊法外，轉官、致仕、遺表所得上件恩例，並行住罷。」

六年四月二日，詔：「自今宰執、使相、侍從等不許奏試醫人，其已奏試中人不得作有官人取諸路轉運司文解。」先是，上謂輔臣曰：「聞宰執醫人只是量試補官，既得醫官名目，走赴轉運司解試，便作有官人取解。」雄等奏：「有官人取解，七名取一名，其僥倖如此。今後亦不須奏試。」上曰：「可擬指揮進呈。」故有是命。

紹熙元年四月十八日，户部言：「翰林醫候龔泳狀，已行改轉服色，乞添請給。契勘本人係用史太師合得冠帔改換，若與增添請給，委是僥倖。乞將醫學以上醫治有勞改換服色人許令添請外，其餘改換服色，並不許增添。」從之。

二年正月二十四日，詔：「隨龍和安大夫、診御脈兼重華(官)〔宫〕、皇子嘉王府宿直周昭，爲應奉兩宫湯藥日久，累(不)〔有〕勞效，可特與轉行遥郡。餘人不得援例。」

三年 125 閏二月二十四日，權知沅州劉珪言：「竊見沅州煙瘴之氣，人多疾病，緣無良醫診治，拱手待斃，深可憐憫。乞依靖州例，差明脈醫官一員充駐泊。」從之。

嘉定二年三月十六日，知楚州趙師迥奏：「臣僚言，兩淮曾經蹂踐去處，所在冗員，令監司、郡守斟酌條具裁減。竊見本州駐泊醫官能澄今年十月已滿，乞免行作闕，特與省併住罷。其見任及已授未赴上之人，別與改換一等差遣。」從之。（以上《永樂大典》卷三八三八）〔一〕

〔一〕《大典》卷次原缺，據陳智超《解開宋會要之謎》頁三〇六補。

宋會要輯稿　職官三七

天策上將軍府

【宋會要】

1 真宗大中祥符八年二月，皇兄元佐授天策上將軍。注：唐初止爲天策上將軍，後唐命馬商爲天策上將軍，並開府。時以元佐久疾，特加褒號，仍結銜在功臣上，不開府。

仁宗慶曆四年正月，皇叔荆王元儼贈天策上將軍。（以上《永樂大典》卷一〇九八一）[一]

元帥府

高宗建炎元年五月二日，詔：「大元帥府限十日結局，一行將佐、吏卒，自河北、京東扈衛有勞者，第其優劣來上，

2 當與推恩。」先是，靖康元年，上奉使至相州，京師遣膽勇士數輩間道齎蠟詔授兵馬大元帥、便宜行事，乃開幕府於相州。

十日，詔大元帥府結局，幕府官屬、五軍將佐、應扈衛過河至應天府軍兵，並與等第推恩。（以上《永樂大典》卷一〇九八一）

元帥

【宋會要】

3 太祖建隆元年二月，制天下兵馬都元帥、吳越國王錢俶加天下兵馬大元帥。（以上《永樂大典》卷一五一二九）

開封尹

【宋會要】

4 開封府尹、牧。牧不置，唯仗内奉引則遣官攝事。尹以親王爲之，仍兼功德使。府廨在宣德門南街東。太宗爲晉王尹京，及秦王、許王爲尹，皆在南衙視事。時真宗尹京，還就府廨。今景靈宮即南衙舊址。

太祖建隆二年七月，以皇弟泰寧軍節度使、殿前都虞候光義檢校太尉、同中書門下平章事、開封尹、兼功德使。

太宗太平興國元年，以皇弟永興軍節度使、檢校太尉、兼侍中、京兆尹廷美兼中書令，行開封府尹，封齊王。

雍熙三年七月，内以皇子檢校太尉、同中書門下平章

[一]《大典》卷次原缺，陳智超《解開宋會要之謎》頁三三二擬於卷一〇九八一，姑從之。下條同。《大典》此卷爲「府」字韻、「都督府」目。

事、陳王元僖兼侍中，行開封府尹，改名元佑〔一〕。

淳化五年九月，内以皇子襄王元侃行開封府尹〔二〕，改封壽王。十月，壽王出閤尹京，詔以鎮安軍節度行軍司馬楊徽之爲左諫議大夫，與右諫議大夫畢士安並爲開封府判官〔三〕；兵部郎中喬維岳，壽王府記室參軍、水部郎中楊礪，咨議、司封員外郎、直昭文館夏侯嶠〔四〕，並爲推官。皆太宗自選。中謝日，召陛殿賜坐，諭以輔導之旨，乃賜徽之、士安白金各千兩，維岳等各五百兩。

徽宗宣和七年十二月二十二日，以皇太子除開封府牧。時上有内禪之意，用本朝故實也。

尹闕則置權知府事，以少卿以上充，兼功德（事）〔使〕及畿内勸農使。

真宗咸平五年五月，詔：「開封府左右軍巡使、5京官知司録及諸曹參軍、知畿縣見知開封府，並趨庭設拜。」

景德元年七月，詔開封府知府等不得於府廨内接見賓客。從權知府陳省華之請也。

十月，宴崇德殿。舊制卿、監坐於東廂，不升殿。時光禄卿陳省華權知府，特命升於西省五品之南，别設位。

三年八月，詔開封府：「今後内降及中書、樞密院送下公事，罪至徒以上者，並須聞奏。」先是，御史臺言：「開封府前勘天清寺僧契如及故左丞呂餘慶孫男歸政〔五〕，止節略劄子聞奏，致不絶詞訟。乞自今應干分割田地及僧人還俗事，並令結案録問，方得聞奏。」真宗曰：「豈止僧歸俗與私家分財邪！」因有是詔。

大中祥符二年八月，詔：「開封府凡出榜示衆，並當具事聽朝旨。」初，本府榜皆止絶牙保引致民家卑幼舉借回鶻資財者〔六〕。帝曰：「國家惠綏遠人，天下無外，京師萬方所湊，豈可指言回鶻邪！」故有是詔。

七年九月，權知開封府王曙洎判官等坐斷獄失誤罰金〔七〕。初，法寺准詔，長吏爲部民所訟，罰訖代之。帝以京府事繁，與外郡異，止命增贖銅十斤而復其任〔八〕。

仁宗景祐元年六月十六〔日〕，詔開封府：「今後有傳宣指揮，依條次日上殿面奏取旨。」先是，有旨本府後行扈玉轉守闕前行，乃越百餘人，判官龐籍以爲言〔九〕，故有

〔一〕佑：原作「祐」，據《長編》卷二四改。又，此條叙事有誤，據《宋史》卷二四五《昭成太子元僖傳》、《長編》卷二四、二七，初名德明，封陳王時改名元佑，行開封尹時乃改名元僖。故此條「陳王元僖」當作「陳王元佑」，「改名元佑」當作「改名元僖」。

〔二〕元侃：原作「宗實」，據《長編》卷三六改。按元侃即真宗舊名，而宗實乃英宗舊名，此時尚未生也，不知何以謬誤如此！

〔三〕與：原脱，據《長編》卷三六補。

〔四〕嶠：原作「僑」，據《長編》卷三六改。

〔五〕左丞：原作「在承」，據《長編》卷六三改。

〔六〕止：原作「立」，據《長編》卷七二改。

〔七〕曙：原作「曉」，據《長編》卷八三改。按，此乃避宋英宗之名而改字。

〔八〕止：原作「立」，據《長編》卷八三改。

〔九〕龐：原作「龎」，據《長編》卷一一四改。

是詔。

至和元年九月，詔開封府：「自今凡決大辟囚，並覆奏之。」初，開封府言：「得樞密院劄子，軍人犯大辟無可疑者，更不以[6]聞，其百姓即未有明條。」仁宗重人命，至是軍人亦令覆奏。

熙寧八年五月，三司言：「權發遣開封府事自來依權知開封府添支則例支給，乞編入《祿令》施行。」從之。

臨安尹

【宋會要】

孝宗乾道(元)〔七〕年四月二十七日〔一〕，詔皇太子惇領臨安府尹〔二〕。二十九日，禮部、國史院、太常寺言：「皇太子領臨安府尹，討論典故下項：一、治所若就臨安府，即相去太遠，今欲止就東宮，少尹等官屬兩日一次將職官赴東宮取稟。一、見今臨安通判及簽判職官並各廢罷，却置少尹一員、判官二員、推官三員。少尹欲依倣淳化判官例，差侍從官以上；判官欲倣天聖令，並用郎官以上。餘曹掾官緣臨安府係是行都，難以全用京府體例，並欲依舊。一、禮上(曰)〔日〕，臨安府官庭參仍拜，冬、年節及到罷等准此。本府宣詔慮囚等，少尹以下一面施行訖，具事因申稟。一、本府日(生)〔主〕公事，並係少尹受領。內命官犯罪及餘人流以上罪，具事因聽裁酌；其徒罪具案判准，(枝)〔杖〕罪少尹一面裁決。一、皇太子鑄臨安府印一面，少尹就用見今臨安府印，判官合鑄印一面。安撫司印記、職事，亦合少尹兼領。諸門場務等鑰匙，並令少尹掌管。一、浙西安撫司及臨安府歲舉所部官，緣有結罪保任一節，只乞令少尹奏舉。一、安撫司及臨安府表奏，皇太子係銜。申中書、樞密院狀及應干文移〔三〕，並依典故，係少尹以下[7]簽書。」並各從之。

五月十二日，詔晁公武除臨安府少尹，李彦穎、劉惇兼臨安府判官，陸之望、馬希言、錢佃並除臨安府推官。

十五日，詔：「皇太子用十八日就臨安府禮上，遇出入或有馬前投狀，自合收接。」

十七日，臨安府言：「皇太子領臨安府尹，依已降指揮施行外，續條具事件：一、傳旨內降文字並合先齎詣皇太子宮啓封，取令旨付下少尹等施行。一、訓諭風俗、(觀)〔勸〕課農桑及應寬恤事件，並合稟自皇太子，坐奉令旨出榜施行。其餘應干事務，供應排(辨)〔辦〕，收糴軍糧，打造軍器，刺填軍兵，大者專委少尹同兩判官兩日一次赴東宮取稟。一、通判、簽判職官職事各以次分管，並稟少尹施行。一、本府應干非泛事務，並送兩浙轉運司掌管施行。一、本府公吏隨逐少尹官屬抱公案赴東宮呈稟，經由禁中，

〔一〕七年：原作「元年」，據《宋史》卷三四《孝宗紀》二改。以下四條亦爲七年事，以「十七日」條皇太子領臨安府尹知之。
〔二〕惇：原作「光宗御名」，今據其名回改。
〔三〕申：原無，據《文獻通考》卷六三補。

合給入出皇城門號。一、本府文移，朝省臺部係少尹以下繫銜具申；寺監、本路監司，少尹以下移牒。」並從之。

同日，兩浙轉運副使沈夏言〔一〕：「皇太子領臨安尹，聞已擇日開府，浙西諸司見趁赴天申節上壽，候開府日庭賀。」詔開府日許就臨安府庭賀。

九年四月二十七日，皇太子再具奏乞免尹臨安，詔宜允。詔曰：「朕惟精於道者必兼於物，足乎己者宜及於人。故即其臨事酬酢之間，于以見平日修習之效。卿志立者大，識造惟深，顧所養而可知，乃請辭而甚力。兹亮由衷之懇，爰申從欲之（思）〔恩〕。朕以其已試可觀，更 8 使施於有政；卿則欲通經學古，將一意於斯文。其思裕於乃身，尚益尊其所學。」

五月五日，詔：「皇太子辭免臨安尹，已降詔允所請，其臨安府知、通、簽判、推判官並復置。」（以上《永樂大典》卷一一一九〇）

左右廂公事所

【宋續會要】

9 神宗熙寧三年五月，詔以京朝官曾歷通判、知縣者四人分治京城四廂，其先差使臣並罷之。凡民有鬭訟事，輕者得以決遣。從權知開封府韓維之請也。

九月，權知開封府韓維言：「逐廂舊置勾當使臣四員，今並減罷，其開（陶）〔淘〕渠塹委都水監，救應人户火燭委巡檢司，自餘事件即令勾當四廂京朝官依使臣例管勾。勘會四廂公事，惟檢覆抄劄、打量界至、檢定賊縱由往、福田院支貧子錢最是奔走不完，若令所置京朝官逐時躬親點檢事頭，區斷公事，竊慮有所妨闕。乞逐廂依舊存留使臣分管前項奔走之役。」詔許留使臣兩員，分左右廂管勾。

十一月十九日，看詳編修條例所言：「開封四廂各置官一員勾當斷決公事，内杖六十以上罪及枝蔓公事不許收接文狀依舊外，取到逐廂一月之内決斷事件不多，欲止令京朝官兩員分領兩廂決斷，所是舊來四廂使臣仍舊存留，以備諸般差使。」從之。

十二月八日，詔：「京城裏外雪寒，應老疾孤幼無依乞丐者，令開封府並分擘於四福田院住泊，於額外收養。仍令推判、四廂使臣依舊福田院條約看驗，每日依額内人給錢 10 養活，無令失所。其錢於左藏庫見管福田院錢内支給，候春暖即申中書住支。」

四年七月，知開封府劉庠乞罷勾當左右廂公事官，詔不許。

哲宗元祐元年，詔：「府界捕盜官吏隸本府，與都大提舉司同管轄而掌其賞罰，置新城内左右二廂。」

六月二十七日，權知開封府謝景温言：「京師新舊城

〔一〕沈夏：此人諸書或作「沈复」，或作「沈復」，未敢斷定，今仍舊。

内惟有二廂，遇夜公事，解送遥遠，請於新城内外左右置二廂，通爲四廂，添舉文臣二員，量增人吏。」從之。

四年，詔罷新置二廂。

紹聖元年四月十七日，知開封府錢勰言：「熙寧三年，初置舊城裏左右廂公事所，元祐元年增置新城裏兩廂公事，元祐四年廢罷增置兩廂，今請復置。」從之。

靖康元年五月十八日，詔左右廂公事所廂官並替成資闕。（以上《永樂大典》卷一〇九四二）

州牧

【宋會要】

11 國朝州鎮有缺，或遣朝官權知。太祖始削外權，牧伯之缺止令文臣權蒞。其後文武官參爲知州軍事，二品（以）以上及帶中書、樞密院、宣徽使職事稱判〔一〕。凡開封、河南、應天、大名、真定、京兆、鳳翔、河中、江寧、江陵、興元十一府，冀、兖、青、徐、揚、荆、豫、梁、雍九州，皆置牧。天子巡狩，於其境行大禮，則州牧備奉引。

真宗大中祥符八年二月，制皇兄楚王元佐特授天策上將軍，依前守太師、尚書令、兼中書令，行興元牧，賜劍履上殿，詔不名。州牧自此始。

天禧元年，元佐領雍州牧，二年加興元牧。真宗謂宰臣曰：「楚王加恩，興元府必遣人來〔二〕，重於煩擾，宜速止之，不煩上京。」兼州府兩牧自此始也。

景祐二年十一月，制雍州牧兼鳳翔牧荆王元儼爲荆南淮南節度使，行荆州、揚州牧。二州牧自此始也。

【宋會要】

（徽宗宣和七年十二月二十二日重太子除開封府牧）

（崇寧）〔大觀〕二年五月十一日〔三〕，户部尚書左膚等言：「崇寧詔旨，開封府置牧，皇子領之，請制《禄令》。」詔如執政官，立爲定制。

宣和七年十二月二十二日，皇太子除開封府牧。時上有内禪之意，用本朝故實也。

淳熙四年四月五日，詔：「皇子魏王愷特授荆南集慶軍節度使，依前開府儀同三司、行江陵尹、判明州、兼管内勸農使、兼沿海制12置使。」

五年閏六月十三日，詔：「皇子荆南集慶軍節度使、開府儀同三司、行江陵尹、判明州軍州事、兼管内勸農使、兼沿海制置使魏王愷特授永興成德軍節度使、雍州牧，依前開府儀同三司、判明州、兼沿海制置使，魏王。」八月二日，詔雍州牧鑄印，以「雍州牧印」爲文。親王帶牧隨本鎮。

十月四日，禮部、太常寺言：「親王出鎮加牧合行禮

〔一〕「宣徽使職事稱判」七字原脱，以致文意不完，據《文獻通考》卷六三補。

〔二〕元：原作「化」，據《長編》卷八四改。

〔三〕大觀：原作「崇寧」，據《宋史》卷一六六《職官志》六，開封府置牧始於崇寧三年蔡京建請，其後皇子領牧，制《禄令》則在大觀二年，據改。

例，今參酌比附魏王昨判寧國府見客禮例，條具下項：一、接見寄居及過往前宰執、使相、兩府、太尉，俟親王出廳降揖序坐，茶湯畢，就廳上轎。一、接見見任寄居文臣侍從官以上，武臣正任觀察使以上，及見任三衙管軍、知閤，俟親王出廳贊請某官，俟到位贊揖訖就坐。點茶畢，出笏取覆訖，贊就坐。點湯畢，出笏揖，就廳上轎。內文臣曾任侍從以上、武臣曾任三衙以上同。一、見長史、司馬并見任本路監司及寄居過往監司、諸州知州，俟親王出廳繫鞋，贊請某官，俟到位贊揖就坐。點茶畢，贊掇轉倚子，出笏取覆訖，不點湯，揖，巡廊退。一、見任寄居、過往參議官并諸路知軍、王府記室參軍等，欲並依昨來判寧國府體例。」從之。

（以上《永樂大典》卷一九六四二）

行府

【宋會要】13太祖建隆元年九月，以侍衛親軍副都指揮使、歸德軍節度使石守信爲揚州行營前軍都總管、兼知（楊）〔揚〕州行府事。

開寶二年三月二十四日，以知制誥盧多遜權知太原行府事。

二十五日，以右贊善大夫張濆充行府推官。

四月，命殿中侍御史崔愚通判太原行府事。

八年六月，以太子洗馬馬處璘權知潤州行府事。

太宗太平興國四年正月十二日，以宣徽南院使潘美充北路都招討、兼制置太原行府軍糧等事。

十三日，以鹽鐵判官奚嶼通判太原行府事，户部判官杜載爲太原行府判官。

六月，以宣徽南院使潘美知幽州行府事，度支判官奚嶼、户部判官杜載並爲行府判官。

雍熙三年正月，以右諫議大夫劉保勳知幽州行府事。

（以上《永樂大典》卷一〇九八八）

宋會要輯稿　職官三八

節度使

【宋會要】

1 乾德元年二月，天雄節度使符彦卿來朝。上欲使彦卿典兵，樞密使趙普以爲彦卿名位已盛，不可復委以兵柄，屢諫不聽。宣已出，普復懷之請見。上迎謂曰：「豈非符彦卿事邪？」對曰：「非也。」因別以事奏。既罷，乃出彦卿宣進之。上曰：「果然，宣何得在卿所？」普曰：「臣託以處分之語有未備者，復留之，惟陛下深思利害，勿復悔。」上曰：「卿苦疑彦卿〔一〕，何也？朕待彦卿至厚，彦卿豈能負朕邪？」普曰：「陛下何以負周世宗？」上默然，事遂中止。

開寶二年（九）〔十〕月〔二〕，上燕藩臣於後苑〔三〕，酒酣，從容謂之曰：「卿等皆國家宿舊，久臨劇鎮，王事鞅掌，非朕所以優賢之意。」前鳳翔節度使兼中書令王彦超諭上旨，即前奏曰：「臣本無勳勞，久冒榮寵，（令）〔今〕已衰朽，乞骸骨歸丘園，臣之願也。」前安遠節度使兼中書令武行德〔四〕、前護國節度使郭從義、前定國節度使白重贇、保大節度使楊廷璋競自陳攻戰伐閲及履歷艱難，上曰：「此異代事，何足論！」庚子，以行德爲太子太傅，從義爲左金吾衛上將軍，彦超爲右金吾衛上將軍〔五〕，重贇爲左千牛衛上將軍，廷璋爲右千牛衛上將軍。

太宗太平興國二年八月，上初即位，以少府監高保寅知懷州。懷州故隸河陽，時趙普爲節度使，保寅素與普有隙，事多爲普所抑。保寅心不能平，手疏乞罷節鎮領支郡之制，乃詔懷州直隸京，長吏得自奏事。於是虢州刺史許昌裔訴保平軍 **2** 節度使杜審進闕失事，詔右拾遺李瀚往察之。瀚因言：「節鎮領支郡，多俾親吏掌其關市，頗不便於商賈，滯天下之貨。望不令有所統攝，以分方面之權，尊奬王室，亦强幹弱枝之術也。」始，唐及五代節鎮皆有支郡。其太祖平湖南，始令潭、朗等州直屬京師，長吏得自奏事。其後大縣屯兵亦有直屬京師者，興元之三泉是也。戊辰，上納瀚言，詔邠〔六〕、寧、涇、原、鄜、坊、延、丹、陜、虢、襄、均、房、復、鄧、唐、澶、濮、宋、（毫）〔亳〕、鄆、濟、滄、德、曹、單、青、淄、兖、沂、（具）〔貝〕、冀、滑、衛、鎮、深、趙、定、祁等州並直屬京，天下節鎮無復領支郡者矣。興國三年復鎮，蓋遥領也。按此時已盡罷節鎮所領支郡矣，而《實録》興國七年五月辛亥又書詔

〔一〕苦：原作「若」，據《長編》卷四改。
〔二〕十月：原作「九月」，據《長編》卷一〇改。
〔三〕藩：原作「蕃」，據《長編》卷一〇改。
〔四〕武行德：原作「武德行」，據《長編》卷一〇乙。
〔五〕「彦超」句原脱，據《長編》卷一〇補。
〔六〕邠：原作「豳」，據《長編》卷一八改。

以涇州直屬京，不知何也。今削去不著，然更須考之〔一〕。

景德二年二月三日，節度使石保吉、葛霸受命，上言乞罷拜授綸誥之儀，以帝母后心喪之故也。從之。拜授當出乾元門，用鼓吹戲馬優樂前導歸地，蓋國朝舊規，寵藩帥也。

〔元祐〕六年十一月九日〔二〕，制以觀文殿大學士、右光禄大夫、知河南府韓(縝)〔縝〕爲武安軍節度〔三〕、冀州管内觀察處置等使、河東路經略安撫使、兼知太原軍府事。

崇寧四年，趙州爲慶源府，仍以爲慶源軍節度使。

燕王俁，大觀元年正月改授淮南安武軍節度使。

〔大觀〕二年〔四〕，瀛州爲瀛海軍節度，欒州賜名嚮德軍節度。

三年，融州 3 爲清遠軍節度。

政和元年正月十一日，制以定州管内觀察使、樞密都承旨郭天信爲安武軍節度使〔五〕、佑神觀使。是年，瓊州爲靖海軍節度。

二年九月二十九日，詔節度使以下更不帶持節等，只稱某軍節度使之類。

四年五月二十日，制静難軍節度觀察留後、直睿思殿楊戩爲彰化軍節度使，依前直睿思殿。是年，拱州復爲州，仍舊爲保慶軍節度。

五年，汝州爲陸海軍節度，濬州爲濬川軍節度。

十一月十一日御筆：「昨曾降詔，以非緣制禮作樂、開拓一路，内侍臣僚不持節鉞。比以藍從熙領冬祀壇壝齋宮事，已降旨與節度使，亦緣禮祀。深慮今後以他事援以爲例，可令三省、樞密院遵守前詔，仍許執奏。」

七年，渭州爲平涼軍節度，鼎州爲常德軍節度。

重和元年，瀘州爲瀘川軍節度〔六〕。十一月二十六日，端州爲肇慶軍節度。

宣和元年，寧州爲興寧軍節度，均州爲武寧軍節度，宜州爲慶遠軍節度，光州爲光山軍節度，睦州爲建德軍節度，岳州爲岳陽軍節度。

皇子模，宣和二年正月以檢校太保爲淮南節度使，封樂安郡王。

〔一〕按，以上三段正文及此注，除正文末「興國三年復鎮，蓋遥領也」一句外，與《長編》之文全同，實乃抄自《長編》，而非《宋會要》。其一，其寫法绝不類《會要》之體。其二，《宋會要》之紀日，以數字而不以干支，今仍照抄《長編》之干支紀日，如「庚子」、「戊辰」。其三，末段「按此時」以下云云乃李燾之按語，而此處亦全部照搬。蓋《永樂大典》抄《長編》或《長編紀事本末》之文（今本《長編紀事本末》卷七有「罷節度使權」一題，惜已闕），而誤標作「宋會要」。至於「興國三年復鎮」一句，則不知抄自何書。

〔二〕元祐：原無，據《長編》卷四六八補。

〔三〕武安：原倒，據《長編》卷四六八乙。

〔四〕大觀：原無，據《宋史》卷八六《地理志》二補。

〔五〕安武：《宋史》卷四六二《郭天信傳》作「定武」。

〔六〕川：原作「州」，據《宋史》卷八九《地理志》五改。又此事《宋朝事實》卷一九、《宋史》卷八九均云在宣和元年。

〔政〕〔宣〕和四年十月(一)，涿州賜名涿水郡，爲威行軍節度。檀州賜名横山郡，爲鎮遠軍節度。平州賜名海陽郡，爲撫寧軍節度。

高宗建炎元年七月二十九日，撫州改爲保成軍節度。

范致虚，建炎二年言者論南陽之陷咎由致虚，責安[4]遠軍節度副使，英州安置。

紹興中，制以龍神衛四廂都指揮使、密州觀察使、權主管殿前司公事楊沂中特授保成軍節度使，陞充殿前都虞候，主管殿前司公事。

九年四月七日，宿州復爲保静軍節度。

十四年六月十七日，德慶府爲永慶軍節度。

七月十二日，蜀州爲崇慶軍節度。

十六年正月十八日，制以觀文殿學士、左通議大夫、提舉臨安府洞霄宫葉夢得特授崇慶軍節度使致仕。

十七年七月二十日，舒州改爲安慶軍節度。

八月二十八日，制以賓德軍節度使、提舉萬壽觀邢孝揚特授太尉、安慶軍節度使，依前提舉萬壽觀。

二十五年六月二十七日，岳陽軍改華容軍節度。

二十六年二月十一日，制以保康軍承宣使、提舉佑神觀韓公裔特授華容軍節度使，依前提舉佑神觀。

二十八年五月十二日，光山軍改爲寧淮軍節度。

三十一年十二月三日，華容軍復爲岳陽軍節度，寧淮軍復爲光山軍節度。

孝宗紹興三十二年未改元。十月二十三日，建州陞爲建寧府、建寧軍節度。

隆興元年十月二十五日，洪州陞爲隆興府、鎮南軍節度。

二年十月，劍州陞爲普安軍節度。

淮南、河南、江東，乾道元年三月六日置節度使。

九月二日，鼎州陞爲常德府、常德軍節度。

乾道六年九月二十七日，制觀文殿大學士、左通奉大夫、知[5]紹興府史浩爲檢校少傅、保寧軍節度使，依前差遣。

八年八月二十六日，宣州陞爲寧國府、寧國軍節度。

九月十二日，制特進、左丞相、兼樞密使虞允文爲少保、武安軍節度使，充四川宣撫使。（以上《永樂大典》卷一三一七四）

節度使雜録

【宋會要】

[6]乾德五年正月朔，乾元殿受賀，升節度使班在龍墀内金吾將軍上。故事，節度使不帶使相位在卿監下，至是特命升之。

王全斌，乾德三年節度，太平興國四年代，五年爲崇義

(一)宣和：原作「政和」，據《宋史》卷九〇《地理志》六改。

軍節度使，攻蜀有功故也〔一〕。

錢弘俶〔二〕，中書令、静海軍節度使。開寶元年有錢令公墓，在紫芝峰，見《崇明錐刀道者碑》。

承宣使

【宋會要】

7 宣和三年正月七日，（詔）〔詔〕兩浙制置使，直睿思殿、知入内内侍省事任落階官爲安德軍承宣使，劉延慶拜泰寧軍承宣使，承宣使自延慶始〔三〕。

觀察使

【宋會要】

8 真宗大中祥符七年三月，翰林學士陳彭年言：「檢討唐以來故事，觀察使並合帶刺史。」詔自今除觀察使可兼領之。（以上《永樂大典》卷一三二九六）

刺史

【宋會要】

9 防禦州：濟、沂、登、萊、汝、潁、均、郢、懷、衛、博、洺、深、瀛、雄、霸、莫、代、絳、解、隴、和、蘄、眉、象。舊額齊、鄭、蔡、舒，復並隸此。

團練州：單、濮、濰、唐、祁、隰、忻、成、鳳、海、鼎、果、楚、濠、磁、舒、岷。舊額冀、慈、陵並隸此。

刺史州：虢、坊、丹、階、商、寧、原、慶、渭、環、德、濱、恩、趙、保、淄、汾、澤、憲、嵐、石、豐、河、沅、泰、泗、光、滁、通、黄、真、歙、江、池、饒、信、太平、吉、袁、撫、筠、岳、澧、峽、歸、辰、衡、道、永、全、郴、邵、常、秀、温、台、衢、睦、虔、南劍、汀、漳、綿、漢、彭、邛、蜀、嘉、簡、黎、雅、威、茂、資、

〔一〕按此條文理不通，事實亦全誤。考《長編》卷五、卷八、卷一七及諸史，乾德二年十一月，王全斌以忠武軍節度使受命伐蜀。五年正月，以殘蜀過甚責授崇義軍節度觀察留後。開寶九年四月復爲武寧軍節度使，尋卒。不知此條何以舛誤至此，定非《會要》之本文。

〔二〕按，吴越國錢弘俶爲静海軍節度使在宋開國之前（見《十國春秋》卷八三），此條似非《宋會要》文。

〔三〕「承宣使」三字原不重，據《東都事畧》卷一〇七《劉延慶傳》補。按，此條文字大有脱誤。考《古今合璧事類備要》後集卷六三「承宣使」條引《會要》：「宣和二年，詔兩浙制置使譚稹除威武軍承宣使。」當即此條之脱文。考内侍譚稹除兩浙制置使，《宋史》卷二二繫於宣和二年十二月，《九朝編年綱目備要》卷二九繫於宣和三年正月，正與此條合，則此條所稱兩浙制置使必是譚稹。「知入内内侍省事任」，任「似是姓，其下脱名，不知爲何人。又據《東都事略》卷一〇七《劉延慶傳》載：延慶爲泰寧軍留後。徽宗易留後爲承宣使，遂拜延慶爲泰寧軍承宣使，承宣使自延慶始。而據《古今合璧事類備要》後集卷六三，留後易承宣使在政和七年。根據以上考證，此條似當作：「宣和三年正月七日，詔兩浙制置使譚稹除威武軍承宣使。直睿思殿、知入内内侍省事任□落階官爲安德軍承宣使。先是，政和七年，泰寧軍留後劉延慶拜泰寧軍承宣使，承宣使自延慶始。」

榮、昌、普、渠、合、戎、瀘、興、劍、文、巴、蓬、龍、施、忠、萬、開、達、涪、渝、詔、循、潮、連、南雄、英、賀、封、端、新、康、南恩、惠、昭、梧、藤、龔、潯、貴、柳、宜、賓、横、融、化、高、雷、白、欽、鬱林、廉、瓊、崖。舊額楚、濠、乾、儀、沁、慈、遼、集、壁、梅、春、蒙、竇、南儀、儋、萬安並隸此。

太祖建隆元年四月，詔升懷州爲團練，即以刺史馬令琮充使。初，李筠叛，太祖將親征，詔三司張美調兵食，美言河内密邇上黨，令琮日夜儲蓄以待王師。帝善之，亟命以團練使授令琮。執政言大軍北伐，方藉令琮供億，不可移之他鄉，故就升本州爲團練以命之。

仁宗嘉祐三年十一月，詔：「除自軍職罷并横行職任歲滿合該除正任外，非有戰功及殊常績効，更不除授。如有合該擢用，即不得乞預降指揮。其已係正任者，不得循例叙遷。如積勞歲久，非次推恩，則與遷改州名，或加檢校官及勳、封、食邑。」

英宗治平二年五月三日，詔：「自今正任刺史以上因差知（蕃）〔繁〕10要州郡或路分總管任使，即與勘會，如改官實〔及〕十年，曾經兩次因差遣遷改州名或加檢校官及勳、封、食邑者，取旨並與遷轉，至觀察留後止。其戰功及殊常績効，因之超擢者勿拘。」

神宗元豐七年七月十五日，以左藏庫副使、帶御器械劉承緒爲禮賓使、嘉州刺史。手詔以承緒妻建安郡主即先帝同母妹，建安郡主夫，故擢之。（以上《永樂大典》卷一〇一七五）

宋會要輯稿　職官三九

都督府

【宋會要】

1 高宗紹興二年四月二十七日，制以特進、尚書左僕射、同中書門下平章事、兼知樞密院事呂頤浩特授依前特進、尚書左僕射、同中書門下平章事、兼知樞密院事、都督江淮兩浙荆湖諸軍事。參謀官差户部尚書李彌大、秘書少監傅崧卿，參議官差直顯謨閣李承造、左宣教郎劉寧止，隨軍轉運使差左司郎中姚舜明。崧卿除徽猷閣待制，舜明、寧止除祕閣修撰，承造除直龍圖閣。

閏四月二日，呂頤浩言：「前路應有合行措置事務，不可少失期會，臣見帶左僕射職事，伏望許臣從便先作聖旨行訖，續具奏知。」從之。頤浩條畫下項：一、以江淮荆湖兩浙路都督諸軍事都督府爲名。一、印記乞以「江淮荆湖兩浙路都督諸軍事印」一十三字爲文。一、用兵臨敵及遣人間探之類，全在激勸，使之效命，欲先次支銀絹各二萬匹兩，内絹仍通造旗幟使用。一、逐路財賦許酌度多寡，隨事移那，不以有無拘礙裁撥應副。一、逐路見任官如實有疾病、怯懦或公私罪犯，不堪任職，或見闕(言五)〔官之〕處，並許施行，仍選官差填替訖(奏具)〔具奏〕。所差官自供職日理爲任，如有舉(宫)〔官〕聽收使。一、逐路官不以拘礙，並聽差出幹辦。一、淮南東西路兵火之後，人煙稀少，務在優恤，如有條所不載、於民實便者，並乞從先次隨宜施行訖具奏。一、今來出師係都督諸路軍馬，其逐路見今應統兵大小將帥並 2 許聽節制，若有行移，並用劄子。一、兵將官屬錢糧，乞差隨軍轉運一員應辦，其合行事件令所差官限一日條具申尚書省。一、差參謀等官，欲乞許於内外見任、得替待闕已未參部人踏逐辟差，並不許辭避，並與理爲資任住程磨勘年月。帶見任或新舊任請給外，別給本身驛券；無見任、新舊任請給人，每月別給錢二十貫。其當直人從、般擔兵士，並依本資序依條格差破。所有參謀、參議各破手分二人，機宜、幹辦官遇差出破一名，於新至州縣劄差，請給並依書寫人例施行。其所辟官限三日起發，未授朝廷付身以前令帶權字。如未踏逐到，許於内外見任或已授未授差遣人内一面劄差，不許避免，請給、理任、人從等並依見任人法，候辟差人到日罷。已上行在官仍並免朝辭。參謀官二員，參議官二員，主管機宜文字二員，書寫機宜文字二員，幹辦公事官十員，准備差使文臣十員，准備差使大、小使臣各二十員，準備將領使喚欲乞辟差十員。一、行遣文字全要諳練熟知次第人吏，欲乞於三省、樞密院、六曹及内外官司内人吏及使臣内踏逐指差，各理爲資任及通理在職年限月日。如有前項特旨不許發遣批勘重禄及添給礙名色并開落名糧等，並依今來指揮，事畢發歸元處。仍帶行被差見請或見任請給，并人從願分擘出曆隨處批勘者聽。兼後項奏請官吏並不許受供饋，欲並支[3]本身驛券，白身人破進武副尉，仍每月並支錢。一、合破親兵三百人，欲將帶前去，仍並許分擘券曆發遣，内存留人請給就行在勘請。一、合用行遣紙劄、印色朱紅及發遞物色、收盛文字籠仗、打角官物等，並具數下户部日下支給，在外於所在官司關取。一、乞於内外指差醫官一員，剋擇官一員隨，請給、驛券、抽差、約束等並依手分例。内醫官仍每月支給藥錢七貫。一、合用公使錢欲每月支給二千貫，乞自朝廷先次支降一月錢，已後月分於所至州軍應管錢内取撥應副。一、遇有奏報文字，乞許直發入内内侍省投進。一、隨軍合用糧料等官(未)〔木〕記，乞於三省激賞庫關借五面前去。如不足，禮部取。並從之。

四日，上諭呂頤浩：「卿耆艾有勞，今總都督之任，方以大事委卿，不當復親細務。昔諸葛孔明罰二十以上皆親之，司馬宣王以爲必不能久。唐太宗諭房、杜：『聞公聽受詞訟，日不暇給，安能助朕求賢乎！』卿自今凡事繫大體者裁決，其餘細務闊畧可也。」

六日，詔：「都督府事體至重，已特許差隨軍轉運使一員，他司不得援例。」從侍御史江躋請也[一]。

八日，呂頤浩言：「逐路如有潰散軍兵、無歸百姓散走藏匿，乞令一面招收使喚，逐旋具數申奏。仍乞降字牌、旗榜二十副，付頤浩招收使用。」從之。

五月九日，詔：「都督府參謀、參議官並依兩省官奉使法，機宜與轉運使副、提刑序官，幹辦官與轉運判官、知州、朝請大夫序官，[4]内選人在諸州通判之下。」

六月九日，殿中侍御史江躋言：「乞詔大臣，自今有見任宰相暫出撫(帥)〔師〕，其有所辟僚屬除官進職，許依呂頤浩體例施行，以示恩數。餘人不得輒有援例。」詔令三省遵守。

七月二十四日，徽猷閣待制、江淮荆浙都督府參謀官、權主管本府事傅崧卿言：「奉詔：呂頤浩赴行在奏事，職事令崧卿權行主管。頤浩見任宰相，領都督之職，元降指揮於今來事體有窒礙，合行申稟。一、行移文字除三省、樞密院自合依舊用狀，六曹用獨銜申狀，除兵將官及屬部官司仍用劄子外，餘並用公牒，其牒以權主管府事爲名。一、逐路應統兵大小將帥並許聽節制。一、欲乞内江東安撫大使司一路事務，崧卿自可與李光會議商量與決，餘兩大使司并餘路分，並乞且從逐路大帥依已得便宜指揮一面施行。其都督府元留下諸頭項人等，已有降下聽崧卿節制明文。一、元降指揮許從便宜施行訖具奏，今來權行主管府事，即難以行用，乞從申奏或申都督。乞詳酌施行。」其元留下人馬權令傅崧卿節制，餘並從之。

九月二十八日，呂頤浩等言：「都督府申請到畫一指

[一] 江躋：原作「江齊」，據《建炎要録》卷五三改。

揮，見遵依施行外，今來同都督諸軍事官一員，見欲總兵起發，前去建康府措置。緣畫一指揮內(上)〔止〕許辟差參議官二員，幹辦官十五員，准備差遣文臣十員，今來防秋是時，全藉官屬分頭協力，委是數少。除同都督官許差本宗有5服親書寫機宜文字一員、幹辦官五員、准備差遣文臣十員，其辟差、請給、理任等，並依已得指揮。」從之。

三十日，參知政事、福建江西荆湖南北路宣撫使孟庾言：「准勑差兼權同都督江淮荆浙諸軍事，見計置起發。方此防秋之(除)〔際〕，內有干機速、待報不及事件，欲乞許依呂頤浩已得便宜指揮。」從之。

十二月二十八日，詔孟庾依前參知政事，除同都督江淮荆浙諸軍事。

三年正月八日，孟庾言：「都督府係總江淮荆浙諸路軍馬〔一〕，元降指揮應大小統兵將帥並聽節制〔二〕。近來諸處官司遇有軍期并應副本府錢糧等事，並仰先申都督府，如合申奏，即本府自當施行。若敢依前侵紊慢易，臣一面酌情處斷。」從之。

同日，詔：「差户部侍郎姚舜明前去建康府，將應干都督府承朝廷支降并諸官司起發到及本府應干取撥錢物糧斛，並仰姚舜明專一總領。仍於都督府選差有風力、諳曉錢穀屬官四員，充糧料審計司監官。其應干都督府管下官兵幫勘請給等，並經由户部糧審院依條批勘支給。其江東路轉運司合應副都督府錢糧事務，並就近聽户部措置施行。」時以都督府請依舊例差户部長貳一二員前來專一總領大軍錢糧，故有是詔。

二月七日，呂頤浩言：「依元降畫一指揮，許辟差參謀官二員，主管機宜文字二員，書寫文字一員，幹辦公事官一十五員，准備差使、大小使臣各二十員，准備將領一十員，6人吏二十四人。今來孟庾所辟官吏已到，可以分擘使喚。臣所辟官吏，深慮虚費錢糧，合令先次減罷。」從之。

四月七日，三省言：「已降指揮，劉光世建康府置司，韓世忠泗州置司，所有都督府合移於鎮江府照應兩軍機務。」詔都督府移司鎮江府。

九月十二日，詔：「都督府已罷，見存屬官、人吏並係隸樞密院，內人吏就機速房相兼承受發都督府文字。」

十五日，詔：「都督府參議官朱孝先、馬擴，主管機宜文字許大年、范同，幹辦公事張翚、朱明、劉□老、許操、韓臨亨、趙公達、馬直之，准備差遣楊然、侯文仲、閻彦昭、李季、蘇之勤、王元翼、時洌、孫大雅，並存留；參議官宗穎，主管機宜文字李堯，幹辦公事蕭掄、馬永卿、任直清、李文中、程延年、韓隆胄、姚耆宗，准備差遣高需、董苹、姚宏、李益謙、杜絪、孫憲，並罷。」

四年八月十一日，詔川陝宣撫處置使趙鼎爲都督川陝

〔一〕荆浙：原作「荆湖」，據《建炎要録》卷六二改。
〔二〕將：原脱，據《建炎要録》卷六二補。

荆襄諸軍事。孟庾等言：「趙鼎除川陝宣撫處置使，恐與王似、盧法原、吳玠使名相似，乞自睿旨别易一使名。」上顧鼎曰：「此是朕不思，不曾與大臣商議，所以然者。」故續有是詔。

十五日，知樞密院事趙鼎言：「都督府早晚起發，一行官吏、軍馬等合用錢糧草料，欲令逐路轉運司預行樁辦。」從之。

九月八日，川陝荆襄都督府言：「依例合將帶知客等前去，係於三省、樞密院等處差取，今欲立定請給。知客等七人各與帶行見請外，破進武副尉券一道，每月贍家錢十**7**(十)貫。隨行東厨、專知官等一十一人，翰林儀鸞司五人，已上專知官、手分、庫子請給等，乞依降賜公使庫則例。厨子、院子、翰林儀鸞司請給等，乞依降賜公使庫秤子則例。」從之。

十九日，又言：「本府合干官屬等，已有指揮並理資任，通理在職年限月日、往程磨勘年月，事畢發歸元處。所在隨軍糧料院、降賜公使庫務、提轄撥壕寨司之類官吏并屬官下人吏等，即未有該載，今欲乞並依已降指揮施行。」從之。

二十一日，又言：「本府許置計議官四員，緣與樞密院計議官名稱一同，欲改爲詳議官。」從之。

五年二月十二日，制以左通議大夫、守尚書右僕射、同中書門下平章事、兼知樞密院事趙鼎特授左正奉大夫、守尚書左僕射、同中書門下平章事、兼知樞密院事、都督諸路軍馬，左通奉大夫、知樞密院事張浚特授左宣奉大夫、守尚書右僕射、同中書門下平章事、兼知樞密院事、都督諸路軍馬。

十四日，詔都督府以諸路軍事爲名。

二十一日，趙鼎、張浚言：「蒙恩除都督諸路軍馬，有合奏請事件：一、印以『諸路軍事都督府之印』九字爲文。一、川陝荆襄都督府事務并官吏、兵將、官物等，合併歸本府。内印記候鑄到新印日，於禮部寄收，如遇臣等出使，却行關取行使。一、本府行移緣臣等係宰臣兼領，乞依三省體式，其與三省、樞密院往來文字依從來體例互關。一、如遇臣等出使，其官屬并直省通引官、知客、**8**散祗候、大理官、街司、堂厨、東厨、監厨合干人等，量度差撥，使回仍舊。内合破使臣、親兵，宣借兵士、諸色人等，乞許存留照管家屬，或將帶隨行。一、本府應干合行事件，並遵依川陝荆襄都督府并臣昨措置江上已得指揮及體例施行。事小或待報不及，聽一面施行。」並從之。

同日，張浚言：「被旨暫往江上措置邊防，有合奏請事件。一、昨蒙差到中軍將官一名，馬軍使臣一百人騎，今來除將官乞就差王存外，内使臣并馬令中軍依前次數目揀選差撥，仍候起發日每日添支食錢二百文。一、昨在江上措置日，有支使不盡激犒金帛等，乞下所屬取撥前去。一、乞於左藏庫見樁管空名官告内共支撥三百道，准備緩急書填立功將佐等使用。一、乞於省馬院差騾馬五十頭匹，控養兵士各一名，管押將校共二人，應副一行官屬乘騎、馱載官物。一、差到官屬使臣等，並許通理前任月日。一、隨行輜重人并官屬合破白直等，除於都督府差撥外，如闕少，於所至州軍差撥，依條給與口券，逐州交替。」並從之。

二十三日，都督府言：「合置參議官以下，即（自）〔目〕差辟未足。內詳議官欲改諮議軍事。」從之。

二十六日，手詔：「朕以敵人遠遁，邊圉少安，當乘無事之時，預謹不虞之備，蒐簡卒乘，行視山川。比臨遣於相臣，往按臨於師壘。西連隴蜀，南暨江淮，既加督護之權，悉在指揮之域。有或難從於中覆，即宜專制於事幾。咨爾多[9]方，若時統率，欽承朕命，咸使聞知。」

二十八日，都督府言，合置參謀官欲乞改作參謀軍事，參議官改作參議軍事。從之。

閏二月十八日，都督府言：「本府行移文字，並依三省體式。今來簽廳文字，比之其它官司事體不輕，欲乞行移取會文字，並依尚書左右司、樞密院檢詳房體式施行。」從之。

二十二日，都督行府言：「都督府總諸路軍馬，所用錢糧合差官隨軍應辦，欲就差淮南東路宣撫使司參謀官陳桷兼都督府隨軍轉運判官，許辟差幹辦公事官兩員，並依發運司屬官條例施行。」從之。

八月四日，詔：「都督府一行官吏、軍兵、諸色人等，昨自行在隨從張浚前去江上措置軍事，并招捕楊（公）〔么〕等了當。方盛暑，水陸萬里，備見勤勞，可特先次各轉一官資。內用心得力、差委幹事有功之人，令張浚別行保明，當與更加超轉。」

六年三月二十六日，張浚言：「諸路州縣出賣户帖錢，元降指揮令都督府拘收，非奉聖旨指揮不得支使。竊緣方今軍事之際，合用錢數浩瀚，兼措置屯田、般發岳飛糧米等，所費益廣，若一一奏請處分，竊慮待報不及，却成留滯。除已逐急取撥應副使用外，欲望許臣候支使了畢具實數奏請除破。」從之。

四月十八日，張浚又言：「都督府并行府恭被聖訓，勸誘懷忠體國富豪之人納金入粟以助軍費。詢訪得浙西平江府、湖、秀、常州、江陰軍，浙東紹興府、衢、温州，江東建康府、廣德軍，最係豪[10]右大姓數多去處，行府量度支降官告，委守貳隨時勸誘上户請買，即不得將下户例行均敷。如或委實勸誘不能敷足數目，即具狀申取行府指揮。兼行府詳度，自來民户物力陞降不常，竊慮一槩勸誘，却成搔擾，又已行下守令，更切契勘，若元係出等上户，即（令）〔今〕物力減退，亦不抑勒科配。」從之。

二十九日，張浚又言：「襄陽府係屯兵控扼重地，將來行府巡按，前去措置軍事，所有應辦邊防及間探斥堠，應干軍須并行府置司事務，皆合前期經畫。緣本府收復未久，財賦不充，理宜措置，以助支使。臣已令江東轉運司於本路已送户帖錢内支一十萬貫，并通、泰州見應副都督府鹽内各支一千五百袋，並聽劉洪道取撥，措置回易。所收息錢專一應副上件支使外，循環充本，即不得侵用本錢。今來係行府(郡)〔那〕融贍軍財賦應副，自合極力措置，以濟國事。」從之。

同日，張浚又言：「荆襄控扼上流，最係重地。臣見被旨視師，其襄陽府將來權留駐司事務，理合差官先次經畫。伏見近已除劉洪道知襄陽府，本官識度宏遠，諳練邊事，可以任責，欲望差劉洪道兼都督府參謀軍事，依舊知襄陽府。」從之。

六月八日，張浚又言：「行府見今調發大軍移屯淮甸，邊事至重，欲乞於侍從官内選官一員充行府參議軍(馬)〔事〕。」詔呂祉除刑部侍郎，差都督行府參議軍事。

七月十七日，詔曰：「敕張浚：卿肅將天威，鋪敦淮浦，久離[11]環衛，想見英姿。蓋心之精微不可以書諭，而道之曲折必待於指陳。當亟命於僕夫，其入趨於帷幄。勿憚驅馳之遠，副予夢寐之勞。詔書到日，卿可暫赴行在所奏事。故兹詔示，想宜知悉。」

十一月二十日，詔：「都督行府江上措置邊事，一行官吏、軍兵、諸色人等備見勤勞，可令張浚等第保明以聞。」

七年二月十一日，都督府言：「本府昨裁減使臣發歸樞密院，如願減罷，即與省罷恩例。所有行府近減罷使臣事體一同，緣内有到府月日不多之人，即難以一槩並給恩例。」詔行府并屬官下應減罷使臣，如到府寔及一年，並與依省罷法。今後依此。

三月三日，都督府言：「逐路宣撫使司各有本府隨軍轉運使，有湖北京西路宣撫使司未曾差置，今欲差本司參謀官薛弼兼督府隨軍轉運副使，專一應辦錢糧。」從之。

六月八日，都督行府言：「權主管馬軍司公事劉錡見統率軍馬屯駐廬州，欲望依例差劉錡兼本府諮議軍事。」從之。

九月十一日，張浚言：「已具奏陳解罷機政，所有都督府職事別無以次官交割。」詔令樞密院交割。

十四日，三省言：「都督府職事并印，已降指揮令樞密院交割。」詔三省合行事並撥隸三省，其錢物令三省、樞密院同共樁管。

二十五年八月十四日，詔：「都督府所置官莊并牛租，可日下放免，今後不得起理，元降指揮更不施行。」

三十一年十一月十九日，詔知樞密院事葉義問差充督視江[12]淮荆襄軍馬，中書舍人虞允文充參謀軍事。義問言：參酌前後執政官出使，損減條具畫一。數内一、合用印乞以「樞密行府之印」爲文，其行移並依樞密院體式施行，入諸軍擺鋪傳發。所有奏報文字，直發入内内侍省投進。從之。

三十二年五月十三日，詔葉義問督視結局，特與轉三官。鶴林吳泳：紹興五年二月丙戌，張浚守右僕射、兼知樞密院事、都督諸路軍馬。壬辰，詔浚往江上措置邊防，樞密都承旨折彦質試工部侍郎，兼都督府參謀軍事；右朝議大夫、知常州詹至，秘書省著作佐郎熊彦詩，並兼都督府主管機宜文字；司農寺丞蓋諒幹辦公事。丁未，張浚辭行，詔百官出城餞送。四月，浚視師湖南。五月甲申，浚至潭州，遣岳飛分兵擊楊么。六月，湖寇盡平。八月，詔張浚赴行在。九月，浚入見。十一月丙戌，詔：「荆襄見宿大兵，措置事宜，委任至重，可令張浚往視師。」六年正月，浚以虜勢未衰，而劉豫爲謀叵測，奏請親行邊塞，部分諸將，以觀機會，上許焉。浚至江上，會諸將議事。令韓世忠據承〔一〕、楚以圖維揚；劉光世屯合淝以招北軍；命張俊練兵建康〔二〕，進屯盱眙；命楊沂中領精兵以爲後翼佐俊；命岳飛屯襄陽以圖中原。國威大振〔三〕。諜報賊豫及其子姪猊、麟挾虜來寇。九月壬寅，猊以衆數萬過定遠縣，欲會麟于合淝。甲辰，楊沂中至藕塘遇賊，縱大軍乘之，賊衆大敗，猊、麟拔寨遁去〔四〕。辛亥，捷奏至，上嘉張浚之功，賜詔褒獎，仍令浚具上都督府隨行官吏、軍兵推賞。三十一年十月戊午，知樞密院事葉義問督視江淮軍馬，中書舍人兼直學士(並)虞允文參謀軍事，樞密院檢詳諸房文字洪邁、秘書省校書郎馮方並參議軍事。己未，鑄樞密行府之印。義問言：「今來軍期之際，全藉逐路州縣竭力應辦，如内有避事不職及生事騷擾百姓，或老病怯懦、不堪職任之人，欲許臣先次選官填替對移。其罪狀顯著者，具奏取旨，重賜竄責施行。」從之。

紹興三十二年七月九日，詔參知政事汪澈湖北京西路督視軍馬。孝宗已即位，未改元。

十二日，參知政事汪澈言：「蒙恩差湖北京西路督視軍馬，先具條畫奏請。」並從之。一、乞以「參知政事行府」爲名。一、合用印以「參知政事行府之印」八字爲文，令所屬鑄13造。其行移並依三省體式。一、遇有軍期急切事務，難以申請待報，欲乞許臣隨宜措置，續具奏知。一、乞差屬官二員，主管機宜文字一員，提舉一行事〔務〕一員，提轄一行軍兵二員。一、候到置司州軍，遇合行香日分趁赴外，沿路並免赴。一、今來出使，每(遇)〔過〕所至州軍具奏平安；候入湖北界，三日(次)〔一〕奏。一、立功將士合要空名告劄、宣帖等書填，欲乞依昨樞密行府例，將帶已造到一料隨行。一、逐路軍兵將官等，如緩急臨敵能用命，率先破敵，立功奇特之人，乞許臣於所降空名付身内斟量功力，一面書填訖，續具奏知。其有怠惰不職或臨陣退縮，亦許臣量度隨宜施行，庶幾有以懲勸。一、應干軍期事務，全藉監司、州縣(宣)〔官〕協力應辦。如有避事不職及貪汙苛擾之人，乞許臣量度事體輕重勘劾，或一面對移訖，續具情犯奏聞。其廉勤辦職之人，亦許臣保明取旨旌賞。除軍期外，其餘更有似此之人，亦乞依此施行。

孝宗隆興元年正月庚子〔五〕，張浚以樞密使都督江淮。

二月二十九日，詔户部郎官馮方充都督府參議官。從都督江淮軍馬張浚請也。

四月二十二日，詔差江東漕臣(句)〔向〕子忞兼都督府隨軍運副。從張浚請也。

二十四日，張浚言，乞支降一年歲(獘)〔幣〕應副使用。

〔一〕令：原作「承」，據《三朝北盟會編》卷一六九改。
〔二〕俊：原作「浚」，據《三朝北盟會編》卷一六九改。下「佐俊」同。
〔三〕振：原作「震」，據《三朝北盟會編》卷一六九改。
〔四〕寨：原作「塞」，據《建炎要録》卷一〇六改。
〔五〕此條乃抄自《玉海》卷一三三。

詔令左藏庫將見樁管歲(獘)〔幣〕銀二十五萬兩先次降付都督府，絹續次支降。

五月二十七日，詔：「御前忠勇左、右、中軍並發赴都督府使喚，仍令節[14]次起發。」

六月五日，詔：「參知政事、督視湖北京西路軍馬汪澈已除資政殿學士，提舉臨安府洞霄宮，所有行府一行官吏等，限五日結局。」

十四日，詔：「少傅、樞密使、都督江淮軍馬張浚特降授特進，依前樞密使、江淮東西路宣撫使。」

七月四日，詔江淮都督府官屬並改充江淮東西路宣撫使司。

八月八日，詔可復都督江淮軍馬。是日，宰執進呈，降授特進、樞密使張浚先措置江淮軍馬，理宜增重事權。初，浚以符離之役降特進，上曰：「罷樞密使。」宰臣陳康伯奏曰：「如此却是罷政。」上曰：「可改都督府爲宣撫使。」至是，參贊軍事陳俊卿奏〔一〕：「降官示罰，古法也〔二〕，亦其自請。改都督府爲宣撫使，恐人情觀望〔三〕，號令不行。」上曰：「此未可也。」及殿中侍御史周操論：「官爵者人臣一己之私，有罪隨即貶削，乃分之宜。若都督之名，實國家用人之權柄，豈得亦行遞減〔四〕！」上曰：「此論甚善，可與復都督府。」康伯等奏：「已有指揮召浚之子栻，候到日降指揮。」上曰：「善。」翌日，又曰：「不必(拭候)〔候栻〕來。」故有是詔。

九月一日，江淮都督府奏：「契勘本府昨來初置(淮江)〔江淮〕宣撫使司，辟置官屬；後來改爲江淮都督府，近又改爲江淮宣撫使司，近降指揮依舊江淮都督府。雖建司開府，前後名稱不同，所有一行官屬只是就辟改差，又就改差，就改稱呼〔五〕，即非有更替承代之人。欲從朝廷下吏[15]部，將一行官屬自初及今應歷過月日，並與通理爲考任。」從之。

十月十六日，又進呈都督府奏：「節制江淮軍馬，其調發進退，當從督府取旨施行，日近主兵官及帥司、監司、郡守(轍)〔輒〕以軍期事務徑申朝廷。已劄下遵依本府指揮，如敢違戾，當取旨重作施行，仍取責當行人軍令狀。」上曰：「豈有不申朝廷之理？可別降指揮〔施〕行。」

二十三日，詔王時升權吏部侍郎，王之望罷江淮都督府參贊軍事，依舊權戶部侍郎。

二十四日，宰執進呈：江淮軍馬調發應援，從都督府取旨施行，其餘事務並令依舊申奏。上曰：「如此甚善。」以前張浚嘗劄令(王)主兵官、監司、郡守不得以軍期事務申朝廷故也。

〔一〕「參贊」下原衍「官」字，據《宋宰輔編年録》卷一七删。
〔二〕也：原作「制」，據《宋宰輔編年録》卷一七改。
〔三〕望：原作「對」，據《宋宰輔編年録》卷一七改。
〔四〕得：原作「卿」，據《宋宰輔編年録》卷一七改。
〔五〕此數語似當作「只是就辟改差，又就差改辟，但改稱呼。」

十一月十二日，宰執進呈孫昭申到都督府降下文牓，已於徐州、淮陽軍兩界首俵散見差人過淮，齎牓前去南青州等處。宰臣陳康伯等奏：「恐是日前所遣。今既通和，合行禁止。」上曰：「不濟事，徒壞生靈。」

二年正月二十四日，詔：「已降指揮，令禮部給降度牒一萬道，分下兩浙等路出賣，充都督府會子本錢。可先次給降三千道，令都督府差官措置。」

二月十三日，詔朝請郎任盡言除直秘閣，差充都督府參議官。從張浚之請也。

三月三日，張浚奏：「本府見措置兩淮修築城壁、開掘壕塹、禁壩櫃水、打造舟車、修治軍器、督運錢糧、教閱軍馬，邊防之備正要官屬分委責辦。昨申請許置准備差使三十員，緣係使臣窠(闕)〔闕〕，艱得人才。今欲 16 於內分撥六員改充准備差遣，許於見任、寄居、待闕京官、選人內踏逐指差，其請給等止依准備差使例支破。(有所)〔所有〕今來應辦軍事，乞不以有無拘礙踏逐指差，不許辭避。」從之。

四月十四日，詔：「淮上諸軍暫行休息，已差錢端禮、王之望宣諭淮東西路，其江淮都督府可罷，應干錢物令錢端禮、王之望同淮東西總領所拘收，具數聞奏。應官屬、使臣並罷，有差遣人令歸元任。」

九月二十一日，特進、尚書左僕射、同中書門下平章事、兼樞密使湯思退特授都督江淮東西建康鎮江府江陰軍江池州屯駐軍馬，餘如故。

二十三日，太傅、寧遠軍節度使楊存中可除同都督江淮東西路建康鎮江府江陰軍江池州屯駐軍馬。

同日，詔右通議大夫、守尚書吏部侍郎、充淮東宣諭使錢端禮除兵部尚書，充江淮都督府參贊軍事。

二十五日，湯思退言：「契勘昨來知樞密院事葉義問督視軍馬行府，有空名官告，見在三省、樞密院激賞庫收，欲乞降付臣將帶前去，以備使用。兼之有空名官告內即無遙郡橫行告命，亦乞下所屬給降武功大夫帶遙郡刺史、團練使、防禦使告各一十道，左右武、拱衛、親衛大夫告各一十道。」又言：「昨樞密知院行府支降金一萬兩、銀二十萬兩，計價錢約及一百萬貫，都督府節次支降已多。今來先乞支降五十萬貫，乞支金二千兩、銀一十萬兩，餘數續具奏請及在外措置科撥。所有金 17 帶、金椀、金盞，乞依昨樞密行府數目支降。」詔令(在)〔左〕藏南庫支降。

二十七日，湯思退、楊存中劄子言：「臣等蒙恩除都督，已降指揮以『江淮都督府』爲名。臣等同議，如同在置司去處，只合用都督府印，其奏狀、榜示同行僉書。或分在兩處，亦合以『江淮都督府』爲名，合用印，通行繫銜，仍于階下聲説，行在或出使。庶得事權歸一。」從之。

二十八日，湯思退、楊存中劄子又奏：「臣等契勘昨孟庾、韓世忠充宣撫使、副日，兩員共差置官屬三十員。張浚獨員都督，差過官屬二十二員，使臣、監當官在外。今來臣等係兩員，今參酌裁減差置下項：參贊軍事元差一員，係從官，朝廷已行除授參謀官，乞不差置。今乞差參議官、主管機宜文字、主管書寫機宜文字各一員，幹辦公事四員，准備差使六員，點檢、主管、書寫文字共差三十人。分撥一半，先次隨逐存中前去。」從之。

十月一日，詔中書門下省檢正諸房文字、兼權户部侍郎王佐充都督府參謀官。從湯思退之請也。

十日，左朝請郎、中書門下省檢正諸房文字、兼權户部侍郎〔一〕、充江淮都督府參謀官王佐狀：「奉聖旨差充都督府參謀官，所有應干事件，欲乞並依宣諭司參議官魏杞等昨來申請體例并前後已得指揮施行。」從之。

同日，詔拱衛大夫、知州防禦使〔二〕、主管台州崇道觀董庠充都督府一行事務。從楊存中之請也。

二十三日，湯思退言：「臣備位宰相，被命督師，惟敵人雖已議【18】和，而奉使尚未過界。屯邊之兵數十百萬，當（北）〔此〕霜寒，不無暴露之歎。臣欲擇日同屬官起發，至淮上宣布德意，撫勞師徒。」從之。

二十七日，湯思退劄子奏：「臣契勘先請降到犒賞金銀五十萬貫，已附楊存中先次將帶前去，乞更支降五十萬貫。乞於左藏南庫支降，見樁糴本銀内支一十二萬兩，并見在金内支三千兩。」從之。

十一月六日，詔：「朕屈己遣使，欲安軍民，而虜情變詐，遽爾稱兵。所有魏杞等將帶禮物、金銀匹帛，可令都督府拘收。及於左藏南庫支撥見錢三十萬貫，令都督江淮軍馬湯（湯）思退將帶前去，並充犒軍支用。」

七日，詔：「王之望可除同都督江淮軍馬，湯思退依舊帶都督，可只在朝，差王之望充督視，限兩日起發。」既而王之望辭免，從之。是日，參知政事、兼權知樞密院事周葵奏：「臣竊見虜兵渡淮，犯濠州及清河口，皆是前月二十七八之間，今已十日。雖諸處未有緊急探報，緣楊存中已將王琪全軍發往揚州，今王之望除督視，必已受命。伏望聖慈速令往江上，號召兩淮諸將併力捍禦，此誠不可一日緩也。臨陣易將，古人所忌，何況都督諸處軍馬而移易於陛辭之日，臣竊憂之。願陛下勿更疑慮，推誠以待之望，使之盡力，庶幾不誤國事。所有之望除督視與楊存中稱謂不同，恐外望有所輕重，欲令之望亦作同都督。更在聖裁。」有旨：「周葵所奏甚當，卿宜體國，勿復多辭。」

八日，參知政【19】事王之望言：「蒙恩除臣同都督江淮軍馬，臣待罪政府，疆埸有警，出董師徒，職所當任。陛下倚注之重，權參將相，所以用臣亦云至矣，臣豈敢有辭！但於今日事宜，有所未允，不得不爲陛下言之。朝廷於兩淮，前以大將二人爲招撫使，後以從臣二人爲宣諭使，非不可以集事，惟憂其緩急之際不相統攝，故以宰相爲都督，則都督之置，正欲事權之歸一也。宰相未出之間，又置同都

〔一〕侍郎：原脱，據上條補。
〔二〕知州：疑當作「和州」。

督，使先往視師，猶有説也；及宰相翌日朝辭，忽改差臣爲督視，則於都督之外又添一司。今以其稱謂不同，改督視爲同都督，名雖同矣，而於實無異。且所以用宰相爲都督者，本欲事權歸一，今不用宰相而分同都督爲二，則與向宣諭何異哉？湯思退開府兩月，忽一旦改命，則思退固自難處。楊存中既已一面措置，號令諸將，調發軍馬，而又添一同都督，則存中又不敢專。是臣之此行，外則疑督帥之心〔一〕，内則損宰相之體，臣但見其害，未見其利也。存中官爲三師，臣備員二府，而同爲都督，權勢既敵，不能相統，議論之際，誰敢先發！人之所見豈能一一皆同，相異則或至紛争，相推則有失機會，使諸將帥何所稟承？甚非元初置都督之意也。臣謂楊存中在殿巖三十年，爲兩朝宿將，陛下擢於閑散，使副宰相，必有以處之。都督置副，固以備其長之空乏；今長既不行而專任其副，乃陛下之素畫，何必別置一人以貳其任哉？ 20 臣之愚意，爲今日計，就其所宜而處之〔二〕，則莫若選材能侍從官二人爲存中之佐，則名體俱順，權任歸一，同異可否，事無嫌疑，庶幾協濟。臣非爲身謀，辭難避事，安危所係〔三〕，不敢不盡其愚。陛下必欲臣行，臣敢不奉命而去？但恐他日必誤陛下大事，臣雖誅戮，不足以謝天下，然陛下亦豈得高枕而卧也！臣之所陳，不爲無理，惟陛下爲宗社熟慮，勿以人廢其言，天下幸甚。」〔安〕〔又〕貼黄稱：「臣前在建康府，辭免除參知政事、召赴行在恩命，乞且以故官終了使事，則臣今日之請非欲安坐朝廷以推避邊事。」詔其理甚長，宜從所請。

同日，湯思退言：「恭奉聖旨，令臣依舊帶都督在朝。竊緣臣備數宰相，既預軍國之任，今來不去淮上，不應復領都督職事。欲望聖慈特令解罷，其一行官吏、軍兵等日下放散，各歸元來去處。除臣即不曾支破券食、供給及借請外，其餘官吏、軍兵緣起發日近，並皆借請。乞下有司，其未經請者並行住支，已經請者依條二分回尅。」從之。

九日，詔同都督江淮東西路軍馬楊存中可特授都督江淮東西路軍馬。

十四日，詔：「昨湯思退請降到激賞金銀、官告等，並撥赴楊存中，充激賞支用，〔今〕〔令〕樞密院差使臣二員管押前去。」

十九日，詔參知政事、兼同知樞密院事王之望往江上勞師。以之望奏：「臣伏覩皇帝陛下以大軍出戍兩淮，暴露寒苦，臨朝太息，宵旰軫懷。出内帑之儲，普加激犒；舉賞功之 21 典，優答勳勞〔四〕。宜遣大臣，宣布聖澤。今楊存中已真拜都督，專總兵權，臣叨預政機，將明是職。若陛下不以爲不肖，乞差臣往江上勞師，庶幾挾纊之恩，足以振起士氣。」故有是命。

〔一〕帥：原作「師」，據《歷代名臣奏議》卷二四〇改。
〔二〕宜：原作「置」，據《歷代名臣奏議》卷二四〇改。
〔三〕安危：原作「危危」，據《歷代名臣奏議》卷二四〇改。
〔四〕勞：原作「合」，據王之望《漢濱集》卷七《乞勞師奏劄》改。

閏十一月一日，詔李若川除刑部侍郎，依舊兼都督府參贊軍事。

乾道元年二月六日，都督江淮軍馬楊存中言：「邊境綏靖，臣依奉聖旨赴(關)〔闕〕奏事，所有江淮都督府，伏望特降睿旨，立限結局。應諸軍功賞，疾速保明聞奏。」(以上《永樂大典》卷一〇九八一)

司户

【宋會要】

22《元祐令》：中州從八品，下州從九品。

乾道六年，(任)〔汪〕大猷乞令司户專主倉庫。《職制令》：糧料院無專監，録事、司户參軍同知，仍分掌給納。紹興申明，司户同書獄事。

慶元四年十一月十一日，臣僚言：「和州見今所管户籍，較之三十年前已不啻五倍之多，自守倅而下，除知録、司理各管獄事外，祗有防禦判官一員。凡直司簽廳公事與省司倉穀庫、常平財穀，盡責於判官一人之〔手〕，委是(官)闕事。臣竊惟和之與楚，事體一同，今楚州已蒙朝廷與辟置司户一員，亦乞照楚州體例，從朝廷添置司户一員。」詔令本路諸司公共奏辟一次。

嘉泰元年八月二十三日，廣東諸司言：「封州蕞爾山郡，不若中州之壯縣，紹興七年廢爲德慶之屬邑，紹興十年復置而爲州。方其復置之初，郡縣之官才止十員。自復置之後，增益曹職，丞簿、兵官、監當、嶽廟、指使，共增一十二員。郡計不加於曩昔，廩稍視昔而倍差。乞以録參兼司户(益)〔並〕司法。」從之。

四年二月二日，詔無爲軍置司户一員，兼司法。以前知無爲軍商飛卿奏，本軍惟判官一員，獄官二員，乞增復司户。故有是詔。(以上《永樂大典》卷一四七七九)〔二〕

〔二〕《大典》卷次原缺，據《永樂大典目録》卷三九補。

宋會要輯稿　職官四〇

制置使

【宋會要】

1 高宗建炎元年八月二十六日，遂安軍承宣使、充殿前都指揮使、京城副留守郭仲荀言：「護衛隆祐太后前去江寧府，節制一行軍馬及制置東南捉殺盜賊，東南安撫使、發運、監司、州軍等依舊例並聽制置司節制。今安撫兼經制使，與（置制）〔制置〕司不相節制，恐措置異同，不惟州縣無所執守，兼軍政不歸於一，難以集事。乞並聽本司節制。」從之。

十一月十六日，御營使司都統制、充招捉（抗）〔杭〕州盜賊、制置使王淵言：「大軍日用錢糧草料，及鄉道、間探人激賞，并隨軍火藥箭、合用軍器等，乞特降指揮施行。」詔令户部支銀絹各一萬匹兩應副使用。

建炎三年二月四日，詔除呂頤浩資政殿大學士，充江浙制置使、兼知鎮江府；劉光世殿前都指揮使、檢校太保，充行在五軍制置使、鎮江府駐劄。並專一控扼江口，兩司軍馬並同節制。仍命楊惟忠節制江東軍馬、江寧府駐劄。先是，黄潛善欲除頤浩資政殿學士，上以資政非前執政者恩數，止與從官等，特除大學士。

十日，呂頤浩言：「今來既充江浙制置使，專一控扼江口，下自江陰軍口，上自瓜洲、石步、宣化渡，迤邐向上州軍應干渡口，躬親往來點檢及措置防守，難以兼知鎮江府。自江陵府至池州，乞委官總領，防守江口及措置戰船。」詔頤浩往來經制，陳彦文、程千秋差充制置副使，梁永祖知鎮江府。

2 三月十二日，詔御營平寇前將軍范瓊爲慶遠軍節度使，依前職充（制）〔荆〕湖北路制置使。同日，詔劉光世爲太尉，依前奉國軍節度使、殿前都指揮使，充淮南制置使。

六日八日，御營使司言：「防秋在近，其沿江至海岸合定地分。今措置杭州、平江府、鎮江府、常、秀州、常州東至于塘鎮四十里邊大江。江陰軍江路與通、泰、揚州對岸，係浙西路，欲令浙西安撫使康允之帶本路制置使。」從之。

二十六日，詔右司員外郎劉寧止除直龍圖閣、同提領水軍、沿江制置副使。

七月五日，詔張自牧差兼京東制置副使。

八日，詔權發遣廬州胡舜陟除徽猷閣待制、淮西制置使。以舜陟上殿論事慷慨，請兵禦寇以徇國家之急，故有是命。

八月五日，詔：「浙東西路帥臣已帶安撫使、都總管者，並不帶制置使。」

閏八月一日，詔奉議郎、徽猷閣待制、淮南西路制置使胡舜陟除沿江都制置使〔一〕、知建康府、兼江南東路安撫使；王義叔沿江制置副使。

二十三日，臣僚言：「竊見自今諸州守臣既帶安撫，又兼制置，及許便宜，權之要重可擬朝廷。伏覩祖宗時，所謂安撫者止管機密、兵馬、邊防等事，財計自有漕使轉輸，安撫所不預知，蓋有深意存焉。今日知州帶安撫者又兼制置，及許便宜，是持朝廷生殺之權。若行之於兵馬邊防之間，即爲大利；若便宜奪所隸州軍財計，爲害不細。契勘南康軍隸屬江州安撫，制置於 3 今年七月內。訪聞前江州安撫張澂差官行便宜公文，遍詣本軍場務，微及井竈，并上供錢盡搬載上(般)〔船〕，本軍帑藏爲之一空。方欲離岸間，幸而張澂被責，不曾搬行。萬一席卷，本軍既闕絶支費，定生變亂。伏望止許漕使轉輸本路財用。」詔除用兵許依便宜指揮，餘並禁止。

十一月七日，江南東路轉運司言：「近降指揮，令江州、建康府守臣並帶制置使。竊詳上件使名，止謂制置軍事，不用常法處斷軍兵將校罪名，及抽取轄下州軍器甲、兵級。今來江州制置司却盡用『制置』兩字行遣他州事務。如南康軍知軍韓登冑已係提刑司體量，其江州制置司又差官體量；如南康軍財賦已係轉運司移用，其江州制置司又差官剗刷，立要起錢一萬貫。又今年秋米，擅勒南康軍起二萬石。其韓登冑既被放罷，本軍有簽判李聞之合權，其江州又差制置司幹辦官朱竑前來權管軍事。竊慮其他州郡於刑獄則無所適從，於財賦則泛科難給。欲乞只許制置軍事，其他刑獄、財賦及差官權州縣職事，乞依舊只付提刑、轉運司用舊條行遣。」從之。

四年四月二十八日，詔：「御前右軍都統制張俊充浙西江東路制置使，帶領所部并陳思恭軍馬前去撫定軍民，招收盜賊。除劉光世、韓世忠人馬外，其他諸軍人馬並聽節制。」

五月二十七日，詔：「諸路帥臣近年並帶馬步軍都總管，職任事權已自不輕，所有制置 4 使祇是虛名，兼朝廷因軍興時暫差充制置使之人，名稱混雜，無以區別。其諸路帥臣見帶制置使並罷。」

十月十七日，兩浙西路安撫大使劉光世言：「旦夕起發之任，緣本路見有韓世忠、張俊係兩浙西路制置使，並聽節制。竊緣本路兵火之後，官私凋弊，豈任三處節度呼索！」詔韓世忠、張俊並(依)〔已〕召赴行在，自合罷制置使。

紹興元年九月二十六日，詔：「江東西、湖南路上供錢糧久失措置，夏秋二稅上户拖欠不催，下户受弊，逐路盜賊尚衆，至今招收未盡。可差户部尚書孟庾帶見任充江東西湖南路宣撫制置使，其應干財賦拘催蠲放，依條照赦施行，務要寬恤民力。其上供錢糧催促依限起發，應賊盜當招收或掩擊者，並委相度措置，條具聞奏。」

〔一〕舜：原脱，據《宋史》卷三七八《胡舜陟傳》補。

二年七月二日，福建兩浙淮東沿海制置使仇悆言：「已被旨制置使叙位依發運使例，所有本司屬官亦乞依發運司屬官條例。」從之。

二十六日，呂頤浩言：「朝廷近置沿海制置司〔一〕，最爲得策。然虜舟從海道北來，抛大洋至洋山、二孤、宜山、岱山、獵港、岑江，直至定海縣。此海道一也，係浙東路。若自通、泰州南沙、北沙轉入東簽，料角、黄牛垛頭，放洋至洋山，沿海岸南來，至青龍港；又沿海岸轉徘徊頭至金山，入海鹽縣澉浦鎮黄灣頭，直至臨安府江岸。此海道二也，係浙西路。萬一有警，沿海制置一司緩急必不能照應兩路事宜。欲乞令仇悆掌管浙 5 西淮南路，別差制置使一員管浙東福建路，候防秋過日罷。」從之。

【宋會要】

紹興三年四月二十日，福建兩浙淮南東路沿海制置使仇悆言：「發運轉運使副、提刑官遇天申聖節，依上供格法，各有合發進奉銀絹。今來本司係創置，所有天申節進奉銀絹，即別無條格，未審合與不合椿發。」詔不合椿發。

六月十六日，詔：「罷沿海制置使司，見在定海縣船令明州守臣兼總領，張公裕充同總領，專在定海縣，逐官並同簽書。如守臣合詣點檢，聽暫將州事交與通判訖前去。參謀、參議官並罷，屬官人吏等裁減數目，令守臣同公裕減定申尚書省。仍以總領海船所爲名。」

九月十五日，詔江南西路安撫大使趙鼎充江南西路安撫制置大使。

十八日，樞密院〔言〕：「已降指揮，除趙鼎江南西路安撫制置大使，岳飛江南西路沿江制置使，今措置事件：一、令岳飛於江州、興國、南康軍一帶駐軍，其江西見管諸處軍馬雖隸使司，如遇緩急，許岳飛抽差使唤，趙鼎發遣應副，務要内外相應，共濟國事。一、今來制置大使趙鼎係洪州置司，若江上有軍期急速會議不及，許岳飛一面隨宜措置施行（乞）〔訖〕，報趙鼎照應。一、江北對岸係舒、蘄兩州，可令隸岳飛節制，合用錢糧令趙鼎催督所屬監司、州縣應辦。如違，按劾聞奏，當議重寘典 6 憲。」詔並依，仍劄都督府并淮南宣撫司照會。

二十一日，詔：「岳飛落『沿江』二字，充江南西路制置使，江州駐劄。其沿江興國、南康軍一帶江面，仰多方措置隄備。及本路州軍緩急賊馬侵犯去處，亦仰分撥軍馬遮護，無致疏虞。餘依已降指揮。」

二十九日，樞密院言：「沿海制置使郭仲荀乞辟差書寫機宜文字一員，并參議、幹辦、準備差使人吏等。」詔置書寫機宜文字一員，許差男及之外，其餘屬官、使臣，令仲荀相度，就用總領所見任人。如内有不堪倚（伏）〔仗〕之人，許具名申尚書省替换。若非泛合差官幹事，遇闕許本州或所部合差出官内差委。

〔一〕司：原作「使」，據《寶慶四明志》卷三改。

十月五日，侍衛親軍步軍都指揮使、武泰軍節度使、知明州、兼沿海制置使郭仲荀乞罷軍職事，上曰：「此有故事，兼亦有恩數，不當如常制。」降詔不允。令問樞密院吏，莫有知者，尋繹故實，得舊例，詔仲荀罷軍職，加檢校少保。

十九日，詔：「吴玠已除利州路階成鳳州制置使。訪聞昨來饒風嶺退師，蓋緣宣撫處置使司所任官屬聽信不一。今來王似等已委吴玠措置守備，所有戰禦之策，臨機制勝，尤當委任，務出長算，以責成功。仍在協和，共濟國事，捍賊保境，無失機會。可劄與王似、盧法原、吴玠，各具知稟聞奏。」

四年三月二十六日，詔關師古除熙河蘭廓路安撫制置使。

四月十八日，鎮南軍承宣使、神武後軍都統制〔一〕、充江南西路舒蘄州制置使岳飛言：「胡[7]世將除知洪州、兼江南西路安撫使、兼制置使。契勘自來行移係用狀申江南西路安撫制置大使司，今來胡世將充本路安撫制置使，未審依舊用申狀，唯復用公牒。」詔行移文字許用公牒。

二十七日，江南西路安撫制置使胡世將言：「本路先係差除大使，合置參謀、參議、主管機宜、書寫文字各一員，幹辦（文字）〔公事〕三員，準備將領、差遣、差使各五員。遇有闕官去處，並許奏辟差權。」詔幹辦公事、準備差遣、差使各減一員，餘依趙鼎已得指揮。

七月三日，樞密院言：「席益已差知潭州、兼湖南安撫使。緣本路見今討捕楊么、黄誠賊火，王燮見充本路制置使。」詔席益特差充荆湖南路安撫制置大使、兼知潭州。

八月十六日，詔：「新荆湖南路安撫制置大使、（益）〔兼〕知潭州席益，並依呂頤浩昨任江東安撫大使所得指揮施行。」

十八日，知樞密院事趙鼎言：「臣今出使川陝荆襄，其合行事件，已得旨依呂頤浩、張（俊）〔浚〕、孟庾昨申請到江淮荆浙都督府并宣撫處置使司已得指揮。契勘張（俊）〔浚〕下屬官張宗元、馮康國並帶出郎官職事，所有今來踏逐辟差到官屬内有見在行在職事人，亦欲依例帶出見任職事。」從之。

十九日，江南西路舒蘄州兼荆南鄂岳黄復州漢陽軍德安府制置使岳飛奏劾統制官辛太不聽節制，擅自將兵回歸本鎮。詔辛太有誤軍期，罪當誅戮，特貸命，除名勒停，令本鎮自効。是時岳飛率[8]將佐王萬收復襄陽府，又令萬同辛太等於清水河屯駐，掩殺僞齊賊馬，而太不聽節制，并荆南鎮撫使解潛不即發遣，及安申太收復襄陽〔二〕，爲岳飛所劾。已責太訖，就令解潛分析因依奏聞，故有是命。

二十六日，樞密院言：「襄陽府、隨、郢、唐、鄧、金、均、

〔一〕都：原脱，據《建炎要録》卷六八補。
〔二〕原無「太」字，文意不明。按熊克《中興小紀》卷一六云：「解潛不即遣太，反妄申太先復襄陽。」據補「太」字。

房州舊係京西南路，信陽軍舊係京西北路。除金、均、房三州見差鎮撫使外，欲將襄陽府、隨、郢、唐、鄧州、信陽軍六郡並作襄陽府路，本府置帥司。緣收復之初，事務不多，未差監司，止依(口一)〔已〕降指揮，委制置使岳飛措置，仍隸屬都督府。」從之。

五年二月十二日，詔：「岳飛除荆湖南北襄陽府路制置使，神武後軍都統制，前去荆湖南、北路招捕盜賊。其錢糧，江西委范振、湖南委薛弼、湖北委劉延年充隨軍轉運。」

十一月十八日，樞密院言：「席益除資政殿學士、成都潼川府夔州利州等路安撫制置大使、兼知成都府，除逐路措置邊防，調發軍馬隸宣撫司外，其應干合行事件並依江南等路安撫大使司已得指揮。」詔逐州兵馬自合並隸安撫制置大使司，如遇有邊防緊切大事，即令宣撫司措置。

六年二月四日，詔馬擴兼沿海制置副使。

四月四日，荆湖南路安撫制置大使、兼知潭州呂頤浩言：「乞置參謀、參議、主管機宜文字各一員，幹辦公事五員，並從本司舉辟。今乞辟左朝奉郎、提舉洪州玉隆觀傅崧卿充參謀官；降授左朝請郎、主管台州崇道觀王 9 次翁充參議官；左朝奉大夫、主管台州崇道觀范醇充主管機宜文字；右朝散郎、主管台州崇道觀王治，左宣教郎、知嚴州壽昌縣臧梓，武顯大夫、閤門宣贊舍人王繪，並充幹辦公事。」從之。

二十九日，諸路軍事都督行府言：「岳飛昨充荆湖南北襄陽府路兼蘄黄州制置使，今來已除湖北京西路宣撫副使，其蘄黄州自合依舊兼行節制。」從之。

五月十一日，中書門下省言：「四川監司、郡守玩襲積弊，率多違戾，已除席益四川安撫制置大使，應所部自合按劾外，其監司未有約束。」詔四川監司應有違戾，並令席益按劾聞奏。

七月六日，成都潼川府夔州利州等路安撫制置大使、兼知成都府席益言：「四川見禁公事未曾被受朝〔廷〕指揮，許本司一面酌情斷遣。今據四路諸州應奏及刑名疑慮等文案，並申本司，比欲退下依條施行，緣川(屬)〔蜀〕去行在遥遠，兼正值暑月，不可淹留待報，除命官犯入己贓罪案令本州遵依已得指揮斷遣外，餘案臣已逐急遵依王似、邵溥已得指揮酌情斷下，仍已各具奏聞。臣契勘四川州軍所申獄案不少，係事干人命，全藉通曉刑法官詳斷，免有失當。昨得旨於宣撫司屬官内存留二員充屬官，其所留官與本司屬官即無曾任刑寺法官之人，欲乞更許於(於)宣撫司屬官内存留一員窠闕，許於四川得替待闕、寄居官内選差一員，充本司檢法官，專一詳斷諸州所 10 申應奏獄案，所貴遠民不致冤濫。其陝西諸州去行闕愈遠，所有應奏獄案，亦合取自聖裁。」詔依。其陝西諸州應奏案，並依四川已得指揮施行。

十月九日，樞密院言：「已降指揮，梁汝嘉除浙西沿海制置使，其見領巡幸隨軍都轉運使職事自合依舊。」詔梁汝嘉兼淮東沿海制置使。

同日，樞密院言：「已降指揮，劉錡除浙西沿海制置副使，所有通州管下料角最係賊船來路緊切控扼去處，除已分撥人船，委官措置提督外〔一〕。」詔王彥除浙西兼淮東沿海制置副使。

十一日，浙西淮東沿海制置使梁汝嘉、副使王彥言：「被旨，汝嘉等蒙除前件使名，其合行事務，並依仇悆、馬擴已得指揮。一、乞以『浙西淮東路沿海制置使司』爲名，使、副各乞下所屬鑄造印記。其行移文字入斥候并奉使等第，並乞依都轉運司已得指揮施行。一、人吏且就差巡幸隨軍都轉運司、都督府參議官所帶人吏兼充，其請給等更不添支。一、合（羣）〔辟〕屬官乞先次差參議官二員，今乞差左朝請郎、新差通判建康府顧丙，右通直郎、新差知濠州蔡延世等充，請給、人從及未差員數，乞候關會到仇悆等已得指揮，續行申乞。一、今來措置防托海道，事務繁重，合要使臣分頭使喚。今乞差置準備差使、聽候使喚各一十員，並乞許於已未參部見任、得替待闕大小使臣、校副尉、下班祗應內指差，先次供職，理爲資任，差訖具名申朝廷給降 11 付身。一、沿江海措置防托，合要激賞錢物，欲乞許依仇悆、馬擴例，從朝廷支降，應副支用。一、契勘今來淮東、浙西沿海把隘官兵及海船艎梢等日支米錢，欲乞浙西委漕臣、淮東委提點公事專一應副。一、仇悆、馬擴前後申請畫降旨揮，今乞並許使、副通用。」詔第四項共差一十員，專聽梁汝嘉使喚；第五項令户部共支銀二千兩、絹一百匹、錢二千貫。餘並從之。

七年九月二十九日，詔右武大夫、開州團練使劉錡特授依前官，權發遣廬州軍州事，兼主管淮南西路安撫司公事、馬步軍都總管、兼營田使、兼淮西制置副使。

八年正月二十一日，詔胡世將除樞密直學士、四川安撫制置使、兼知成都府。

五月十三日，中書門下省言：「江西帥臣李光見帶安撫大使，前來帥臣胡世將係安撫制置使。」詔李光令帶安撫制置大使。

九年正月十三日，新差知紹興府、充兩浙東路安撫使周祕言：「已於入界日，先次交割安撫、都總管司職事，昨來沿海制置使見行事務，已蒙併歸浙東安撫司訖，今來被受告命，即無『兼沿海制置使』字。緣本司見有職事，祕除已遵依元降指揮一面兼領，未審合與不合帶入階銜？」詔兼沿海制置使。

十九年四月二日，詔：「四川安撫制置使司置主管、書寫機宜文字、幹辦公事各一員，准備差遣二員，準備將一員，使臣一十人。其官屬、人吏、軍兵等請給，令總領所支撥錢引 12 一萬道充歲計。如軍中非泛激犒之類，別具狀申取朝廷旨揮。并本司舊有抵當、熟藥、醋庫，每歲所收息

〔一〕按此下當有脱文。

錢依舊充經撫蠻夷等支使，仍令户部裁定。」

十二月二十一日，詔：「四川發來扈衛人已滿千人，可行下制置司，今後每歲招填三百人赴闕，庶幾扈衛不至闕人。」

二十八年五月四日，兵部侍郎湯允恭言：「制置使選任尤重，一司屬官，賴以贊佐。每制置使替移，或赴召命，一司之事皆在僉廳官，或係選人，而州縣觀望，亦多滅裂。欲望今後成都知府闕，依條令監司兼權外，緣都大茶馬在成都府置司，其制置闕則差都大茶馬，又闕則差總領兼權。所有制置一司僚屬，除書寫機宜外，其餘朝廷選差，或制置奏辟，皆用京朝官。」詔今後四川制置司闕，就令都大茶馬一面時暫兼權；茶馬又闕，即總領兼權。餘從之。

【宋會要】

隆興元年七月一日，新除兵部尚書虞允文言：「被旨改差湖北京西路制置使，所有差破官吏、使臣、軍兵、人從、請給等，並欲依近除逐路宣諭使申畫到前後指揮施行。乞以『湖北京西路制置使司』爲名，下所屬鑄印。緣起發日逼，乞且就用近闕借到奉使印沿路行使，候給降到新印日繳納。其行移除朝廷具申外，所部總領、監司、諸軍并州縣，乞依例用劄子，内外官司並行關牒。」從之。

13 同日，新除敷文閣直學士趙子潚言：「被旨差知明州、兼沿海制置使。照得前制置使仇悆、郭仲荀所差官屬員多，虚費廩禄，今乞裁減，許於見任、得替待闕文武臣内踏逐諳練海道利害之人，先次權攝，如委可倚仗，申廷朝給付身。參議官一員，乞從朝廷選差外，書寫機宜文字一員，乞依仇悆例辟差親屬；幹辦公事一員、準備差遣一員，於京官、選人内辟差；幹當使臣四員，於大小使臣内通差。已上官屬依安撫司屬官例破請給。」從之。

八日，虞允文奏乞錢糧當輟内藏庫金銀應副。

九月二十三日，户部狀：「準都省批下虞允文言，被旨荆襄措置軍馬，兩路見屯官兵數多，逐時激犒諸軍、發遣間探等，支用不一。今欲依江淮宣撫司例，於鄂州、襄陽府各置激賞酒庫一所，措置收息，補助支遣。本部今勘當，欲依所乞，下虞允文一面措置施行。」從之。

二年七月二日，詔户部尚書韓仲通除荆襄制置使。

三日，詔：「荆襄制置使虞允文已召赴行在，參議官呂擢可陞參謀官，令權主管司事。」

同日，韓仲通言：「被旨差充湖北京西路制置使，乞依虞允文差置官屬、使臣人數并鞍馬等前後已得指揮施行。其應合差人吏、軍兵、人從等及請給，應干合行事〔件〕，特乞並依兩淮宣諭使體例差破。其虞允文已召赴行在，欲下禮部權借第一等奉使印記一面，沿路行使。候交割制置使印，即便(交)繳納。」從之。

七 14 日，韓仲通言：「被旨差往荆襄，宣布德意，撫問將士，乞下學士院給降宣。其犒設乞依兩淮宣諭司例支給。」從之。

同日，又言：「淮東西宣諭司准備支用錢物，承指揮於都督府所管錢內各行取撥十萬貫。臣將來到司，有合支用錢物，乞下湖北總領所於樁管錢內支破。」從之。

十一月二十六日，詔：「沈介特起復元官，除顯謨閣直學士、知鄂州、兼鄂岳江黄州漢陽軍沿江制置使，不許辭免。候指揮到，限三日起發。」

乾道元年三月二十日，中書門下省勘會：「韓仲通昨充湖北京西路制置使，除本身驛券外，每月別支給錢一百貫。今來沈介亦合一體施行。」從之。

六月二十七日，中書門下省奏，沈介言解職終喪。詔限十日結局，官吏、軍兵並發歸元來去處，見在錢物等令湖廣總領所拘收。

三年八月二十三日，上宣諭宰執曰：「史正志條具舟師利害，其間亦有可行者。」魏杞奏曰：「見史正志之論甚有理。」上曰：「欲早行措置。」蔣芾奏曰：「陛下將來要差大臣出使，不若先遣史正志，他時可爲參贊。」上曰：「便差知建康，仍兼沿江制置使，自建康至鄂渚舟師並令總之。」

二十九日，新除集英殿修撰、知建康府、兼沿江水軍制置使史正志言：「契勘今沿江制置使除事一措置水軍海船，要爲久遠利便之計。所有合用印記，今乞於禮部關借奉使印前去，專充制置司使用。所有創差簽廳一司官吏，竊慮耗費財用，[15]今只就用安撫司簽廳官吏兼制置司職事，却乞復置省罷闕，請給依安撫司屬官(吏)〔例〕。屬官所帶銜位，稱江東安撫司沿江水軍制置司。所有庫務更不別置，凡有修造船隻、教閲支費，就用安撫司錢物。」並從之。

四年三月十四日，史正志言：「乞將到任後節省到錢內支撥見錢十萬貫，收係制置司水軍赤曆，於出産木植州軍收買板木，就建康自置船場，增造一車十二(漿)〔槳〕四百料戰船，相兼使用。」從之。

六年正月十二日，詔：「已降金字牌二面付四川宣撫使王炎，附發邊防文字，其四川安撫制置使司見存留金字牌二面，令宣司繳納。」宣司奏：「檢准紹興十八年九月二十一日四川安撫制置使李璆申奏，契勘宣撫司昨奏請到指揮，許權留御前發來金字牌二面，附發合奏邊防機速文字(奏)。今來制置司亦乞依上件事〔例〕施行。」從之。

三月十四日，中書門下省言，勘會四川已有宣撫司，係執政官出使。詔四川安撫制置司并屬官並罷，併歸四川宣撫司，公使等及見管錢物，委宣撫司拘收，具數申尚書省。其餘應干事務，照應昨胡世將除宣撫併罷制置司已行事理施行。

淳熙元年六月十四日，皇子判明州、兼沿海制置使魏王愷言：「沿海制置司幹辦公事一員，乞許本司依舊辟差；準備差遣一員，乞復還本司，以元置海道幹當使臣窠闕充辟；準備差使一員，乞令依舊。」從之。既而四年四月，又[16]言：「近(幹)〔准〕指揮省罷諸處準備差遣、差使，其應屯駐所在，許從主帥依舊辟差。本司係屯駐水軍去處，乞將已差文臣準備差使改充準備差遣，依舊例令入簽廳。所有武臣準備差使窠闕，却乞減罷。」從之。

四年三月二十五日，四川制置使胡元質乞添本司參議官一員，仍釐務。從之。

八年閏三月七日，新赴忠州蔡興國言：「四川沿邊城寨官舊係逐路帥司辟差，今皆專委制置司奏辟。從辟之人，州郡不敢誰何，廢職曠官，往往而有。乞（今）〔令〕制置司依吏部格法差注，或從四路轉運司出闕，衮同在部曾歷沿邊親民未滿六十人擬授。」詔除堂除一闕、吏部三闕依舊外，四川制置司辟差闕内留二十闕，令本司辟差。其餘窠闕并潼川府等路安撫司、利州路轉運司窠闕，并令逐路轉運司依見行條格指揮差注。

六月十四日，詔吏部權將四川諸司屬官窠闕官下制置司，照應資格，銓量人材，具名奏差。如係見闕，依條先次就權，仍許用三年以下闕，即不得將不應資格人以奏差爲名一面權攝。如或違戾，依淳熙三年四月八日權攝指揮，將請過鈔計贓，其所差不當官司及被差人並一等科罪。

慶元二年十一月十二日，中書舍人、兼侍講吳宗旦言：「竊見臣僚劄子，乞罷帥司内機宜事，得旨依。欲望聖慈將已辟差在任之人日下住罷，〔支〕過俸給且與免追。如此法令公行，無所避就，回邪知畏，自絶僥17倖。所有録黄，臣未敢書行。」詔從之。其四川制置司機宜一闕仍舊存留。

三年四月九日，詔沿海制置使司添差參議官更不作闕差人。從守臣林大中之請也。

開禧二年七月九日，詔寶謨閣待制、知建康府葉適兼沿江制置使。

三年正月二十七日，知建康府、兼沿江制置使葉適奏：「沿江制置使與沿海制置使事體一同，所有合舉官，沿海制置司遞年所發關陞改官、陞陟任使員數，係隆興元年知明州兼沿海制置使郭仲荀、仇悆、呂源申請，依兩浙轉運使例，每歲減半舉官，并乞將本司官屬許本路監司互舉，奉旨依安撫使薦舉。今欲照沿海制置司已得指揮，依安撫使薦舉，庶幾有以激（屬）〔厲〕。」從之。

六月五日，知建康府、兼江淮制置使葉適言：「昨被旨兼沿江制置使，已蒙朝廷照沿海制置使司例薦舉官屬。續被旨改兼江淮制置使，專一措置屯田，所有薦舉係通行四路。竊照兩淮經虜騎蹂踐之後，州縣焚毁，鄉落蕭條，目今經理，若非有以激賞，無以使之樂於向前。乞於四川制置司體例内權放行一半或三分之一，令本司薦舉。至結局日止，仍將昨來沿江制置司已舉過員數併行通理。」從之。

七月十七日，詔集英殿修撰、知江州徐誼除寶謨閣待制、知建康府、兼江淮制置使。

嘉定元年七月十八日，詔觀文殿學士、知建康府何澹兼江淮制置大使〔一〕。

二年二月五日，詔：「江淮制置大【18】使司、京湖制置司歲舉改官，並依四川制置司體例理爲職司。」

八月四日，詔資政殿學士、（赴）〔知〕沔州、兼四川宣撫副使安丙除資政殿大學士、知興元府、四川制置大使。

三年三月九日，詔：「四川制置大使依四川安撫司例，歲舉改官一十一員，從事郎六員。」從安丙之請也。

九月二日，詔：「四川制置大使歲舉改官一十五員，從事郎九員。」以安丙奏：「紹興七年，席益除四川制置大使，專降旨揮，歲舉改官二十員。丙先任宣撫副使日，得旨歲舉改官一十員，而制置司舊例歲舉九員。當來並置，即係共舉改官二十員，而四蜀尚有遺材之嘆。今宣司已結局，制司事務得旨並歸大使司，視前時責任愈重。事務既殷於前，而薦員不加於舊，恐無以作其趨事赴功之心。」故有是詔。

嘉定五年三月二十四日，詔湖北京西制置司照湖北京西宣撫司兩路每歲薦舉員數減半。既而湖北京西宣撫司每歲舉改官六員，從事郎三員。分上（下）半年舉改官三員，從事郎二員；下半年舉改官三員，從事郎一員。

七月十一日，詔兵部尚書楊輔除龍圖閣學士、知建康府、兼江淮制置使。

八月三十日，知建康府、兼江淮制置使楊輔奏：「江淮州郡并兩淮江上諸軍並隸本司節制，所有應干事件、辟置官屬，乞並照江淮制置大使司體例施行。」從之。

十月三日，詔寶謨閣待制、知福州黃度除龍圖閣待制、知建康府、兼江【19】淮制置使。

十二年六月二十日，詔：「中奉大夫、寶文閣待制、兼知建康府、江東安撫使、行宮留守司公事李大東充沿江制置使，建康府置司。朝奉大夫、右文殿修撰賈涉充淮東制置副使〔二〕，楚州置司。朝請郎、直龍圖閣趙善湘充淮西制置副使，廬州置司。」以臣僚言：「國家設制置使，蓋以朝廷去淮差遠，軍政難以（喻）〔豫〕度，機有可乘，間不容髮，豈可無策以處此？臣恭覩高宗皇帝朝沿江及東西兩淮各有制置使，官卑則命以副使，典故具存。乞仰體高宗成憲，分差沿江及東西兩淮制置使。其有官序尚卑，資望尤淺，則亦命以副使。俾之各居屬部，是非委得以親見，利害不惑於傳聞，變生於頃刻則隨變而輒應，戰勝而捷來則覈實而即奏，上下相孚而不忤，部內親覯而無間。若然，則何事不集而何功不成矣！」故有是詔。

十四年七月十六日，沿江制置副使、兼知鄂州李㚖奏：「沿江制置副使一司，係朝廷特行創立，並無官屬可以協濟。今欲舉辟幾員，伏乞朝廷參酌，速賜指揮。」詔沿江制置副使司差幹辦公事一員，於京官、選人通差；準備差

〔一〕知：原作「赴」，據《宋史》卷三九四《何澹傳》改。

〔二〕賈涉：原作「賈陟」，據《宋史》卷四〇三《賈涉傳》改。

遣一員，專差選人，並以經任有舉主、無過犯人；準備差遣二員，通差大小使臣。(令)〔令〕本司從公選辟，不許差子弟并親知以充員數。(以上《永樂大典》卷一三二九八)〔一〕

〔一〕《大典》卷次原缺，據《永樂大典目録》卷三六補。

宣諭使

【宋會要】 1 徽宗宣和七年十二月二十二日，詔：「宇文虛中除保和殿大學士，充河北河東路宣諭使，其請給、人從依見任執政例施行，不得辭避。」

欽宗靖康元年二月十七日，詔种師道爲河北宣諭使。

高宗紹興元年十二月六日，詔：「秘書少監傅崧卿權吏部侍郎〔一〕，充淮南東路真（陽）〔揚〕楚泗承通泰州漣水軍宣諭使，仍賜逐州軍守臣銀合茶藥。」

【宋會要】 2 紹興二年十月十七日，左司員外郎曾統言：「差權監察御史、兩浙西路宣諭，檢承臺制，不得出謁。契勘本路見有使相及前執政官知判州、府，合與不合出謁。」詔合出謁，餘路宣諭依此。

十一月二十二日，詔宣諭官朱異改差浙東福建路，胡蒙改差浙西路，劉大中改差江南東西路，薛徽言改差湖南路，明槖依舊廣南東西路。

二十三日，監察御史明槖言：「臣等宣諭二廣，應臣章奏比作機速文字投進，應有不依體式及小節未圓之類，乞免退下。或得旨允從，亦乞嚴責程限。如是則遠方事理早徹聖聰，陛下德音速被遐土。」詔依，其諸路宣諭官投進章奏文字並依此施行。

紹興三年五月二十五日，詔：「今後宣諭官不得一面擅行取撥支使諸官司錢物，如有合支用錢物，並仰申取朝廷指揮。如違，重寘典憲。」以知郴州趙不羣稱，郴、道州、桂陽監緣去歲亢旱，民大缺食。其奏未蒙回降，於是荆湖南路宣諭薛徽言即權就借諸司見管錢并全、永州經制司封樁錢銀，應副收糴衡、永、全州米數賑（糴）〔糶〕，實事勢急切，難以待報。不合擅行支移，得旨放罪，故有是詔。

九月，江南東西路宣諭劉大中言：「今已宣諭了畢，有元給降到親劄御寶曆，緣江南東、西兩路州縣事務繁多，曆紙難以盡載全文，已具節目書曆外，今將薦舉元奏全文繕寫成一册，發削官 3 吏一册〔二〕，申明本路利害二册，檢察平反改正施行事件二册，科錢糧二册，共八册。欲乞先詣通進（册）〔司〕投進，仍乞擇日上殿。」從之。

十四日，劉大中又言：「宣諭回程了畢，有合結局事件。一、准學士院給降到宣示逐路官吏等詔書一道并可漏子全，乞申納尚書省。一、准樞密院給降到招收賊盜金字牌、黃旗牓五副，乞申納樞密院。一、本司應干行遣公案簿

〔一〕傅崧卿：原作「傅崧年」，據《宋史》卷二六《高宗紀》三改。
〔二〕發削：似當作「廢削」。

書等，乞送臨安府收管架閣。一、乞限五日結局。」並從之。

四年二月二十七日，監察御史、廣南西路宣諭明橐言：「二廣郡縣最多，封疆亦闊，加之水土惡弱，又瓊州、昌化等軍係過海南，自行朝往返萬里。橐將帶一行官吏奉行使指，不憚寒暑，委有艱勤。恭覩元降手詔及畫一內雖有推恩指揮，緣一行官吏事繁簡難易不同，若一例陳乞，則簡易者遂至僥冒，煩難者無以甄別矣。今來除橐乞不推恩外，所有一行官吏，乞分升降作等第推恩，庶得事理平允。」從之。

三月七日，劉大中改除祕書少監。上謂朱勝非曰：「大中（北）〔比〕宣諭江西，頗多興獄，今猶未已，若令爲諫官，恐郡縣觀望。朕於用刑欽恤明察，常懼有司行法意外，今遷大中爲少監，蓋朕之深慮也。」

四月十二日，詔：「祕書少監劉大中昨往江南東西路宣諭，回程結局了當，官吏與作三等推恩施行。第一等與減二年磨勘，第二等減一年磨勘，第三等減半年磨勘。選人比類施行。內年限不同，仍 4 依四年法比折，白身人候有名目日收使。」

六年十二月九日，三省言：「紹興二年，遣使分詣諸道布宣德意，當時川陝諸郡不曾選官前去。」詔差右司員外郎范直方宣諭川陝諸郡及撫問吳玠一行將士，并給賜御劄曆子，令採訪逐路見任官廉污能否，書上曆子，薦削以聞。

紹興七年二月九日，詔：「范直方今往川陝宣諭并撫問吳玠一行將士，其四川監司、帥臣、吳玠軍前並令學士院降詔，其逐路州軍仰宣諭司謄寫行下，內席益、吳玠仍別降口宣。」詔曰：「敕成都府、潼州府、夔州、利州路帥臣、監司等：朕惟戎兵，國之大事，而民，邦本也，二者皆吾所重。乃軍興十有三載，轉餉所資，萬民（若）〔苦〕甚。朕既不敏，不能亟定海內，與之休息，中夜以興，念有以紓吾民者。而吏或不能體朕之意，一切掊取，莫肯加恤。或斂不以時，或責非所有，或多爲之數以資吏姦，或虐取其（羸）〔贏〕以濟他用，甚者因以自私，靡所不至，而吾民病矣。前遣使者分察諸道，以懲以革，惟是隴、蜀、巴、漢去朝廷數千里，方宿重兵以臨關輔，慮有苛擾，如前之爲，惕然于懷，曷敢忘遠！夫帥鎮吾所以屬兵民，監司吾所以寄耳目，當宣化率下，督姦惠民，使州縣之吏知賦斂之不得已，念斯民之無堪，愛惜其民，取無乏事而已。今遣使者宣朕之意，鎮撫諭告，省問風俗，平反獄訟，察官吏之善否，給以親劄御寶曆，使明著其狀，朕將躬覽而加黜陟焉。咨 5 爾有位，惟兵是撫，惟民是恤，惟廉平是修，惟公正是務，毋或不迪，麗于邦憲。故茲詔諭，想宜知悉。」

十二日，范直方言：「昨諸路宣諭申請，恐沿路或有潰兵邀阻，給降到金字牌、旗牓二副，準備緩急措置招收。」詔金字牌、旗牓，令樞密院依數降給。

十八日，范直方又言：「臣誤蒙異恩，濫將使指，未知稱塞，曉夕震懼。竊以當〔國〕家艱難之時，川陝凋弊之後，兵屯益廣，用度日滋，揣本窮源，動有牽制。陛下雖有惻怛愛民之心，恐未悉下究；微臣雖有精忠體國之意，亦無由自陳。所可自竭者，仰體陛下所以遣使之意，要當正身公心以示遠人，激濁揚清以勵多士。凡人情之好惡，風俗之美惡，民力之耗斁，獄訟之冤抑，皆得以上聞。然道（理）〔里〕阻遠，郵傳往復，動經歲月，深恐不能久待。伏望指揮，儻事有實利於民，利害迫切，間不容髮者，許臣同逐路帥臣、監司公共相度事之緩急，窮究利害，委不可待報，即先次施行訖，續具奏聞。庶幾遠方疲瘵之民，速被聖澤，而牛馬萬里之行，亦不爲徒勞矣。」詔事干糧運，令與帥臣、監司同共相度，關申安撫制置大使司施行。所有違戾詔條事件，依所奏先次改正外，民間論訴冤枉，體究有實，即送所屬根治。餘並申尚書省。

紹興八年十一月八日，監察御史、江西路宣諭李寀言：「欲乞同昨監察御史胡世將奉使福建路督討范汝爲例，依本路提點刑獄官一歲所舉官吏條格[6]員數。」詔依五路宣諭官已得指揮。

紹興九年二月九日，監察御史、三京淮北宣諭方庭實言：「被旨前去三京、淮北宣諭，今措置事件：一、臣到東京日先詣景靈宮，到西京日先朝謁陵寢，相視合修葺去處，逐一聞奏。庶幾上慰祖宗神明之靈，下副士民觀瞻之意。一、人主之所以鼓動四方者，莫先乎號令。故奉天之詔，山東雖悍卒武夫，亦皆感激流涕。臣所齎詔書并口宣，願陛下法禹湯之罪己，哀痛自責，庶可以感動人心。一、河南州郡久隔王化，務先勸誘，臣所至乞令延禮耆舊，訪問疾苦，戒諭官吏，推行赦書内寬恤事件。如户口虛實、官吏能否之類，密具聞奏。一、遺逸山林有清節高名之士，或有文武才能可備國家之用者，許臣偏行採訪，具名聞奏。一、河南州郡文武官及土豪等，昨緣劉豫叛逆，自結山寨，不忘國恩之人，赦書内已令所在保明以聞，官員量行擢用，土豪優與推恩。欲乞給降敦武至保義郎空名官告各一道，承節、承信郎、進武進義校尉、下班祗應、進義副尉、守闕進義副尉、進勇副尉、守闕進勇副尉空名補帖、綾紙官告各二道，令所屬日下出給，許臣書填，作借補官資，逐旋保奏，候得旨換給正補付身。一、歸附之初，人情未定，恐有盜賊嘯聚，乞令臣就便招安，乞給降金字牌、黄牓等前去。其合措置事宜，不可候報者，許權行措置。一、赦内一項：『應見任文武官各安職守，並不易置。』[7]今奉命宣諭之初，當使遠人知朝廷大信，雖有官吏不可倚仗之人，未可便行易置。或在任官吏見被民間論訴，候回日具奏。一、所至河南州郡宣布德意，欲乞許臣節次具因依牒報陝西五路宣諭周聿照會，并乞令周聿所施行事宜亦具因依牒報臣，庶使號令風傳，遠近響應。一、河南州郡隔絶朝廷已久，其利害事宜不可遙度，乞候到逐處州郡，逐一具奏。」詔第二項令學士院修撰，第六項令樞密院給降十副，餘並從之。紹興九年，御史方庭實宣諭三京、淮北，皆使者職也。九年復陝西，四月詔簽樞樓炤往永興宣諭，秘少鄭剛中爲參謀，予衛卒千人，因制置移屯等事，宣諭之權自此重矣〔一〕。

二十二日，詔：「李宲罷宣諭，差充廣西提刑，其江西盜賊專委張守措置招捕。」以中書門下省言：「李宲昨差充宣諭江西，本令宣導德意，乃專意督戰，措置乖方，致陷失巡尉不一。又於元奏畫一之外，欲移易別路及行在官吏，及乞依提刑司奏舉改官等，並是招權妄作。」故有是命。

四月二日，詔：「差簽書樞密院事樓炤前去宣諭陝西諸路新復境土，所有隨行合用軍馬，令殿前司差官兵一千人，將官二員，内馬軍一百人。其經過州縣慮有嘯聚盜賊，令樞密院給降招撫金字牌、旗牓一十副，并令學士院降詔，付陝西逐路州軍帥守施行。」

十五日，詔：「已差簽書樞密院事樓炤往陝西諸路宣諭德意，合措置[8]事非一，可令就便詢究，不拘三省、樞密院事，並逐一措置聞奏。」

五月一日，諫議大夫曾統言：「臣聞古者國無九年之蓄曰不足，無六年之蓄曰急，藏於民猶藏於國也。今縣官所入僅足更歲，方之於古，可謂急矣，而有司既無養財之術，且不知節以制度，豈不殆哉！竊見近年困於養兵，所以致用者蓋亦多端矣，然未見所謂足國裕民之策、使公私饒益、無不足之憂者，蓋不知節以制度故也。臣不敢毛舉細故，但以去冬及春以來遣使之費言之。初命韓肖胄報聘金國，又命王倫交割地界，以至遣方庭實宣諭三京、河南等處，郭仲荀留守東京，遣周聿就同郭浩宣諭陝西諸路，遣士㒟、張燾恭謁陵寢，又命樓炤至永興等路布宣朝廷德意。凡此七使，所攜官吏軍兵其數甚多，起發借請之類不知其數。竊聞熙寧初，命宰臣韓絳宣諭陝西，纔費十八萬緡，時論沸騰，以爲大咎。今一使之費固已數倍於昔，合而計之，不知其幾何。凡此數事，雖有出於不得已者，然其援引體例，悉非舊比，故所費尤廣。蓋自崇寧以來，權臣用事，務爲華侈以悅人情，其所施行前無所稽，後不可繼，綱紀版蕩，法度廢弛，其弊至於今未革也。加以兵火，圖籍焚毀，無可考按，盡出一時指揮。將來克復境土，兩宫南還，前命大臣迎奉，其費不少。謂宜選擇忠實通練之臣，檢照三省諸房及尚書六部，應於國朝舊制，凡使命下官吏、[9]軍兵人數及支費則例，逐一裁定。要使前有所稽，後爲可繼，庶無妄費，可以行遠，不勝幸甚。」從之。

六月二十四日，宗正少卿、三京淮北宣諭方庭實言：「臣聞真宗皇帝自景德講好之後，邊境寧靜，耕桑蔽野，戴白之民不識兵革，此天地好生之大德，帝王長久之基業也。茲者大金割還河南舊地以通和好，兩國生靈遂獲休息。陛下惇守信義，堅如金石，臣不復有言。竊恐沿邊州縣未能上體德意，或招納叛亡，或渡河侵擾，初緣細故，寖摇大事。伏望明詔官吏兵民，各守疆封，務相輯睦，行灌瓜之恩，絶

〔一〕按此注乃《玉海》卷一三二之文。

争桑之忿，安土樂業，免於流移戰鬭之苦，如景德時事，則甚盛之舉也。」從之。

二十七日，殿中侍御史周葵言：「竊聞中原遺民初覩朝廷所遣宣諭之臣，歡呼感泣，有復見漢官威儀之嘆。此皆祖宗恩澤固結之久，陛下德意感動之深，人心所歸，大意可見。今中原百姓苦僞齊苛暴，莫不歸心本朝，實陛下恢復之基也。然而凋瘵之餘，易以騷動。今自宣諭以後，所遣留守、監司及其他使命已至數人，各有添破官屬、人從，於新復州縣少有須索，則民將不勝其應，非所以慰安之。臣願自今非有急切事宜，不須更遣使命；留守、監司有見闕人處，特行選差外，其餘且令因任。所有應緣迎奉梓宮及兩宮官吏，並候朝廷見得入界有期，方令起發，已起發者令於鎮江等處聽候指揮，庶幾河南州縣不致煩擾。」詔 10 依，内已起發官不得於沿路及新復州軍騷擾。

十月十二日，簽書樞密院事樓炤言：「往陝西宣諭，今已回行在所訖，所有行府職事合行結罷。」詔限五日結罷。

紹興十一年十月三日，川陝宣諭使鄭剛中言：「被旨，所過州縣許按察官吏，除治行顯著、罪犯明白之人合行聞奏外，欲乞許令薦舉改官親民任使七員，堪充從事郎、縣令任使十員，庶幾有以獎進人材。」從之。

紹興三十一年六月八日，詔御史中丞汪澈充湖北京西宣諭使(一)，仍節制兩路軍馬。先是，澈以得旨疾速前去撫勞將士，體訪事宜，候事定日赴行在。澈乞以湖北京西宣諭使司爲名，於鄂州置司，就用御史中丞印記行使，故有是命。

十九日，詔：「汪澈將來起發，除給券外，每月別(結)〔給〕錢一百貫。」

紹興三十二年二月一日，詔左朝請郎、試中書舍人、兼權直學士院、兼侍講虞允文試兵部尚書，充川陝宣諭使。允文言：「被旨差充川陝宣諭使，乞依汪澈宣諭已得指揮施行。今具畫一内不同事件：一、今乞以『川陝宣諭使司』爲名，其兵部尚書印記見在行宮本部，今關借奉使印一面行使。一、今來一行官屬、人吏、軍兵等合給券曆等，緣户部、糧料院、左藏庫已樁船起發，欲乞下建康府，分差行在糧料院出給券曆，於總領所支請施行。一、置司去處，欲乞且就興州踏逐空閑去處，以備一行官屬等安泊。如有往來措置事件，即起發前去，11 續具奏知。一、差破人數内，御史臺贊引知班二人，今改作引接名目，請給等依元降指揮。一、所有一行官屬等差破到當直兵士，沿路若有逃亡，即乞於諸州踏逐差填。」並從之。

紹興三十二年孝宗即位未改元。九月十八日，詔王之望爲權户部侍郎、川陝宣諭使。

十二月二十九日，詔虞允文起發赴行在。

孝宗隆興元年四月十五日，詔：「王之望除集英殿修

(一) 汪澈：原作「汪徹」，據《宋史》卷三八四《汪澈傳》改。下同。

撰，提舉江州太平興國宫，其川陝宣諭司限五日結局。」王之望言：「吴璘已回興州措置把截，宣諭一司别無職事。」兼以衰病乞宫觀，故有是命。

六月二十五日，詔虞允文除兵部尚書、兼湖北京西路宣諭。

隆興二年四月三日，詔：「尚書户部侍郎錢端禮、吏部侍郎兼權直學士院王之望兼充兩淮宣諭使，宣布德意，撫諭軍民。應官吏自帥守以下有才能者，許令舉薦；貪殘不法、疲懦不職，奏劾罷易。見今牟利擾民事件，一面禁戢。先是，上宣諭輔臣曰：「王師屯駐淮上，暴露日久，朕念兩路之民困於饋餉、修築之役，未能安業。」故有是命。

八(月)〔日〕，詔左朝奉大夫、江東運副薛良朋充淮西宣諭使司參議官。先差度支員外郎韓元吉，得旨令回行在供職。至是，宣諭使王之望言良朋職司漕計，諳曉轉輸，乞爲參佐之任。故有是命。

六月七日，尚書户部侍郎、淮東宣諭使錢端禮言：「被旨差充宣諭淮東，今來使事已畢，欲乞限五日結局。」詔候過防秋取 12 旨，未可結局。

九月十九日，詔權尚書刑部侍郎吴芾爲給事中、兼淮西宣諭使。

十一月五日，臣僚言：「伏覩指揮，淮西宣諭司結局，其官吏、軍兵並依汪澈例等第推賞。伏見汪澈督師襄漢之時，彊敵對壘〔一〕，嘗交鋒刃，一行官吏以次行賞，第一等轉兩官，第二等轉一官、減二年磨勘，第三等轉一官。今歲淮西外無邊警〔二〕，如一府官吏先受恩賞，竊慮屯戍之人無不怨望，不若寢之於未然。」從之。

開禧二年正月二十三日，詔：「吏部侍郎薛叔似差充湖北京西路宣諭使〔三〕，合行事件疾速條具申三省、樞密院，限十日起發。」既而叔似畫一申請：「一、合差官屬，今比擬權刑部侍郎周聿昨充宣諭使例，更加裁減，止乞差主管機宜文字一員，幹辦官二員，準備差遣五員，並許於內外見任、得替待闕、寄居文武并選人內，不以有無拘礙，踏逐指差，不許辭避。仍申朝廷給降付身、差劄，並與理爲資任及在任月日，許帶行見任或前任或新任請給，仍支給本身驛券一道。每月支破贍家錢，內主管機宜文字四十貫，幹辦官三十貫，準備差遣二十五貫；並日給食錢，內主管機宜文字一貫，幹辦官八百文，準備差遣七百文。各自供職日起支，發遣日住支。已上無舊請或不願舊請，更各每月支別給錢，內主管機宜文字三十貫，幹辦官二十五貫，準備差遣二十貫。所有人從，主管機宜文字乞差當直兵士一十二人，幹辦 13 官各十人，準備差遣各八人。其差人并當直兵士許於三衙內依數差撥，如願帶見破人者聽，不得過合

〔一〕彊敵對壘：原作「疆對敵壘」，據洪适《盤洲文集》卷四七改。
〔二〕警：原作「境」，據《盤洲文集》卷四七改。
〔三〕西：原脱，據《兩朝綱目備要》卷九補。

破之數。當直人除見請外，並依一行兵士例添破餘米。其所差屬官下共差破手分一名，貼司一名，許於內外官司公吏內踏逐指差，不得辭避。其所差人除舊請外，合破進義副尉券一道，日支食錢三百文，無舊請人支別給錢八貫。自被差日起支，發遣日住支。如分遣屬官前去幹事，許於所在州縣官司指差守分一名，同所委屬官前去，請給亦乞依此支破。如礙名色次數，並許依今來則例支給。一、今來所差屬官，乞依例與免謝辭，事畢日依舊發遣歸元來去處。如辟差不盡，乞於前路不以見任、寄居、待闕文武并選人踏逐(申)〔差〕辟，朝廷給降付身。所辟官候公文到日，仰所在州軍限日下先次發遣前來赴司供職，不許辭避。其差辟并支破請給，並依前項事理施行。內合破兵士、鞍馬，於所在州軍差撥。及口食錢米等，亦乞依例施行。其屬官下手分、貼司，亦各乞差兵士一名，差破請給依一行軍兵例施行。一、行遣文字乞依周聿例，差點檢文字一名，主管文字四人，贊引知班二人，書寫文字五人，書表司、通引官各二人，許不拘常制指差，不得辭避。並理爲資任及通理在任月日。如有前後特旨不許發遣，並特依今來指揮，候事畢歸元來去處，依舊祗應。如有見兼差遣，回日亦令依舊。內點檢[14]文字、贊引知班止於本臺人吏內差撥外，其餘許於本臺及六曹、寺監、內外官司人吏內踏逐指差，帶行舊請。其差出名闕，止許時暫差人權替，候回日依舊。所有被差人吏內，點檢文字、主管文字各日支食錢七百文，每月各支贍家錢十一貫；(替)〔贊〕引知班、書寫文字、通引官、書表司各日支食錢五百文，每月各支贍家錢七貫。有名目人各破本等券一道，無名目人點檢文字、主管文字各支破進武副尉券，贊引知班、書寫文字、書表司、通引官支破進義副尉券。若有拘礙名色次數，並乞特依今來則例支破。無舊請人每月支別給錢，內點檢、主管文字二十貫，書寫文字、通引官、書表司各一十五貫。其差人自被差日起支，發遣日住支。其一行公吏並行重祿。兼今來係兩路宣諭及撫勞將士、體訪事宜，并諸雜使喚，不可闕人，今乞依周聿例差準備差使、準備使喚各五人，於見任、寄居、待闕、已未到部大小使臣、校副尉內，不以有無拘礙，踏逐指差，不許辭避。其請給等並依主管文字例一等支破。一、除見破親隨、廳子、親事官、承送人等隨行外，今乞依奉使條格，更差親隨三人，并差當直兵士五十人。乞下殿前、馬、步司差撥，隨逐前去。內點檢文字、主管文字、準備差使、使喚各差擔擎兵士三人，贊引知班、書寫文字、書表司、通引官各二人，親隨、廳子各一人，並乞下三衙差撥。其所差兵士、親事官、承送、廳[15]子除舊請外，內親事官、承送每日各支別給錢四百文，米二升，當直、白直軍兵並每日添破食錢三百文，米二升半，廳子日支食錢五百文。內親隨請給等依書寫文字例支破。除廳子、親事官、承送自被差日起支，發遣日往支外，其餘一行當直兵士並自出門日起支，入門日住支。并乞下臨安府差破茶酒司、廚子各二人，其請給依兵士例支破。一、沿路合要乘騎鞍馬，〔令〕〔今〕乞下殿前司差撥堪好乘騎馬二匹、控馬兵士四人。所有一行官屬、人吏等合用鞍馬并控馬兵士，亦具數下殿前司，差撥堪披帶馬，控馬兵士各二人，並限日下差撥前來應副。仍乞下所屬並出給控馬人口券，并分擘草料小曆，前路批勘。所有控馬兵士添破日支錢米，依一行兵士體例支破。尚慮道路險遠，所差馬羸弱病患，不堪乘騎，許所至州軍時暫權差人馬或和顧人轎，逐州交替。其所差鞍馬兵士，候到置司處權留乘騎，候回日發遣元來去處。一、所有將帶一行官屬、使臣、人吏、兵士等，並依周聿例各借請兩月，候回日通舊欠作五釐回尅。所有一行人願分擘請受於行在或所在住家州軍勘給者，聽。更合取自朝廷指揮。」詔差幹辦官一員，準備差遣、差使、使喚各兩員，主管文字、書寫文字各二員，內贊引知班改差引接二名，當直兵士差三十人，餘並依。

三月十五日，詔：「湖北、京西州縣飢民闕食，流爲盜賊，已差薛叔似充宣諭使，前去賑卹。近邊報兩淮沿邊亦有賊徒嘯聚，竊慮亦係飢民，理宜一體差官撫諭。」差給事中鄧友龍充兩淮宣諭使。既而友龍依周聿等例畫一條具，悉如薛叔似所請。詔準備差遣、差使、使喚各差兩員，主管文字、書寫文字各二名，當直兵士差三十人，餘並依。

十七日，詔鄧友龍除給券錢外，每月支別給錢一百貫文。

開禧三年三月二十五日，詔：「逆曦就戮，合行撫諭四川軍民，令許奕前去撫諭，仍一就喝犒興州、興元府、金州諸軍，各錢引一十道，令安丙於見管錢內取撥。」已而許奕辭行。

四月三日，詔刑部侍郎、湖北京西宣撫使吳獵充四川宣諭使，日下前去撫諭。已降指揮喝犒，許奕宣諭指揮更不施行。湖廣總領項安世時暫兼京西宣撫司職事，候吳獵回日依舊。

是月十七日，御批付吳獵：「比以逆曦負國，付卿西討，賴宗社之靈，賊不旋踵已誅。然遠方亂定之初，猶軫憂顧，必得信實之臣，單車所至，往宣德意。惟卿素知體國，就輟以行。其遂疾驅，爲朕訪求民瘼，鎮安羣情。如武興一軍兵數偏重，今欲分半屯於益昌，別命一帥統之。卿可與宣司商署，條具來上。諸有經畫，併悉以聞。」

三十日，詔書：「敕四川官吏軍民僧道耆壽等：朕緬懷四蜀，逖處一隅。山川粹靈，自昔人材之盛，祖宗涵養，于今德澤之深，亦既有年，相安無事。豈期世將，輒負國恩！竊邑叛君，甘委身於黠虜；干名犯分，敢妄意於異圖。事實駭聞，理宜亟討。尚慮列城之驚擾，預頒密旨以翦除。方將命崇文以安驅，固已平子璋於即日。獲匪其醜，旋嘉折首之來；誅止其魁，靡待斧吭之往。費不煩於遺鏃，安再底於覆盂。皆爾軍民，協于官吏，篤尊君親上之義，堅砥節首公之誠，力抗兇頑，罔從污染。究觀事變，足見人情。爰特遣於侍臣，俾具宣於温詔。併優賚予，以勞師屯。一視而同仁，庶益孚於朕意；四方以無侮，諒遠震於戎心。各寧爾居，永臻于治。故茲撫諭，想宜知悉。春暄，汝等各比好否？遣書指不多及。」（以上《永樂大典》卷一三三一二）

宣撫使

【宋會要】

18 真宗咸平三年六月，詔曰：「兵威未戢，邊候多虞。王師効攻守之勞，邑民苦饋餉之役。每念及此，予懷惻然。臨遣大臣，特加軫問。宜令參知政事向敏中充河北河東沿邊宣撫大使，樞密直學士馮拯、陳堯叟充副大使，按巡郡國，存問官吏、將校、僧道、耆老、百姓等，式宣寬大之恩，副茲憯怛之意。」真宗御長春殿，置（晏）〔宴〕以遣之。

仁宗慶曆二年三月十六日，命樞密副使杜衍、翰林學士丁度充河東路宣撫使、副，仍許屯兵多處賜御筵犒設，及權於見任官内暫選差指使，事訖還本任。地遠處給遞馬驛券。

三年七月十九日，命樞密副使任中師爲河東宣撫使，參知政事范仲淹爲陝西宣撫使。仲淹乞更選近臣一員同往，每事議而後行，庶無差失。詔以知制誥田況爲副使，續以樞密副使韓琦代仲淹。

【宋會要】

慶曆四年六月，以參知政事范仲淹爲陝西河東兩路宣撫使，仍許於有軍馬州軍賜御筵，合行事件便宜處置。

八月六日，命樞密副使富弼充河北宣撫使。會盜起保州，令弼經制其事。

八年正月，命參知政事文彦博爲河北宣撫使，本路體量安撫使明鎬副之，以討貝州軍賊。

【宋會要】

19 皇祐四年九月，以樞密副使狄青授宣徽南院使、荆〔湖〕北路宣撫使、都大提舉廣南東西路經制賊盜事。

英宗治平三年十月六日，以同僉書樞密院事郭逵爲陝西四路沿邊宣撫使兼權判渭州，仍給宣撫使牌印。

【宋會要】

熙寧三年九月八日，命吏部侍郎、參知政事韓絳充陝〔西〕路宣撫使，以直舍人院呂大防爲宣撫判官，館閣校勘李清臣掌機宜文字。續命絳兼河東路，詔絳不親到河東，止行移文字與合相照應官司。其不係招撫部族、開拓疆土、勾押兵馬、取索錢糧事件，更不管勾，不令本路申報，各得自便。絳就拜相，乞淮南發運使薛向爲副使〔一〕，上以宰相充使，則大防爲知制誥，向爲待制，可充判官，遂並命爲判官。

八年十二月二十四日，命知延州、天章閣待制、吏部員外郎趙卨爲安南道行營馬步軍都總管、經略招討使、兼廣

〔一〕乞：原作「充」，據《職官分紀》卷四六改。

南西路安撫使，昭宣使、嘉州防禦使、入内押班李憲副之，龍神衛四廂都指揮使、忠州刺史燕達爲副都總管，光禄寺丞温杲管勾機宜文字。

徽宗政和六年正月五日，詔太尉、武寧軍節度使、中太一宫使童貫差直宣和殿、陝西河東路宣撫使。

七年五月二十二日，陝西河東河北路宣撫使童貫言：「今具合用屬官六員，内文臣二員充宣撫判官，文武臣二員 20 充參議官，文武臣二員充勾當公事。」從之。

宣和四年四月八日，詔太師、劍南東川節度使、陝西河東河北路宣撫使、楚國公童貫爲河北河東宣撫使，少保、鎮海軍節度使、開府儀同三司、上清寶籙宫使、直保和殿蔡攸副之。

五年正月七日，制以太中大夫、尚書左丞王安中爲慶遠軍節度使、河北河東燕山府路宣撫使、知燕山府。

七月八日，詔起復武信軍節度使譚稹爲檢校少保、河北河東燕山府路宣撫使。

六年八月十一日，詔：「武信軍節度使譚稹罷河北河東燕山府路宣撫使，提舉西京嵩山崇福宫。童貫落致仕，領樞密院事、陝西河北河東燕山府路宣撫使。」初，譚稹之代貫也，以常勝軍驕，請河東别創一軍分其權，招雲朔之人，以五萬爲率，屯河東州縣，號義勝軍，以李嗣本、耿守忠爲（師）〔帥〕，撫其軍甚厚，衣廪皆倍他軍。常勝軍聞之，潛投河東者接踵。郭藥師、張令徽訴于朝，詔常勝軍毋得至關南。藥師等猶懼其亡，皆再涅其面，常勝軍並怨，而金人絶無交割山後州縣之意。以稹措置乖方，故貶之而復用貫。

【宋會要】

欽宗靖康元年四月十八日，檢校少師、鎮洮軍節度、河北宣諭使种師道除太尉，依前鎮洮軍節度使，充河北河東宣撫使。

六月三日，以知樞密院事李綱爲河北河東宣撫使。先是，制置副使种師中援太原失利，朝廷欲 21 再遣兵，門下侍郎耿南仲言：「方今欲援太原，非綱不可，宜以爲宣撫使。」上召綱諭以欲遣意，綱自陳：「書生不知兵，今使爲大帥，恐不勝任，且誤國事。」於是臺諫交章言綱儒者不知軍，將兵必敗。綱忠鯁異衆，爲大臣所陷，寢不報，乃受命。

六月，資政殿學士劉韐爲河北河東路宣撫副使。

【宋會要】

〔建炎〕四年二月二十三日德音〔一〕：「昨差張浚爲川陝京西湖北路宣撫處置使，見在秦州置司。所有川陝等路去行在地里迂遠，民間疾苦無由得知，或負冤抑，無緣申訴，仰宣撫處置司詢訪疾苦以聞。」

六月七日，詔：「宣撫使張浚下一行官吏並各轉一官資，内有無資可轉人比折支賜，白身人願補名目，或願換支

〔一〕建炎：原無，據《建炎要録》卷三一補。

賜，或願候有名目收使，並聽。」以自行在至關陝萬里，欲旌其勞故也。

九月十一日，三省言：「昨降指揮，宣撫處置使司許便宜行事，係爲宣撫處置使有合措置事件，方許從便宜一面施行。訪聞本司差委官屬幹辦事務，如李允文、傅雱之屬，所至專輒行事，皆稱係依本司所得便宜指揮，州縣莫敢違戾。其宣撫使司所差官如有合行從權措置事務，自合申稟本司，聽候指揮。若許將本司所得便宜指揮自己一面施行，則凡係本司差委官吏盡得便宜行事，顯見侵紊。」詔今後除宣撫處置使依已降指揮許便宜 22 行事外，其差委官屬並不許輒用便宜指揮。如違，重寘典憲。

同日，三省言：「宣撫處置使司去歲出師，以京西盜賊充斥及荆湖南北分治兵器，揀選將士，遂許逐路並聽節制。今來本司見於秦州駐劄，相去逐路大段遥遠，緩急機會報應阻隔，難以責令奉承。兼京西、湖北已係分鎮去處，即與舊來事體不同。」詔陝西、四川並依舊聽宣撫處置使司節制，京西、湖北依分鎮畫一指揮，其荆湖南路聽宣撫使司節制指揮更不施行。

【宋會要】

〔紹興元年〕十月十五日〔一〕，兩浙西路安撫大使、淮南路宣撫使劉光世條具事件：「一、合使印記乞以『淮南東路宣撫使』爲文。一、所管淮南真、揚、通、泰、承、楚州、漣水軍等處，累經金賊殘破，兼接山東，正係邊面州軍，合要軍馬控扼。光世近將祝友等諸頭項軍馬分撥於逐州駐劄，及中朝廷差統制官兼充知州訖，所有本州通判已下曹職、監當官，並管下縣鎮等，多是闕官。欲乞令逐處所差知州，各於本軍所管文武官内選差有心力、可以倚仗之人填闕一次，候將來事有倫緒日，乞從朝廷差注。一、所管淮南州軍並係殘破去處，見屯泊軍馬不少，乞量行支降錢糧濟接應副，免致闕誤。一、自來宣撫司並差置官屬，今既令就差安撫大使司屬官兼行管幹，自合從宜省簡。緣所管地分比之淮南路邊面廣闊，事務繁夥，欲乞量 23 添主管機宜文字并幹辦公事共三四員通行管幹，所有人吏亦乞差置五七人，專一施行文字。乞於所轄州縣踏逐抽差，其每月請受並乞比安撫司見行條例。一、今來所管江北、淮南州軍，北接山東，不在遣官過江幹事及間探事宜〔二〕，即與江池州宣撫使所管淮南州軍事體不同，乞差置准備將領、准備差遣、差使、使喚、使臣等，仍依兩浙西路安撫大使司已〔得〕指揮踏逐辟差。一、淮南州軍昨緣金賊侵犯，土豪聚集巡社，欲乞

〔一〕紹興元年：原無。考《建炎要録》卷四四，紹興元年五月二日丁酉，江西安撫大使朱勝非、浙西安撫大使劉光世並兼宣撫淮南，光世領真、揚、通、泰、承、楚州、漣水軍。以下二條所記劉光世、朱勝非之奏正是在此事之後，則此處「十月十五日」乃指紹興元年十月十五日。又下文「十一月五日」條「參知政事孟庾除福建、江西、湖南北路宣撫使」，據《建炎要録》卷四九，乃紹興元年十一月五日戊戌事，益證此條之十月十五日係紹興元年。因補。

〔二〕不在：疑當作「不住」。

今後土豪所集民兵巡社，（令）〔令〕所管州軍各籍定人數，無事之時放令著業耕種，如遇警急即旋行拘集。」從之。

同日，淮南路宣撫使朱勝非言〔一〕：「自來安撫司、都總管司各置人吏及公使、激賞錢物，緣總管司文移不多，不曾專差人吏，并激賞、公使亦不曾別破錢物，並係安撫司兼。今來宣撫司行移別路文字，合別置司屬，除公使、激賞外，乞量差人吏三五人主行一司文字。所有抽差、召募及請受，並比安撫司見行條令。候將來事務稍多，合行添置人吏，續具奏請。一、除屬官外，有統制、統領、將官、准備將領、准備差遣、差使、使喚等，並乞依江西路安撫司已得指揮施行。其人數隨事多寡，量行差置。」詔許差書吏二名，貼書一名，餘依。

十一月五日，詔參知政事孟庾除福建江西湖南北路宣撫使，太尉、武成感德軍節度使韓世忠除宣撫副使，應官吏、軍兵一切事務，共爲一司，不得輒分彼 24 此。差撥姚端於所管人内揀選京東、河北軍（共）〔兵〕五百人，統領前去使喚。

十一日，福建江西荆湖南北路宣撫使司言：「大軍今已進發，由台、温州先往福建討蕩賊寇，次赴餘路。所有大軍合用錢糧、草料，理合預行樁辦。欲不以有無拘礙，並許取撥所至並鄰路州縣係省不係省及係封樁不係封樁、上供等應管錢物應副，庶可預行樁辦，臨期免致闕誤。」從之。

同日，詔：「宣撫使孟庾係見任執政，所行文字即與朝廷一同，其立功將佐等合行推恩之人，令孟庾先次考實出給劄子訖，具功狀奏知。仍要左右司郎官據宣撫司出到劄子，別作一項繳申朝廷，換給告敕，宣劄施行。」

【宋會要】

紹興二年二月四日，樞密院言：「淮南東路盜賊屏除，民漸歸業，理合勸率耕桑，經理一路。」詔差劉光世將帶所部鋭兵一萬人往揚州，置宣撫司，修舉職事。時復到鎮江府點檢人馬訖，却回揚州。

三月七日，詔吏部尚書、淮西招撫使李光充端明殿學士、江南東路安撫大使、馬步軍都總管，兼知建康府，兼充壽春府滁濠和廬州無爲軍宣撫使。

閏四月十七日，詔寶文閣學士、通議大夫程唐差充宣撫處置使司參議官，專（以）〔一〕措置財用。從宣撫使張浚請也〔二〕。

五月十六日，荆湖廣南路宣撫使、兼知潭州、充湖南路安撫使李綱言：「竊見祖宗以來，25 所置使名莫重於宣撫，多以見任執政官充使。近知樞密院張浚宣撫陝西〔三〕、四川，參知政事孟庾宣撫福建、江西、荆湖南北路，皆見任執政。今又除臣宣撫荆湖，事體實有相妨。借使諸處盜

〔一〕淮南路：原無，據《建炎要録》卷四四補，參見上條校記。

〔二〕張浚：原作「張俊」，據《建炎要録》卷五三改。

〔三〕知：原作「如」，據《梁谿集》卷六五改。

賊，一司欲令招納，一司欲令討捕，不知何所適從。諸州錢糧，一司欲令支用，一司欲令樁留，不知如何遵稟。以至節制諸將，辟差官吏，行移措置，皆有妨礙。欲望詳酌事宜先後，將本司職事明降處分〔一〕，使有遵守。又契勘所領荊湖宣撫職事，與福建、江西、荊湖宣撫使司軍馬事體一同，所用錢糧理合通融應副，不分彼此。今來福建、江西、荊湖宣撫使，副一行軍馬先到江西并荊湖路分，所有逐路州縣錢米並係先次劃刷拘收，若不通融應副，竊恐闕絶誤事。」詔令孟庾、韓世忠候撫定荊湖南北盜賊班師日，量度合用數外，盡數留與李綱支用。

同日，李綱又言：「被旨，應干合行事件並依呂頤浩昨任江東安撫大使日所得畫一指揮施行，除恭依外，有逐路財賦，乞許臣取撥所置州縣係省不係省及係封樁不係封樁并上供等錢物，應副支用。仍乞依安撫大使司例，錢四十萬貫，米二十萬碩，充一歲之用。」從之。

同日，李綱又言：「乞本司行移除福建、江西、荊湖宣撫使司及諸路安撫大使用關牒外，本路帥臣、監司、州縣並用劄子，從官以上劄送，餘並劄付。」從之。

十八日，李綱又言：「荊湖之地綿亘數千里，號爲上 26 流，如鼎、澧、岳、鄂州連荊南一帶，皆當屯宿重兵，倚爲形勢。近所乞不滿萬人，若到本路，兼得岳飛、吳全、韓京、吳錫等兵，方僅及二萬之數，分屯沿江要害去處，深慮不足。乞候到本路，相度形勢，圖上方畧，別行申請。」樞密院勘會，除岳飛合係平賊了日赴行在外，其餘軍馬依已降指揮，平賊了日盡數交割與李綱使喚。

七月十六日，江南東路安撫大使、兼知建康府、充壽春府滁濠廬和州無爲軍宣撫使李光言，合辟參議官二員，已辟宗穎外，更乞差左中大夫盛旦〔二〕。從之。

九月二十三日，臣僚言：「祖宗以來，遣宣撫使，事畢結局。今諸路例帶宣撫使，名位混淆，兼非舊制，文移交互，州縣難於應報。」詔諸路帥臣帶宣撫者並罷，内淮東路依舊隸屬浙西帥司，淮西并德安府等處依舊隸江東、西帥司，廣（南）東西、湖北路各隸本路帥司。

二十四日，詔太尉、武成感德軍節度使韓世忠充江南東西路宣撫使。

二十九日，詔顯謨閣直學士、左通奉大夫、利州路經畧安撫使、馬步軍都總管、兼知興元軍府王似特授依前官，充端明殿學士、川陝等路宣撫處置副使。

十二月十八日，詔：「知夔州盧法原除龍圖閣學士，差充川陝宣撫處置副使，與王似同共治事。」

紹興三年二月五日，宣撫處置使張浚言：「諸路經畧、安撫、發運、監司屬官，依條許逐司官互相薦舉。所有本司隨軍轉運使副下屬官，内係選人員闕，27 在法合用舉主陞

〔一〕本司：《梁谿集》卷六五作「兩司」，似是。
〔二〕左：原作「在」，據《景定建康志》卷二五改。

改，緣未有許監司等薦舉指揮，欲依發運司屬官體〔列〕〔例〕施行。」從之。

三月二十六日，知樞密院事、宣撫處置使張浚言：「逐路監司、知、通等，所有闕官去處，選差奏聞，先令赴任管幹職事。竊慮奏狀未達間，別行差官前來，緣道路遥遠，多是所替人已年滿過期，再差官到任亦已多日，若便令交割，不唯有礙見任人資考，兼恐所差人各懷不測替罷，不肯究心職事。今欲將朝廷差到官如踰期者，別與本等合入差遣，所貴各不相妨。」從之。

二十七日，詔太尉、武成感德軍節度使、神武左軍都統制、充江南東西路宣撫使韓世忠，可特授開府儀同三司，充淮南東西路宣撫使，泗州置司。

四月八日，詔慶遠軍承宣使、神武前軍統制王𤫉，特除捧日天武四厢都指揮使，充淮南東西路宣撫使司都統制。以樞密院勘會宣撫司見闕都統制官，故有是命。

十一日，詔越州鈐轄劉綱聽韓世忠使唤。綱元係泗州招信縣人，熟知地利，從宣撫使司所請也。

六月十九日，知樞密院事、宣撫處置使張浚言：「被旨，王似除端明殿學士、川陝等路宣撫處置副使，其知成都府令張浚具名奏差。臣今欲乞改差端明殿學士、左正奉大夫、宣撫處置使司參議張深充成都府路兵馬鈐轄，兼本路安撫使，兼知成都軍府事，望給降告命。」從之。

九月一日，吏部言：「若宰執見帶領三省、樞密院職事任宣撫28使、副，行移文字合劄下本部，本部行移即具申本司。如不領三省、樞密院事，并侍從官任宣撫使、副〔一〕，行移文字合申本部，本部行移即用公牒。」詔依吏部供到狀内事理施行，餘部准此。先是，張浚以知樞密院出爲宣撫處置使，續以王似、盧法原爲宣撫處置副使，止係侍從官。吏部申明，故有是命。

十月五日，端明殿學士、左通奉大夫、川陝等路宣撫處置副使王似等言：「乞照用紹興二年九月四日赦，應川陝官員陳乞覃恩、磨勘、奏薦、封贈、循資、致仕、遺表，或去失付身、批書等干照文字，命官移放叙復，緣道路遼遠，仰經所在州軍保明申宣撫處置使司驗實，依便宜指揮一面施行。數内奏差監司、守倅、將佐等，并官員新舊法宫祠及陳乞守本官致仕，捧表，陣亡，歿於王事恩澤，川陝定差辟官年勞酬賞之類，係宣撫處置使張浚已得旨便宜黜陟施行。竊恐道路遥遠，經隔歲月，人心疑惑。臣遵依指揮，並出給照〔刷〕〔劄〕，許繫銜放行請受，逐旋類聚奏聞，乞朝廷給降付身、告敕。契勘文臣陳乞舊法宫祠，并流寓文武官陳乞破格新法宫祠，見遵依已降指揮。所有武官陳乞舊法宫祠差遣，別無指揮遵執。乞下有司頒降見行條法，付本司遵執施行。若武臣陳乞，如曾任知州軍并路分都監以上，委有戰功勞績之人，欲乞許行〔蓋〕〔差〕注。」並從之。

〔一〕侍：原無，據下文補。

29 紹興四年三月一日，知樞密院事張浚言：「被旨召還樞庭，依已降指揮將帶軍馬前赴行在。今來道路遼遠，一行起發事務并將來合奏陳宣撫司文字不少，臣已量度差帶官屬分頭管幹。欲乞候到行在，依例推恩，仍特與內外陞等差遣一次。」從之。

二十四日，武成感德軍節度使、開府儀同三司、充鎮江建康府淮南東路宣撫使韓世忠言：「昨來申所屬官乞依舊例，其參謀官係與轉運使、副叙官，參議官與知州軍、朝請大夫已上叙官，機宜、幹辦公事並依發運司主管文字叙官，准備差遣與簽判叙官。今准朝旨，宣撫司參謀、參議官與提舉茶鹽官叙官，機宜、幹辦與通判叙官。竊慮屬官叙位不應降等，兼《紹興令》發運(同)〔司〕主管文字、幹辦公事在所部通判之上，今來宣撫使司機宜、幹辦公事却與通判叙官，顯見宣撫使在發運使之下。」詔參謀官係知州資序人，與提刑叙官；參議官係知州資序人，與轉運判官叙官；機宜、幹辦公事並依發運司主管文字叙官。

二十六日，詔：「王似除資(正)〔政〕殿學士、川陝宣撫使，盧法原除端明殿學士、川陝宣撫副使，並在司治事。吳玠除川陝宣撫副使，免僉書本司公事，專(以指)〔一措〕置沿邊諸處戰守事宜。」

四月一日，詔曰：「宣撫使司并川陝官吏軍民等：朕念慮疆陲，覽觀形勢。秦蜀壤地，實據要衝，自時多虞，則有戎事。惘然西顧，曾靡遑寧。昨者特遣樞臣張浚往宣恩
30 威，任國憂寄，蓋五年于彼，朕有聞焉，肆頒召命，俾還行闕。而師言未已，臺諫交章，考其出使失職之辜，在於常刑，當從遠竄。朕念所用吳玠等能禦大敵，累立戰功，許國一心，可膺委任，因是貸浚，止從薄責。庶使玠等知朕厚於勸功而畧於記罪之意，感悅奮勵，益建良圖。應累年以來，川陝諸路，其實有勳勞而未逮於賞，濫被刑罰而莫當其罪，才能偏廢而不用，謀猷見抑而不伸[一]，廣興橫歛而至於無涯，煩擾斯民而使之失業，赦令所頒之澤不盡推行，朝廷所差之官不獲赴上，凡害民咈衆之事，違吾德意者，仰宣撫司講求咨訪，疾速措置，以稱朕惻怛軫憂之誠，庶迪惠和，亟臻嘉靖。播告有衆，咸使聞知。」

五月八日，川陝等路宣撫處置副使王似等言：「本司相度，今後川陝帥臣、監司闕官，或去替不遠，欲乞從本司選擇可倚仗之人，一(而)〔面〕擬差主管職事，具名奏乞詳酌，給降付身。其州縣官若候不堪倚仗，方行對移，即軍事緩急，已致闕誤。欲乞將轉運司舊來擬注知、通窠闕，并諸州僉判及知縣，亦乞權許本司選官奏差，乞給降付身。庶幾緩急之際，得人倚辦。」詔帥臣、監司如差待闕替人窠闕，令宣撫使司並約程，前期每一闕具奏三兩名，聽旨除授。其非次見闕不可待報，許從本司擬差施行。

[一] 抑：原作「仰」，據《建炎要録》卷七五改。

六月一日，武成感德軍節度使、開府儀同三司、鎮江建康府淮南東路宣撫使韓世忠言：「乞依昨任江31南東西路宣撫使日已得畫一指揮，行移除安撫大使外，並用劄子。」從之。

十七日，左諫議大夫唐輝言〔一〕：「自來内外官司移文或用符牒，各有定式，唯三省、樞密院用劄子，他官司不敢用，蓋以尊朝廷也。軍興以來，領宣撫使皆見任二府〔二〕，故用劄子。向因主兵官輒援此例，臣僚以爲言，乞講求事實，立爲永法，已得旨統兵官行移文字輒用劄子者徒二年。今來韓世忠如不係見帶三省、樞密院職事，不合用劄子，即乞指揮改正施行。」從之。

七月三十日，詔：「鎮江建康府淮南東路宣撫使司行移本路帥司用公牒，所部州縣並用劄子〔三〕。」

八月三日，詔趙鼎除知樞密院事、川陝宣撫處置使。

十月七日，川陝等路宣撫處置使司言：「定國軍承宣使、權秦鳳路馬步軍副都總管、權知秦州、兼節制階文州統制軍馬吴璘，明州觀察使、環慶路馬步軍副都總管、兼知慶陽軍府事楊政，前後統制軍馬，累立奇功。近金賊總領大兵，欲取川蜀，直犯仙人關、殺金平，其吴璘改差充(燕)〔熙〕河蘭廓路經署安撫使、兼馬步軍都總管、兼知熙州軍州事，統制關外軍馬，依前節制階文州；楊政改差充環慶路經署安撫使、兼馬步軍都總管、兼知慶陽軍府事，同統制關外軍馬〔四〕，節制成鳳興州。先次出給照劄去訖，伏乞給降付身，下本司給付。」從之。

十一月二十日，江南東路淮南路宣撫使司言：「本司官屬内幹辦公事三員，准備將領五員，准備差遣、准備差使各五員。緣今來事宜之際，軍事繁冗，全要32官屬辦集，即今見有官屬數少，委是幹當不前。乞依韓世忠例〔五〕，添差逐色官屬，庶幾易爲集事。」從之。

紹興五年正月十八日，詔：「武成感德軍節度使、開府儀同三司、充鎮江建康府淮南東路宣撫使韓世忠除少保，依前武成感德軍節度使，充淮南東路宣撫使，鎮江府置司。」

二十八日，詔淮西路宣撫使劉光世於宣州、太平州選擇穩便去處屯泊人馬。

閏二月八日，詔：「今後省陳換給宣撫處置使司付身人〔六〕，並免召保驗實保明，與換給付身。」

三月六日，三省言劉光世、韓世忠見充淮南西路宣撫使，緣逐軍兵馬見在鎮江府、太平州屯駐，詔劉光世兼太平州宣撫使，韓世忠兼鎮江府宣撫使。

〔一〕唐輝：《建炎要録》卷七七作「唐煇」。
〔二〕任：原作「在」，據《建炎要録》卷七七改。
〔三〕州：原脱，據《建炎要録》卷七七補。
〔四〕軍馬：原脱，據《建炎要録》卷八一補。
〔五〕「忠」下原有「軍」字，據《景定建康志》卷二五删。
〔六〕省陳：似當作「自陳」。

九日，詔：「邵溥兼權川陜宣撫使，應軍期錢糧等事，與吳玠通行主管，候正官到日罷。」

十三日，定江昭慶軍節度使、開府儀同三司、江南東路宣撫使張俊言〔一〕：「本司參議官、左中奉大夫、直秘閣史愿見係添差通判嚴州，欲望特賜改差平江府添差通判。候交割了日，乞令帶行見任，依舊權本司參議官。將來事平日，罷本司職事，前去供職。」從之。

紹興六年正月十三日，詔：「吳玠依舊充川陜宣撫使，並依江東淮南宣撫司體例，專切訓練軍馬，計備器(中)〔甲〕邊防事務。其綿州一司可減罷，所管軍馬聽吳玠分撥使喚。應干錢物令趙開拘收，充應副宣撫司錢糧使用。仍限半月結局。」

六月二十六日，臣僚論張[33]俊軍中書寫機宜文字張體純自出身至改官皆不由格法〔二〕，畏避討論，遂隸名軍中，請罷黜。上曰：「當如所請，豈有不容於朝廷之人而可爲大將幕屬耶！」

十二月十四日，諸路軍事都督行府言：「朝廷今欲恢復中原，所賴者正在諸大帥，幕府尤要得人〔三〕。自兵興以來，士大夫一入軍中，便竊議而鄙笑之，指爲濁流。皆緣朝廷未加審擇，一聽其辟差，故所用之人或坐罪廢，或報私恩，或因應副，或出干求，貪利覓官，略無去就之節，有更十年而不退者。如朝廷稍擇賢才以重其選，乞應軍中屬官悉以二年成資替罷，立爲永格。」詔應宣撫司屬官許本司奏辟或朝廷差除，選人依舊三年外，餘並以二年爲任。如願留再任者，聽本司申取朝廷指揮。

【宋會要】

紹興七年二月二十六日，三省言：「岳飛任檢校少保〔四〕、武勝定國軍節度使，係充湖北京西路宣撫副使、兼營田使。今來以降制除太尉，依前武勝定國軍節度使，理合增重使名。」詔岳飛充湖北京西宣撫使、兼營田大使。

九年正月五日赦：「應兩淮、荆襄、川陜新舊宣撫使及三衙管軍，並特取旨優異推賞，統兵及將佐委逐軍開具，等第推恩。」

十八日，詔保平静難軍節度使、開府儀同三司、川陜宣撫使、兼營田大使吳玠除四川宣撫使，兼營田大使。

同日，詔和衆輔國功臣、少師、護國鎮安保静軍節度使、充萬壽觀使劉光世除陝西路宣撫使、兼營[34]田大使。

同日，三省言，已降指揮，吳玠爲四川宣撫使。詔舊守陜西地分階、成等州，依舊聽吳玠節制。

〔一〕張俊：原作「張浚」，據《建炎要録》卷一〇一改。

〔二〕張俊：原作「張浚」。按《建炎要録》卷一〇二亦作「張浚」，但《建炎要録》稱張體純之官銜爲「江東宣撫司主管機宜文字」，查其時任江東宣撫使者乃張俊(見《建炎要録》卷九八)，張浚則官尚書左僕射，知「浚」乃「俊」之誤，今改。又「由」原作「申」，據《建炎要録》卷一〇二改。

〔三〕尤：原作「猶」，據《景定建康志》卷二五改。

〔四〕少保：原作「少使」，據《建炎要録》卷一〇九改。

四月二日，四川宣撫副使、兼營田大使吳玠言：「本司昨充川陝宣撫司日，有本軍合用激犒等錢，尋申畫到指揮下四川都轉運司〔一〕，每歲應副錢一百八十萬貫。近蒙朝廷將本司改爲四川宣撫司，依已得指揮，各守疆界，即今別無招納及差撥官兵，乞將上件錢數自紹興九年分減半支撥。」從之，仍降詔奬諭。

九月六日，詔胡世將除寶文閣學士、川陝宣撫副使。

十年七月十二日，詔太尉、保成軍節度使、充殿前副都指揮使公事楊沂中除主管殿前都指揮使公事、淮北宣撫副使。

十九日，太尉、保成軍節度使、充主管殿前都指揮使公事楊沂中言：「被旨除淮北宣撫副使，近（由）〔申〕請到指揮，以淮北宣撫副使司爲名。凡行移文字，未審合與不合與宣撫判官劉錡同共繫銜〔二〕？」詔令同繫銜。

紹興十一年四月二十七日，詔：「韓世忠、張俊〔三〕、岳飛已除樞密使〔四〕、副，其舊領宣撫等司合罷，遇出師臨時取旨。逐司見今所管統制〔五〕、統領官、將副已下，並改充御前統制，統領官、將副等，隸樞密院，仍各帶御前字入銜。及令有司鑄印，逐一給付。且令依舊駐劄，將來調發，取旨施行。仍令逐司統制官等，各以職次高下輪替入見。及委賞功司將未了功賞疾速取旨推恩。」

同日，少師、鎮洮崇信奉寧軍節度使、充淮南西[35]路宣撫使、兼河南北諸路招討使、兼營田大使、濟國公張俊言：「近蒙除（受）〔授〕樞密使，所有宣撫司未曾回報朝廷并省部都司文字，并日前未了宿、亳功賞及淮西諸處功賞等，乞立限結局，仍許臣繫舊階申發。」詔依，限半月結局。

二十八日，詔韓世忠、張俊、岳飛宣撫官屬並優與陞等差遣。

【宋會要】

紹興十八年五月二十七日，詔四川宣撫司并屬官並罷之。以上《中興會要》。

紹興三十二年七月八日，孝宗已即位，未改元。張浚除少傅，依前觀文殿大學士，充江淮東西路宣撫使，建康府置司，進封魏國公。

十月二十九日，江淮東西路宣撫使司言：「本司屬官，欲依四川宣撫司，主管機宜文字與監司、幹辦公事與知州序官。」從之。

【宋會要】

孝宗隆興元年四月二十二日，張浚言：「昨承指揮，江淮宣撫司結局，所有應辦借置舟船、津發錢糧、修蓋營寨、置辦軍須得力官吏，得旨許臣保明，量與推恩。今作優平

〔一〕申畫：原作「中畫」，據文意改。
〔二〕劉錡：原作「劉琦」，據《建炎要録》卷一三七改。
〔三〕張俊：原作「張浚」，據《宋史》卷二一三《宰輔表》四改。後兩條同。
〔四〕密：原脱，據《景定建康志》卷二一補。
〔五〕逐：原作「遂」，據《景定建康志》卷二五改。

兩等，與減三年及二年磨勘。」詔江南東路轉運副使向子忞特復直秘閣；淮南路轉運判官鍾世明特除直徽猷閣；淮南西路提點刑獄公事莫濛，江南東路轉運判官陳良弼，尚書户部郎中、總領淮東軍馬錢糧洪适，36 尚書户部郎中、總領湖廣江西京西財賦、湖北京西軍馬錢糧王珏，(冬)〔各〕特轉一官。内礙止法人，依條出給減年公據。

六月十三日，四川宣撫司言：「得旨差參議軍事一員，其敘位、請給、人從等，並依江淮宣撫使司參議軍事已得指揮施行。本司舊又有主管及書寫機宜文字、幹辦公事、准備差遣等，係一司官屬，亦乞許依江淮宣撫使司已得指揮。」詔從之。

十四日，詔：「張浚特降授特進，依前樞密使、江淮東西路宣撫使、節制建康鎮江府江陰軍江池州屯駐軍馬，試尚書禮部侍郎陳俊卿降授左朝散大夫、充敷文閣待制，參贊軍事唐文若降授左承議郎，尚書户部員外郎馮方降授左承事郎，直秘閣查籥差充江淮宣撫使司參議官。」

七月四日，詔江淮都督府官屬並改充江淮東西路宣撫使司。

七日，詔：「昨都督府進討，特許便宜行事；今都督府已罷，應宣撫司軍事並合聞奏取旨，其前降便宜指揮更不施行。」

十二月二十八日，張浚言：「昨承恩降節制兩淮，後來改除宣撫，都督江淮軍馬。二年防秋，偶免曠闕，除臣與近上官屬自不當陳乞，所有臣隨行官吏、軍兵并應辦軍前實有勞効之人，欲望從臣保明，比附前後宣撫司、督視府等處月日體例，特賜推恩施行。」從之。

乾道元年五月二十九日，詔：「新安郡王吴璘已降指揮除四川宣撫使，所有合差置官屬、人吏等，依胡世將、鄭剛中體例施 37 行。」宣撫司人吏舊以六十六人爲額，緣今別無調發，可裁減一半。詔從之。

三年六月十二日，詔虞允文可除資政殿大學士、四川宣撫使。續有旨，出撫西蜀，雖已除職，未足增重閫寄，可依舊知樞密院事、四川宣撫使。

同日，左中大夫虞允文言：「臣蒙恩除資政殿大學士、四川宣撫使，所有本司合行事件，乞依鄭剛中前後已得指揮施行。今來臣合差辟官屬、使臣、人吏、軍兵等，乞就行在先次量行差帶前去。其起發請給等，止乞依臣昨往川陜宣諭日已得指揮施行。」從之。

十四日，虞允文言：「契勘鄭剛中任四川宣撫日，有相承到舊管降賜、激賞兩庫所管錢物數百萬貫，用支諸軍激犒及逐時入教、拍試、支賞之類。後來併發制置司支撥二十萬貫外，其餘盡數起發赴行在，亦有撥入總領司充樁積。今來復置宣撫司，即無一司相承庫務錢物。臣到司依例合行犒設諸軍一次，及後來逐時入教(場)拍試、支賞之類，費用不一。欲乞下總領所，於朝廷封樁錢引内支一百萬貫以備支遣外，若臣到任後有拘收到諸路寬剩并諸軍減汰失陷錢物，許依鄭剛中措置樁積，以備接續支用。其封樁錢係已降指揮，用與四川對減虛數。若制、總兩司議定，果成對減，必分作三年。今來止是借撥最後一年支用之數，日後却從宣撫司別行陳乞，措置撥還。」從之。

十六日，虞允文言：「契勘鄭剛中任宣撫（司）〔使〕日，置38參議官兩員。伏見淮南東路轉運判官王之奇深知西邊軍前利害，欲乞改除利州路轉運判官，（鎮）〔填〕見闕，就令兼本司參議官，得以協濟國事。」從之。

十八日，虞允文言：「奉旨令戶部支錢三（十）〔千〕貫，付充隨行激賞庫支用，所有依葉義問、（江）〔汪〕澈昨出使例，合差帶激賞庫監官一員隨行。」從之。

同日，虞允文言：「蒙恩除四川宣撫使，所有本司合行事件，條具下項：一、合用印，照得昨來樞密葉義問出使，有鑄到『樞密行府印』一面，今乞關出行使。所有行移，並依三省、樞密院體式施行，仍入諸軍擺鋪遞轉，內奏報文字直入（入）內內侍省投進。一、應干軍期事務，全藉監司、各州縣官協力應辦，如有避事不職、貪污苛擾之人，乞許本司量度事體輕重勘（効）〔劾〕，或一面對移訖，續具情犯奏聞。其廉謹辦職之人，亦許本司保明，取旨旌賞。除軍期外，其餘更有似此之人，亦乞依此施行。一、契勘四川罷宣撫司日，置制置司行宣撫司職事，案牘、人吏、錢物並已撥隸制置司訖。今來被旨宣撫四川，以軍事爲先，欲將舊宣撫司所行軍中應干事務歸本司外，有官員陞改、放散舉主、士人省試之類，乞存留制置司。」並從之。

五年三月十九日，詔王炎除四川宣撫使，依舊參知政事。

二十二日，王炎言：「被旨除四川宣撫使，依舊參知政事，其應干合行事件，臣欲乞並依參知政事汪澈出使荆襄、知樞密院事虞允文四川宣撫前39後已降指揮施行。其間或有可以省減事節，亦許臣參酌裁損。」從之。

六月五日，王炎言：「四川路分闊遠，宣司事務繁多，即與荆襄不同，纔入川蜀，便合委官幹事。今檢照得虞允文宣撫四川日申請到指揮，文臣官屬依鄭剛中差置一十四員，欲乞許依虞允文已得指揮施行。」從之。

八年九月二十一日，詔：「令戶部支錢一萬貫，充四川宣撫司激賞使用。」

九年五月三日，王炎言：「被旨出使，宣撫四川，今來結局，乞依昨來虞允文行府出使結局體例，官屬推恩施行。」詔各與轉一官資。

【宋會要】

淳熙元年三月九日，詔太中大夫〔一〕、參知政事鄭聞除資政殿大學士、四川宣撫使。

是年四月，詔四川宣撫司屬官依制置司例賞。

七月，詔：「已罷宣撫，令四川總領趙公碩將四川宣撫

〔一〕太：原無，據《宋史》卷二一三《宰輔表》四補。

司錢物盡數拘收〔一〕，另項樁管，別聽朝廷指揮。鄭聞元將帶一行官屬等已至行在，依前後例限五日結局。」

十二月二十八日，詔：「資政殿學士、中大夫沈復除資政殿大學士〔二〕、四川宣撫使，興元府置司。其見拘收宣撫司但干錢物、軍器等，依舊歸還本司，官屬只許辟差機宜文字一員、幹辦公事二員。昨拘收到諸軍都統司場務等，照應淳熙元年十二月二日已降指揮，給還逐軍施行。（詔）四川諸軍陞差兵官，依江上諸軍例，並從主帥依公選擇。內統制官申解赴宣撫司審察，餘官 40 一面陞差，合給付身、人從，宣撫使備申樞密院給降。如有合申宣撫司事理，令具一般事狀申奏。」

二年六月一日，詔罷四川宣撫司。右司諫湯邦彥言：「陛下復置宣使，以分委寄。置司之初，議論詳悉，慮事權重、官屬多，故損其權而減其屬。謂財賦聚於宣司而不及軍中，故取舊屬軍中場務悉以還之，宣司不得復取。謂軍中差使制於宣司而不由都統，則陞黜不審，主帥無素恩，故除統制官解宣司審察外，其餘俾都統一面自差，宣司只申（察）〔密〕院給付而已。然宣撫一司，其名甚重，（令）〔今〕復此官而損其權，是予其名而奪其實，是必上下交惡，軍帥不睦。沈复到司，今（本）〔未〕久也，自財賦還軍中，差使由都統，复已不樂，軍帥已不相安，自此必將大爲間隙。就令盡易軍帥，亦必相忌。望更爲之制，或依葉衡向任荆南故事，命一詳練可委從官，以樞密都承旨職事就知興元，仍移制置一司於興元府，使之兼任，以總四川之務，督監司之縱弛，察軍（師）〔帥〕之勤惰。別授沈复以大（潘）〔藩〕府，罷宣司之名，收宣司之實。」迺從其請，令四川總領趙公碩盡數拘收宣撫司錢物〔三〕，令項樁管。

開禧二年三月十二日，詔四川制置使、兼知成都府程松差充四川宣撫（司）〔使〕。

四月十三日，詔給事中、兼侍講、兩淮宣諭使鄧友龍除御史中丞，充江淮宣撫使；吏部侍郎、湖北京西宣諭使薛叔似除兵部尚書〔四〕，充湖北京西宣撫使。

六月四日，詔知建康府 41 丘崈除刑部尚書，充江淮宣撫使，不允辭免。鄧友龍令赴行在供職。

十一月四日，詔刑部尚書、充江淮宣撫使丘崈，兵部尚書、充湖北京西宣撫使薛叔似，並除端明殿學士、侍讀。丘崈依舊江淮宣撫使，薛叔似依舊湖北京西宣撫使。

十八日，詔湖廣總領、兼湖北京西宣撫司參謀官陳謙除寶謨閣待制、湖北京西宣撫副使。

十二月二十四日，詔京西宣撫使薛叔似、宣撫副使陳謙並宮觀，知江陵府吳獵除湖北京西宣撫使。

三年三月十七日，〔吳〕獵除刑部侍郎，依舊湖北京西

〔一〕碩：原作「説」，據後「二年六月一日」條改。
〔二〕沈復：《宋史·宰輔表》作「沈复」，而《孝宗紀》作「沈夏」，實爲同一人。
〔三〕拘收：原作「拘宣」，據前淳熙元年「七月」條所述改。
〔四〕薛叔似：原脱「叔」字，據《宋史》卷三九七本傳補。

宣撫使。二十一日，御批付獵：「賊曦干紀〔一〕，神人共憤。卿受任荆襄，密邇蜀門，忠義所激，慨然有討賊之志，朕甚嘉之。今峴安陸〔二〕，虜騎奔北，卿威名益著，籌畧方深，經理創殘，申飭戰守之餘，宜爲朕兼總西事。凡可攜離逆黨，指授將士，一以付卿，無失機會。又須審度，務在必成。應有合行事宜，可密切條具來上。故兹劄示，想宜知悉。」

是年四月十五日，詔權兵部尚書宇文紹節除華文閣學士、知江陵府、兼權湖北京西宣撫使。是月二十七日，除侍讀，依舊華文閣學士，充湖北京西宣撫使、兼權知江陵府。九月十九日，詔紹節充京西湖南北路宣撫使。

五月二十一日，知沔州、充利州西路宣撫使、兼四川宣撫副使安丙言：「宣撫司每歲合舉官員數，昨因宣撫司廢罷，未有專降指揮，乞立定每歲合舉官職令、陞陟等員數，[42]行下遵守。」詔依宣撫使已降指揮歲舉員數，與三分之一薦舉。

【宋會要】

嘉定元年正月二十六日，詔：「四川宣撫副使舉官，特依宣撫制置使，歲舉改官一十一員、從事郎六員。」從本司之請也。

三十日，京西湖南北路宣撫使宇文紹節奏：「本司舉官員數，已準指揮：湖北、京西止是兩路，比附四川路分，每歲舉改官六員、從事郎三員，朝請大夫以下陞陟、大小使臣陞陟二十員，分上下半年舉。今紹節充京西湖南北路宣撫使，乞比附四川路分，增添湖南一路員數。」吏部言：「四川宣撫係有四路，今京西湖南北乃是三路，若從本官所請，每歲合舉改官九員、從事郎四員、朝請大夫以下陞陟任使八員、大小使臣陞陟三十員，並分上下半年舉。」從之。

二月三日，詔華文閣學士、侍讀、京西湖南北路宣撫使宇文紹節除寶謨閣學士，依舊侍讀、京湖宣撫使。

三月四日，詔：「京西湖南北路宣撫司屬官歷任及五考以上人，許令宣撫使司置司去處一路監司通行薦舉。」從本司之請也。

十二年二月十三日，詔簽書樞密院事曾從龍除同知樞密院事、江淮宣撫使。繼而從龍乞參酌前後執政官出使減損，條具畫一申請：「一、今來出使，乞以『同知樞密院行府』爲名。一、官屬等白直人，內參謀、參議官二十人，屬官等一十五[43]人，提舉一行事務、提轄軍兵、點檢文字各五人，監印、主管文字各四人，書寫文字、書奏、準備差使各二人〔三〕，屬官下使臣及人吏各二人，下殿前司、步軍司差赴行府分撥應副差使。一、乞下步軍司揀選差撥入隊披帶少

〔一〕曦：原作「賜」，據文意改。「曦」指吳曦。

〔二〕峴：疑當作「古峴」，或「峴首」，爲襄陽之別稱（見《玉海》卷一一九）。開禧二年冬，金兵破隨州，徇下安陸等地。三年春，圍襄陽，久不下，加以疾疫，遂退兵（見《金史》卷九八《完顏匡傳》）。

〔三〕各二人：似當作「各三人」，蓋下句亦云「各二人」，若無分別，則當合書。

壯一百人，部轄將官一員，仍帶衣甲、器械，隨行使喚。所有請給、起(馬)〔發〕犒設等，並依已發出軍人例施行，仍出給券曆。前逐項所差鞍馬、人從等同。一、乞於本院差發遞工匠二人、裝界作二人、畫匠一人，殿前、馬、步軍司差承局二十人，皇城司差背印親事官二人，已上並許踏逐抽差。」

五月十七日，詔崇信軍節度使安丙可特授保寧軍節度使、四川宣撫使、兼知興元府、利州東路安撫使，依前開(封)〔府〕儀同三司、武威郡開國公，加食邑五百户，食實封三百户。

八月十一日，詔：「四川宣撫使依舊利州置司，令安丙往來興元府等處措置事。」(以上《永樂大典》卷一三三一四)

總領所

【宋會要】 44 先是，嘗命朝臣總領都督府、宣撫司財賦，其後收諸帥之兵以爲御前軍，屯駐諸處，皆置總領，亦以朝臣爲之，仍帶專一報發御前軍馬文字，蓋又使之與聞軍政，不獨職餉餽而已。其序位在轉運副使之上。鎮江諸軍錢糧，淮東總領掌之；建康、池州諸軍錢糧，淮西總領掌之；鄂州、荆南、江州諸軍錢糧，湖廣總領掌之；興元、興州、金州諸軍錢糧，四川總領掌之。其官屬有幹辦公事、準備差遣。四川又有主管文字二員。淮東、淮西有分差糧料院、審計司、審計以通判權。榷貨務、都茶場、御前封椿甲仗庫、大軍倉、大軍庫、贍軍酒庫、市易抵當庫、惠民藥局；湖廣有給納場、屬官兼。分差糧料院、審計院、審計以屬官兼。御前封椿甲仗庫、大軍倉、大軍庫、贍軍酒庫〔一〕；四川有分差糧料院、審計院、審計以屬官兼。大軍倉、大軍庫、撥發船運官、贖藥庫、糴買場。吏額：淮東九人，淮西、湖廣十人，四 45 川二十人。

高宗紹興三年正月八日，詔：「差户部侍郎姚舜明前往建康府，專一總領應干都督府錢物糧斛，仍於都督府選差有風力、諳曉錢穀屬官四員，充糧院、審計司監官。都督府管下官兵等幫勘、請給等，並經由户部、糧審院，依條批勘支給。建康府榷貨務、都茶場，亦仰姚舜明提領。」

七月二十六日，詔：「都督府已有户部侍郎姚舜明總領應副錢糧，其隨軍運判可省罷。」

六年二月二十一日，都督諸路軍馬張浚言：「三宣撫司軍屯駐江淮，所用錢糧雖各有立定取撥窠名及專委漕臣應辦，多是互相占吝，不肯公共移那，因致闕乏〔二〕。既無專一總領官司，諸處財賦出納難以稽考。乞於户部長貳内輪那一員，前來鎮江府置司，專一總領，措置移運應辦。」詔差户部侍郎劉寧止。

〔一〕贍：原作「瞻」，據《宋史》卷一六七《職官志》七改。
〔二〕乏：原作「之」，據《建炎要録》卷九八改。

九月二十三日，詔：「令户部郎官霍蠡前去鄂州置司，專一總領岳飛軍錢糧。」

七年十月十七日，詔：「薛弼、霍蠡同共總領措置五路應干財賦，仍常留一員在鄂州本司，拘催本軍合得錢糧應副支用。」以中書門下省言：「霍蠡總領岳飛軍錢糧，二廣、荆湖、江西五路錢物浩瀚，恐有失陷留滯，合差官措置拘催。」故有是命。

十一年正月十四日，淮南西路宣撫使張俊言〔一〕：「總領提舉大軍錢糧吳彦璋措置應辦本司大軍錢糧首尾二年，並無闕誤，欲依張成憲昨來應副韓世忠錢糧例推恩。」詔吳彦璋與轉一官。

五月四日，詔以 46 胡紡爲司農少卿、總領淮東軍馬錢糧，吳彦璋爲太府少卿、總領淮西江東軍馬錢糧，曾慥爲太府卿、總領湖廣江西京西路財賦、湖北京西軍馬錢糧，各專一報發御前軍馬文字，諸軍不聽節制。

十二年六月十二日，詔：「鎮江府、鄂州總領所各置甲仗庫，逐軍所造軍器，每月委總領官置籍樁管，月具所交收數聞奏。仍各許辟差管甲仗庫官一員。」

十三年九月二十一日，詔：「總領淮西江東軍馬錢糧所屬官，今後許户部長貳、太府司農卿少通行薦舉。」

十五年十月二十八日，侍御史汪勃言：「四川都轉運司盡併于宣撫司，乞就四川路宣撫司置總領一司，專掌財賦。」從之。

十一月二十日，詔以趙不棄爲太府少卿、總領四川宣撫司錢糧，以總領四川宣撫司錢糧所爲名。

十六年六月二十八日，詔：「四川所屯大軍歲用錢物，如州軍拖欠，即從所隸漕司按劾。若漕司蓋庇，失於檢察催發，即從四川總領所按劾。其四路提刑、常平司如拖欠違期不起，亦一體施行。」

十二月十一日，詔曰：「朕惟軍興以來，四川斂重，恐不堪久。今(彊)〔疆〕埸罷警，營屯内遷，無轉餉之費；輜重就閑，羡卒耕作，有芻粟之積。仰宣撫、總領兩司取索承平時常賦名色，軍興後權所增益，參酌措置，既不當竭民力，又不可乏軍須，兩皆給足，永相保持，以副朕顧倚之意。」

十七年九月十二日，總領(四)四川錢糧符行中言，交撥到降賜等三庫，見樁斛㪷九 47 十八萬七千餘石。詔令總領所酌度均撥，減免、對糴分數施行。

十八年五月二十七日，詔以汪召嗣爲太府少卿、總領四川財賦軍馬錢糧，專一報發御前軍馬文字。先以總領四川宣撫司錢糧爲名，至是罷宣撫司，始改爲四川總領。

十九年二月十四日，詔諸路軍馬錢糧官樂禁並依轉運使副、提舉官。從臣僚請也。

二十六年正月十四日，詔：「諸軍不得私役軍兵，其城郭開張酒店，令户部總領司拘收。」

〔一〕張俊：原作「張浚」，據《建炎要録》卷一四〇改。

閏十月十八日，四川總領湯允恭言：「乞令四川知、通、簽判、推判官同共依限催發州縣贍軍錢物，任滿或非次替移，有拖欠數多，許從本所同所委官或就按劾。」從之。

十二月十八日，起居郎趙逵言〔一〕：「陛下加惠遠民，以四川在萬里外，科斂條目户部稽考之所不及，故詔帥臣蕭振等同共措置，欲以實惠摩拊疲弱，亦事有所當知者。蜀之取民條目繁巧，不可一概而視，按籍而決。蓋有顯其名而公取之者，激賞絹之類是也；隱其名而陰取之者，激犒錢之類是也；取之以甲而用之以乙者，畸零絹估錢爲糴本錢之類是也。此三者若一槩而視，萬一蠲放所及，民有熟視而不知，徒爲貪吏猾胥之幸者矣。欲望明詔振等，凡總領司錢物窠名，當先析爲數條，曰此官與民通知者，此官與民不相通知者，必當根其所歸。有欲除放，不於其官籍之名而於其人户之所從來，然後陛下實惠，州縣不能48沮格。」從之。

二十七年七月二十四日，總領淮西江東軍馬錢糧方師尹言：「比年州縣循習，不以軍餉爲念，錢物樁發有累月(西)〔而〕方起者，糧斛轉漕有經歲而始至者，監司坐視，畧不經意。乞擇監司、郡守尤違慢者按劾以聞，重賜黜責。」從之。

八月九日，詔：「今後總領司互舉改官之人，並依憲、漕等司舉官磨勘。」從左司諫凌哲請也。

二十九年八月三日，總領四川財賦軍馬錢糧許尹言：「四川見屯大軍，用度至廣，年額合起贍軍。其間公然拖欠不催，漕司、州郡容庇，不加程督。即目未起錢引計七百二十餘萬道已行下分限催促外，欲乞候歲終從本所取逐路州縣拖欠數目尤甚者，具申朝廷，重行黜責。」從之。

十六日，户部言：「湖廣總領所將荆南戍兵倉庫作一處安置，別立庫敖。置監官一員，從朝廷差官；監門官一員，令本所於本府見任指使選差兼監。」從之。

十七日，總領湖北京西軍馬錢糧彭合言：「贍軍之費宜有餘，寄樁之數宜夙備。科撥錢糧，各有名色，其數未嘗無餘；寄樁有庫，以待闕乏，軍須未嘗無備。歷時之久，科撥之數諸路不及元額，而又買發銀價最高，支用折閱則歲計不足，不免暗借寄樁以紓目前之急。累年如此，則夙備之數虧矣。伏望審究諸路起發赴軍前不敷并買銀折閱之數，就日科撥應副。」翌日，上諭宰執曰：「彭合所陳，卿等適進呈更支樁積(銀)〔錢〕五十萬貫，此乃一時之49事，彭合陳請却是歲計。若止論目前而不及歲計，恐於久遠非便，宜速與措置。」尋詔每歲截撥四川合赴行在經總制無額錢三十萬貫，貼助本所支遣。及於樁管御前激賞庫銀內計價支撥五十萬貫，赴本所樁管。户部看詳：「鄂州大軍近年有不敷額錢，朝廷分上下半年貼降錢一百一十六萬餘貫應副。其不敷錢數增多，乃逐路監司、州軍違慢，欲下總領

〔一〕趙逵：原作「趙達」，據《建炎要録》卷一七六改。

官嚴緊拘催，須管及額。仍將違欠最多去處按劾。其買銀折閱，乞下二廣監司、帥臣相度措置，如何可以不致折閱〔一〕，及可與不可以其他物貨買發，限一月開具利便申尚書省。」從之。

三十年三月一日，總領淮西江東軍馬錢糧都絜言：「江東所屯歲費緡錢近七百萬，米以石計者近七十萬，科撥雖有名，期限雖有日，官吏侵兑稽違，監司、守貳恬不加意。乞將監司、守貳以下弛慢尤甚者按劾，重賜黜責。其承行人吏即依無心力斷罷，事理稍重者亦依條施行。」從之。

八月十一日，户部言：「江州駐劄御前諸軍合用錢糧，已令取撥江西合發赴本所三十年分椿管折帛錢二十萬貫、江州椿管上供米三萬石應副，續又科撥廣東、湖南、江西每年合起赴行在經總制錢三十萬貫，并於江州轉般倉椿管。江西二十七年上供米内取撥三萬石，與科見在大軍錢物相兼應副去訖。更令於利州路合起發赴行在經總制錢内，自紹興三十年夏季爲始，[50]每年取撥一十萬貫，并下行在榷貨務都茶場，給降江西路末茶長短引共二十萬貫，撥赴江州應副客人請買。同前項已科錢通共八十萬貫，令本所置籍，排日拘催，起赴軍前應辦給遣。」從之。

十二日，湖廣總領所言：「江州屯駐軍馬合用錢糧，依荆南差官應副創置倉庫，合差監官一員，乞從朝廷注授；監門官一員，乞從本所於江州見任指使内選差。所置倉庫糧審院印記，乞下文思院鑄造給降。」從之。

十六日，湖廣總領所言：「節次降到臨安府一合同關子共三十萬貫餘，已賣到錢一萬九千貫外，其餘並無客人請買，却有降到三合同關子八十萬貫，令本所賣錢椿管，比之一合同，頗爲快便。乞許本所於三合同關子内已賣到銀錢，對換一十八萬一千貫，應副支用；乞繳還一合同關子，却行換給支末茶長短引共二十八萬一千貫，應副支遣。將賣到錢撥還所借支過三合同關子錢，仍舊却湊八十萬貫，依已降指揮椿管。」從之。

三十一年正月十八日，詔：「淮東總領司太平惠民藥局監官兼監鎮江府大軍倉，如遇本倉給納，即令前去管幹。」以總領朱夏卿言，大軍倉獨員而藥局職事簡省故也。

四月十七日，四川總領王之望言：「乞將諸州軍年額合起錢物，自正月一日至十二月終實起到庫錢數比較，從上起發歲額無虧欠，又從下取虧欠最多處，各一十處，具知、通姓名申尚書省，[51]候逐官任滿改授差遣日，乞朝廷參照勤墮，斟酌施行。」

三十二年四月十八日，〔王〕之望言：「四川諸州軍三十一年終實到庫錢比祖額遞年並各增羨，即無虧欠最多去處。今取增數最多一十州，具知、通姓名申聞，乞籍記姓名，以待選擢。」從之。

四月二十七日，詔：「諸路大軍每遇招收到人，並先具

〔一〕折：原作「拆」，據上文改。

姓名報總領所，每旬委總領官及都統制就本所或教場同共當官填刺軍號。其効用等不刺手面之人，亦令對衆審問投名月日詣實。應干合得（依）〔衣〕糧之類，一面從總領所畫自當日，並與按旬月日，兩季徑行幫勘支給，具數申省部照會，出豁科降。」

孝宗隆興元年十月六日，詔：「户部於左藏西庫見樁管錢内支降一百萬貫，依省則紐折銀二十萬兩，餘數以會子貼支，前去淮西總領所交割樁管。」

十四日，詔：「户部下左藏西庫，於度牒、賣田錢内支會子二十萬貫，前去淮東總領所交納，貼助大軍支使。」

乾道元年三月五日，户部言：「淮西總領楊倓奏：『契勘淮西總領所惠民局及雜賣場止是出賣藥物〔一〕，事務不多，乞將雜賣場併令惠民局官兼管。』本部勘當，欲依所乞，合以『監總領淮西江東軍馬錢糧所太平惠民局兼監行宫雜賣場』稱呼。所有減罷去處，其已差下人並依省罷法施行。」從之。

同日，户部言：「楊倓奏：『本所大軍庫事務繁冗，未有監官，本所甲仗庫職事簡省，乞改差監大軍庫官一員，却令[52]兼管甲仗庫。』本部勘當，欲依所乞，合以『監總領淮西江東軍馬錢糧所建康府户部大軍庫兼監封樁庫御前甲仗庫』稱呼。」從之。

六月二十六日，户部侍郎王弗言：「欲乞誡飭逐路總領官，今後非被旨不得擅截綱運。如違，許從户部具名按劾聞奏。」從之。

八月二十五日，中書門下省言：「勘會淮東總領所係是拘催江東、浙西州郡錢米，雖有指揮許按發違慢官吏及浙西官亦許薦舉，緣官稱未正，事權不專，乞依鄂州總領官例，於銜内添『浙西江東財賦』六字，將合舉官員數於二路通舉。餘並依舊。」從之。

十月十三日，户部員外郎、江西京西湖北總領司馬倬言：「近承指揮，令取撥四川白契税錢一百五十萬貫趁本所樁管，緣四川係行使鐵錢地分，計置輕齎赴鄂州軍前，止得七十五萬貫，深恐緩急不足支用。今欲乞於内更行取撥五十萬貫，補助三大軍歲計支用。」從之。

十五日，（户部尚書）〔尚書户部〕員外郎、江西京西湖北總領司馬倬言：「契勘本所應副江鄂荆襄大軍，（務事）〔事務〕繁多，乞檢照元降指揮，特賜添置。」詔許復置幹辦公事、准備差遣各一員。

二年二月四日，樞密院言：「已降指揮：『三衙招收軍兵、効用，本軍申解樞密院，令承旨司用等仗審驗人材，刺填軍額。在外屯駐軍，委本路總領官依此。』其在外諸軍並不解赴總領所，止行關報姓名審驗，預作到軍月日，放行請給，無以關防。」詔總領所照[53]應三衙招効用軍兵拍試格法指揮，一體施行。

〔一〕勘：原作「堪」，據文意改。

二十八日，淮西江東總領楊倓等言：「乞將江東安撫司、建康府都統司酒庫並撥付淮西總領(使)所，得旨令共相度。欲將諸司酒庫先次交割見管酒麴、錢米、麥麵、本柄并應干動使等，其煮酒賣到價錢，除元本錢並行拘收應副作本外，將合得息錢並行撥還諸司。」從之。

〔三年〕六月十五日〔一〕，四川宣撫使虞允文言：「契勘四川宣撫自鄭剛中以前未置總領所，今照得前來往川陝宣諭并任荊襄制(田)〔置〕日，並依荊襄宣諭使汪澈已畫降指揮，總領所隨事所隸。今來乞依上件已得指揮。」從之。

閏七月四日，中書門下省言：「勘會已降指揮，差度支郎中唐瑑前去湖廣總領所，取索應干收支科降及諸路已未起發錢物，逐一究見詣實。所有淮東西總領所亦合一體委官前去。」詔差考功郎官沈复。

九日，尚書度支郎中唐瑑言：「究實湖廣總領所財賦，緣積歲不曾檢察，本所恣縱，弊源甚多。欲望特降睿旨，今後每三年一次差官稽考，庶有畏忌，兼歲月不久，姦弊易見。」從之。

十二日，詔：「户部將江、鄂州、荊南三處軍馬歲用支遣實數併作一科，降付總領所，委本所自行審度，各從便順分撥。」

二十四日，中書門下省言：「勘會湖廣淮東西總領所應干收支科降及諸路已未起發錢物，各已委官前去取索，逐一究見詣實。所有四川總領所，亦合一體詔令虞允文措置施行。」從之。

54 八月十七日，度支郎中唐瑑言：「湖廣總領所自來差撥户部人吏，每有會問，並是本處人供報本部人，即供報不行。又緣替移頻併，亦隨官罷，所以不知首尾。欲乞並令發回，只令總領官於州郡、監司吏人踏逐選差，三年一替。其淮東西總領所并分差糧審院並依此。」從之。

三年十一月二十三日，詔：「令湖廣總領所印造新會子，通已未印造共三百七十萬貫，將銅版依已降指揮繳申尚書省，其舊會子逐旋繳納。」

十二月二十六日，户部郎中、四川總領查籥言：「金州屯駐官兵歲計幫支錢糧數目浩瀚，緣相去遥遠，本所屬官元差置主管文字、幹辦公事各二員，準備差遣、差使各一員，昨準指揮裁減主管文字一員，準備差遣、差使各一員，今欲於元裁減屬官三員内復置一員，差往金州幹當僉廳職事。」從之。

四年正月九日，禮部言，新除户部郎官、四川總領查籥奏：「臣契勘本司贍軍歲計，自紹興三十一年軍興後，增招兵馬，溢額數多，用度日廣，别無科降，止是侵那庫管樁積逐急應副，今亦殆盡。近準朝廷立定兵額，按月所添請受

〔一〕三年：原無。按《宋史》卷三四《孝宗紀》二，乾道三年六月八日甲戌，虞允文除四川宣撫使，則此處「六月十五日」非二年事。又下條言「閏七月」，查閏七月在乾道三年，可證此條脱「三年」二字，因補。

並無指準，又有因功轉官添加請給，今年又係有閏年分，闕數甚多。(無)〔兼〕川路諸州內有旱傷，米價踴貴，比去年尤爲闕乏。欲望照累政總領官體例，給降度牒五千道出賣，拘收價錢，庶幾補助歲計支用。」詔降度牒一千道，紫衣、師號共五百道。

二月三日，新(降)〔除〕户[55]部郎官、四川總領查籥言：「近降指揮，四川總領所應干收支科降錢物，令虞允文措置施行。欲乞令虞允文集四路漕臣各一員，同臣就宣撫司會算四川見今財賦所入之數，對立養兵多寡之額，使兵食、民賦出入相當。庶幾軍用贍足，免以匱乏頻瀆天聽，實爲久遠之計。」詔從之。

二十九日，刑部言：「新除司農少卿、淮東總領呂擢奏：『逐路州軍應有總領所錢米去處，欲乞量立殿最之法，許從本所檢察按治。』本部看詳，欲令諸路總領所於歲終將所管州軍每州合發本所錢物十分爲率，若拖欠及二分，知、通各展二年磨勘。或欠數太多，取旨；如了辦數足[一]，各與減二年磨勘。」從之。

十一月十七日，詔：「三總領合支官兵春冬衣，户部措置，今後並須管依行在官兵條限時日支給，不得依前遲延過時。」

五年三月六日，淮西江東總領葉衡(亦)〔言〕：「準指揮，差屬官前去廬州應副郭振修城官兵錢糧。照得雖有幹辦公事二員，內分一員專在池州軍前給納簽廳，委是闕官，深慮誤事。欲乞依鄂州例，更置幹辦公事、準備差遣各一員。」詔許辟差準備差遣一員，日後更不作闕。

八月五日，淮東總領呂擢言：「契勘本所屬官已經裁減，止有幹辦公事一員。淮西總領所已置幹辦公事二員，近又申明辟差準備差遣一員，本司委是闕官，乞依淮西例置準備差遣一員。」從之。

十一月三日，户部言：「淮東西總領所奏：本所人吏舊請於大軍[56]錢內勘支，立年限與補進義副尉。本部照得批勘合於大軍錢內應副，更不添支食錢。其出職年限，欲自差到所充應十年，頭名職級補授進義副尉。其遞遷以次人各充應二年，通到所及十年，依今來出職年限補授。下淮東西總領所照會，湖廣總領所亦依此施行。」從之。

六年四月一日，詔：「淮東總領所併歸淮西總領所，令沈复通領，存留屬官一員。鑄錢司可減罷，併歸發運司，存留幹辦公事二員，亦(發歸)〔歸發〕運司。」

閏五月五日，中書門下省言：「勘會淮東總領所廢併，司名合行并入。」詔以「總領兩淮浙西江東財賦軍馬錢糧所」爲名。

十七日，户部言：「總領兩淮浙西江東財賦軍馬錢糧所爲名，合用印記，今欲以『總領兩淮軍馬錢糧所印』十字爲文，將兩所元印繳納，庶幾歸一。」從之。

[一] 如：原作「知」，據文意改。

六月十七日，户部言：「淮西總領沈复奏：『淮東總領所事務至繁，正要稽考出入及檢察糧審院批放。緣淮西相去隔遠，難以革弊，兼照得淮東簽廳從來不曾與務場倉庫干涉，今欲依倣池州例，委自屬官管幹給納。』本部勘當，欲依所乞，以『户部給納所』爲名，并令總領官往來提督施行。」從之。

七年五月四日，權知鎮江府、兼權淮東總領蔡洸言〔一〕：「承指揮復置淮東總領，乞依舊作『浙西江東財賦淮東總領錢糧所』爲名，户部給納所却行廢罷。所有應干合行事件，欲乞並依前後總領所官已得指揮施行。本所元管印記，近57緣省併，別降兩淮總領所印記。今既復置，所有淮東總領所元印乞依舊行使。」從之。

八月二十五日，吏部言：「總領四川財賦軍馬錢糧所奏：『本所復置主管文字一員，專一主管金州本所簽廳職事，乞依金州州縣官，任滿與轉一官推賞。』本部契勘，荆湖路安撫、轉運司屬官到任，任滿應得酬賞者，依條各隨置司所在州縣官格法推賞。本部欲依所乞，將本所在金州置司簽廳官一員，依金州州縣官到任任滿已得指揮推賞施行。」從之。

九月二十四日，又奏：「契勘本所屬官依發運司例，自與他州不同，止有四員，皆係選人，資望太輕，難於號令。欲望將本所屬官盡差京朝官，許理本等資序。其見任者令終滿今任，已差選人替官者各乞別與差遣。」詔依，餘路總領所屬官今後並差京官。

十月二十四日，詔：「令建康府於朝廷樁管會子內借撥五十萬貫，應副淮西總領所支遣，却於元科馬軍司未到綱錢內拘收撥還，依舊樁管。仍開具起發綱運最稽遲數多去處當職官職位、姓名，申三省、樞密院。」

八年四月十六日，權尚書户部侍郎沈复言：「今後遇總領所官赴行在奏（行）〔事〕，淮東委守臣兼權，淮西、湖廣委漕臣兼權。」從之。

淳熙元年三月十七日，詔：「淮東總領所差置催綱使臣三員，於小使臣內選差，專一往來催促大軍錢糧使喚，仍理爲資任，支破本等券錢。」既而六年三月，淮西援例差置。從之。

58四月十七日，淮東總領許子中言：「乞委諸路通判專一主管拘收逐州錢米起發赴所，旬具數目關報本所，每半年比較，以行賞罰。」從之。

二年十月二十五日，淮東總領錢良臣言〔二〕：「乞依淮西總領收趁茶鹽等（鈔）〔錢〕及額推賞。」從之。先是，元年三月，詔自今建康場務歲終收趁茶鹽等錢及額，其淮西總領自任內歲終與比附左右司官，計日減半推賞，良臣援以

〔一〕蔡洸：原作「蔡洗」，據《宋史》卷三九〇本傳改。
〔二〕錢良臣：原作「錢糧臣」，據《宋史》卷一六五《職官志》五「軍器監」條改。下同。

爲請。

三年十二月十七日，詔：「兩淮總領所將收支錢物除依條合置庫分并正赤曆外，其餘私曆并創置庫名並行改正。如將來朝廷差官點檢得更有違戾，當重作施行。」

四年七月二十四日，淮東總領所言：「鎮江務場歲額收趁茶鹽等錢增羨，官吏推賞並不曾經由本所，徑自供申朝廷，致有權行抵當、拘催未到錢數至多。乞自淳熙四年，鎮江務場官吏推賞，先從本所審實，方許施行。」從之。

六年三月二十四日，淮西總領蓋經言：「諸州常平買（樸）〔撲〕酒坊往往侵損官課，乞從本所日下發併〔一〕，自行措置興開，依數認還常平元額。」從之。

四月二十一日，四川總領所言：「近準樞密院劄子，以制置司申請，威、茂州每年量立省計，爲錢引一萬四千道，數內成都轉運司管認五千道，餘九千道合從總領所添貼支撥。契勘本所歲計係專用應副四川屯駐御前大軍支遣，即無科支諸州係省錢物窠名體例。其省計錢物，自來隸屬逐路轉運司科撥。」59 詔本路轉運司照應今年三月十九日已降漕臣手詔，將有餘去處通融應副。

十年六月二十六日，淮西總領韓彦質言：「本所五酒庫近蒙許辟差官，今乞先令權半年，見得實有心力，正行奏辟，通理爲任。又乞差使臣五員糴買米麥。」從之。

四川

淳熙二年正月十五日，詔：「四川總領所自今將腐爛米斛別行變賣，不得支充軍糧并零碎折支。」

三年正月七日，四川總領所言：「金州屯駐官兵歲支錢引六萬一千餘道，係本所與宣撫司分認應副。今既罷宣撫司，置制置使司，其本司元認金州一半錢引合令制置使司。」從之。

四年正月二十五日，詔：「四川總領所將諸處樁積米常以新易陳，（乞）兑換支遣，不得以兑換爲名，輒有侵借。如日前有借撥之數，即疾速補還。」

六年二月三日，詔：「自今四川總領所茶馬司遇歲終，各將本年經常及樁管錢物收支、見在，於次年正月開具作册，繳申尚書省。」

十月十六日，四川總領李昌圖言：「乞自今或有陳請事干本所財計，先下本州相度，裁其可否，然後施行。」從之。

八年五月一日，詔罷興元、金州兩處簽廳，其總領所簽廳職事依江陵府例，委各州通判兼管。以臣僚言「四川總領自來置司利州，去大軍屯駐所在相遠。昨緣軍興，恐關外四州待報迢遞，遂於魚關置一簽廳，以便四州期會，差本

〔一〕發併：似當作「廢併」。

所幹辦公事主之。後來爲總領者不知當來所置簽廳之意，60只因糴買一事，乃於興元、金州復置兩簽廳，所差官妄作威福」故也。

十四年三月六日，四川總領趙彥逾言：「諸州樁積錢糧，乞令各路運使每季點檢。」王淮等奏：「先降指揮，總領不與樁積米斛，本爲淮東西、湖廣三處，即不曾劄下四川。」上曰：「蜀中糧斛，總領自當干預。彥逾既有請，可分明劄下照會。」

雜録

淳熙四年二月八日，詔：「三總領所出納錢物並明附正曆，不得再有侵借隱占。其州軍綱運以時嚴緊催督，毋容拖欠。如復滅裂，重行責罰。」先是，總領所文帳多有侵借隱漏，遣官點磨。既條上其數，於是中書門下省言：「除賒欠占壓虛樁之數別行契勘外，餘見管并別庫寄收與州軍拖欠錢物共一千五百八十餘萬。內三百餘萬係無侵借及不曾附帳曆錢，已改撥樁管外，曆尾見在錢四百八十餘萬貫存留總所，認數樁收，以備急闕。仍令拘催州軍淳熙元年至三年未起綱運七百九十餘萬貫，與建康、鎮江場務月收窠名并淳熙四年所科歲計，應副支遣，已有寬餘，其私置庫曆悉行改正。日後收支各立式行下，每歲開具申奏，以防滲漏。」因有是詔。

十月二日，詔：「總領係與發運監司序官，職任尤重。自今在任一年已上者，亦許除郎。」

五年五月十一日，詔：「淮東西總領所各置市易庫一所，不得往外州回易。」先是，遣使驅磨總所錢物，回易例從廢罷，鈔引入納，遂不及常平之數。淮東總領葉翥嘗以爲言，至是户部侍郎單夔復請依舊於市易、回易61庫發泄鈔引，故有是命。

七年七月二十四日，左司郎中杜民表言，乞住罷諸路總領、漕司營運。上曰：「朕欲罷此久矣。內外諸軍添給累重之人，每歲共不過三十餘萬緡，別作措置支給。」於是詔兩淮、湖廣、四川總領所，兩浙、四川轉運司，營運並日下住罷。即逐司將截日終見管本息錢物實數逐一開具申尚書省，其諸軍家累重大官兵合添支錢，已一面別作措置支撥。既而八月詔：「兩浙本錢已拘收外，餘各限指揮到日，先將本錢盡數發赴元來去處，依舊窠名樁管。其收到息錢，依已降指揮疾速開具申尚書省。」

十六年十一月二十三日，户部言：「湖廣總領所申，除湖南創置飛虎軍，係別降錢物應副外，有江、鄂州、江陵府屯駐及襄陽府出(成)〔戍〕共四大軍，并差出德安府、隨、郢州、信陽軍、光、黃、沅、靖州、常德府及大冶、麻城縣等處軍馬，合用淳熙十七年分歲計錢物，乞科降。本部準淳熙九年十月二十一日指揮，科降每月以五十八萬九千四百三十餘貫爲約，一歲計錢七百七萬三千二百貫九十四文。今科撥下項：京西、襄、郢等處見屯軍馬，合用鐵錢，令轉運司於舒、蘄州見樁管并續鑄到鐵錢內，各取撥七萬五千貫赴湖廣總領所交納。所有諸路州軍綱運錢，科撥五百七萬二千六百八十二貫一百四十七文。數內有四川提刑司催發錢二十五萬二千四百三十貫，近緣免起三年，乞下舒、[62]蘄州，於今年分鑄到正剩鐵錢內，各取撥一十二萬五千貫赴本所補還。朝廷錢貼降二百萬五百一十七貫九百四十七文，數內貼降四川總領所拘樁綱運錢并貼降江西茶短引各一十五萬貫，拘截四川合起行在窠名綱運錢三十萬貫，朝廷應副四川免起三年錢六十萬貫。京西提舉司見樁鈔鹽錢內取撥三十萬貫，就發鄂州樁管。去年改換江西茶長引二十萬貫，榷貨務都茶場於見在散乳香內品搭給降二十萬貫，就撥鄂州軍前大軍庫賣引司樁管。茶引錢二十七萬五千貫，其餘一百二萬五千五百一十七貫九百四十七文，乞行下都茶場品搭(印)〔給〕降江西、湖南北茶長、短引，應副給遣。」從之。

十二月十九日，臣僚言：「應外路諸司總領所，(令)〔令〕於得替日將應有錢物開申省部，其新到任人亦限一月內將交到數目從實具申。」從之。

紹熙二年三月二十五日，知靖州姚棨言：「乞將廣西運司今年未支本州歲計錢二萬貫，及紹熙三年分歲計三萬貫，仍舊行下湖廣總領所，照元例於茶引錢內支撥，却令本司於每年應副湖廣總領所錢內一併起發交納。以後年分歲計，只乞就本所支降。」詔湖廣總領所依靖州所乞事理施行，所有廣西轉運司每歲合應副靖州錢，仰本司起發赴總領所交納，理充歲計錢數。

三年七月十二日，淮西總領所申：「乾道四年，淮東總領乞將逐路州軍應有總領所錢米去處，量[63]立殿最之法，本所檢察按治。刑部、大理寺看詳，欲令諸路總領所於歲終將所管州軍每月合發本所錢物十分爲率，(共)〔若〕拖欠二分，知、通各展二年磨勘。或欠數太多，重作施行；如了辦數足，各與減二年磨勘。已得旨依，淮東至今遵奉，每年各有賞罰，獨本所因循弛慢，今欲至歲終檢舉施行。」從之。

八月九日，詔：「淮東西、湖廣總領所，各將截日終見樁管金銀錢會等數目，仍取見諸州軍得熟分數，逐一從實開具申尚書省。」

紹熙五年十二月三日，太府卿、淮東總領葉適言：「去冬內藏庫取去淮東總領所五十萬貫，軍民相語，往往觖望。萬一更有支取，民力之所以窮竭，州縣之所以敗壞者，正爲兵數太廣，兵食太費爾。乞明詔有司，自今除每歲批放外，並將有管實在數目逐一開具，該載式册，要使朝廷通知有餘不足之數。其非緣軍前事，無得輒稱支移起發，欲以他用。雖有中旨，許執奏不行。俟儲積果多，戎(大)〔士〕簡覈，朝廷經制既立，然後議窠名之重輕，省撥定之數目，寬減州縣，還以予民。」從之。

九日，淮西總領鄭湜奏：「總領之職，在於調度糧餉、稽察軍政而已。乾道八年，總領周閎欲興酒利，始奏乞撥諸司酒課併歸總所，管趁御前并朝廷淨息錢三十萬貫，遞年又抱認淨息錢二十五萬貫，又增認建康府稅錢一萬貫，通管趁到淨息錢五十六萬貫。自撥併之初，朝廷約束方新，諸司不肯過數造64酒，亦不敢私自酤賣。數十年來，諸司私造之酒月增歲盛，始者舉在城之酒利惟歸一總所，故所虧課額不爲甚多。後來裂爲四五，各私其利。酒課既已暗分，每年(嘗)〔常〕虧淨息二十餘萬，往往皆侵移經常錢兑發，及別作營運補掩。見今已侵過經常錢四十四萬餘貫，拖欠朝廷樁管錢八十三萬餘貫，若不以利害分明控告，向後轉見狼狽。乞矜念總所之職本爲給糧餉、察軍政，許將見在本錢給還諸司，自行酤賣。」詔令總領所依舊酤賣，每歲除合納内庫錢照數解發外，所起朝廷樁管錢全與減免，諸司息錢權減四分之一。仍自來年爲始。

慶元元年正月五日，中書門下省言：「淳熙二年十月指揮，鎮江務場歲終收趁茶鹽錢及額，淮東總領官與比附左右司官，計日減半推賞。又淳熙四年七月指揮，鎮江務場每歲陳乞收趁茶鹽等錢增羨，官吏推賞。從淮東總領所審實，一歲收趁到錢比額增羨，其所賣鈔引等錢委是已拘收錢物數足，本所即具保明供申推賞。照得淮東總領既依淮西總領推賞，其務場收趁課額自合提領趁辦。」詔淮東總領所照淮西總領所事體提領措置施行。

嘉泰二年十月一日，新淮西總領王補之奏：「總領所歲計係朝廷科撥州軍上供錢斛應副支遣，使郡守盡數拘樁，如期解發，不至有誤指準。竊見漕、憲、常平茶鹽、坑冶司皆以各州通判爲主管官，蓋權有所歸，究心督促。倅65廳非州郡比，無供輸之煩，免支費之擾，斷不敢移易借兑。乞令總領所將諸郡合解本所錢斛委本州通判充主管官，專一拘轄催促，應限起發，須管本年之内數足。本所逐季稽考，其間宣勤職守，取一二申奏旌賞。如或弛慢不職，欠負最多，按劾責降。所有諸州起發錢斛，每歲令本所於次年三月終比較，不許展限，具發足、實欠殿最名銜以聞，乞行賞罰。」從之。

閏十二月二十一日，淮東總領所奏：「照得淮西總領司近畫降指揮，專委諸郡通判充主管官，拘轄合發錢米，催督起解。所是淮東財計理合一體，乞令本所將諸州合發錢糧專委逐處通判一員，置籍拘催，主管催發，一依淮西總司已得指揮施行。」從之。

開禧元年十一月三十日，臣僚言：「恭惟高宗皇帝以諸道財賦分置四總領所，而又以王人領之，其爲慮深矣。比年以來，賦入虧於前後之相因，事權弛於勸懲之不及。假如一州財賦隸於總所者以十萬計，今歲偶因水旱而虧其一，若未甚害；奈已虧者不復增，來歲(逐)〔遂〕以九萬爲率矣。使歲及九萬猶云可也，今歲虧一歲，後來者復援虧多之歲以爲率矣。故曰(財)〔賦〕入虧於前後之相因。且憲、漕諸司之勢必行於郡縣者，以刑獄之冤濫，訟牒之稽違，財賦之欺隱，諸司皆得以察之；下至當職官之去留，承行吏之罷復，諸司皆得以專之；至諸司耳目之所不接，又巡按得以及之。故郡縣於諸66司財賦，類不敢虧。惟總所則異是。兼置司之地去所部或千餘里，間有及二三千里之遠者，勢有所不接，令有所不行。歲終比較，展減磨勘不過三二年，其間又有僥緣幸免者，而懲勸之術窮矣。故曰事權弛於勸懲之不及。夫前後之弊非可以驟革，勸懲之法亦未易驟加，乞於郡守離任之日，各令具本任内合解總所財賦有無虧欠，如虧者即詰其由，重加責罰。至若在任尤弛慢者，亦許總所按奏。如此，則諸郡知畏，而財賦必不致有虧，緩急必不致誤事。」從之。

嘉定三年十一月九日，臣僚言：「四川總領所與東南三總領所事體不同，參政王之望總蜀賦日蓋嘗論列，以爲東南將帥統軍旅，户部總財賦，朝廷制其予奪盈虚之柄，所以東南總領責任稍輕。又朝廷在近，凡事有所倚重。今四川去朝廷路遥，又總所不與兵事，凡有調度之費，據其所需應副，若非朝廷主張假借，使之有以自立，則緩急難與財賦作主。此説最爲明白。至開禧用兵之初，宣撫使程松以私意懇囑權臣，遂令四川總領所照江淮、湖廣體例，並聽宣司節制。自是本所財賦，兩宣司動（輙）〔輒〕干與，且不時取撥金帛。逆曦包藏禍心，用度無藝。自安丙誅叛之後，繼爲宣撫使，雖仍指揮之舊，其實總所全賴左右扶持，以至今日。但軍政、財賦，既有攸司，所當各專任責。今宣司結局，改置制置大司，當覈實軍政，撙節錢糧，以寬總所67餽運。總所當斡旋儲蓄，極力措置，以應軍須，不應復累大司。所有權臣一時元降節制指揮，合行釐正。其制司與總所往來文移，既是制置大使係執政大臣，總所合用公申。如將來止是制置司，欲合止用公牒。庶幾名正體順，兩司叶和，不致（止）〔上〕誤國事。」從之。

六年十月二十八日，臣僚言：「兩淮榷貨務場，自姦臣變法，創置提轄一員。嘉定二年，臣僚以其費用日廣而財計展轉不行，奏請省罷。未踰半載，朝廷仍舊差官。方其增置，固以貪吏侵欺出納之無限也；及其省罷，則以官吏廪禄費用之尤多也。今此司再復，非以課額之有虧乎？嘗以兩司申請利害考之，鎮江一司提轄未再置時，所管錢會猶足以支數月，今反空匱赤立，不可支吾，歲給降者不啻百萬。建康一司每月認支之額既已省減，而朝廷給降月猶不下十四五萬。夫差官三四任，更歷四五年，課額不登，給降如故，而徒增二司官吏費用，所謂廐長立而馬益癯也。今若逐歲指降鈔引，令總所自行發賣，擇一幹官提其大綱，萬一鈔引未甚流通，雖不免陳請給降，豈不省增置官吏廪給之費！况供帳幕帟，徒御使令，欲與諸司並驅，今又有增而無減乎！乞將鎮江、建康分司提轄職事並令總所交割管掌，各令歸班，別與差遣，實經久之利。」從之。

十一月十四日，監察御史黄序言：「國家置四總領所以董軍餉，半天下之賦入皆在焉。又於建68康、鎮江各有榷務一司，斡茶鹽之利以通商賈。曩時科降鈔引，不爲撙節，客商入納，利源繁夥，軍額多闕，支遣贏餘，總所得專其權，朝廷無所稽考。間有私自封殖，利已乾没，而罰徒具文。此榷務所以專置分司，在前日行之爲宜也。自分司之後，逐歲鈔引揩數科降務場發賣，登載文曆，出入明白，爲轄官者不過謹出納之司而已，流通則椿管月廩，闕乏則告急於朝，雖有他巧，無所施之。考之累政，借撥朝廷錢物不知其幾，總所坐享其逸，朝廷實任其勞，無乃體統倒置者邪！向者以積弊而釐析之，今以其無弊而復歸之，名正辭順，故復（推）〔榷〕務於總所爲便。或者謂專置一司猶不足以供億，而總所安得力而給諸。審如是，則以王人委寄之隆而但曰催督綱運云者，無乃擇易而辭難乎！夫鈔引即錢物也，以變賣而爲支遣，其數不易。萬一入納稍遲，支遣不敷，則以總所錢物通融之，此猶朝三而暮四也。鈔引在是則錢亦在是，況科降出納，大數灼然，逐時打算，毫髮無隱，特不過使總所任向來之責，而朝廷不爲分司之累爾。榷轄一司官吏皆可省罷，欲乞將鎮江、建康兩處務場日下結局，仍舊付之總領，庶幾事權歸一，無所扞格。」從之。

八年正月二十五日，吏部言：「淮東西、湖廣總領所昨來係援引户部例差置催綱官，徒費廩給，合照户部例一體住罷。」詳見「户部」門。

九年正月二十七日，司農卿、淮西總領胡槻奏：「本所幹69辦公事一員，分司池州，事權既專，責任亦重。池州一軍歲蒙朝廷科降錢一百九萬餘貫，全藉分司幹官拘催。緣累政皆係堂除選人，資淺望輕，州縣固已輕視。又往往多非其人，到任即以文字爲急，職業多不留意。只嘉定八年一歲之間，失催錢四十餘萬貫，常是本所那撥添湊支遣。望將上件窠闕發下吏部，照格法差已作縣合入資序人。庶幾資望稍高，必能辦職。」從之。

十四年二月八日，總領四川財賦軍馬錢糧所奏：「利州大軍庫係四川根本所在，日逐收支錢物，委是繁夥。其監官兩員，從元申獲紹興十六年七月二十九日指揮，許從本所選擇保明奏辟。近準朝廷差下新官杜璋，本所已行遵奉外，竊慮以後不經本所審量，或有癃老疾病、精力不逮之人，徑行赴部注授，廟堂無緣得知，委礙本所出納。乞將上件監官兩闕日後免行差注，止從本所擇材奏辟。」從之。

十五年正月二日，朝奉郎、守軍器監、淮東總領岳珂奏：「本所自紹興間創置淮東一路軍馬，盡在鎮江府大軍倉官專一任出納之責。近年邊備未撤，王師宿淮就（成）〔戍〕，軍兵糧米多移在淮南交受支遣。昨來揚州大軍倉前政總領亦創辟倉官一員，已蒙朝廷從請。今楚州比揚州事體尤重，本所支遣鎮江月支二萬四千五百餘石，揚州一萬一千六百餘石，楚州一萬四千五百餘石，委是一體，不可闕官。久例於楚州州官兼攝，70各有本職，不能專心管幹，遂致綱運積壓，不以時交，委實利害。今欲照揚州大軍倉體例，創置監楚州大軍倉官一員，專一管幹，隸屬本所。乞從朝廷選差一次，或從本所奏辟，庶幾官有定守，軍儲可以給足。」詔從公選辟經任無過犯、有舉主人一次，仍以監淮東總領所楚州户部大軍倉繫銜。既而珂又奏：「本所置司鎮江，相去動數百里，不惟出納經常錢米、交受綱運數目繁瀚，要任得人。竊緣久例，沿邊郡縣通判、判官、知縣兼受給，曹官、主簿兼倉庫，指作兼職，不復經意，榜曆支遣，率付吏手，遞互推托，不與交受。正緣受給官不曾入銜，因此視爲不切。竊照淮西總領所昨來陳乞，通判主管官並帶淮西總領所簽廳職事入銜，及赴所批書。今來本所正與事體一同，乞朝廷詳酌，特賜劄下楚、揚、真、泰、盱眙軍通判，高郵軍判官，天長、六合知縣，並各帶淮東總領所受給錢糧職事入銜。除揚州已有專官外，餘並於滿替前一季預申本所，於見任官内從本所踏逐選差。或見得下政可委，就差承代管幹。其受給并倉庫官遇差兼滿替，並赴本所批書。」從之。（以上《永樂大典》卷一〇九四四）

聖政所

【宋會要】

紹興三十二年孝宗已即位，未改元。六月二十三日，詔曰：「朕惟太上皇帝臨御三紀，法令一新，粲然備具。嗣位之初，深懼墜失。其議設官裒集建炎、紹興以來所下詔 71 旨，條列以聞，朕當與卿等恪意奉承，以對揚慈訓。」續詔事委權吏部侍郎徐度、權刑部侍郎路彬措置裒集。

九月十一日，詔勅令所可改爲編類聖政所。

十二日，吏部侍郎凌景夏言：「近年間有勳臣之家經省部理訴，稽之令甲，姓名不載，難以施行。兼在元祐黨禁如文彦博、司馬光、呂公著等，以至靖康、建炎以來，忠臣義士奮不顧身以衛社稷者，類多有之，皆畧而未編，亦盛世之闕典也。願詔有司精加討論，慶曆、建中靖國所載或有未盡，悉令添入。元祐、靖康、建炎以後有合籍記者，接續修纂，以光中興，天下幸甚。」詔就委編類聖政所接續修纂。

十月七日，吏部侍郎兼編類聖政所詳定官徐度、起居郎兼編類聖政所詳定官周必大言：「本所奉旨接續修纂功勳、忠義臣僚事跡，合要昨來慶曆、建中靖國編載未盡勳臣及元祐、靖康、建炎以來建立功勳卓然顯著、忠臣義士職位，姓名及所立功勳事蹟，逐一參考編纂。欲望許從本所移文諸路，專委監司遍下所部州軍搜訪，如有前項勳臣及忠義之家，許令子孫或近親供具職位、姓名、所立功勳實跡，見存干照，經所屬陳乞，本州保明，録白繳申朝廷，下所參照施行。」從之。

十八日，聖政所言：「已降指揮，將勅令所改爲編類聖政所，有應干合行事件，欲乞並依勅令所前後申請已得指揮施行。」從之。

二十四日，詔尚書左(樸)〔僕〕射陳康伯提舉編類聖政 72 所，參知政事史浩同提舉。隆興元年正月，浩拜右僕射，提舉仍舊。

十二月六日，吏部侍郎兼編類聖政所詳定官凌景夏、起居郎兼編類聖政所詳定官周必大言：「奉旨編類光堯壽聖太上皇帝一朝聖政，合要建炎元年五月（十）〔一〕日以後至紹興三十二年六月十一日以前三省、樞密院《時政記》、《起居注》，參照編類。欲乞下日曆所并移文諫院、後省，依年分逐旋關借或鈔録，用畢封還。并合要詔旨草藁參照，已得指揮許差人於學士院就行鈔録，本所人吏乞下皇城司支給敕入宮門號二道。兼本所檢討官除本處請給外，其所添御厨第三等折食錢，若於本處所請名色次數相妨者，欲乞不理爲名色次數支破，仍自供職日爲始。人吏請給，昨來勅令所舊請則例，係依《紹興禄格禄秩申明》，并紹興十三年六月二十八日支米指揮支破施行，仍自差到所日爲始。」從之。

隆興元年三月十六日，詔：「編類聖政所修纂光堯壽聖太上皇帝聖政，凡大號令、大政事今日合遵行者，並編類門目，每月投進。其編年紀事候書成日，一併進呈。」以本所詳定官凌景夏等有（等）〔請〕也。

五月十九日〔一〕，詔：「編類聖政所併歸日曆所，依舊宰臣提領。其檢討官二員以館職兼，仍令日曆所人吏先行遣。」

同日，編類聖政所言：「接續修纂功勳臣僚、忠臣義士事跡，合行併歸國史院，欲實封用印牒送。」從之。

十月四日，詔：「編類73聖政所檢討官差祕書省校書郎王東里、正字程千里兼，其聖政文字祕書監、少同預編類。」

乾道二年九月二十九日〔二〕，國史日曆所上《光堯壽聖太上皇帝聖政》六十卷。進書儀注、官吏推恩，詳見「日曆所」門。

十月五日，提舉編類聖政蔣芾言，本所官吏欲限三日結局。從之。其詳見「日曆所」。

淳熙十六年三月二十一日，國史日曆所言：「奉旨：『壽皇聖帝臨御歲久，典章法度粲若日星，可令日曆所編類成書，朕當遵而行之，仰稱付託之意。』本所今具下項：本所編類壽皇聖帝典章法度，乞以『至尊壽皇聖帝聖政』爲名。欲從舊例就監修國史提舉〔三〕，以『提舉編類聖政』繫銜。所修聖政文字，欲乞每月就監修國史過局日聚議供呈。檢討官二員，以館職兼，乞朝廷差置，仍乞以『兼國史日曆所編修聖政檢討官』繫銜，即不干預修纂日曆〔四〕。本所官祕書監少、著作郎佐見修纂日曆，乞依昨來修進《光堯壽聖太上皇帝聖政》，同預編類。所修《聖政》係就用本所應干國史文字照使，昨來修進《聖政》係今日曆所人吏兼行

〔一〕五月十九日：《南宋館閣録》卷四載聖政所併歸日曆所在此年七月，與此不同。

〔二〕「九月」上原有「閏」字，然乾道二年並無閏九月，兹據《宋史》卷三三《孝宗紀》一删。《南宋館閣録》卷四、《玉海》卷四九亦有「閏」字，蓋承《會要》而誤。

〔三〕舊：原作「日」，據本書職官一八之一〇三改。

〔四〕不：原作「下」，據本書職官一八之一〇三改。

遺，其取會文字并漏泄條禁並乞依本所前後已得指揮施行，仍乞就用日曆所記行使。本所人吏更不添置，如遇文字冗併日，依例顧工書寫。及應干支用，合於公使錢内支破，每月入曆批勘一百貫。合用修書紙劄、朱紅、物帛等，欲乞從本所逐旋具呈監修國史，下雜買務收買。」並從之。

閏五月一日，詔知樞密院事兼參 74 知政事王藺提舉編類聖政。

七月九日，詔祕書省祕書郎黃由、校書郎王叔簡並兼國史日曆所編類聖政檢討官。

紹熙元年七月八日，詔左丞相留正監修國史，提舉編類聖政。

二年十月十三日，詔太常博士章穎兼國史日曆所編類聖政檢討官。

三年十二月二十三日，國史日曆所上《至尊壽皇聖帝聖政》五十卷。

二十五日，國史日曆所編類聖政言：「《至尊壽皇聖帝聖政》今已進呈安奉了畢，所有本所諸色人將來推恩，内不願轉資合得折資錢，并經修不經進使臣人吏等推恩犒設錢二千貫文。今來務從省減，更不支降，止候推恩（止候推恩）指揮下日，從本所具的確人數申明朝廷，行下户部，依例入曆批勘。」從之。（以上《永樂大典》卷一〇九四四）

經略使

【宋會要】

75《哲宗正史·職官志》云：掌總護諸將，統制軍旅，察治姦宄，以肅清一道，凡兵民之政皆總焉。係邊任則綏御夷狄，撫寧疆圉。若甲兵屯戍，芻粟饋運，則視其緩急盈虛而移用之。掌凡戰守之事，即事干機速、邊防及士卒抵罪者，聽以便宜裁斷。其屬有勾當公事、管勾機宜文字、准備將領、准備差使。

【宋會要】

76元豐元年五月八日，熙河路經略使張詵乞舉文資一員准備差遣，點檢常平錢穀。從之。

十月十四日，鄜延路經略使呂惠卿乞以本司回易庫撫養士卒等本錢别置庫，不得雜公使錢，從經略司變易，止（克）〔充〕撫養士卒及賞覘事人，如小事止支係省錢。諸路並乞依此。從之。

三年正月十三日，龍圖閣直學士韓縝以分畫河東地界文字來上，詔録付河東經略司，令帥臣親掌。

六月二十四日，提舉成都府等路茶場司言：「本司比歲積錢鉅萬，累詔以給賜别司外，欲以所有金帛爲錢三十萬緡輸内藏庫〔一〕。」詔：「就近經畧使所在封樁，委茶場司管勾，如封樁錢物法。自今有羡錢准此，歲終輒具數以聞。」

四年七月三日，詔鄜延、環慶、涇原路經畧司各支封樁錢十萬緡招納蕃部。

九月十七日，知延州沈括言：「西賊聚兵，各在本路對境，慮大兵既入境，賊乘虚寇襲，即乞令監司或以次官權州事，臣以經畧、都總管司職事領在城兵往照應。」從之。

十二月三日，李憲言：「准敕差權涇原路經畧使，其熙河路都大經制并節制秦鳳路軍馬，合與不合依舊兼領？陝西諸路經畧、轉運司合應副本路兵馬軍須糧草，其經畧使、監司乞許臣彈劾，以次當職官乞許臣一面遣官劾罪。陝西、河東見任文武官，乞許臣不拘常制選委應副，雖有違礙，並即發遣，如敢占留，並科違制。乞差近上禁軍一指揮爲牙隊。」詔熙河經制並節制秦鳳路依舊兼領，所乞牙隊差神衛，餘77並依奏。

二十二日，熙河路都大經制司乞差蘭州官，詔以四方館使、熙河路副總管、兼知河州李浩知蘭州，候修會州畢，差充蘭會路經畧安撫副使。

五年正月二十六日，客省副使、知誠州謝麟言，乞增割户口山川并降屬縣名額。詔以麟知沅州，主管沅誠州沿邊安撫公事。置兵馬監押職官、司户參軍各一員，並令謝麟舉官一次。誠州官任滿，依沅州酬奬。

二十九日，詔進士鍾傳爲蘭州軍事推官、涇原路安撫制置司主管機宜文字。以李憲奏充効用，又言其從軍有功也。

二月四日，文思使、文州刺史、内侍押班李舜舉爲照管涇原路經畧司一行軍馬，兼參議軍中大事。

六年八月二十一日，詔賜環慶路經畧司度僧牒千，爲錢十三萬緡，別封樁。

七年十月九日，詔内藏庫支紬絹各五十萬匹，於熙河經畧司封樁〔二〕。

哲宗元祐元年十一月五日，權發遣（泰）〔秦〕州、兼管勾秦鳳經畧安撫都總管司范育言〔三〕：「知州係帥臣，將下公事乞不許通判同管。」從之。

是歲，詔陝西河東經畧安撫都總管司，自元豐四年後應緣軍興添置官屬並罷。又詔罷經畧安撫司管勾官。

二年六月二十二日，詔：「自今沿邊臣僚奏請創置更易事，並先付本路經畧安撫司詳度利害以聞。」

【宋會要】

78淳熙六年四月四日，廣西經畧安撫劉焞言：「本路

〔一〕「提舉」至「内藏庫」：原脱，據《長編》卷三〇五補。
〔二〕熙河：原作「熙渭州」，據《長編》卷三四九改。
〔三〕總：原脱，據《長編》卷三九一補。

賓、邕、昭、象等州見有劫盜公事一十五火，未曾結斷。自來候提刑司請覆取會，或奏聽敕裁，動淹歲月。今來湖南宜章賊徒陳峒等竊發，與本路抵接，本路州縣單弱，久有篡囚越獄之風，或恐兇徒越逸。檢准乾道重修敕，諸軍干邊防或機速，（機宜事干機會，理須從權速請，不可淹留待報。餘條機速准此。）并（請）〔諸〕軍犯罪事理重害，難依常法而不可待奏報者，許申本路經略安撫司，酌情斷遣訖以聞。（罪不至死者不許特處死。）餘犯情重自依奏裁法。乞許經略司索取各州勘到情欵，將迹狀顯著、贓證明白之人一面約法，依上件敕條酌情斷遣，候事定日依舊。」從之。（以上《永樂大典》卷一三三一一）

安撫使

【宋會要】

79 安撫使。諸路災傷或邊境用師，皆特遣使安撫，事已則罷。其河北、河東別置司長任。景德三年，置河北沿邊安撫使，以雄州知州充。又有副使，以諸司副使以上充，不常置。都監，以閤門祇候以上充。並掌北邊戎機、交聘之事，副使、都監迭巡所部。大中祥符元年，置河東安撫司，管勾官二人，一以代州知州充，一以閤門祇候以上充。今陝西沿邊大將帥亦皆帶安撫使名。近制，官輕則爲管勾安撫司〔公〕事。

凡諸路安撫之名，並以逐州知州充，掌撫綏良民而察其姦宄，以肅清一道。京東東路以青州知州充，西路以鄆州知州充，京西北路以許州知州充，南路以鄧州知州充，荆湖南路以潭州知州充。其河北路有定州路，有高陽關路，有真定府路，有大名府路，並帶馬（並帶馬）步軍都總管〔一〕，而廣、桂二州帶經略安撫使〔二〕。

舊制，凡諸路安撫使之名並以逐州知州充，掌撫綏良民而察其姦宄，以肅清一道。兩浙東路以紹興府，兩浙西路以臨安府，江南東路以建康府，江南西路以隆興府，淮南東路以揚州，淮南西路以廬州，荆湖南路以潭州，荆湖北路以荆南府，福建（州）路以福州，京西南路以襄陽府，廣南東路以廣州（廣南西路以廣州），廣南西路以靜江府，成都府路以成都府，利州路以興元府，潼川府路以瀘州，夔州〔路以夔州〕，並以知州充。內廣南西路、成都府路、80 潼川府、夔州路並帶兵馬都鈐轄，餘路並帶馬步軍都總管。內廣南東路帶主管經略安撫司公事，廣南西路帶經略安撫使。

【宋會要】

81 咸平三年八月，以京東州郡夏雨連綿，河防衝決，民避災流徙，頗廢農業，遣太子中舍張舒、閤門祇候張禧遍往逐州軍縣鎮安撫，候到，同共體量。應經黃河水潦浸并

〔一〕步：原脱，據《宋史》卷一六七《職官志》七補。
〔二〕廣：原作「慶」，據《宋史》卷一六七《職官志》七改。

避水權徙他處者，所在長吏倍加安撫，不得搔擾。及令逐州軍具析水全壞田産及只浸田苗者人户數，無致虚破省税。不經水災人户，亦仰州縣安撫，不得接便差擾。

十月二十三日，以翰林學士王欽若爲四川安撫使，國子博士袁及甫副之，閤門祗候李成象同勾當安撫事；知制誥梁顥爲陝西(格)〔路〕安撫使，祕書丞李易直副之。所至録問繫囚，除十惡至死、官典犯正枉法贓，致殺人、劫殺、謀殺、鬬殺並爲已殺人不降外，餘死罪降從流，流從徒，徒從杖，杖已下釋之。死罪合該減降、情理難恕者，疾置以聞。真宗復諭欽若等曰：「朕以觀省風俗，尤難其人，數日思之，無易卿等，各宜宣布德澤，使知朕勤恤之意。」

四年八月，以兵部尚書張齊賢充涇原儀渭邠寧(環)〔環〕慶鄜延州保安鎮戎清遠軍安撫經畧使，知制誥梁顥副之。帝以邊將翫寇，朔方糧道艱阻，故命齊賢等使焉。賜襲衣、金帶、白金有差，即命馳騎而往。發日，仍命宣徽南院使周瑩祖於瓊林苑餞之。

五年十二月，遣使(請)〔詣〕河東，與轉運、總管司同議安撫麟州界來歸三部族等，賜以金幣，護還於内郡。先是，麟州三部族首領 82 勒厥麻族帳甚多，自濁輪寨失守，相率内附，詔分配河東界。至是，邊臣言勒厥麻常往來賊境中〔一〕，慮復叛去，帝且以蕃漢雜居非便，故有是命。仍俟賊境寧謐即放還。

景德元年五月一日，以兵部侍郎、知永興軍向敏中充四路沿邊安撫使〔二〕。先是，賊遷死，延州路鈐轄張崇貴言，乞自朝廷遣使弔問，仍望遣大臣至邊上召賊所親信張浦定議，故命敏中經度之。

十月，以兵部尚書、知青州張齊賢兼青淄濰等州安撫使〔三〕、都提舉青淄濰等州轉運并兵馬巡檢賊盜公事；知制誥丁謂知鄆州、兼鄆齊濮等州巡撫使、提舉鄆齊濮等州轉運并兵馬巡檢賊盜公事。《錦繡萬花谷》：景德中，丁謂充鄆齊濮安撫使。時契丹稍南，民奔楊劉渡，舟人邀利，不時濟人。謂取死囚斬于河上，詭言取民錢者，舟人大恐，旦夕不敢停濟。

十一月五日，命户部判官郝太冲詣邢〔四〕、洺、磁、相、澶、滑、懷、衛、河陽、通利軍安撫。

九日，命都官員外郎孔揆詣河東路安撫。

十六日，命都官員外郎王礪、秘書丞許洞、殿中丞皇甫選、大理寺丞李渭乘傳詣澶州，安撫河北驚移渡河百姓，仍嚴戒所至無得搔擾。

十二月二日，命殿中侍御史劉益、殿中丞皇甫選詣鄆、濮、淄、齊、青、濰等州〔五〕，安撫河朔驚移南渡之民。仍詔河南州軍常切存撫，令隨處于寺觀安泊，無致失所。

〔一〕勒：原作「勤」，據《長編》卷五三改。
〔二〕四：原作「西」，據《長編》卷五六改。「四路」即陝西四路。
〔三〕淄濰：原作「溜維」，據《長編》卷五八改。下同。
〔四〕郝太冲：原作「郝大冲」，據《長編》卷五八改。下同。
〔五〕「淄」原作「留」，「濰」原作「維」，據《長編》卷五八改。

七日，命右正言知制誥陳堯咨、御史知雜李濬安撫河陽、懷、衛、澤、潞等州，都官員83外郎王礪、秘書丞許洞安撫開封府界、滑、鄭等州。以戎人遁去，告諭閭里，所至放彊壯歸農。

八日，遣侍御史高貽慶、三司户部判官郝太冲、通判天雄軍周漸、知天雄軍節度判官張紳分詣河北州軍，招撫人民，悉令歸業。羣盜結集未擒獲者，督官吏討逐，仍招誘首身。暴露骸骨，令逐處埋瘞祭奠。

二十四日，遣内殿崇班楊保用、閤門祇候胡守節、供備庫副使安守忠、通事舍人焦守節分往河北東西路，齎敕書撫問，及體量官吏、將校、彊壯等自戎人入寇已來備禦勳績，條(例)〔列〕以聞。

二年五月，就命交州國信使邵曄爲廣南西路沿海安撫使。時嶺表傳言黎桓死，諸子争立，謹邊備也。

三年四月十四日，以雄州團練使何承矩爲河北沿邊安撫使，西上閤門使李允則爲副使，権易副使楊保用爲都監兼提點諸州軍権場。

四年三月十三日，鄜延鈐轄張崇貴言：「趙德明輸誠請吏，貢奉之使道路相屬。望依北面例，擇官吏有幹、知邊事者爲沿邊安撫使，疆埸事務聽裁以便宜。」真宗以四鄙寧静，不欲增置官局，罷之。

大中祥符三年五月，河東安撫司請半年一入奏邊事，如有急切，不拘此限。從之。

八月，帝將祀汾陰，屬江淮不稔，令諸路各帶安撫使。乃命知昇州張詠兼江南東路安撫使，本州駐泊，都監李重睿、閤門祇候蔚信並爲都監；知洪州王濟兼江南西路，文思使靳懷德、洪州都監張英並84爲都監；知揚州凌策兼淮南東路，文思使楊繼卿、閤門祇候程君濟並爲都監；知廬州高紳兼淮南西路，東染院使劉漢凝、閤門祇候耿緩並爲都監。仍出手劄諭詠等：「轄下州軍雖不係災傷處，亦當安撫〔一〕，無令墮農扇摇逃移。凡民田未收及低下至旱損處，具(折)〔析〕收放分數以聞。常平倉及官倉斛㪷，雖令減價出糶，竊慮逐處官吏不體察地方災旱輕重，加減價例相遠。(徑)〔經〕旱人户如得雨，已種夏苗，即來春易爲接救；如未下種，亦須斟量賑貸，免致來春闕少。江淮州軍欠折斛㪷權(任)〔住〕理納。仍令所在州、軍、縣於公私空閑屋宇權居泊逃移人户，不得驅逐暴露，致枉有夭傷。闕少糧食，減價出糶。人户抛下屋宇桑棗，令本縣及地鄰常照管，具數收係。及災傷州縣常行約束，不得追擾。應緣江淮並沿河州、軍、縣、鎮闕食之處，自來差人牽拽綱運牌筏、(檐)〔擔〕擎轉遞物，並以兵士代之，及破官錢顧人應副。轉運、制置司配率物色及鄉村追糾工匠打造官物，自來擾民者，並權住。應衙市貧乏人户無錢收糴斛㪷，如覺饑餓，便擘劃煮粥，均匀支散。官員有貪濁深刻、昧於綏撫者，速具

〔一〕當：原作「常」，據《景定建康志》卷二五改。

事狀、姓名以聞。應州軍觸納司見收欠負及依省司定限校科[一]，無可陪填及該赦敕除放，省司未明指揮者，並權住區分，開坐聞奏。其饑民有賣椽木、牛皮者，並支官錢收置，以濟人民。」

四年六月，詔曰：「朕以寡德，臨茲庶方，靡忘宵旰之勤[二]，冀洽阜康之治。眷言江介，迄彼淮濱，水旱相仍，田疇幾廢，緬念黎庶，予懷惻然。宜令起居舍人、直史館李迪爲江淮南安撫使，閤門祗候張利用爲都監，存問里閭，察訪官吏，訊詳犴獄，寬節財征，務適便宜，用圖安集。」

八年八月，詔：「如聞同、華、虢州、河中府、陝府歲頗不稔，或有流民，特命使車，往宣朝旨，務令安堵，用副軫懷。其令侍御史李行簡乘遞馬往彼體量，招誘安撫，各令歸業。仍計會轉運司同共相度，將見管斛㪷除留准備外，置場出（羅）〔糶〕，及量與賑貸救濟，無令失所。如少闕斛㪷，即令轉運司那撥應副。逐州今年見欠夏稅，並特倚閣，秋稅仰體量擘劃以聞。」

十月，新差知秦州曹瑋言[三]：「蒙差兼涇原儀渭州鎮戎軍沿邊安撫使，慮有安撫司文字，乞鑄印行使。」從之。時宗哥唃嘶羅立文法，聚數十萬，遣人奏，願討平夏以自効。上以爲戎人多詐，慮緩急寇邊，侵擾熟户，先命周文質監（經）〔涇〕原軍，又徙曹瑋是州，兼兩路事以備之。賜瑋公用錢三百萬，仍詔自今不兼安撫者給其半。《大一統志》：曹瑋事宋，以涇原鈐轄兼知渭州，移知（太）〔秦〕州，兼緣邊安撫使。瑋嘗出巡城，以城上遮箭版太高[四]，召主者令下之。主者對曰：「舊如此久矣。」瑋怒曰：「舊固不可改耶！」命牽出斬之。僚佐以主者老將[五]，諳兵事，罪小宜可赦，皆諫。瑋不聽，卒誅之，一軍慴伏。西蕃犯塞，候騎報寇將至，瑋方飲啗自若。頃之，報寇及城數里，乃起貫戴[六]，以帛纏身，令數人引之，身停不動。上馬出城，望見賊陣有僧奔馬往來于陣前檢校。瑋問左右曰：「彼布陣乃用僧耶？」對曰：「不然，此彼國之貴人也。」瑋問軍中誰善射者，衆言李超。瑋即呼超，指示之，曰：「汝能取彼否？」對曰：「憑太保威重，願得十騎裹送至陣前，可以取之。」瑋以百騎與之，敕曰：「不獲而返，當死。」遂進射之，一發而斃。瑋以大軍乘之，賊衆大敗。出塞窮追，俘斬萬計。瑋在郡，有士卒十餘人叛赴賊中[七]，軍吏來告，瑋方與客弈碁，不應。吏亟言之，瑋怒，叱之曰：「吾固遣之去，汝再三顯言耶！」賊聞之，亟歸告其將，盡殺之。瑋之守郡也，州之西止于文盈關，關之所在最爲要害。關之左右皆蕃族也，瑋以恩信結之，咸爲之用。故秦州每歲出兵，以守文盈而已。所守既寡，則州兵雖少而足用，糧草可以自給。自後帥臣守其舊規，不敢增改。初，張吉知秦州，生事，熟户多去，蕃部驚擾。至是，凡前拒王師者皆伏匿。瑋令納馬贖罪而還故地，至者數千人，厮敦因號南市，即秦、渭咽喉也。自弓門至威遠共置塞十數，亭障橋梁相望，浚濠堡四百丈。既而唃厮囉以十萬衆入寇，瑋擊於三都谷，敗之。遷客省使、康州防禦使。瑋有德于秦，秦人請立碑紀功，有詔褒美，改華州觀察使、鄜延（路）環慶等路安撫使。

〔一〕科：原作「料」，據《景定建康志》卷二五改。
〔二〕宵：原作「中」，據《景定建康志》卷二五改。
〔三〕秦州：原作「泰州」，據《長編》卷八五改。以下注文中之「太州」亦當作「秦州」。
〔四〕箭：原無，據《涑水記聞》卷二改。
〔五〕主者老將：原作「主將老」，據《涑水記聞》卷二改。
〔六〕乃：原作「及」，據《涑水記聞》卷二改。
〔七〕「叛」下原有「寇」字，據《涑水記聞》卷二删。

九年五月，以知辰州曹克明爲宜融桂昭柳象邕欽廉白等州都巡檢使、兼安撫使，管勾溪洞公事。

天禧元年五月，詔曰：「仍[87]歲之內，蝗旱爲災，穡事靡登，流民相屬。託居人上，情用惘然。臨遣使車，循行方郡，詢訪謠俗，安集里閭，式宣寬大之恩，副茲勤卹之意。宜令殿中侍御史張廓往京東路，薛奎河北路，判三司鹽鐵勾院張紳兩浙路，判三司度支勾院韓庶、閤門祇候賈象之江南路，判三司都催欠憑由司張師德、閤門祇候曹珣淮南路，體量安撫。所至不得樂宴遊從及多借官健〔一〕、舟舡，長吏無得迎送。」仍諭廓等，除依累降詔旨出糶斛㪷賑貸外，勸誘富民以斛㪷減價出糶，仍速具數以聞，當依例酬奬。民有流庸失所者，多方招誘。廓又言：「所至州軍民有儲蓄斛㪷者，欲勸誘舉放與貧民，候秋成日依鄉川體例，子本交還。如有少欠，官爲受理。」從之。

二年二月十六日，以西上閤門副使張昭遠爲河北沿邊安撫副使〔二〕，以内殿崇班、閤門祇候常希古同管勾河東沿邊安撫司事〔三〕。

九月，遣三司度支判官周實馳驛往同、耀州、河中府體量招撫，各令歸業。應經災傷人民有折變撥移税賦者，依近降敕除檢放外，據合納分數與免折變，止就本州送納。如願校勘折斛㪷，依倉式例折納。

三年三月，河北緣邊安撫使、知雄州劉承宗言，北面有密報事宜，其通判官已下勿復參聞。從之。

八月，詔曰：「近以洪河溢于東郡，申戒官吏，即謀繕修。顧以資儲〔四〕，急於營度，而京畿近地，河朔奥區，境邑之間既鄰於封壤，芻茭之用爰賴於委[88]輸。已命攸司，各伸良劃，酌其經費，遂彼便宜。雖綸詔屢行，務從於優卹；而黔黎在念，彌切於矜憐。特遣使車，往伸存撫。宜令判度支勾院方仲荀往京東路〔五〕，判户部勾院劉燁往京西路，鹽鐵判官劉平往河北路，體量安撫人民〔六〕。應有合寬恤改更事件，與轉運使副、所在長吏會議施行。」

四年二月一日，以淮南、江浙災傷州軍穀貴民饑，命都官員外郎韓億、閤門祇候王若訥馳驛體量安撫，及發常平粟減直出糶，（勤）〔勸〕誘豪族出粟糶濟。如願以斛㪷（振）〔賑〕民者，等第酬奬，及委發運使規度應副。

十一日，以利州路及階、成州民饑，遣侍御史姜遵、閤門祇候張士安馳驛安撫。

三月，命知制誥呂夷簡、引進副使曹儀往益、梓路安撫，以兩路物價翔貴故也。夷簡言：「所有各穀貴民饑州軍見繫囚，望許與本州長吏等量情理從輕決遣，及所至州

〔一〕健：原作「犍」，據《長編》卷八九改。
〔二〕昭：原作「照」，據《長編》卷九一改。
〔三〕同：原無，據《長編》卷九一補。
〔四〕資：原作「兹」，據《宋大詔令集》卷一五二改。
〔五〕荀：原作「旬」，據《長編》卷九四改。
〔六〕「人民」上原有「使」字，據《宋大詔令集》卷一五二删。

軍召集官吏、將校傳宣撫問。又逐州民户願以斛㪷救饑民者，元敕等第酬奬，望出給空頭告敕付臣，就(被)〔彼〕書填姓名給之。」從之。

九月，命三司鹽鐵判官劉鍇乘遞馬往永興軍安撫犒設[一]，及建道場齋醮。

五年正月，以職方員外郎直史館章得象、閤門祇候張士安馳驛京東路體量安撫，以水災故卹之。

仁宗天聖元年正月，以三司鹽鐵判官張傳、閤門祇候張永德往京東、淮南水災州軍體量安撫。

三年六月二十二日，命龍圖閣待制范雍、客省副使曹儀充陝[89]西沿邊州軍體量安撫使。詔雍等所至州軍犒設軍員、使臣，並察訪邊民利害，及體量官吏能否，内有貪濁深刻、昧於綏撫者，具姓名以聞。

四年七月，命三司户部判官高覿、如京副使高志寧往河北路應經水災州軍體量安撫。

(六月七日)〔六年七月〕[二]，以揚州、潤州、江寧府江水漲溢，漂溺居民及(懷)〔壞〕官司舍宇數千間，遣太常博士、直史館高餗、閤門祇候劉永証，往淮南、兩浙體量安撫。所至不得宴樂遊佚及令官吏迎送，并多差公人，别致勞擾。

八月，命三司户部副使王礮充河北沿邊安撫使，六宅使、康州刺史劉承顔副之。以水災故也。

七年七月，命三司户部副使鍾離瑾爲河北安撫使，西京作坊使范宗古副之[三]。以水災故也。

康定元年六月，御史知雜張奎爲京東體量安撫使，内殿崇班、閤門祇候杜贇仁副之。

慶曆二年四月，京東安撫使陳執中請河北沿邊安撫司凡得契丹事宜，並移報本司。從之。

三年十月，詔置湖南安撫司。蠻賊害潭州都監張克明、桂陽監巡檢李延祚，故有是詔。

五年正月二十八日，以參知政事范仲淹爲資政殿學士、知邠州，兼陝西四路沿邊安撫使。

十一月十四日，詔以邊事寧静，賊盜止息，知鄜州富弼、知青州張存並罷安撫使，知邠州范仲淹罷陝西四路安撫使。

六年三月，詔陝西四路經畧司：「凡民間利害及邊事，並報知永興軍、陝西安撫使程琳。」

九月[90]二十八日，以三司户部判官崔嶧爲荆湖南路體量安撫。時蠻猺未寧[四]，特命嶧往議討除、招安之策[五]。

八年四月，詔：「置河北四路安撫使，(從)〔徙〕知成德軍、資政殿學士韓琦爲定州路馬步軍都總管、兼安撫使、知定州；《事文類聚》：韓魏忠獻王琦，益利路人飢，爲體量安撫使。公至則

[一]「鹽」原作「監」，「鍇」原作「錯」，並據《長編》卷九六改。
[二]六年七月：原作「六月七日」，據《長編》卷一〇六改。下條亦六年事。
[三]范宗古：原作「范仲淹」，據《長編》卷一〇八改。
[四]猺：原作「猶」，據《長編》卷一五九改。
[五]策：原無，據《長編》卷一五九補。

蠲(祖)〔租〕減税，以募人入粟招募壯者，刺以爲厢、禁軍，檄劍門關民流移欲東者勿禁〔一〕，全活飢人百九十萬。蜀人曰：使者之來，更生我也。知澶州、尚書禮部侍郎王拱辰高陽關路，知瀛州〔二〕；知永興軍、右諫議大夫魚周詢(貞)〔真〕定路，知成德軍。」時舊相賈昌朝判大名府，已帶安撫使。先是，樞密(院)使夏(諫)〔竦〕請分河北爲四路，至是乃有此詔。

六月，祠部員外郎、集賢校理張掞往河北體量安撫軍民。

七月，詔河北四路安撫司：「凡移用軍糧、錢帛，並牒報轉運使司。」

十二月，詔御史知雜何郯爲利州路體量安撫使，供備庫副使宋守約(爲)副使。

皇祐三年八月，詔：「遣使體量安撫諸路：御史知雜李兑、西染院副使王道恭京東路；起居舍人同知諫院陳升之、左藏庫副使李賡淮南、兩浙路；侍御史韓贄、内殿承制鄭餘懿荆湖南〔三〕、北路；三司户部判官韓縡、内殿崇班翁日新江南東、西路。」時七路艱食，而長吏多非其人，及轉運司頗肆科率而民不聊生，帝因命中書擇使以按視之。

四年六月，詔知廣州、桂州自今並帶經畧安撫使。

八月，改新知秦州 91 孫沔爲荆湖南路、江南西路安撫使，入内内侍省押班石全彬副之。

五年二月，以天章閣待制田瑜、三司度支副使周沆爲廣南東、西路體量安撫使。

至和元年五月，以御史知雜郭申錫爲河北體量安撫使，西上閤門副使張希一副之。初，河朔荐饑，民多流徙，至是稍復歸業，故遣使安輯之。續詔申錫經制邊事當須密行文字，毋或張皇。

六月十二日，高陽關路都總管、兼安撫使、知瀛州陳升之言：「乞下雄州及沿邊安撫司，今後每體探事宜，並關報本路安撫司。」詔河北沿邊安撫司，候有緊急事宜施行訖，即便關報。

二年九月，詔河北四路安撫司：「河朔天下之根本，而官吏多非其人，恐緩急敗事。其體訪知州及主兵官之材否，具以名聞。」

十月二日，殿中侍御史趙抃言：「京東路青、鄆二州各帶安撫使，近年差兩制、前兩府臣僚以鎮撫之。今曹佾知青州，李端懿知鄆州，御史言其不便，乞檢會改差有才謀、經任使兩制已上臣僚。」詔劄示佾、端懿。

嘉祐元年三月，以三司鹽鐵副使李參、文思副使竇舜卿往荆湖北路安撫。初以本路轉運使李肅之及知辰州宋守信討蠻人彭仕羲，而知荆南王逵與肅之數論事不合〔四〕，互有奏論，(逐)〔遂〕遣參等往體量之。

〔一〕檄：原作「撮」，據《古今事文類聚》外集卷七改。
〔二〕瀛：原作「羸」，據《長編》卷一六四改。
〔三〕湖：原脱，據《長編》卷一七一補。
〔四〕王逵：原作「王達」，據《長編》卷一八二改。

六月，以知制誥韓絳爲河北體量安撫使，《事文類聚》：韓康國獻肅公絳，字子華。江淮、兩浙歲饑，以公體量安撫江南東西二路〔一〕，到部則發倉 92 廩，賑貧乏，問百姓疾苦。西上閤門副使王道恭副之。

二年四月，以右司諫呂景初〔二〕、左藏庫副使李綬爲河北路體量安撫，以河北數地震故也。

〔二十〕七日〔三〕，以侍御史朱處約爲荆湖北路體量安撫。以下溪州蠻彭仕義餘黨未附也。

十一月二十五日，左司諫呂景初言：「定州、高陽關置帥，至重其事，如刺探敵情、關報事宜、捕捉境賊姦細〔四〕、屯田塘水等之類付沿邊安撫司，其他軍政悉歸帥府。」從之。

三年六月，命侍御史丁翊爲夔州路體量安撫，以本路旱災也。

五年七月，詔知許州兼京西北路、知鄧州兼京西南路安撫使。以判許州賈昌朝、知鄧州魏瓘領之。

嘉祐五年八月，以吏部侍郎余靖爲廣南西路體量安撫使。《言行録》：余襄公靖，字安道。嘉祐五年，交趾（冠）〔寇〕邕州，殺五巡檢，驛召公以爲廣西體量安撫使。公至則移檄交趾，召其臣費嘉祐詰責之。嘉祐惶恐對曰：「種落犯邊，罪當死，願留取首惡以獻。」即械五人送欽州〔五〕，斬于界上。襄公帥二廣幾十年，恩信被于異域，如交趾、大理、特磨、南詔之國，皆可以頤指氣使〔六〕，公之文武之才可謂具矣。

嘉祐六年七月，以起居舍人、同知諫院龔鼎臣爲淮南路體量安撫，侍御史陳經兩浙路體量安撫，以水災故也。

治平二年正月二十六日，命知制誥王陶爲陳許（穎）〔潁〕蔡州開封府界諸縣安撫使，權三司户部副使張燾爲南京宿亳曹濮濟單州廣濟軍安撫 93 使，以災傷故也。《益公集》：張忠定公燾外和内剛，臨事有仁者之勇。在蜀四年，尤著惠愛，百姓皆畫像以祀〔七〕。後帥李璆贊云：「公昔在蜀，千載一人；公今去蜀，千百其身。願公再來，以慰斯民。」蓋實録也。

治平四年四月十九日，神宗即位未改元。命諸路體量安撫使：龍圖閣直學士韓維陝西路，天章閣待制陳薦河北路，天章閣待制孫永京東路，三司度支副使蘇寀京西路，並只往災傷州軍。維免，以邵亢代之。上以亢未嘗歷陝西任，以永代之，而差李中歸京東。

是年十一月十九日，詔賜銀三十萬兩，於永興軍封樁，聽經畧司支用。從韓琦請也。

熙寧元年五月二十一日，樞密院言：「近北界刺兩屬人户充義軍，致人户逃避，來雄州存泊。及探到事宜甚多，沿邊安撫司並關報高陽關路安撫司。安撫使總一道之寄，豈可都無關預！欲令今後關報到北界事宜，及理會兩屬

〔一〕江南：原作「江夏」，據《長編》卷一七一改。（《事文類聚》外集卷七亦誤作「江夏」）。
〔二〕景：原作「謹」，據《長編》卷一八五改。後同。
〔三〕二十七：原脱「二十」，據《長編》卷一八五補。
〔四〕境賊：似當作「賊境」或「盜賊」。
〔五〕「械」下原有「送」字，據《歐陽文忠公集》卷二三、《五朝名臣言行録》卷九删。
〔六〕氣：原作「承」，據《五朝名臣言行録》卷九、《古今事文類聚》外集卷七改。
〔七〕祀：原作「事」，據周必大《文忠集》卷六四改。

人户、辨正疆封，以至榷場利害、塘水增損，或沿邊安撫司處置未當，或淹久未決，並須移文，密切商議，不得轉分彼我，務要協心，從長濟務。或所見不同，即具利害以聞。亦不得遷延觀望，致失事機。」詔可。

四年八月九日，置洮河安撫司。自古渭寨接青唐、武勝軍一帶地分，應招納蕃部、市易、募人營田等事，並令同提舉秦州西路蕃部及市易等公事王韶主之；調發軍馬及計置糧草，即令秦州經畧司應副。

五年八月十六日，以武勝[94]軍爲鎮洮軍，以引進副使、帶御器械高遵裕兼知鎮洮軍，依舊秦鳳路鈐轄、同管勾沿邊安撫司公事。所有本軍合置官，令安撫司奏舉。

〔九年〕十月二十三日〔一〕，龍圖閣直學士、集賢殿修撰劉庠知成都府，罷兼安撫使。先是，以茂州邊事，令馮京兼成都府利州路安撫使，至是漸平故也。

十一月七日，詔熙河經畧安撫司：「凡有差發軍馬，常切契勘，如非警急，並令計食調兵，不得與轉運司輒分彼我，枉費軍儲，致緩急闕誤。」

政和三年七月十三日，詔：「京東路安撫使司可創置本司勾當公事一員，以京朝官或選人充，許從安撫司奏辟。其請給、人從，並依保甲司勾當官條例施行。」

四年十一月二十二日，詔移京西路安撫於河南府，京東路安撫於應天府。

五年十二月二十八日，龍圖閣學士、前梓州路計度都轉運使、瀘南招討統制使趙遹言：「三省、樞密院同奉御筆：『晏州夷賊犯順，王師出征，拓地千里，建置五城，悉隸瀘州，接連交廣，外薄南海，控制十州五十餘縣，團、純、滋、祥州、長寧軍屬焉，邊寄宜重，〔可〕依河東代州置沿邊安撫司。（安撫司）孫羲叟〔應副錢糧，頗聞宣力，特除〕集英殿修撰〔二〕、知瀘州、瀘南沿邊安撫使、提舉梓夔兩路諸州軍巡檢兵甲公事；吳子厚充梓夔路兵馬都監，同主管沿邊安撫司公事，瀘州駐劄。』臣竊以元豐中以乞弟犯順，移武臣鈐轄知瀘州，領沿邊安撫司事，迺因軍興權時之宜。比至事定已罷，後來因循，未[95]曾措畫。其如梓、夔兩路，節制於瀘州，事權甚重，而朝廷付與甚輕。今日聖訓所畫，蔽自宸衷，平時責其撫綏懷柔，則易以文吏，緩急責其控捍制禦，則付之武臣，一舉可謂兩得矣。乞賜詳酌，瀘州文臣知州，俾令依武臣知州例，帶梓夔路兵馬鈐轄。仍乞（上）〔止〕以瀘南安撫使爲名，統隸兩路內外諸州，更不帶『沿邊』二字，貴得開府置帥，事權歸正。」詔瀘南主管鈐轄職事知州，可令帶梓夔路兵馬鈐轄入銜，仍以瀘南安撫使爲名，去「沿邊」二字。

宣和二年三月六日，詔瀘州守臣帶潼川府夔州路兵馬都鈐轄、瀘南沿邊安撫使。

〔一〕九年：原脱，據《長編》卷二七八補。下條亦爲九年事。

〔二〕此節衍文、脱文，均據《長編紀事本末》卷一四一删補。

十一月九日，大名府路安撫使鄧洵仁言〔一〕：「近降朝旨，諸路監司及帥臣添置屬官並罷。臣契勘河北、河東兩路與諸路事體不同，欲望特令依舊存留。」詔大名帥司屬官可特行存留三人，候糴買等事就緒日，依近降旨揮減罷。

十二月十五日，詔罷置輔郡，内（穎）〔潁〕昌府帶京西北路安撫。

三年五月六日，臣僚言：「睦賊猖獗，大兵奉行天討，已見平靖。慮班師之後，餘孽尚在，理宜措置。竊聞太宗皇帝嘗以蜀寇雖平，尚有殘孽，因命趙昌言爲安撫招討之。神宗皇帝亦命劉瑾知虔州，兼江西安撫、兵馬鈐轄。今乞以杭、越知州並兼本路安撫使，鎮撫一方。」詔杭、越州、江寧府守臣並帶安撫使〔二〕，兩浙東西、江東路鈐轄並依本路選差。

九月二十一日，詔洪州守臣可依江寧府帶安撫使。

96 六年四月十四日，詔：「潼川府守臣可帶潼川府夔州路兵馬鈐轄〔三〕，惟瀘州止帶管勾瀘南沿邊安撫司公事，仍差武臣。」

七年十二月二十二日，詔河陽、開德守臣並帶管内安撫使，以知州兼充。

高宗建炎元年六月二十一日，宰臣李綱言守備：「當於沿河、沿淮、沿江置帥府，皆帶使名〔四〕。要郡、次要郡以控扼〔五〕。其帥府文臣一員，充帶安撫使、馬步軍都總管；武臣一員，充副總管。要郡文臣一員，帶兵馬鈐轄；武臣一員，充副鈐轄。次要郡文臣一員，帶兵馬都監；武臣一員，充副都監。安撫使總一路兵政，許便宜行事，鈐轄、都監參與。每朝廷調發軍馬，則安撫使措置辦集以授副總管，率副鈐轄、都監、總兵以行。如安撫使自行，即漕臣兩員，一員留本路攝事，一員隨軍以治錢糧；提刑文武各一員，專切巡歷，以治盜賊。見今路分鈐轄、州鈐轄可以改充今來新制，其不可倚仗人令安撫司具名以聞。」從之。繼而江南東路安撫鈐轄司言：「被旨於沿江置帥府、要郡，本路帥府文臣一員充都總管，武臣一員充副總管。要郡江、宣州，文臣各一員，帶兵馬鈐轄；武臣各一員，充副鈐轄。次要郡池、饒、太平州，文臣各一員，帶兵馬都監；武臣〔各〕一員，充副都監。路分鈐轄、州鈐轄可以改充今來新制。江寧府知府見帶一路安撫使，合與不合便以馬步軍都總管繫銜？及要郡鈐轄、都監，知府帶鈐轄、都監依此，所有置武臣副鈐轄、都監，97 亦未審合與不合便行改充今來新置。」詔合帶馬步軍都總管繫銜，置武臣副鈐轄、都監，合改充。

二十八日，宰臣李綱言：「沿河、沿淮、沿江諸路置帥府，要郡、次要郡，使帶總管、鈐轄、都監，以寓方鎮之法，許

〔一〕洵：原作「詢」，據《宋史》卷三二九《鄧綰傳》改。
〔二〕杭：原作「撫」，據本書職官四八之一一四改。
〔三〕夔：原作「諸」，據本書職官四八之一一四改。
〔四〕皆帶使名：此四字原作正文，據文意改爲小注。
〔五〕次要郡：原無，據《建炎要録》卷六補。

其便宜行事，辟置僚屬、將佐以治兵，不數年間，必有可觀。今日控禦之策無大於此。」僉謂帥府、要郡之制可行，但未可如方鎮割隸州郡。有詔：「京東東西路、京西南北路、河北東路、永興軍路、淮南、江南路、兩浙東西路、荆湖南北路皆置帥府、要郡、次要郡〔一〕。帥府爲安撫使，帶馬步軍都總管，要郡帶兵馬鈐轄，次要郡帶兵馬都監，皆以武臣爲之副。改路分爲副總管，路鈐轄爲副鈐轄，州鈐轄爲副都監〔二〕。總管、鈐轄司許以便宜行軍馬事，辟置僚屬依帥臣法，屯兵皆有等差。遇朝廷起兵，則副總管爲帥副，鈐轄、都監各以兵從，聽其節制，正官願行者聽〔三〕。轉運使〔四〕、副一員隨軍，一員留本路。提點刑獄彈壓本路盜賊，遇有盜賊則量敵多寡，出兵會合，以相應援〔五〕。本路帥臣、當職官措置兵馬，先就緒者當優議旌賞。」

二年三月八日，詔：「諸路雖各建帥府，然於一路見任官吏初無節制指揮，致翫習常態，緩急難以集事。宜令諸路安撫使便宜節制施行。」

五月十七日，詔：「應將副雖在他處駐劄，隨將兵住營或出戍去處知州帶管內安撫使，亦令聽節制，並依本路安撫使法。」

九月十六日，臣僚言：「淮南西路已依祖宗制，廬州爲帥府，帶一路安撫使，而壽 98 春府又帶管內安撫使。若以朝廷置帥之意，其管內安撫雖係要郡，亦合聽從帥司節制。欲乞應受管內安撫使節制處，凡有軍期，並專從本路帥司號令。」詔諸路管內安撫使，軍期事並聽帥司節制。如將兵屯戍就糧在本州，聽管內安撫使節制。

三年五月三十日，尚書省言：「〔令〕〔今〕相度，欲將江、池、饒、信州爲江州路，知州帶本路安撫使；建康府、太平、宣、徽州、廣德軍爲建康府路，知州帶本路安撫制置使。其節制江東路軍馬及江州知州帶『江東湖北』四字入銜並除去，所貴名正事成，號令歸一，任責稍專。」從之。

閏八月二十二日，臣僚言：「諸州守臣既帶安撫，又兼制置，及許便宜，是持朝廷生殺之權。若行之於兵馬邊防之間，即爲大利；若奪所隸州軍財計，爲害不細。欲乞依祖宗良法，止許漕使轉輸本路財用。」詔除用兵許依應便宜指揮，餘不行。

四年正月二十四日，詔：「温州見措置防托，捍禦賊馬，其守臣可令帶管內安撫使。」

五月二十四日，詔：「京畿等路州軍既分爲鎮撫使，其逐路安撫使並罷。」

二十七日，詔：「諸州守臣比年以來往往陳乞帶管內安撫使，不過欲增置官吏，辟舉親識，無補事功。其諸州守

〔一〕次：原作「以」，據《梁谿集》卷一七九改。
〔二〕「總管」至「都監」凡十六字原脱，據《梁谿集》卷一七九補。
〔三〕正：原作「止」，據《梁谿集》卷一七九改。
〔四〕使：原作「司」，據《梁谿集》卷一七九改。
〔五〕援：原作「接」，據《梁谿集》卷一七九改。

臣見帶管内安撫使可並罷。」

同日，三省言：「湖北路係分鎮建帥地分，内鄂、岳州正在大江之南，與江、洪州接境，今欲撥屬江南路。沿江一帶道里闊遠，若依舊只於建康、江州兩路置帥，或 99 恐照管不盡，緩急有失機會。今欲將江南東、西路州軍分置三帥總轄：内鄂州路安撫使於鄂州置司，撥鄂、岳、筠、袁、虔、吉、南安軍爲所隸；江州路安撫使於江州置司，撥江、洪、撫、信州、興國、南康、臨江、建昌軍爲所隸；建康府路安撫使於池州置帥，撥建康府、池、饒、宣、徽、太平州、廣德軍爲所隸。契勘建康府本係置帥去處，緣本府至鎮江府不滿二百里，相去太近，而往江州計一千四百里，遠近不倫。獨池州正在鎮江、江州之間，若置帥於池州〔一〕，則沿江四帥相去道里甚均，實爲利便。」從之。

六月九日，尚書省言：「臨安府舊帶兩浙西路安撫使，昨降指揮權移於鎮江府置司，其臨（江）〔安〕府見兼兩浙西路同安撫使。今來防秋在近，竊慮帥臣事體不專，難以倚辦。」詔臨安府罷兩浙西路安撫使，餘依已降指揮。

十五日，尚書省言：「自來二品以上官爲諸路帥臣，即與侍從官并職名稍高之人一等安撫使，顯見無以區別。欲乞今後諸路帥臣如係二品以上，即爲安撫大使，其繫銜則鎮撫使體式。」從之。

十六日，太尉、奉國軍節度使、兩浙西路安撫大使、兼知鎮江軍府事劉光世言：「今來創置安撫大使之意，是欲控制一路，不獨治鎮江一府而止。若使只守鎮江，即與別郡太守同爲守土之臣，緩急別郡有警，均礙常制，不敢離任。欲乞將鎮江府別除守臣或添置通判一員，專主民事，光世專充浙西安撫大使，隨宜 100 從便置司，惟不得出離本路。」詔鎮江府特添置通判一員，令具名奏辟。餘依。《名臣言行録》：劉光世爲江東西安撫使，置背嵬親隨軍，皆鷙勇絶倫，一以當百者。

七月二日，臣僚言：「今之帥府雖有一路安撫之名，一旦有（驚）〔警〕，惟知城守自保，不相應援，則潰敗必矣。契勘逐路帥守雖帶總管或鈐轄、都監之名，然既是守土，難以統兵出援。昨來朝廷措置，帥府有副總管，要郡有副鈐轄，次要郡有副都監，而又將兵舊各有將副，此皆統兵之官，正欲以備急難，相爲應援者也。然比年以來，所差除者多是不知兵之人，軍中利害既不能語，出戰行陣又不素習，或老耄而不任事，或以雜流濫居，或以技術超擢，徒冒其名，緩急之際不可倚仗，必至煩朝廷出師而後已。且其官不職，不過虚費禄廩而已；若統兵官不職，則生靈性命所繫，其害甚大。欲望應逐路副總管、鈐轄、副都監及將副等，並令樞密院置籍拘定。仍依祖宗差除將領故事，並以曾歷邊任、曾立戰功、諳知兵畧之人任其職。遇有（驚）〔警〕急，即以次就近起發屬郡將兵策應。其士兵、弓手，即委提刑統領，協力救援。若鄰路有警，坐視不救而致失利者，重行誅

〔一〕池州：原作「江州」，據《景定建康志》卷二五改。

責。」詔令樞密院遵守。

十四日，知越州、兼主管兩浙東路安撫司公事陳汝錫言，乞添置幹辦官一員。詔特許添差幹辦公事二員，令陳汝錫踏逐奏辟，其闕候任滿日更不差人。

二十三日，詔：「江南 101 路已分三帥，逐路各置准備將領四員、准備差遣六員、准備差使八員、准備使喚十員。」

八月一日，詔朝散大夫、（真）〔直〕徽猷閣范正已充兩浙西路安撫司參謀官。先是，兩浙西路安撫大使劉光世言：「正己係范文正公親孫、范純禮之子，趣操蘊藉，有父、祖風，勁正敢爲，議論高遠，衆所推服，乞許於額外更置參謀官一員。」故有是命。

十五日，詔：「兩浙西路安撫大使許置參謀、參議、主管機宜文字、主管書寫本司機宜文字官各一員，幹辦公事官五員，其請給令尚書省立定則例行下。」尚書省言：「今定參謀、參議官，欲依本路提舉茶鹽官例支破；主管及書寫機宜文字、幹辦公事已上，欲京朝官依通判、選人依簽判支給；准備將領、准備差使、使喚、使臣，欲並依本軍逐等官見今所請給則例支破。」詔依擬定內支散，供給人更不支破驛券。

十一月六日，詔：「諸路安撫使兼知州者，安撫司事干監司，係職事不相統攝，合用關牒。有本州事干監司，其知州官係太中大夫、觀察使以上，應用申（伏）〔狀〕者，書檢不繫名銜；知州官未至太中大夫、觀察使，合用申狀。」

紹興元年正月十日，詔：「江南路依舊分東西路，各置轉運司，見任漕臣依舊分路管幹職事。建炎四年五月二十七日江南分三路置帥并置都轉運司指揮更不施行〔一〕。一、以鄂州、岳、潭、衡、永、郴、道州、桂陽監爲荊湖東路，於鄂州置安撫司；以鼎、澧、辰、沅州、靖州、邵、全州、武岡軍爲荊湖西路，於鼎 102 州置安撫司。其荊湖南北路轉運司改爲荊湖東西路轉運司，通管兩路財賦。其湖南提刑并提舉茶鹽官，並改充荊湖東路。其荊湖西路，合創置提刑并提舉茶鹽官管幹職事。」

同日，尚書省言：「昨措置江南分置三帥，係以某州路安撫使爲名，今來鄂、岳既已撥隸荊湖東路，及江南仍舊分東西路，其帥臣亦合隨所撥路分繫銜。」詔呂頤浩充江東路安撫大使，兼知池州；朱勝非充江南西路安撫大使，兼知江州；高衛充荊湖東路安撫使，兼知鄂州。餘依已降指揮。

八月十六日，福建路安撫司言：「福州改爲帥府，本府移文江南西路安撫使司，取會到改置帥府合差置准備差遣五員，准備差使一十員，准備將二員。乞許依江南西路安撫使司已得旨揮差置，從本司踏逐奏差。」詔特許依江南西

〔一〕「紹興元年」至此句「建炎」三十餘字原脫，據本書食貨四九之三七、《景定建康志》卷二六及《宋史》卷二六、《建炎要録》卷四一所載相關內容補。以下各條皆紹興事。

路安撫使司，置准備將領二員，准備差遣、差使各五員，餘依。

九月一日，詔：「全州今後遇有軍期，許聽廣南西路經畧安撫司節制，互相應援。」時廣南西路兵馬都鈐轄兼主管本路經畧安撫使司公事許中奏：「廣西路桂州係置帥去處，北至本州界百餘里，地勢平坦，無甚險固。自界首至全州八九十里，重岡複嶺，多有險阻，緩急可以措置把托。緣全州係屬湖南路，於廣西經畧司未有節制，若割全州隸廣西路，實爲經久利便。」故有是詔。

同日，中書門下省言：「江南東[一]、西路舊以建康府、洪州爲帥府，置兩路 103 安撫大使。今東路大使兼知池州，西路兼知江州，二州地勢僻隘，非建康府、洪州之比，有失祖宗分道置帥、增壯國勢之意。」詔江南東路安撫大使兼知建康府，西路兼知洪州。所有洪、池守臣，今後選差武臣，其紹興元年正月十日江、池州帥司并安撫大使兼知逐州指揮更不施行。

十一月四日，詔承事郎王趍充廣南西路經畧安撫司幹辦公事，專一提舉左右江峒丁及收買戰馬等公事。

十二月二日，知江州、兼沿江安撫使胡舜陟言：「本州與池州並帶沿江安撫使，今池州已依王進所乞，辟差主管機宜文字、幹辦公事各一員，准備差遣共五員，今欲令依池州例。」詔江州安撫司屬官依池州例，許差五員，前降辟差七員指揮更不施行。

二年四月十二日，詔：「江南東西路、兩浙東路安撫大使司，准備差遣以辟文臣不得過十五員，准備差使以辟武臣不得過十五員爲定額。其見差下人限指揮到日，並令依條減罷。」先是，江南東路安撫大使呂頤浩言，本州准備差使、差遣元有不限員數指揮，故有是命也。

十一月二十三日，江南西路安撫大使司言：「得旨，諸路帥司帶宣撫者並罷。契勘本司所兼德安府、舒、蘄、光、黄、復州、漢陽軍七州軍，係以宣撫使司行移文字。今來既罷宣撫使名稱，未(當)〔審〕只以大使司稱呼，唯復以德安府舒蘄光黄復州漢陽軍安撫使司爲名？兼所管七州軍職事仍 104 舊，所有屬官一員、人吏五名，仍乞依舊存留管幹。」詔以江南西路安撫大使司稱呼，餘依。

三年三月十一日，詔：「舒、蘄州今後控守事務，聽江州沿江安撫司約束措置，仍依舊隸屬江西帥司，應大事從帥司處置。內黄州遇盜賊竊發，就近委湖北安撫司遣兵應援。其岳州係長江上流緊切控扼之地，可依江、池州例，守臣帶沿江安撫，並候盜賊寧息日依舊。」從知江州、主管沿江安撫司公事(從)孫祐請也。

十二日，詔：「沿江三大使司許置參謀、參議官、主管機宜文字、主管書寫機宜文字各一員，幹辦公事三員，文臣准備差遣、武臣准備差使、准備將領各以五員爲額，其溢額

[一] 東：原脱，據下文及《宋史》卷二六《高宗紀》三改。

人並依省罷法施行。」以中書門下省言「昨除沿江三大使，所辟官屬緣當時（今）〔金〕人尚未北去，兼李成、馬進賊馬在近，所以增置員額數多。今來邊報寧静，别無羣寇，其屬官理宜裁損」故也。

二十六日，知揚州、淮南東路安撫使、馬步軍都總管湯東野言：「今來總管一路軍馬，並令聽帥司節制。其淮東泰州知州張榮、承州知州王林見各帶浙西安撫大使司統制，未審合與不合改聽淮東帥司節制？」詔並合聽淮東帥司節制。

四月十三日，淮南西路安撫胡舜陟言：「乞依湯東野已得指揮，置回易，及差使臣回易，所過州縣免税。」詔許踏逐文臣兩員主管，仍令禮部給降江東、兩浙空名度牒共二百道，充本路支用。餘依湯東野已105得指揮。

五月二十日，詔新差知池州、兼主管沿江安撫公事陳規改充沿江安撫使。以規係從官，故有是命。

七月〔一〕，知廬州軍州事、兼淮南西路安撫使胡舜陟言：「本州近來作鎮撫使日隸屬江東安撫司，今來已罷鎮撫，依祖宗舊制，帶一路安撫使。往年本路安撫即與江東安撫統屬，况是本司取稟軍務，上有都督府，又有淮南東、西路宣撫使司，欲乞本州免隸江東安撫司。」從之。

十二日，知揚州、兼淮南東路安撫使湯東野言：「自到郡，上下空匱，凡倉場、府庫、吏舍之類，並是創建。役人顧直、官吏俸給，皆仰給所賜錢物。昨朝廷所賜金銀，專以贍給軍兵，今將罄竭，其他皆是逐旋經營支用，委是不足。竊慮將來監司不卹本州係是興復之初，將平時事體一例根刷錢物，拘占糧食，使本州措置不行。欲乞劄下本州，應干經畫到些少錢物，許那移支用一年，仍免監司根刷拘占。」從之。

六月二十一日，江南西路安撫大使趙鼎言：「本路昨兼管江北七州軍，内舒、蘄、黄三州見今分屯本司軍馬，那移錢糧等應副，即目興葺漸成次第。近據報到，淮南西路安撫使胡舜陟乞節制舒、蘄、黄三州人馬，有旨依。本司契勘，上項逐州軍馬既聽淮西帥臣節制，若本路不合兼管，其錢糧乞從淮西應副。并江西係與淮西相接，今蒙將舒、蘄、黄三州撥歸淮西，萬一上流有警，則沿江一帶並無軍馬應援。本司相度，106遇有沿江探報，即乞許本司時暫勾索逐州人兵權行使唤。」詔令江西帥司依舊那融應副錢糧，遇盗賊竊發，令聽淮西帥臣措置。應大事（兼）〔並〕依舊聽江西安撫大使司節制。

十月十二日，三省言：「江州守臣見帶沿江安撫，今來岳飛充本路制置使，江州駐劄，其守臣難以更帶安撫使。」詔江州守臣銜内權不帶沿江安撫，候岳飛班師日申取朝廷指揮。

〔一〕按，下文有「六月二十一日」條，已查不誤（見《建炎要録》卷六六），則此條之「七月」誤，疑當作「六月」。

四年正月十五日，都省言：「江西安撫大使司昨來置司日，屯養官兵數廣，遂降指揮，歲支二十萬石應副本司支遣。近本司已有撥隸軍馬，今將去年九月十日申到兵帳見管一萬五千七百人，除將佐、使臣係破券不該支米外，且以見在効用將校、兵級、民義兵、(蒿)〔篙〕稍手一萬四千五百一十三人，約度一歲共合支米一十二萬五千五百三十三石八斗，理合據實用數寬剩支撥。」詔令江西漕司據本司合用米數，每歲支撥十五萬應副。其權撥赴岳飛下官兵，如內有岳飛見管認錢糧數目，却於本司今來合得米內計數除豁施行。

三月一日，詔：「兩浙西路安撫司幹辦公事，通舊額許辟置三員。」從知鎮江府沈與求請也。

二十八日，詔：「廣西路經略安撫使司額管准備差遣、差使舊額合破員數，許於大小使臣內通融踏逐奏辟。」先是，本司額管准備差使二員，依條奏舉大使臣外，准備差遣一十二員，係奏小使臣。至是，陳乞依江東、浙西、湖南等路107安撫司已得指揮，許本司於文武陞朝官、選人、小使臣內通融踏逐，指名奏辟施行，庶幾邊防緩急，得人分頭幹辦，不致誤事。下部勘當，故有是命。

四月二十二日，詔：「帥府書寫機宜文字，除係事干機密合書寫外，其餘文字並不得簽書。」

二十七日，江西安撫制置使胡世將言：「本路先係差除大使，依先得旨，令置參議、參謀、主管機宜文字各一員，幹辦公事官三員，准備將領、差遣、差使各五員等，遇有闕官去處，並許奏辟差權。」詔內幹辦公事、准備差遣、差使各減一員，餘依趙鼎已得指揮。

九月十日，詔江東安撫司添置准備差使一員。〔以〕知鎮江府、兼兩浙路安撫使、馬步軍都總管沈晦言「江東安撫司准備差遣、差使各五員，欲望更添准備差遣、差使各一員」故也。

五年閏二月六日，詔江州守臣權帶管內安撫使。以中書門下省言沿江已有制置使、副，難以更置安撫故也。

二十二日，詔：「江東西、湖南、浙西安撫大使許置參謀、參議、主管機宜文字各一員，幹辦公事五員；安撫使許置參議、主管機宜文字各一員，幹辦公事四員。其溢額人令終滿今任，所有額內并溢額人已差下替人並罷，仍依省罷法。浙東、淮南、福建、廣南並依舊，仍並(令)〔令〕逐路帥司舉辟。參謀、參議，辟通判已上資序，餘並令録以上資序人。准備差使依舊，如通差過文臣，候今任滿日，却令依舊差武臣。諸路帥司合辟差機宜，108今後並差第二任知縣資序人。餘依已降指揮。」以尚書省言：「諸路帥司所置屬官多寡不同，兼往往堂除差人，即非祖宗舊制，當別行立定差格。」故有是命。

三月十七日，詔：「荆湖北路安撫使司人吏如頭名實滿三年，權依江西已得指揮，與補進義副尉。」

二十四日，詔臨安府依舊帶浙西安撫，鎮江府帶沿江安撫。

五月二十三日，權發遣鎮江府劉寧止言：「今來所帶沿江安撫，即不曾分定路分，欲乞撥常州、江陰軍及平江府崑山、常熟縣隸屬本司。」從之。

六年五月十二日，詔：「襄陽府係上流重地，密鄰僞境，依陝西五路例，許帶京西南路經略安撫使。」

六月十六日，中書門下省言：「湖北帥司已移還荆南舊治，與襄陽事體同。」詔王庶許依襄陽府例帶經略安撫使。

八月二十五日，瀘南沿邊安撫使、知瀘州何慤言：「欲望許臣到任後，將城寨官銓量，除有不法合行按削外，不職之人未受勑劄者，即聽放罷，别行差辟，已受勑劄者，令與閑慢兩易其任，各不理遺闕。」從之。

九月十八日，成都府潼川府夔州利州等路安撫制置大使、兼知成都府席益言：「契勘裁減冗員，今相度川陝四路分置帥府，其潼川府、夔州路舊爲一司日，帥臣帶瀘南沿邊安撫使。蓋以彼處邊防，比之餘路事體稍重，合分作兩路。其夔州路施、黔、珍州、南平軍等處，邊面比潼川府路尤更闊遠，又係控扼京西，與舊不同，理當[109]增重事體，遵稟便宜，令夔州路鈐轄帶本路安撫使。切緣夔州路距北邊雖遠，方今控扼京西，最爲衝要。今來本路安撫正係夔州知州陞帶，即非專置一員，難以減廢。」從之。

七年八月二十三日，廣東路經略安撫使連南夫言：「被旨，如盗賊事不可待報，許便宜施行訖具奏。今來水陸别無大寇，所有便宜指揮，伏望收還。」從之。

九年三月十五日，中書門下省言：「河南諸路州軍新復之初，令權宜措置：應天府守臣充南京留守，兼應天府路安撫使，以單、徐、宿、亳州、興仁府、廣濟軍爲所隸；河南府守臣充西京留守，兼河南府路安撫使，以蔡、汝、鄭州、淮寧、(穎)〔潁〕昌、順昌府、永興軍爲所隸。」從之。

六月十日，熙河蘭廓路經略安撫司言[一]：「本路未經兵火已前，舊管一十州軍，以熙河蘭廓路經略安撫使司稱呼。昨因兵火，將河外西寧、樂、廓等州官吏軍民移那前來河裏，緣此後來行移，止以熙河路經略安撫使司稱呼。今爲割還河南故地，本路所轄别無廓州，即未審如何稱呼。」詔以熙河蘭鞏路經略安撫司爲名。

十月十八日，知廬州、兼主管淮南西路安撫司公事、兼權淮南判官李仲孺言：「蒙恩差前件職事，所有安撫司各合辟置官屬，許踏逐材幹官奏辟。」有旨依。臣僚言：「契勘昨申請爲廬州係是極邊，遂創充辟置。今淮西自是近裏州軍，即與五年事體不同，難以援引前例。」詔(係)〔除〕幹辦公事、准備差遣各[110]減一員，餘依已得指揮。

十年正月六日，福建路安撫大使、兼知福州張浚言：「乞依浙東安撫大使例奏辟官屬，除參謀、參議官更不差置外，欲乞更差主管機宜文字及幹辦公事三兩員，並從帥臣踏逐奏差。」詔許更辟差主管機宜文字、幹辦公事各一員。

[一] 廓：原作「廓」，據《宋史》卷八七《地理志》三改。後同。

三月六日，樞密院言：「(穎)〔潁〕昌府係衝會去處，理宜增重事權。」詔令兼管內安撫使。

閏六月二十六日，詔左武大夫、果州團練使、知陝州、兼節制陝西諸路軍馬司統制吳琦兼管內安撫使〔一〕。以樞密院言「琦見措置招集忠義，據險保守，與賊相距，理宜增重事權」故也。

十二年十月二十二日，臣僚言：「淮南兵革未休，屏翰不固，權一時之宜，於鎮江府置沿江安撫使。閱時既久，議者以謂虛設。蓋浙西兵政(以)〔聽〕於臨安帥司，淮南兵政聽於揚州沿江安撫司，率徒屬數十員，糜費廩稍，曾無毫髮之補。欲循沿海制置使司例罷置。」從之。

十四年九月十三日，四川宣撫副使兼營田使鄭剛中言：「今措置，欲將利州路分作東、西兩路，內吳璘乞差充利州西路安撫使，以階、成、西和、鳳、興、文、龍州隸屬；楊政乞差充利州東路安撫使，以興元府、洋、利、閬、巴、蓬、劍州、大安軍隸屬。郭浩所帶，理合一體，今欲除落『經畧』二字，乞以金房開達州安撫使爲名；知成州王彥、知階州姚仲、知西和州程俊、知鳳州楊從儀所帶沿邊安撫及管內安撫，並合除落。」從之。

十六年八【111】月四日，詔：「利州西路安撫司屬官許依本路轉運司屬官，到任、任滿推賞。」

二十八年二月三日，詔：「京西南路安撫司有不經朝廷正差使臣一十五員，並行廢罷。」從本路轉運司請也。

十一月十六日，詔：「湖北安撫司添差參議官一員減罷，見任人令終滿今任，已差人別與差遣。」

二十九年閏六月十六日，淮南西路安撫司言：「本司幹辦公事、准備差遣共二員，內幹辦公事職事稀少，合行省罷。添差指使、准備差使，聽候使喚一十二員，乞更不差注。」(照)〔詔〕依。其見任人與終滿今任，已差下人依省罷法，如見任人願省罷者聽。

三十二年四月十四日，淮南東路安撫使司言：「契勘省併官吏，本司今相度：欲乞存留官並係正任，書寫機宜文字一員，幹辦公事一員，聽候差使、副尉一十員，下班祗應八員。乞裁省官，主管機宜文字一員，准備差使一員，添差不釐務准備差使三員，聽候使喚五員，指使四員。其見任已差下人，並依省罷法施行。」從之。

紹興三十二年孝宗即位未改元。十一月四日，江淮宣撫司言：「淮南西路安撫司見今防秋，軍事不一，欲將准備將一員改作幹辦公事，准備差使一員改作准備差遣。」從之。

隆興元年五月五日，詔京西南路安撫司許差主管機宜文字、幹辦公事各一員。從安撫使王彥請也。

七日，降授特進、樞密使、江淮東西路宣撫使張浚言：【112】「契勘海州係極邊州軍，見屯軍馬、新招忠義軍，多是初

〔一〕「統制」原作「節制」，「吳」原作「韓」，據《金佗粹編》卷一二、《建炎要録》卷一三六改。

自北來，未成紀律，全在守臣彈壓鎮撫。欲乞許帶海漣水軍管内安撫使。」從之。

隆興二年閏十一月十二日，吏部言：「四川安撫司狀：『乞將本司主管機宜文字、幹辦公事，准備差遣，依逐司體例，許理爲實歷親民資任。』送部勘當，欲依本司所乞。」從之。

乾道三年四月十一日，詔：「利州東、西兩路併爲一路，以利州西路安撫使、判興州吳璘改知興元府，領御前諸軍都統制職事，充利州路安撫使、四川宣撫使；以知興元府王權改知洋州，依舊御前諸軍都統制，充管内安撫使。」是日，宰執進呈吳璘改知興元府、王權知洋州。上曰：「吳璘年老，意欲歸興元。」魏杞奏曰：「若歸興元，却是遥制西路軍馬。」蔣芾奏曰：「不若權併歸兩路，令吳璘宣撫，却依舊知興元。」上曰：「如此甚順。」至有是詔。

八月十四日，知襄陽府陳天麟言：「安撫司置司襄陽府，係是極邊，邊防利害，不可無屬官專掌機要文字。緣近來省併，止存幹辦公事一員，今乞復置主管機宜文字一員。」從之。

十二月一日，詔京西路轉運判官韓曉知金州、主管金房開達州安撫司公事，馬步軍都總管。用知樞密院、四川宣撫使虞允文薦舉也。

十五日，宰執進呈臣僚言：「金州守臣依興州例，不當帶安撫、總管職事，其金州安撫司乞依舊併歸利路。」上曰：「舊來如何？」蔣芾奏曰：「舊[113]不曾帶，緣郭浩知金州，要與吳璘、楊政事體一同，故置安撫。今金州自屬利州路，而房州自隸京西，開、達自隸夔路。逐路已有安撫使，近除章署知興州，亦已不帶矣。」上曰：「可依奏。」

四年，宣撫使虞允文奏，乞令帶管内安撫司公事，奉旨依。

四月二日，詔金州守臣帶管内安撫。以刑獄公事張松兑言：「金州最爲闊遠，守臣若不稍假以權，則統兵主將勢爲獨重，州郡施爲措置皆有所牽制。初因武臣兼總兵民之權，故加銷削，以相維帶。今以列郡處於其下，其勢必不能相制，欲望許令金州守臣帶管内安撫。」故有是詔。

六年八月二十六日，中書門下省勘會：「已降指揮，四(州)〔川〕安撫制置司屬官並罷，併歸四川安撫司，所有成都府路安撫司幹辦公事一員、主管書寫機宜文字一員、准備差使二員，合行復置。」從之。

二十七日，利州路安撫司公事、馬步軍都總管王之奇言：「欲乞將潼川府路依利、夔兩路，許帶安撫使名，刺舉並依兩路。今照得利州路安撫使在興元府置司，潼川府路兵馬都鈐轄司舊在瀘南置司，如蒙陞改作安撫司，欲乞令依舊瀘南置司。」從之。

九年正月二十六日，中書門下省言：勘會王之奇差知揚州、淮南安撫使〔一〕。詔廬州守臣令止兼管内安撫司公事。

二十八日，知揚州、淮南路安撫使王之奇言：「淮西帥司省罷，官屬乞依葉衡知荆南已得指揮〔二〕，許别行辟差。」從之。

淳熙十一年114三月四日，詔金州守臣仍舊帶管内安撫。四川安撫制置使留正等言：「金州元隸京西南路，自紹興後撥隸利州路，係極邊重地，常差武臣知州，帶金房開達州安撫使，節制屯駐軍馬。」

十六年正月二十八日，詔：「自乾道以後創置修内司等處兼安撫司准備差遣人，元非舊例，可並罷，今後並不差人。」

115慶元元年八月二十六日〔三〕，臣僚言：「近者邇臣有請，兩淮、荆襄當擇帥臣，欲令臺諫、給舍、侍從集議于御史臺，然後同銜薦舉。陛下亟從所請，可謂盛舉矣。然臣竊見本臺體例，多議事而罕議人。臺諫乃彈（劾）〔劾〕之官，設使同銜薦舉，則保任而往，他日職事或弛，恐於彈劾有礙。考之故事，朝廷有所選任，或自外遷，或自内除，或輟重臣以往，初亦無所拘礙，亦有出於臺諫者。今若集議，則勢必及外而不及内，恐非所以均任使也。欲乞令中書、密院通擇其人，或令二府與侍從、給舍公心商議，或令各疏人物於廟堂，勿拘内外，或出自聖斷選擇重臣以往，必無不得其人之患。」從之。

二年九月十一日，詔：「利州西路安撫司於興州置司，令都統制兼充。」以四川安撫制置使、兼知成都府趙彦逾言：「利州一路附以關外四（川）〔州〕，邊〔面〕闊遠，舊置安撫司，（公）〔分〕東、西兩路。中雖權併，尋復如舊，一於興元府置司。紹熙四年，同制置丘崈不究利病，欲分其權，遂奏請，以軍帥不當更兼安撫使及知興州。奉旨，利州西路安撫司依舊併歸東路，興元府置司。臣竊詳利州東、西路邊面利害，各自任責不輕。安撫一司，本以鎮撫軍民，彈壓盜賊。階、成、文、龍、西和等州正當邊面，及與蕃夷接界，盜賊多於界首往來作過。今安撫司既在興元府，去西和等州凡千餘里，或有盜賊竊發，申安撫司，比至行下措置收捕，往往緩不及事。曩時朝廷分西路安撫於興州置司，且令都統制兼之，其意深遠。以其便於節制，凡有盜賊，小則責以巡尉、寨將，大則守把官軍會合收捕。統屬既一，各盡其職，而姦黠知所畏憚，不敢輕於作過。自併安撫司後，彊賊剽奪，無時無之。前者趙炳劫掠於（比）〔北〕界，近張浦等復嘯聚於黑谷山，安撫司相去遼遠，未免關牒都統司，俾責守把官軍掩捕；而都統司復牒安撫司督責巡尉、寨官收捉；西和等州又與都統争衡。軍兵各持彼我，互相牽制，姦黠緣此觀望，敢於爲盜，深恐因此寖生邊事。」

〔一〕此文文意未完，當有脱誤。
〔二〕衡：原作「衝」，據《宋史》卷三八四《葉衡傳》改。
〔三〕按，此條之前原有「紹熙四年」至「故有是命」一大段，實爲錯簡，已移至下條之後，詳見下條校記。

故有是命〔二〕。

十一月十二日，起居舍人胡紘言〔三〕：「諸路帥司向緣軍興，事涉機密，許辟親屬充書寫機宜文字，中間盡行罷去。近年沿邊帥臣夤緣有請，復開此例，凡不應辟置者，亦公然聞奏，如執券取償，甚亡謂也。欲乞除四川制置許辟親屬機宜一員外，其餘帥司並不許辟差，其見任人許隨司罷。或帥再任者，亦不許再辟。」從之。

三年三月二十五日，湖南安撫司奏：「本司近獲指揮，親兵專聽帥臣節制。緣起置之116初，係於潭州住營諸軍內選擇軍兵五百人爲額，創爲一寨，拘轄教閱，每月券曆亦係親兵統轄官別作一券幫勘。其軍分、名籍以至遷補、排連，尚屬兵將司通管人數，却是人兵一身，分聽兩處兵官管轄，有此牽制。今來若不申明，竊恐又復（以）〔似〕前窠占役使。兼親兵見管人內，有淳熙六年因收捕郴寇陳峒回司，撥到敢死軍兵通共五百五十六人。本司遂行下本寨取會有職名、願乞回元營軍分執役兵員，已撥回收管外，截日親兵及敢死軍通管五百二十四人，正撥充親兵。其元有已刺軍分（入）〔人〕於左手母指下添刺『湖南安撫司親兵』七字，更不隸兵將司軍籍，每月請給只從舊來軍分幫支。內先曾有職名人，候將來有立功日，於已授名次上陞轉。向後有闕，只從元指揮以五百人爲額。遇有逃亡事故名闕，每季類聚，從本司招填，却於左額角上刺七字軍號，以潭州雄畧指揮請給支破。遇有立到功勞，從大軍體例陞轉。庶得軍分歸一，不敢混殽。」從之。

五年十月二十八日，右正言程松言：「安撫制置使肇於景德，迨建炎之初元，酌祖宗之舊制，諸路安撫帶馬步軍都總管，以寓古者方鎮之法。法制一定，無所易矣。中興以來七十餘載，雖神州赤縣未歸版圖，然猶（金）〔荆〕楚以爲家，吳越以爲宮，聯荆襄之上游，控巴蜀之絕險，長淮（蕃）〔藩〕其北，鉅海限其東，而三江五湖又襟帶乎其內，于以保國則奠枕117而有餘，于以規恢則待時而可動。是則（蕃）〔藩〕方謀帥，朝廷所宜爲官擇人，而不可忽也。今日江浙達于川廣，凡十有六路，路擇一帥，不過十有六人，豈無耆儒碩德、望實素著者置之十六路之上乎！每一（蕃）〔藩〕帥之闕，躊躇四顧，選擇惟艱，而庸耄者、資淺望輕者間亦（卑）〔畀〕之，何其類于乏才不甚滿人意乎！乞明詔大臣，遴柬帥才，除嘗任執政外，兩制、從官必曾經作郡者，其餘庶官必曾任提轉職司、實有治績、宿負時望者，使當一路帥臣之寄，而庸耄選愞、資淺望輕之人無復濫次其間。」從之。

六年十月十四日，吏部言：「湖北安撫使楊輔奏，乞將幹辦、准備差遣各省罷一員。照得本司幹辦公事兩員，一

〔二〕按，原稿此條僅有「二年九月」至「一於興州置司」一段，文意未完；而「紹熙四年」至「故有是命」一段原又在上文「十六年正月」條之後，單爲一條，顯然其前有闕文。今細審文意，此兩段文字正相契合，實爲一段，而錯簡分在兩處。茲予合併，以復原貌。

〔三〕胡紘：原作「胡絃」，據《宋史》卷三九四《胡紘傳》改。

係安撫司，一係營田司。營田文字從來諸屬官並行通簽，欲將營田幹辦省罷，仍將營田事併入安撫司，令本司屬官並通簽管幹。」從之。

嘉定元年四月二十四日，利州東路安撫司奏：「本司屬官廢置不定，今止有參議官、幹辦公事各一員，乞復置機宜文字、准備差遣各一員，永爲定例。」從之。

嘉定十六年二月二日，臣僚言：「國家連帥之任，膺一道之責，爲至重，置司所在必擇會府要衝者，非苟然也。蜀在數千里之外，如興元府、沔州、利州，實邇西陲，鎮壓邊關，屯營相望。是以爲帥者，其權貴專，其勢貴一。臣聞咸平四年，初置利州路，於時未有帥也。建炎四年，宣撫司 118 承制以端明殿學士張深知利州，兼利州路經畧安撫使，此置帥之始也。及後(并)〔井〕度知興元府，權利州路鈐轄。景興宗代之，(逐)〔遂〕兼利州安撫使，由是帥移於興元矣。紹興十年，楊政爲經畧安撫使、知興元府，吳璘以總戎節鉞爲階成岷鳳經畧使，乃以四州併歸利路，而分利路爲東、西。興元、劍、利、閬、金、洋〔一〕、巴、蓬、大安爲東路，政爲安撫使；階、成、西和、鳳、文、龍、興爲西路，璘爲安撫使。時紹興十四年也。乾道四年，合而爲一，興元兼領之。淳熙二年復分，三年又合，五年復分，開禧三年諸逆之後復合。嘉定十二年，以丁焴知沔州而又分。廟算區畫，蓋隨時而施，宜也。臣聞邇者蜀事措置日漸有序，新遣制使往鎮要地，尤貴其權之有歸，於西方事體有所關繫。欲乞明諭大臣從長區處，如當合二帥爲一，乞降睿旨施行，以重事權，以幸全蜀。」從之。（以上《永樂大典》卷一三三〇四）

參議

【宋會要】

119 唐置藩鎮，皆有參謀，至行軍亦有之，關預軍中機密。張建封署温造，字簡輿。説劉濟，使納忠於朝。建炎四年，詔兩浙西路安撫大使許置參謀、參議各一員。紹興四年，詔沿江三大使司亦許置參謀、參議官。五年，詔江東西路、湖南、浙西安撫大使許置參議〔二〕，安撫使許置參議，其參謀、參議請給依本路提舉茶鹽支破。（以上《永樂大典》卷一三九五三）

走馬承受公事

【宋會要】

120 宋制，河北、河東、陝西、川峽皆有之，以三班或内侍二人或三人充。

太宗至道元年九月，供奉官宋元度等五人分往鎮、定、

〔一〕洋：原作「津」，據《宋史》卷八九《地理志》五改。

〔二〕參議：疑當作「參謀」。

并等州及高陽關承受公事，當言上者馳傳以聞。

三年二月，詔知滄州、西上閤門使何承矩覺察諸路走馬承受并體量公事朝臣、使臣踰違公事。

五月，真宗即位未改元。詔諸路承受公事朝臣、使臣歸闕。真宗聽政之初，務從簡易故也。

真宗咸平五年八月九日，帝宣諭：「寄班使臣即畏避不敢公言，早歲靈州巡檢王承序境内磔人〔一〕，承受使臣都不以聞，遂決杖降職，自是無敢隱蔽。」因降詔戒飭之。

景德三年七月，詔諸路不得奏舉承受使臣。初，河東轉運使宋博等薦代州承受公事王白，帝曰：「朝廷置此職，欲令親軍政，察邊事，況頻入奏報，固已詳其行止，何假論薦？」故條約之。

四年五月，詔：「朝廷比差諸路承受使臣，要知逐處物情人事。如聞多（敗）〔販〕鬻規利，及役匠人製作器用什物，與豪富公人往來，犯者重寘其罪。」

閏五月，詔諸路承受不得收接州郡臣僚干求恩澤奏狀。

十月，詔：「緣邊承受使臣無得受總管、鈐轄差領兵馬，以圖功賞。」

大中祥符元年正月，詔：「諸路承受使臣多令諸州牒報事宜，謄録入奏，頗爲煩擾〔二〕，自今禁止之。」

三年三月，詔：「諸路承受使臣每到闕，須即入見訖，不得遷延久住。」

五年六月，權知開封121府劉綜言：「諸路走馬承受使臣到闕，皆直造便坐。自今請先於前殿見訖，乃詣後殿奏事。」從之。

七月二日，詔：「諸路走馬承受使臣到闕，據齎到文字於勾當崇政殿門使臣處納下進入。如無處分，亦次日入見。三班使臣即依例於閤門下榜子見。餘依舊例施行。」

六年四月，詔：「諸路承受使臣自今許赴知州、總管、鈐轄、都監會食外，無得受生料緡錢。」

五月，詔：「諸路承受使臣多有踰越及受財賄，事發被劾，皆稱面曾聞奏，因緣生姦。自今合奏公事，並須明具劄子進納，不得輒憑口述。」

七年四月，申禁諸州走馬承受使臣受諸路贈（遣）〔遺〕。

六月，詔曰：「比擇使臣，承受邊奏，其於戒（飾）〔飭〕，素已丁寧，苟無曠違，亦有升奬。暨側聆於事實，多不稱於選掄。近河東路供奉官李崇政、西川路侍禁張仲文增減上言，張皇動衆，已降職及勒歸班差遣訖。其自今所差内臣、三班使臣充職者，如能行止周慎，奏報允平〔三〕，當議特記姓名，優與差使，增加俸給；其有明負才識，深察機宜，規度之間實有裨益者，亦自别有升擢。」

〔一〕序：原無，據《長編》卷五二補。
〔二〕煩：原作「頻」，據《長編》卷六八改。
〔三〕報：原作「執」，據《宋大詔令集》卷一九一改。

九年三月，選内侍及三班各一員，充秦州沿邊走馬承受公事。時曹瑋(靖)〔請〕以本路駐泊都監王懷信爲安撫都監，更迭入奏，不許其請，而置是職。

天禧三年正月，禁川峽走馬承受使臣自今往來興販物色。

仁宗天聖六年正月，上封者言：「自今走馬承受使臣年滿得替，並具在任功過奏裁。如無遺闕者，與122轉一資。」

十二月二十八日，詔：「所差諸路走馬(諸)〔承〕受使臣多不得人，宜令三班院今後並選曾有臣僚同罪奏舉，及曾經兵馬監押或巡檢、寨主、知縣，不曾犯贓私罪者充。」

七年五月，詔：「諸路走馬承受使臣年滿得替改轉後，並與家便親民(往)〔住〕程差遣。」

寶元元年二月，詔：「内臣爲走馬承受，代還如使臣例與改官。」景祐五年中嘗有是詔，今復申明之。

慶曆三年八月，詔諸路走馬承受非本職不得輒言他事。

五年十月，遣入内供奉官康德用爲河東路經略司走馬承受。河東舊無内臣爲承受，判并州夏竦特請之。

皇祐元年五月，復置麟府路走馬承受内臣一員。

二年閏十一月二十六日，詔：「今後走馬承受如擘畫過邊上利便事件，不得理叙勞績。仍入内内侍省選差廉謹穩當之人〔一〕，仍不許指射。」

嘉祐四年五月二十三日〔二〕，監察御史裏行沈起言：「乞今後河北、陝西等處擇人充走馬承受，免使勞擾州郡。」詔令逐路都總管、經略、軍馬、巡檢等司，今後走馬承受得替，令逐州軍保明無違越事件以聞〔三〕，方行酬奬〔四〕。

五年二月十七日，三班院言：「奉詔看詳同勾當三班院楊畋所請，諸路走馬承受雖是使臣，緣預聞邊要、主帥機宜公事，職任非輕，理合慎選。乞應中書制敕院、沿堂五院、樞密院出職人，並依諸司人吏，更不預揀選走馬承受差遣。乞依畋請。」從之。條制〔五〕，東頭供奉官并諸司人吏、臣123僚家僕及伎術、進納人等，並不許選諸路走馬承受。

三月，罷代州駐泊司走馬承受，減麟府路、成都府、利州路走馬承受使臣一員。

英宗治平三年正月十八日，樞密院言：「諸路走馬承受，欲令三班院勘會見任官，將欲年滿更展一季，於九箇月已前將見在班使臣依條揀選四員。仍仰主判官躬親試驗書劄，各令寫家狀一本，并具析(遂)〔逐〕人出身、歷任功過、〔舉〕主人數姓名，連狀申樞密院進入，乞點定一名。」從之。

九月十九日，詔：「諸路走馬使臣(徐)〔除〕係申奏機密

〔一〕當：原作「審」，據《長編》卷一六九改。
〔二〕二十三日：《長編》卷一八九注云「二十五日」。
〔三〕令：原作「今」，據《長編》卷一八九改。
〔四〕行：《長編》卷一六九作「得」。
〔五〕條制：《長編》卷一九一作「舊制」。

急速文字依舊例發馬遞外，其餘常程文字只發步遞。」以上《國朝會要》。

《兩朝國史志》：走馬承受以三班使臣及内侍充，無事則歲一入奏，或邊防有(驚)〔警〕，不以時馳馹上聞。

治平四年三月十七日，神宗(以)〔已〕即位，未改元。詔：「今後走馬承受年滿，齎到保明狀，合該酬奬者取旨。」以任滿例當遷官太優故也。

神宗熙寧三年十月二十一日，詔：「自來諸路走馬承受使臣春秋赴闕，並於經略安撫司取索管下城寨平安文狀赴闕進呈，未嘗親歷。自今河東、陝西，令躬親往逐城寨取索，所到留一日，不得飲宴。仍(着)〔著〕爲令。」

五年四月二十一日，詔鑄諸路走馬承受銅朱記，所有奉使印即拘收送納。諸路走馬承受舊例皆曰「某路都總管司承受公事」，居是職者惡有所隸屬，去「總管司」字，冀擅其權，因循已久。至是，上命正其名，仍鑄朱記給之。

元豐元年四月十三[124]日，詔走馬承受不得干預軍事。

五月十五日，詔：「逐路走馬承受，凡遇差撥軍馬出入，仰常切體量人情，如士卒私自賠費及將官措置乖失〔一〕，並仰密具事由聞奏〔二〕。如敢不(盡)〔畫〕時聞奏，致朝廷察訪得知，當與所犯人均責。」

哲宗元祐元年八月二十二日，詔吏部：「今後選走馬承受，依舊條選無過犯人。仍令門下、中書後省別立法以聞。」

紹聖四年十一月二十二日，詔：「諸路走馬承受有闕，令吏部具合選使臣政跡狀申樞密院〔三〕，先以才選，次詮序歷任，取旨定差。」

元符元年六月九日，詔：「諸路走馬承受任滿酬奬，令樞密院審按，任内如無違犯或侵越事，依條推恩。其本處保明聞奏指揮勿行。」

十月七日，詔：「(令)〔今〕後諸路走馬承受使臣闕，以吏部選到人赴樞密院再行銓量，每路選使臣二人，令入内内侍省引見取旨，定差一名。」

八日，詔：「自今吏部看詳，如遇出入回日，許關借詳照。若敢隱匿，並徒二年，不以赦降、去官原減。諸路安(府)〔撫〕、鈐轄司依此施行。」

〔一〕自賠：原作「陪」，據《長編》卷三二六補改。
〔二〕由：原作「申」，據《長編》卷三二六改。
〔三〕政跡：似當作「政績」。

二十八日〔一〕，詔：「諸路走馬承受使臣應合遵守條貫及被受機密朝旨非專下本官者，並取索編類成册，申納樞密院。仍今後依此接續抄上。」

二十九日，秦鳳路走馬承受鄭楫言：「乞自今本路兵馬出界，別路承受一員隨軍。」從之。環慶路準此。

三年五月十九日，詔：「諸路走馬二員處，人給朱記一枚，令禮部鑄造頒付。」

徽宗崇寧二年二月十七日，詔：「成都府、利州路、瀘南路各添差内臣一員爲走馬承受，内瀘南兼梓州路。」

四年九月八日〔二〕，詔：「邊界探報事宜，依條令實封送走馬承受看詳，如在外即更不送。近日經畧司或隱漏不送看詳，亦無緣見得子細。令經畧司及沿邊安撫司將探到事宜書號印縫，封送承受。如供報不實不盡，並以違制論，不以去官、赦降原減。」續據高陽關等路走馬承受公事所入狀申：「未審合因季奏，爲復每月或每季、半年取索聞奏事。今依糧草數立爲每季聞奏，修立下條：（諸）〔請〕每季取索本路封樁見在錢物數開具聞奏，諸被受走馬承受公事所取索封樁見在錢物數供報不實不盡者，以違制論，不以去官、赦降原減。」奉詔依修定。

十二月十六日，詔：「走馬承受公事雖不係經畧司屬官，其邊界事宜已有指揮依舊例關送；其官司探到事宜，亦依舊例許關借。今後雖有帥臣奏晝到（時）特旨處不得關報他司事宜，亦不得將走馬承受作他司，更不關送。」

大觀二年十一月九日，詔：「今後東南走馬季奏，應有驛鋪並不得乘船，違者以違制論。」先是，（西）〔兩〕浙西路走馬承受公事安竦乘座船赴闕，125 計在路四十三日；江南東路走馬呂仲昌乘遞馬赴闕，即不曾乘船，計在路十一日。得旨，安竦特衝替，永不得與走馬差遣。故有是命。

三年正月二十一日，樞密院言：「準詔，諸路走馬承受公事今後取索本路封樁見在錢物糧斛數目聞奏。已申選到走馬承受使臣後續有員闕，其前闕退下之人亦聽再選。」

126 四月十四日，上批：「向令諸路走馬因經過本路州縣等，方許取索封樁錢物文帳點檢，深慮走馬使臣不詳文意，輒有用情，每月每旬亂有取索。除因季奏取索、傳宣撫問外，餘並不得取索。仰樞密院立法行下。」

〔一〕原稿自此條至「（崇寧）四年九月八日」條約三百六十餘字原在下文「（大觀）三年正月二十一日」條之後，看似年月有序，實則年號錯亂。今查《長編》卷五〇三，本條實爲元符元年十月二十八日事，下條之「二十九日」亦爲元符元年十月二十九日。沿此而下，爲崇寧二年、四年二條。再下，原稿接「四月十四日」條，一則此條月日與上條「九月八日」失序，二則下條「六月二十七日」條經考乃大觀三年事（詳見該條校記），是此「四月十四日」亦當爲大觀三年。據此數條之年號、年月尋繹，可悟《宋會要》原文此三百六十餘字本在元符元年十月八日後，《永樂大典》編纂時偶因錯簡，而此條又無年號年月，編者未加細考，遂致錯位。今予移正，則前後年月順序豁然貫通，不需添字改字，自然若合符節。

〔二〕按，本書兵二一九之四引此語，亦爲崇寧四年九月八日。

六月二十七日〔一〕，詔：「帥府置走馬承受内臣一員，武臣一員。緣東南與西北不同，不可令侵紊職守，應有聞見干軍民者，並具聞奏，仍許入急遞，唯不得干預軍民事詞狀及擅行決罰指揮，餘令依三路舊法施行。江南東西、兩浙各共差走馬承受内臣一員，於東西路駐劄。」

七月八日，樞密院奏：「京西路走馬承受公事曾處厚申：準樞密院劄子，奉聖旨，本路州軍等處支給諸軍月糧，許走馬承受親臨，於已請出糧内取一二合，令當職官封題(即)〔印〕記，走馬承受附遞呈進。若走馬承受不在本路，或緣假故，即與將副往彼取樣封記，將官關送到，依例附遞。竊詳州軍内有無將副去處，即乞委本州都監或監押往彼取樣，當職官封記前來，本所依例附遞進呈。」從之。

十一月一日，詔：「走馬承受岑鎮在任不鈐束所帶人兵，多請過米麥，特罰銅二十斤。仍令諸路走馬承受今後嚴切鈐束，不得多借請給及有搔擾，違者當議重行責罰。」先是，臣僚言鎮違法將帶馬軍及縱令人兵違法借請官物等，詔令本路發(兵軍)〔運〕副使龐寅孫體量得實，故127有是命。

四年正月四日〔二〕，詔：「諸路州軍有走馬承受處，除邊機兵防軍期急速等自依條制外，如有事出非常、稍涉要害等，仰州郡合屬去處限日下關報本路走馬承受所。」

二月十六日，樞密院言：「兩浙東西路走馬承受公事呂仲昌、江南東西路走馬承受公事王淵、關仔奏：『伏覩《大觀走馬敕》，每季取索本路州軍糧草文帳，備録聞奏。續奉朝旨，許令取索封樁見在錢物、糧斛，季奏日赴闕進呈。及近奉朝旨，兩浙併作一路，仍依舊往還守季。臣等契勘，兩路相去遼遠，不下數千里，於守季傳宣取索入奏，往來時無暫暇，兩路帥府安得有互守之理。所奏帳狀，竊慮書寫不逮，遂至遲延。欲將兩路州軍每季合取糧草并封樁見在錢物、糧斛帳狀等，令逐州軍如法攢造，關報走馬所，逐旋繳奏，所貴兩不相妨。所有其餘兩路併作一路者，望立法遵守。』看詳諸路糧草并封樁錢物，令走馬承受取索聞奏，蓋使舉察他司。今來若止憑諸州攢造帳，本所繳奏，即與逐州一面申奏事體無異。所有走馬承受公事所取索聞奏，自合遵依見行條制外，官司取索糧草帳，雖有立定回報日限，緣日限太寬，兼封樁錢物未有報限條約，乞檢會增修。」從之。

三月三十日〔三〕，詔：「諸路走馬承受公事使臣，大小行人之職，耳目之任，舊許風聞，庶幾邊防動息、州郡不法得以上達。近有陳請不實重行降黜之文，例皆偷安苟簡，避128罪緘(哩)〔默〕，甚失設置之意。可仍舊許風聞言事。」

〔一〕按，《宋史》卷一九四《兵志》八云：「大觀三年，……江南東西、兩浙各共差走馬承受内臣一員。」即本條事，則此條乃大觀三年。
〔二〕按，此條之「四年」爲大觀四年，參見下文「三月三十日」條校記。
〔三〕按，據《能改齋漫録》卷一二，此詔乃大觀四年詔，則知前兩條亦爲大觀四年事。

十月八日，詔：「江南路走馬承受分在洪州、江寧府兩處駐劄，相去遼遠，凡有被受朝省文字，不能互知。自今後應有文字並雙封，降付兩處照會，庶免闕報留滯。」

十九日，臣僚上言：「東南諸路近置走馬承受公事，聖聰四達，周知遠邇，無壅蔽之患，天下幸甚。竊謂官吏貪暴，民間屈抑，監司職事隳廢，而走馬承受能得其實狀以聞，此其所補固不爲小。其或不知分守，侵官紊法，輒受詞狀，判送州縣，移文督催，過於監司，喜怒任情，所至受弊，恐非建置之旨。伏望不以輕授，而以守職循分、不得有所侵紊嚴加訓飭，庶各知警。」詔申明行下。

政和元年正月十三日，詔：「諸路走馬承受公事使臣每員許召募手分、貼司各一名，手分每月支錢六貫、米一石五斗，貼司減半。並依舊推行重法。其已差到使臣手分并軍典，候募到人遣歸本處。」

二年正月二十五日，詔：「（北）〔比〕聞諸路走馬承受公事使臣近來於州軍朝拜、燕集等處，內有官資稍崇者，多居守臣之上，甚非所以重千里之寄。自今後走馬承受（徐）〔除〕州（事）〔軍〕守臣外，並依雜壓叙位。餘依舊制，仍著爲令。」

三年七月十四日，樞密院言：「勘會走馬承受自來獨員及雙員處，一員入奏或差出隨軍之類，其在本路人遇非次替移，從來並未有交割所管印記、案牘、人吏與是何官司收管條約，欲乞立法。」從之。

五年十二月[129]十五日，詔：「諸路走馬承受耳目之寄，實司按察，體均使華〔一〕，而邇來類皆貪賄，交通郡邑，商較饋送，置土物以事權要。其不職者已行澄汰，宜務首公，以稱任使。」

六年三月二十七日，樞密院言：「入內武翼大夫、保州廣信安肅順安軍走馬承受公事岑筌申：伏覩近降指揮，應諸路監司及依監司人凡可按刺州縣者，並依陝西路已降聖旨指揮，不得赴州郡筵會及收受上下馬饋送。今來上件指揮雖不該載走馬承受，筌慮亦合依『凡可按刺州縣』之人，除所守季州軍依條赴公使筵會及收受月例供給外，即未審傳宣取索所至本路州郡，合與不合依上條不赴州郡筵會及收受（受）上下馬饋送？若不合赴廨宇所在州郡筵會，其傳宣撫問所至，亦未審合與不合赴公筵一日？欲望詳酌，明降指揮。」詔諸路走馬承受傳宣撫問，所至州軍管設筵會等，許依舊例。

四月一日，臣僚上言：「恭覩去冬御筆誡飭走馬承受，至於告以任遇之誡〔二〕，諭以設官之意，咸使首公減私〔三〕，清白勉勵，激昂自奮，以稱任使，則聖訓丁寧可謂至矣。慮歲月（寢）〔寖〕久，或致後來者無聞，非所以上稱訓迪之意。

〔一〕體均：原作「均體」，據《文獻通考》卷六二、《宋史》卷一六七《職官志》七乙。

〔二〕誡：似當作「誠」。

〔三〕減私：似當作「滅私」。

欲下諸路，許令刊石於廳事，昭示永遠之誡。」從之。

同日，樞密院言：「麟府路走馬承受公事楊延宗申：伏覩《走馬敕》，諸稱帥司者，謂經畧、安撫、都總管、鈐轄司，麟府路軍馬、瀘南沿邊安撫、保州信安軍安肅軍都巡檢司同。又令諸 130 帥司被受御前發下朱紅金字牌，因季奏齎赴樞密院送納。契勘有知府州折可大并似此等處，遇有躬受到御前發下朱紅金字牌，合與不合計會齎赴朝廷送納？」詔並令走馬承受齎擎赴闕送納，諸路似此去處依此。

七月十三日，(設)〔詔〕改諸路走馬承受公事爲廉訪使者。

九月四日，詔：「諸廉訪使者稱呼所名(利)〔例〕多不一，今後並以某路廉訪所爲名。」

十四日，詔：「大名府路走馬承受于奉世奏報失實，可放罷〔一〕，送吏部與監當差遣。」

七年二月八日，詔：「邊防諜報，至重至密，動繫機要，間不容髮。近聞沿邊每有探報，不論重輕虛實，互相關報諸司，諠傳謄播，增緣百出，顯有漏露，實於邊防有害。自今探報除聞奏外，更不得報諸司。謂如轉運、提刑、提舉、廉訪等司之類。如有著令，並行衝改。或擅輒取索及違者，論如違御筆法。」其後宣和三年三月二十四日，因臣僚上言，除去「廉〔訪〕」二字。

四月十一日，陝西河東河北路宣撫使童貫奏：「竊見自今諸路廉訪使者，凡所法禁與監司一同，以至州郡飲食之會例皆不赴，但以嚴毅自守，甚妨採聽，似非設官之本意。欲望詳酌，應廉訪使者舊例筵會聚食，欲乞許令依舊趁赴。」從之。

五月一日，江南廉訪使者李穆奏：「每年天寧節聖壽道場，乞各於駐劄開啓建置，具疏進奉，頗可恭恪。」可特依所奏，餘路準此。

十四日德音：「比(夾)〔來〕監司、郡守全然失職，坐視贓汙，並不 131 舉按。州縣姦贓汙吏因緣公事，乞取民財，率斂錢物，不可勝計。至或驅役良民應副私事，不顧公法。公人、吏人相與爲市，不無彰露，監司、郡守己不廉潔，懼不敢發，遂使吾民陰受其弊。可令廉訪使者廣布耳目覺察，密具以聞，重行編配。仍坐此敕文出榜，許人不須更歷監司、郡守，徑赴尚書省陳訴，許令衆户坐一名齎狀赴省，當差御史按治。」

六月十五日，詔：「利州廉訪使者丁弼侵撓帥權，干預邊事，方行招降，遽便進討，虧損威信，傷陷官兵，兼奏報不實。可特除名勒停，永不收叙，送永州編管，仍差大使臣管押前去。」

八月二十一日，詔：「今年五月所降德音，許諸色人實封訴事、赴鄰路廉訪使者投下，繳申尚書省指揮可更不施行。限指揮到日，立便止絕。仍仰逐路具奏，即速施行。」

二十五日，樞密院言：「陝西、河東、河北路宣撫使司

〔一〕放罷：原作「於罷」，據文意改。

申：勘會諸路廉訪使者之職，一路事無巨細，皆所按刺，朝廷耳目之任，寄委非輕，今序位悉在通判之上。緣其間有任横行之人，若非泛奉使，依條序官在發運、監司之上，其武翼大夫以上與發運、監司序官。今來提舉木柀、坑冶、茶鹽官皆比附監司序位，内有官係宣教郎之類，並在廉訪使者之上，不惟理有未順，即未副朝廷委寄耳目之重。本司今欲乞諸路廉訪使者序位在轉運使副、判官、提點刑獄、提舉學(士)〔事〕常平官之下；内係横行或内侍者帶直睿思殿，許與提舉弓[132]箭手序官；如廉訪使者係武功大夫已下，即與提舉木柀、坑冶、茶鹽序官；無提舉弓箭手、坑冶、茶鹽官路分，比類施行。庶事理順而品序正，以副朝廷耳目之任。」從之。

八年正月二十八日，詔：「諸路廉訪使者序位在通判之上，其職由〔一〕、接送人並依通判例。仍歲支公使錢三百貫文，以係省錢充，置籍支使。今後本所應用動使陳設什物之類，不得於他處關借，違者以違制論。」

二月二日，詔：「近降指揮，廉訪使者序位在通判之上，可依按察州縣官例收受供給。諸路準此。」

五月八日，準樞密院封送到政和重修本所令，諸帥司送到諸處探報、關申邊界事宜文書，即時看訖，實封送還。已奏者非别有申明，更不再奏。其附案者如有應奏之事，聽備録聞奏，遇出入回日亦聽關借。餘準上法。

閏九月十九日，臣僚上言：「竊以朝廷更置廉訪使者，選委甚重，俾廉訪一路，全賴監司，若不優假體貌，則無以表儀郡縣。唯每歲使押賜衣襖，至於計會户部請領，沿路使押，近乎押綱使臣，竊恐非朝廷以使者呼之之意。又每到(關)〔闕〕伺候户部製造，致有留滯累月，實恐(治)〔沿〕邊不測出入，有(關)〔闕〕監軍。欲望朝廷畫降指揮，今後衣襖乞下吏部差使臣管押，赴逐路廉訪所交割，委廉訪使者親詣逐處監散。所貴事體增崇，俾逐路知朝廷遣使之重。」詔依臣僚所言，餘路依此。

宣和元年八月十八日，詔：「廉訪使者不許收接詞狀，已[133]有著令。若事涉要害，或論訴他司違法之類，豈容不舉？但不許予決，即不爲侵官。可參酌立法，取旨施行。」

九月一日，臣僚上言：「乞應除授廉訪使者，特加詢考，慎擇忠實潔白之吏。仍乞自今以往，若犯贓私，各於本罪加等論，庶使仰體陛下責任之事，而廉勤自重，不爲非義，天下幸甚。」詔仍加本罪二等。

十月一日，詔：「令諸路廉訪所、京畿武臣提刑每月并逐旬申奏賊盜狀，仍將關牒所屬不任督責捕(資)〔盜〕官，須管捉獲盡絶。餘依累降指揮。」

五(月)〔年〕十二月九日，真定府中山府路廉訪使者李約奏：「伏覩《政和令》，諸大慶、大禮、元日、冬至，發運、監司官、提舉茶事、提點坑冶鑄錢官(司)〔同〕。諸州長吏三泉知縣同。奉

〔一〕職由：似當作「職田」。

表賀，舊例遣使者如舊例。月旦奉表參起居，仍前期七日到進奏院。中散大夫、刺史、大將軍以上在外及武功至武翼大夫任路分鈐轄以上準此。臣契勘廉訪使者，舊隸逐路帥司走馬承受，昨蒙睿旨改正名稱，叙官述職幾厠監司之列。如天寧節進奉功德疏并賜宴，已蒙聖造特依所乞，獨有大慶、大禮、元日、冬至、月旦奉表，臣所領職名未預其數。欲望聖慈特許今後依前項令文，逐時奉表賀、參起居。」詔依所乞，餘路依此。

六年三月七日，臣僚上言：「淮南路廉訪使者王若冲奏：準敕修立到諸司遇季奏，前期報轉運司，取索所部見任官職位、姓名、到任年月日，或事故及之官違限人，類聚點檢，詣 134 實連奏。緣未有關送廉訪所條限，伏望下有司修立關送日限及違限斷罪(修)〔條〕法。」詔令諸路轉運司春於正月下旬，秋於七月下旬以前發遣到廉訪所，違限者杖一百。

閏三月十九日，詔：「諸路廉訪使者不合干預茶鹽事，若州縣有罪，自合按劾。」

七年四月二十七日，詔：「今後州縣等處合干人應供報文字稽違、差錯、鹵莽等，並許廉訪所遵依監司見行條法施行。」從京西路廉訪所請也。

欽宗靖康元年正月十六日，詔：「廉訪使者並罷，其走馬承受公事依祖宗法。」

四月一日，監察御史余應求言：「自古中人預軍政，未有不爲患者。故齊寺人貂漏師於多魚，夙沙衛殿而二將見獲；唐用監軍，每無成功。此可爲後世深戒者也。國家近年邊事專委童貫、譚(稹)〔稹〕，終成大禍，幾危社稷。今兵革未弭，選將命帥，固當委任，責以成效，所遣中人不過隨軍承受奏報文書而已。臣竊見近者河東承受王嗣昌奏請畫一，乞今日報將兵，覆驗首級，提點賞犒，催促糧運及差發探報，動息出入皆報承受所，則是又預軍政矣。雖名承受，其實監軍也。夫軍政不專於主帥而關決於承受，則動有牽制〔一〕，進退狐疑。又唐之監軍多擁精兵自衛，勝則坐分功賞，退則引兵先遁。今嗣昌又乞以隨軍步馬各兩隊防護，若近裹幹當，抽摘隨行，是又踵唐監軍之迹也。如此，豈有同心赴敵、死於行陣之意哉〔二〕！朝廷不察其意而從之，臣恐將 135 帥依違，不能專制。又慮積日累勞，他時爲監軍，爲制將，自兹始也。臣又觀童貫之初用事也，爲熙河蘭會路承受而已，繼而措置邊事，又爲安撫制置使，又爲宣撫使，終之爵郡王，職樞密。譚(稹)〔稹〕之初用事也，亦熙河蘭會路承受而已，繼而爲幹當公事，又爲淮浙制置，末乃爲河東宣撫使〔三〕。蓋其由來有漸，非一日之積也。今嗣昌初爲承受，許預軍政，安知數年之後不復爲貫、稹者乎！

〔一〕牽：原作「率」，據《靖康要録》卷三改。
〔二〕意：原作「間」，據《靖康要録》卷三改。
〔三〕末：原作「未」，據《靖康要録》卷三改。

陛下方修法度以治内，命將帥以事外，嗣昌首爲亂階，漸不可長。望追還所請，以示專任將帥之意。」詔嗣昌奏請畫一指揮更不施行。

七月二十五日，詔：「諸路走馬承受依祖宗法，並帶某路某司走馬承受。」

十一月十六日，户部言：「諸路廉訪使者已依祖宗法改爲走馬承受公事使臣，隸屬帥司，難以自立一所，欲並（今）〔令〕聽監司覺察，與諸司屬官一等。」從之。以上《續國朝會要》。

建炎元年十二月十二日，樞密院言：「昨罷廉訪使者，逐路依舊改爲走馬承受公事，依祖宗法隸屬帥司。」詔今後應走馬承受公事職事，並依祖宗法。如違，以違制論，委帥臣奏劾。

二年五月二十二日，詔：「走馬承受公事應行移帥司文字，合並用申狀，其見帥臣亦合依屬官例。」

四年十月八日，入内東頭供奉官、秦鳳路都總管司走馬承受公事胡師回言：「昨降指揮，應今後所差使臣充諸路走馬承受公事，每遇赴闕入奏公事，許令依例將帶當直兵136士一名隨行。今來邊事未息，道路梗澀，若止許將帶當直兵士一名，竊慮闕誤。乞遇有赴闕奏事，特權差當直兵士六十人隨行，管轄人在外。若白直兵士不及數，仍於本路州軍差撥。如沿路有疾病、逃亡、事故之人，隨處差填，逐州交替。候邊事寧息日，乞依熙寧條法許帶白直兵士隨行赴闕入奏人數施行。」詔遇赴闕奏事，權差四十人，餘依。廢罷月日闕。（以上《永樂大典》卷一三三九一）

宋會要輯稿　職官四二

勸農使

【宋會要】

[1] 勸農使，掌勸課農桑之事。

太宗至道二年七月，太常博士、直史館陳靖上言，天下多曠土[一]，流移之民衆，請置使招集[二]，給以田種。條上興創功利。太宗謂宰臣曰：「秦滅井田，置阡陌，經界廢而兼併作，遂使普天之下蚩蚩甿庶迄至今日貧富不均而禮節不復者，良由是也。朕以涼德，獲臨大寶，思欲革百王之弊，立一朝之法，復古道而康下民，晝夜思之，未嘗暫輟。前後上言農田利害者多矣，皆是知其末而暗其本，有其説而無其用。唯陳靖此奏頗究根源，舉而行之，頗契朕意。」宰臣呂端曰：「靖見在外候對。」即時召見，帝再三獎諭，仍令賜食而遣之。他日帝語及靖奏，呂端曰：「上失其道，民散久矣，今靖所立田法改更舊制非一，加又大費錢幣，應須下三司議。」帝善之，委鹽鐵使陳恕及副使於部内僉選判官各一人，與恕、靖等會議，務令論講貫以極理道[三]。

八月，以靖爲勸農使，往按行陳[四]、(穎)[潁]、蔡、襄、鄧、唐、汝等州，勸民墾田[五]，以大理寺丞皇甫選、光禄寺丞何亮副之[六]。選等上言，以爲功難成，願罷其事。帝初不從，猶詔靖經度。未幾，三司議，以爲費用官錢多，萬一水旱，恐遂散失。帝重違羣議，寢之。

十一月六日，詔：「勸農種藝，素有定規。如聞近年多不率職，非所以副宰字之寄，厚衣食之源。宜令諸路轉運使申飭令佐，勸[2]民(裁)[栽]種。」

真宗景德三年二月，詔：「諸路轉運使副、開封府知府及諸道知州、刺史，少卿監已上並兼勸農使，其餘知州軍、通判等並兼勸農事。仍令自今除授依此施行。」

天禧三年十一月，中書門下言：「諸路租賦欺隱至多，官私土田侵冒亦甚，欲條貫畫一，專委逐處提點刑獄朝臣管勾。」從之。

四年正月，詔：「改諸路提點刑獄爲勸農使、副，兼提點刑獄公事。所至取州縣民版籍，視其等第税科，有不如式者懲之；勸卹耕墾，招集逃亡，檢括陷税，凡隸農田事並令管勾。仍各賜《農田敕》一部，常使遵守。」

八月，詔：「諸路勸農、提點刑獄官，自今奏事，緣户賦農田則書勸農司，刑獄格法則書提點刑獄所。」又詔：「自

[一] 曠：原作「廣」，據《事物紀原》卷六改。
[二] 請：原作「謂」，據《事物紀原》卷六改。
[三] 天頭原批：「《大典》卷六百一(十)，又卷一萬三千三百三十一。」
[四] 按：原脱，據《長編》卷四〇補。
[五] 勸民：原無，據《長編》卷四〇補。
[六] 副：原作「引」，據《長編》卷四〇改。

今逐年兩税版籍，並仰令佐躬自勾鑿點勘新收舊管之數。民有典賣析户者，驗定舊税，明出户帖。勸農使按部所至，索視帳目。其縣官能用心者，批曆爲勞績，當議升奬。」時上封者言，諸州民版止委吏人，失於勘驗〔一〕，移易税賦，多不均等，故有是命。尋又詔〔二〕：「前敕諸路勸農使所至究民間疾苦，檢視帳籍。慮其因緣取索，受民越訴，以擾人衆，宜令使、副常切鈐束，更不得妄有行遣，呼集民人。其籍帳不整〔三〕，止得移牒索視，論訴公事並依舊次第陳狀。如已經州縣、轉運司不行者〔四〕，並即時盡公處理。所置曹典勿得過提點刑獄司數。」

四月二十二日〔五〕，利州路轉運使李防請雕印《四時纂要》〔六〕、《齊民要術》付諸路勸農司以勉 **3** 民務，使有所遵用。真宗善之，即詔雕印《四時纂要》、《齊民要術》二書，賜諸道勸農司。

十一月，(今)〔令〕勸農使兼提點刑獄官〔七〕，自今以提點刑獄、勸農使副爲稱。

乾興元年五月，仁宗即位未改元。詔許夔州路提點刑獄、勸農使副盛京、趙文蔚每歲一至歸州省視家屬。

仁宗天聖四年三月六日，中書門下言：「累據臣僚上言，國家以轉運使副、提點刑獄朝臣使臣皆兼勸農之職，多是行遣取索文字，頗成勞擾。欲令逐路轉運、提點刑獄司合勸農一司，更不用置司行遣，常躬親體量民間疾苦。凡干租税、徭役、科買物色及諸般事有未便於民者，畫一條奏如何擘畫即得便濟，當議詳酌施行。及自今體量諸縣令佐，如有整葺得税、減息流亡、不擾民户、政治可稱者以聞，即不得避事不言。其轉運、提刑司合提舉公事，仍仰區别州郡理與不理之處，不得一例行遣，别致妄外煩擾。」從之。

明道二年十一月二十八日，天章閣待制、知應天府陳執中言，乞今後應差權知開封府〔八〕、河南府、應天府，並令兼充畿内勸農使。從之。

至和二年七月，詔：「如聞河東户役唯課桑以定物力之差，故農人不敢種植，而絲蠶益薄。宜令轉運使勸植之，仍自今毋得以桑數定户等。」(以上《永樂大典》卷六一〇一〇，又卷一三三二一)

鹽鐵使

【宋會要】

4 陳恕自河北營田使知代州，葺城壘戰具。太宗知

〔一〕勘：原作「勸」，據《長編》卷九六改。
〔二〕尋又：原無，據《長編》卷九六補。
〔三〕帳：原作「掌」，據《長編》卷九六改。
〔四〕司：原作「使」，據《長編》卷九六改。
〔五〕此條及上條俱見《長編》，年月不誤，則此條當前移。
〔六〕路：原脱，據《長編》卷九五補。
〔七〕提點：原作「舉」，據《長編》卷九六改。
〔八〕開封：原作「河南」，即與下重，顯誤。兹據《長編》卷一一三改。

恕有心計，召爲鹽鐵使。

營田使〔一〕

韓世忠紹興十年以宣撫兼營田大使。（以上《永樂大典》卷一三三三一）〔二〕

發運司〔三〕

【宋會要】 5《神宗正史・職官志》：制置發運司、計度轉運司，並使、副或判官二人；提點刑獄司，提點官一人；提舉司，提舉官一人。各分路列職，掌按察官吏之事。轉輸淮、浙、江、湖賦入之物以供京都，收摘山煮海鼓鑄之利以歸公上，而總其漕運之事，則隷發運司。三門、白波發運司，有催促、裝綱各二人，以京朝官、三班充。河陰至陝州，自京至汴口，催綱各一人，並以三班以上充。廣濟河都大催綱一人，以京朝官充，後改爲輦運司。許、汝石塘河催綱二人，以京朝官、三班充。御河催綱一人，以三班充。提轄官二人，以安利、永静二軍知軍兼充，分轄緣河州縣。汴河至泗州催綱三人，以三班或内侍充，皆分地而領之。蔡河撥發一人，以朝臣或三班充。又江南、兩浙、荆湖皆以三班爲撥發，諸州又有監裝卸斛㪷官一人或二人，以京朝官、三班、幕職州縣官充。

英宗治平三年六月，詔發運司勾當公事傅永兼催發鹽綱。

神宗熙寧元年七月二十五日，詔：「虞部郎中、知河陰縣張宗道，虞部員外郎、發運司勾當公事傅永，並專切催遣自京所撥赴河北糧綱。」

熙寧三年八月二十六日，詔：「蔡河撥發、隄岸、（㪷）〔斗〕門公事等，今後並隷都大制置發運司提舉管轄。」

紹聖元年九月七日，户部言：「發運司狀，每年上供額斛及府界、南京軍 6 糧動以萬計，止管汴河一百七十餘綱，須裝卸行運之速，乃能辦集。其汴綱在京等處卸糧，多有少欠綱分，依朝旨並批發下裝發處折會結絶，而從來未有立定日限備償明文。欲並依京東排岸司一司式，立限備償。若裝發處不便結絶，自依元祐八年秋頒敕條斷罪。」從之。

元符元年四月二十三日，户部言：「發運司奏歲額帳狀，乞限次年九月終；撥發輦運司限六月終。」從之。

二年二月六日，吏部言：「發運使張商英奏，乞罷真、

〔一〕此題據眉批添入。

〔二〕按，以上二條原接抄於一頁，未標《大典》卷次。但原抄稿於「宋會要」下有「度支使」一題，後乃圈除，改爲「鹽鐵使」，是《大典》此二條應與度支使在同一卷。查《永樂大典目録》，「度支使」在卷一三三三一，因補。

〔三〕「發運司」下原又批有「催綱司」一題，今分別標題。

揚、楚、泗州監倉門㪷面官四員，置巡轄綱運官四員。」從之。

三年二月二十四日，刑部言：「荆湖北路提點刑獄司申，檢準治平二年三司使韓絳等奏，使臣管押汴河糧綱，若於綱運内有過犯，並委三司、發運司取勘罰贖。又準元祐七年敕，小使臣在官處犯公罪杖以下，並本州斷發。其應斷罰而所犯情輕者，申提點刑獄司，委檢法官看詳。又準紹(興)〔聖〕五年敕，諸押綱小使臣犯笞罪，批上行程，至卸納處排岸司點檢，在外就近送轉運或發運、輦運、撥發司施行。今看詳，治平朝旨係專言渭、汴河綱使臣，即不言諸路押綱使臣有相合依是何條令。尋送大理寺參詳，今據本寺狀，治平朝旨既係一司專條外，其諸路押綱使臣雖依紹聖五年敕，(今)〔令〕排岸司點檢，送轉運司行遣，如所犯情輕者，除發運司合依本司專條勘罰外，其轉運、輦運、撥發司即亦合關報提點刑獄司，依條看7詳當否施行。」從之。

徽宗建中靖國元年七月十七日，户部狀：「準都省批送下發運司契勘，諸路合起上供錢帛斛㪷内，年額錢依條分作兩限封樁起發，及紬絹物帛並限歲終起發。如起發違限并不足，許發運司牒鄰路提刑司取勘。今相度，諸路合起年額上供兩限起發，上限七月終，下限歲終。真、揚州排岸司拖照起發月日申發運司，并上供錢及六路轉運司年額斛㪷，須管依元條限次，逐限内樁起了足。如違并不足，並從本司申尚書户部，下本路提點刑獄司，先行取勘轉運司人吏，所有合干官員即依元條施行。」從之。

崇寧三年八月十三日，江淮荆浙等路發運司奏：「契勘本司總轄東南諸路，内兩浙路每年合起上供歲計糧斛錢帛萬數浩瀚，比之其他路分數目最多，及有福建路合起上供錢帛綱運不少，盡皆經由兩浙團發，從來未有專置催轄綱運官。數内自江州至荆、岳一員，所歷路分州軍不多，今相度欲將江州至荆、岳州催轄綱運官一員移於兩浙，自潤州至衢州以來，催轄綱運，於蘇州安置廨宇。所有應緣諸般約束事件，並依催轄綱運官已得旨揮施行。」從之。

政和三年三月四日，尚書省言：「訪聞東南諸路綱運往往沿流州縣(注)〔住〕泊，蓋緣闕人牽轉，多被合干人等盜賣，或致散失，有妨都下指擬使用。」詔令沿流州〔軍〕指揮逐地分縣令佐及催綱官司、巡尉、捕盜等官，遇有綱(栈)〔栰〕，輪那8一員躬親前來巡防，照管出界，遞相交割，立便趕趁前來。如委闕人兵牽轉，即仰所屬官司那差廂軍；或不足，仰於本地分清河内差刷，相兼應副；又不足，即一面支轉運司錢和雇人夫牽拽訖，申知本司，不管少有(注)〔住〕滯。仍仰逐地分官司纔候趕趁訖，申尚書省。

八日，中書省、尚書省(言)：「檢會政和二年十二月十三日敕：『今後應押(栈)〔栰〕使臣、殿侍、軍大將等，如押竹木綱(栈)〔栰〕送納，別無少欠，雖有不敷元來徑寸，如有綱解火印照驗分明，係是元起官物，別無欺弊，仰所屬一面取會元發木官司認狀外，其(其)管押人聽先次依法推賞。如會到別有違礙欺弊，不該推賞，即行改正，依條施行。』勘會未降上件指揮日前，亦有似此之人，理合一體。」詔並依政和二年十二月十三日朝旨施行。

宣和二年八月十六日，中書省言：「勘會東南糧綱爲拋失少欠數多，近已奉御筆措置罷募士人，改差使臣等管押，及令經由拖欠路分任責。（令）〔今〕有合申明事件下項：一、六路召募士人法罷，其兩河糧綱所募士人亦合並罷，遵依已降指揮施行。一、六路罷募士人糧綱并年滿、事故等闕，轉運司已降指揮出闕召人指射，如過兩月無人指射，或雖有人指射不應差注者，即具闕報發運司召人。以上差訖，除具職位，姓名申尚書省外，仍申所屬曹部出給付身。或發運司過一月無應入人指射，即申吏部；又過一月猶無應入人，即關【9】都官差注。其資次並依已降指揮。一、兩河士人糧綱并年滿、事故等闕，輦運、撥發司出闕召人指射，差訖除具職位〔一〕、姓名申尚書省外，仍申所屬曹部，出給付身。過三月無人指射，不應差注者，即具闕申吏部；又過一月無應入人，即關都官差注。其資次並依六路已降指揮。一、管押人雖已有副尉指射，若定差未了間，却有校尉以上人願就者，自合先差校尉等。一〔二〕、今來所罷士人，候差到人交割訖，發遣歸都官，別承差使，即不得再押糧綱。一〔三〕、沿路拋欠斛㪷，除合依已降指揮，令經由拋欠路分轉運司任責，次年依上供條限補發外，其六路每年隨正額合起酌中補欠數目，自合依舊起發，候次年經由拋欠路分補發到京。如實補發到數目過于本路隨正額合起酌中補欠之數，即將剩豁除。一、兩河拋欠斛㪷，其經由路分任責補欠置籍等，亦合依東（西）〔南〕直達綱已降旨揮施行。內拋欠斛㪷，並令地分官司、京東輦運司、蔡河撥發司置籍。一、經由京畿地分，如有拋欠，緣京畿別無上供斛㪷，自合據合補數目，於外路起到應副本路綱內，依數改撥補發上京。一、提轄文臣已立拋欠分釐責罰，其檢察武臣亦合依此。一、士人如爲已有替罷指揮，輒敢作過，偷盜糧斛，拆賣舟船，仰所在官司常切覺察，具違犯申尚書省，法外重行斷遣。」從之。

五年五月十二日，詔：「令呂淙、胡直孺，東南六路轉運、輦運、撥發司【10】官，限指揮到，據未起斛㪷數目，躬親嚴緊催督，須管日近擁併，相繼起發到京。其已起在路數目，亦仰催促沿路經由州縣及催綱等官司，速行遞相趲發，兼程前來。尚敢違慢，以違御筆論。」

六月二十五日，發運使副呂淙、陳亨伯奏：「準尚書省劄子，權知宿州林箎奏發運司利害及管見十事，劄付臣等照會。數內第二十二項：自行直達，每路並差提轄官一員。今來復行轉般，所有湖南、湖北、江南東西四路提舉

〔一〕除：原無，據本書食貨四五之五補。
〔二〕一：原脱，據本書食貨四五之五補。
〔三〕一：原脱，據本書食貨四五之五補。

官，合與不合減罷，取自朝廷旨揮。」倉部勘會：「東南六路提轄官昨緣直達，朝廷降指揮差置。今來雖江湖四路復行轉般，其逐路有合發斛㪷，萬數浩瀚，并係在京指擬支遣數目，見不住裝發綱運，直達上京，唯藉提轄官往來檢察催督。今勘會，江湖四路提轄官，候發運司有收糴到或可代發斛㪷，奉行轉般日即行寢罷。本部勘會，諸路提轄綱運官，淮浙各兩員，江湖四路各止一員，依法自本路至國門，往來催促綱運，檢察違滯。近發運呂淙、陳亨伯措置轉般畫一，內一項申明，江湖四路提轄官係直達差置，合與不合減罷，已承旨揮，候發運司有收糴到或可代發斛㪷(奏)〔奉〕行轉般日寢罷。及發運司勾當公事官陳亨伯稱係諸般差委，及間有朝旨令分委勾當。今來林篪所乞每歲分輪提轄官於界首取索驅磨行程，及乞每歲輪差發運司勾當公事官於拱州取索行程驅磨，事理即有礙元 **11** 條及妨闕勾當，委是難行外，其陳亨伯乞今後提轄官並依法自本路至國門往來催促綱運，發運司常切檢察。如每歲不見往來經由真、揚、楚、泗，致綱運於本路及他路住滯，偷盜數多，聽發運司於所部選承務郎以上清彊官對移，或乞令具事理申尚書省差官替罷事理施行。」並從之。

九月五日，户部奏：「荆湖南北路剗刷大禮錢帛趙庠申[一]：『勘會荆湖南北路諸州軍起發上供錢物，有畸零數少去處，依條般往近便及沿流去處州軍團併成綱，起發上京。限十日轉發，違限杖一百。今團併州軍承他處起到錢物，如不依限交收轉發，欲望立法約束，及許管押人越訴。』户部看詳，欲依趙庠所乞，如他州或別路起到錢物，限次日交收。仍乞立法施行，諸路准此。」從之。

七年三月二十日，江南西路轉運判官高述奏：「本路宣和七年合起發上供額米一百二十萬八千九百石，依近降御筆處分，般至淮南下卸。依條分三限，內第一限二月，計四十萬二千九百七十石，本司牒諸州縣計置起發。今據申，已發過四十一萬九千六百十一石九㪷八升，前去淮南下卸。內已充足第一限合發米數外，又攙發過第二限米壹萬陸千陸伯肆拾壹石玖㪷捌升，已具綱名細數申尚書省去訖。」詔：「高述頃以事罷漕司，旋命復職。今能修舉漕計，今春上供肆拾餘萬石，已足上限，繼運下限亦起發，奉法修職，可特除直祕閣，**12** 以勸諸路奉公之吏。」(以上《永樂大典》卷一一一四)

催綱司

【宋會要】

13 三門白波黄渭汴河催促裝綱官二人，以京朝官、三班充；河陰至陜州、自京至汴口，催綱官各一人，並以三班

[一] 禮：原作「理」，據本書食貨四五之六改。

以上充〔一〕；廣濟河都大催綱官一人，以京朝官充〔二〕；許、汝石塘河催綱官二人，並京朝官三班充；御河催綱一人，以三班充〔三〕；汴河至泗州催綱官三人，並以三班或内侍充。皆分地而領之。

真宗大中祥符四年八月，詔復置廣濟河催綱朝臣。是職舊命常參官，近歲省去，止用使臣，而州郡皆不承稟，故復之。

八年七月，詔三班院：「自今諸河催綱、巡檢，並選曾經監押、巡檢、殿直幹事者充。」初，三班侍禁李世隆爲蔡河撥發兼巡檢捉賊。真宗曰：「世隆年方二十五，未經歷。」又上封者屢言催綱捉賊多差權勢子弟，故條約之。

九年五月十五日，詔：「黄、汴、廣濟、石塘河催綱巡河京朝官、使臣，自今每歲許一次入奏；三門、白波發運使、判官，每歲許二人更番入奏。」

仁宗天聖三年正月，三司言：「廣濟河催綱、太子中舍成璧到任二年，催綱斛㪷伍十六萬貳千陸百餘石，比前界甚有出剩，乞降敕書獎諭。」從之。

慶曆三年十二月，省御河催綱官〔四〕。

四年三月，省廣濟河催綱朝臣一員，仍減歲漕軍儲貳拾萬碩。

英宗治平三年三月，三司言：「許汝州石塘河催綱、屯田郎中徐説請令押綱人員除係抛失少欠諸般過犯申送[14]赴省，其餘只本司施行。勘會石塘河催綱司所管綱船不少，乞令依蔡河撥發司并廣濟河例，如有押綱軍大將犯笞罪，許令本司勘決訖申省，杖罪已上依舊條施行。又稱所管綱船，其人員綱官多不用心鈐轄梢工愛護舟船，容縱偷賣釘鍋，動使(遇)〔過〕有損壞，相驗不堪修補，遂恣拆拽散失。今後乞據少數估價，令人員綱官承認陪納。欲依所申，并諸河綱船准此。」從之。

哲宗元祐二年正月二十五日，左諫議大夫、兼權給事中鮮于侁言：「蔡河撥發催綱司督京西、淮南糧運以供畿内，半歲不能周一運。請令催綱司統按縣道，立賞罰，使人自爲功。」從之。

政和五年七月九日，祠部員外郎胡獻可奏：「(士)〔土〕人管押綱運，若不立定理界年限，輕重等第，更互交押，委是勞逸不均。今相度，欲乞應募(士)〔土〕人路分，綱運窠名輕重及理界年分，并理運數，並依自來都官差副尉條法施行，候界滿日令更互管押。」從之。（以上《永樂大典》卷一一一四）

發運使

【宋會要】

〔一〕以上：原脱，據本書食貨四五之一補。
〔二〕以京朝官充：原脱，據本書食貨四五之一補。
〔三〕以三班充：原脱，據本書食貨四五之一補。
〔四〕「省」下原有「潮」字，據《長編》卷一四五删。

15 太祖乾德二年二月，以吏部郎中何幼冲充京畿東面水陸發運使。

【宋會要】

景德二年五月，以崇儀副使李溥制置淮南江浙荆湖茶鹽礬稅，兼都大發運使。時新易榷茶法，故專任溥以集其事。

八月，以大理寺丞李渭爲太子中舍，充黄河三門發運使。

三年二月，以虞部員外郎馮亮爲度支員外郎、淮南江浙荆湖制置茶鹽、兼都大發運使，賜金紫。

【宋會要】

太平興國五年正月，命右贊善大夫姚沆爲陝西三門發運。

十月，命太子中允劉順監三門發運務。

八年九月，以儒州刺史許昌裔、洛苑使演州刺史王賓同知水路發運，軍器庫使領順州刺史王繼昇、駕部員外郎劉蟠同知陸路發運。先是，每歲運江淮米四五百萬斛以給京師，率用官錢僦牽船役夫，頗爲勞擾。至是，每船計其直給與舟人，令自召募，甚以爲便。既而舟數百艘留河津，月餘不得去，計吏自言有司除常載外〔一〕，別科置皮革、赤堊〔二〕、鉛錫、蘇木等物，守藏者不即受故也。太宗怒，奪三司使一月俸〔三〕，分命昌裔等領水陸發運，自是貢輸無滯也。

【宋會要】

16 景德三年，發運使李溥奏請取十年酌中之數爲額。故六路上供六百萬石，其後或增或減，然其大約以景（祐）〔德〕所定歲額爲準。

【宋會要】

天禧二年二月，以崇儀使、高州刺史賈宗領昭州團練使，淮南發運副使、殿中侍御史薛奎爲户部員外郎，並充淮南江浙湖南北路制置發運使〔四〕。内殿承制、閤門祇候郭盛爲如京副使，充都監。

【宋會要】

仁宗明道二年六月三日，内侍鄧守恭上言，自今制置發運使、副、都監令並滿三年，從之。

景祐元年十月五日，詔罷江淮發運使，以其使黄總爲淮南發運使，與吳遵路同兼發運司事。所有制置茶鹽礬稅，令逐路轉運使、副兼領之。

二年四月二十九日，中書門下言：「近省罷淮南江浙荆湖等路制置發運司，其公事令淮南轉運司兼領，輦運上京斛㪷，專委逐路轉運司各認年額起發。尚慮逐路不切趁辦，致虧元數，欲下淮南及逐路轉運司，並須公共計置，依

〔一〕吏：原作「史」，據《長編》卷二四改。
〔二〕堊：原作「煙」，據《長編》卷二四改。
〔三〕三司使：《長編》卷二四作「度支使」，當是。
〔四〕使：《長編》卷九一作「副使」。

元額上供，不得虧少，有誤支用。如違，并干繫人吏置之法。」從之。

五年八月，詔復置江淮發運，以兵部郎中、直史館楊日嚴爲淮南發運使〔二〕，度支郎中楊告爲淮南江浙荆湖制置茶鹽礬税、都大發運使、提點鑄錢事，其提點鑄錢兼轉運判官周陵 17 令赴闕。合行事件，三司限十日擘畫條奏以聞。先是，詔罷制置發運，鑄錢事令淮南轉運兼領，發運、茶鹽礬税各歸逐路轉運，復置判官一員，鑄錢亦别設官。上言者屢稱不便，故復置焉。

康定元年五月一日，中書門下言：「近差天章閣待制蔣堂充江淮等路發運使，其淮南、兩浙、江南東西、荆湖北路轉運司，自來凡有發運司文牒移易錢帛，逐路多占留，欲令自今公共應副，務從辦集。」從之。

慶曆元年七月，以三門白波黄渭汴河發運使梁吉甫兼汾洛河發運，應副陝西轉運司輦運糧草。

七年七月二十八日，以江浙等路發運判官、主客員外郎許元爲發運副使，更不置正使。

【宋會要】

皇祐四年二月，帝謂輔臣曰：「比以東南災傷之餘，民力匱乏，嘗令江淮發運司減上供百萬斛。今發運使施昌言、許元乃欲分往兩浙、江南調發軍儲，是必誅剥疲民，求羨餘以希進爾，宜約束之。」因詔昌言等遵前詔，毋得輒有科率。

五月，詔江浙制置發運司、諸路轉運司仍舊以公牒往來。先是，發運使許元欲廣收羨餘以媚三司，憚諸路不從，請以六路轉運司自隸，而皆令具公狀申本司。既而轉運使多論列於朝，故罷之。

十一月，諫官韓贄言：「發運使舊例雖嘗入奏，不聞逐次改官。乞今後每歲更不許赴京師奏事，只差人附奏年額足數。」詔 18 發運〔司〕〔使〕今後押米至京城外，更不朝見。

英宗治平二年九月二日，詔：「今後發運使押米運到京城外，如的有要切公事須合朝見敷奏，即奏候朝旨。如許朝見，候奏事便辭，不得看謁。」

三年六月，以國子博士傅永爲淮南江浙荆湖發運司勾當公事，從三司奏置也。三司乞委本官專點檢諸州軍糴納并轉般倉卸納，及自裝發至京下卸，常往來覺察綱運中姦弊，仍求其利害奏請，依時往山場按點鹽貨，催發鹽綱。

自熙寧初釐正監司所治之職，罷武臣爲提點刑獄，總其新法。置提舉司，位叙資級視轉運判官，遂與提點刑獄、轉運發運副使及使定爲遷格。而蔡河撥發司、廣濟河及汜水輦運司各掌漕事，《哲宗正史·職官志》云：撥發司、輦運司各掌以時起發綱運而督其滯留，以供京師之用也。提舉解鹽司掌鹽禁，次提舉官；《哲宗正史·職官志》云：提舉制置解鹽司掌鹽澤之禁令，使民入粟

〔二〕發運：原作「轉運」，據《長編》卷一一二、《宋史》卷三〇一《楊日嚴傳》改。

塞下，予鈔給鹽，以足民用而實邊備。凡鹽價高下及文鈔出納多寡之數〔一〕，皆掌之也。提點鑄錢司掌鼓鑄泉貨，視提點刑獄。《哲宗正史·職官志》云：提舉坑冶司掌收山澤之利，或鼓鑄泉貨以給邦國之用。凡地利所入及鑄錢歲有定數，視其登耗而賞罰之。其選用人材則必求望實，或上親擇焉。《哲宗正史·職官志》云〔二〕：天下總二十三路：京東東路，州八，軍一，縣三十七；京東西路，府一，州七，縣三十五；京西南路，州 19 八，縣三十；京西北路，府〔二〕〔一〕，州七，軍一，縣四十〔五〕；河北東路，（府一）州十有二，軍四，縣四十；河北西路，府一，州十一，軍四，縣五十三；永興軍路，府二，州一十五，軍一，縣八十三；秦鳳路，府一，州一十二，軍三，縣三十八；河東路，府一，州十五，軍六，縣七十〔三〕〔五〕；淮南東路，州十，縣三十七；淮南西路，州八，軍〔二〕〔一〕，縣三十二；兩浙路，州一十四，縣七十九；江南東路，府一，州七，軍二，縣四十八；江南西路，州六，軍四，〔縣四〕十七；荆湖南路，州七，監一，縣三十四；荆湖北路，府一，州十，縣四十七；成都府路，府一，州十二，監一，縣五十八；梓州路，州十一，軍二，監〔二〕〔一〕，縣四十九；利州路，府一，州九，縣三十九；夔州路，州九，軍三，監一，縣三十；福建路，州六，軍二，縣四十五；廣南東路，州十五，縣四十；廣南西路，州二十三，軍三，縣六十四。每路置轉運使，品秩高爲都轉運使。（轉運使）副使、判官、提點刑獄公事、提舉常平等事。淮南、江浙、荆湖路有都大發運使或副使，判官，各置勾當公事或管勾文字，内提刑司置檢法官。係保甲及射地弓箭手路分，有提舉保甲司，掌什伍其民而教之武藝，視其優劣而進退之〔三〕。提舉弓箭手司，掌沿邊郡縣射地弓箭手之籍〔四〕及團結、訓練、賞罰之事。成都府等路有提舉茶馬司，專掌摘山之利以佐調度。凡市馬於蕃夷者，率以茶易之。凡産茶及市馬州郡，官屬得自辟置，視其數之登耗以詔賞罰。産銀銅路分有提舉坑冶司。永興 20 軍有提舉三白渠公事，掌開濬三白渠以給關中灌溉之利焉。

熙寧二年七月十二日，詔江淮等路發運使薛向赴制置三司條例司議事。

十七日，制置三司條例司言：「竊觀先王之法，自王畿之内，賦入精粗以百里爲之差，而畿外邦國各以其所有爲貢，及爲通財移用之法以懋遷之〔五〕。其治市之貨賄則亡者使有，害者使亡，市之不售、貨之滯於民用，則吏爲斂之〔六〕，以待不時而買者，凡此非專利也。蓋聚天下之人而治之，則不可以無財；理天下之財，則不可以無義。夫以義理天下之財，則轉輸之勞逸不可以不均，用度之多寡不可以不通，貨賄之有亡不可以不制，而輕重斂散之權不可以無術也〔七〕。今天下財用窘急無餘，典領之官拘於弊法，内外不以相知，盈虚不以相補。諸路上供，歲有定額。豐年有餘，可以多致〔八〕，而不敢贏取〔九〕；年儉物貴，艱於供億，而不敢不足。遠方有倍蓰之輸，中都有半價之鬻，三司、發運使按簿書促期會而已，無所可否增損於其間。至遇軍國、郊祀之大費，則遣使剗刷，殆無留藏。諸路之財，

〔一〕價：原作「償」，據《宋史》卷一六七《職官志》七改。
〔二〕按以下所載各路州縣數與《元豐九域志》合，偶有脱誤，今並據《元豐九域志》改正，不再出校。
〔三〕「劣」原作「者」，「退」原作「賞」，據《宋史》卷一六七《職官志》七改。
〔四〕沿：原作「治」，據《宋史》卷一六七《職官志》七改。
〔五〕移用：《臨川文集》卷七〇作「經用」。
〔六〕吏：原作「使」，據《臨川文集》卷七〇改。
〔七〕權：原脱，據《臨川文集》卷七〇補。
〔八〕多：原脱，據本書職官五之三、《九朝編年備要》卷一八補。
〔九〕取贏：原作「贏」，據本書職官五之三、《九朝編年備要》卷一八補改。

平時往往巧爲伏匿，不敢實言，以備緩急。又憂年計之不足，則多爲支移折變以取之，民納租税至或倍其本數。而朝廷百用之物〔一〕，多求於不産，責於非時〔二〕，富商大賈因得乘公私之急以擅輕重斂散之權。臣等以爲，發運使實總六路之賦入，而其職以制置茶鹽礬酒税爲事，軍儲國用多所仰給，宜[21]假以錢貨，繼其用之不給，使周知六路財賦之有無而移用之。凡糴買税斂上供之物，皆得徙貴就賤，用近易遠。令預知在京庫藏年支見在之定數，所當供辦者得以從便變易蓄買〔三〕，以待上令。稍收輕重斂散之權歸之公上，而制其有亡，以便轉輸。省勞費，去重斂，寬農民，庶幾國用可足，民財不匱矣。所有本司合置官屬，許令辟舉，及應有合行事件，令具條制以聞，下制置司參詳施行。」從之。先是，王安石數爲上言均輸法，於是即令薛向領之。上曰：「須入銜否？」安石曰：「但委之以此事，又何須入銜也。」

九月二日，詔：「今後淮南等路制置發運司如有合奏稟事件，許使、副一員乘遞馬赴闕。」

八日，淮南（轉）〔發〕運使薛向言：「乞下三司及提舉司，取索在京諸司庫務每年係六路出辦上供物色若干名件數目，每年合支、今來見約支得多少年月外，有無闕乏之物，及每年計置若干數目，逐年預降本司，以憑契勘施行。」從之。

三年六月十八日，手詔中書門下：「薛向等所總東南諸路財利，創事之始，實藉所諳官吏遠近應接，方可集辦。近雖累曾指揮，如向等奏辟官吏，並與應副，尚恐有合入遠官，朝廷引條不行。可今後如有上項礙條之人，特與差，任滿如無勞績，即復注遠官。」

八月二十七日，淮南發運使薛向言：「近奏舉職方員外郎張穆之、虞部員外郎李文卿、開封府兵曹參軍張涣權管勾本司公事及[22]准備差遣、勾當。今來收受裝發，已成倫序，欲乞並差充本司勾當，張穆之仍乞與理運判資序。」從之，張穆之候一年職事修舉，即具保明聞奏。

九月五日，詔：「舊制，發運使、副到闕，不得出入，自今除去。」先是，手詔：「發運使薛向甚知環慶城寨地形子細，可召赴中書詢訪。」因有是詔。

四年正月二十三日，詔江淮發運司將淮南、兩浙、荆湖六路州軍并京東轉運司封樁茶本、租税錢，相度兑易金銀、綿絹上京。

八年九月，中書門下言：「欲乞發運使、副除所管錢物斛㪷就賤處入買，貴處（糴）〔糶〕賣，或就近便計置點檢綱運鹽礬事，及諸官吏因本司事有違法者許糾舉外，其餘事並不得管勾，仍只以江淮荆浙等路制置鹽礬兼發運使、副使

〔一〕廷：原作「旨」，據《臨川文集》卷七〇改。
〔二〕責：原作「貴」，據《臨川文集》卷七〇改。
〔三〕得以：原作「以得」，據《臨川文集》卷七〇乙。

繫銜。」從之。

〔宣和三年〕閏五月十九日〔一〕，詔：「累降處分，令淮南、兩浙、江東西、湖南北及京西等路措置和糴，並未見諸路奏到措置糴買就緒文狀。仰諸路漕臣及撥發、輦運司，月具各項已糴、未糴、已起數目申尚書省。近緣應副陸運，降見錢三十萬貫在淮南樁管，除已支五萬貫外，可盡數令陳亨伯速行拘收，均與諸路，品搭見用錢物、文鈔收糴。內東六路仍委亨伯專行總領措置。」

六月十一日，詔：「江浙屬者遭賊焚劫，衢州被害尤甚，將來興緝，當藉他州財力。徽州新復之邦，有曰昧於經營，近者肆違詔條，輒有科配。總置兩路，宜得其人。可選委陳亨伯以大漕職事經制兩浙、江 23 東路，江淮、荆浙、福建諸司財（許）〔計〕，聽亨伯移用。七路監司、州縣官，除廉訪所外，並聽亨伯按察。州縣闕官及不可倚仗之人，令於所部見任、待闕、寄居官內不拘常制差委訖申。其餘事合奏稟者，聽旨次申尚書省，餘許亨伯隨便宜施行。仍於杭州置司，限十日起發前去。應合條畫事件，疾速條具以聞。亨伯自庶官遽進延閣，自當竭節盡瘁，圖報大恩。近降兩浙、江東路各添置漕臣一員指揮更不施行。」

七月三日，淮南江浙荆湖制置發運使、經制兩浙江東路陳亨伯奏：「開具合條畫事件如後：一、今降御筆，七路監司、州縣官除廉訪所外，並聽臣按察。臣欲乞七路監司、州縣官應緣經制兩路事件，於臣並用申狀，如有弛慢違戾、合行按劾者，許臣先次選官對移；所有人吏許臣勾追勘斷，內尤甚者勒罷。一、文臣太中大夫、武臣觀察使以上，及監司、提舉鹽香市舶、廉訪使臣，欲乞許臣謁見外，其餘惟許受謁。一、契勘七路州縣經涉大江重湖，所有財計須遣官屬授以經畫，分頭前去點檢剗刷，督促般運，事務至煩，地里遼遠。臣欲乞差勾當公事十員，於所部見任、待闕、寄居文武官內不拘常制差委訖申，並理爲在任月日。內見任官支本任請俸，待闕、寄居支前任或新任請給外，並給驛券一道。一、今來兩浙路殘寇未盡，臣出巡措置，往來道路合要兵甲防護。臣欲乞（計）〔許〕於浙東西安撫司（合）〔各〕選差禁軍 24 一百人并隨身衣甲，將帶隨行。一、今來將帶發運司人吏、將校、兵級往來兩路，事務至煩，道里遼遠，欲乞添（枝）〔支〕兵錢，兵級每月十二貫，人吏十貫，貼司、客司六貫。將每日支一百文，兵級五十文，係省錢內支。一、經制兩路行遣文字煩冗，臣欲乞於所部州縣選差慣熟人吏五名，每月支食錢六貫文，於係省錢內支。一、今來經制兩路，事有機密，臣欲差臣男宣義郎、通判蘄州軍州事鉅充書寫機密文字。所有人從、請給、驛券、船馬及理爲在任，並依所差勾當公事官體例施行。一、今來經制兩路，

〔一〕宣和三年：原無此四字，則承前當爲熙寧八年。然考《宋史》卷一六七《職官志》七，陳亨伯經制東南七路在徽宗宣和三年，又宣和三年正閏五月。據補。以下四條亦皆宣和事。

一行官屬及所至州縣與官吏商量，會食之要公使錢，臣欲乞節次於所部州縣諸司頭子錢內支二千貫文，其合用酒於所部州軍公使酒庫寄造或撥買。一、所差官屬及七路州縣官吏，能悉心盡瘁、勞能顯著者，臣欲乞先次具狀奏聞，特推恩賞或(外)〔升〕擢差遣。」詔每路各差勾當公事官一員，內侍闕，寄居官許隨本資序支破請給，乞別給驛券仍依政和條令施行。人吏等食錢，職(給)〔級〕每月支給十貫，人吏八貫，貼司、客司五貫，州縣人吏三貫，公使錢支一千貫。餘並依所奏。

十一日，詔：「已降親筆處分，選委陳亨伯就以大漕職事經制兩路，所務安輯郡縣，寬紓民力。仰亨伯嚴切約束所差官吏、隨行兵卒等，不得妄張聲勢，搔動州縣，所至坐費禄廩。所有迎送、供饋、筵會等，並行禁止。應移用財計，並須存留逐處實 **25** 合用數目，不得盡行樁撥，致誤彼處調度。內應副財用，辟差官吏，止爲被賊州縣，其非被賊州縣自不合泛有應副及行差辟。除已許辟置屬官外，仍不得別作名目差委州縣官。如違，以(太)〔大〕不(公)〔恭〕論。」

四年六月九日，中書省、尚書省言：「契勘今歲東南六路豐稔，米價低平，可以乘時收糴起發，應接支用。」詔令榷貨務給降香藥鈔五十萬貫，并給降承節郎、承信郎告，將仕郎補牒，州助教敕，計價五十萬貫文，付發運副使呂淙措置，隨豐熟次第，分抛與六路和糴斛㪷，逐旋具已糴數目申尚書省。

(十年五月)〔崇寧三年九月〕二十一日〔一〕，都省言：「檢會熙寧八年五月發運使副兼制置茶鹽礬等事繫銜，當年八月發運使罷制置茶事，乃以江淮荆浙等路制置鹽礬兼發運使副繫銜〔二〕。元祐三年十月，發運使兼制置茶事〔三〕。當年十一月，發運司申請，以制置鹽礬爲專職，而發運使、副爲兼領，輕重傾異，乞却以江淮荆浙等路發運使兼制置鹽茶事繫銜。緣發運司見今帶制置鹽礬茶事，勘會茶鹽事已專差官提舉，發運司更不令兼領。」從之。

二十九日，户部尚書曾孝廣奏：「天聖中，發運使方仲荀奏請廢真、楚州堰爲水閘，自是東南金帛茶布之類直至京師。今真、楚州共有轉般七倉，養吏卒糜費甚大，而在路折閱，動以萬數，良以屢載屢卸，故得因緣爲姦也。臣欲將上供斛㪷並依東南雜運，直至京師或南京府界卸納，庶免侵盜。」從之。

元豐元年十一月二十三〔日〕，**26** 詔江淮等路發運副使蹇周輔兼提舉措置福建路賣鹽及賊盜事。

六年閏六月七日，梓州路轉運副使李琮罰銅二十觔，坐前任江淮發運使，因奏計乞住煎池州禄礬，而池州實自

〔一〕崇寧三年九月：原作「十年五月」，據《長編》卷四一五元祐三年十月乙亥條注文改補。下條據本書食貨四七之三，亦爲崇寧三年九月事，可爲旁證。

〔二〕乃：原作「及」，據《長編》卷四一五改。

〔三〕「發運使副繫銜元祐三年十月發運使」十五字原脱，據《長編》卷四一五補。

嘉祐六年住煎也。

七月九日，尚書户部言：「江淮等路發運使蔣之奇奏〔一〕，諸路欠本司錢約二百萬緡，若朝省不主張，則其錢皆不肯償，乞本司申理諸路欠負錢物並同負朝省錢物法〔二〕。」從之。

【宋會要】

宣和元年十二月二十六日，制置發運副使董正封奏：「伏覩元豐二年賜發運司糴本錢，令乘時糴穀，其後接續借賜錢共三百五十萬貫，逐年收糴斛斗，代發諸路，見今欠計七百五十萬。昨准大觀元年五月九日朝旨，每一百萬貫每年帶起三釐，一百萬以下帶起五釐，已令提刑司拘收封樁。今年復行轉般綱運，臣欲望睿慈檢會，特賜本錢三二百萬貫，以備趁時收糴，代發諸路額斛。如蒙俞允，則乞於九路茶本錢内取撥；如不足，則乞朝廷應副。今具昨罷轉般後來拘收到發運司錢斛下項：大觀二年十一月十二日勑，真、楚等州見管發運司斛斗共九十三萬八千七百四十九石，奉聖旨令來年起發上京。大觀二年十二月二十四日勑，諸處見管發運司錢共五十五萬九千八百餘貫，奉聖旨並起發上京，赴大觀庫送納。大觀三年正月二十六日勑，27東南六路借欠過發運司米斛七百五十八萬三千餘石，共止還到三十一萬八千餘貫石，乞發赴朝廷送納。其諸路借過斛斗，隸提刑司催督封樁。詔依，違者依上供法。大觀三年四月十六日，馮抃劄子，發運司糴本錢節次賜到二百五十萬貫。奉聖旨，仰提刑司並行封樁。大觀三年五月十一日，發運副使龐寅孫劄子，乞量留錢一十萬貫，擬備緩急支用。奉聖旨，許留二十萬貫。」詔令發運司拘收，仍令董正封與龐寅孫同共開具已交割的實數目申尚書省。

同日，發運副使龐寅孫奏：「契勘本司見無斛斗准備代發，充諸路歲計，乞許於江東、兩浙、淮南路提刑、提舉司封樁錢内，共撥賜一百萬貫應副本司，趁來年乘時糴買斛斗，准備代發，充辦年計。如不足，即令江西、湖南北路提刑、提舉司封樁錢内應副。所貴來年復法，職事早得辦集。」從之。

四年二月十二日，發運副使龐寅孫奏：「六路豐年有望，欲乞候將來成熟日，依大觀三年指揮，令諸司於朝廷封樁錢内各撥二十萬貫，趁時收糴。不獨爲六路轉運司將來上供歲計指準足辦，可以抑兼併，平物價，實爲公私之利。」詔依，共不得過五十萬貫。

三月三日，發運副使龐寅孫奏：「六路去歲災傷，檢放税苗不少，深恐有誤軍儲大計。今相度今年六路歲額，如委實少闕斛斗，欲乞據數令轉運司依崇寧五年八月二十八日詔，先撥見錢28於諸司見斛斗内依兑時市價對糴起發。如轉運司樁錢未足，即本司一面對糴，代爲起發。」從之。

〔一〕發：原脱，據《長編》卷三三七補。
〔二〕同、法：原脱，據《長編》卷三三七補。

十月九日，詔：「東南末鹽并六路額斛，近已復興熙豐舊法，各許截撥合赴元豐庫送納錢，充鹽本、糴本支使。」

同日，詔：「東南六路額斛，近已罷直達，復行轉般之法。檢會今年户部印給見錢公據一百萬貫，付發運司盡充糴本。近據王璹奏稱，東南客旅多是要販行貨入京，少有在外領公據入京請錢之人，只乞樁撥當十見錢付（權）〔榷〕貨務，從本司差官就彼召客旅。情願换易小平錢及兑换户部錢，許起發上京或正行折充，付本司趁時充本糴買。可令發運司候今來指揮到，截日將見在公據（細）〔紐〕計錢數，差官管押上京，赴户部毁抹，據數令崇寧軍樁管。見錢充本部支用訖，却令發運司於户部應上供錢内取撥應副糴買。元豐中以次補發運及千萬，軍儲充足，國用富實。比來截撥移用，所虧太半。自今敢陳請及截撥者，並以違御筆論。」

〔七年〕四月二十五日〔一〕，發運副使盧宗原奏：「恭奉御筆，拘收東南九路經制司七色增收頭子錢，樁還舊欠無額上供贍學鈔旁、定帖錢物充糴本。數内廣、福地遠，已奉降詔專委逐路提刑就便拘催及委廉訪使者檢察外，有江、淮、荆、浙六路，欲乞依廣、福已得指揮，各委本路提刑管勾，令逐州軍通判、司録別具帳申提刑司，置籍拘催，及委逐路廉訪使者檢察，以免失 29 收侵欺移易之弊。」從之。

同日，又奏：「恭奉御筆，拘收東南九路贍學錢物。契勘州縣房廊所屬官司不切召人承賃，往往空閒，遂致倒塌。如泗州在城學屋，自宣和三年後來節次倒塌三十三間，其他州縣例多如此。今乞立法，諸路州軍委自知、通點檢根括元管房廊，如有損壞，日計合破用錢物，於所收租課内支撥。量功力多寡，立定日限，責委當職官起蓋修葺，召人承賃，所貴不致虧損課額。又州縣所管田產、房廊，每年合拘催租課，州縣並不以時拘催，致有拖欠大段數多。今欲乞應諸路州縣據積欠數目，分限二年帶納，及年額合催之數。」並依。

盧秉進制置發運副使〔二〕，東南饑，詔損上供米價以糴。秉言：「價雖賤，貧者終艱得錢，請但償糴本，而以其餘賑贍。」是歲上計，神宗問曰：「聞滁、和民捕蝗充食，有諸？」對曰：「有之。民饑甚，殍死相枕籍。」帝憫然曰：「前此獨趙抃爲朕言之爾。」先是，發運使多獻餘羨以希恩寵，秉言：「職在董督六路財賦，以時上之，安得羨？今稱羨者〔三〕，率正數也。」請自是罷獻，獨以七十萬緡償三

〔一〕七年：原無。按，下文稱「發運副使盧宗原」，考諸書，盧宗原宣和三年知徽州，五年九月除淮南江浙荆湖制置發運判官（見《新安志》卷九）。至六年六月尚爲發運判官（此時發運副使爲呂淙，見本書職官四二之四九、五〇），蓋此年冬乃爲發運副使，直至靖康元年（見本書方域一七之一五，《建炎要録》卷一、卷四九）。據此，以下二條應爲宣和七年事，因補。

〔二〕按，以下二條實乃抄自《宋史》卷三三一《盧秉傳》、卷三二八《薛向傳》，非《會要》之文。

〔三〕「今稱羨」三字原脱，據《宋史》卷三三一《盧秉傳》補。

司逋。

神宗知薛向材，以爲江浙荆淮發運使。綱舟歷歲久，篙工利於盜貨，嘗假風水沉溺以滅迹。官舟有定數，多爲主者冒占，悉奪畀屬州〔一〕，諸運皆詣本曹受遣。以地有美惡，利有重輕，爲立等式，用所漕物爲誅賞〔二〕。

【宋會要】

30 哲宗元祐三年十月三日，詔發運使、副兼制置茶事。

四年十一月二十六日，尚書省言，改立發運預妓樂宴會徒二年法。從之。

七年三月四日，詔：「諸路發運司勾當公事官依舊存留，其管勾文字官留一員，餘並減罷。仍令勾當公事官兼管勾糶糴斛㪷。」

【宋會要】

元符三年六月三日，發運司言：「今年頭運裝糧上京汴綱，准朝旨於京岸截撥裝般大行皇帝山陵官物，通共截過六十綱。見管汴綱般運不辦，而江東西、湖南北、兩浙西路綱見來淮下卸。欲乞從本司逐急借撥四十綱徑發上京，充辦歲計，更不下逐路轉運司相度。」從之。

徽宗建中靖國元年六月十八日，户部言：「東南諸路錢帛綱運希少，乞許從本部選差文臣一員，徑往發運司催督，仍責委沿路州縣及催綱官司星夜催趕到京。所有先差江、湖、淮、浙等路剗刷大禮錢帛官，亦乞令今來差官去就近催督。」從之。

十二月二十八日，發運副使陳祐甫劄子：「契勘發運司每年管上供備儲六百二十萬石，係江、淮、荆、浙六路出辦。近年以來，多有拖欠。欲依上供錢物，許於隔路選官催發，庶免闕誤。」從之。

（崇寧三年九月二十一日）〔紹興二年三月七日〕〔三〕，尚書省言：「崇寧中，胡師文爲發運使，迎合蔡京之意，盡以糴本錢一千餘萬緡充羡餘進獻。其後因罷轉般倉而逐路轉運司各置直達綱，則發31運司已無職事矣，猶以催綱爲名，虚存一司。今中原未復，而朝廷所取米斛大抵出於二浙，諸路綱運自有轉〔運〕使領之，猶循舊例置發運使二員，果何謂哉！彼發運使者亦知其本無職事，不過自請於朝，收糴米斛一二十萬，聊以塞責而已。其所收糴，又是抑配編户之民，就非抑配，亦一轉運司屬官可辦也。伏望詳酌，將

〔一〕悉：原作「番」，據《宋史》卷三二八《薛向傳》改。

〔二〕漕：原作「曹」，據《宋史》卷三二八《薛向傳》改。

〔三〕紹興二年三月七日：原作「崇寧三年九月二十一日」。按文中有「今中原未復」之語，顯爲南宋事。據《宋史·職官志》七云「紹興二年用臣僚言省罷（發運使），以其職事分委漕臣」，《建炎要録》卷五二載其事於紹興二年三月戊戌（七日），今據改。以下「八年」至「九年」諸條亦爲紹興事，見《建炎要録》。自此以下多條蓋爲《大典》編者剪輯重編，因脱去年號、年月，遂以意插入，以致時代順序錯亂。

發運司官吏盡行減罷。」詔發運司官屬並權罷，人吏放散，案牘令本司官屬封記。內兩浙一司於湖州、江東一司於饒州架閣，以備照用公使，銀器、錢物並起發赴行在。逐司應干舊來所管職事，並令逐路漕司分認管辦。

八年四月二十二日，户部侍郎李彌遜言：「祖宗之法有便於國、利於民、可行於今者，發運一司是也。當於經費之外，別給糴本數百萬緡，復置一司，廣行儲積，分毫不得取供近用，唯以待經遠恢復之須。積之一年，必見其効，三年之間，當有一年之蓄。加以數年，倉廩有豐實之漸，田畝有休息之期，公私之利，不可勝言。伏望參酌利病，斷以不疑而力行之。」從之。吏、户部條具應有本司錢物去處，於逐州軍通判或簽判職官內選差主管，別置庫眼敖屋，置曆拘收。他司取會，不許回報。本司應干錢糧，諸司不許申明借兑，雖奉特旨，乞從本司執奏不行。並從之。

六月十八日，詔以徽猷閣待制、知信州程邁爲江淮荆浙閩廣等路經制發運使。

32 十月十一日〔一〕，詔：「發運使司所差和糴官，諸司不許差出，候至限滿，本司將諸路所糴米斛，每路比較最多、最虧及有無騷擾濕惡等事，開具三兩處糴官姓名，保明申奏，取旨賞罰。如所委官違戾稽慢，不候限滿，先次按劾。」從經制發運使程邁之請也。

九年正月十六日，詔罷發運司，其糴買經制等事，令户部侍郎專領，三省措置。先是，參知政事李光言：「發運使本以總六路財賦，以漕赴中都。兵興以來，既無轉輸，今乃委以糴買，本錢盡從朝廷給降，凡五六百萬緡；又以淮南總制司及諸路回易、市易官軍等錢，數又不下數十萬緡，此國用所以窘也。乞罷發運司。」有旨令三省措置。至是三省言，欲除去「發運」二字，只作經制使司，差户部長貳一員兼領，別差副使或判官一員，不時巡按諸路。將見今屬官十員減作六員，數內兩員充主管文字，四員充幹辦公事。從之。

大觀元年正月三日，制置發運副使吳擇仁奏：「本司總領東南糧運，近年玩習苟簡，職事不修，綱運敗壞，沉失官物。臣昔任江南轉運司屬官〔二〕，上供一百二十萬，計一百一十五綱，田子諒、王祖道曾減至六十綱，歲額數足。後來却添至一百五綱，般運不辦，並無勸沮。臣欲乞到任日會計利害，召遣官屬商議講究，申請立法。亦乞奏計日具逐路於綱運比較進呈，斷自宸衷，賞罰施行。」

二年八月二十九日，詔：「應諸路綱今來直達，各認 33
船額，所在并發運司輒折變拘收改易者，以違制論。」

三年五月三日，淮南江浙荆湖都大制置發運司承朝旨起發本司斛㪷九十三萬餘石、五十五萬餘貫。尋勘會劄子

〔一〕「十月」上原衍「十月十一日詔發運使」九字，徑刪。
〔二〕江：原脱，按下文所云田子諒、王祖道均曾任江南西路轉運判官（見《長編》卷四一二、三九五），則吳擇仁應是任江南西路轉運司屬官。據補。

内坐到錢斛，緣其間有係封樁及有别司窠名數目，本司先次取會到合起錢斛數目，係在淮南、江東、兩浙路州軍樁管。爲舊管淮汴綱並是分撥與諸路直達，别無綱船起發，乞下逐路轉運。

〔建炎二年五月〕十二日〔一〕，呂源又言：「近乞責限江湖路打造糧船二千七百餘隻，合用槔梢八千餘人。欲從本司委官於轄下州軍根刷閑慢窠坐厢軍，抽差赴本司充槔梢，每名與起發錢一貫，每日量添食錢二十文。」詔依。遇打造到船，逐旋差撥，即不得預先差占。

十三日，詔：「東南諸路贍軍錢，令發運司依應拘收一年，應副糴買。」

十七日，發運副使呂源言：「今來取索驅磨措置錢物，竊慮諸處官司循習作過，或以曾被燒劫爲詞，或以軍興支訖爲説，藏匿案籍，避免根究，合具名奏劾外，乞許諸色人陳告。十分爲率，二分充賞。如同作過人自首，特與免罪給賞，其犯人並依自盜入己贓坐罪。若所首及萬貫以上，除合得賞錢外，申奏朝廷，别加賞典。應諸路監司、州縣承受本司驅磨措置錢物文字，並限一日回報。如違限，承行人吏從本司勾追，杖一百科斷，情重者仍勒停。取索干照文字公案，亦乞依此。拘收到錢物，逐州專委官主管，並乞依本司糴本34錢已降指揮，不許借兑移用，雖奉特旨或免執奏，亦具奏聽旨。其官司擅行借支，即乞依擅支借常平封樁錢物條法。」並從之。

三年五月十二日，户部侍郎葉份言〔二〕：「發運司昨差寄居待闕官往諸路刷糴本錢物等，員數猥多，近已得旨減罷。訪聞所差官尚在州縣，不行解罷，依舊批支請給。欲下發運司根究差官的實員數，勒令罷任，如依前冒請給，乞從入己贓坐罪。」從之。

十六日，添差制置發運使高衛言〔三〕：「諸收上供錢各有額定起發期限，户部準擬支用，不可少闕。近年緣諸般拋買許截上供錢，官司因此作弊，更不樁發。户部累請不許支截，立法甚嚴。昨宣和元年〔四〕，令發運司下六路歲糴米一百萬石，同年額般運赴京師封樁。每歲未嘗糴發足數，而六路上供斛額分定認起折斛錢，自此斛額又將虧少。不若住罷歲糴虚名，責依格起發上供實効，錢斛兩得簡便。」從之。

政和元年三月七日，户部尚書許幾奏：「發運司兩年合起上供額斛六百七十二萬六千四百餘石未到，欲依去年

〔一〕建炎二年五月：原無。按呂源及下文葉份、高衛，均爲高宗時人，呂源以建炎二年五月五日任江淮等路制置發運副使。《建炎要録》載此條事於建炎二年五月十二日乙未，可知此處「十二日」之前脱去「建炎二年五月」字。據補。

〔二〕按，據《建炎要録》卷二二，建炎三年四月十一日戊午，「江淮等路發運副使葉份試户部侍郎」，知此條承前爲建炎三年。

〔三〕按，高衛任此職亦在建炎三年，見《建炎要録》卷二四。

〔四〕宣和：原抄稿作「宣和」，又旁批改爲「至和」。按作「宣和」是。此指宣和元年七月詔，見後文職官四二之四〇。

例，差官前去真、楚州以來計會發運司疾速裝發，并催促本路綱船。」詔差度支員外郎蓋侁，以點檢催促額斛綱運爲名。繼而臣僚上言：「計置綱運發運之職，所差郎官何力之有，不過取索鞭撻吏人而已，重有煩擾。」遂不復遣。

八月十五日，發運司奏：「諸路合起祿粟米係在京年計，如逐路批揀未到，許從[35]本司於逐路起發來上供米綱内揀選批發，依條徑發上京，却具數關牒轉運司，理充本路合徑起祿粟米數。」詔特許令上供米内揀選一次。

十六日，户部狀：「契勘六路額斛，每年須要於本年般足奏計。欲乞今後諸路轉運司應承發運司取會糧運事，並限三日報，違者杖八十。從本司關牒本路提刑司取勘，人吏如稽滯過一月不報，仍許申户部詳酌事理，申取朝廷指揮施行。」從之。

十月四日，發運司奏：「奉詔截上供錢三百五十萬貫充鹽、糴本支使，兩項共有未截錢一百八十二萬餘貫文，欲望許令本司將政和二年諸路上供錢截留。」從之。

十一月二十四日，發運副使蔡安(特)〔持〕奏：「契勘東南六路上供額斛，依條合均三限般發。限滿不足，本州并轉運司官差替吏人勒停。臣看詳，若或三限各有違欠，即一歲之間諸州三易官吏，竊慮難行。」詔出違第一限不及八分，轉運司吏人從發運司移文本路就近提舉等司，先科杖一百。第二限通不及九分准此，轉運副使、判官各展二年磨勘。第三限不足，即依見行條法施行。如限内率先敷足，其官吏保明申朝廷，等第推賞。仍令户部立法申尚書省。

十二月十三日，發運司奏：「(監)〔鹽〕倉場監官并催煎官員，乞依熙寧舊法，令本司與轉運司輪舉。」從之。

二年二月三日，詔：「罷措置淮南路礬事司，併歸發運司，依熙豐舊法官般出賣，每歲上供賣礬錢[36]三萬三千一百貫，令發運司依舊額起發。」先是，大觀二年專置司措置，而課額虧損，故有是詔。

七日，發運使吳擇仁奏：「本司領東南大計，逐路(監)〔鹽〕酒税課利自來未曾立法，轉運司衮同支使。欲令於諸路係省曆内據分數計結聲説，出本司所總鹽酒税錢逐時已支、見在實數，庶今後易爲檢察。」詔除酒税係漕司職事外，餘依所乞。

三月十三日，發運司奏：「六路合發上供額斛，如般發違一限，從本司會算撥過。江湖路自真州并兩浙路自揚州，各至泗州上河一節支費闕，本路出備撥還；若已出未限，即出備自真、揚州至京錢米。」從之。

十六日，發運副使蔡安(特)〔持〕奏：「乞今後諸路年額，須管依(縣)限計置般發足備，嚴立妄有申陳之法。若實有緣故路分，申降朝旨，方許量減及展期限。」詔令户部相度，具兩無妨闕、永久可行事狀，明行措畫，申尚書省，將上取旨。

十月八日，尚書省言：「奉詔措置東南六路直達綱，欲六路轉運司每歲以上供物斛各於所部用本路人船般運，直達京師，更不轉般，仍自來年正月奉行。其發運司見管諸色綱船，合行分撥應副諸路。餘令發運司應副非泛綱運。」從之。

十二月十一日，發運副使賈偉節言：「諸路舊欠發運司錢斛，近降朝旨，樁發七十餘萬貫應副打造舟船，聽候朝廷支撥外，有其餘錢斛：淮南一百二十六萬，兩浙二百二十六萬，江東一十萬，江西一百七[37]十二萬，湖南九十八萬，湖北二萬。今來奉行直達，不用錢本糴買，欲逐年立定分數，下逐路提刑司催督，拘收封樁，以備朝廷支用。如違，依上供法。」詔户部均作十年，令提刑司拘催。

三年九月二十六日，發運副使賈偉節奏：「臣嘗考州縣錢穀出入之籍，有季易、歲易，有一歲而再易者，各分事例，吏緣爲姦。臣嘗倣《周官》數目凡要之法，稽令甲都簿之名，列爲三簿，一以付司録官，一以付軍資庫，一委（之）之縣令。參互以考其成，則催科盈縮，發納登耗，如指諸掌，不可以毫忽欺。檢察之司提其綱領，簡而不繁，與磨勘理欠應在司條法各不相妨，仍可參照爲用。臣嘗試於一路，歲賸錢帛一十六萬有畸，其發納之可究者又亦倍是。以其所嘗試度其所未試，則諸路雖廣，亦可推而行之。謹以諸路財用綱目簿式繕寫成帙，欲望聖慈特賜宣取。」詔令進入。

十月四日，尚書省言：「檢會宣德郎黄唐傳劄子：『今州縣官每遇監司巡按，往往假託他事，遠候於數里之外；巡尉仍以警盜爲名，部領甲仗，交會境上，習以爲常。乞申嚴禁令。』今擬下條：諸發運監司所至，其州縣在任官輒出城迎送以職事爲名件者同。若受之者，各徒二年，並不以失及去官、赦降原減。右入《政和職制敕》，係創立，衝改《政和職制敕》發運監司預宴會條内在任官出城迎送一節不行。諸般運監司預妓樂宴會，自用或作名目邀迓使令及[38]過茶湯之類同。在路受排頓或受迎送，般擔人（般）〔數〕及帶公人、兵級過數，若爲係公之人差借人馬者，各徒二年。即赴所部及寄居官用家妓樂宴會者加二等。不應赴酒食而輒赴，及受所至在任官、諸色人早晚衙并諸色人出城迎送者杖八十。近城安（洎）〔泊〕，因公事往彼會議者，並不以失及去官、赦降原減。其轄下官司各減犯人三等。右入《政和職制敕》，以《職制敕》詳定，衝改元條不行。」從之。

五年八月二十日，詔：「諸路上供斛斗限滿有欠，發運司官吏並同諸路運司一等科罪。其（令）〔今〕年諸路未到斛斗，仍仰本司疾速督責催促件綱前來。」

十二月二十六日，發運副使趙霆奏：「臣今年督促起運六路直達額斛六百二十萬，並已數足外，剩般四十七萬八千餘石；及催促九路上供錢帛等，比去年亦增五十八萬五千餘匹兩；兼催發六路茶鹽鈔引，各得增羡。委是本司官協力幹辦，伏望特與推恩。」詔發運司屬官蔡崇、劉望、曾偉並轉一官，選人比類施行。

七年正月十一日，詔：「諸路上供錢物可自今除格令合支撥外，發運使應敢陳請截撥及所在限滿不及數者，並以違御筆論。」

九月二十一日，制置發運使任諒奏：「奉詔：『江淮等六路上供額斛，今歲除本色外，泛糴之數多於常年。江、湖等路可以上限，淮、浙路可以次限。並候至六月終，仰任諒取首先足辦及拖欠數多路分，各具漕司官吏職位、名銜 39 聞奏，當議賞罰，以爲勸沮。』逐路官吏皆能上體聖意，措畫漕運，六月終已般入汴，計四百六十五萬四千一百二十六石，欲乞優與旌賞。」詔任諒令學士院降敕書獎諭，六路漕司官各轉一官，仍仰任諒具合賞人職位、姓名聞奏。

八年四月二十六日，發運使任諒奏：「蒙給降香藥鈔二百萬貫充糴本，今來已入夏季，乞將上件香藥鈔並令户部交請椿管，就便召西北客人入中見錢，給算香藥，却乞於東南諸路户部上供錢内截撥二百萬貫。」詔香藥鈔一百萬貫不許兑換外，特更於東南路截撥上供錢一百萬貫應副。仍令江、淮等六路剗刷措置，廣行收糴。

五月二十四日，發運判官朱彦美奏：「發運司久不理財，全藉官屬協力措置，欲乞添差（等）〔管〕勾公事兩員，踏逐京朝官、選人奏差。一、舊管吏額，自行直達，裁減額數不少。今來乞於轄下州軍指名押差（諸）〔諳〕曉財利人吏五人，充填舊額。一、乞差小使臣一員，充本司催轄諸路上供綱運，兼剗刷錢物，與理當一任。所有人從請給等，並乞依催轄綱運官見行條法。」詔添差管勾公事官一員，仍差承直郎章英亮，人吏差三名，餘並依所乞。

宣和元年正月二十四日，詔：「今後六路漕司般發歲穀，若出限拖欠，仰發運司具弛慢官按劾，當議重行黜責。其承受發運司公文，並限當日回報，如有稽違及回報不實，合干人吏委發運司一面關本路提刑司依 40 法斷罷，官吏具奏聽旨。」

二月二十三日，詔：「江淮荆浙發運司官吏般發歲額增剩萬數，可與推恩。内武臣依文臣四年法比折，選人依條施行，人吏減年，候出職日收使，願換支賜者聽。管勾文字、朝奉郎劉望，宣教郎方迪，勾當公事、宣教郎鄭可簡，通直郎宋晃，各轉一官；使臣人吏承信郎沈慨、孫興之，本司都吏陸遇等，各減四年磨勘，内陸遇特減裁令年月，先次出職補承節郎，依陳純已得指揮；勾當公事、奉議郎呂敏問，宣義郎梅彦昇，通直郎朱汝翼，各減三年磨勘；宣教郎李接，承直郎章英亮，管勾外排岸司、朝請郎黄叔豹，儒林郎張浹，催轄綱運、從義郎王章，書吏安仲舉，各減二年磨勘；守闕書吏趙林、韓植，副書吏趙思遠、孫古、張友，各減一年磨勘。」

七月二十一日，詔：「發運司視六路豐儉，轉輸和糴以供京師，乃祖宗舊制，曩因姦吏侵漁糴本，成憲遂廢。可自今歲糴米一百萬石，同（平）〔年〕額般運赴京封樁。隨逐路豐熟次第以爲糴數多寡。漕臣措置有方及弛慢者，並委發運司舉劾。所用糴本，限十日條畫以聞。如敢蹈襲近弊，抑配科率，稍涉掻擾，必罰無赦。」據沈括《筆談》云：劉晏掌南計，數百里外物價高下即日知之。人有得晏一事，予在三司時嘗行之于東南。每歲發運司和糴米于郡縣，未知價之高下，須先具價申稟，然後視其貴賤，貴則取寡，賤則取盈，盡得郡縣之價，方能契數行下，比【41】至則粟價已增，所以常得貴售。晏法則令多粟通途郡縣以數十歲糴價與所糴粟數高下各爲五等，具籍于主者。今屬發運司〔一〕。粟價纔定，更不申稟，即時廩收〔二〕，但第一價則糴第五數，第五價即糴第一數，第二價則糴第四數，第四價即糴第二數，乃即馳遞報發運司。如此，粟賤之地自糴盡極數，其餘節級各得相宜，已無枉售。發運司仍會諸郡所糴之數計之，若過於多則損貴與遠者，尚少〔則〕增賤與近者。自此粟價未嘗失時，各當本處豐儉，即日知價。

〔建炎三年〕十月十六日〔三〕，發運副使葉宗諤言：「昨被旨根刷淮南、江浙六路今年增添酒錢，起發赴行在。點檢得州縣多是妄以軍期爲名移用，侵數不少。」詔擅支數目，並仰依限補還。今後收到錢數，如敢移用，仰依條按劾。

〔宣和〕二年四月十二日，制置發運副使陳亨伯奏：「宣和二年二月七日聖旨：東南六路和糴一百萬石，許於六路提刑、常平司朝廷封樁錢內支撥一百萬貫，餘一百萬貫截撥上供錢。今承江東路轉運司牒，分糴米一十六萬石。本路依格合起上供錢共二十萬三千九十餘貫，依格專一指定應副收買銀、綿及截支土軍請受外，實只有七萬七千八百餘貫係是起發之數，每歲却要上供錢一十七萬八千五百餘貫收買泛抛金、銀、綿、紙、羅，計闕錢一十萬七百餘貫。承都省批狀，令截本路一全年無額錢七萬餘貫收買，尚不足。今來糴米一十六萬石，全闕上【42】供錢截撥。提刑、提舉常平司封樁錢各有占用窠名外，錢數不多，闕錢收糴，乞於本路合發新錢內截留應副。及承兩浙轉運司牒，和糴米二十四萬石，本路雖有合發有額上供錢二十萬餘貫，係專降敕條截撥收買法酒庫內酒坊糯米，及上供金、宮人衣綿、左藏庫綿、婺州鎮江府買花羅，并依條買，用錢二十五萬三千餘貫。今來所抛封樁米約計本錢五十萬貫，委無上供錢。本司今據兩路公牒，欲乞詳酌江東路截撥新錢特降指揮外，乞令諸路將和糴本錢於本路上供錢及朝廷封樁錢內通融取撥，不得過合撥錢數。謂如江東路合撥朝廷封樁錢并上供錢各十六萬貫，如上供錢無及不足，聽並撥上供錢，通不得過三十二萬貫之類。若兩色錢各取撥不足，即未委合取撥是何錢應副，伏乞特降指揮。」詔東南和糴本錢合依已降指揮，應係上供及朝廷封樁，並行截撥。仍許通融取撥，如本路兩色錢各取撥不足，即係通融別路錢應副。

〔一〕今屬：原脱，據《夢溪筆談》卷一一補。

〔二〕即時廩：原無，據《夢溪筆談》卷一一補。

〔三〕此條未繫年號，則承前當爲宣和元年。然下文有「赴行在」之語，顯爲南宋事。又考《建炎要録》卷二一、卷三二所載，葉宗諤於建炎三年四月丁巳方任江淮發運副使，次年三月則已知鄂州，可證此條乃建炎三年事。蓋《大典》編纂時脱去年號及年分，誤插於此。下條則仍是宣和事。

〔七年□月〕二十八日(一)，詔：「已降處分，盧宗原糴到米斛，並限十月終津發到京，充御前封樁斛㪷，每歲以二百萬爲額。諸路歲額且令逕發上京，兩不相干。竊慮懷姦之吏不恤國計，陰肆阻抑，仰盧宗原疾速措置，督責諸路漕司，今年合發歲額及御前封樁斛㪷，須管依限到京，旬具逐項已未到數目聞奏。」

七月十四日，發運司奏：「奉御筆，江西路預降糴本八十萬 43 貫，候將來秋成，於豐熟處和糴粳米，計置起發。本司除已施行外，今有蔡河撥發運司、淮南、兩浙、江西、湖南轉運司各權添差糴買官，即未審從省部差注，或本司權差。」詔先降權添差糴買官指揮一節更不施行。

十九日，發運使盧宗原奏：「起發糴本錢物，乞選差近上有行止物力職員一名，於本州見任文武官内輪差一員監催，前來真州送納。守臣、當職官專一檢察，如有侵欺移兑，以違制依御筆科罪。」奉御筆依奏行下，每歲終令宗原具逐路當職官勤惰以聞，當議黜陟，以示懲勸。

同日，又奏：「乞諸路起發錢物，印給走曆，於卸納處繳曆驅磨。如地分巡尉苟簡，或至侵欺移易，乞賜黜責。」詔依違御筆論。

二十三日，發運判官陸實奏：「勘會六路歲般上供額斛，裝起綱運，便合於行程内批定色額，卸納去處。近年以來，轉運司不以上供爲先務，諸州發來上供斛斗，不令元起州縣批定色額，却令綱運前來，轉運旋行批書。往往臨時移兑，或截作本路支用，或改作别項色額，或將州縣見管斛㪷輒作剩餘變糴，收錢别作支使，而本年合發正額上供常是拖欠。欲乞六路每年合發上供斛㪷，有裝起綱運，即時於行程内便行分明批定係甚年分色額斛㪷、送納去處。仍限當日依此開具，先申尚書省及户部，并關發運司照會根催。如違，並乞從本司覺察，舉按聞奏，重賜責罰。」詔依。

九月四日，發 44 運使盧宗原奏：「奉御筆：『和糴米一百萬，用封樁、上供、鈔旁、贍學四色錢。每歲所糴米不過六十萬，則是鈔旁、贍學錢兩項中分，合糴三十萬。可令盧宗原增糴三十萬，充還歲糴一百萬拘收過兩項錢數外，餘依元降指揮，用封樁并有額、無額上供錢收糴。』臣勘會昨累降御筆及聖旨，撥到經制餘剩并七色錢、無額上供錢、鈔旁定帖、贍學錢及臣措置經收頭子錢、六路樁還舊欠錢充本，收糴轉般斛㪷。續承五月三日御筆：『盧宗原所拘收錢本，可令不住於秋夏豐熟去處廣行收糴。其已糴并去年收糴斛㪷，起發上京，别項封樁。』臣勘會所收前項逐色錢物，係散在九路州軍縣鎮，逐旋零細收簇，其所糴二百萬碩，尚慮收糴不足。今奉御筆，令取撥贍學、鈔旁增糴三十

(一) 原稿此條無年月。按文中云「仰盧宗原督責諸路漕司」，又下文「十九日」、「九月四日」二條稱「發運使盧宗原」，則知此乃盧宗原任發運副使時事（稱「發運使」乃是省稱），而盧任此職在宣和七年（見前職官四二之二八校記）；又下文「二十三日」條陸實任發運判官，亦在宣和七年（見《補編》頁六一九）。可知以下六條乃宣和七年事，因補。但此條不知在何月，姑闕。

萬，充還歲糴一百萬，自餘依元降指揮，用封樁并有額、無額上供收糴。緣贍學、鈔旁定帖錢、無額上供錢，見係臣拘收糴買御前封樁斛㪷之數，并封樁錢亦是臣所收經制七色錢內一色窠名，顯是闕（前）〔錢〕。」奉御筆：「贍學、鈔旁等錢，已撥充御前封樁斛㪷糴本，歲以二百萬石爲額，永爲定例。增糴三十萬指揮可更不施行。今後御前糴本，不許陳請支撥，令尚書省立法施行。」尚書省檢會政和七年五月十三日勑申明外，若他路官司輒行陳請支撥御前封樁斛㪷者，以違御筆論。從之。

宣和三年正月十三日，發運副使趙億奏：「臣契 45 勘諸路合發上供錢糧、金銀、匹帛、雜物等綱，在路多是妄作緣故，住岸販賣，百端作過，其催綱地分官司容縱，不行催趕。臣欲乞今後應沿江河作催綱官司，除依法催促綱運外，如承發運司文移，應緣綱運事務，並限一日回報。如違，官員並許發運司先次選官對移，合干人取勘。仍委逐州通判季一點檢。」又奏：「西外宗室每年合用食米三萬碩，係依先降朝旨，令泗州排岸司於上供米綱內揀發白粳米，批發前去鞏縣卸納。今年批發過安永康、李端、李日宣、趙子儀四綱前去。據京東排岸司稱，大觀元年八月二十五日敕，湖南路申請乞免截留往洛口指揮，遂行截留趙子儀、安永康兩綱，就京岸下卸。臣契勘安永康係兩浙路上供綱，別無指揮免截，顯是畏避前去西河，與京岸人吏別有計會。乞將京岸官吏送大理寺根究情弊，今後應緣綱運在京岸住滯違法等事，乞依熙寧二年九月八日已降朝旨，許發運司覺察申奏，差官取勘施行。」詔西外宗室米今後不許諸處截留及就京下卸，餘並依奏。

宣和四年十二月初七日敕：「發運使、經制兩浙江東路陳亨伯奏：『乞應諸路州軍糴買上供并軍糧斛斗，法酒庫并酒務、公使庫糯米，並委官置場，不得拋下屬縣并於人户、行人處收買。如有違戾，乞重立刑名，仍許被率取人户越訴。』詔：如違，徒二年。」取到户部狀：「檢會政和敕，諸緣公使庫職 46 事輒委縣令佐管勾者徒二年。勘會諸州軍公使庫屬縣收糴糯米，合遵依政和條勑行；所有其餘合糴斛斗，自合遵依自來體例，措置收糴。」詔：宣和四年十二月七日指揮更不施行。

〔五年〕七月一日〔一〕，發運副使呂淙奏：「准尚書省劄子，向子諲奏：『江淮州縣自宣和六年起稅，其經制司陳亨伯措置到七色錢，乞於內將七路地契、賣糟量添錢樁充糴本。』（奏）〔奉〕聖旨：『陳亨伯措置七色錢，江浙被賊州縣起稅日，並令呂淙拘收，專充糴本。內增添酒錢（禍）〔過〕多及事屬詳細者，令呂淙、向子諲相度聞奏，特行蠲罷。』契勘經制司昨措置到七色移用錢，內一分寬剩錢及罷支學事司減

〔一〕五年：原無。按，前條已述及宣和四年十二月事，此處當脱「五年」二字。此下至「六年」前數條，皆爲五年之事。如十一月六日詔即爲五年十一月六日之御筆，見本書職官四之三二。因補。

下人吏等錢，依原降朝旨，候新復州縣敷納役錢足用，并造簿日依條除落外，止有酒糟、增收契税等錢，別無苛細。若候勾收專充糴本，委實利便。」詔依。

十八日，發運副使呂淙奏：「勘會諸州收到經制移用七色官錢，依奉聖旨拘收，專充轉般糴本。其錢並係散在諸路州縣，多有兑撥使用及起發稽滯，欲乞於逐路或隔路，每路各委見任官一員，躬親催督根刷，計置起發。候至歲終，取逐路催發到錢最優之人，具三二名奏朝廷推賞，用爲激勸。」從之。

十一月六日，詔：「江、淮、荆、浙、福建七路所收七色錢，昨係陳亨伯起請拘收，充經制移用。已降指揮，候經制結罷，令發運司拘收，專充糴本。可逐州委通判、逐路專委應奉官拘催，撥充轉般 47 糴本。内福建路令發運司相度支移，於近便去處收糴。仍令應奉官每季開具拘催到錢數、支樁去處申應奉司。奉行違慢等，應干約束，並依贍學錢物已降詔施行。」

八日，詔：「今年上供未到額斛數多，有誤中都歲計，發運司官及最多路分漕臣，當示懲戒。呂淙、徐宏中、陳汝錫、李侗並落職，俞諝、向子諲各降兩官，范仲、柴夢得、李孝昌各降一官，蔡傑、蔡蒙休、胡端平、鄭待問各降一官衝替。係事理稍重逐司職級、手分，有官人降一官，無官人送置司州，各決杖一百。仍具合降官并決人姓名申尚書省，仰呂淙等并其餘兩浙、江西、湖北路、蔡河撥發司，並限一月據未起斛斗，盡數躬親催督起發上京。如限滿不到，並將上取旨遠竄。内發運司屬官別選能吏。」

十九日，發運司奏：「契勘江西、湖南北、兩浙西路新起用勑告、香藥鈔均糴斛斗，已準御筆處分，權暫和顧舟船般運。合要管押人，召募得替待闕及進納并實有行止物力人管押起發外，本司相度，欲乞從吏、刑部每路各更差小使臣并副尉、校尉一十人，發遣赴逐路，相兼差押綱運。」從之。

六年正月二十六日，發運判官盧宗原奏：「奉詔措置興復轉般倉，欲於淮、浙、江、湖、廣、福九路官司，除淮、浙、江、湖、福建七路茶鹽司外，應出納錢物每錢百文別收頭子錢一文，應副修船、招至人兵、糴本支用。」從之。

二月三日，發運判官盧宗原奏：「契勘興復代 48 發轉般，拘收州縣錢本，計置和糴，事務散漫，合要清彊有材幹官分頭前去。欲乞於本部見任官内，不拘常制，每路選差官一員前去。所至比本司勾當公事，候見次第，具因依奏乞量與推恩。如有不職，亦乞重賜罪責。」從之。

三月四日，又詔許令隔路差官。

五日，詔：「去歲六路額税不敷，呂淙姑從褫職，責其後効。近據淙奏，淮差排發運，仰專切促辦諸路年額及均糴斛斗先期到京。所有興復轉般、拘收糴本及結絶經制，（正）〔止〕專委盧宗原。」

十六日，發運副使呂淙奏：「兩浙被劫州軍，正月至起租日實闕軍糧衣賜等，已行樁留支撥外，爲淙依法輪當今年排運催遣奏計，若更到杭州，竊恐於發運司職事妨廢。乞就委兩浙應奉官孟庾交割杭州移用庫見管及本路州軍年終合樁移用月帳錢，據被劫州縣契勘支撥，具支過錢物關劉仲元及淙。」奉詔：東南被賊州縣内有不係燒劫人户輸納到錢物可以應副外，今來經制司歲終結罷，所有正月至起租日實闕衣糧等，只合措撥的實數目貼支，餘並樁充轉般糴本，即不得輒有移易侵用。

（三）〔四〕月三日〔一〕，太府少卿李著等奏：「比年以來，外路上供錢往往販賣行貨，或移易他用，到京交納，方見少欠。雖有發運司於真、泗州選官點檢之法，未嘗舉行。除本寺依條取索行程曆點檢外，今相度，欲乞申明見行條法，下發運司遵守。仍今後應諸路上供錢綱49擅自移盜，買販物色，到京勘鞫得實，候斷訖，令大理寺具不點檢去處關報本寺，從本寺申户部奏劾。」詔依。

八日，發運判官盧宗原狀：「六路綱運水脚工錢，漕司並不遵依，諸州多稱闕乏。今相度，欲據淮南路每年合樁水脚錢二十一萬貫，除本路合得錢六萬貫，自行移那支遣，將江、湖、兩浙五路合得錢一十五萬貫，（今）〔令〕淮南轉運司契勘管下州軍所入財賦多寡，分拋樁撥，令於酒税課利内以十分爲率，每日以所收錢撥一分專作水脚錢。謂如一州日收酒税錢三百貫，即令每日撥出錢三十貫之類。須管依立定條限樁足，別庫收管，選曹官一員專領，責知、通點檢，每月一次起赴真州本司交納，本司專責屬官一員管勾支遣。所有兩浙路合支錢數，亦從本司支撥，於揚州、鎮州、瓜州鎮樁管，就便委官支遣。如諸州有違欠不樁日分，或雖正收樁而輒敢別作支移，其當職官吏從本司點檢奏劾，乞重賜典憲，仍不以去官赦原。」從之。

五月十六日，詔：「已降指揮興復轉般，專委盧宗原措置拘收糴本，限三年斛斗足辦。所有上供歲額及均糴、和糴斛斗，呂淙專管。竊慮諸路漕臣、州縣官吏隱占移易糴本，及妄作指準，應已降指揮充轉般糴本錢物輒充他用，以盜論。雖有已降處分，並合衝改前後指揮，雖奉御筆支撥，亦仰執奏不行。直達須候轉般斛斗有次第日罷。有司如敢奉行違戾，仰盧宗50原、呂淙奏劾，並當重行黜責，隱庇不言與同罪。」

六月五日，尚書省〔言〕：「檢會宣和六年正月二十七日勅，發運判官盧宗原奏：『依（奏）〔奉〕御筆，措置興復轉（撥）〔般〕，所有轉般舟船，招置人兵，支費浩瀚，欲於淮、浙、江、湖、廣、福九路官司應出納錢物一百文別收頭子錢一文足。』度支供到政和四年四月二十六日勅，荆湖南〔路〕轉運司狀：『欲乞應給納係省錢物，並許令每貫、石、匹、斤、兩、束各收頭子錢五文足。内物價如直錢一貫，即收五文足；若一貫以上或不及一貫者，並紐計收納；或舊收多

〔一〕四月：原作「三月」，據前後文月分改。

處，自依舊收。專充裨助直達糧綱水夫工錢等。』」詔依所申，其應行直達路分依此。

〔七年〕正月二十六日[一]，詔：「東南九路除茶事司并六路鹽事司外，應諸司出納錢物，每貫收頭子錢一十文省，物以實直價紐計收納。餘依政和四年四月二十六日指揮。應諸司、二廣、福建、淮、浙、江、湖等路收到錢，並令發運司拘收，充轉般糴本、修置汴綱、招置人兵使用。江湖四路見收係省頭子錢，係緣直達綱收納，候行轉般日依此拘收。」

五月三日，詔：「盧宗原拘收糴本，興復轉般，並係御〔前〕措畫，親筆處分，無損漕計，亦無取斂於民。訪聞諸路漕司輒敢觀望指準補欠，更不以上供歲額爲意，發運司官又欲以補欠爲己功，不復督責，舉此以廢彼。盧宗原所拘收錢本，可令不住於秋夏豐熟去處廣行收糴，其已糴到并去歲均糴斛斗，並行樁管，以御前 51 措置封樁斛斗爲名。所有諸路上供額斛，除已代發過數合行截還外，且令依舊徑發上京。如違，以大不恭論。」

六月二十四日，詔：「官(師)〔司〕降指揮於六路漕司借舟船、人物等般載官物之類，並不得收接，仍仰發運司執奏覺察。如違，以違御筆論。」

二十七日，發運(司)〔使〕盧宗原奏：「臣勘會淮、浙、江、湖、廣南、福建九路所收鈔旁定帖錢，依準先降御筆，令臣拘收，充發運司轉般糴本。近奉今年五月三日御筆：『諸路斛額且令徑發上京，盧宗原拘收到糴本，專一收糴御前封樁斛斗。』及承五月十三日御筆：『御前措置封樁斛斗，昨降處分委拘收贍學、鈔旁定帖錢充糴本，官司輒敢申請支撥，或緣他事陰肆侵漁，或奉行拘收弛慢，拖欠及借兑移用者，以違御筆論。雖奉御筆特旨或免執奏，亦具奏聽旨，及仰諸路廉訪使臣覺察，隱而不言與同罪。每歲終令宗原逐路比較諸州奉行拘收錢本官吏勤(隋)〔惰〕各三兩員，等第保明以聞。』淮尚書省劄子，四月二十八日奉聖旨：『諸路罷印賣鈔旁定帖，令人户從實自寫，依官賣日所收錢數送納合同印記錢。內淮、浙、江、湖六路錢，依(至)〔宣〕和二年七月十三日朝旨撥充糴本，即是收糴六路歲糴封樁斛斗一百萬之數。并廣東西、福建三路錢，令提刑司封樁。』竊恐諸路承受上項四月二十八日指揮疑惑，合行申明。」奉御筆，元非漕司常賦，已令拘收，可遵守今年五月十三 52 日御筆處分施行。

高宗建炎元年五月二十八日，淮南江浙荆湖制置發運判官方孟卿言：「據翁彥國陳請，經制司與發運司職事相關，今來行在一切事務合用錢糧，欲令發運司應副。竊緣本司別無所入錢物，只有朝廷降賜廣糴、轉般、代發斛斗錢本，依元降專法，不許別作他用，雖奉特旨亦執奏不行。其

[一] 七年：原無，今按年月次序，應是宣和七年。更有一確證：下文六月「二十七日」條引「四月二十八日」聖旨，據本書食貨三五之一九，正是宣和七年四月二十八日，則其前三條亦爲宣和七年無疑。因補。

經制司與本司並不相干，若依翁彥國所乞應副，切恐有妨糴買，致誤(君)〔軍〕國大計。」詔不許取撥。

七月九日，方孟卿又言：「諸路上供錢物不許擅用，昨緣軍興，諸處往往便宜支用，乞從本司根究。今年五月一日以後，應(絶)〔緣〕用過上供錢物數目，責令元截官司限一月撥還起發。如出限不見起發，或隱漏不實，即從本司奏劾，重寘典憲。」從之。

八月二日，京東路轉〔運〕副使李祐言：「諸路應副朝廷大計，發運司最爲浩瀚。近年歲額未嘗(數)〔敷〕足，蓋緣管押使臣不曾選擇，又沿河居民盜(買)〔賣〕官米，官司並不覺察，致每運少欠不下數千石，甚者至沉溺舟船。欲下發運司選擇有行止、無過犯、能管押使臣。沿流官司能覺察盜賣及不覺察去處，重行賞罰。及令本司官不住往來催促。」從之。

十二日，詔：「差發運副使李祐自南京至真州往來躬親檢察，措置催促糧運，并應見在淮汴金帛、錢物綱運，限一日起發。户部給行程曆付李祐，所至州、軍、府、縣、鎮、關津官批上到發月日，回日繳赴户部點檢。仍令祐督責[53]諸州縣當職官，并催促直達綱及發運司幹辦官等，亦給覺察催促綱運曆，亦各每日批上行程，縣知、佐、巡尉，州通判及排岸催綱官。從發運及逐路轉運司官點檢。仍三日一次具所至檢察并催過綱運物數及逐綱押綱官職位、姓名申户部，委張慤專一督察。」

二年正月十六日，措置財用黃潛厚言：「東南六路歲額上供斛斗計六百餘萬石，今歲已過限，尚有未般之數。乞專責六路轉運司及發運司，下逐路州軍根刷。諸路應干綱船，拘收每一萬斛團併爲一綱，募使臣管押至東京下卸訖，至泗州排泊。令發運司專差官一員在泗州，將回運空船依元路分發歸逐路團併漕運。兼(察)〔蔡〕河撥發司亦有未般斛斗，並乞下撥發司依此施行。」詔依。如根刷綱船官不拘收團併，管押使臣卸訖回運不至泗州排泊，所差官在泗州不將回運空船依元路分歸逐路團併漕運，各以違制論。

五月十二日，發運副使呂源言〔一〕：「祖宗舊法，推行轉般。本司額管汴綱二百，每綱以船三十隻爲額，通計船六千隻，一年三運，趁辦歲計。昨緣直達，將所管汴綱分撥與六路。近歲復行轉般，雖勾收到八十一綱，少有及二(千)〔十〕隻之數。雖依祖宗舊法，於虔、吉、潭、衡四州認定每年打造七百二十三隻爲額，兩年拖欠未打船共八百三十九隻。本司先措置，分於江、(地)〔池〕、太平、宣州、江寧府等處打造糧船，亦有拖下數目。今欲於沿[54]流出產材植州軍，以逐州所管縣分大小多寡均認，添造糧船一千隻。并四州舊額拖下及江東諸州催促未到舟船，通共二千餘隻。」並從之。

〔一〕呂源：原作「呂淙」，據《建炎要録》卷一五改。下條同。

六月五日，呂源又言：「見於江、湖四路打造糧船，合選差（疆）〔彊〕幹官監轄催督，及差委使臣隨行點勘工料。欲依大觀四年發運判官王璹打造未足額船一千隻，辟差幹辦公事四員，依本司幹辦公事例。」從之。

紹興元年二月七日，尚書省言：「軍儲在昔，並係發運司總領收糴、轉般、代發，以充國用。邇來淮南、湖北已行分鎮，又兩浙行在駐蹕，自有本路漕臣應副。餘路收糴糧斛，亦係州縣官應辦，其發運司所差屬官并使臣甚衆，侵耗財計。今欲存留主管文字、幹辦、催促綱運官一員外，餘並罷。」從之。

六月十六日，發運副使宋輝言全少綱船，漕運妨闕，乞將兩浙州府抽税竹木内權行通撥五分，付本司打造鐵頭船，般運行在軍儲。詔依，内臨安府抽税竹木以十分爲率，轉運司并本府各四分，將二分應副發運司使用。

八月六日，詔：「發運副使宋輝取撥浙西路逐州軍見管坊場，增添五分浄利錢，與已支降官告、度牒、師號等相兼品搭，專充糴本支用。仍先具日前、見在合取撥數目申尚書省。其已後收到錢，仰宋輝專一拘收樁管，具每月約收錢數申朝廷，聽候指揮支降，方得支使。」

十一月五日，詔發運司復置糴（責）〔買〕官二員。從發運副使宋輝之請 55 也。

十二日，詔：「發運司於饒州置司，催促到諸路上供錢糧，於洪州、饒州及近便沿流州軍樁管。如無朝廷專降指揮，諸司、州郡擅行兑那移用者，徒二年。逐州差監倉一員，令本司不以文武官差辟。若漕司、州縣官樁發上供弛慢不職，令本司按劾。」從發運使湯東野之請也。

二年三月七日，臣僚言：「發運一司官吏、軍兵請給，歲縻錢無慮十六七萬緡，初無一毫本分職事。臣（常）〔嘗〕考國朝舊制，江淮、兩浙、荆湖南北路每歲租糴運至真、揚、楚、泗州，置轉般倉納受〔一〕，泝流摺運〔二〕，入於中都，於是命發運使領之。凡此六路州縣凶歉之處，則許民輸錢入官，本司於豐熟去處糴米，以足歲額，率以爲常，公私兩便。」

舊制有都大發運使、副使、判官，使以兩省官或待制、尚書郎以上充，副使、判官以朝官以上充，其後爲制置發運使。紹興二年，臣僚以謂既有諸路轉運使以職轉輸，發運司本無職事，虛縻緡錢，罷之。八年復置經制發運使，九年罷。

孝宗乾道六年三月二十八日，史正志除户部侍郎、江浙京湖淮廣福建等路都大發運使。

四月一日，史正志言：「得旨，發運司於江州置司，所管事務斛斗、催發綱運、茶鹽礬、鑄錢、理欠、貿易官吏，乞差主管文字、幹辦公事各二員，糴買、催綱各二員，文武通差。

〔一〕受：原脱，據《建炎要録》卷五二補。
〔二〕摺：原作「漕」，據《建炎要録》卷五二、《玉海》卷一八二改。

人吏十五人，使臣併兩司員數，舉官、改官十五員，令狀八員。」從之。

同日，詔：「(淮)〔淮〕東總領所既併歸淮西，存留幹辦公56事二員歸發運司。」

十九日，史正志言：「本司依已降指揮差屬官員數，乞於見任、寄居待闕官內，不以有無違礙，踏逐選差，分頭管幹。乞先降省劄，理爲在任月日，候將來措置稍見次第，願乞辟正者申奏朝廷，給降付身。」

二十三日，詔：「朝廷修復舊典，置發運官講求裕民之政，以豐邦儲，又使總外計者副之，欲遠近一體，務在協濟。其諸路監司、守臣宜各體朝廷責成之意，毋得違失。」

二十四日，詔：「許子忠(等)〔專〕一措置鼓鑄錢併入發運司，應鑄鐵錢職事並隸本司措置。」

六月十八日，史正志言：「諸路州軍及帥司公使，自有立定歲賜錢數。雖在法微利聽撥入公用，如賣醋收息，一歲所入不貲，盡入公使，以資妄用，户部不曾檢察措置。欲於十分內撥五分，赴發運司貼助糴本。仍專委逐郡通判、縣丞逐日拘收樁管，逐旬申本司，伺候起發。」從之。

二十六日，史正志言：「蒙朝廷支降錢本，措置貿易，及拘收州軍起發到糴本等逐色窠名錢物，於本司交納，萬數至多，合行置庫一所。除見自行計置修蓋庫屋外，乞以『都大發運使司貿易糴本庫』爲文，下文思院降給印記，從本司辟差使臣二員充監官，理爲資任，具申朝廷，給降付身。并置專知官、手分、庫子各一名。其監官除本身請給錢，別給錢，專庫手分請給並依總領所鄂州大軍庫監專等見請則例支破。如搜檢出入官物火禁，亦依大軍庫體例。」從之。

57十月十一日，史正志言：「自閏五月二十五日到江州本司，至九月終檢察拘收到諸路監司、州郡寬剩失陷歲樁錢米、金銀共計錢二百八十萬一千五百一十七貫五百八十四文省，兼檢察到州郡、監司除樁撥朝廷歲計外寬剩錢米，共計錢六十九萬五千五百四十九貫三百四十六文省。(詔)〔乞〕令户部盡數拘收，應副諸軍券食等支遣。」從之。

十二日，詔：「都大發運使司可就行在置司，其外路職事仍依舊，時復巡歷。」

十二月二十八日，詔：「史正志職專發運，奏課誕謾，廣立虛名，徒擾州郡，責授楚州團練副使，永州安置。其發運司可立近限結局。王佐理財無方，則虧常賦，特降三官放罷。」

三十日，中書門下省言：「勘會發運司已降指揮立限結局，所有昨來支降糴米，其貿易錢本并本司應干見在錢物，米斛萬數浩瀚，緣發運司官屬、人吏、公案見在行在，理合委官驅磨。」詔差大理正兼權度支郎官單夔日下拘收公案，逐一點檢，具數申尚書省。

同日，中書門下省言：「勘(合)〔會〕發運司限日結局，所有見在應干錢物、米斛，理合拘收。」詔差翟紱候送伴回

日就便前去，具數申尚書省。（以上《永樂大典》卷一三三一九）〔一〕

轉運使

【宋會要】〔二〕

58 咸平元年六月，命近臣舉轉運。上嘗語參政李至曰：「凡舉官宜先擇舉主，以類求人。今外官轉輸之任最切，卿等可先擇人，而令舉之。」越明年，河東轉運使宋搏經制饋餉〔三〕，以幹治稱，朝廷難其代，凡十一年不徙。

【宋會要】

大中祥符二年四月〔四〕，定監司舉主賞。詔運使、提刑所舉官如進改後五年無過〔五〕、有勞幹者，特奬舉主。又謂宰臣曰：「舉官犯贓則連坐，而舉得其人者賞亦弗及，非所以爲勸也。」故有是詔。

十一月〔六〕，詔論監司失察罪。分天下爲郡縣，總郡縣爲一道，而又總諸道於朝廷，委郡縣於守、令，總守、令於監司，而又察監司於近臣。此我朝内外之紀綱也。故欲擇守、令必責之轉運，欲舉轉運必責之近臣。既嚴連坐之罰，又定舉官之賞，而失察者又有罪，賞罰行、紀綱正矣。然賞罰但行於已舉之後，舉官當擇於未舉之先。蓋惟正知正，惟邪知邪，善惡各以類至。此真宗所以先擇舉主也。

【宋會要】

寶元元年，復置轉運使。廢罷之（之）初，上封者屢以爲非便。段少連徙陝西，奏前爲淮南轉運使時偶值豐年，而上供之數得以辦集，然諸路各任所見，無所統制，恐經久誤大計，遂復之。

【宋會要】

59 淳熙二年十二月十六日，宰執奏湖南二漕皆闕，上曰：「只得一漕足矣，用兩漕事不專一。」李彦穎奏：「漕司錢物，若置兩漕，倍有費耗。向來浙漕率用兩人，財賦爲之一空。近日止除一漕，亦不闕事，况他路乎？」

三年五月二十八日，詔：「尚書省取諸路漕司三年歲入，考酌中之數，立爲定額，依舊催趁，歲具收支帳狀申尚書省。仍開具作何支破，不應支破者令備償，其見在錢封樁待用。」既而臣僚言：「今日財賦欺弊可以糾察者，如轉運司移用錢及一分五厘錢、二分折酒錢，拘收有至二三十萬緡，撥入公庫餽遺，巧作支破，此錢多取之酒税。」

〔一〕《大典》卷次原缺，據《永樂大典目録》卷三六補。

〔二〕按，以下三條乃抄自呂中《類編皇朝大事記講義》及《九朝編年備要》，非《宋會要》文。本條見《大事記講義》卷七，《九朝編年備要》卷六略同。

〔三〕搏：原作「博」，據《宋史》卷三〇七《宋搏傳》改。

〔四〕此條亦抄自《大事記講義》卷七，《九朝編年備要》卷七略同。

〔五〕進改：原無，據《九朝編年備要》卷七補。

〔六〕按，此條「十一月」句爲《九朝編年備要》卷七之文，「分天下」以下則見《大事記講義》卷七，乃呂中講評之語，與上句無關。《大典》抄合二書，又題爲《宋會要》大誤。

六月二十七日，詔：「廣南東路轉運使、副任滿轉一官，轉運判官減二年磨勘。」

六年三月十九〔日〕，上謂輔臣曰：「諸路漕臣職當計度，欲其計一道盈虛而經度之。今則不然，於所部州郡有餘者取之，不足者聽之。逮其乏事，從而劾之，吾民已被其擾矣。朕今以手詔戒諭，俾深思古誼，視所部爲一家，周知其經費而通融其有無，廉察其能否而裁抑其蠹耗，庶乎郡邑寬而民力裕也。」詔具「戒敕官吏」。是年九月明堂赦：「令諸路漕臣限一月，各具合如何經度通融事件以聞。」

四月二十一日，詔：「成都轉運司每歲管認威、茂州省計錢引五千道，令照應今年三月已降手詔，將有餘去處通融應副。」從四川總領所請也。

七月[60]二十六日，詔：「諸路漕臣約束所部州軍，不得科擾病民。常切覺察，如有違戾去處，具名按劾。漕臣失於覺察，亦重寘典憲。」以將作監潘緯論州縣之弊：「大率守臣到官，首請屬邑責認財賦，數足還邑，謂之獻助；委僚佐下邑點檢，責認解發，抑無爲有，謂之劃刷；州納二稅，既倍收耗，重價折科，又刷具合零就整，謂之畸零；酒稅不用祖額，逐年增加，謂之遞年；課利錢拘催錢物鈔狀既到，先填舊欠，別令催發，謂之改鈔；春冬衣賜，別定數目拋降拘催，謂之軍衣。又有曰無額經總制，曰補虧，曰州用，曰版帳，曰綱目，曰格目，曰月樁，曰青册子之類，名各不同，科取於民。宜責漕臣，痛行蠲除。其守、令循良者，使之論薦，特加旌別；並緣掊克者，按劾以聞，重寘典憲。」故有是詔。

七年三月十五日，四川制置使胡元質言：「關外階、成、西和、鳳州各有歲計，可足州用，緣轉運司盡行拘催，別置倉庫，自行收受，每歲量行拋降，由此州郡匱乏，不免苛取於民。乞下利州路轉運司，將每年抱認數目，許各州合發漕司錢物内徑行截留。」從之。

十八日，詔：「諸路漕臣限一季與所部州縣商度賦入，通融其有無者有幾，裁抑其蠹耗者又有幾，仍條具以聞。令三省置籍，稽考殿最，以議賞罰。」從臣僚請也。

八月二十四日，詔兩浙轉運司營運日下住罷。

十一年五月一日，詔：「今後兩浙轉運司應干奏劄、奏狀，並令於通進司投進。」

十六[61]年正月二十八日，詔：「自乾道以後創置修内司等處兼轉運司準備差遣人，元非舊例，可並罷，今後更不差人。」

紹熙元年五月一日，臣僚言：「恭覩淳熙六年三月十九日壽皇聖帝御筆手詔，戒諭諸道轉運視所部爲一家，周知經費而通融有無。竊見諸州財計優餘窘匱，誠不能相等，欲乞嚴飭諸路漕臣，確意遵守淳熙六年詔旨，必行通融，使無有餘不足之患。」從之。（以上《永樂大典》卷一三二八七）〔一〕

察訪使

【宋會要】

〔一〕《大典》卷次原缺，據《永樂大典目録》卷三六補。

62神宗熙寧三年八月十六日，同判司農寺呂惠卿言：「比歲以來，累降詔旨，訪求農田利害，(中)〔而〕官司未有應令。繼命輔臣經制其事，具爲條約，付與諸路，使之推行，皆有成法。如聞逐司自被朝旨，只是翻録行下，即未能用心講求，申明法意，曉諭州縣，責以成効，以故至今未有報應。雖數告諭催促，期以歲月，當行考察，及已有察訪指揮，而所在官吏玩令如故。臣以職事在於兼領，宜糾不職，以信典憲，又緣本寺未曾施行，且令具録元降條約畫一牒逐司，問其從來節次施行之狀，諭以向去檢舉督察之方，仍且聲述朝廷前後所降約束，要在必行。尚慮逐司未即呈稟，乞賜戒敕。仍乞將先降差官察訪、當行考察等指揮節次舉行，繼之以實，使人人知其不爲空文，則令遵而事立矣。其行下逐司牒一道，隨狀繳進。」詔候來年合察訪，取旨差官，餘並從之。

四年九月二十八日，命檢正中書刑房公事李承之察訪淮南、兩浙常平及農田、水利、差役事，令與轉運判官以上序官，仍使體量近降鹽法。

六年三月二十五日，又命李承之察訪永興、秦鳳等路。

五月，命檢正中書户房公事熊本察訪夔州路，太常丞直舍人院鄧潤甫〔一〕、權定州推官館閣校勘呂升卿察訪京東路。

六年，命檢正中書刑房公事沈括相度兩浙水利，兼察訪。

七年四月二十三日，命龍圖63閣待制兼樞密都承旨曾孝寬充河北東路兼青、鄆、齊、濮州察訪使。

九月，命中書檢正五房公事李承之察訪河東路，兼提舉義勇、保甲。

十二月，命檢正中書户房公事(滿)〔蒲〕宗孟察訪荆湖南北。

元符元年十月六日，大理寺言：「察訪使司應州縣事若非當路別無察舉事者〔二〕，聽不遍到；已經監司若專置總領官〔三〕，而行遺未審當或失於察舉者，聽察舉。事小者牒本司改正，大者以聞。涉情弊者申尚書省，委鄰路官推治。鄰路係本察訪路分者，聽直牒。內係命官，仍具奏聞。」從之。（以上《永樂大典》卷一三三一八）

招討使

【宋會要】

64熙寧八年，命知延州、天章閣待制、吏部員外郎趙卨爲安南道馬步軍行營招討使。

建炎四年，詔：「張俊招討江南，其應用錢糧、草料，令本路運使及本路州軍縣鎮，不以封樁不封樁取撥應副。差

〔一〕甫：原作「院」，據《長編》卷二四五改。
〔二〕「縣」下「事」原脱，據《長編》卷五〇三補。
〔三〕「監」原作「兼」，「置」原作「制」，據《長編》卷五〇三改。

隨軍轉運使一員，仍仰本路都轉運使湯東野專一同共協力應副。令户部支降銀、絹各五千匹、兩，候起離行在處及一月，許犒設一次。」

紹興五年，詔岳飛招討。飛先任制置使，已除檢校少保，增重使名故也。

六年二月十九日，樞密院言：「岳飛昨充湖南北襄陽府路制置使日，依第二等奉使條例，發運、監司並用申狀外，兼張俊任江南東西路招討使日，除安撫大使司公牒外，其餘帥司並用申狀。今來岳飛已改除湖北京西南路招討使，理合申明。」詔並依條例施行。

十年六月，制以少師、兼節制鎮江府韓世忠特授太保、兼河南北諸路招討使，封英國公；少傅、鎮洮崇信奉寧軍節度使、充淮南西路宣撫使兼營田大使張俊特授少師、兼河南北諸路招討使，封濟國公；武勝定國軍節度使、開府儀同三司、充湖北京西路宣撫使、兼營田大使岳飛特授少保，兼河南諸路招討使如故。

三十一年十月四日，以四川宣撫使吳璘充陝西河東路招討使，《大一統志》：吳璘紹興三十二年以四川宣撫使除陝西河東路宣撫、招討使。其年春，領兵收復散關 65 及和尚原。璘遣其子挺及都統制姚仲率東西兩路兵攻德順，金人左都監自熙河以兵由張義堡駐嗚沙，會平涼之師來援。挺率兵戰於瓦亭，大破之，遣别將復原、環二州。三日，諸將攻德順，久未下。璘知士卒有怠志，即單騎自秦州星馳視師，自擁數十騎，遶四城傳呼。南北之人服璘威名，思識顔面，一聞璘之來，士氣百倍，金騎遁去。遂（服）〔復〕德順軍，市不易肆。璘入城，父老迎拜馬首，幾不能行。高宗命虞允文以兵部

尚書充川陝宣諭使，齎詔勞璘。允文至秦州，聞璘在德順，即揚鞭而馳，見璘共議軍事。遂遣兵攻破熙州，繼攻鞏州，克之。六月，孝宗即位，賜親札嘉勞。璘與允文日商榷恢復關〔外〕故地，允文謂璘曰：「敵必再争德順，不可少緩。」璘以爲然，乃馳赴城下。允文回秦州調度軍用。德順之東曰東山，北曰北嶺。東山小而可守，下瞰城中；北嶺形勢延接，實控扼之地。璘至，則連營北嶺，撅重壕，築深壍，開戰道，益爲不可犯之計，且指視諸將以金人他日所營。已而敵果大至，合完顔悉力兵十餘萬，正營所指之地。有敵先引數千騎出視東山，去巢穴稍遠，擊之，狼狽趨營。既乃大開壁，出師苦戰。自旦及晡，敵敗，先退入壁，自是堅守不動。豁豁萬户復請精兵自鳳翔來援。初，璘一軍當北嶺下傅城下寨，敵騎又以馳突。至是，璘下令夜移入城，將士不知所謂，頗有口語。既旦，敵果合兵大出，直至其處，已無所得，66 乃讙譟城下。璘命偃旗卧鼓，士無敢譁。諸將請戰，不應。迨日昃，敵氣已惰，令諸將鳴鼓，直衝其營。賊大駭，遣諸將襲敗之。當時非璘徙城下之營，則敵幾得志。時敵既守不出，挺請挑戰，以奇兵播虚聲。璘令列陣城下，調敵閉營，璘則就以其陣移上東山，築堡以守。時雨雪大寒，凍不可入，則燒土而掘之。連夜堡成，而敵忽至，極力争之，殺傷幾半，諸將嘆璘之多算。敵自是失三路形勝。璘調諸將，益出兵至秦州。允文疏璘勳績以聞，孝宗詔褒之。金人潛軍永洛城，開道隴山，以示我出奇，實亦自便歸計。璘乃部置諸將分屯要塞，且益出蜀口之師，分德順兵壓陣，内外相合以擊之。敵又謀進兵取鳳翔。俄有詔班師。以鎮江駐劄御前〔諸〕軍都統制、淮南浙西江東西路制置使劉錡充京畿淮北京東路河北東路招討使，以主管侍衛馬軍司公事、充湖北京西路制置使、節制兩路軍馬成閔爲京西路河北西路招討使。

十一月二十五日，以主管侍衛馬軍司公事、充湖北京西路制置使、京西路河北西路招討使成閔依前主管侍衛馬軍司公事、兼鎮江府駐劄御前諸軍都統制、淮南東路制置

使、京東西路淮北泗宿州招討使，以鄂州駐劄御前諸軍都統制吳珙充湖北京西路制置使、京西北路招討使。（以上《永樂大典》卷一三三二四）

招撫使

【宋會要】

67 紹興十年五月二十六日，制以少師、護國鎮安保靜軍節度使劉光世特授太保、三京等路招撫處置使。光世言：「每月公使錢，乞支給二千貫。乞差參謀官、參議官、主管機宜文字、書寫機宜文字、幹辦公事、准備差遣、點檢醫藥飯食，帶見任或新舊任請給。或不願帶行，每月別給錢，内參謀、參議官各五十貫，主管及書寫機宜、幹辦公事、准備差遣各三十貫，點檢醫藥飯食二十貫。」從之。仍令户部支降銀、絹各三萬匹、兩，錢二十萬貫，一十五兩（數）〔鏤〕金腰帶二十條，十兩（數）〔鏤〕金束帶二十條，充激賞。令所至州縣并漕臣專一應副，如有違誤，仰按劾聞奏。十一年七月罷[一]，光世言：「本司被旨結局，所有先差置屬官，欲望添差差遣，或與先次占射差遣一次。」詔依省罷法。

孝宗皇帝隆興元年八月十二日，詔安慶軍節度使、捧日天武四廂都指揮使、充鎮江府駐劄御前諸軍都統制劉寶兼淮東路招撫使，節制本路軍馬。

二年三月二十八日，詔保平軍節度使、龍神衛四廂都指揮使、建康府駐劄御前諸軍都統制王彥兼淮南西路招撫使，節制本路軍馬。

開禧二年四月二十四日，詔：「寧遠軍承宣使、鎮江府駐劄御前諸軍都統制、兼知揚州、充淮南東路安撫使、馬步軍都總管郭倪兼山東京東路招撫使，武經大夫、鄂州江陵府駐劄御前諸軍都統制趙淳兼京西北路招 68 撫使，武德大夫、權發遣襄陽府、主管京西南路安撫司公事、馬步軍都總管、兼江陵府駐劄御前諸軍副都統制皇甫斌兼京西北路招撫副使。合行事件，各許便宜施行訖聞奏。」（以上《永樂大典》卷一三三二四）

撫諭使

【宋會要】

69 高宗建炎元年五月七日，詔尚書右丞呂好問兼門下侍郎，爲京師撫諭使。二十八日，上謂輔臣曰：「金人肆毒中國，生靈塗炭，比雖下詔多方，凡經殘破州縣優加循恤，若未盡也，可遣使諸路撫諭。」

八月二十八日，詔：「昨金人入寇，朝廷命令隔絶，賊盜騷擾，民不奠居。近朝廷已措置捍禦金賊，掃蕩羣盜，崇儉除苛，弛役薄斂，凡不便於衆者悉行蠲除，稍向就緒。令

[一] 十一年七月罷：原無，據《玉海》卷一三二補，否則下文無所承。

學士院降詔，差官撫諭，及體訪官吏廉謹勤恪、軍民利病以聞。兩浙東西、福建路，差兵部郎官江端友；荆湖南北、廣南東西路，差殿中侍御史馬伸〔一〕；淮南東西路、江南東西路，差監察御史寇防；河東路就差王璵；河北路就差馬忠；陝西路就差錢蓋；四川就差喻汝礪；京東西路、京西南北路，差吏部郎官黄次山。朕紹膺駿命，寅御寶圖，以萬方之戚休，爲一體之舒慘，思敷渥澤，溥潤黎元。日者姦臣隳敗邊防，（湖）〔胡〕騎凌犯京邑，是以盗賊伺其間隙，郡縣爲之殘破，井邑蕭然，田疇荒矣。毒流民體，痛軫朕心，每一顧瞻，爲之流涕。雖號令間阻者半載，而臣民愛戴者一心。惟祖宗德澤之深，致海宇懷來之固，豈朕菲薄，所敢違寧！惕然若涉春冰，懔乎如馭朽索。夜分忘寐，日再御朝，補緝政綱，講究民瘼。捍禦北戎之備，亦既圖嚴；蕩平羣盗之姦，幾於弭息。以至崇節儉之至樸，除繁苛之細文，弛役蠲徭，70 薄征輕歛，凡不便於衆者，急有聞而罷之。若時所爲，稍向就緒，是用分遣信使，具宣恩（言）〔意〕，及官吏之勤惰廉污雜於並進，與兵民之利害疾苦壅於上聞，咸俾周詢，盡期洞照，將大明於陟黜，且悉議於革因。嘉與多方，復躋至治。誕告爾衆，咸體朕懷。」

十二月二十三日，京西路計度轉運副使李茂誠言：「已降指揮，遣使逐路撫諭，欲就委點檢忠義巡社，以逐路三五處奉行優劣者賞罰之，庶幾有以激勸。」詔令逐路撫諭官因就體究已未就措置次第，并有無抑勒搔擾等事，條具聞奏。

三年二月二十六日，詔差吏部郎中方聞撫諭淮東。

四年正月二十四日，中書舍人、充兩浙江西湖南撫諭使李正民言：「面奉聖訓，奉使所至州縣，應常程簿書、刑禁並免取索點檢，惟官吏能否依法具奏外，其民間事干州縣，實負屈抑，今欲並聽陳訴，即爲伸理。」從之。

八月二十六日，宣教郎、撫諭舒蘄等州周虎臣言，乞以舒蘄等州撫諭司爲名，從之。

紹興元年十月六日，監察御史胡世將言：「被旨差前去福建路撫諭，乞以福建路撫諭司爲名，及依第二等奉使條格施行。」並從之。以范汝爲賊黨未平，有旨令世將招收，仍降詔曰：「爾等素懷忠義，爲國宣力，比緣闕食，因而嘯聚，原其所自，實非本心。今遣使招收，應日前罪犯一切不問，特與赦免，仰將被虜脅從之人給據放散。令胡世將具首領姓名具奏，〔當〕議推 71 恩。」

十二月二十一日，詔差秘書少監、權吏部侍郎傅崧卿充淮東宣諭使。賜淮東州縣撫諭詔曰：「朕惟祖宗覆育海内垂二百年，愛惜元元，同於赤子。廼者禍發所忽，胡虜内侵，二聖往征，中原大擾。顧朕崎嶇遷避，粤在海隅，嘗膽痛心，靡忘宵旰，思欲救民塗炭，與之更生。眷爾淮東，最近行在。曩自未經兵火，（國）〔固〕已困於官司，調役頻煩，

〔一〕伸：原作「紳」，據《建炎要録》卷八改。

科斂苛重。賦租之入，取足於災傷逃亡之後；榷販之課，責辦於陷折顛沛之餘。凡所當施於民者略不及施，而所欲取於民者殆無不取，民受其害。以及比年，寇盜相仍，亦唯爾淮甸之間被禍尤酷。蓋十百有一，僅獲生存，而又漂蕩零丁，顑頷困苦，日不堪命，朕甚愍之。是宜剗革蠹弊，振拔釁菑，以加惠一方，俾獲蘇息。就委傅崧卿採訪民間利病條具來上，即議罷行。所有人民見今歸業，而官吏多闕，撫存未至，種糧全乏，耕作無資，仰傅崧卿與營田等司及州縣長吏多方措置，期稱朕意。惟兵賴民以養，民恃兵以安，必得百姓不失耕桑之時，然後三軍不乏廩給之奉。淮東將士素著忠義，已令獎諭犒賜，勉力守禦，庶幾更相風勵，保護吾民，助朕再造之基，實自茲始。朕意懇切，非事空言，咨爾軍民，其各體悉。」

二年十二月十五日，詔：「駕部員外郎李愿差充川陝撫諭官，迪功郎潘棐差充撫諭官下幹辦官，令李振下差兵級五十人、使臣一員，京畿第二將下差兵級五 72 十人、使臣一員，並令給券，候回至行在日住給。逐州差兵級一百人、兵官一員護送，逐州交替。」

二十三日，詔：「吏部郎中周隨亨差充川陝撫諭官，與李愿同行。給券外各支賜銀五百兩，候回日並與陞擢差遣。」

三年四月二日，權知虢州董震言：「京東西、淮南、陝西州縣蓋緣並罹兵革，道路梗澀，詔令久失頒降，上下之情不通，無以慰安，遂使遠方死節之士、傷殘凋弊之民無所赴愬。伏望聖慈察遠方軍民戀慕之心，（時）〔特〕降詔音，遣使安諭，庶使德澤普浹，生靈咸知朝廷恩意，以慰來蘇之望。今來鄰近有未反正州軍，亦乞降詔慰諭，或只付臣轉送，庶得人人知有自新之路。」詔令學士院降詔獎諭董震，仍給空頭敕書二十道，令就便撫諭。

七月，宰執進呈撫諭韓世忠軍士敕牓條目，上曰：「卿等更加改定，又不可太文，使三軍通曉。春秋時，楚圍蕭，蕭潰，申公巫臣請楚莊王曰：『師人多寒，王巡三軍，拊而勉之。』三軍之士皆如挾纊。言之感人深也如是。今撫勉世忠軍士，宜倣此。」

八年正月二十八日，臣僚言：「竊聞淮南之民自聞車駕欲還浙西，妄意朝廷不復經理淮甸，日夕惴恐，不遑寧居。州縣官吏不能撫綏，反更搔擾。常賦雖有寬恤之詔，而橫斂每出無名，監司坐視，公然容縱，不復宣布陛下德澤。即日隴畝荒廢，少人墾耕，若更逃移，蓋難興葺。欲望遣官遍行撫諭，案察騷擾之吏，綏懷疲瘵之民，使知陛 73 下雖暫南巡，不忘北顧，安於農業，爲永久之計。」詔令逐路監司遍詣州縣撫諭，如有搔擾去處，按劾以聞。仍曉諭民間通知。

孝宗乾道元年十一月二十七日，詔昭慶軍承宣使、知閤門事、兼客省四方館事、幹辦皇城司龍大淵差充兩淮撫諭軍馬。二年正月十五日，龍大淵兩淮撫諭軍馬回，有旨

限五日結局。（以上《永樂大典》卷一三三一二）

鎮撫使

74 高宗建炎四年五月二十日，宰執進呈分鎮文字，擬江北諸鎮許令世襲。上曰：「若便許世襲，恐太重，當俟其保守無虞，然後許之。」

【宋會要】

二十二日，宰臣范宗尹等言：「聚議分鎮事宜，諸鎮帥臣乞以鎮撫使爲名，欲將京畿、湖北、淮南、京東、京西州軍並分爲鎮，其陝西、四川、江南、兩浙、湖南、福建、二廣路並仍舊制。諸鎮除茶鹽之利國家大計所繫，所入並歸朝廷及依舊（制）〔置〕提舉官外，其餘監司並罷。所有財賦，除上供錢帛等合認數送納，與權免三年，其餘並聽本鎮帥臣移用，更不從朝廷應副。管内州縣官並許辟置，内知、通令帥臣具名辟奏，朝廷審度除授。其官吏廉汙勤惰，並許按察升黜。所管内州軍並聽節制，遇軍興許以便宜從事。其帥臣不因朝廷召擢，更不除代。如能捍禦外寇，顯立大功，當議特許世襲。」從之。仍令學士院降詔，詔曰：「周建侯邦，四國有藩垣之助；唐分方鎮，北邊無夷狄之虞。永惟涼眇之資，履此艱難之運。作黎元之父母，未能除喪亂之憂；保祖宗之土疆，無以救侵陵之患。遠巡南國，久隔中原。盍因豪傑之徒〔一〕，各 75 奠方隅之守。是用考古之制，權時之宜。畫野離疆，咸就瓜分之勢；折衝禦侮，俾無尾大之嫌。斷自荆淮〔二〕，接於畿甸。豈獨植藩籬於江表，蓋將崇屏翰於京都。欲隆鎮撫之名，爲輟按廉之使。有民有社，得節制於境中；足食足兵，聽專征於閫外。若轉移其財用，與廢置其屬僚，理或應聞，事無待報。維寵光之所被，既並享於終身；苟功烈之克彰，當永傳於後裔。尚賴連衡之力，共輸夾輔之忠。期捍禦於寇戎，用獎扶於王室。咨爾列辟，體予至懷。」

二十四日，詔以翟興爲河南府孟汝唐州鎮撫使、兼知河南府；趙立爲楚泗州漣水軍鎮撫使、兼知楚州；薛慶爲承州天長軍鎮撫使、兼知承州；劉位爲滁濠州鎮撫使、兼知滁州；趙霖爲和州無爲軍鎮撫使、兼知和州；吳翊爲光黄州鎮撫使、兼知光州；李成爲舒蘄州鎮撫使、兼知舒州；李彦先爲海州淮陽軍鎮撫使、兼知海州。

同日，三省言：「京畿等路州軍既分爲鎮撫使，其逐路安撫使欲並罷，却令鎮撫使帶馬步軍都總管。其鎮撫使司官屬，欲令置參議官一員，書寫機宜文字一員，幹辦公事二員，並聽奏辟。鎮撫使除授並命詞給告。」從之。

二十八日，上宣諭輔臣曰：「布衣程康國上書論分鎮十事，内有一事，四鄰有警，令即應援，此似可行。」是日，進

〔一〕盍：原作「蓋」，據《北海集》卷九改。
〔二〕斷：原作「繼」，據《北海集》卷九改。

呈詔令：「諸鎮戮力悉心，藩屏王室外，惇睦鄰好，救災恤難，如有外寇侵犯，更相應援。或能解圍却敵，當議推賞。」

76 六月十日，詔陳規除德安府復州漢陽軍鎮撫使、兼知德安府；解潛除荆南府歸(陝)〔峽〕州荆門公安軍鎮撫使、兼知荆南府；程昌禹除鼎澧州鎮撫使、兼知鼎州；陳求道除襄陽府鄧隨郢州鎮撫使、兼知襄陽府；范之才除金均房州鎮撫使、兼知均州；馮長寧除淮寧順昌府蔡州鎮撫使、兼知淮寧府。

十一(月)〔日〕，臣僚言：「近者措置分鎮，以捍禦寇戎，扶獎王室，實爲良策。萬一諸鎮或於奏報之間，别有意外之請，朝廷亦宜明告以分畫已定，措置已詳，信在言前，不可損益，脱或更易，則必開争端。此必信不渝之實也。始終專務誠實，則諸鎮皆知朝廷重信如此，必能謹其常職，蔑有覬覦，將同心戮力以圖夾輔之勳矣。臣所謂維持悠久之術，實在於此。」詔令三省、樞密院遵守。

九月九日，詔鎮撫使不得擅離本鎮。

十一月六日，詔：「諸路鎮撫使行移關牒等，並依安撫使見行體例。」

紹興元年三月七日，荆南府歸峽州荆門公安軍鎮撫使、兼知荆南府解潛言：「乞權增置主管機宜文字一員、幹辦公事二員，及添置准備將領、准備差遣、准備差使各一十員，准備使唤二十員，内聽候差使仍乞不限員數，並許踏逐選官辟置，候將來事(宜)寧日罷。」並從之。

九月二十一日，詔：「河南府孟汝唐州鎮撫使翟興、襄陽府鄧隨郢州鎮撫使桑仲、金房州鎮撫使王彦、淮寧順昌府蔡州鎮撫使李祐互相救應，一處有急，候文 77 字到别鎮，方許出兵。」

二年閏四月二十八日，荆南府歸峽州荆門公安軍鎮撫使解潛言，欲乞更添置〔參〕議官一員、准備幹辦官五員。詔許添參議官一員、幹辦官兩員。

十一月一日，詔：「江北州軍帥臣、郡守，遇警急即互相關報，統率人馬應援。若依前坐視，致鄰近疏虞，元承關報帥守重寘典憲。」

三年正月十九日，詔武功大夫、袁州防禦使李横授襄陽府鄧隨郢州鎮撫使、兼知襄陽府。

四月二日，詔武翼郎、(闔)〔閤〕門宣贊舍人、權知虢州、兼安撫節制商陝虢州軍〔馬〕董震特轉武節大夫，除遥郡刺史，依前閤門宣贊舍人，差權商虢陝州鎮撫使、兼知虢州。先是，震率西京界翟琮、董實，各將所部復歸本朝，於今年正月三日(并)〔併〕兵收復西京，擒獲僞留守孟邦雄等。董震兵馬最多，士卒畏服，故有是命。

同日，詔：「已除董震權商虢陝州鎮撫使，緣本鎮耕種未廣，令宣撫處置使司斟量郡縣應副糧食，無令闕誤。」

五月二日，詔武翼郎、兼閤門宣贊舍人、河南府孟汝唐州鎮撫使、兼知河南府翟琮特授利州觀察使，充河南府孟汝鄭州鎮撫使、兼知河南軍府事。琮率衆還朝，忠(即)〔節〕

可尚，故有是命。

四日，河南府孟汝鄭州鎮撫使翟琮言：「本鎮緩急賊馬犯境，無兵應援，緣朝廷在遠，道路梗澀，奏報不及。又本鎮不係處置司張浚宣撫地分，乞將本鎮依金均房州鎮撫使王彦例，亦隸宣撫處置使司。」從之。

七78日，詔武功郎董先授武功大夫、吉州觀察使，差充商虢陝州鎮撫使、兼知虢州。先是，鎮撫使翟琮言：「昨遣董先自收復商、虢州之後，葺治數郡，軍民畏愛，敵人不敢侵犯。已依便宜旨揮，差權商、虢、陝三州經畧安撫使，提兵往來捍禦賊馬，撫綏軍民，措置收復本路陷没州縣并昨來歸正人，理宜褒賞。」故有是命。

六月一日，樞密院言：「鎮撫使解潛、李横兩鎮地界相接，各處大江下流，控扼川陝、京西等路，最爲衝要。竊慮緩急侵犯，不務更相應援，有失枝梧。」詔劄與解潛、李横，各務體國協和，敦睦鄰好，訓練士卒，遇有賊馬侵犯，不得輒分彼此，致失機事。（以上《永樂大典》卷一三三二五）

宋會要輯稿　職官四三

提點司

【宋會要】

1《兩朝國史志》：提點司有提點、同提點。提點並以朝官以上充，掌提轄諸縣刑獄、兵民、賊盜、倉場、庫務，兼管勾溝洫河道之事。勾押官一人，典七人。元豐改制，因之。（以上《永樂大典》卷一一一七）

提舉常平倉農田水利差役〔一〕

【宋會要】

2 神宗熙寧二年九月九日，制置三司條例司言：「近詔置京東等路常平廣惠倉，欲量逐路錢物多少，選官分詣提舉。」詔差官充逐路提舉常平廣惠倉，兼管勾農田水利差役事。於是屯田郎中皮公弼〔二〕、太常博士王廣廉河北路，駕部員外郎蘇涓、太子中舍劉瑄陝西路〔三〕，太常博士胡朝宗、殿中丞張復禮京東路，太常博士李南公、殿中丞陳知儉京西路，都官員外郎熊本、殿中丞徐倣淮南路，太常博士張峋、秘書丞侯叔獻兩浙路，都官員外郎林英開封府界，都官員外郎許懋、太常博士曾誼江南東路，太子中舍張次山江南西路，職方員外郎梁端、比部員外郎謝卿材河東路，太常博士吳審禮、喬叙荊湖南路，都官員外郎田君平荊湖北路，太常博士李元瑜成都府路，都官員外郎姜師孟、秘書丞田祐梓州路，虞部郎中王直温、都官員外郎張吉甫利州路，虞部員外郎韓彦、殿中丞張授夔州路，屯田員外郎游烈廣南東路〔四〕，太子中允關杞廣南西路，太常博士嚴君貺福建路。又差同管勾：大理寺丞朱紋京西路，著作佐郎曾亢淮南路，前益州司理參軍王醇兩浙路，大理寺丞王子淵京東路，著作佐郎張杲之陝西路，台州天台令蘇澥江南西路，前睦州桐廬3縣令曾點福建路，著作佐郎范世京荊湖北路，謝仲規成都府路，楊汲（楊）〔廣〕南東路，俞兑廣南西路，就差楊汲提舉開封府界。

十二月三日，詔：「近分遣官往諸路管勾常平廣惠倉等，付與條目，事皆有狀，行之歲月，當議考察。竊恐所差去官及轉運、提刑司未悉朝廷之意，令遍指揮〔五〕。」

二十二日，改差秘書丞田祐提舉河北路常平廣惠倉，

〔一〕此題原在正文前，今移於此。
〔二〕皮：原作「支」，據《宋史》卷九五《河渠志》五改。
〔三〕舍：原作「書」，據《長編》卷二一六改。
〔四〕游：原作「滂」，據《長編》卷二一九改。
〔五〕天頭原批：「一萬四千六百七。」按，此謂原稿此頁夾有録自《永樂大典》卷一四六〇七的「御史臺主簿」一目二條（見該目屠寄眉批）。此二條今《輯稿》已移至職官四三之三九（本書今又移至本門之末）。

兼管農田等事。先是命提舉夔州路，上以祐本定州人，今使裁治夔州路事，恐非所(詣)〔諳〕，可改河北或京東一路，故有是命。

三年七月六日，詔：「諸路提舉常平廣惠倉兼相度農田水利差役事官，依前降指揮，疾速計會監司、州縣相度利害以聞。」

二十五日，詔閤門：「今後諸路提舉常平廣惠倉官到闕〔一〕，並令辭見，或有奏陳合上殿〔二〕，如諸路提點刑獄例。」

四年二月四日，提舉成都府路常平廣惠倉等事李元瑜奏，見募人充役，本路有管勾官及知縣不切遵奉推行者，許差官對移。從之。

四月十八日，兩浙路提舉常平廣惠倉等事、職方員外郎林英，勾當官著作佐郎王醇，並衝替；提舉官太常博士張峋，服闋依衝替人例施行。以英等在任不推行新法也。

九年五月十四日，權開封府界提點諸縣鎮等事蔡確言，府界提舉官乞專差官一員，更不令司農寺丞兼領。從之。

八月六日，詔：「陝西等五路提舉常平倉司具降指揮，令諸常平存留一半錢，遇斛㪷價(錢)〔賤〕，許趁時收糴後，
4 至今夏糴到是何斛㪷及若干數目，速具以聞，勾當管勾。」

十月十二日，詔：「常平錢穀、莊產、户絶田土、保甲、義勇、農田水利、差役、坊場、河渡，委提舉司專管勾，轉運使、副、判官兼領。其河渠非爲農田興修者，依舊屬提點刑獄司。」

元豐元年正月十九日，詔：「提舉官並差朝官，資任、服色、添給、錫賜、序官、人從，並依轉運判官例。其當舉官，於開封府界提點、諸路轉運使、副、判官、提點刑獄見舉官數内均減立法。」其立法：諸路提舉所舉官計二百有九人，内二百有一人均減增定〔三〕。

二月五日，詔：「府界諸縣並依已行義倉法，仍隸提舉司。」

三月二十七日，詔河東、永興軍等路各增提舉官一員。以判司農寺蔡確言「近制，提舉常平官不令他司兼領，誠爲至便，然有所部闊遠如此數路者，恐獨員乏事」故也〔四〕。

四月十三日，詔兩浙路提舉增置一員。以判司農寺蔡確言「兩浙路州縣户口衆多，提舉司所管錢穀三百餘萬，乞擇能吏，倚以辦劇」故也。

五月八日，熙河路經畧使張詵乞舉文資一員準備差使〔五〕，點檢常平錢穀。從之。

〔一〕闕：原作「關」，據《長編》卷二一三改。
〔二〕奏：原作「陳」，據《長編》卷二一三改。
〔三〕二百：《長編》卷二八七作「一百」。
〔四〕乏：原作「之」，據《長編》卷二八八改。
〔五〕詵：原作「誂」，據《宋史》卷三三一《張詵傳》改。

十三日，詔：「諸路州軍並差官一員主管常平錢穀，十縣以上，二員分治。即廣南無通判職官州軍，委知州主管，其下縣點檢給納〔一〕，聽以曹官或知縣代之〔二〕。」

六月十四日，詔：「提舉官自今與轉運判官以資任相壓同者序官，其添給、當直、接送人船遞馬兵士，並同轉運判官例。」

（九）〔十〕月十三日〔三〕，詔：「三司、司農寺各同罪舉陞朝官五人充諸路提5舉官，限十日以名聞。」

十月十九日，判司農寺蔡確言：「諸路提舉常平司舊兼領於轉運司〔四〕，極有擅移用司農錢物。自分局以來，河北東路提舉司申轉運司所移用錢二十餘萬緡，江東提舉司申轉運司所移用錢穀十二萬餘貫、石。蓋轉運司兼領，則不能免侵費之弊。今川、廣等路未有提舉官，並轉運司兼權；及提舉官假故，亦轉運司承例兼權。欲乞提舉司闕官處，令提點刑獄兼權。如廨舍稍遠，即量留吏人照管官物等，委知州或主管官就便提轄。其提舉官時暫在假，亦委知州或主管官權本司文字。」又言：「自今提舉官稱職者，乞令久任，候有成效，與遷提點刑獄及以上差遣。」從之。

二十六日，詔：「罷開封府界提點司幹當公事官二員，並轉充提舉司主管官。」

〔三〕〔熙寧二〕年九月四日〔五〕，詔：「委轉運司及提舉官，每州於通判、幕職官内選差一員，不妨本職，專切管勾，令通點檢在州及諸縣錢斛。遇有糶糴、俵散、收納，即許往來點檢催促，務令濟辦。」

十一月十六日，詔：「諸路如管（一）〔十〕縣以上州軍，許差管勾官兩員。」從制置三司條例司所請也。時京西路提舉官陳知儉言〔六〕：「每州有至十縣以上，雖不及十縣而地分大段闊遠，乞委官兩員，分頭管勾。」河北路（支）〔皮〕公弼亦言：「九、京管下十縣，地理闊遠，乞差管勾官兩員。」制置司以爲言，故有是詔。

四年八月二十三日〔七〕，司農寺言：「諸路提舉常平官課績〔八〕，已許本寺考校升絀，其6管勾官即令提舉司一面保明申，量功績大小酬奬。」從之。

〔一〕其：原作「並」，據《長編》卷二八九改。

〔二〕以：原作「次」，據《長編》卷二八九改。

〔三〕十月：原作「九月」，按《長編》卷二九三此條在十月十三日甲寅，據改。

〔四〕於：原無，據《長編》卷二九三補。

〔五〕熙寧二年：原作「三年」，此條及下條事《職官分紀》卷四七均載於熙寧二年；又下條所涉陳知儉、皮公弼亦爲熙寧二年任命（見上文職官四三之二），知此二條必爲熙寧二年事。據改。參下條校記。

〔六〕陳知儉：原作「陳知倫」，本卷前文作「儉」，又《長編》卷二二六云：「知儉初除提舉常平廣惠倉，三年十月權發遣運判，四年十月權發遣運副。」與此處名與事符。因改。又據此可知陳知儉熙寧三年十月以後已非提舉官，益證此條必爲熙寧二年事。

〔七〕四年：據《長編》卷二二六，乃熙寧四年。

〔八〕績：原作「續」，據《長編》卷二二六改。

〔元豐〕六年正月二十六日〔一〕，户部上諸路提舉官散斂常平物增虧之數。詔三年、四年散多斂少及散斂俱少處，户部下提舉司分析以聞。

六月二十三日，詔：「尚書户部移置錢百萬緡，均與永興、秦鳳路提舉司。」

七年七月三日，奉議郎徐彦孚提舉荆湖北路常平等事。彦孚知衛州黎陽縣，言青苗息錢可用常平法，聽民非時吉凶匱乏用抵保稱貸，立期輸官。不報。又言保甲逃亡，恐積以歲月〔二〕寖虧本數，乞立責正長法。下開封府界、三路保甲司相度以聞，故有是命。

九月四日，詔：「諸路科買上供圓融抑配，委轉運司、提點刑獄、提舉司舉劾，逐司互察。」

十二月十六日，詔：「常平免役場務錢穀剩數，提舉常平司立限移於帥臣所在及邊要州封樁。」及詔三路州軍封樁常平錢物，半年一具數上都省。

八年四月二十二日，淮南東路提舉常平司言：「皇帝登位，乞依發運、提點刑獄官例，以本司錢進奉。」從之。

哲宗元祐元年閏二月八日，司馬光言，諸路提舉官並罷，從之。　提舉官專行苗、役之政，既廢，官隨罷焉。

二十八日，户部言，乞罷諸州常平管勾官，從之。

五月二十一日，詔鄜延、環慶、涇原、秦鳳、河東五路經畧安撫、常平倉司勾當官並罷。

紹聖元年閏四月二日，詔復置提舉常平等事官，以右
朝散郎陸師閔爲河北西路提舉，左朝奉郎馬玿京東西 7
路，右承奉郎劉當時荆湖北路，左朝奉大夫范峒福建路，左朝奉郎王森利州路，左朝散郎徐彦孚成都府路，左朝散郎張琬江南東路，左承議郎程筠開封府界，右朝奉郎韓宗直淮南東路，左朝請郎王奎河北東路，左奉議郎徐常廣南西路，左朝奉大夫蕭世京廣南東路，左承議郎崔遹淮南西路，左承議郎許幾京西南路，左朝奉郎曾孝序秦鳳路，左朝奉大夫吳荀永興軍等路，左奉議郎鄭僅京東東路，右朝奉郎梁子美梓州路，右朝議郎董遵夔州路，右朝奉郎呂溫卿兩浙路，左奉議郎周純江南西路，左奉議郎王博聞京西北路，左朝奉郎郭時亮河東路，右承議郎茹東濟荆湖南路。

三日，詔：「提舉常平官資序、請給、序位、服色、人從並視轉運判官，以資序相壓同者序官。到任二年，三省具奉行役法能否取旨。」

同日，又詔：「元祐罷提舉官，遂於府界置提刑司，今提舉官已復，提刑司可罷。」

五月七日，詔：「提舉常平官如曾任提點刑獄，與提點刑獄序官。」

同日，太府寺丞高筠言：「開封府界提舉常平司，請依

〔一〕元豐：原無，據《長編》卷三三二補。以下諸條亦均爲元豐事，見於《長編》。

〔二〕積：原作「責」，據《長編》卷三四七改。

元豐條復置管勾官二員，許本司舉差。」詔復置一員。

二年五月六日，户部尚書蔡京言：「常平、免役等事，請依元豐制，專任提舉官，他司勿關與。」從之。

七月二日，詔應免夫錢並隸提舉常平司。

六日，奉議郎周純言：「今復置常平官，而詔告乃止於免役法，恐名未正也。元豐稱『常平等』者，謂常平、免役、8坊場、農田水利、户絶、保甲、義倉、抵當也。願詔大臣斟酌損益，如免役之法，則常平官名實正矣。」詔送詳定重修敕令所。

二十八日，提點京西北路刑獄徐君平言：「提舉官與監司舊帶勸農者，乞據所分巡州縣，括其地之不墾闢，周知頃畝，縣爲圖籍，詢究其弊之所在，爲捄之之術。」從之。

元符二年五月九日，權提舉永興軍等路常平吴黯言：「諸路奏差管勾官，乞特依熙寧、元豐互注法。」從之。

同日，淮南兩浙察訪孫傑言：「按察兩路監司職事，體訪得（徧）〔偏〕遠州縣多有提舉常平司不曾到處。請自今提舉官雖與監司互分巡歷，並須本司官二年遍詣所部。」從之。

徽宗崇寧二年三月二十三日，宰臣蔡京劄子奏：「農田水利、山澤、市易、抵當，皆常平職事，悉以利民，所用錢物合支常平息錢。仰提舉常平司審量，支給一萬貫、石以上，申尚書户部，限三日行下支給。」從之。

五月十三日，詔兩浙路添置提舉常平一員。

三年四月五日，户部狀：「據荆湖南路提舉常平司申：近承符勘會坑冶事撥隸提舉常平司管勾外，其轉運司并提點坑冶更有是何所領職務。本司契勘，舊管坑冶已係轉運司應付過錢本去處，合隸轉運司、提點坑冶鑄錢管勾外，所鑄到錢入常平庫送納，於近降朝旨即無明文許與提點坑冶鑄錢司通管。」詔自降指揮日，舊來坑冶自合屬提點鑄錢、轉運司，自後新置合隸提舉司管勾。餘路9準此。

大觀三年七月三日，臣僚上言：「竊觀常平、免役之書，神考所以理財之政，垂萬世而不可易者也。常平之息非緣常平事，免役積剩非緣免役事，皆不得輒用，而他司輒敢陳乞借支，並科違制之罪。陛下形之詔書，罔不委曲曉諭，則常平之息、免役積剩實有助於仁政。欲乞明詔申飭有司，遵奉神考成憲，庶幾財用各足，不致侵紊。」詔：「户部右曹錢物，舊有條約禁止頗嚴，近來官司陳乞破條支借，甚失元豐成憲，可疾速申明行下。」

政和元年十二月四日，户部奏：「臣僚言：『乞應州縣擅支用常平錢穀，不以自首原免。其提舉司知而不舉者，委提刑司覺察聞奏。』詔可令户部條畫申尚書省，將上取旨。本部相度，欲乞應州縣擅支用常平錢穀，提刑司知而不舉，亦乞依擅支用條法科罪。仍乞依臣僚所乞，專令提刑司覺察施行。若提刑司知而不糾，亦科杖一百之罪。兼提舉司所管錢物不止常平一色，如允所乞，其提舉司應管常平等錢物，並乞依此施行。」從之。

七年八月二十五日，詔：「陝西、河東、京畿、京西提舉香茶礬事司並罷，令逐路提舉常平司兼。」

十一月三日，(詔)試尚書户部侍郎任熙明、尚書户部員外郎程邁奏：「户部右曹掌常平免役敕令，大觀中被旨頒降《旁通格式》，令諸路提舉司每歲終遵依體式，具實管見在收支編成《旁通》，次年春附遞投進。又本部取諸路錢物之數，編類進呈。10 殆將十年，未嘗檢察鉤考，以見金穀之登耗盈虧與提舉、州縣官之能否勤惰，幾爲文具。竊見政和六年《旁通》，其間違戾隳廢者凡七事：一、俵散常平錢穀隨税斂納，去歲未納數多路分。一、常平糴穀所糴數少路分。一、農田水利堙廢無措置興修路分。一、市易歲終收息數少路分。一、抵當歲終收息數少路分。一、熟藥歲終收息數少路分。一、免役錢依(去)〔法〕計一歲募直應用之數，立爲歲額，多準備錢不得過一分。有不敷準備錢，却有準備錢過歲額處。如有逐件違犯，即是官司違法，緣《旁通册》内並不曾開説，乞委官徧行點檢，因加賞罰，以示懲勸。」詔令逐路提舉常平司具析逐項因依聞奏。仍令諸路今後將每年所申户部《旁通》内，量行開説因依。謂如是常平散斂元若干〔一〕，已斂若干，未斂若干，其未斂之數内若干係災傷倚閣，若干係逃亡户絶，若干係拖欠未納。又如場務元管處所若干，已賣若干，未買若干，其未賣之數内若干係因敗闕停閉，若干係過月未賣之數。候到，仰户部逐一檢察鉤考，具以聞。

八日，户部言：「乞初除提舉常平司官上殿稟聖訓訖，許赴右曹講議，仍給《紹聖常平免役敕令》、《政和續附》各一。」從之。

宣和二年十二月三日，詔：「新提舉兩浙常平陳隆壽，且令依舊在鹽香本任，依已得指揮，專一管勾鑑湖田事，不簽書鹽香職事。」

三年四月二十八日，詔：「尚書省申飭諸路常平官 11 遵守詔令，内合免執奏者，非再奉御筆不得施行。如尚敢蹈襲違慢，當重行黜責。」先是，提舉江東常平王瞻言：「常平專置使者，付以刺舉，不得支移，許以執奏。比緣用度寖廣，乃有臨時指揮支移他用，仍俾有司免執奏。有司選(儒)〔懦〕委靡，不能援法建明，由是借兑不繼，殆非熙豐立法之意。乞飭戒有司，各請遵奉。」故有是詔。

六年十二月十一日，講議司奏：「勘會諸路監司承朝旨支撥封樁錢糴買及諸般支用，近來官司乘支用急迫，更不關會所掌官司，一面支撥，至有數(陪)〔倍〕於合支之數，及虚指別州縣錢斛兑那，其實元無見在。侵耗封樁錢物，虚掛帳籍〔二〕，有誤緩急，欲取索措置。」從之。仍委提舉常平官措置。

二十五日，中書省、尚書省言：「荆湖北路提舉常平司狀：『檢會先承宣和四年正月二十六日敕，諸路州軍所收

〔一〕此條小注原作正文，據文意改。
〔二〕帳：原作「張」，據文意改。

無額錢物，令諸路州軍〔依〕式勘會，每月供申提舉常平司，仍委本司官常切取索干照文曆點對根磨等。契勘諸州無額錢已有立定年終合起錢數，即無別合根磨錢物，所有諸州合申無額錢月狀，并本司通及兩季合申都狀，即未審合與不合供申？』户部勘當，無額上供錢緣已承朝旨，自宣和六年爲始，令轉運司量州軍認數依限樁發外，今來常平司自不消根磨供申。」詔依户部所申。

七年正月二十一日，手詔：「朕嗣承先烈，罔敢怠忽。永惟元豐，稽若先王，修水土之政，興田疇之利，省繇 12 役之科，嚴凶荒之令，澤被生民，施及後世博矣。粤自初載，大綱小紀，具在方册，舉而行之，二十年間，何其盛哉！乃者用非其人，誕慢欺罔，改法廢令，借熙豐紹述之名，以庇貪污營私之惡。繇役（存）〔洊〕興，盜賊多有，百姓流離莩（踖）〔踣〕，莫之能恤；常平賑貸，度支調度，盜賊移用〔一〕，莫之能懲。惕然内思，豈不戾遵制揚功之孝乎！（皆）〔比〕見四方章奏，爲之太息。可應提舉常平官屬並罷，令尚書遵守，按前後有罪惡顯著，失守漫法，應不許支用而輒支用，應當執奏而不執奏者，並重寘典（型）〔刑〕，竄之遠方。仍令三省修已廢之法，協奉公之心，輔承先志，以稱朕懷。」

三月二十三日，詔：「直秘閣、京畿提舉常平官程昌㝢到職未踰兩月，親行所部，檢舉已廢法令，悉力奉行，具載十册來上，可特遷一官，直徽猷閣，以勸能吏。」

五月六日，詔曰：「諸路提舉常平茶鹽官近已之任，尚慮因朝廷黜陟之際，觀望畏避，懷不自安，遂致曠廢。自今各安爾職，究心奉行，修舉職事，毋致滅裂，當議較其功罪而俟以賞刑。播告四方，明聽毋惑。」

十一月三十日，中書省言：「講議司劄子：户部右曹奏，欲乞截自宣和七年正月爲始，應常平等錢物，責見任提舉官遵守成憲。因緣申請、直承朝旨支借，並申本部執奏。宣和六年以前諸司支借過錢物，委見任提舉官逐一開項年分、名色、所借數申陳逐路，取旨責限撥還，庶幾不致拖帶混淆，有實還到之數。」詔今後 13 不緣官司陳請，直降指揮支借常平錢物，並令户部執奏。仍令本部契勘見實欠數目自是何年月日支借，逐一開具申尚書省。

高宗建炎（二）〔元〕年六月十四日〔二〕，詔：「諸路提舉常平司併歸提刑司，令本司將見在錢穀、器皿等拘收，具數申尚書省。」

七月一日，詔令提刑司將常平司見在金銀並起發赴行在。

八月九日，京畿轉運判官上官悟言：「軍興之際，養兵犒賞，費出不貲，理宜廣行蓄積，以贍邦計。竊見諸路常平近已廢罷，州縣坊場市易等錢合諸路所有見在萬數，別無支用去處。乞下諸路，委自己以根刷，除免役錢外，盡數起

〔一〕賊：疑當作「贓」。
〔二〕元年：原作「二年」，據《玉海》卷一八六改。以下均爲元年事。

發，庶幾贍給軍費，不致窘匱。」詔令逐路提刑開具見在常平錢物數申尚書省。

十七日，詔：「令諸路提刑司開具舊常平司山澤、坑冶課利等錢物，自崇寧後來至宣和七年終，因何不行起發，有無侵欺擅用。如曾承指揮支使，亦開具見管數申尚書省。」從户部所請也。

二十一日，户部言：「諸路常平司併歸提刑司，所有人吏、貼書，欲乞減三分之一，其存留人取入役年月先後，所貴公當。其諸州兼主管官吏，欲乞依舊，庶幾逐處拘催錢穀不致闕誤。」詔三分内存留一分，餘依。

九月二十四日，户部尚書黄潛厚言：「諸路提舉常平司依法每歲限三日已前，具舊收支見在旁通，本部編類諸路數，限秋季終進呈。竊緣本部依元豐法，每歲已有限秋季終攢類進京常平等錢物總數政 14 目文册，今來旁通見各支破食錢，虚費無補，乞除依元豐法進呈政目外，將旁通並罷。」詔從之。

十(二)〔一〕月五日〔一〕，福建路提舉常平司言：「本司自併歸提刑司，除已遵依施行外，今根刷到泉州見在常平等錢米物貨若干。竊恐遠方官吏以減併常平專司，遂沿習軍興，巧作侵支隱落，緩急非泛，輒斂及民，以致搔擾。欲乞嚴降指揮，以所具數付提刑司樁備，專候朝廷處分，指定名色，方得支遣。」詔從之。

十八日，知濠州連南夫言：「被旨下諸路，將常平錢物計置輕齎金帛，差官押赴行在交納。今劄刷起發到常平司在下係封樁錢若干貫，變轉到銀若干兩，并預買絹、抵當金銀及軍資庫見在未起夏税匹帛等，已計置赴行在交納。」奏聞，乃詔預買絹紬并軍資庫物帛既非上供額數，自合樁留，充本州本路軍兵衣賜，餘赴行在送(給)〔納〕。諸路依此。

二年五月六日，都省言：「常平錢物除罷散斂外，其餘名色不少，各有支用窠名，若不關防檢察，竊慮官司欺隱移用，有誤支使。」詔令諸路提刑司各取索管下州軍未撥付提舉司以前三年逐色收支錢物，内以一年酌中之數具狀申省。如所收數多，不擾於民，及有虧失數目，各具當職官吏職位、姓名并所虧因依具申。仍仰提刑司常切檢察，若有欺隱及妄支移用去處，按劾以聞。

八月一日，詔復諸路提舉常平官。臣僚(等)〔言〕：「伏見神宗皇帝修講常平之政，置提舉官，錢穀 15 充足，不可勝校。崇寧中，始取以充學校養士之費；政和中，又取以供花石應奉之資。横費三十年〔二〕，所有無幾。邇來罷提舉官，而常平之財所存一二〔三〕，猶以億萬計〔四〕。方時多

〔一〕十一月：原作「十二月」。按：下條據本書食貨五四之七及《建炎要録》卷一〇，乃十一月十八日甲辰事，則此條之「十二月」亦應爲「十一月」之誤，因改。
〔二〕横：原作「僅」，據孫覿《鴻慶居士集》卷二七改。
〔三〕一二：《鴻慶居士集》卷二七作「十二」。
〔四〕猶：原無，據《鴻慶居士集》卷二七補。

事，財用爲急，望復置常平官，講補助之政。」從之。

同日，（是）臣僚言：「昨（置）〔罷〕常平歸提刑司，朝廷實遵祖宗法以利民。今來常平一司所有應係官錢，諸路計萬數不少，往往官吏欺弊，遂至失陷。乞朝廷逐路專差官一員驅磨所屬州縣，立限追納，別作一項樁管。」從之。

十月十一日，三省進呈復置常平官事，擬詔語曰：「近緣臣僚論列，已復置常平提舉官。勘會常平之法，歲久多弊，自來以紹述爲名，雖知有公私不便、合行增損改易事件，莫敢申陳。今來復置提舉官，止爲推原常平本意，與民爲利，所繫不細，他司難以兼領。尚慮蹈襲日前，却（置）致使民受弊，可除青苗散斂法依已降指揮永不施行外，應見行條法，委侍從官三員專一討論，限半月條具奏聞，取旨施行。」上以手指「青苗散斂永不施行」八字，顧謂宰臣曰：「此事宜令進奏院先報行，使遠近聞之，知朕復常平官實爲民也。」上又曰：「從官差誰討論？」潛善曰：「翰林學士葉夢得屢於臣處説常平提舉宜置，給事中孫覿上殿劄子乞復常平提舉，中書舍人張澂詳練〔一〕，久作民官，欲差葉夢得、孫覿、張澂。」從之。

十七日，户部言：「右曹歲奏常平等錢物總數，秋季具册以聞。今年合攢類建炎元年分總 16 數，諸路提刑司并涇原、環慶等路安撫司已預行會問，終不齊集，乞免進一次。其來年合申數目，望嚴賜指揮諸路提刑、安撫司，常切遵守條限供申。」詔據已到數攢造投進，餘依。

十二月八日，翰林學士葉夢得、給事中孫覿、中書舍人張澂言：「常平法起自西漢，本以惠民，祖宗行之已久。熙寧初，緣類推廣，附以青苗、免役、市易、抵當、坊場、河渡、農田水利等事，其意亦在寬恤民力。只緣創法之始，急於功利，委任非人，觀望掊刻，遂致議論不一。紹聖間再行修定，已稍損益，但拘守紹述之説，必於盡行，故如青苗斂散，追呼騷擾，市易物貨，苛細争奪，農田水利之官，謾誕欺罔之類，明知其弊，不能革去，所以民至于今以爲病。其後應奉花石，取以資不急之用，遂失創法本意。近又緣軍興調發，諸司或許借貸，於是移易侵漁，掃地殆盡。建炎霈恩，首罷青苗法，蓋得之矣。然未幾併罷常平使者，以他司兼領，吏無專責，漫無統紀，舊法雖存，無復修舉，人實惜之。今朝廷復置常平使者，命官討論，竊詳聖意，非是再欲盡行熙寧本法及別有創立，正爲法本惠民，於此艱難民力困弊之後，務欲寬繇役，省科斂，通有無，濟乏絶，使得博採羣議，與時變通，擺去拘礙之議。應干害民之事，盡行删除，存其經久利便者，使有司專一持守，以遺將來，實爲美意。尚慮中外不能究知，妄有測度，或請欲根刷已放債欠，或請欲營求 17 非理羨餘，以爲足國用之計，動摇民聽，不無疑駭。欲乞明降詔（首）〔旨〕，先次播告，使上下通知，然後於

〔一〕澂：原作「徵」，據《建炎要録》卷一八改。後遇此徑改。

曾歷州縣人内遴選通曉世務〔一〕、習知民事、篤厚忠信之人以充使者，使之奉行，言修政舉，人被實德，則上可廣惠民之實，下可明革弊之意矣。」

三年正月十一日，吏部尚書呂頤浩等言：「奉聖旨討論常平法。自來常平所蓄，不得非常支用，昨因廢法，將常平所入輒分他用，失陷儲積，不可勝數。如户絶并折納到田産，昨撥充贍學，今來諸路既科舉取士，其元撥田産并學事司因撥到上件田産，後來營置到錢物。依建炎二年六月十六日敕，下發運司將東南諸路收到錢物，依江西已得指揮，更充糴本一年。農田水利，東南所入甚厚，如越州鑑湖、湖州廣德湖、潤州練湖，所收租課依靖康元年五月五日指揮，發運翁彦國拘收，專充糴轉般、代發斛㪷本錢。皆係常平司所管田産，始者取充應奉，次取充漕計，見取充發運司糴本。伏望追還常平司樁管，以待朝廷緩急移用。更有似此之類，候除常平提舉官到任，先次拘收，所貴常平有以爲本。」從之。

閏八月九日，臣僚言：「臣聞漢昭元年，罷榷酤均輸之法；唐順宗即位，罷月進羨餘之貢。如拯溺救焚，唯恐其不及，所以固邦本於不拔，延世祚於無窮。恭惟陛下即位之元年，即降指揮罷提舉常平官吏，蠲放常平錢穀。詔下之日，無遠無近，鼓舞歡忻，仰戴惟 18 新之政。而去歲之冬初，復有指揮置提舉官，根刷諸司侵支，催理民間舊欠。諸司侵支，固豈入己，非軍期犒賞則月給錢糧，逼使撥還，亦非己出，奪彼與此，有何利害？民間舊欠，所在皆然，非逃亡人民則庸胥猾户，迫令輸納，號令不行，良善編氓，例遭抑配。開猾吏衣食之源，遺平民椎剥之苦，人心駭愕，物論紛紛，使陛下重失民心，特在此舉。繼聞有旨委從臣詳議，渡江之後未即施行，而遠方官司奉承不暇，修飾廨舍，召置吏人，供帳什物之資，增給禄廩之費，不知其幾何也。近據監察御史林之平申，福州一州已使過錢三千餘貫〔二〕，則其餘州縣計不減此。提舉官差與不差，提舉司置與不置，元無明降指揮，徒使四方奉行違戾。切惟斂散本非良法，知取債之利而不知還債之害，前言固已曲盡於人情，而今乃督責於既已放免之後，則其爲嗟怨，豈特還債之比邪！臣願明降睿旨，一依建炎元年指揮，罷提舉常平官吏，放見欠錢穀，仍令追理耗用樁充錢本，復講舊平糴之法，不惟陛下恤民之詔不爲空言，而使斯民復見祖宗之政。」詔降諸路復置常平官指揮更不施行。

十一月四日，江南東路提刑司言：「罷提舉常平司併歸本司，今取會到本路一十州軍四十八縣，見管錢斛、金銀、真珠、銀器、絲帛等。」詔令本司將金銀、物帛等先次計

〔一〕「曾歷」上原有「實德」二字，乃因下文而誤。《建炎要録》卷一八撮述此文之意云：「夢得請選歷州縣、通事務者爲提舉官」，則此處「實德」當爲「曾歷」之誤。因改。《補編》頁六二六：「須選用廉勤、曾歷州縣、通曉民情之人。」文例與此相類。

〔二〕三千：《建炎要録》卷二七作「三萬」。

置起發押赴行在外，見錢米依舊樁管，不得別作支用，仍開具窠[19]名申尚書省。

四年六月二十二日，詔諸州常平官吏月給食錢並罷。

紹興元年六月二十八日，户部言：「諸州縣常平賑濟、糶糴義倉、鄉村場務、免役在保、推排家業、陞降等第，盡(于)〔干〕民務，依法立常平、免役案〔一〕，專置人吏行遣。元豐以來，隨州縣大小立定顧食錢數，推行重法。又諸州見任官内選充主管官統轄，隨縣多寡立定月給食錢，所行文字許主行常平等事吏人兼管。昨罷青苗散斂，承建炎四年六月二十二日朝旨，應諸州常平官吏月給食錢並罷，即合減罷常平主管官依格月給食錢，并兼行文字人吏内有見添破食錢去處，亦合住罷。所有常平、免役案人吏，依祖宗法並行重禄，其合支本身重禄錢不應減罷。今措置，並依逐州役法元載内顧食錢數支給。」從之。先是，建康府申：「今來既罷提舉官，即應干官吏月給食錢並罷。本府未審(上)〔止〕謂罷支主管官并主管司人吏食錢，惟復本府五縣見行常平、免役案人吏重禄食錢並罷，止支與常平法食錢。」故有是詔。

二年六月十七日，詔：「諸州常平主管官合支食錢，並許依舊支給。仍仰專催督常平諸色租課及應干錢穀，遇有替移，並令批上印紙，明言常平錢穀別無拖欠失陷，方許離任。候到吏部，如點檢得不經批書，不許參部。」從兩浙東路提刑孫近奏也。

十二月二十九日，度支員外郎胡蒙言：「常平之法，靖康初廢提舉官，唯罷散斂錢[20]穀，餘則其法具存，悉兼領於憲司。七八年矣，未聞朝廷每歲終以格法較諸路措置推行之能否，以責其實效也。而軍旅未息，用度百出，則收常平程課以助經費。況殘破郡縣，逃絶田産不可以數計；坊場河渡託以停閉地界，利源盡入於私室。及神霄已廢額，學校未養士，二浙又有所謂湖田、草田米之類，名色不一。臣欲乞申嚴期，自兼領使者至州縣守令，立爲殿最之法，歲終稽考而勸懲之。」詔令户部立法，申尚書省。本部今修立下項：「諸令、佐催納免役錢、舊常平司諸色租課，限滿委知、通取索應催納欠之數，批書印紙，仍申提刑司。本司類聚，每歲將任滿之人考較，以足而不擾爲優，有欠而最多爲劣，各三人，限次年二月終具事狀保奏。無或不足聽闕。足而不擾者陞半年名次，欠而最多者降半年名次。」詔從之。

三年正月三日，詔：「諸路提刑司官各給敕一道，兼提舉常平等事，於銜内添入。仍許(直)〔置〕幹辦官一員，於置司州軍差屬官一員兼管常平等事，其本司人吏與存舊額之半。内提刑官兼提舉常平等事，與依舊支破提舉官食錢。其本司應干田産、錢物，委逐州主管官根括驅磨。候新差到幹辦官，逐一取索檢察，如得見主管官却有隱漏，令提刑

〔一〕案：原作「按」。《群書考索》後集卷八，户部下有常平案、免役案。「案」者猶今機關之某處某科，不可作「按」，因改。下同。

司按劾施行。」以户部尚書黄叔敖等言，「罷司之後不置專(管)〔官〕，其提刑司及州縣當職官吏觀望苟簡，不務振舉職事，坐令失陷官物，滋長姦欺」故也。

三月21九日，江西提刑司言：「諸州主管常平官，在法許本司選差通判、幕職官充，竊慮其間有主管替移，任内有拖欠失陷常平等錢穀，避免責罰。計會本州官吏只依式批書任内勞績，其拖欠失陷錢更不批上印紙，一面前去參部，省部無由幾察。今相度，今後應本司選差諸州主管官，並(今)〔令〕所屬即時批上本官印紙照驗，方得放行。逐月添支食錢，如遇替移，即遵依已降去年六月十七日指揮。」詔從之。餘路依此〔一〕。

四月十二日，江南東路提刑兼提舉常平事張匯狀〔二〕：「户絶等田産，近緣兵火，官司不曾盡實根括拘收，及已前亦有冒占官産之人不少。乞限一月招召冒占之人，許自陳首。自出榜日爲始。如能依限出首，即與免罪給賞，却將所管田産紐立租課，依舊給與承佃。若限滿不首，即别許人陳告，除依法給賞外，更與犯人名下每上户追錢一百貫等，給與告人充賞。」户部契勘，除告賞自合遵依見行敕條外，如見曾冒占人自今限内自首，給佃。從之。餘路依此。

十九日，江浙荆湖廣南福建路都轉運使張公濟言：「被旨拘轄檢察常平錢物，今點檢得秀、常等州有違法侵漁，兑使過常平錢穀，欲乞朝廷各責限半年撥還數足。如限滿不足，將合干官吏特賜行遣。」户部勘當：「欲並限一年盡數撥還，起赴行在送納。如違限不足，並依已降指揮施行，庶使侵欺財計官吏有以畏憚。并下都轉運司照會，更切嚴緊催促。」22從之。

五月七日，户部言：「江西提刑兼提舉常平等事丁彬狀，乞立限責委諸州主管官根括驅磨常平司田土、租課、錢物。欲依本官所申，限一月，如稍有違慢漏落，亦乞依已降指揮按劾。」從之。

九月二十〔日〕，户部狀：「據江南西路提刑兼本路提舉常平等事丁彬劄子，契勘提刑官闕，在法係轉運司兼權。若將來提刑官任滿或非次替移，其提刑職事依法牒送轉運司官兼權，所有提舉常平司職事，若依例前去轉運司官兼權，其州縣官吏觀望，定是依前違法侵用常平官物。今相度，如提刑司官闕，欲依條許將提舉常平職事牒送提點鑄錢、提舉茶鹽官，或廨宇所在文臣知州時暫發遣，庶幾常平官物不致侵紊。」從之。餘路準此。

十月十八日，都省言：「今秋諸路大稔，正當米斛上市之際，雖依法合行收糴，深慮常平官不爲盡數剗刷錢本及收糴後時，却致價賤傷農。」詔令兩浙東西、江南東西、廣南東西路提刑兼常平官，將應干州縣見在常平等合充常平糴

〔一〕「餘路依此」四字原在「詔從之」之前，據文意及下條文例移。「餘路依此」乃詔文内容。
〔二〕匯：原作「匪」，據本書方域一〇之五二改。

本錢物，專委任主管官親（誼）〔詣〕逐縣，同令、佐盡數刻刷，逐旋關撥，乘時措置（開）〔關〕報，盡本收糴米斛樁管。其糴到數，仰知、通認數就元糴州縣常平倉別項封樁。仍仰提刑官嚴切約束所委官，將合取撥糴官先次樁垛錢本，遇有人户〔入〕中，即仰躬親監視，兩平交量，不得過收加耗，即時支還價錢，無令少有科配騷擾及容縱請託，入中巧僞濕惡米斛。如23違，仰提刑司官按劾，仍仰逐司各先（其）〔具〕上件合刻刷窠名，且約度半年錢數及可以收糴米斛各若干，并旬具刻刷到錢本、已糴買到米數，各開具申尚書省。

十一月十六日，詔提舉常平司主管官並依常平舊法。先是，户部看詳，欲諸州並以通判充主管官，不得别差他官。臣僚言，元豐、紹聖立常平令，諸州聽提舉司選通判、幕職官充主管官，蓋通判或材力不能辦事，即令人許於幕職官選差，此通法也。

五年閏二月十二日，詔：「諸路提舉常平併入茶鹽司，仍以提舉茶鹽常平等公事爲名。内無茶鹽去處，依舊令提刑兼領。」先是，臣僚言財用利源，有旨令户部講究，條具申尚書省。内一項，欲以常平、茶鹽合爲一官，稍重其選。故有是詔。

四月三日，總（令）〔領〕司言：「據兩浙東路提舉茶鹽常平等公事司申：『據紹興府（中）〔申〕，契勘有管義倉米貳萬一千三百餘石，雖依條唯充賑給，其米經年陳次，欲比街市價例量減錢出糶。近緣明州申請，米價踴貴，細民闕食，乞將義倉米出糶。已承朝旨，特令明州於上件米内借支一萬石，候秋成日却行依數收糴撥還，不得拖欠。仍令常平司拘催樁管，仍免執奏。』及再得旨，奏知不行。今看詳，欲乞於收到義倉米内借支一萬石，令紹興府置場出糶，餘並依明州已得指揮。」詔依，即不得糶與公吏之家，務要實惠細民。

七月二日，都省言：「諸路提舉常平已降指揮併入茶鹽司，24無茶鹽司去處依舊提刑兼領，專置幹辦官。今訪聞逐司爲（系）〔係〕併入兼領職事，並不逐一講究，致他司妄用，失陷錢物，有誤朝廷緩急支用。」詔令諸路提舉常平官將常平事務恪意奉行，無得苟簡，致有失陷錢物。如敢少有滅裂，户部按劾，申尚書省取旨，重行典憲。

八月七日，詔：「應諸州軍曾兼主管常平官罷任到行在，如係合堂除差遣人，令閤門候朝見日具職位、姓名報吏部，依元降指揮取索印紙點檢。如不經批書，即具狀申中書門下省，未得與堂除差遣。」

十二日，福建路轉運判官薛昌宋言：「諸路州軍借撥過常平司錢物，亦皆緣應副軍期，即非侵欺失陷。又已經年歲，今來若必令責還，要之盡取於民而已。欲乞將七州軍以前年分借過常平司錢物，乞依福州已得今年三月二十二日聖旨，並特與除破，使福建一路之民均被朝廷寬恤之恩。」詔並特與除破。今後如更敢擅支常平錢物，依法施行。

六年五月一日，詔：「自今諸路提舉茶鹽常平官有闕，並取資歷已深、(呈)〔誠〕實素著之人，或於郎官以上選擇任用。」從殿中侍御史周祕言也〔一〕。詳見「提舉茶鹽司」門。

二十五日，詔：「令江南東路轉運常平司行下所部州縣，將本路應未納并今後合納職田租米，令輸納本色，隨市價盡數收糴，充義倉米，別項樁管，專充賑濟支用。其合支本錢，許取撥本路常平司所管錢；如不足，將本路係省錢相兼應副旱傷闕食。餘路州軍 25 有職田去處，依此施行。」

七年二月二十四日，浙東提舉常平司主管官趙(椿)〔椿〕言：「今來逐路乞置提舉常平司主管官一員，並依轉運司主管文字官體例施行。欲乞許常平主管官往詣管下州縣檢察，將點檢到事件申提舉司。及遇有要切事，並從本司差委，庶幾所至州縣檢察違戾，驅催錢物，不致失陷。」從之。仍詔餘路準此。

八月二日，詔：「令逐路轉運司據借兑過常平數目，候起納稅日，並限一月依數先次樁還。仍令常平司不住催促，各具已交還數足文狀申尚書省。」

十二月二十五日，有旨：「天下苗米，其不熟處，除依條放免外，止令納錢，却運錢於熟處糴米，如此則公私兩利。」臣檜奏曰〔二〕：「此乃劉晏之法也，見行措置。」

八年正月二十一日，詔：「今後提舉常平及常平主管官除代，不過一員，其已差下人並令依舊。」從御史中丞常同奏，乞在外堂除窠闕依倣在內除授之限故也。

十二月十九日，參知政事李光言：「政有避其名而失其實者，有無其實而徒存其名者。常平之法，本出於漢耿壽昌。今州縣錢穀有屬常平司者，名色非一，悉總於户部右曹。今乃以王安石之故而廢之，既使香鹽司兼領，又別差主管官一員，有司莫知適從，錢穀因致失陷，豈非避其名而失其實乎？欲望廢罷常平司主管，依舊令香鹽司兼領，庶幾名正而事成。」尋進呈，上曰：「常平法既出漢耿壽昌，今豈可以王安石而廢之？ 26 其常平提舉自可復置，庶幾一司錢穀不致失陷。令三省措置，條具以聞。」

九年四月六日，詔：「(令)〔今〕後諸路常平司幹辦官遇出陸巡按州縣，許差破般擔人一十名。」以江、淮、荊、浙、閩、廣等路經制使司申明「紹興格，監司屬官差出，止許破般擔人六人，委是使用不足」故也。

七月十七日，臣僚言：「諸路常平錢物，昨罷提舉官，不無陷失。近既設官主管，而命經制司領之。若使本司常切拘催奉行，不許諸司支借移用，則此一司所積，緩急亦不

〔一〕祕：原作「必」，據《建炎要録》卷一〇一改。

〔二〕檜：原作「椿」。按：《建炎要録》卷一〇七載此事於紹興七年十二月十八日乙亥，乃户部尚書章誼入對時高宗之口諭。其末云：「誼退，以上旨告執政行之。」考其時之執政有陳與義、秦檜、沈與求等（見《宋史》卷二一三《宰輔表》），則此「椿」字必是「檜」字之誤。據改。

爲小補。但其間有近降指揮令解付行在者。計天下諸司錢物亦多矣，雖未能盡如古人三分以一爲凶年之備，獨不可損此一項邪？蓋州縣之間有此一項錢物，豐年增價以糴，凶年減價以糶，物價自平，農末俱利。所濟既多，而又有以備朝廷之緩急，何苦而不爲！近見楚州乞將漣水縣所有常平錢五百貫文，准備奉迎兩宫及樞密樓炤宣諭回日支遣，户部已申明許行支用。夫楚州雖闕乏，何至少此五百緡哉！政恐開此端緒，使州縣各自侵用，非户部所當爾也。臣愚欲望聖慈特詔常平一司錢物，並遵守户部右曹敕條，雖内有近降指揮許解行在者，並令依舊法於所在處樁管，不許支用移易，仍追寢楚州許用常平錢指揮，庶幾有以爲國家根本之計，不勝幸甚。」詔令户部遵守見行條法。

九月十四日，户部言：「諸路主管常平官，近因置經制司，改作經制某路幹 27 辦常平等公事。今來經制司若罷，即合依舊稱呼。又契勘建炎元年内，罷諸路常平司，其職事令提刑司兼管；後來紹興五年内，改令茶鹽司兼管，其無茶鹽司路分(安)〔令〕提刑司、轉運司兼領。近因經制司總領，其逐司並已罷，兼今來若罷經制司，所有常平職事若依舊止令一幹辦官主管，竊恐體輕，難以按察州縣，無以革絶前日失陷之弊。兼常平一司所管錢物并糴賣、賑濟等事，(言)〔皆〕常平、和糴之法，祖宗以是惠賙艱饑，其來久矣。比年州縣類爲文具，有廢而不舉者，有苟簡以塞責者。以新易陳，此成法也，間有積歲蝕腐而未嘗問；不許借貸，此成法也，間有悉充他用而實無儲。願詔諸州縣，乘今日賦税未畢之時，以常平錢差官置場，悉數和糴。委常平官徧行省按，有不虔者，必罰無赦。」從之。

十二年五月二十三日，權發遣和州馮由義言：「前知州蔡伸因去歲支散官吏軍兵請給、大軍經過犒勞，遂致錢糧罄匱，以常平司二項錢共八千餘貫、米二千餘石逐急支散。本州已累申乞除破，雖蒙劄下淮西常平司，令指定施行，其常平司至今移文折難。竊緣月給錢糧自不能繼，無由可以撥還，欲乞特與除破。」從之。

八月五日，詔：「令諸路提舉常平司主管官遍詣所部州縣點檢，將日前糴米并以陳易新未還之數，乘此秋熟，收糴撥還，早令數足，如法樁管。仍開具本路州縣已未補還實數，保明申尚書 28 省，當議覈實賞罰施行。先具知稟狀聞奏。」以尚書省勘會，州縣多以兑易爲名輒行侵用故也。

十五年六月二十一日，户部言：「民間生子不舉者，已降指揮於常平或免役寬剩錢人支四千。緣免役寬剩錢所收微細，竊慮州縣留滯，欲令諸路常平司行下州縣，於見管常平、義倉米内改支米一石。」從之。

八月二十六日，詔諸路提舉茶鹽官改充提舉常平茶鹽公事。先是，户部侍郎王鈇言〔一〕：「常平法始於漢宣帝，用耿壽昌之疏，施於邊郡，以致中興。國朝行之，大郡錢穀

〔一〕鈇：原作「鐵」，據《建炎要録》卷一五四改。下條同。

有至百萬，其下猶不減五六十萬。建炎初，罷提舉官，兼以他司。初不以爲不惠於民、不利於國也，徒以追咎改作，遂併其官（官）廢，事關法令，無復修舉。故紹興六年，復置主管官，然權輕不能振職，名存實亡，無補於事，非祖宗利國惠民之旨也。夫常平之設，上以收開闔斂散之權，下以抑兼併豪（疆）〔彊〕之家，備水旱而救（扎）〔札〕瘥，視豐凶而平物價，科條實繁，其利不一。有義倉和糴之儲，坊場河渡之入。以産制役，欲使平均；以陳易新，俾無紅腐。一有饑饉，則開發倉廩以濟艱食，豈一主管能勝其任哉！建言者將欲省官而主管復，將欲省吏而胥徒如故，獨（能）〔罷〕一提舉官而姦弊百出。州縣苟且，無所畏憚，封樁錢物借貸移易，多致陷失，凶年饑歲賑濟之法，漫不加省。蓋以主管官威令既不能有制，而職事又不得自專，勢使然也。今雖隸於憲司，而獄 29 訟繁多，不能究心，其能責以利國惠民之實效乎！欲乞復置常平提舉官，以主管官爲幹辦公事，其他無所損益而積弊可除，庶幾良法美意不爲虛文。」故有是詔。

九月八日，權户部侍郎王鈇等言：「已降指揮，諸路提舉茶鹽官改充提舉常平茶鹽公事。緣成都、潼川府、利、夔州路即無提舉茶鹽官，及淮西、京西路提舉茶鹽見係逐路轉運、提刑兼管，廣西路提舉茶鹽見係提刑兼管，及諸路常平司主管官所掌職事，並合取自朝廷指揮。」詔四川、廣西令提刑，淮西、京西令見兼提舉茶鹽官兼領，主管改充常平司幹辦公事，依轉運、提刑司屬官體例。

十二月二十八日，吏部言：「常平官今來改充提舉常平茶鹽公事，合依舊法爲監司，與轉運判官序官，及歲舉改官五員，縣令三員，大、小使臣陞陟八員，承務郎以上五員，試刑法官七人，合依舊盡還本司。」從之。

十六年三月三日，户部言：「臣僚言：『常平一司專爲賑濟設，實國家之仁政也。自兵興以來，州縣紓目前之急，移易他用，習以爲常。比復常平提舉官，則向來借兑之弊已在累任，難以遽令填還。欲自未復提舉以前，凡有借兑，寬立程限，分以三歲撥還，仍釋其罪。違時拖欠，必寘常法。自已復提舉已後，即仰州縣遵守舊憲，不得借兑。提舉官每歲考核，少有違戾，並不以赦降、去官原減。庶幾往者既獲自新，而來者有所畏憚。』本部措置，欲下諸路提舉 30 常平司，開具節次借兑因依、若干數目，從本司量度年月遠近，申取朝廷指揮，隨其多寡，立限撥還。餘依臣僚所乞。」從之。

二十一年十一月二十一日，上因論水利，謂輔臣曰：「須是常平官得人，若監司用心，此等事無慮。聞近時監司多是端坐，不出巡歷。」仍詔諸路州縣灌溉民田陂湖，往往爲人侵占，令户部行下提舉常平官躬親措置，申尚書省。

二十七年八月四日，户部言：「逐路常平司保明到本路州縣所立平準務合用本錢，除不（不）及一千貫去處不立賞罰外，今相度比擬條法，將立到本錢一千貫以上去處，以本多寡參酌立定監官候一歲終以本計息賞罰格：自收息及三分以上陞一季名次，不及一分五釐展一季名次；五千貫以上，收息及三分以上陞半年，不及一分五釐展半年；一萬貫以上，收息三分以上陞一年，不及一分五釐展一年；三萬貫以上，收息及三分以上減一年磨勘〔一〕，不及一分五釐展一年磨勘。本部除已相度監官歲終收息分數賞罰外，竊緣立到本錢既多寡不同，即難以一等添破食錢。欲乞將不及一千貫以上本錢去處，比擬條法，除不賞罰外，每月收息及二分，止與添破食錢三貫文外，有立到本錢一千貫以上添五貫文，五千貫以上添七貫五百文，一萬貫以上添一十貫文，三萬貫以上添一十五貫文。如不及二分，即依已降指揮不支食錢。欲下逐路常[31]平司，行下州縣遵守施行。餘依見行條法指揮。」從之。

十三日，淮南東路提舉常平司言：「分委官前去諸州軍，點檢到見在常平、義倉斛㪷即無侵支、移易、虛樁之數。」户部將本司奏到今年四月分見在斛㪷數目比較，一路總計奏到一十四萬二千一百石，點檢到共一十二萬六千三百二十四石。廬、光州、安豐軍比奏到增七百一十六石，和、舒、蘄、濠、黄州、無爲軍虧一萬六千四百九十二石。詔令本路常平司取虧少數目，嚴立限以督之。

九月十四日，户部言：「殿中侍御史王珪言：『常平賑糶〔二〕，所以抑兼併〔三〕，濟貧弱，此良法也。每歲夏秋之間，禾稼未登，或小有水旱，民方艱食之時，富人閉糶以規厚利。若官糶少損其直，則閉糶之家不能乘人之急，而價自平，所濟貧乏，其利爲不小也。竊見諸州郡每歲輸納秋租，自裝發綱運之後，倉廩一空，所存止有常平、義倉斛㪷，軍糧、吏俸及揍發上供不足之數，百色支費，皆取給於此。受納苗米，然後逐旋撥還，所在成例。是名爲常平，而專以備州郡急闕，至飢民艱食，則坐視而無以賑之，殊非立法之意。前日朝廷委諸路常平提舉差官盤量，所欠動以數萬計。其間如借兑、耗折，雖責之分限補填，終不可得，亦恐見存之數未必皆可得實也。近聞福建有貴糶之處，父老訴之州郡，冀欲賑濟，而郡官占吝不發，米價頓增，人多困斃。此其意必欲留爲州郡急闕之備，或已[32]借兑、無見存之數，不暇恤民間之空乏也。臣願委諸路提舉常平偏巡諸州，躬親閲視，以知其實。有遇合賑濟而州郡占吝不發者，許人户越訴，監司互察，臺諫按劾以聞。有中下之州，所積不多，賑濟不足，則令提舉司以一路有餘之處〔四〕，通融取撥，以應其乏，免致流離轉徙，此亦古者移粟就民之意。近年以來，州縣遇合賑糶之時，官吏但欲塞責，其所給散多只於州城之內，近者可得而遠者不能及。至村落之間，無所得食，而不逞之輩藉以鼓唱，有攘奪剽掠之患。況饑民往

〔一〕及三：原作「不及」，據前文例改。
〔二〕糶：原作「糴」，據《建炎要録》卷一七七改。後同。
〔三〕抑：原作「相」，據《建炎要録》卷一七七改。
〔四〕司：原作「計」，據《建炎要録》卷一七七改。

返數十里之間，或至(綏)〔餒〕死於道路。今若許令隨所在差撥，就近應副，庶當均給，而實惠可以及人也。』本部看詳，欲下諸路提舉司，依奏躬親遍詣所部州縣，點檢見管米斛，令項如法封樁。如遇合賑糶，闕少米斛，須管於就近有米斛去處，多方兑撥那融應副，依條賑糶，不得占吝，務在存恤。如有違戾去處，從本司按治，依條施行。若本司失於按治，即仰轉運、提刑司互相按察。」從之。

二十九年三月二十六日，中書門下省言：「諸路出(没)〔賣〕没官、户絶田宅價錢，昨降指揮，許常平司取撥三分應副糴本。今來措置盡數起發，難以更行分撥。」詔令户部行下諸路，如常平司有闕糴本，令開具申朝廷支降。

七月五日，詔：「逐路提舉常平官躬親措置没官、户絶等田宅，如能率先出賣數多，仰户部具申尚書省，取旨優異推恩。或出賣數少，當行黜33責。州縣當職官能用心措置，亦於已立賞格外增重推賞，或令常平官按劾聞奏，重作施行。」先是，户部提領官田所狀：「契勘江浙等路没官、户絶田宅，近承指揮，州委知、通，縣委令、丞，措置出賣。今訪聞有奉行違戾去處，致引惹弊端，欲乞令提舉常平官嚴行檢察。今措置下項：一、人户見佃田宅，依指揮令州縣官躬親監督，依鄉原體例[一]，肥瘠高下估定實價，與減二分。如願承買，並限十日經官自陳，日下給付，蓋欲優恤見佃之家。今訪聞估價之時，其所委官並不躬親監督，致合干人作弊，受有力之家計囑，低估價直，便令承買。或見佃人未有錢，即計囑高擡錢數，要得出賣不行。今措置，欲未賣田宅並依條出榜，許實封投狀。自出榜日爲始，限一月拆(開)封，以最高錢取問見佃人，如願依價承買，限十日自陳，與減二分價錢給賣。如不願承(賣)〔買〕，即三日批退給價高人。若見佃人先佃荒田，曾用工開墾，以二分價錢還工力之費；如元佃熟田，不在給二分之數。限滿無人投狀，再限一月。若兩限無人承買，即量行減價出榜召賣。一、見佃人户已買田宅，既於官中低價承買，却又增價轉手出賣，或借貸他人物收買後，却行增價準折之類，欲許諸色人經官陳告，以所買田宅價錢三分給一分與告人充賞，餘拘没入官，别行召人實封投狀買。庶幾隔絶姦弊。一、人户所佃田宅，若其間有已前冒占及詭名挾34田，至今耕種居住，送納課米或二税，既已施工力，終是見佃之家。竊慮州縣不許作見佃人承買，致引惹詞訴。今措置，欲並作見佃人户承買。一、今來合賣田宅，其間有官户形勢之家請佃，往往坐占，不肯承買，致阻障他人亦不敢投狀。今措置，如出違前項(折)〔拆〕封日限，無人投狀承買，即依官估定價直，就勒見佃人承買。其所納錢令作三次，限一百八十日納足；違限不足，即依已降指揮施行。如依前坐占，不肯承買，即仰州縣具名申常平司，本司具因依申取朝廷

[一]原：原作「源」，據本書食貨六一之一改。按《宋會要輯稿》及《補編》中共五十餘處使用「鄉原」一詞，參其意均謂本地之慣例、習慣之類。

指揮施行。一、人户投狀承買田宅，(折)〔拆〕封日見得著價最高，合行承買却稱不願買者，依已降指揮，以所著價十分追罰一分入官，仍給賣以次著價最高人；又不願，亦追罰一分錢。竊慮有狡猾之人用意阻障，妄增錢數，既至拆封，却稱不願承買，又將合没一分錢數用情計囑，不爲送納，攪擾見佃之家。今措置，欲似此合追罰一分錢數，限一月追理納足。仍令常平司常切覺察，如州縣不爲追理，或頑猾人户不爲送納，即具名申取朝廷指揮施行。所有人户實封投狀著價最高，若見佃人與投狀人皆不願買，即將次高錢數先次取問見佃人施行。一、契勘出賣浙西營田，已承指揮權住賣外，所有其餘路分營(主)〔田〕、官莊、屯田，前後已降指揮即不該載，今來並不合出賣。一、訪聞常平司并州縣人吏多受情囑，邀阻乞覓，及不將前後措置多出 35 文榜曉示；雖出文榜，隨即隱藏，不令人户通知。或州縣作弊，欲使人(抵)〔低〕價買得，榜内更不寫出田段、價直，却令買田人先低價投狀，臨時於紙縫内用紙攙入所買田土，外人無從得知，致出賣稽違。欲下逐路常平司官嚴行覺察，稍有違戾，按劾申朝廷，重作施行，人吏決配。一、今來措置止係補圓未盡事件，即不衝改前來指揮。欲下兩浙、江東西、湖南、福建、二廣、(西)〔四〕川提舉常平司，疾速行下所部州縣遵依施行。仍令州縣分明大字多出文榜州縣要鬧及鄉村坐落去處，曉諭民户通知，無令藏匿。若常平司不檢察，乞令提刑司覺察按劾。」詔依(權)〔措〕置事理施行。於是中書門下省言：「江浙等路出賣没官等田宅，前後措置指揮纖悉具備，全在常平、州縣官恪意奉行。近據逐路申到所賣田宅大段數少，蓋緣常平官視爲虛文，不切督責，及州縣知、通、令、丞弛慢，全不究心覺察，容縱吏人受囑，高下估價，隱匿文榜，百端欺弊，致出賣稽違，理宜申嚴約束。」故有是詔。

同日，户部提領官田所言：「諸路寺觀絶産，已降指揮令常平司拘收，令項椿管，申取朝廷指揮，至今未見申到已椿管數目。」詔令諸路提舉常平司依已降指揮，疾速開具申尚書省。

三十年十一月一日，右諫議大夫兼侍講何溥言：「臣契勘常平、義倉，所以爲水旱盜賊之備，祖宗立法，雖顆粒不得移用，其意深矣。臣訪聞沿海州軍比以裝發海(州)〔舟〕，36 權宜濟急，支費罄盡，有司因循不補，終恐亡以待卒。欲乞特命提舉官巡歷諸州，稽其已支之數，量其合糴之實，或將他州羸餘以濟目下窘乏，有無相補，輕重適均。庶幾新陳之交，有以相接，而緩急之際，不足爲憂。」從之。

孝宗乾道元年八月十四日，詔：「諸路提舉常平官下諸州主管官，契勘以新易陳借兑數目，於今秋苗米内依數撥還。仍開具申尚書省。」

四年五月十四日，詔：「諸路提舉常平官，每歲春季躬親巡歷逐州，點檢常平倉米，要見椿管實數，申尚書省。」

六月七日，詔：「諸路提舉常平官督責所部州縣，候秋成，須管將人户納義倉米數，依條限拘催，盡實收樁。仍將見管錢趁時收糴米斛，如法樁管，不得違戾。」

七月十二日，詔：「提舉官日下遍詣所部，盤量常平、義倉米斛，所至具實數即時開申。如州軍元申數内却有虚樁，將當職官吏重寘典憲。提舉官徇情隱庇，亦當一例黜責。」

八月十八日，詔：「諸路提舉司差官根刷應諸司吏人所借常平雇役錢，在五年内者盡行追納。自後州縣敢擅借支者，依條按劾以聞。」

六年八月二日，權户部侍郎王佐奏：「臣攝(空)〔官〕民部，日受四方詞狀，而訴冒役者居其半。乞令提舉常平司委主管官，限兩月取索屬縣額内公吏看詳，委有違條冒役，即行勒罷。如收敘應法，自合聽令在役。仍將各縣公吏姓名揭於板榜，其再入役者，畧(其)〔具〕所敘之因，俾民通知，歲終[37]一易。自今以後，論訴冒役者，必須指其元來所犯刑名與收敘不當因依。如根究得實，監司、守令、當職官依紹興二十六年八月指揮，坐以違制之罪。倘或姦民挾私妄訴，亦科反坐刑名，庶幾州縣稍得安静。」從之。

七年六月二十四日，臣僚言：「近歲以來，常平之法寖以不修。抵當、平準之柄，悉取而用之；户絶、水利之田，欺隱於奸吏。帑庾之積，所至空虚。方粒米狼戾之際，無本以收糴；殆野有餓莩，始爲移粟之舉，取之鄰州别路。道路既遥，時月亦淹，救助未至，而民之骨已槁矣。願陛下申詔提舉官，檢覈管下諸州常平糴本，有支移侵盜去處，各令隱括樁辦，以俟將來新穀既登、穀賤傷農之際，增價收糴，以惠斯民。」從之。

十月二十四日，提舉兩浙西路常平茶鹽公事李結言：「奉旨令禮部給降到度牒一百八十道，及左藏南庫支到會子一十四萬八千貫，付本司收糴米八萬八千二十餘石。除已州委主管、司法，縣委縣丞收糴樁管，契勘目(分)〔令〕正係米斛收糴之際，若候變到度牒價錢，竊慮失時。乞先次於左藏南庫支借會子七萬二千貫，付本司趁時收糴；所有度牒，令所屬旋行轉變，拘收錢會，發納左藏南庫。」從之。

八(月)〔年〕四月十七日，詔：「諸路常平官，限半月委逐州主管官取索五年的實收支義倉數目，開説逐年有無災傷檢放〔一〕，及支給過若干，并見在之數實計若干，自今在甚處樁管，申户部稽[38]考。」從權户部尚書楊倓之請也。

九年七月二十一日，户部尚書楊倓奏：「乞令諸路提舉常平官，將諸州軍常平倉錢斛，委鄰州官點檢截日見在數目。内米一萬石已下盡行盤量，一萬石以上抽摘盤量，結罪申提舉司，從本司覈實保明，限一月奏。(奏)如日後發露，其所委官并提舉官並行按劾，取旨重作施行。若提舉

〔一〕放：原作「故」，據文意改。「檢放」謂經核實而減免賦稅。本書食貨一之五：「京西水災州縣，並不依災傷檢放，勒令民户依舊納税。」

司不按月聞奏，亦乞從臣等比較最遲去處按劾。」從之〔一〕。

【續會要】

40 淳熙元年三月十日，京西運判胡仰言：「襄陽居民繁多，乞下本路常平司置藥局一所，依免役令，以抵當務官兼，計置藥材，修製出賣。」從之。

二年閏九月二日，詔：「諸路常平司每歲秋成之際，取見所部郡縣豐歉各及幾分，如有合賑糶、賑給去處，即約度所用及管米斛若干，或有闕少，合如何措置移運，並預期審度施行。仍於九月初旬條具聞奏。」

三年四月二十九日，詔：「廣東提舉依已降指揮，作『提舉廣南東路常平茶鹽公事』繫銜。」

八月十八日，詔：「提舉常平茶鹽官遇闕，如文武臣提刑有兩員去處，令以官序兼權。」從江西提刑趙燁請也。

八年九月十四日，詔：「自今諸路提舉官毋得輕授，雖差替人不得過一政，兼須履歷有政績之人。」以侍御史黃洽言湖南提舉張仲梓未嘗更練，喜怒任情，仲梓既罷，因有是命。

九年十二月五日，前福建常平提舉周頡言：「常平三弊：一曰公吏非時借請，二曰選人支破接送雇人錢，三曰給散乞丐孤貧米。乞下諸路，將前後公吏已借請錢，依《元豐令》剋納五分。官雇人錢般家，止得就寄居處保明幫請，如紹興三十一年三月內臣僚所奏事理施行。至於支給乞丐人米，則與申嚴行下，責在提舉常平司嚴行稽察，將州縣違戾去處，痛與按劾懲治。」從 41 之。

十六年九月十五日，臣僚言：「常平所在樁管元有定數，乞令各路提刑司刷出州縣所管常平見在之米，其間或有少損，則以陳易新，須管及額樁留外，有常平錢量支添糴，以實廩庾，如法藏貯，無致移易。」從之。

嘉泰元年八月十四日，臣僚言：「今歲夏秋之交，雨澤稍愆，諸路州郡間有旱歉。雖未見申到被旱分數，然度其事勢，向去未免舉行荒政，全仰常平使者究心民事，預期措置。竊慮間有常平使者年老昏繆，全不事事，或貪庸失職，受成吏胥，或素無風采，人不畏憚，今若付以一道之重，俾之提振荒政，必致誤事。欲望睿旨明(詣)〔詔〕二三大臣，相度被旱州郡，精擇素有才望之人，付以常平使者之職。自今在任有如臣前所陳者，倘無顯過，且於別路兩易其任。若或素無治狀，已試罔功，衆論之所不與者，令御史臺具名覺察，即賜罷黜，別選精力彊敏、優於政術、一路官吏之所畏服者，畀以是任。庶幾官得其人，民無捐瘠。」從之。

開禧二年三月一日，戶部言：「大理正費培奏：竊見江西提舉置司于袁，自紹興年始徙于撫，本州軍兵提舉司占破二百餘人，衣糧、借請悉倚辦于本州。去歲送迎提舉官，前後凡五次，每一次爲費畧以借請一項計之，不下萬有

〔一〕原稿此頁之後有「御史臺主簿」一目二條，已移至本門之後。

餘緡。況又有非時差出，少者一二十人，多者五六十輩，每名借請三月或半年，皆從本司先次兑支，續移文幫勘，不踰晷刻，便行解發。蕞爾小42郡，坐受困弊，將何以堪！乞行下江西提舉司，以撫州係置司去處，供億百費，已是不貲，特免差撥兵卒。其破人數，却於本路十州軍分撥差使，季一更代。或有違犯，聽從本州行遣。如遇迎送差使，徑就各處借請，庶幾免致專困一郡，可以少蘇民力。」從之。（以上《永樂大典》卷一一一一七）

御史臺主簿[一]

【續宋會要】

元豐三年，李定請增置一員，點檢六案文字。元豐六年九月，中丞黄履言：「本臺有主簿兼檢法官二員，乞復置分治職事。」詔置主簿並檢法官一員，從八品。又奏：「本臺主簿、檢法官係分掌班籍，參預定刑，所領職事與他司不同。」

元祐元年，大理寺右斷刑架閣庫專委主簿主管。（以上《永樂大典》卷一四六〇七）[二]

提舉茶鹽司[三]

【宋會要】

43淳熙元年五月十六日，詔：「浙西茶鹽司幹辦公事二員，内減罷一員可令復置，專一往來諸場，措置催督鹽課，及復置海鹽縣砂腰催煎官一員。」從提舉葉謨請也。

三年四月二十九日，詔提舉廣東常平茶事改作「提舉廣南東路常平茶鹽公事」繫(御)〔銜〕。

六年八月十八日，詔：「提舉常平茶鹽官遇闕，如文武臣提刑兩員去處，令以官序兼權。」

八年九月十四日，詔：「自今諸路提舉官毋得輕授，雖差替人不得過一政，須履歷有政績之人。」

十二年六月二十三日，詔：「廣東西鹽事併爲一司，應合行事件[四]，令吏、户部長貳同共條具聞奏。」已而吏部尚書蕭燧等言：「罷廣東提舉一司，改置提舉廣南路鹽事司，照昨來廣西帥臣詹儀之陳請，且就梧州置司，專管兩路賣鹽，序位在兩路轉運判官之下。所有常平茶事，廣西依舊係提刑兼管，廣東乞委運司兼管。其廣東路鹽事司幹辦公事一員，廣西路鹽事司主管官一員，並改作廣南路提舉鹽事司幹辦公事。今來併司，委是利便，若只置幹官兩員，慮檢察不及，乞更添置準備差遣一員。」詔並從之。

[一] 此門二條，原混置於上門「淳熙元年三月」條之前，致該門前後割裂，姑移於此。

[二]《大典》卷次原缺。按《大典》此卷現存，據補（屠寄眉批誤作卷一一一一七）。

[三] 此題原在正文前，今移於此。

[四] 行：原作「得」，據文意改。

十三年三月，知容州譚惟寅初除都提舉廣西路鹽事。

淳熙十六年九月十一日，淮東提舉錢端忠言：「竊見淮東諸處鹽倉支發袋鹽，依元降指 44 揮，每袋於客人名下收取别納袋息錢肆百肆拾文，專一應副鹽事官兵請受、吏禄、紙札、船運脚乘等用。季終有餘，起發赴鎮江府椿管。近年以來，添差鹽官、不釐務官請受，於上項錢内支給，泰州二十六員，高郵軍一十六員，通、真州六十三員，每員月請百千上下，積歲累月，必當侵耗鹽本。」詔特添差人且令終滿，更不作闕差人。

紹熙元年十一月二十七日，廣南西路經畧、安撫、轉運、提刑司言：「照對提舉廣南路鹽事王光祖乞復置監石康縣鹽倉及回環庫窠闕，下吏部注識字小使臣。逐司照對，石康倉係交收白石場發到鹽，支付(常)〔轉〕運司般運，前去欽州武利倉及鬱林州都鹽倉交卸，應副諸州府般賣。兼回環庫係收轉運司發到錢，支撥應副車丁般運鹽脚支用，其所管錢鹽數目浩瀚，若從朝廷差注正官監當守給，委是便利。」從之。

三年三月二十五日，廣東提舉趙不迂申：「廣州賣鈔庫都鹽倉開到收納客人窠名錢，數内每籮增收鹽斤錢三百文省。照得自淳熙十年四月一日二廣通行客鈔，東路住賣鹽每籮增收鹽斤錢應西路漕計。至淳熙十六年十一月十六日指揮，罷都提舉廣東西鹽事，依舊例給賣，所有增收鹽斤錢却仍前交納。除已行下廣州都鹽倉日下住收外，其多收到錢貳萬捌仟捌百捌拾玖貫肆伯省，銀五十六 45 兩六錢，乞並撥入鹽本錢文曆收附，添助買納鹽貨，支遣客鈔。」詔廣東提舉司將上件錢、銀一就認數椿管，非奉朝廷指揮，不得擅行支用。仍月具帳狀申尚書省。

嘉定七年七月二十七日，臣僚言：「檢照開禧二年内，因浙東提舉司幹官申請，於慶元府、温州各創置分司幹官一員，專一提督鹽倉收支，點檢諸場買納。至嘉定六年内，因白劄子陳述温州鹽課利害，行下本司相度。本州自辟置分司幹官以後，支發袋鹽較之經減新額，仍前趁辦不敷，遂將原辟差幹官繼行省罷，孰不謂宜？外有慶元府分司幹官事體一同，當時議者偶不及之，遂得仍舊。自創置及八年，課額虧陷如故，而一司吏卒需索倉場，騷擾亭户，不能安迹。乞將慶元府分司幹官照温州例特與省罷，其已辟差人别與一等堂除近次差遣。仍劄下慶元府守倅，須管每歲登及元額，如有虧欠，取旨責罰。若措置增羨，乞與旌賞。照得浙西提舉司嘉定四年内因臣僚申請，乞倣浙東體例創置分司幹官一員，於嘉興府華亭縣置司，蒙降指揮許於本路官屬内辟差。比年以來，所辟本路官屬率爲權要親舊所得，其挾勢騷擾，弊亦如之，併乞住罷。或有場分職分廢弛，合行提督，只於本司屬官内差委，往來點檢措置施行。」從之。

嘉定十七年三月二十三日，淮東總領所言：「經費一月何啻陸拾萬緡，鎮江務場認發幾半，全藉發 46 賣茶鹽鈔引以應供億。其兩浙鹽司確意措置，不患課入不登。今來臨安、平江、紹興三鹽倉積壓鈔引壹拾柒萬餘袋，無鹽可支，安得客人復來請買，是致本所支遣不給。」詔令三府帶行浙西、江東、淮東總領所主管茶鹽官入銜，到罷從本所批書，庶得專意督辦。（以上《永樂大典》卷一一一一五）

都大提舉茶馬司

【宋會要】 47 自熙寧七年四月，差太子中舍三司幹當公事李杞、著作佐郎梓夔路察訪司准備差遣蒲宗閔相度成都市易務，得旨令市易司經畫收買茶貨，專充秦鳳熙河路博馬，更不相度市易。當年十一月，權發遣三司鹽鐵判官公事、提舉成都府利州路買茶公事李杞，同提舉成都府利州路買茶公事蒲宗閔，應買茶博馬州軍，並令杞等提舉。謂秦鳳、階成、熙河等路。遂命杞與提點刑獄序官，蒲宗閔與提舉常平序官，後又令與轉運判官序官，自後因之。置都大提舉及主管、同主管，各因其資品高下除授云。

《哲宗正史・職官志》：都大提舉茶馬司，掌收摘山之利以佐調度，凡市馬於蕃夷者，率以茶易之。産茶及市馬州郡，官屬得自辟置，視其數之登耗以詔賞罰。

神宗熙寧七年六月二十五日，熙河路經畧使王韶言：「奉詔募買蕃馬〔一〕，今黑城夷人頗以良馬至邊，乞指揮買馬司速應付。」從之。仍令李杞據見茶計步乘般運，具已撥數以聞。

七月八日，中書奏，勘會達、涪州税到客茶不少。詔：「宜令相度成都府等處收買茶貨李杞等，相度此兩州茶色額，如可以應副秦州博馬，即合如何擘畫津般到得本處應副支用，速具的確事狀以聞。」

九月十六日，詔：「經畫成都府利州茶貨李杞買物帛應 48 副熙河路博買馬，仍具所博買茶數以聞。」

十月十四日，太子中舍、三司幹當公事、經畫成都府利州路茶貨李杞等奏，與成都府路轉運司同共相度到於雅州名山縣、蜀州永康縣、邛州在城等處置場買茶，般往秦鳳路、熙河路出賣博馬。

十一月二日，又奏：「准朝旨於本路出産茶州軍相度計置買茶，津般往熙河、秦鳳路出賣。勘會洋州、集州、興元府出産茶貨，内集州近已廢罷，本處産茶不多，難以置場收買外，有興元府、洋州廣産茶貨，自來通商興販。乞與轉運司同共相度，於興元府、洋州置場收買，津般往熙河、秦鳳路出賣。」從之。

三日，詔：「李杞、蒲宗閔並專令提舉買茶等事，更不管幹三司職事。李杞於秦州，蒲宗閔於成都府，踏逐空閑廨宇居住。杞與提點刑獄序官，宗閔與提舉常平序官。」

〔一〕蕃：原無，據《長編》卷二五四補。

十一日，詔：「戎州軍事推官張昌宜令流内銓就注充本司幹當公事，其戎州推官員闕勘會施行。仍令本司候將來任滿無過犯，具勞績保明聞奏。」從李杞請也。

十〔二〕月十二日〔一〕，權發遣三司使公事章惇奏：「已差李杞等提舉收買川茶，省司已應副本錢，今更有事節。今來乞於職位内稱『提舉成都府利州秦鳳熙河等路茶場公事』。如向去事務繁多，更合要官員幹當，乞許本司奏差。今來初創置茶場，官中本息錢數有限，慮恐熙河路輒有侵使，乞於茶税息錢内每年認定四十萬貫，應副熙河(溥)〔博〕49馬并糴買糧草，餘外錢物並本司樁管。」從之。

八年正月十九日，李杞、蒲宗閔奏：「準詔許同罪保舉無贓罪京朝官、班行、選人五員，充本司幹當公事，今乞差新授秀州司法參軍孫鼇抃充本司幹當公事。本司差出諸路州軍幹當，亦乞令乘遞馬，支驛券。」從之。仍令流内銓差注。

二月二十日，又奏，乞差右班殿直段緘充本司幹當公事。從之。

閏四月二十六日，中書門下言：「提舉熙河路市易司申明，與提舉成都府利州(奏)〔秦〕鳳熙河等路茶場司有無統轄。勘會成都府買茶，於熙河路博馬，元係都提舉市易司擘畫。昨差李杞、蒲宗閔前去相度，遂就差提舉買茶，即是熙河路市易司一事。今相度，其茶場司合併入熙河路市易司，爲買茶税場，李杞、蒲宗閔合兼提舉熙河路市易司，仍各依舊分頭幹當，並隸都提舉市易司統轄。」從之。

六月，詔：「三司具未置熙河路買馬場以前買馬錢物歲支若干，於是何官司出辦，自用茶博馬後如何封樁，申中書取旨。」

八月六日，提舉成都府利州秦鳳熙河等路茶場公事、兼提舉熙河路市易司奏：「茶場司已併入熙河路市易司，所有市易司已與比部員外郎汲逢等同共幹當，及連銜申發文字，其諸州茶場亦合令汲逢於(御)〔銜〕位内添入『同提舉成都府利州秦鳳熙河等路茶場公事』，並隸都提舉市易司，協力幹當。」從之。

二十三日，權發遣三司鹽鐵判官、提50舉成都府利州秦鳳熙河等路茶場李杞言：「賣茶博馬，乃是一事，乞同提舉買馬，歲以萬五千匹爲額。」詔杞兼提舉買馬，且以二萬匹爲額，候二年取旨。杞以爲數多，再詔以萬五千匹爲額。

十一月十六日，中書言：「川茶元法於茶税并息錢内，歲認定應副熙河博馬及糴買糧草。乞令提舉買茶官歲給熙州、岷州大竹并洋、蜀州茶各三百馳〔二〕，以爲應副市糴，

〔一〕十二月：原作「十月」，與前文月日次序不合。考《長編》卷二五八，熙寧七年十一月十四日戊申李杞之官銜仍爲「提舉成都府利州路買茶」，可知此條章惇乞改李杞銜必在十一月十四日以後，應爲十二月。

〔二〕馳：按，此字作量詞表牲畜背負物品之單位時，古籍中通作「馱」，本書食貨門亦作「馱」，職官門則馱、馳混用，今仍之。然究當以「馱」爲正。

於茶場應副糧草數内除豁〔一〕。」從之。

九年四月二十三日，都提舉熙河路買馬司言：「監牧司闕乏，見欠市易司錢物，而市易司欲侯還足，方肯應副買馬，遞相推倚，實誤博馬日用。欲乞馬價盡用茶貨折之，若馬客願貼錢就場請茶者亦聽〔二〕。候所貼見錢數多，即許與茶兼支，庶幾公私兩利。其年額博買茶貨，乞令茶場司相度合用數支撥與四場〔三〕，候數足，然後以剩數撥與轉運司糴買糧草。」從之。

十年九月二日，（詔）提舉成都府等路茶場司李稷乞應干本司職務措置、申請、辭訟等事，他司毋得干與，如處置有屈抑，許經監司申理〔四〕。從之。

四日，詔：「提舉成都府利州秦鳳熙河等路茶場司更不隸都提舉市易司，亦罷兼秦鳳路市易司。」

十月二十八日，詔茶場司許不依常制舉辟勾當公事官三員。

元豐元年四月七日，提舉成都府利州秦鳳熙河等路茶場公事李稷奏：「議者常言茶價高大，國馬遏絶，臣以謂博馬官司既不用貴茶，自當以銀帛和[51]市。往時劉佐定熙河名山茶每馱直三十七貫省，呂大防用慕容允滋，價減爲二十五貫一百六十省。然去冬民間且二十七貫足。由是觀之，劉佐知增而不知減，呂大防知減而不知增，是皆立法不能變通。今且畫一起請：一、諸出賣官茶，令提舉茶場司立定中價，仍隨市色增減。應增（減）者，本州本場體訪詣實，增訖申茶場司，本司爲覆按，若後時及妄謬不實，並隨事大小奏劾施行。應減者，申茶場司待報。一、臣竊詳茶法官利在價高以得厚利，處之無術而并與法壞者，劉佐是也。買馬官司利在茶價低，價低則蕃部利厚而馬有可擇。近蒙朝廷已立對行交易法，銷去買馬官司爭價之弊，臣不復論列。臣以謂既許隨市色增，竊恐逐州止務添價，却致賣茶數少。須立定每歲課額及酬賞格法，使人人赴功，則事務不勞而辦。今勘會熙寧十年賣茶倍於常年，欲立條下項：諸博馬場所用茶，秦州額熙寧十年支賣茶五千九百二十四馱，今定六千五百馱；熙州額熙寧十年支賣并博馬共一萬三百七十九馱，今定一萬九百馱；通遠軍熙寧十年支賣并博馬共六千九百六十馱，今定七千六百馱；永寧寨熙寧十年支賣并博馬共七千九十一馱，今定七千五百馱；岷州熙寧九年〔支〕賣并博馬共三千九百四十六馱，熙寧十年〔支〕賣并博馬共三千三百八十六馱，今定（賣并博馬共）四千馱。」並從之。

五月[52]二十一日，提舉茶場李稷言：「三路三十六場，大、小使臣殆及百員，乞不限員數，舉三班使臣。」詔從之。內歲舉官十員，候三年茶法成序取裁。

〔一〕豁：原作「割」，據《長編》卷二七〇改。
〔二〕場：原作「整」，據《長編》卷二七四改。
〔三〕司：原脱，據《長編》卷二七四補。
〔四〕監：原作「歷」，據《長編》卷二八四改。

六月十一日，提舉成都府等路茶場蒲宗閔言，乞依李稷舉劾官吏。詔宗閔與理轉運判官資序，比李稷所舉人三分之一，其州縣官吏於茶場司職務有違，亦許按劾。

九月十六日，李稷又奏：「已降指揮，般茶鋪令提舉茶場司選三班使臣一員具名奏差。今選到三班奉職楊廣，乞差充巡轄秦鳳興利般茶鋪，填創置闕。」從之。

二年四月二十五日，三司鹽鐵判官、國子博士李稷奏：「臣檢會茶法元條，每年收息稅四十萬貫，應副博馬及糴買糧草。續準朝旨，盡數應副博馬，以其餘助轉運司。往時所收息稅不能敷辦元額，止隨手支充博馬，本息畧盡。近準條與買馬司對行交易，以此本司錢物出納分明。緣前後條貫各經衝改，更無合應副轉運等司年額定數。臣竊計三路官茶稅錢，茶場司既以通認十五萬貫，即諸州出入所得盡係茶場司年額。往時轉運司亦曾應急申請支過茶稅錢，致本司所認歲入頗成散落，竊恐因循，寖越常守。欲乞自今後於年額息稅內，歲以五萬貫給轉運司，餘悉待公上詔用。取進止。合入《提舉成都府利州秦鳳熙河等路茶場司敕》。」從之。

五月十三日，詔：「右贊善大夫、同提舉成都府等路茶場范純粹序官、廩給、人從視提[53]舉常平官，薦舉官分李稷之半。别給都大提舉茶場印付稷，聽稷、純粹同轉運司舉官知洋州。」並從稷請也。

三年十二月二十五日，詔：「提舉成都府利州秦鳳熙河等路茶場公事官，每年合舉官三分減一。李稷（等）、蒲宗閔每年合舉京官三人，縣令一人，使臣陞陟三人，同提舉陸師閔舉京官一人，縣令一人，使臣陞陟三人。」

四年五月十二日，陝西府路轉運使、都大提舉茶場李稷言：「臣典領茶法五年，選辟官屬同心一力，奉宣條詔。（令）〔今〕所差諸州官罷滿及期，乞本司自今奏辟雅州、漢州知州，邛、彭、利州通判，名山、永康、綿谷、順政知縣。所貴維持法度，久益不懈。」詔如轄下官弛慢，令茶場司奏易，劾罪以聞。

七月九日，奉議郎、權發遣羣牧判官公事郭茂恂奏〔一〕：「臣近準詔，訪聞陝西轉買蕃部馬并斛斗所用錢物，不如蕃部所欲，致收買數自不多，差臣相度，若專以茶博馬，以綵帛博糴斛㪷，及將茶場、買馬併爲一司，如何措置可以經久施行，詳具畫一聞奏。臣於本路體訪得，蕃部所欲大抵惟茶爲急，自來將馬中官，請到折價銀絹等，只是將三二分歸蕃，其餘往往却赴茶場博買茶貨。其買馬司所支銀、紬、絹等，又例各折價高大，茶場却只依市價量添些小錢數博易。其鈔亦隨時各有虧損，約計一匹馬價虧蕃部錢多者至四貫以上，少者亦三貫以上。是以不如所欲，致買數不多，及少肯將好馬入塞。臣今相度，若[54]專以茶博馬，委是利便。兼勘會舊日亦是用茶充折馬價，雖兼用金帛等，亦從其便。

〔一〕恂：原作「恒」，據《長編》卷三一四改。

自事局既分，祇於近歲已來，專用銀絹及錢鈔等，不復用茶。況賣茶、買馬，事實相須，今若將提舉買馬官通管茶場，不惟職務相濟，兼蕃部得茶，如其所欲，中國可致多馬以充戰騎，實爲兩便。所有博糴斛㪷，勘會見今熙河等路諸司各置場博糴，或用見錢，或用茶，或用鹽鈔等，各從蕃部之便。今若專以綵帛博糴，緣其間亦自有願要見錢或茶之類者，臣今相度，欲乞兼用綵帛博糴。謹具逐項措置經久可以施行，畫一如後：一、蕃部將馬中官，其價錢並以茶充折，約計每馬一匹支茶一馳。如馬價高，茶價少，即將餘數以銀、紬、絹及見錢貼支。內銀、紬、絹並依逐處在市見賣實價紐折，不得有虧官私。其見錢仍計每匹價直，不得過十分之一。如不願請銀、絹等，只願以餘數算請零茶，亦聽從便。如馬價少，茶價高，即許貼錢請茶，或合併就整請領，或據錢數算請零茶。〔貼黃〕稱：以上件馬價若支一分見錢，每年約用五萬餘貫，提舉買馬司逐年有收到雜支、租課，內贓等錢約六萬餘貫，可以應副支用。一、蕃部牽馬赴場，候揀中，據合請茶數，限當日出給關子，赴場請茶，畫時支給。所有願貼請銀、紬、絹及見錢等，只就買馬場，亦限當日支給。已上如稍稽滯，干繫官吏並從嚴斷。一、今來所支博馬茶，並須取蕃部情願，不得押55勒。一、今來買馬額數，乞立定每年二萬匹，委提舉司抛降與逐場認數收買，仍於額外廣謀收市，候至歲終，會計賞罰。其額外買到數，仍比額內合該賞典優與推恩，每年具數比較聞奏。〔貼黃〕稱：臣近與提舉買馬司同共會計到，每年本息錢共五十五萬六千八百八十八貫六百一十八文省，計合買馬二萬一千三百二十八匹。今來既不用鹽鈔，其紬絹又依市價從蕃部，即更無合收息錢，只有本錢并收地租課等共四十九萬六千三百三十五貫五百八十七文，紐算只合買得馬一萬九千三百六十五匹。今定二萬匹爲額，少着錢二萬三千餘貫，乞據數於賣茶息錢內除破。其自來所收息錢，只是有賣出字馬等合收息錢，數亦不多。一、自來德順軍、階州所買馬不係年額數內，見今支折馬價，亦用銀、紬、絹等。臣今體訪得階州賣馬蕃部，亦是多願要茶。今乞并依熙州等場定到新例外，德順軍多是側近淺蕃將馬中官，不願請茶，兼本軍亦無賣茶場，只是於稅務寄賣，數目不多。今只及時將本軍見支折馬價除見錢依見行則例更不增損外，其紬、絹、銀等並依市價紐算支折，仍聽從便請領。內階州貼支紬絹，自依舊以川小紬絹充之。〔貼黃〕稱：德順軍買馬，係於陝西年計一萬五千匹外添買。今來既將買馬錢本盡數會計，立定新額，其德順軍亦係支用買馬司錢，合將本軍所買馬收入年額，56令提舉司給與熙州等場一處抛買，仍令廣謀收市。一、以『提舉陝西買馬監牧兼同提舉成都府利州秦鳳熙河等路茶場司』爲名。一、茶場司息錢年額萬數浩瀚，買馬錢本數亦不少，各存舊額以備鈎考。今欲乞將朝廷所給買馬紬絹，除蕃部願請外，并鹽鈔、租（稞）〔課〕，並委本司同共擘畫，變轉移用。候歲終，將實收到錢數與見錢并支過博買茶數各行計會。如支過茶數多，買馬錢數少，補償不足，即於茶場司事，提舉買馬監牧官並通管。一、提舉茶場買馬官資任、坐次、相壓及諸般請給、當直人等事，並各依舊條施行。一、臣今體度得自來蕃部將斛㪷入漢界，見今沿邊州軍諸官司收糴，所支錢物不一。如轉運、提舉常平倉司多用見錢，茶場只是用茶，經制司多用鹽鈔，已是各從蕃部之便。臣今相度，乞將紬絹與茶相兼博糴斛㪷。」並從之。

十二日，詔：「雅州名山茶今專用博馬，候年額馬數足，方許雜賣。」

十八日，中書門下奏：「據提舉成都府利州秦鳳熙河等路茶場司幹當公事官五員未有印記〔一〕，乞下少府監先次鑄造銅記五面，並以『提舉茶場司幹當公事朱記』一十一字爲（之）〔文〕，如降送本司，責憑給付逐官行使。」從之。

八月二十一日，奉議郎、新差專切提舉陝西買馬監牧、兼同提舉成都府利州秦鳳熙河等路茶場公事郭茂恂奏下項事：「一、臣近相度，茶場、買馬併爲一司，元奏請畫一條件內一 57 項，乞將朝廷所給買馬紬絹等除蕃部願請外，并鹽鈔、租課並委本司同共擘畫，變轉移用。今既蒙朝廷專以馬事付臣，兼領茶司，緣提舉茶場官不兼買馬之職，故條約事件尤須明具。今來雖專以茶博馬，其錢帛等亦須寬作計置應付。臣昨會計每年馬價內支一分見錢約數，只是將買馬司合得錢紐算，自可應副得足。租課收斂有時，內臟錢散在陝西諸州軍，或後用未至，即恐須要鹽鈔就買馬變轉見錢應副支用。其紬絹既許將馬價零數取情願貼請，亦未能便見的實合用數目。兼朝廷改法，本要致馬之多，已將紬絹依市價折算，若蕃部有願要多請紬絹者，須其所欲如此，則一歲所支未易預計。臣今欲將買馬錢帛等先委買馬司移用，逐旋約度餘剩之數，節次關報茶場司，同共變轉。兼昨會計立到買馬年額二萬匹，盡計馬司錢物實數，已有不足。若至歲終會計，除本色支用外，見在之數並合撥歸茶司充茶價錢，即於歲初川路紬絹未到及收積支撥鈔錢未備、新陳不相因之際買，必致闕用。欲乞每歲終會計後，許馬司却於茶司（交）〔支〕撥過錢物內借撥應副支使，於年內據數撥還〔二〕。所有昨會〔計〕到每年買馬少著錢二萬三千餘貫，乞於賣茶息錢內除破，只是約度計算到數，緣逐年收買馬數不足，如向去支過價錢多，並合據數除豁。一、臣竊聞朝廷已降指揮，名山茶專用博馬，候年額 58 馬數足，方許雜賣。此有以見陛下留意馬政之切至也。今蕃部所欲茶大抵多欲名山一色，然亦時有願得其他色額，如大竹、洋州之類者。竊恐茶場司爲有今來朝旨，不敢兼用別色。臣今欲乞特賜指揮，除名山茶依前降朝旨外，如蕃部有願請其餘色額茶者，亦聽從之。」並從之。

十月二十七日，提舉陝西買馬監牧同提舉成都府利州

〔一〕「茶場司」下，疑脱「言」、「申」、「奏」之類一字。
〔二〕數：原無，據後職官四三之六二「六年正月十七日」條補。

秦鳳熙河等路茶場司奏：「準詔，買馬價錢仰依條畫時支給。又詔，令經制熙河邊防財用司指揮，許令弓箭手依官價自買及格堪披帶馬，赴本司呈印訖給付買馬場，當日支給價錢，仍充買馬司年額之數。本司歲額所入見錢不多，欲乞今後弓箭手自（賣）〔買〕到馬價錢，許以茶及銀、紬、絹、見錢相兼支給，所貴易爲應副支用。」從之。

十一月二十五日，中書劄子：「提舉成都府利州秦鳳熙河等路茶場司奏：準朝旨，名山茶專用博馬，候年額馬數足，方許雜賣。又餘色茶如蕃部願請，亦聽博馬支用，即不妨茶場司出賣。竊緣本司年額課利浩大，只熙河一路逐年樁認應副錢二十萬貫，及非泛支撥在外，諸雜（茶色）〔色茶〕變轉絶少，全藉出賣名山茶趁辦。若伺候馬足雜賣，監牧司買馬必是年終數方足備，纔及歲首，又須却止住出賣，應副博馬。如此則本司無有貨賣名山茶之期。今來雜色茶亦博馬，即本司買賣，左右爲法所拘，竊慮收趁課利不足，有悮支用。兼蕃部出漢[59]買賣，非只將馬一色興販，亦有將到金銀、斛㪷、水銀、麝香、茸褐、牛羊之類，博買茶貨，轉販入蕃。若不令本司旋行出賣，即蕃客別買物貨，不惟大段虧失本司財利，兼名山茶却有積壓，買馬蕃部未必盡皆要茶。次下等一匹馬價自不及茶一䭾之直，大約每歲不過用茶一萬五六千䭾。乞賜指揮，除依今來朝旨，諸色茶亦聽博馬不妨出賣外，名山茶亦乞責辦本司應副博馬年額管足，所有餘數並許出賣，貴得兩司各不妨闕。」詔從之。

以上《續國朝會要》。

元豐五年二月十八日，提舉陝西買馬監牧、兼同提舉成都府利州秦鳳熙河等路茶場公事郭茂恂奏：「奉聖旨，陝西逐路諸軍闕馬至多，仰臣具合如何擘畫可以招誘蕃部，廣行收買，支填得足，速具事理聞奏。一、勘會熙河路州軍各有蕃官，如包順、包誠、趙純忠之類，並是近上首領，蕃部素所信服，其勢力足以招致蕃客。乞賜敕書，令各官誘蕃部販馬入塞，每人且令結買五七百或一千匹，仍乞委自逐處守臣丁寧慰諭之。或要預借茶、綵，仍乞應副支借，約定期限。如能招置數足，即乞量賜恩奬。歲月之間，必有成効。一、體問得舊日券馬上京馬價甚高，每匹大約不下三十貫，而茶價其初頗賤，每䭾不過十二貫。今則馬價減於舊日，茶價倍貴於前。緣蕃客往來販易，須有所得，乃肯趨利而來。臣今相度，若將博馬茶比之用錢及別物貨博買[60]者，別爲兩等，其博馬茶量減錢一貫已來，如此則蕃部自然多販馬入塞矣。若以謂稍虧茶價，緣賣茶之息甚大，馬來既衆，則售茶亦多，茶價高即馬來者少，不若稍減以致多馬，是其實無損也。一、自來買馬自四赤七寸至四赤一寸七等中，各以一寸爲差，而價錢自三十二貫至十六貫，其等第差降少者祗一貫三百文，多者至五貫一二百。等量之際，蕃部以争較等第分寸，不肯中賣。謂如四赤四寸馬二十七貫三百文，如有虧分數，須作四赤三寸收買，價直二十二貫二百文，即是（寸）〔才〕争一寸，便較錢五貫一百文。價直相遠，往往不肯作四赤三寸中賣。臣今相度，欲乞將諸等價衮合，重行均定，使相較不致絶遠，如此則易於收市。兼勘會熙、岷、秦州馬價並合一般，其蕃部就秦州中賣，比熙、岷州遠七八程，有芻秣裹糧之費。欲乞因今來均定馬價，於逐等内將熙、岷州各減五百文，秦州各添五百文，所貴稍得均當。一、勘會自來依條每月將門户蕃部勾招到中官馬數比較，最多者支與綵一疋，銀椀一隻重半兩。自來不計馬數多少，只取最多者一名支與。臣今相度，乞重别立定，每月勾招蕃馬中官及一百匹已上者，不限人數，並各支與上項例物。如月各不及百匹，即取一名最多者支與綵一疋，銀楪子一片重二錢。所費錢物不多而有所别異，可以激勸蕃部。兼舊條蕃部中馬，其賣馬蕃部並給 61 酒二升，自來只是紐計價錢支給。相兼既久，祇與馬價一衮請領，不復知有犒設之食。今乞除依自來條例外，委逐州長吏每旬於中馬稍多日分，量給酒食，犒設賣馬蕃部，亦足以使遠人知朝廷之意，樂於致馬入塞。」詔所乞預借茶、絹恐致失陷外，餘並從之。

五月二十四日，朝散郎、同提舉茶場公事蒲宗閔奏：「臣伏見今來新開拓蘭州定西城，與通遠軍、熙州鄰近。蕃部所嗜畧同，體問得川茶亦可博賣。近經制司奏，新添城寨費用增廣，令添助歲額錢十萬貫。今欲擘畫津般茶貨往蘭州定西城，委監酒税官兼管，漸次貨賣，就近添助，不得公私興販往彼。候見次第，即依熙州、通遠軍等處先得指揮例，擘畫差官置場。其餘約束，並依本司條貫施行。」從之。

同日，同提舉成都府等路茶場蒲宗閔言：「成都府路産茶縣及利州路、興元府、洋州已有榷法，今相度巴州等産茶處，亦乞用榷法。」從之。

六年正月十七日，同提舉茶場公事蒲宗閔奏：「監牧司新條，乞買馬錢帛等先委買馬司移用等事，欲乞將博馬茶價錢物不須先令馬司移用，其馬司若額外更要錢物，乞令申奏，本司於息錢内正行支借。」批送兵部，檢准元豐元年正月九日指揮：「仰羣牧司關牒行司，據所要茶以錢帛對數交易，不得預行指占，致妨滯茶場司歲額。」又元豐四年八月二十一日郭茂恂奏：「乞將買馬錢帛先委買馬司移用，62 逐旋約度餘剩之數，節次關報茶場司，同共變轉。每歲終會計後，許馬司却於茶司支撥過錢物内借撥應副支使〔一〕，於年内據數還。」本部看詳，乞依元豐元年正月九日指揮，所有元豐四年八月二十一日條例更不施行。從之。

四月三日，同提舉茶場公事陸師閔奏：「伏自買馬司兼領茶場，而茶法不能自立，蓋有所職既事以多馬爲務，而又得與茶事，則其勢不免於取此以益彼。如(貢)〔買〕馬司用茶，並乞依舊條以錢帛對數交易，仍不許别司取撥茶貨。」詔令蒲宗閔、陸師閔共同詳具利害奏聞。

同日，提舉成都府等路茶場陸師閔言：「文州與階州接

〔一〕許：原作「計」，據前職官四三之五七元豐四年「八月二十一日」條改。

境，有博馬及賣茶場，龍州舊許通商〔一〕，乞以文、龍二州並爲禁地。其秦州本司差官一員造帳，計置川路羨茶，偏入陝西路出賣，仍於成都置博買都茶場。」從之〔二〕。

五月三日，提舉陝西買馬監牧司奏：「據階州申，元買馬蕃部請大竹茶，每馱一十四貫六百四十文，所有近茶場司每馱添錢五貫三百六十文，近累申上衙，只每馱減錢一貫文。爲茶價高大，買馬不行。本司看詳，階州茶價添起錢數，其馬價若只依舊，恐蕃部不肯將馬中賣，須致量增馬價。」詔只依舊價，如蕃部不願請茶，並以見錢物帛收買。

六月七日，兵部狀：「勘會提舉陝西買馬司郭茂恂奏内一項節文：『臣昨於去年中奏乞將博馬茶比見錢及物貨博買者，每馱減錢一貫文，即蒙施行。緣今來 63 茶價比之日前增數至多，又添長不已，而買馬價如舊。所較數日，相遠殊甚。臣今相度，若欲稍添馬價，緣一增之後難復減損，而日後它物價平，脚費稍少，則茶固應可減，不若只將茶價減數博買，所貴他日易於裁損，可復如舊。臣今欲乞權將應係博馬茶每馱量添色高下及馬等第參酌，於見折價上更與減一二貫以來。仍從本司相度，隨時增損，候向去脚費漸少，茶價稍減，即依舊每馱秖減錢一貫文。所貴蕃部可販，易於招誘。』竊恐茶場司以減錢數多，仍乞從依先降朝旨減價錢外，今來所減茶價錢，本司管認別作項次撥還，如此則自不虧損茶司財利。」詔提舉買馬司更不兼茶場司，其博馬茶每馱比見賣價更與減二貫文，所減價更不撥還，許理茶場司課息。所有買馬司用過茶價，限歲終撥還取足，不得拖欠。

二十二日，提舉成都府等路茶場郭茂恂言：「昨準詔專提舉買馬，兼提領茶事，而茶場司不兼買馬，既不任責，遂立法以害馬，茶價每馱有增十餘千者〔三〕，恐蕃馬歲不入，上誤國事。乞併茶場、買馬爲一司，庶幾茶司同任買馬之責。」降旨闕。

閏六月十二日，吏部狀：「準都省送下提舉成都府利州陝西等路茶場司奏：『乞秦、熙、河、岷、階州、通遠軍、永寧寨茶場，並乞令本司不拘常制踏逐諳曉事法、有心力京朝官、選人、小使臣，奏乞差充監官。』本部檢會聖旨，内外官司舉行悉罷，今來係 64 是本處創有陳請，合取自朝廷指揮。」詔特依。

十三日，提舉茶場公事陸師閔劄子奏：「竊見新修《茶場司敕》尚未全備，擇出合行通用條貫三十八件，内有於新法干礙者，畧加刪正下項：諸提舉官於轄下官吏，事局相干同按察，部内有犯同監司。諸提舉官點檢職務公事，杖已下罪就司理斷，事合推究者送所司，徒已下依編敕監司點檢法。諸路茶法、職務、措置、詞訟、刑名、錢穀等公事，

〔一〕許：原缺，據本書食貨三〇之一八補。
〔二〕按，《會要》此條節畧太甚，且刪削不當，以致文意不明。《長編》卷三三四節引陸師閔此奏較詳，可參見。
〔三〕茶：原脱，據《長編》卷三三五補。

除州縣施行外，合申明者申取提舉司指揮施行，他司不得干與。雖於法合取索文字，並關牒提舉司施行，不得專輒行下諸處，亦不得供報。如已經處置，尚有抑屈者，許以次經轉運、提刑司申理。諸幹當公事官，川路二年、陝西二年半爲一任，選人願三考者聽從便。供給依廨宇所在州簽判例，州無簽判依職官例。京官以上及大小使臣各隨本資添支，本資無添支者，依監一萬貫場務例給。諸幹當公事官闕無所承，許不拘常制選差轄下官權充。其餘應合差官幹事，並依編敕差官條施行〔一〕。諸紙筆、朱墨、油燭、皮角，以係省錢收買，在京申省支給。諸文字往還並入急脚遞。」從之。全文見茶門。

十月八日，户部狀：「提舉成都府利州陝西等路茶場司奏：『檢準元豐五年二月十八日朝旨，郭茂恂奏，博馬茶量減錢一貫已來。竊詳元無指定減過錢數合令是何司分管認明文，今來未審令買馬司據減過茶價錢數撥 65 還本司，或只亦依今降朝旨指揮於本司課息錢内豁除？』本部今勘當，欲將元豐五年二月十八日後來至今年二月終已前減過茶價錢，並依今年六月七日朝旨，更不令提舉買馬司撥還，許理爲茶場司課息。」從之。

十一月八日，詔：「都大提舉成都府等路茶場，朝廷特以增廣榷賣路分，所以改置司名。其將事之人資任雖淺，不可不隨宜假借事權，宜令與轉運使叙官。」後詔都大提舉視轉運使，同主管視轉運判官。經制熙河蘭會路邊防財用司準此。

九日，都大提舉永興〔運〕〔軍〕等路榷茶公事陸師閔奏請事件于後：「一、本司舊於成都府、秦州兩處置司，各有廨宇、人吏等，今並乞依舊。仍於兩處各置管幹文字官一員，許不依常制奏差承務郎以上或選人充，仍並依幹當公事官條。一、幹當公事官見管七員，内二員係奏差，五員係吏〔部〕選差。今乞許本司不依常制奏差，所有吏部已差下未到任交割者，亦乞別指名奏差替换。其接送、當直兵級及不許赴妓樂筵會等事，並乞依轉運司管幹文字官條。一、每年奏舉選人改官舊條，通計合舉九人，欲乞特添三人外，有縣令、小使臣陞陟員數，只依舊條併舉。一、本司舊支頭子錢七百貫充公使，今乞特添三百貫，每年共支一千貫文。一、公使合用酒欲乞隨所至州縣那兑支用，以米麴、工價算還，通計不得過合造酒數。一、本司今來赴闕，依例添差等 66 分三人，各使遞馬及擔擎文字兵士五人，遞鋪七人。乞今後遇赴闕及出巡，並依此施行。一、本司舊條，提舉官與提點刑獄序官，同提舉官與轉運判官，惟都大提舉官元係陝西路轉運使兼領，未有明文。」詔特令與轉運使序官，餘並從之。

十二月十二日，守監察御史張汝賢奏：「近定奪郭茂恂、蒲宗閔互論公事，因兩司執議榷茶價之法至今未定，遂

〔一〕差官條施行：原作「差官依條行」，據本書食貨三〇之二二改。

相度立爲酌中之法，以息紛紜。今準朝旨，送陸師閔相度聞奏。臣勘會師閔今年中嘗具劄子上殿，奏乞馬司用茶依舊條以錢帛對數交易〔二〕。今與蒲宗閔同（其）〔具〕利害聞奏，亦用前説同狀奏聞。此二人之議固已符合。臣詳究兩司利害，博馬之利實仰於茶，而茶司運致茶貨，自秦隴以西惟以顧賃脚乘爲患，不以出賣不行爲患。借令馬司不爲支用，蕃部亦必以他物博易，實無損於歲課。此茶司之利所以無仰於馬司。然欲其法度相濟，可以經久，實在朝廷參酌而行之。今止令師閔相度，試恐尚執前議，祇求自便，不顧馬司之害，則行之將來，未免牽制。臣契勘遞年買馬，冬季常多，夏季常少，春季多少不常。蓋馬性宜寒而畏熱，其來多寡不常，待用之茶宜亦有别。臣愚見竊謂可令逐季首椿定名山茶馳，春秋各三千，（各）〔冬〕加一千，夏減一千，餘茶量數椿留。若買到馬多，更要支用，仍委茶司畫時應副，所支茶價並限次季還足。庶爲酌中之法，兩得順便。」中 67 書省勘會：「蒲宗閔據張汝賢定奪到與郭茂恂互奏公事，多有不當。以茶法推行之初，宗閔能協力主辦職事，不爲異論所摇，特免勘除都官郎中。今年十一月二十五日，得旨：郭茂恂依赦放，其張汝賢相度到椿定博馬茶數等事，令陸師閔相度聞奏。」詔張汝賢前奏先次施行，其今年十一月二十五日令陸師閔相度聞奏指揮更不施行。

七年五月十七日，户部言：「都大提舉成都府永興軍等路榷茶司奏：『利州路買馬事件内一項，有今來添額買馬合用茶貨，乞指揮茶場司於洋州、興元府應副。本司勘會，若洋州、興元府額外應副買馬司茶般赴文州支用，則是通商低價茶侵入禁地，有害茶法。今相度，乞許令本司就近於文州茶場見賣茶内支撥應副買馬，除轉運司舊額茶只用洋州、興元府元價並雇脚錢數計算歸還本司外，有添額買馬合用茶并舊額茶内虧少錢，并乞依例計算，理爲本場課額。』本部看詳，欲乞依本司所奏。」從之。

十一月二十二日，都大提舉成都府永興軍等路榷茶公事陸師閔劄子：「諸巡轄般茶鋪使臣請受、當直、兵士並依巡轄馬遞鋪例，出巡給遞馬一匹。每歲比較，如無住滯工限及逃死兵士不及五釐，任滿與減一年磨勘，先次指射家便差遣。」從之。

十二月十一日，兵部奏：「陝西買馬司自熙寧十年差官買馬，歲以一萬五千匹爲額，至元豐三年，每歲常買 68 及數。其時馬價聽用茶并雜物，從蕃部所便，相兼折還。唯茶依市價外，其雜物各有量增息錢，歲收六七萬貫。至元豐四年，郭茂恂乞蕃部中馬專以茶充，其餘數仍許見錢、物帛，内物帛止依市賣實價紐折，並不收息，遂增立年額爲二萬匹。至五年八月滿一年，止買及一萬四千七百餘匹。又至六年八月并閏月，計一年有餘，又止買及一萬六千一百餘匹。至今年八月又滿一年，合行比較，約僅買到一萬

〔二〕易：原無，據本卷職官四三之六二補。

二千四，比之前二年其數愈少，各不增及新額。本司累奏，稱收市不行，乞差官詢採，參酌裁定，并乞前來奏稟。蒙朝旨令具到利害，大抵皆以茶價高及别司買馬價高爲説。本部看詳，自元豐四年後，雜物既用實估，及折馬茶比見賣市價每馳又減錢三貫，已是暗增馬直。然其所買馬不惟不及新額，亦不能過舊額所買之數，乃是每歲陡失利入不少，又買馬額數漸虧。望賜詳酌指揮，參考新舊應干買馬事件利害，措置施行。」詔陜西買馬撥隸經制熙河蘭會路邊防財用司，仰本司先具合行事件畫一聞奏，候至來年下半年，交割管幹。

八年二月二日，户部狀：「都大提舉成都府永興軍等路榷茶公事陸師閔奏：『近準朝旨，許令本司於文州茶場見賣茶内支撥應副買馬。竊緣本司應副買馬茶既已理爲課額，即轉運司所還舊額茶價及顧脚錢並在定本之外，難以逐時增添收係。乞據逐 69 年還到錢數，依川路食茶錢條限分數，於陜西路封樁，委是允當。』本部欲下榷茶司同所屬轉運司相度聞奏，奉詔依。今送下榷茶司奏，具其錢係屬本司所管，即與利州路轉運司别無干預，難以同共相度。本部乞依本司元奏事理施行。」從之。

十一日，户部狀：「都大提舉成都府永興軍等路榷茶司奏：『準敕，陜西買馬監牧司相度到文州買馬利害：一、乞將買馬紬、絹、絞〔一〕、茶之類，令買馬官專管。本司看詳，欲乞令買馬官親管折博支給外，依舊令職官兼管幹折博場文曆、倉庫支收出入等事，於本司茶法别無妨礙。一、乞今後茶場司合應副本路博馬茶數，並令文州茶場以洋州等處茶應副。如買馬數多，額外更合銷物色，並乞許令本司預行計度，下應副官司依數即時應副。看詳買馬司所乞文州茶場應副茶事，已準朝廷令本司就近於文州茶場見賣茶内支撥應副買馬，除轉運司舊額茶只用洋州、興元府元價并雇脚錢數計算還本司外，有添額買馬合用茶并舊額茶内虧少錢數，並依例計算，理爲本場課額。』本部欲依相度到事理施行。」從之。

七月十日，兵部狀：「成都府利州路經制買馬司奏：今相度黎、雅、嘉州買馬博馬合用茶數，除舊額買馬茶令於雅州官場收買外，有新額買馬合用茶數，欲乞依利州路已得朝旨體例，令榷茶司於就近場務支撥應副，仍理爲榷茶司課額。尋下 70 榷茶司相度，如朝廷許令本司應副，並須於春初指定的實合用斤數，關本司支撥。如支用不盡，即不許減退。本部欲依所乞施行。」從之。

九月十八日，詔：「陜西提舉買馬監牧司及成都府利州路買馬司，並令提舉成都府永興軍等路榷茶公事陸師閔兼提舉，仍舊用茶貨隨宜增減價直，相度穩便置場去處，計置博馬。候及一年，具買到馬實數并應有合措置事件，令詳具畫一聞奏。所有先降陜西監牧公事撥令陜西路轉運

〔一〕絞：疑當作「綾」或「綵」。

司管幹指揮，及陝西買馬撥隸經制熙河蘭會路邊防財用司并成都府利州路買馬指揮，並更不施行。」

哲宗元祐元年六月九日，相度措置熙河蘭會路經制財用司事所奏：「提舉榷茶司於本路買馬歲額萬數不少，其買馬場并綱馬上京所歷州塞，支過經制司支計案草料，並係輟郡邊計應副。緣本路與內地州軍不同，經費既多，芻粟倍貴，豈任他司侵用！緣榷茶司以茶博馬，每茶一馱收頭子錢三百文，係專庫均分。竊詳買馬場所用博馬茶場專庫於此無功，輒享其利，實出僥倖。乞應副買馬場并綱馬上京支過本路糧草等，歲終計數，令榷茶買馬司以上項頭子錢撥還。如不足，更以茶頭子錢貼支。」從之。

十月十七日，都大提舉成都府等路榷茶兼陝西等路買馬黃廉言：「按元豐六年閏六月十三日并八年十二月七日朝旨，應緣茶事於他司非相干者不 71 得關與，設使緣茶事有侵損違法或措置未當，即未有許令他司受理關送明文，深恐民間屈抑無由申訴。乞止依海行元豐令，監司巡歷所至，明見違法及有詞訟事在本司者，聽關送。應緣馬事亦乞依此。」從之。

四年二月四日，吏部狀：「都大提舉成都府利州陝西等路茶事司狀：遞年於雅州名山縣買茶，數目浩瀚，應副沿邊博賣。其知縣并昭化、依政、德陽、巴西、雒縣，各係裝卸雇脚去處，若省部依名次差人前來，萬一不至得力，無由改易。乞許本司奏舉名山、依政、利州昭化等緊切處知縣三員外〔二〕，有巴西、德陽、雒縣職事差少，只乞許本司舉官一次。」詔雅州名山、邛州依政、利州昭化知縣許奏舉外，餘從吏部差注。

紹聖元年閏四月九日，樞密院言：「買馬歲額錢約五十餘萬貫，自開拓熙河，運川茶易戰馬，其後官司務在收息趁賞，不以國馬爲急，至高增茶價，盡折馬司錢鈔疋帛以充本司之息。緣運茶、市馬共是一司，均爲朝廷之物，請自今一切官爲收市，上駟不過用茶三兩馱，而聽民以錢請買於官，則實息自倍。甸外無賣，盡令計綱上京，以供良馬之用。」詔太僕寺相度。

六月十日，都大管幹陝西等路茶事〔陸〕師閔奏：「伏見買馬用茶博易，每以茶價增長侵費買錢物爲害〔三〕。竊緣茶事司歲課浩大，其費茶之數多，而博馬之用少，不可以博馬之數減損賣茶價直，捐棄厚利。乞應用茶博馬，並依
72 見今所行條法外，每歲將未增茶價以前一年內買馬逐等實價立爲定額，會計支破買馬司錢物外，有增起茶價，並令茶事司於所收稅息錢內支破。」從之。

二年四月二十二日，都大提舉成都府利州陝西等路茶事、兼提舉陝西等路買馬公事陸師閔奏：「陝西賣茶、買

〔二〕利州昭化：原脱「州」字，「昭」作「照」，據下文補改。
〔三〕侵費買錢物：據下文，似當作「侵費買馬司錢物」。蓋茶價提高，買馬司用茶博馬所費錢物自是增多。

馬，比較賞罰，素有成法。今來券馬初行，已見得沿邊州軍買賣各與前日事體不同，蓋販馬客人多是就便入錢買茶結券。如前日沿邊入納見錢十餘萬貫，並於秦州茶場算請。又如熙、岷、通遠馬場歲額不少，今來客人多就秦州結券，則諸場必虧舊額。凡此之類，並因改法使然，即不係於官吏能否，竊慮歲終比較賞罰，有所不均。乞應今年茶場、馬場比較課額，並委都大提舉茶事司及提舉買馬司詳具逐處增虧因依奏裁，仍候法行就緒，別立條貫聞奏。」從之。《續通鑑長編》：宋哲宗紹聖二年八月辛卯，朝散郎、直秘閣、都大提舉成都府利州陝西等路茶馬陸師閔權陝西路轉運使，仍兼領茶馬事。

三年八月八日，樞密院言：「太僕寺考會紹聖元年、二年綱〔二〕、券馬死損分數，綱馬死者不止十倍。今復行券馬，係陸師閔建議，其効已見。」陸師閔特賜銀、（捐）〔絹〕各一百匹、兩，仍令學士院降敕書。

元符元年九月二十八日，都大提舉成都府利州陝西等〔路〕茶事司申：「準批下利州路轉運司申：『檢準元豐元年二月十二日敕，文州年額買馬 73 五百一十一疋。又準元豐八年十二月十五日敕，成都府利州路買馬錢並依未置司以前舊額匹數，合用錢物令逐路轉運司應副外，有不足，並於榷茶司稅息錢內支破。後準元祐七年八月二日敕，管幹茶事閻令奏，準敕買馬錢本舊額，令轉運司應副外，有不足，並於茶事司息錢支破。今來川路已罷榷，除收致錢外，更無諸般課息，恐應副買馬闕悞，以前額外買馬支過錢數，今茶司更不撥還。今後逐年買馬錢，仰成都府利州路轉運司均敷。又準紹聖元年八月二十七日敕，文州添額買馬合用茶，令轉運司算還元買茶價并雇脚錢。近準紹聖四年二月二十五日敕，提舉茶事陸師閔奏，復行榷買川茶，依元豐法不許通商。』本司勘會，文州舊額買馬逐年額外合用錢數目，並係茶事司於稅息錢內應副，後來閻令奏請，爲罷榷川茶後來闕少課息，所以令轉運司均認。本司自承準上件指揮後來，至紹聖三年終，買過額外馬，支過馬價並生料等，見取會元價撥還。本路財稅歲入有限，應副不足，自均認後來，拖欠萬數不少，尚未有錢撥還。今來已準敕依舊禁榷川茶，其茶司歲入課息等錢，自可敷足舊額應副買馬之費，所有元祐七年八月二日并紹聖元年八月二十七日指揮，理合更不施行。自紹聖四年二月二十五日指揮後來，合依舊令茶司管認外，有未降復榷川茶日前均認過 74 數目，乞漸次撥還，送都大提舉茶馬司相度，申樞密院。勘會昨準朝旨，永興、鄜延、環慶三路復爲禁茶地分後來，出賣川茶倍多，並於興元、洋州收市應副，即目大段闕少錢本支使。本司今相度，欲將未準紹聖四年二月二十五日復禁川茶日前合還本司茶錢，乞嚴責日限撥還，應副茶本急闕支用。所有自復行禁榷川茶日以後利州路買馬錢本，並從逐司依元豐年條法應副申聞事。小貼子稱：所有成都府路、黎州買馬

〔二〕二年：原作「二月」，據本書兵二四之二七改。

錢本，亦乞依此施行。」從之。其去年二月二十五日以前轉運司錢，限一年撥還。

三年九月二十七日，徽宗即位未改元。都大提舉成都府利州陝西等路茶事、兼提舉陝西等路買馬公事程之邵申：「自來蕃商唯是將馬入塞博易茶貨，今訪聞得近因熙州邊事後來，並不將馬入漢，只用水銀、麝香、毛段之類博易茶貨，是致馬額虧少。今相度，今後許蕃商將馬并物貨各中半赴官，折請名山一色茶貨。仍令支茶場分明於茶馳上印號，出給公據，付蕃部收執前去。及委經過近邊城寨、關堡子細點檢，若有公據印號茶馳，方得放行，其公據拘收毀抹，繳赴元給茶場照會。如無公據印號茶貨，即不得放入蕃界。仍乞差本司勾當公事及準備差使官員更互前去邊塞點檢，無令透漏茶貨入蕃，所貴招誘蕃馬入漢中賣。」從之。

十二月十七日，提舉陝西等路買馬監牧司奏：「檢準75詔：『今後許蕃商將馬并物貨各中半赴官，折請名山茶貨。』今有合申請事件：一、今來未有明文指定告賞刑名，欲乞應將不係博馬茶、無公據夾帶透漏入蕃，並許人告，依匿税條格施行。一、蕃部博馬，給公據入蕃茶經過城塞堡鎮，有合收税去處，雖即目不多，緣公人上下因此邀阻，乞權免收税。所有免過税錢，歲終計算，於茶事司年額税息錢内除豁。其税務監官許將免過税錢通入課額比較，候將來買馬通快，依舊例施行。」並從之。

二十七日，詔：「訪聞涉冬已來，熙河蘭會路漸有蕃商赴近邊博易，令都大提舉成都府利州陝西等路茶事司，應茶貨除胡宗回合要打誓支用，量行應副本色外，其餘入蕃茶惟博易馬方許交易，即不得將茶折博蕃中雜貨，務要茶馬懋遷漸通。仍每月終會聚月内博(馬到)〔到馬〕匹數，具狀聞奏。」

徽宗建中靖國元年四月三日，户部狀：「茶事司奏：『蕃戎性嗜名山茶，日不可闕。累年以來，買馬大段稀少，蓋因官司及客旅收買名山茶，與蕃商以雜貨貿易，規取厚利。其茶入蕃，既已充足，緣此遂不將馬入漢中賣，有(言)〔害〕馬政。今乞將名山茶立爲永法，專用博馬。如諸官司、客旅等輒(取)〔敢〕支賣與興販，其買賣之人、官吏等，並乞以不應爲從重科罪。如有計囑情弊，自依本法。』本部看詳，所乞專用博易馬，已有今年十二月二十七日朝旨外，有官司、客旅興販，並依本司奏乞事理76施行。」從之。

五月三日，吏部狀：「都大提舉成都府利州陝西等路茶事司乞將準備差使臣二員，許舉小使臣差使，借差殿侍、軍大將，充都官闕。契勘所乞(左)〔差〕軍大將充，委是闕人應副，難議施行。殿前司申，若依條奏舉殿侍，如朝廷許差，別無諸般違礙。本部今勘當，欲依本司所乞及逐處申到事理施行。」從之。

九月十七日，茶事司狀：「今相度，綿州羅江、巴西縣界八茶鋪，令巡轄綿、利州界茶鋪使臣移赴綿州置廨宇；

巡轄邛、雅州、成都府路茶鋪使臣兼催撥黎州博馬茶綱。所有逐官稱呼、窠闕，一員以『巡轄綿州羅江至利州昭化縣界茶鋪』〔稱〕呼，於綿州置廨宇，一員以『巡轄漢州成都府至邛雅州界茶鋪兼催發黎州博馬茶綱』稱呼，依舊只於成都府置廨宇，委是地里、職事均當。」從之。

十二月十一日，户部狀：「準茶司奏：『黎州合用博馬茶，自來隔年抛數，行下雅州在城并名山、百丈、(廬)〔盧〕山縣茶場收買應副，雖嚴加督責收市，常是不足。伏緣逐場買茶出賣，收息比額增剩，及買秦、熙等路綱茶及八分，各有賞典，管勾官減監官之半；唯收市黎州博馬茶別無賞罰，逐年常是收買不敷元抛數目。因而黎州支遣不接，遞有積欠蕃人馬價，於邊防不便。今相度，雅州在城、名山、百丈、盧山縣茶場收買黎州博馬茶，比元抛不及八分及雇發積滯，即監專公人并管勾官買賣食茶收息雖比額增剩，并收買起 77 綱茶雖及八分，不在推賞之限。及名山茶場買秦、熙等路綱茶，今年分抛買一百二十綱茶，近又秦州更添買二十一綱，本司已一面行下本場，且依元抛數收買一百二十綱，仍收買黎州博馬茶，候足數接續收買。』本部欲依本司所乞事理施行。」從之。

崇寧元年五月二(月)〔日〕，都大提舉茶馬事程之邵申：「茶事并買馬監牧司雖在川、秦兩處置司，緣所領職事並係通管，自來爲相去遥遠，行移申請文字往往不相照應。今乞應緣川、秦兩司茶馬職事，凡有獨銜申請及雖係同狀不曾同簽，並須互下兩司勘當。如所見不同，亦令各具利害開陳，免致利害不得詳盡。」詔令茶馬司提舉官，今後除常程文字依條外，應合更改措置事件，並須連書申奏。如有所見異同，仰各具利害開陳。

二年三月二十四日，都大提舉程之邵狀：「自元符三年九月二十七日申請，專用名山茶博馬并貼賣與中馬人逐年買馬，七州軍茶場賣過茶，收穫税息錢數比遞年收穫税息錢外，建中靖國元年二月内增剩收到税息錢二百五十三萬二千九百九十七貫一百三文省。内建中靖國元年收到增剩税息錢，已赴闕奏計日，已將錢六十六萬八百四十三貫八百六十七文省申納朝廷封樁外，餘并崇寧元年收到增剩税息錢，共一百八十七萬二千一百五十三貫一百三十六文省，係專用名山茶博馬并貼賣，比遞 78 年分外收致税息錢數目。」詔據上件增剩息錢，並令提刑司封樁，聽候朝廷支用，仍依條具帳供申都省。

七月二十二日，尚書省劄子：「勘會收復湟州，(徐)〔除〕已降指揮用茶博馬，并移出措置糴便司、買馬司往湟州置司及支勘本錢交子等外，程之邵稱所管茶數共約四萬餘馱，數内名山茶約一半以上，依條專用博馬，不許出賣，若盡數取撥往湟州，委是闕悞今來馬額。令程之邵今年馬額權住博買，其茶依已降指揮盡數支撥前去。若是久來蕃户將馬中官，已計置到馬，恐有悞蕃客自來入中之人，兼慮諸邊萬一闕戰馬，既相度移都大買馬司往湟州，令就近於湟州量數支撥三五千馳博馬，以備急用。今來支降去茶鈔、銀絹，準元博買糧草并馬爲軍須支用外，不得別將支使。仍置簿拘管，逐一抄上所糴買到及支用過數，每季申尚書省檢點勾考。如違，並徒三年，吏人決配千里。」從之。

八月九日，樞密院劄子：「爲程之邵令巡歷熙河，竊見收復湟州故地，部族甚衆，商賈通行，竊謂非茶馬無以招集漢蕃人族。蓋蕃部恃茶馬爲命，本州又當青唐一帶蕃馬來路，乞朝廷指揮，就本州添置茶馬場，實爲要便。如蒙俞允，乞依條令本司選舉大小使臣二員，充茶馬場監官，內馬場監官（內馬場監官）依例兼本州兵馬都監。候舉到官，令逐官各計會本處當職官，同共修蓋場庫驛舍、般運茶貨、計備 79 芻秣等了日，開場博糴。所有茶馬場合行事件，並依逐司見行條貫施行。候及一年，見得茶馬課息，從本司申請立額。貼黃稱〔一〕：勘會茶馬場監官依條係本司奏舉，內買馬都監近準朝旨罷舉。今來事初，欲乞令買馬監牧司舉官一次。右檢會已降朝旨，今相度都大茶馬司移往湟州置司，其本州茶馬場自合添置。」詔依，其茶馬場監官今後並特令奏舉。

九月十六日，以朝請大夫、直龍圖閣、提舉成都府利州陝西等路茶事、兼陝西買馬監牧程之邵爲集賢殿修撰、熙河路都轉運使、兼川陝茶馬。

十月二十三日，同管幹成都府等路茶事孫鰲奏：「今年輪當臣赴闕奏計，方欲起發間，承朝旨，比年例增兩倍茶應副新邊支用。續又令臣量添價錢，速行收買川馬。赴闕奏計，不免往迴數月，顯妨收市茶馬，乞特免今年奏計一次。」從之。

三年二月二十九日，户部狀：「提舉陝西等路買馬監牧司申：『黎州所買馬類多不堪披帶，自來止爲羈縻遠人。又慮買數過多，有損無益，遂立條，從八月一日開務，至三月一日住買。後來官司有失體究本意，不限月分收買，却於成都府馬務經夏養餵，比（之）〔至〕起綱時月，積留死損極多，枉費官錢芻粟不少。馬務監官每歲例該責罰，遂累次檢會舊條，乞本州每年自八月一日開務買馬，至三月一日閉務住買，蒙朝廷施行，自後免得積留在成都府馬務養餵病生，枉死 80 物命。今會算黎州見買四歲至十三歲四赤四寸大馬，每匹用名山茶三百五十斤，每斤折價錢三十文；銀六兩，每兩止折一貫二百五十文；絹六匹，每匹止折一貫二百文；絮六張，每張止折五十文；青布一匹，止折五百文。約本處價例，僅是半價支折與賣馬蕃部。自黎州至鳳翔府汧陽監四十八程，沿路倒死數目不少，其馬多充雜支。今會計，秦州買四歲至十歲四赤四寸大馬一匹，用名山茶一百一十二斤，每斤折價錢七百六十九文〔二〕，比黎州減得茶二百三十八斤，又減省銀、絹等不少，衮比馬價

〔一〕此條小注原作正文書寫，據文意改。

〔二〕七百六十九文：按前云名山茶每斤折價錢三十文，與此相差甚大，二者似有一誤。

錢，止四分之一。黎州歲買馬二千匹，元符二年買五千二百八十餘匹，元符三年買四千一百餘匹，費用茶萬數浩瀚。雅州至黎州，道路盡是山嶮，人夫負擔，委是不易。近準建中靖國元年十二月十一日敕，茶事司奏，乞雅州在城、名山、百丈、(廬)〔盧〕山縣茶場收買黎州博馬茶不及八分及雇發積滯，即收買起綱茶雖及八分，不在推賞之限。契勘收買陝西、名山茶一百二十綱，買及九十六綱，已及八分該賞。其黎州收買博馬茶自來不限定分數，今若候黎州收買足茶數及雇發無積滯方賞，其陝西綱茶必是減少留滯，有妨博(馬)〔買〕戰騎，兼於陝西貴價出賣茶處虧損課額。欲乞黎州買馬，且依元條收買三千匹，其博馬茶比舊減半支折，所有一半茶却依價折與(銖)〔銀〕、絹等。合用錢物，除轉運司年例撥到 81 外，有餘少錢物，並依舊茶事司應副，即蕃部尚爲優幸，不失撫納遠人之意。所有雅州名山買陝西綱茶并黎州博馬茶，且依舊條收買。』送户部，符茶事司連舊書申奏。今據提舉官孫鼇抃狀：『黎州南蠻及吐蕃部落惟仰賣馬爲生，久來不以配軍爲限，盡行收市，招懷遠人。今若止以三千匹爲額，更除豁不理賞之數，必致減損買馬官賞格，無以激勸，又恐因此阻節遠人，於蕃情未順。兼茶事司額外買馬銀帛，自來轉運司計置支還，茶事〔司〕止是應副茶貨，年終計算撥還。成都府轉運司見申乞令茶事司撥還用過銀絹虧損價例，若減半支茶，却以銀帛支折，轉運司豈肯更行應副？若依舊不限數買馬，又緣欠蕃部茶八千餘擔，亦非經久之法。所有買發黎州年額并額外馬，通數歲買不得過四千匹，賞罰并收市合用茶及支折茶、綵，且依見行條法施行。其四赤以下馬更不收買。』本部看詳，若止三千匹爲額，不惟減損買馬官賞格，兼恐阻節遠人。若不限定分數及比舊減半支折茶收買，緣今來應副湟州博糴萬數浩大，比(賞)〔常〕年加兩倍買茶，亦恐闕悮。除賞罰并收市合用茶依見行條法施行，欲將黎州年額并額外馬通歲額不得過四千匹，其博馬茶比舊減半支折，所有一半茶却依價折與銀、絹等。所是合用買馬錢物，除轉運司年例撥到外，有餘少錢物，並依舊茶事司應副。其四赤已下馬更 82 不收買。」兵部看詳，除所乞將年額并額外馬數通不得過四千匹，合係年額馬三千匹依舊、一千匹額外收買外，即無未盡未便事。從之。

四月十一日，殿前司申：「承樞密院批下都大提舉成都府利州陝西等路茶事司狀，殿侍、本司指使王鑑狀：竊見馬司指使、殿侍程佾先有狀乞立磨勘年限，尋申明已奉聖旨，與理八年磨勘，改轉三班差使外，有茶事司指使、殿侍未有立定磨勘年限，乞施行。勘會本司指使、殿侍與馬司指(揮)〔使〕、殿侍窠闕資任並同，及差赴川陝，往來取送官物、應副茶本并諸般差使幹當，委是事務一般。本司契勘，欲乞將都大提舉成都府利州陝西等路茶事司指使、殿侍比附，依提舉陝西等路監牧司指使理八年磨勘，改轉三班差使。」從之。

五月二十日，都大提舉茶事司狀：「本司係移運錢物買賣收趁課利司分，即與諸司錢物事法不同。兼每年買茶收穫課息，除年例支使外，將所餘年分外增羨息錢，已逐旋具數申納朝廷，以助支用。近年以來，多爲諸司及臣僚申請，承受朝廷指揮，許於諸司錢物内取撥支用，遂將本司茶錢一例作諸司錢取撥。今來若令他司並作諸司錢物一槩取撥支用，便見本錢妨闕，寖壞事法。欲乞今後他司及臣僚申請乞支用諸司錢，除茶馬司錢物不許作諸司錢一例支使，如朝廷非泛支用，乞下本司契勘有寬剩錢處劃刷應副。」從之。

十[83]二月二十五日，提舉陝西路買馬監牧司狀：「黎州年額并額外馬通歲額不得過四千匹，其博馬茶比舊減半支折，所有一半茶却依價折與(組)〔銀〕、絹。自八月一日開場至九月終，共買到三百五十匹，比遞年一般月分大段虧少。契勘賣馬蕃蠻以茶爲本，即目正當買馬之際，若比舊減半支茶，不唯買馬稀少，兼恐悞事。欲申候朝旨，深慮有妨趁辦歲額，已逐急下黎州，將四赤二寸以上馬每匹合得茶，依已降朝旨比舊減半支折外，各與量添茶一擔，招誘收市。所〔有〕來年已後合用博馬茶，欲乞依舊收買應副，其減半支折指揮乞更〔不〕施行。」從之。

四年六月三日，都大提舉茶事司、買馬監牧司奏：「茶馬司〔管〕幹文字、幹當公事第一等將仕郎張察、文林郎楊達〔一〕、將仕郎張庭玉、黃瑜，第二等登仕郎高成章、將仕郎王易、朝奉郎孫俞、朝請郎路康國及逐司點檢文字等，自承朝旨後來，首尾管幹、催促、撥發茶貨有勞。」詔第一等張察特改宣德郎，楊逵、張庭玉、黃瑜各循兩資；第二等王易、孫俞、路康國各減三年磨勘，高成章循資占射差遣一次。内選人如無資可循，或已官，即比類推恩。人吏第一(第)〔等〕各轉一資，如無資可轉及有違礙，或不願轉資，即支賜絹二十匹；第二等各支賜一十五匹，第三等各賜一十匹。

七月二日，熙河蘭湟秦鳳路經略安撫制置使司奏：「奉詔處分相度措置馬政事，尋先次指揮岷州計[84]置收買馬一萬匹，作制置司支用，候足日奏取處分，已令知岷州馮瓘措置。今據馮瓘申，已牒提舉買馬司逐急借撥名山茶貼作三萬馳支與岷州，候見得的確數目申朝廷，却行撥還。及已牒茶事司依馮瓘所申，并下秦、鞏、熙、河、岷州，依所乞應副去訖。一、於買馬場勘會到良綱馬，並係支一色名山茶下項：良馬三等，並(四赤)四寸(已寸)已上，上等見支茶二馳一頭，中等見支茶二馳二十斤一十五兩半，下等見支茶二馳二十斤七兩半；綱馬四赤七寸，見支茶一馳一頭二十六斤半，四赤(四)〔六〕寸見支茶一馳一頭一十九斤一十二兩，四赤五寸見支茶一馳一頭壹十四斤一兩半，四赤四寸見支茶一馳一頭四斤一十一兩，四赤三寸見支茶一馳四十九斤二兩，四赤二寸見支茶一馳三十二斤一十二兩。

〔一〕楊達：下文作「楊逵」，未知孰是。

一、勘會日近蕃客稀少，即今買馬場全然收買不得，若不添展茶數，竊恐卒難收買。乞候蕃客牽馬到場，相驗好弱，臨時添搭。良馬權添茶三十斤，綱馬權添茶二十斤。相度欲依馮瓘所乞，權添上件茶數博馬，只作添搭支馬牙人，即不得礙買馬司博馬體例，候今來數足依舊。一、契勘若只買良馬一萬匹，約用名山茶三萬馱。今來本州見管有三千餘馱，止買得一千餘匹。一、欲將秦州、廟州鋪分擘合應副秦〔一〕、鞏、熙、河州名山茶，以三分中且截撥二分赴岷州，準備支用。一、今來茶數既多，即沿路不免 85 擁併，欲乞將秦、鞏、熙、河大路榷茶鋪權行差那於本州沿路地分貼鋪，及下經由縣、鎮、堡、寨，和雇人夫，併工推般，庶得辦集。」從之。

十月十二日，樞密院奏：「熙河蘭湟路經畧司申，熙、河、蘭、岷、鞏州舊管蕃兵，近年出入頻數，死過戰馬不少，雖督蕃官首領緊行收買添填，其蕃兵例各闕乏，兼無貨博買。今相度，乞將熙、河、蘭、岷、鞏州闕馬蕃兵於逐州茶場各量借茶添助收買五千匹，每匹借茶一馱，共借茶五千馱。仍許蕃兵將斛㪷折納元價，其斛㪷可充茶事司應副支給逐處茶場監官、巡鋪使臣、榷茶鋪兵請受。如有剩數無支遣處，許令別司樁錢兑糴。」從之。

十二月三日，中書省、尚書省〔言〕：「檢會元豐六年閏六月十三日條：『諸出賣官茶，提舉司立定中價，仍隨市色增減。應增者本場體訪詣實增訖，申提舉司覆按，應減者申提舉司待報。』今立到熙河路博馬、貼賣、出賣茶名色酌中價例下項：博馬茶：名山茶每馱七十八貫五百三十三文，瑞金茶每馱一百二十九貫四百一十三文，洋州茶每馱七十貫五百四十二文，萬春茶每馱八十七貫三十六文。貼賣茶：名山茶每馱八十一貫六百五十一文，瑞金茶每馱一百七十三貫三百四十八文，萬春茶每馱一百七十三貫三百四十八文，洋州茶每馱一百七十三貫三百四十八文。出賣食茶：油麻（填）〔垻〕茶每馱九十三貫九百九十八文，洋州茶每馱八十 86 六貫二百三十文，崇寧茶每馱八十一貫八百六十六文，楊村茶每馱一百一貫九百七十三文，興元府茶每馱一百二十二貫五百七十一文，永康軍茶每馱九十八貫七百二十四文，味江茶每馱九十三貫四百一十四文，堋口茶每馱一百三十貫四百五十三文。」詔川茶專充博馬〔二〕，更不出賣。舊出賣數，令洪中孚相度博糴斛㪷。

十一日，中書省、尚書〔省〕檢會：「熙寧、元豐川茶惟以博馬，不將他用，蓋欲因羌人必用之物，使之中賣，不至艱阻國馬，不乏騎兵之用。竊慮淺見官司趨一時之急，陳乞別將支費，有害熙豐馬政，失今日繼述之意。修立下條：諸川茶非博馬輒陳請乞他用者〔三〕，以違制論。」從之。

以上《國朝會要》。

〔一〕廟州：宋無此州名，疑當作「鄜州」。
〔二〕川：原作「州」，據下條改。
〔三〕非：原作「價」，據本書兵二四之二九改。

徽宗崇寧五年二月六日，户部狀：「同提舉成都府等路茶事孫鼇抃奏：『準尚書省劄子，洪中孚奏乞會茶司見在之數，如未用折博蕃馬，即盡將博糴斛㪷，所有茶價增減，臨時視斛㪷多寡計定。詔令鼇抃同共措置，即不得有妨博馬支用。契勘茶司計名山等綱茶，有條專用博馬，不(計)〔許〕出賣。其逐色茶價，係茶司依條以川路産茶場元買茶本縻費等錢，立定逐州價例，比其餘雜茶例各低賤，所以優潤蕃商，鈎致國馬。今來若依洪中孚陳請，必恐將漕司減損茶價，虧失歲課。欲乞除斛㪷價許臨時隨市勢增損外，其茶依本司已定價例折博，不許減損。』又稱：『乞用提刑司封樁加買到兩[87]倍茶交撥，與洪中孚同共措置博糴斛㪷。』本部看詳，欲依所乞。」從之。

十六日，户部奏：「熙河蘭岷路轉運使洪中孚等狀：『乞令茶司與臣同共措置茶博糴，奉詔依奏，令孫鼇抃同共措置。契勘得所管茶貨除可以移那般運應副博糴外，今相度，乞令西寧、湟、廓州召客人先將斛㪷赴本處入中，其價錢出給合同會子，給付客人，令自齎前來河州茶場出外變轉。仍支與每馳脚錢，西寧、廓州比河州至湟州脚錢，量加饒潤。如本場闕錢，即以茶依價添搭紐折。』本部欲依崇寧四年十二月二十八日朝旨，於加置到兩倍茶內支還，不得有妨博馬支用。」從之。

五月二十三日，都大提舉成都府利州陝西等路茶事司、提舉陝西等路買馬監牧司奏：「本司轄下見有員闕去處不少，雖依本司條權差罷任待闕官承攝，爲無法與理在任月日，往往不願權攝，差委不行。乞應茶馬職事員闕去處，見差權官權攝月日，依陝西轉運、提刑司法，與理爲考任。」從之。

六月二十三日，詔：「將加買兩倍茶並撥與茶馬司，應副博馬支用，更不博糴斛㪷。」

同日，樞密院奏：「都大提舉成都府利州陝西等路茶事司申，勘會川茶始自熙寧七年置司，推行迄今三十餘年，從來計置般赴秦鳳、熙河等路應副博馬，有餘出賣。元豐中立法，雅州名山茶專用博馬，候年終馬數足，方許雜賣。自建中靖國元年後來，爲買馬數多，名山茶[88]數少，又以興元府萬春、瑞金、大竹、洋州四色綱茶相兼應副博馬，僅能足辦。緣孫鼇抃與洪中孚同共措置茶博糴斛㪷，即不得有妨博馬支用。尋契勘，若更將茶博糴，委是有妨博馬。望賜指揮，除將已樁加買到兩倍四色綱茶應副博糴斛㪷外，將名山茶依累降指揮專充應副買馬支用。餘依崇寧四年十二月十一日指揮。」

十一月十日，提舉陝西等路買馬監牧司奏：「陝西路轉運司幹當公事官近依朝旨許存留一員，其合差官幹當，尋於轄下選差，其間拘礙不許差出者不少，雖有職官及司户可差，却兼充買馬等同管幹，本司全然差那不行。欲乞將逐司管幹官并就委本州依條不許差出官、不妨本職差委幹當。奉詔每州委見任官一員管幹，除州界時暫差使外，不許差出。又《買馬司敕》，諸買馬及有牧地處，委茶事司所差管幹應報本司文字，不許他司差出州界。契勘本司差定逐州(運)〔軍〕管幹官，茶馬司自來依條選擇通判或職官幹當，今若止於不得差出官內就委，竊慮合差官有限，艱得可以倚辦之人。兼録事、司理、司法體輕，緩急難以集事。今來陝西牧馬地撥隸馬司，所總錢斛不少，全藉管幹官往來點檢，兼茶司地方闊遠，職司不一，今欲乞將逐州軍茶馬司管幹官許令本司依舊選差。」從之。

十二月六日，詔：「神考修立馬政，於川陝市茶博馬，及以茶息應副邊計，行之甚久，已見89成効。其屬官等全藉能吏幹集，故舊制盡從逐司奏舉。近緣臣僚陳請，復行差注。除馬司屬官并買馬官已復奏舉外，其茶司元豐年應奏舉并同轉運司選差員闕，並依元豐舊法施行。」

大觀元年正月十九日，尚書省言：「熙河蘭湟路都轉運使洪中孚奏：『蕃地許官以茶、綵博買，募人種佃，以諸司并折博務見在綵兩路通融應副外，不足，許本司約數奏聞，從朝廷給降，其茶並令茶事司應副取足。』奉詔依奏，其茶於兩倍茶內支撥應副，仍具合用數奏聞。契勘今來若許令熙河蘭湟轉運司取撥茶貨博買蕃地，不唯違戾已降指揮，兼壞敗本司成法。蕃部以馬易茶，元非本意，必恐因此隳壞馬政。伏望遵依已得指揮，應係茶專充博馬，不得他用。」從之。

二月三日，同管幹成都府利州陝西等路茶事、兼提舉陝西等路買馬監牧公事龐寅孫奏：「昨准朝旨『提舉陝西成都府等路茶馬司屬官六員叁分中減罷一分，止支與合入資序請給等』，已依朝旨裁減外，檢會《茶司令》，諸提舉官所請係省請給，歲(給)〔終〕以息錢計還。《轉運司令》節文：幹當公事官、指使添給，並以本司雜收錢給；如不足，即以茶司頭子錢充。勘會茶、馬兩司屬官並係熙寧、元豐年差置，即非後來緣事創添。兼逐員添給並於本司雜收茶息錢等內支給，即無侵耗轉運司歲計財用。除裁減外，見存員數輪定兩川及沿邊以來，分頭催促，90應副秦鳳、熙河等路博馬綱茶及買戰騎，委是緊切事務。乞將茶、馬兩司減定屬官，許依本司元豐舊法支破請給，内馬司屬官並依茶司屬官條法，本司管認撥還。」詔依。

三月二十四日，龐寅孫又奏：「伏見元豐立法，川茶博馬有剩，並許出賣。除名山茶外，有萬春、瑞金、大竹、洋州茶，自來措置招誘買馬，許中馬蕃部依合得馬價對買外，更許貼買四色綱茶一馳。近承朝旨，川茶專用博馬，即未有許對賣、貼賣明文。欲望除名山茶外，將萬春等四色綱茶並依舊例，從本司約度蕃馬中賣，并貼賣、對賣與中馬蕃商。餘依元豐舊法施行。」從之。

九月十三日，户部狀：「都大提舉成都府等路榷茶司狀，檢準敕：諸都大管幹成都府等路茶事兼買馬公事支賜、添支，依諸路提點刑獄官則例支破。本部看詳，本司大觀令内已有立定提舉官請給，都大提舉依轉運副使，添支依陝西例，同提舉依提點刑獄，同管幹依轉運判官例。今勘當，添支自合依本司令文施行。其支賜，都大提舉欲依《支賜令》内陝西轉運副使例，同提舉依諸路提刑例，同管幹依諸路轉運判官例支賜。」從之。

十一月二十六日，提舉陝西等路買馬監牧公事孫鼇抃奏：「契勘自崇寧四年六月後來，承熙河蘭湟路制置司牒，準御前處分收買良馬，所買數並足，係本司官吏協力措置，應副茶帛，催督收市。今來除臣不敢僥求(息)〔恩〕賞外，本司官[91]吏乞依崇寧五年十二月九日例推恩。」詔孫鼇抃特與轉行一官，餘依奏。

二年三月二十七日，都大提舉榷茶司狀：「名山茶準條專用博馬，近年額外汎拋馬數浩瀚，本司逐〔旋〕擘畫，將自來出賣萬春等四色綱茶相兼支折，方能充足。緣博馬茶依條不理年額，不住據諸場申陳，稱自將博馬後來，賣茶年額例各虧失。本司今相度，除名山茶準條專充博馬不理年額外，欲將萬春等四色綱茶與理爲茶場歲額，不預推賞之數。仍自大觀元年爲始。」從之。

十月七日，詔：「川茶有數品，惟雅州名山茶爲羌人貴重，可令熙河蘭湟路以名山茶易馬，恪遵神考之訓，不得他用。餘茶博糴，量度茶數，勿使過多。可委陳敦禮措置聞奏。」

二十三日，熙河蘭湟秦鳳路宣撫(便)〔使〕童貫奏：「奉詔：『國馬所賴非輕，比聞馬數出少，川茶價低，其弊安在？可體訪目今因依，講究悠久利害，可以救正之方。』臣講究得川茶如初榷買，般赴秦鳳、熙河等路應副博馬，係以元買本錢添搭脚税，隨市增減，價例不定。其熙豐間馬賤，茶價亦賤；即今馬貴，茶價隨市亦貴。近年以來，諸場買馬比熙豐間雖逐等量有增添茶數，緣元降指揮每歲買馬以一萬五千疋爲額，今來係以二萬疋爲額，除添五千匹外，逐時又有泛拋疋數甚多，若不量行添搭，深慮無以招誘蕃客收買。伏望且依目今收買。」又稱：「元豐四年，郭茂恂奏請以茶充折外，其[92]餘數支見錢、物帛，增立年額爲二萬疋，比舊額常買不足。」詔且依見今斤馱收買。

三年八月二十五日，詔：「茶馬司餘剩錢物支撥與陳敦復，充熙河路糴買糧草。」

四年五月七日，詔：「熙河秦鳳等路茶馬事，應今日以前泛拋買馬、添茶給引博馬等指揮並罷，一切遵依元豐法，仍令提舉茶事司措置施行。」

十一月二十五日，詔：「秦州場見封樁結罷宣撫司布二萬匹，可盡數撥赴提舉川陝茶馬司支用，疾速行下。」

政和元年二月十一日，户部狀：「提舉陝西等路買馬監牧司狀，今來若(令)〔令〕買馬司依舊博買蕃蠻物貨移用相兼買馬，委是元豐舊法。尋關駕部勘當，欲依元豐年朝旨施行。看詳提舉黎雅州博易司稱，黎、雅州熙寧年即不曾置博易，始自崇寧元年置場博易，至五年正月二十八日朝旨住罷。本部今勘當，欲依所乞住罷崇寧年所置黎、雅州博易場，並依買馬司檢具元豐舊法施行。」從之。

七月九日，樞密院奏：「尚書兵部申，準政和元年正月二十四日聖旨：『川陝茶馬司自昨降處分，罷添給引博馬及住泛抛買馬，悉依元豐法後來，自八月至年終計買馬八千餘疋赴闕，仍用茶數少，減省錢緡八十餘萬。所有兩司官吏奉法勤恪，協濟事功，可取索當職人姓名，分定等第，取旨推恩。』本部勘會兩司當職官吏職位、姓名，今據買馬司申，勘會到今年正月至二月十日終，又買過馬二[93]千五百八十二疋上京，減省茶計銅錢二十六萬九千餘貫，乞施行。提舉官張翬、李稷，特各與轉一官；管幹文字第一等陳損、王易，特與減三年磨勘，內王易特與循一資，仍占射差遣一次；第二等魏允中、高世祚、彭蟻、許廡，特各與減二年磨勘；第三等魏超、王運，特各與減一年磨勘。吏人第一等特各支賜絹一十五匹，第二等特各支賜絹十匹，第三等特各支賜絹五匹。」詔依逐項指揮，內使臣減年磨勘仍依四年法比折。

十月二日，户部言：「提舉陝西等路買馬監牧公事李稷奏：勘會陝西買馬，以茶斤重立定價例。舊法上等良馬最貴不過一馱一頭，比因泛抛數多，增添茶數及倍，昨蒙依元豐舊法，其馬價比泛抛頓減茶數，蕃商故生邀勒，尚未肯多將馬出漢。竊緣戎人不可闕茶，欲乞將熙河、秦鳳路諸場四色綱茶權住出賣，每蕃部中馬一疋，除依條支還馬價外，如願買茶者，仍許依見賣價收買四色綱茶一馱，引領門户買一頭。俟三二年間馬來往通快，即依舊例施行。」從之。

二年六月二十五日，權發遣提舉成都府利州陝西等路茶事、兼提舉陝西等路買馬監牧公事張翬劄子：「契勘洋州茶場歲買茶貨浩瀚，其品搭、催督、般發茶貨，盡繫西鄉知縣，欲乞依名山知縣例，許本司舉辟，比監官減半酬獎。」從之。

三年七月二十七日，都大提舉成都府熙河蘭湟秦鳳等路榷茶司幹當公[94]事何漸奏：「契勘雅州名山綱茶專用博馬，山南四色綱茶通賣漢蕃。自大觀四年後來，依元豐法減茶買馬，歲常有儹剩之數。又爲減茶之初，蕃商中馬未致通快，本司措置權住買四色綱茶，立賣與中馬蕃商，其名山茶除博馬外，不許他用，是致川陝諸場庫各有儹積下茶萬數不少。且以興州長舉縣等兩庫見管名山茶已及五萬餘馱，竊慮所買既多，所用有限，不免陳積。今相度，欲乞將名山茶依條專用博〔馬〕，如有剩數，許中馬人依見買四色茶體例，用市價支賣，却將四色茶依舊出賣收息。勘會除儹剩名山茶已降指揮添博收馬外，契勘四色綱茶貼賣與中馬蕃部等，昨指揮俟三二年買馬通快依舊，今來將及二年。」詔每年將四色綱茶並專充博糴漢蕃斛㪷封樁，不得別將支用，仍逐旋具糴到斛㪷數目申尚書省。

八月十三日，朝請郎、直龍圖閣、權發遣都大提舉成都府利州陝西等路買馬監牧公事（張等路買馬監牧公事）張翬劄子：「準御前劄子，臣僚上言同何漸劄子，(令)〔令〕相度措置可否利害，保明聞奏。今檢具前後手詔、敕令及依應相度，措置到下項：一、準元豐四年七月十八日中書劄子，奉詔：雅州名山茶專用博馬，候年額馬數足，方許雜賣。一、準《馬司格》，應熙、秦、岷、階州、通遠軍，各依逐等所定茶馱數，以新茶支折。謂如有見在元祐三年四月新茶，即支四年分茶之數。如蕃部願95要銀、紬、絹、洋州茶、大竹茶之類，並許各依見賣實直價例算請，更不限定分數。一、準崇寧四年十二月十二日奉聖旨，諸川茶非博馬輒陳請乞他用者，以違制論。一、準崇寧五年六月二十四日聖旨，應係茶並專充博馬支用，餘依崇寧四年十二月十一日朝旨施行。一、準大觀元年三月二十五日敕，中書省、尚書省送到龐寅孫劄子，奉聖旨依所申，他司不得侵用。一、準大觀四年正月七日樞密院劄子，三省、樞密院同奉聖旨，熙河、秦鳳等路茶馬事，應今日以前泛抛買馬、添茶給引博馬等指揮並罷，一切遵依元豐舊法，仍令提舉茶事司措置施行。一、準大觀《榷茶司令》節文，諸名山茶依舊樁留博馬外，如買馬司闕博馬數多闕支用，委提舉司即時應副，有剩，從本司相度貼賣與中馬人。又準敕，諸名山茶博馬外剩數，非中馬人輒支賣者杖一百。一、準政和元年十月二日敕，中書省、尚書省送到户部狀，準都省劄子，奉聖旨，提舉陝西等路買馬監牧公事李稷奏，奉聖旨依。(一)臣契勘名山茶自熙寧榷茶之初，本以博馬，至元豐四年，計其馬足積羨，聽以出賣，實爲通法。繼復有并用大竹、洋州茶博馬之議。建中靖國年，始有許將名山茶餘數止對賣與蕃商之論。大觀中，又有權住賣四色綱茶、令對賣門户蕃商之請。然臣考利害之實，元豐之制最爲要準，而後人之請或趨一時之利，不可爲典96要，或川秦首尾相戾，不達利害之實，姑以職事陳請而已。蓋除馬司博馬外，茶司自有歲額，必待售茶而辦，其四色綱茶實爲茶額根本。秦、熙兩路漢民，所售食茶不多，而淺蕃熟户並煎四色綱茶。遠蕃多嗜名山茶，間有姦商詭用綱茶、粗硬食茶罔之者，亦能區别。若將名山、四色綱茶一切禁之不賣，必致茶額不敷，出茶無藝，顯難屬饜而害馬政。惟斟酌非實馬足茶羨則貨之者，是通法也。其對賣尤非利害，徒益門户蕃人，乃熟户蕃族之爲駔儈者與官場吏卒乘便爲慝，贏取官息，其利不及生蕃，於馬未始加益。若將名山茶、四色綱茶依元豐舊制從本司參量，合用博馬茶外，剩數轉易，回本入川，惟不得害馬政、妨茶額。元豐時雖曰兩司，而提舉官一以任責，苟其才下，亦能約量，不致乖戾，自取譴責。今相度，欲乞應名山茶、四色綱茶專用博馬，餘數聽本司量度，轉易回本入川，不許輒將他用。臣契勘昭化、順政、長舉庫積茶，以今年五月中旬狀考之，僅有五萬九千四百馱。蓋昨緣大觀四年前，利州路凶歉，至今居民事力未能如舊，故其昔日甲頭脚户流莩之餘，存者逋負夥甚，雇召不行。臣比欲草具建明，乞將興元府至永興軍一帶減下舊額茶鋪兵士七百餘人，並聽本司於洋州至興元府添立鋪，其餘添隸長舉至秦州諸鋪運茶，則永遠不致積壓。其廩給自係本司錢内支給，一切不預97別司調度。又應川界轉般茶諸邑，今辟舉有經三年礙吏部格，雖辟書數上，終無一人得注授者。攝承之吏，玩習歲月，寖以隳弛。又臣嘗建議，乞應本司辟官，乞破格差注一次，已蒙朝廷聽行，而吏部終以合注承務郎以上者，不許降用選人。今五年，竟未有差注。臣又嘗建議，乞將發茶場庫監官、縣令，如成都府排岸司、興州長舉縣裝卸庫、興元府西縣轉般庫監官，綿州巴西，利州昭化、三泉，興州順政、長舉，興元府南鄭、西縣知縣，計十處，每撥發茶及四萬馱無闕失，與減二年磨勘。以其諸縣如長舉、昭化之類，多是僻小去處，既難得人肯就，及專任茶司事務而有責無賞，誠非勸沮之道，至今未奉指揮。積是三年，茶或滯留，滯而通之，可久無弊。臣今相度，欲乞應興元府至永興軍一帶，減下舊額茶鋪兵士七百人，並令榷茶司措置，於洋州至興元府西縣添置茶鋪，各請兵級人數外，將其餘數分添入長舉縣乾渠鋪至秦州赤谷鋪，並依茶司自來例施行。應熙、秦州路榷〔茶〕司所辟官，承務郎以上、選人、大小使臣，並許互換通舉。謂如承務郎以上知縣處亦許奏舉選人〔一〕，〔選人〕知縣處亦許奏舉承務郎以上，不以有無拘礙，並行注差。應撥川茶路地分，成都府排岸司、興州長舉縣裝卸庫、興元府西縣轉般庫監官，綿州巴西縣，利州昭化、三泉，興〔川〕〔州〕順政、長舉，興元府南鄭、西縣知、令，每撥茶及四萬馱無違98闕，與減二年磨勘。」〔貼黄〕稱：「契勘臣僚上言，儹積茶五萬餘馱，約計每馱二百七十三貫文省，係鐵錢舊價。緣自今年奉行夾錫錢寶後來，每馱一百貫文省，以見茶數約計錢五百九十餘〔萬〕貫文。」又稱：「契勘吏部及八路差官法，無本等人亦聽破格差注。檢會下項：一、政和三年七月三日敕，榷茶司狀，朝旨令買馬司每年添買二萬匹，合用茶令計置茶本，從朝廷應副。取到狀，自減茶博馬後，每年約儹剩茶一萬四千餘馱，内利州昭化庫見在（在）名山茶四萬二千一百六十五馱，興州長舉庫見在名山茶八千六百一馱，其餘場庫未在其數。奉聖旨，據今來合添買牧馬二萬匹〔二〕，所用茶於儹剩名山茶内支撥應副博馬。仍令榷茶司今後每年寬剩計置茶一萬馱，盡數充添買牧馬之用。其合用茶價，仰具數申尚書省。所有歲額博馬茶如有剩數，亦仰衮同應副添買牧馬之用。一、政和三年七月二十八日敕，何漸劄子：『乞將名山茶依條專用博馬，如有剩數，許中馬人依見買四色茶體例，用市價支賣，却將四色茶依舊出賣收息。契勘四色綱茶貼賣與中馬蕃部等，昨降指揮俟三二年買馬通快依舊，今來將及二年。』奉聖旨，每年將四色綱茶並專充博糴漢蕃斛㪷封樁，不得別將支用，仍逐旋具糴到斛㪷數目申尚書省。一、政和三年六月七日敕，户部狀：『榷茶司申，

〔一〕此注原作大字，據文意改爲小字。
〔二〕牧：原作「收」，據下文改。

乞立定成都府排岸司、興州長舉縣 99 裝卸庫、鳳州轉般庫，綿州巴西縣，利州昭化、三泉，興州順政、長舉縣，興元府南鄭、西縣，任滿收發過茶無失陷欺弊，提舉司保明，每四萬馱與減磨勘二年；如不獲抄附失陷，一萬馱展磨勘二年。其承直郎已下賞罰並各比類施行，二分以上依差替人例。本部看詳，本司申乞即係累賞，竊恐太重。今勘當，欲依巡轄般茶鋪使臣任滿法減磨勘一年〔一〕，先次指射家便差遣，餘並依本司所申事理施行。』」詔除名山茶博馬、四色綱茶博糴，并撥發官等賞罰，並依近降指揮外，其措置鋪兵依奏，餘不行。

五年五月七日，詔：「茶事司循法舊制，特許辟官。訪聞比來不顧公議，多引四川土人。今後辟官，不許奏辟土人，已辟官並罷。仍(着)〔著〕爲令，違者奏舉官并被舉人並降名。」

六年二月十九日，樞密院言：「同管勾成都陝西等路茶馬監牧公事程唐奏：勘會本司遵奉聖旨，依元豐舊法減茶買馬。臣到任，措置陝西買獲馬四萬五千二十一匹，收税息錢四百八十三萬五千餘貫。契勘陝西自承朝旨復行錫錢，物價已平，是致鬻茶通快。今且以熙、秦路共收到税息四百七十萬三千四百餘貫，比類增羨，委是本司官吏協力，粗有成效，乞等第推恩。」詔程唐除直秘閣外，餘分優等及第一、第二、第三等。優等轉一官，選人循兩資；第一等減三年磨勘，選人循一資，占射差遣；第二等減二年磨勘。疑有闕文，今檢未獲。人吏 100 支賜絹，優等二十匹，第一等十五匹，第二等一十匹，第三等五匹。

七年三月十五日，詔：「管勾川陝茶事程唐應副陝西運司年額有勞〔二〕，可特除右文殿修撰。其合用收買四色綱茶本，仰尚書省每歲給降度牒三百道付程唐，自政和六年下半年爲始。」

四月二十五日，提舉成都府等路茶事郭思奏：「政和五年分，川陝收到茶息錢三百七十一萬一千一百七十二貫，其支用外見在一十一萬一千九十八貫七百五十文省。取到諸州(牧)〔收〕附年帳申尚書省外，別有三十五萬貫糴到斛㪷，爲秦州本司取會未足，附次年帳供申。」詔郭思賜紫章服。

宣和三年四月二十四日，朝奉大夫何漸奏：「臣竊惟川陝榷茶之法，本以市駿實邊，使茶無滯貨，則馬來數多，邊備充足。臣頃承乏使事，措置雇發沿路積滯茶馱，悉至邊場，頗見其利。比宣和元年茶司奏計，在臣替罷數年之後，提舉官程唐具奏，尚稱用臣計置茶貨博馬，減省錢緡，此有以見雇發之利其博如此。今任適當川陝茶馬之衝，伏見利州昭化、興州順政、長舉三縣，雇發最爲衝要，累年縣

〔一〕法：原作「去」，據文意改。本書食貨四三之一二、四七之七、四九之三二均言「依任滿法」。

〔二〕唐：原脫，據前後文補。

令悉係權攝，深恐檢察不專，復有積壓之患。臣愚欲望〔聖〕慈特加訓敕，應雇發地分闕官，令茶司遵依元豐成憲，以時選舉，庶幾得人任職，利源增廣。」吏部供到川陝榷茶雇發地分知縣，見今依元豐法，榷茶司與本路轉運司同共選差永康軍青城知縣、蜀州永康知101縣、雅州名山知縣、漢州德陽知縣、利州昭化知縣，見闕。漢州雒縣知縣、邛州依政知縣、利州綿谷縣令〔一〕、興州順政縣令，見闕。興州長舉縣令。詔依元豐法。

八月十二日，何漸又奏：「竊惟神宗皇帝肇建茶、馬兩司，吏員多寡，稱事繁簡。後來因事增員，不無冗濫。乞應添置員闕，悉遵熙豐成憲。」從之。

十一月十二日，吏部奏：「檢會提舉成都府等路茶馬、兼買馬監牧公事宇文常狀：準敕陞充提舉，即不帶『都大』及『同』字，所有序官〔限〕〔取〕指揮。勘會宇文常係同管勾茶事，準敕陞作提舉，其《榷茶司令》文內即無立定提舉茶事序位之文。本部今勘會，欲將宇文常序位在陝西熙河蘭廓路轉運副使、諸路轉運使之下，諸路轉運副使、提刑之上。今年四月四日，詔依吏部申。勘會張有極元受敕內亦不帶『都大』及『同』字，與提舉宇文常事體一般，所有序官，未審合與不合依宇文常已得指揮。」詔依宇文常所得指揮施行，今後準此。

十二月十八日，詔川陝買馬萬匹，提舉茶馬司郭思、張有極及官屬等陞職進官有差。

四年四月十一日，樞密院奏：「勘會提舉陝西等路買馬監牧司〔茶〕〔恭〕承聖訓，遵依元豐成法，減茶買馬。宣和二年八月至三年十月，買獲馬二萬二千八百三十四匹，計減省錢二百八十五萬六千五百餘貫有畸。今具秦、川兩司合推賞官吏職位、姓名下項：提舉官郭思、張翬、宇文常、何漸，內張翬、宇文102常各特與轉一官，宇文常轉行，郭思、何漸所歷月日不多，更不推恩。屬官優等管幹文字夏思忠、幹當公事馬冲各減三年磨勘，進義副尉張佾減一年半磨勘；第一等管幹文字李伸道，幹當公事趙子游、劉潚、韓洪，各減一年半磨勘〔二〕；第二等管幹文字程敦臨，幹當公事范洪、張籛、劉子明，各減二年磨勘；第三等幹當公事万俟詠、李與同，各減二年半磨勘。本司人吏優等減二年磨勘，候出職日收使；第一等各支賜絹八匹，第二等各支賜絹六匹，第三等各支賜絹五匹。」詔特依逐項指揮，內磨勘年限不同人，依四年法比折，選人依條施行。

五年十二月十五日，樞密院奏：「勘會提舉陝西等路買馬監牧司恭依聖訓，遵守元豐成法，減茶買馬。宣和四年九月至宣和五年九月，買到二萬一千九百四十匹，減省錢三百二萬六千五百六十貫文，今具秦、川兩司合推賞官

〔一〕利州：原作「利字」，據《元豐九域志》卷八改。

〔二〕各減一年半磨勘：按，此爲屬官第一等人推恩，僅減一年半，其下第二等卻減二年，第三等更減至二年半，殊悖常理，疑減年數字有誤。

吏職位、姓名下項：提舉官何漸、韓昭，各特與轉一官。屬官優等管幹文字晁公邁、幹當公事范洪，各減三年磨勘；第一等管幹文字劉黻、侯覺，幹當公事何掄，各減二年半磨勘；第二等管幹文字程敦臨、幹當公事張籛，各減二年磨勘；第三等幹當公事王城，減（二）〔一〕年半磨勘。人吏優等各支賜絹十疋，第一等各支賜絹八匹，第二等各支賜絹六匹，第三等各支賜絹五匹。」詔特依逐項指揮，内選人令吏部依條施行。

六年八月十九日，103都大管幹成都府等路茶事王蕃狀：「伏見前提舉官何漸昨具奏：『爲闕官逐急擇人權攝，欲乞將本司熙豐以來不拘常制許辟員闕，依元豐舊法，不得並差川人。及依近降指揮，不得奏差知州外，餘並許臣踏逐，選擇公廉練達之人，不拘常制，指名奏差。』奉御筆依所（奉）〔奏〕，許辟一次。後來何漸除奏外，見餘未曾奏辟去處，欲乞依已降御筆指揮，許蕃依何漸申請，不拘常制，指名奏辟一次。」從之。

七年五月二日，詔茶馬司辟官，並依元豐法。

十月三日，吏部奏：「權提舉成都府等路茶馬公事韓昭奏：『契勘本司窠闕，遵奉元豐成法，合從本司不依常制奏差。今踏逐到宣教郎王滋，乞差通判興元府；承事郎安邠，乞差充都大提舉榷茶司勾當公事；忠翊郎王義夫，乞差充階州買馬監押。』勘會王滋前任清州司户曹事，三考得替，磨勘改官，合入初任知縣資序，其興元府通判依熙寧格係注通判人，即不係應入窠闕，兼有礙元豐令，雖不拘常制，不得奏差。茶馬司勾當公事雖許本司奏差，緣提舉茶馬係二員，依政和令連書，或一就奏舉。今來韓昭獨（御）〔銜〕奏差，礙前條法。階州兵馬監押係提舉陝西等路買馬監牧司闕，今來本官稱本司窠闕，合從本司不依常制奏辟，緣即無許舉買馬監押之文，兼王義夫不應材武，見係監當資序，依條不許舉辟。」詔令吏部行下。

欽宗靖康元年五月十五日，詔：「川陝104所起歲額綱馬，全藉茶貨博買。訪聞自近年以來，買馬司不切用心，預行措置樁備，及將茶貨等輒以他用，是致收買馬不能敷額，緣此積年闕馬數多。雖已降處分，不得以茶及本息錢博買珠玉等并收羡餘，尚慮不爲遵奉，巧倖侵欺，轉易他用，可令本司今後將合博易茶貨等預行樁備，不得轉易他用，專充買馬。仍令買馬路分走馬承受，每年取索所得茶貨等，子細驅磨支使有無侵欺、轉易他用。若有違戾，其買馬司應干當職官吏並以違制論。」以上《續會要》。（以上《永樂大典》卷一一六八三）

高宗紹興四年七月二十九日，熙河蘭廓路經略、統制熙秦兩路軍馬關師古言：「本軍所管戰馬不多，乞支撥川茶於洮、岷州界博換，應副使用。」詔令宣撫司支茶博馬，亦令本司別作相度，多方應副。

五年十月四日，樞密院言：「已降指揮，於永康軍、威、茂州置場，以茶博馬，并文州等處買馬。其當職官如博買到馬數多，乞與推賞。」詔每歲各博買到四尺三寸以上堪披帶馬，每一千匹與轉一官；如買到出格堪好馬，更優異推恩。仍令宣撫副使邵溥同提舉買馬官趙開措置，疾速廣行博買，及於宣撫司選差諳曉馬事屬官一員，專一在諸州軍催促博買。候見就緒，亦當推恩。

七年閏十月二十七日，宰臣趙鼎言：「得旨復置茶馬官，舊有主管茶馬、同提舉茶馬、都大提舉茶馬凡三等。」上曰：「此猶轉運使、副、判官之105比也，若擇得人，當考其資歷命之。茶本以博馬，而近來猶聞博珠玉及紅髮之類。珠玉今日固無用，紅髮特爲馬之飾而已，亦何所用，須一切禁止。」

十三年八月三日，詔：「叙州通判依崇寧三年指揮，許行辟差才幹官管當買馬職事。」從都大提舉茶馬所請也。

十月三日，都大主管成都府利州熙河蘭鞏秦鳳等路茶事、兼提舉陝西等路買馬監牧公事賈思誠言：「茶馬司措置般運茶貨，博買西馬，所有茶事，通判、縣令、合同場監官及買馬都監，全藉有材幹官究心職事，廼能辦集。自軍興後，其轉運司多不照應條法，却將本司合專辟并同共奏差窠闕，更不選擇人材，止以名次高下，一例出闕注擬，多致非材，曠廢職事。乞下逐路轉運司，遵依敕條施行。」吏部勘當：「欲將洋州西鄉知縣，興州通判，長舉、順政知縣，階州都監，興元府監税兼合同場官，並令本司依敕條辟差施行。」從之。

十四年二月十一日，都大提舉茶馬司言：「諸買馬司幹辦公事官任滿，催督諸場買馬歲額敷辦，提舉司保明，與減二年磨勘；不及八分，展二年磨勘。契勘川路歲額，黎州三千匹，文州一千匹，叙州八百五十匹，長寧軍三百九十五匹。内叙州、長寧軍並係羈縻遠人，除叙州及額外，其長寧軍累年不敷歲額，所屬官合得酬賞保明未得。欲乞許令本路將諸處通計，若敷及歲額，即依條保明推賞。」詔許權將黎、文、叙州三106處溢額馬數通計推恩，仍戒約長寧軍不得因而廢弛。

十六年四月二十七日，御史中丞何若言：「四川茶馬司逐年起發馬數，差人管押赴行在交納，緣所差牽押兵士別無交替，道路遥遠，經(步)〔涉〕月日，人力既自疲乏，加之在路草料間有不時，其馬多至死損，甚者十之四五。牽押兵士恐坐罪責，往往逋逃。況馬綱所至，州縣懼怕羸馬在界倒死，却乃支折價錢，遣促起離，人雖受錢，馬不得食，適以爲害。欲乞將四川茶馬司綱馬(走)〔赴〕行在交納者，並依廣西路已得指揮，自起發州軍差使臣、將校等外，其牽押兵士逐州軍交替。遇有起發綱馬，預行(闕)〔關〕牒前路州縣。仍乞申敕提舉綱馬及檢官司〔一〕，嚴行督察所屬州縣，遇綱馬到驛，即時支給本色草料，並不得折支價錢。其合

〔一〕檢官司：似當作「檢點官司」。

差承替牽押兵士去處，前期差定。如敢違戾，重作施行。如此，則人不致於涉遠逃亡，馬不至於闕食倒斃。」詔令四川茶馬司參照已降指揮措置，申樞密院。

十八年七月一日，詔：「南平軍買馬每歲權以三百匹爲額，候及三年，取酌中之數立定歲額，令茶馬司比類諸場條格賞罰施行。」從兵部所請也。

八月十六日，都大主管成都府利州等路茶事兼提舉四川等路買馬監牧公事韓球言：「川路諸場買馬，內南平軍所買到並係出格良馬，堪充披帶。昨點檢得本軍逓年買馬比元初措置年分並各虧少，緣本軍僻在一隅，難以檢察。

107 照得叙州年額買馬專委知、通主管，內通判從本司依文州條例奏舉，其本州所買馬十無一二堪充起綱。今相度，欲將叙州通判員闕兑易南平軍通判，從本司依條奏舉。其叙州通判員闕，依舊歸還轉運司使闕。」從之。

十一月二十四日，韓球又言：「買馬州軍官員、諸色人違法與蕃蠻衷私博馬，本司已立賞出榜禁止。訪聞尚有窮乏之人不顧條法，却販茶綿等前去買馬附近沿邊州軍，誘引蕃蠻將馬前來中賣。如威、茂州後蕃係接連熙河，亦嘗有蕃蠻將馬前來與諸色人博易，不唯寖久有壞馬政，兼恐引惹踏開生路，於邊防不便。欲望將本司見管巡捉私茶使臣并買馬州軍管下巡尉，許令巡捉諸色人私與蕃蠻博馬。內有透漏去處，以匹數比附透漏私茶條法斷罪施行。」從之。

二十年十一月一日，詔：「都大提舉四川茶馬司幹辦公事官一員，依舊於遂寧府置司。」從本路諸司請也。

二十二年二十一日〔一〕，詔：「四川都大提舉茶馬司起發綱馬，所差管押使臣往往不識馬性，飲餧失時，致損斃數多，虛費財計。可令吳璘、楊政，每綱選差慣熟有心力諳曉養馬使臣二人，將校一名，醫獸一名，兵士二人，添破本等驛券錢米，專充管押。其牽馬人兵，令茶馬司依例差撥，賞罰〔依〕見行條例。」

二十三年五月一日，樞密院言：「茶馬司差使臣等押到馬綱，內有瘡疥瘦瘠馬數，依近降指揮更不推恩。若本

108 綱馬內有瘡疥瘦瘠，依寄留倒斃馬數除豁，及依得見行條法，不礙推賞。」詔（衣）〔依〕舊格推賞施行。

二十五年三月十四日，詔：「西和州宕昌買馬，自來用茶博買，緣客人艱於般運，却將茶於私下博絹前去。可令茶馬司措置，自後兼用茶、絹，聽客人從便博買。」

二十六年六月三日，利州西路安撫使、御前諸軍都統制吳璘言：「宕昌馬場年額買到馬十分爲率，內撥二分應副支使，其茶馬司自紹興二十一年至二十五年分，應副二分馬共三千六百餘匹，未曾支撥。緣璘見管入隊馬七千餘匹，皆齒歲過大，若三五年之間，盡不堪乘騎，不惟虧損馬

〔一〕二十一日：按此處有脱文，當作「□月二十一日」或「二月十一日」，無從確定。

額，亦恐緩急有妨使喚。乞下茶馬司，將紹興二十六年合撥二分馬，依元降指揮早賜支撥。所有拖欠以前年分未撥馬數，恐難一併支撥，欲乞作五年帶發，支赴本司，所貴緩急不致闕事。」詔令茶馬司將二十六年已後合撥二分馬，依已降指揮應副，不得拖欠。其積下馬逐旋收買補發。

十二月十二日，樞密院言：「黎、文、叙州、長寧軍、南平軍等處互市買馬，以銀、絹、錦、綵折博，近年茶馬官韓球等或拘收正色銀、絹，輒將他用，却以積欠物數兑博馬，致欠少客人馬價，或大估銀絹價充數，或先給關子，銀、絹後時方到。及諸州知、通、買馬官不法，又借那支用，或巧作從物等，或賤買所博馬銀絹關子，以致蕃客不肯將馬出賣。」詔令茶馬司將博馬銀絹等並預期 109 排辦，即不得依前大估價錢及擅將他用，留滯客人。如諸州有違戾去處，按劾聞奏。仍令四川制置司常切覺察。

同日，樞密院言：「茶馬司所差廂禁軍牽馬，近年分差不公。如潼川府、夔州路轄下州軍廂兵不足，科傭人錢引，却於附近州軍越數科差，前期追集雜役。馬務官吏雪令於秋冬間打生草餧馬[一]，却收所破草料入己。人疲馬瘠，以故起綱多有倒損之數。」詔令茶馬司今後遇起馬日依數差撥，即不得前期科差雜役。其偷盜草料官吏，令本司常切覺察，如有違戾，按劾聞奏。

二十七年二月十一日，樞密院言：「茶馬司歲額收買西馬，西和州三千六百餘匹，除二分七百二十匹應副四川制置司外，餘數并階州五百匹，循環撥付殿前、馬、步軍司。」詔令茶馬司於西和州、階州歲額外，更措置增添博買，先具每歲添買數目申樞密院。

三十二年五月四日，總領四川財賦軍馬錢糧、專一報發御前軍馬文字、兼權提舉秦司買馬監牧公事王之望言：「承成都府都大提舉茶馬司牒，分撥利州以東至陝西州軍并興元府、洋、興州等處（權）〔榷〕茶買馬職事。照得被受前項指揮，止是兼權提舉秦司買馬監牧公事，所有茶事，未曾承準指揮，未審今來如何繫階。」詔依見今川司提舉王弗繫階，帶茶馬職事。以上《中興會要》。

孝宗隆興元年四月七日，四川安撫制置、都大提舉茶馬、成都府路提舉轉運司（舉）〔奏〕：110「黎州歲額買馬三千匹，全藉知、通同共措置。通判闕，元係茶馬司奏辟，昨緣一時申請，併歸銓選，憑不得人[二]，難以責辦。乞從茶馬司依舊法選官奏辟。」吏部勘當，欲依逐司所乞。從之。

乾道元年二月十四日，四川茶馬陳彌作奏：「臣契勘本司舊管幹辦公事三員，準備差使二員，緣近降指揮，止存幹辦公事二員。竊恐本司管四路，事繁地遠，全藉屬官分責，與他司事體不同，欲乞復置幹辦公事一員，仍乞許臣選才辟差，免致闕悮。」從之。

[一]「雪」字疑誤。
[二]憑：疑當作「頻」。

同日，又奏：「馬政爲今日要務，比年官屬曠職，寖成隳壞。欲乞將茶馬司元辟差闕依祖宗舊法，内除守臣係朝（年）〔廷〕選授，如有貪懦不職，按劾以聞，其餘許從本司辟置。或已在任待闕人，亦（計）〔許〕臣銓量，庶幾人知勸沮，悉皆激厲。」詔買馬州軍通判，（令）〔令〕茶馬司依舊法奏辟。

七月八日，四川宣撫使吳璘奏：「準樞密院乾道元年四月五日劄子〔一〕，提舉四川茶馬陳彌作奏：『本司買馬係川、秦兩司文、黎、珍、敘、南平、長寧軍六州軍年額。川馬五千六百九十六匹，係應副江上諸軍；階之峰貼峽、西和之宕昌兩處年額，共買馬四千一百五十匹，係輪年應副三衙。緣秦司去本司二千餘里，專委本司屬官前去措置收買，自八月開場以來，只買過馬二十八綱。近據屬官趙永申，自十月十五日以後將及一月，無匹馬到場。續得宕昌買馬官王德俊申，准宣撫司分委屯駐將官收買進馬，111不限數目。竊見宕昌、峰貼峽雖係兩處置場，地里相距不遠，只洮、疊州一路蕃客前來入中，自（至）〔置〕市以來止有此數。若是本司與宣撫司爭買，不惟蕃客觀望，重有所激，又兩司各不相照，致有私販，實爲未便。欲乞將秦司馬併於宣司買發，本司依年例應副茶帛，庶幾事權歸一，共濟國事。』（照）〔詔〕依。臣今契勘宣撫司自隆興元年被旨收買進馬，節次發過馬四千匹，並係續鬻任内，兩司各無相妨。自陳彌作到任，本司又得旨買發進馬五百匹，每疋價錢止是二百餘貫。茶馬司價錢比本司非不高大，止緣茶馬司拖欠蕃客價錢，致馬來少，今却稱臣高價攙買。緣臣所買進馬並係續鬻任内，自有年月可考，即與陳彌作到任後買馬並無相干。兼照祖宗成法，專置茶馬司措置買馬，他司不得干預。況宣撫司事務繁冗，難以更與茶馬司（在）〔任〕買馬之責，乞下茶馬司遵守成法。」從之。

九月一日，吏部狀：「準都省批下四川茶馬司奏，檢察買馬非祖宗舊制，緣本司一時添置，初無毫髮之補，月費俸給三百餘千，占役吏卒四十餘人，無以支給，不免侵移博馬錢帛，致欠蕃蠻馬價，爲害非輕。欲乞依法省罷，所有買馬職事乞依舊法，令知、通、監押協力任責。」從之。

十月三十日，户部准都省批下四川茶馬契勘，階州知、通係堂除，非本部闕，准乾道元年指揮，買馬州軍通判許令茶馬司依舊法奏辟。從之〔二〕。

乾道二年十月三十日，户部言：「四川茶馬113司申〔三〕：『園户收販茶子入蕃界，已有中書罪賞指揮〔四〕，近有將茶

〔一〕元年：原作「二年」。按，《群書考索》後集卷一三引陳彌作此奏作「乾道元年」，《宋史》卷一八四《食貨志》下六引彌作此奏中之馬額亦云「乾道初」，據改。

〔二〕此條之後原有「十四日」以下五條凡八百餘字爲錯簡，已移於下文「七月十二日」條之後。

〔三〕此條「司申」二字之前原脱，且緊接於職官四三之一一三乾道七年五月「二十七日」條之後。今據内容别分爲一條，其脱文據本書食貨三一之一八、刑法二之一五七補。

〔四〕中書：原作「申獲」，據本書刑法二之一五七改。

苗公然入蕃博賣，深屬不便。欲望行下，並依茶子罪賞施行。』114事送部勘當。本部檢照紹興十二年指揮，園户輒將茶子轉賣入蕃及買之者，並流三千里，不以赦降原免。告捉賞錢五百貫，園户（藉）〔籍〕没入官。州縣失覺察，并透漏當職官，並徒二年科罪。照得茶苗栽種不過三年便可採摘，比茶子爲害尤重，今欲下刑寺審覆，行下本司遵守施行。」從之。

三年二月六日，執政進呈陳彌作言，乞免四川茶馬司積欠綱馬，却從日下年分催促。上曰：「可依所陳行下，自此立罪賞，苟或違戾，必重作行遣。」（評）〔詳〕見此門「茶馬」。

四年三月十七日，四川宣撫使虞允文奏：「照得祖宗朝都大提舉買馬官於秦州、成都各置司，居治各半年，排撥馬月分居秦司[一]，訖事即歸川司，措置發茶并買馬物帛之類[二]。（令）〔今〕欲依倣舊制，於鳳州河池縣置秦司，既近宕昌，買馬之弊可以稽察，又措置收養，最爲便利。」從之。

同日，四川宣撫使虞允文言：「都大茶馬司應副三衙歲額馬共三千五百五十五疋，累年常是拖欠一千匹上下。自張松到任，於去年八月開場，至今年正月終，買發數足，望於松職名上特加陞進，以爲方來之勸。」詔特與轉一官。

五月十五日，四川茶馬司奏：「檢准令節文，文州買馬通判奏舉知縣以上資序人。又準隆興元年本司奏乞，將文州通判從本司奏辟，吏部行下，令同本路提刑、轉運司審度，連書保奏。今逐司奏，文州買馬係（興）〔與〕化外蕃交易，全藉通判措置招誘。舊係茶馬司奏差，後緣115一時申請，（今）〔令〕本路運司銓注，竊慮不得其人，難以責辦職事。若從茶馬司依舊選官奏差，委是經久利便。」吏部再勘當，依逐司審度到事理施行。從之。

七月十二日，茶馬司奏：「川、秦馬司互市之地，惟西和、階州並是西馬，比諸州爲最上。歲管四千二百七十疋，應副三衙并四川宣撫司。本司津致茶帛，應副博買，歲費壹百餘萬，全藉所屬州郡禁戢私販，招誘蕃商，協力趁辦。今文、黎等六州軍知、通並帶主管買馬事，西（河）〔和〕、階州舊法止是提舉買馬，並不帶主管買馬事。兼兩州通判未係本司奏辟，馬之增損既無賞罰，全不介意。照得宕昌等處即非無馬，止緣知、通不識，縱容盜販，減尅茶帛，若不控告朝廷，無緣革弊。欲乞將西和、階州通判依乾道元年指揮從本司奏辟，仍一依文、黎等州知、通，專一主管買馬事，賞典亦比類文、黎州見行條法。如買馬不及九分已上，展磨勘三年，知、通並令赴本司批書，候馬額足日放行。庶幾州郡有所懲勸，不致有悞馬政。」批送兵、吏部勘會申奏。兵部：「契勘岷州買馬，自來係專委都監，其知、通止是提舉。今令知、通專一主管買馬，不須更差都監，庶事權歸一。」吏部：「兼通判可以督責本州界内蕃兵，防護馬客，及

[一]馬：原脱，據《群書考索》後集卷一三、《文獻通考》卷六二補。
[二]物帛：原作「監申」，據《群書考索》後集卷一三、《文獻通考》卷六二改。

措置應辦草（判）〔料〕，禁止私販，委爲利便，乞從本司選辟諳曉馬政之人。若買馬充額，除依關外四州合得邊賞外，仍依已得指揮，將通判買馬酬賞推給。又有西和116州茶場監官一員，緣極邊無賞，文臣不願就，本司止差小使臣權攝，多不辦事。契勘本處收支買馬錢、銀、茶、絹動計數百萬，全藉廉勤、諳曉錢穀官管幹，欲乞從本司於文武四選通辟，許依關外四州合得邊賞外，如任滿錢物無欺弊，乞減二年磨勘，選人循一資。庶幾有以激勸，率皆效職。」從之。

十四日〔一〕，四川宣撫使司奏：「據茶馬司申：『川、秦二司元管屬官八員，因併秦司歸川司，裁減三員，後來又減罷川司兩員，見存三員，各分一員專一主管成都、興元、遂寧府簽廳。今於鳳州河池縣置司，所有簿書、倉庫、儲積之類，必藉屬官管幹。欲乞於減罷秦司屬官三員内再行辟置秦司幹辦公事兩員，一管幹宕昌買馬事務，一管幹河池縣秦司簽廳，令本司於京官内踏逐諳曉馬事之人奏辟，乞賜敷奏。』契勘未軍興以前，陝西岷、階州并川路歲額買馬共八千七百四十六匹，今每年買馬一萬九百六十六匹，比之元立歲額委是歲多，闕官分幹，欲乞許令辟幹辦公事、准備差遣各一員。」詔（時）〔特〕許添置准備差遣一員，令本司辟差。

五年二月二日，四川茶馬司奏：「准隆興元年續觱申獲降指揮，將諸處捉到私茶，依龍安縣體例，如園户犯私茶及十斤以上，其户下茶園估價召人承買五分，没官五分，還犯人田價。竊詳申請本意，止謂禁絶園户不得私賣與販人，虧損官課。今來園户或有批曆違限，或有曆不隨茶，或有借曆批賣，或有茶數與曆内不同之類甚多，州縣一例拘没茶園，致窮民破家失業。欲望特降指揮，若不係正犯私茶，只乞照應見行條法斷罪理賞，免行拘没茶園。」得旨，今後茶園户私販茶，並依舊法，其續觱申請指揮更不施行。

四月十四日，兵部申：「茶馬司差使臣自成都府及興元府押馬至漢陽軍馬監，全綱至倒斃不及二分，減半年磨勘；倒斃至留及二分至不及三分，展二年磨勘；倒斃寄留及三分，降一官資。每增及一分，更展一年磨勘，餘分數準此遞展。若綱内看驗得瘡疥瘦瘠，合依寄留倒斃馬數除豁。今來茶馬司所發綱馬到監寄留，倒斃數多，取旨。」詔今後茶馬司所發綱馬到監，將寄留倒斃及四分已上押馬使臣并所押綱馬，令趙樽差人管押赴樞密院聽候指揮〔二〕。

七年五月十二日，四川茶馬司奏：「照對本司黎、文、叙州、南平軍等處互市綱馬，專用錦綵折支。本司自置錦院一所，盡拘織機户就院居止，專一織造，不許在外私織。

〔一〕按，原稿自此條至七年五月「二十七日」條原在職官四三之一一一乾道元年「十月三十日」條之後，以致年代顛倒錯亂。今經考訂，按年月順序移於此。即如本條，原稿上條爲乾道元年「十月三十日」，而此反爲「十四日」，是日序顛倒。更考本條内容，謂秦州茶馬司「今於鳳州河池縣置司」，據職官四三之一一四「四年三月十七日」條，此乃乾道四年事，而非乾道元年。

〔二〕趙樽：史籍中亦多記作「趙撙」。

昨奉朝廷下成都路轉運司織禮物錦一千匹，緣提舉官在秦司，其轉運司徑行勾差本司錦院機户就近織造，致機户夾帶私織販賣，竊慮事妨馬政。今後如要織禮物錦，欲乞行下諸司，將合用官錢付本司，就錦場織就，撥赴諸司起發，庶可革私販，免害馬政。」從之。

二十七日，四川茶馬司奏：「宕昌隸西和州通判，係本司辟官，專一措置買馬。緣知西和州係武臣，通判職事非一，不容專往宕昌，今欲添差通判一員，不敢創置，止於本司屬官内差京朝官幹辦公事，兼知主管宕昌簽廳職事，請給、人從依舊，非唯職任專一〔一〕。」

六月五日〔二〕，宰執進呈殿前司使臣李師勣押馬倒斃之數。虞允文奏曰：「自蜀至漢陽止寄留二疋，自漢陽至此皆平路，却死損幾半，見存者皆瘦瘠不堪，乞重作行遣。」上曰：「宜從重典，仍先令殿前司取問因依。」梁克家因奏：「李舜舉昨有劄子，云取馬軍兵多東南新募之人，不諳馬性，今後取馬乞於效用内選差。臣未以爲然。蓋取馬類有賞，舜舉所云殆爲效用轉資之地。」上曰：「然。」允文奏曰：「臣昨與舜舉言，今後取馬不如差闕馬官兵自往，馬既着脚，自然護惜，不致損斃。舜舉亦以爲然。」上曰：「極是，前未有講論及此者。部押使臣亦須差訓練官以上，庶幾軍校有所畏憚，則沿路不敢怠於芻秣矣。」允文奏曰：「俟招三衙與之議定，別議指揮進呈。」上曰：「甚善〔三〕。」

九年二月二十一日，樞密院奏：「勘會四川茶馬司起發到三衙綱馬赴行在，並經由承旨司審驗，所有江上諸軍理宜措置。」詔令總領所遇綱馬到，並須審驗格尺、齒歲，具有無齒老、病患、低小數目申奏。

二十三日，樞密院奏：「所置漢陽軍收發馬監，遇茶馬司[117]發到綱馬，並許歇泊一月，將肥壯無病者排發，其病患瘦瘠者責令看養醫治。今到監日久，病患瘦瘠者甚多，未堪發，却有續到者各有臕分，亦無病患，顯是本監提轄有失督責。已降指揮，委鄂州都統、漢陽知軍同行提點，竊恐都統制軍務繁重，漢陽知軍權頗輕，難以責辦，理宜措置。」詔更令湖北漕臣每旬輪次到監提督，依立定格式，每旬與見今提領、提點、提轄官連銜具申樞密院，仍關牒茶馬司照會施行。

三月十四日，樞密院奏：「勘會四川茶馬司近來排發綱馬到監，比之每歲，其斃數多，竊〔恐〕所差使臣不行精選，理宜措置。」詔令三衙并江上諸軍取馬使臣並差七人，衙官軍兵十將以上人充，令茶馬司先次排定綱分，預行關

〔一〕此奏文意未盡，其下尚有脱文。

〔二〕此條原未注年分，若按錯簡未移正前之原稿，其前爲乾道四年「七月十二日」條，不但月日失次，且考虞允文乾道五年六月二十四日己酉乃自四川宣撫使召除樞密使（見《宋史》卷二一三《宰輔表》），而此條允文已爲宰執，則此「六月五日」必在乾道六、七、八年中之一年。今經移正，則爲七年，與史實符合。

〔三〕善：原抄作「喜」，又被圈去而未補字，茲據文意、字形改。

報諸軍，指期差人取押，無致擁併積壓留滯，各具知稟聞奏。

十七日，四川宣撫使虞允文奏：「據都大茶馬司申，自減罷提點綱馬驛程官後，所發馬綱在路弊端百出，委於馬政有害。不敢盡復，内乞差二員，一員自成都府至興元府，一員自興元府至漢陽軍，令提點驛程。仍乞許從本司踏逐，申宣撫司差辟，欲望降旨施行。」從之。

十一月十九日，詔：「恭奉太上皇帝聖旨，每年進奉天申節馬，除四川宣撫司、茶馬司、文州許進外，其餘殿前、馬、步司并諸路都統制，並可自乾道十年爲始免進。」（以上《永樂大典》卷一一六八四）

提點綱馬驛程 〔一〕

孝宗乾道二年四月十二日，臣僚言：「四川茶馬司提點綱馬 118 驛程官，每至州縣，以點檢爲名，百端搔擾，虛費生事，有損無益。已得旨，將見任并差下人並罷，專委逐州通判，無通判委以次官，銜内帶入『提轄綱馬驛程』六字。欲（爲）望特降睿旨，將廣南西路自静江府至行在二員，亦依今來指揮施行。」從之。

七年正月十三日，詔：「復置廣西路提點綱馬驛程二員，一員於静江府，一員於撫州置廨宇。」從權發遣静江府兼提舉買馬李浩請也。

九年三月十四日，四川宣撫使虞允文言：「勘會四川茶馬司至行在提點綱馬驛程三員，已降指揮復置成都府至興元府、興元至漢陽軍二員，令茶馬司辟差。所有漢陽軍至行在一員，亦合差置。」詔復置漢陽軍至行在提〔點〕綱馬驛程官一員，令樞密院選差大使臣以上諳曉馬政人充。（以上《乾道會要》。）（以上《永樂大典》卷一一六八四）

提點坑冶鑄錢司 〔二〕

【宋會要】

119 舊坑冶、鑄錢事隸轉運司，元豐初，間以他官兼領。至元祐元年，以坑冶、鑄錢通爲一司，後時或以別司兼管云。

神宗元豐（三）〔二〕年二月二十九日〔三〕，經制熙河路邊防財用司言：「秦鳳路坑冶不許本司經制，乞令轉運使撥還已興置本錢；如許經制，乞發遣陳述坑冶選人楊徽赴本司。其坑冶如係本司創置，並乞隸屬本司。」從之。

七月七日，三省言：「江浙等路提點坑冶鑄錢司舊管五錢監，近年江、池、饒州增歲鑄額，及興國軍、睦、衡、舒、

〔一〕此題原夾於正文之中。

〔二〕原無此題，據内容及《永樂大典目録》卷三載《大典》卷一一二〇原標事目補。

〔三〕二年：原作「三年」，據《長編》卷二九六改。以下二條亦二年事，見《長編》。

鄂、惠州創置六監，提點官一員通領九路，水陸巡按不周，欲增置官一員，分路提點。」詔以太常少卿錢昌武領淮南、兩浙、福建、江南東路〔一〕，李茱領荆湖、廣南西路。

十月十八日，詔：「自今秦鳳路告發坑冶，轉運司一季不興置，即令經制熙河路（則）〔財〕用司管轄。」

哲宗元祐元年二月二日，新淮南等路提點坑冶鑄錢事李深言：「坑冶、鑄錢，舊隸一司，至元豐二年以荆廣、淮浙分爲兩路。韶州岑水等場自去年以來坑冶不發，欲乞兩路提點鑄錢通爲一司。」從之，仍每路特借錢一十五萬貫。

紹聖二年八月十五〔日〕，詔：「江淮、荆浙、福建、廣南路坑場監官遇闕，並令就近申提點鑄錢司、本路轉運司選差權官。其課利及五萬貫以上處，令轉運、提點鑄錢司互舉。」從福建轉運司請也。

120 十一月六日，詔諸路提點刑獄兼提舉坑冶事。從江西轉運副使馬珹請也〔二〕。

三年二月二十二日，詔：「諸路應坑冶興發處，並令提刑司差官檢踏，如可採取，關轉運司施行。」

元符元年三月九日，權户（部）尚書吳居厚言：「乞今後令提點坑冶鑄錢司據江、池、饒、建州合用銅，每年支撥足備。若應副不及九分〔三〕，合從本路委不干礙官司劾治，欠數限次年春季補足。」從之。

十月二十六日〔四〕，專切措置鐵冶鑄錢監事呂潛言：「應緣鐵冶事，乞並行倉法。」從之。

徽宗崇寧二年三月二十六日，江淮荆浙福建廣南路提點坑冶鑄錢司奏：「與廣南東路轉運司相度到，乞韶州路木場鹽官〔五〕，今後許通舉常調職官令録并承務郎以上，或判司、簿、尉各年未五十、曾經任人，並與理本資序。如一任内收買銅貨通補及得逐年祖額，承務郎以來轉一官〔六〕，選人與改合入官。如任内收銅不及祖額，通比只虧及五厘已下，亦與降等酬奬，内選人與改次等合入官，或與減京官舉主二員。若額外增及一倍，承務郎已上更與轉一官，增三百萬斤與減（三）〔二〕年磨勘，五百萬斤減三年磨勘；選人並比類逐等酬奬，仍與占射差遣一次。及乞遇提點司巡歷，有監官或權官於本場作過，虧失課利，不能幹辦，亦許本司一面選官對替。」從之。

八月二十九日，詔：「除坑冶專置司自合依舊外，逐路坑冶事並令本路提舉司同共管勾。」

三年四月五日，户部狀：「據 121 荆湖南路提舉常平司申，近承符勘會坑冶事撥隸提舉常平司管勾外，其轉運司

〔一〕江南：原作「江東」，據《長編》卷二九九改。
〔二〕馬珹：原作「馬城」。按，此人本書及宋代其他文獻中或作「馬珹」，或作「馬瑊」。考其人字忠玉（又作「中玉」），「珹」爲玉名，「瑊」乃似玉之石，未知孰是；但作「城」則與玉無關，必是誤字。今姑統改爲「珹」。
〔三〕上二句，「支撥足備若」及「九分」共七字原脱，據《長編》卷四九五補。
〔四〕十月：原作「十二月」，據《長編》卷五〇三改。
〔五〕木場鹽官：疑當作「本場監官」。
〔六〕以來：似當作「以上」。

并提點坑冶更有是何領職。本司契勘，除舊管坑冶錢係轉運司應副過錢本去處合隸轉運司，提點坑冶鑄錢管勾外，所鑄到錢入常平庫送納，於近降朝旨即無明文許與提點坑冶鑄錢司通管。」詔自降指揮日，舊來坑冶自合屬提點鑄錢、轉運司，自後新置合隸提點司管。餘路準此。

十二月五日，（措）〔提〕舉措置江淮等路銅事所狀：「契勘興置膽銅、烹煎膽土及踏發坑冶、興修廢坑，並係創發事務，散在轄下州縣，多無正官，不惟省部出（關）〔闕〕無人指射，兼本州所差權官止是時暫苟禄，不肯用心管勾職事。兼契勘台州赤巖場亦係銀銅坑冶，合差監官。乞依今年六月十九日兩浙路提舉司奏舉銀場監官指揮體例，將本所不拘文武官踏逐（奉）〔奏〕舉一次，已後却令吏部依名次差注。」從之。

五年二月十五日，詔：「內外冗官頗多，不能振舉（職）事，徒費禄廩。提舉措置河東坑冶鑄錢司、提舉陝西路坑冶鑄錢司、措置河北路鐵冶鑄錢司、措置廣東路坑冶鑄錢司、專切管勾韶州岑水場買銅事、措置磁邢相懷州鐵冶公事、河北鐵冶鑄錢司準備差使、管勾踏逐窟眼官、淮南西路提舉常平司檢踏坑冶使臣，以上可併入逐路轉運使官兼管勾，其官吏並罷。」

大觀三年二月十二日，提舉江淮荆浙福建廣東路銅事司言：「檢踏 122 坑冶官合置三員，於使臣內抽差，帶行舊請，日支食錢二百文省，至今全闕人勾當。緣出（彥）〔產〕寶貨多在深山窮谷人跡不到之處，須（籍）〔藉〕檢踏官分頭勾當，緣是出入辛苦，所得微薄，是致久無人願就。今相度，欲乞將見闕檢踏官三員不問文武，許從本司於見任或待闕得替官選舉充，仍乞依條給驛券一道。」從之。

九月十七日，朝請大夫、新差江淮荆浙福建路提點坑冶鑄錢錢景山劄子：「據本司進奏官申，黔南、廣南路併歸本司。緣景山未曾承（淮）〔准〕得上件朝旨，未敢於銜內添入黔廣路，欲乞明降指揮。」詔銜內添入「黔廣」二字。

十月十五日，工部狀：「江淮、荆浙、福建、廣南路提點坑冶鑄錢潭州置司并新差江淮荆浙福建路提點坑冶鑄錢司事狀：乞歲舉官并添置管勾文字一員及勾當公事官，乞於京朝官、選人內，於見任、得替、待闕、待次人內指名奏乞特差，支與見任或前任、新任請給，驛券一道，隨合入資序理任。其赴任得替并在任遇差出，並破遞馬遞鋪。遇差出轄下勾當，其應干禁約並依監司屬官法，及乞添公使錢。虞部今取會到逐路鑄錢司每歲舉官員數不等，今勘當，欲乞令（處）〔虔〕、潭兩司各歲舉承務郎已上大小使臣陞陟，通逐路共不得過八員，承直郎已下改官不得過四員。所有乞差管勾文字官，自合遵依大觀元年二月十三日并今年五月十五日朝旨并批狀指揮施行。」尚書左選 123 勘當：所舉承務郎已上充陞陟任使〔一〕，欲依條比侍郎左選已勘當歲舉

〔一〕陞陟：原作「陛陟」，據文意改。

改官員數減半奏舉二員。尚書右選勘會：欲乞許令逐司歲舉陞陟大使臣三員。詔逐司每歲各支破公使錢三百貫，内虔州提點司許添差勾當公事官一員，餘依逐部勘當施行。其勾當公事官奏舉、請給等依所乞。

四年四月二日，臣僚上言：「伏覩大觀二年三月八日敕，諸有冶處並縣令兼，與正官一等賞罰。九月十四日敕，諸路銀銅坑冶並令兼管，其賞罰各減正監官一等。三年正月十九日敕，應有冶處，知縣每月一次到冶監點檢催督，如違杖一百。臣竊謂縣令之職，當先責以治民，要在宣導朝廷德澤使流通，而征賦獄訟各得其平，不專爲課利設也。百里之内，事隨日生，雖敏健者爲之，猶恐有不暇給。今諸有坑冶者皆崎嶇山谷中，往往去縣不下五十里，亦有多至五七處者，又皆散在四境之内，必責令兼管，又每月遍行，則縣事必有廢弛積滯，力所不逮。且既有正監官專任其事，於法所應當辦者，令豈得違，不必使之兼管，均受賞罰也。此皆是一時爲提舉官者不究事理，徒欲張聲勢，增重其權，妄有陳請。伏望聖慈詳酌，罷去兼管及每月一到之法，庶爲令者得以專意治民，不廢縣事，非小補也。」詔大觀三年正月十九日應有冶處知縣每月一次到冶點檢指揮更不施行。

九月二十四日，户部奏：「據淮南西路提124舉常平司申，光州固始縣申：『契勘本縣見管(錢)〔鐵〕坑冶户一十四户，元係自備財力請射烹煉。其所産課利舊係爐户認納，每日鐵課税錢入官，元屬提舉常平司附曆收管，係買納入官，應副鼓鑄夾錫鐵錢使用，其坑冶鑄錢司管幹。近準朝旨，應東南州軍鼓鑄夾錫鐵錢並罷，即未審所管坑户合與不合依舊隸提舉常平司收納課利，依場務法召人買撲。』本部契勘，坑冶先係屬提舉常平司管勾，昨爲鼓鑄夾錫鐵錢，撥隸鑄錢司。今來既承朝旨罷鑄夾錫鐵錢，其上件坑冶自合依舊歸常平司。今欲乞申明行下東南路施行。」從之。

政和元年二月二十七日，户部、工部狀：「準都省批送下江淮等路提點坑冶鑄錢潭州置司狀：『乞將江、池、(鐃)〔饒〕州三錢監年額所鑄上件新錢，向去一例依劍州已得指揮，遞展兩月比較賞罰等事。』狀後批：『勘會江淮等路提舉坑冶鑄錢司元申請稱，江、池、饒州錢監物料去處，盡在深山高源去處，其般運緣故與建州錢監事體一般。今來逐部勘當未至詳盡，兼鼓鑄不敷，與起發條限，刑名重輕不倫，重别勘當。』金部契勘，年額上供錢，江、饒州等申明依元符釐折條限鼓鑄樁發，並承朝旨依所申等。今來本司稱江、池、饒州般運物料去處盡在深山高源，與建州錢監事體一般，乞上件四監年額新錢，向去一例依大觀四年四月二十五日已得朝旨，遞展兩月。今勘當，欲依本司所乞125外，所是刑名輕重，合取自朝廷指揮。工部今勘當，欲依本司所乞事理施行。所是鼓鑄不敷，除合依崇寧法斷外，有起發條限、刑名係屬户部，更乞朝廷詳酌申(間)〔聞〕事。」尚書省勘會，除刑名不銷更改外，詔依户、工部所申。

三月十二日，詔：「陝西、河東興復鼓鑄夾錫錢寶，雖令逐路轉運司管勾，緣漕司職事繁冗，方鼓鑄之初，頗有措置，恐難以兼領，別致稽緩。其陝西、河東路可各差文臣一員，充專切提舉鑄錢。中大夫、提舉亳州明道宮許天啓專切提舉河東路鑄錢，朝散大夫胡簡修專切提舉陝府西路鑄錢。所貴事法專一，早見就緒。」

二十四日，工部奏：「新提舉河東路鑄錢事許天啓劄（之）〔子〕：所有序官、資任、人從、請給之類，乞指揮。吏部準大觀元年四月八日敕，專一措置提舉河東路坑冶鐵鑄錢王桓序官、請給、人從等，依提舉常平官。許天啓與提舉曾任陝西路轉運副使。」詔許天啓與提刑序官。

二年四月二十六日，河東路轉運、提舉常平司奏：「相度到應金銀坑冶之利，並依元豐條法施行。」右曹契勘，昨準朝旨，山澤市易皆常平職事，悉以利民，所用錢物令支常平息錢。又續朝旨，自降十一件指揮日，舊來坑冶屬提點鑄錢司、轉運司，自後新置隸提舉司。內提舉司所管坑冶收到課利物色，又准朝旨起赴大觀庫樁管，應副朝廷移用。及收買到銅鉛錫鐵之類，若他司要用，又有法許樁錢兌買。兼[126]逐司所管坑冶事務各不相干，課利設有虧耗，自合措置施行。今來若將新舊坑冶並撥入轉運司，有礙朝旨。本部今勘當，欲下逐路提舉等司，遵依見行條敕施行。從之。

八月八日，江淮等路提點坑冶鑄錢、廣東路提舉常平司奏：「契勘廣東路鐵坑久來並隸轉運司，續準朝旨，應干新發鐵坑除舊屬轉運司外，盡歸措置銅事司。昨因鼓鑄鐵錢，遂準朝旨撥隸提點司。後來罷鑄夾錫鐵錢，又準朝旨令提點司（摧）〔榷〕買收息出賣。復準朝旨，令提點提舉常平司管勾。逐司（令）〔今〕契勘，廣東路出産鐵貨不多，自來不曾榷買收息出賣，經久難以施行。今相度，欲將廣東一路鐵坑舊屬轉運司、提舉常平司者，即合歸逐司管勾，並依前後條法施行。堪置場官監，依冶法拘收到利；若苗脈微細，不堪置場官監，即所隸監司立定年額課利錢數，召人買撲。所有韶州岑水場要用錫鐵浸造膽銅，即令鑄錢司支撥銅本錢，就便收買使用。」詔依逐司所申。

十二月七日，江淮荆浙福建廣南路提點坑冶鑄錢司奏：「欲乞於諸路州縣場監應有本司錢物去處，並許本司每年於別路或鄰州選差清（疆）〔彊〕官一員前去點檢根磨，其所差官不許辭免。除請給外，別添日給驛券一道，仍破遞馬一疋。出過百日，即乞理爲考任，差破人吏二名。除依條合得差出日給食錢外，更日添一百文省，各與差破遞馬。所屬官司承受取會文字，[127]並限二日報。如點檢得諸處官司弛慢不職，欺隱失陷本司錢物，諸般違慢作弊，內官員具職位、姓名申本司，從本司取勘施行。違慢人吏合所委官一面勘決。若被差官承受本司公文，輒敢非理推故，不即前去，亦乞本司勘劾，依條施（從）〔行〕。」從之。

十六日，尚書省言：「勘會東南坑冶，雖專置提點坑冶、鑄錢兩司分領管勾，比歲以來，課利大段虧少，致趁辦鑄錢年額常是不敷，有悮歲計。其逐司提點官坐視闕乏，全不用心措置。兼坑冶苗脈興發，採礦烹煉，盛衰不常。近據虔州具到所管坑冶五十餘處，其潭州狀稱，所管坑冶共止九處，內五場久無課利，只有四銅場並皆坑窟，取（撅）〔撅〕深遠，下手興工，採打不行。若不令兩司通共那融應副，歲終衮同比較，嚴立殿最之法，則事難辦集，無以勸沮。今欲擬修下條：提點坑冶鑄錢官以兩司應管錢監每歲總計合鑄錢數比較，增一分以上減二年磨勘，三分以上減三年磨勘，五分以上轉一官；虧一分以上展二年磨勘，三分以上展三年磨勘，五分以上降一官。右入《江淮荆浙福建廣東路提點坑冶鑄錢司格》。諸提點鑄錢，輪委提點刑獄司謂非提點鑄錢置司所在路分者。索取兩司應管錢監總計合鑄錢年額，歲終衮同比較，具增虧實數擬定合該賞罰，保明聞奏。右入《江淮荆浙福建廣南路提點坑冶鑄錢司》并《提點刑獄司令》。諸提點刑獄司歲終比較保明到東南提點[128]坑冶鑄錢官應副鑄錢增虧五分以上者，依格賞罰外，取旨陞降差遣。右入《三省通用令一時指揮》。一、勘會東南坑冶歲收課錢監鼓鑄年額，近歲增虧多寡不同，今來提點官既立歲比殿最賞罰，其年額理宜重別參酌立定。欲令所屬將應管坑冶及錢監內從來無額或連年增虧去處，各取政和元年以前五年實增、實虧數目，逐一參照，酌中立定新額，具委無輕重不均，限一月保明申尚書省。其提點官員賞罰，候立定新額比較施行。一、勘會東南坑冶鑄錢，近歲收趁多不敷額，連年虧欠。今來專立提點坑冶鑄錢官殿最賞罰，全藉所委官盡心比較，務要賞罰公當。仍先自虔、潭州比近江南東路，提點刑獄司爲頭取索比較，以後逐年輪轉交割，與以次相比路分管勾比較施行。一、今來新立提點坑冶鑄錢官殿最法，如舊法别有專立賞罰者，自合依舊，各行引用。若内有相妨者，即從重施行。兼提點、提轄官既嚴立殿最之法，及約束措置賞罰并檢踏官亦已增賞及弛慢許奏劾衝罷外，其諸路坑冶鑄錢監官亦合别增賞罰。緣舊法輕重不一，欲令提點、提轄坑冶鑄錢官將應干監官賞罰參酌，重加增立，務要督責辦集。仍限十日擬立，尚書省檢踏約束。勘會諸路坑冶及鑄錢，其所屬監司、州縣從來避免應副，多不興舉，故朝廷專委官前去提轄措置，自當檢察州縣，督責應辦。訪聞所委提[129]點、提轄、措置官屬惟務收受餽送，不敢盡公措畫，致奉行滅裂，課入虧額，鼓鑄不敷。兼東南提點坑冶鑄錢官既已立定歲比殿〔最〕之法，及諸路所差提轄官亦已約束措置賞罰外，若不逐司差官分頭檢踏，及支借錢本，雇工採打，并增立賞典，優加俸給，禁止收受供饋，則事難辦集。今措置到下項：（一）河東、陝西、河北、京西、京東路所委提轄措置坑冶鑄錢官下，各已降朝旨許差檢踏官二員外，欲江、淮、荆、浙等路提點坑冶鑄錢虔、潭兩司各差置檢踏官三員。（一）諸路坑冶檢踏官並許於承務郎以上或選人大小使臣内，踏逐諳曉坑冶、有心力人充，仍具名奏差。應採訪興發或有苗脈處，並躬詣檢踏得實，其地不以官私，皆許支破錢本，差人採取烹煉。或人兵不足及無會解之人，即許雇募人工採打，或召人户開採。應一行用度以至燈油之類，並許召保借支官錢應副，候烹採到寶貨，先行還官外，餘充課利。若開採不成及無苗脈，或雖有而微細，其所借官錢並與除破，即不得過三次。若據開採到數能補還所借官錢者，雖過數仍許豁除，別行支借。以上並委當職官子細勘驗支借，不管透誤大支。如敢冒借或大支，罪輕者並徒三年，許人告，賞錢一百貫。仍並同本縣官採取，其本縣官不肯用心，許申提舉、提轄司，改差他官。如委有苗脈者，前官重行黜責。若能檢踏興發、立成課額者，其檢踏并被[130]差官並依檢踏官增賞一倍。（一）檢踏官以二年爲一任，隨所理資序給本身及見任或前任請給，仍支驛券。遇出入檢踏，別支券馬。（一）應提點、提轄、措置坑冶鑄錢官屬，並不得受例外供饋，內檢踏官不以有無例册，並不許收受諸般饋送。以上如違，其收受并與之者各以自盜論。（一）勘會坑冶興發，全借檢踏官協力盡心，公共相視檢踏，除已增立賞典、優給請俸外，如有不切用心相視檢踏，弛慢不職之人，仰所屬提點、提轄、措置官奏劾，先次衝罷，當議重行黜責。」從之。

三年正月二十二日，尚書省勘會：「昨京陝西路提轄坑冶鑄錢官係提舉京西、陝西、川路銀銅坑冶鑄錢事務〔二〕，今來除陝西、京西路已各差官專一提轄措置外，其川路即未曾專行差官。緣川路甚有金銀等坑冶興發，竊慮無專差官提轄措置，因循（隨）〔墮〕廢，走失山澤利源，深爲可惜。」詔令陝西路提轄措置坑冶官兼提轄措置川陝坑冶，應有合行事件，並依大觀三年四月三十日及今年陝西已得指揮施行。

二月十二日，提轄措置京東路坑冶司狀：「今條畫下項：乞將勾當公事官一員改作檢踏官一員，將來差到正官，如能用心究尋，或招誘使人施功，因而自採得見苗脈，能興山澤厚利，許本司臨時參詳其功力課利，保明申奏，乞朝廷量事推賞。一路新坑有人陳告，便令措置下手開發，其所用錢本等深恐所屬不應副，乞所屬以[131]轉運司係省錢物權行應副，候將來收到課利，申取朝廷指揮，依數兑還等，畫一候指揮。」檢會政和二年九月二十四日敕，河北路坑冶改勾當官一員充檢踏官。政和二年十月十一日敕，京東路坑冶辟置官屬，依河東路措置坑冶司所得指揮。勘會除第一項已降指揮外，詔應緣坑冶本司錢遇闕，許於常平司封樁耆户長錢內支借。餘路依此，並免執奏。餘依奏。

九月二十四日，權發遣提轄措置河北坑冶鑄錢李著奏：「檢承崇寧四年十一月二十一日朝旨節文，本路錢監、州通判並依河東已得指揮踏逐奏舉。勘會磁州見置錢監及鑄錢院，全（籍）〔藉〕通判管勾。今本州通判劉洙準河東路提轄措置坑冶錢監司奏舉，充隆德府通判，今來若從河

〔二〕「陝西路」原作「會西路」，「川」原作「州」，並據下文改。

東坑冶錢監司所辟，顯於本路錢監、州却有妨闕。伏望許存留劉洙依舊（仕）〔在〕任，候今任滿日再任一次。」詔鑄錢司舉通判指揮更不施行。

四年五月十五日，江淮等路提點坑冶鑄錢司奏：「承敕，潭州提點鑄錢司復移於饒州置司。續奉聖旨，鑄錢司更不復移。本司契勘，若移司饒州，便於奉行職事；止在潭州，必見闕事。伏望更賜詳酌。」詔只就饒州置司。

五年二月十八日，河東路提轄檢踏措置坑冶錢監司奏：「承朝旨節文：『鑄到錢每季令提刑、提舉司分詣，再行看揀，別無粗惡不堪，方行行用。』契勘本路諸監院每季鑄到錢，直至次季看揀了當，方許支樁。132其被差官有事故或先承他司差委者，有經半年未曾看揀，委是有妨應時樁撥支遣。今乞將諸監院每月鑄到錢，於次月內令提刑、提舉司再行看揀。如逐司官巡歷未到，不能親詣，即乞令逐司於上旬內就錢監院鄰近州縣差官看揀。如被差官先承他司差務，除軍期急速外，並乞限三日先次起發，於當月內看揀了當，方許承當別司所委事。又提轄措置河北路坑冶鑄錢司奏：『乞應提舉、提刑司所差看揀錢官，並依貢舉差試官法，限三日起發。如敢託故推避，或本州別作名目占留，不爲依限起發，並乞朝廷立法，加以刑名約束。』看詳今除三路係應副軍期不可緩慢以每月、餘路每季差官看揀外，今擬修下條：諸提舉常平、提點刑獄司，河北、河東、陝西路每月，餘路每季，分詣錢監院看揀已鑄到夾錫錢。如親詣不及，計程前期差官，須管於本季本月終到監院。謂如春季錢春季終、正月錢正月終，所差官到監院之類。即被差官，他司不得差委；若承他司差者，俟看揀畢聽赴。應副軍期機速事非。右入《政和錢法令》。諸被差看揀夾錫錢官不趁期到監院，若妄託事故避免，或官司別作名目占留，或輒差委者，各杖一百。即差委後時，致所委官趁期到監院不及者，止坐所差監司。監司應親詣而不如期到者同。右入《政和錢法敕》。」從之。

四月十六日，江淮荊浙福建廣南路提點坑冶鑄錢虔州司奏：「昨饒州岑水場措置創興煎銅之法，本場收到煎淋銅二十七133萬一十斤。舊來每年（亡）〔止〕收膽銅三十餘萬，因本司措置創添煎淋碴銅等，遂收及六十餘萬斤。其煎淋銅功利不小，永遠歲歲得銅鑄錢，補助上供。」詔提點官并措置官各與轉一官。

同日，詔：「近差倉部員外郎徐禋措置東南銅，令徐禋將東南九路舊坑所出寶貨一就措置〔一〕。」

七月十一日，尚書省倉部員外郎、措置東南九路坑冶寶貨徐禋奏〔二〕：「坑冶興發，莫盛於今日，然而有司憚於應副，州縣以爲生事，或隱而不告，或檢踏不以實，或興置年深未曾立額，或有額而無收，或有收而無額，或有祖額而

〔一〕九：原無，據《宋史》卷一八五《食貨志》下七補。
〔二〕九：原作「西」，據《宋史》卷一八五《食貨志》下七改。

課利虧欠，或因人户自陳便行停閉。由是官吏得以肆姦，豪强得以擅利，積弊若此，稽考何從！逐路如檢點得有司、州縣依前苟簡，措置失當，欺隱妄謬，當職官吏乞許臣按劾，取旨黜責。」從之。

十二日，措置東南坑冶寶貨司奏：「本司元降朝旨，屬官當直人依奉使條格。今來蒙本司差委逐路，深入遠惡山險去處，所有人從、親隨、擔擎人并吏人所乘遞馬，乞依轉運司管勾文字官差出法。」從之。

八月二十八日，江淮荆浙福建廣南路提點坑冶鑄錢饒州置司奏：「承尚書省措置東南坑冶事件，内虔、潭兩司各差置檢踏官三員，並許於承務郎以上或選人大小使臣内踏逐諳曉坑冶、有心力人充，仍具奏差，二年一替。契勘本司所管路分廣闊，若候奏辟官到司，差發前去檢踏，竊慮後時。今欲從本司一面於見任[134]或得替待闕京朝官、大小使臣及選人内踏逐，權行依額選差，分頭前去。其所差權官合破請給、人從、券馬等，並乞依政和二年十二月十七日朝旨施行，候奏辟到正官日住罷。」詔依，權官令本司具名申尚書省差。

九月七日，江淮荆浙福建廣南路提點坑冶鑄錢虔州司奏：「檢會元豐二年中書省劄子，江浙等路提點坑冶鑄錢司提點官一員，通轄九路，水陸廣闊，巡歷難爲周遍，欲添置官一員，與見任官分領提點。一員於饒州置司，提點淮南、兩浙、福建、江東路坑冶鑄錢；一員於虔州置司，提點荆湖、廣南、江西路坑冶鑄錢。奉聖旨依。續承朝旨，通爲一司，通管九路，就洪州置司。又承敕，鑄錢司分爲兩司，提點荆湖南北、淮南、江東路坑冶鑄錢事，虔州置司；提點江西、兩浙、福建、廣東西路坑冶鑄錢事，〔潭州置司〕。近承朝旨，將潭州司復移饒州，依元豐年所分路分。契勘本司所管坑冶場，昨因發運司申請，欲將提點鑄錢官一員於虔州置廨宇，一員於潭州置廨宇。詔依。兩司各認見今所管路分，已是勞逸得均，方成倫序，偶於去年潭州提點官丘括具陳，乞移潭州司於饒州置司。竊緣當時分兩司，各自任責管勾職事，今來饒州司不顧利害，申乞令虔州司更兼管湖南、湖北兩路坑冶鑄錢職事。緣元降朝旨，爲地理遥遠，難以周遍，及永興、岑水兩處坑場出産銅鉛物料最爲浩瀚，所以分令虔、潭州各就近[135]出産處措置等。今來饒州司申請，意欲併令虔州一司管勾應辦銅料，不惟虔州司獨自抱認自來分定兩司年額責罰，兼虔州司去湖南、湖北路地理遥遠，其饒州司若不管勾湖南、湖北路坑場錢監職事，即更無任責，顯見别無職事。欲望且令虔州提點一司依舊管勾見今所領路分。」尚書省勘會，除依已降指揮饒州置司外，詔所管職事路分並依潭州置司日所得指揮施行。

十月二十四日，提轄措置陝西川路坑冶、催促鑄錢蔣彝奏：「契勘本路坑冶久失措置，亦有元未曾立額去處，其間縱有舊額，增虧不一。如同州韓城縣兩場祖額各六百萬斤，陝〔府〕閿鄉縣金冶歲額八百兩，比年以來，全然虧少。

今來若便以五年之數立爲額，不免減落課利，兼恐場冶因此不肯用心。又如虢州朱(場)〔陽〕縣金場及陝府湖城縣金場等處，見今措置興發，既許用常平錢穀，即坑冶本錢不闕。欲乞一面且行措置催趁寶貨，候至今年終，各見所入多寡，自來年正月立爲新額。」詔依所乞，立爲永額，仍令户、工部注籍拘收，須管趁辦收及新額，候至來歲終，即具一全年逐州軍實收到新額物數別無虧損，(係)〔保〕明申尚書省，參酌多寡，取指揮推賞。如諸路更有似此增立新額課利去處，並依此。仍具合增立額物數申尚書省。

六年三月十三日，江淮等路提點坑冶鑄錢虔州司奏：「承敕，本司奏韶州岑水場措置煎淋膽136銅就緒〔一〕。」詔提點官並措置官各與轉一官。

四月二十六日，詔：「推行夾錫錢，本以惠四方，行之累年，製作不精，加雜錯易壞，公私病之，遂使惡錢流布，錢輕物重，不勝其弊。已降指揮，永不行用。其提舉官等並罷。」

五月十四日，尚書省言：「諸路措置坑冶及鼓鑄銅錢，未有令是何人管勾。」詔除鑄夾錫錢監院依已降指揮廢外，其諸路提轄措置坑冶官吏並依舊存留。

六月十三日，以尚書省言：「諸路坑冶除五路已有專提轄措置官，并淮南、荆湖南北、廣南東西亦已有監司兼管措置外，其江南東西、福建、兩浙慮亦合差監司兼領。」詔江南東路差轉運副使林篪，江南西路差轉運判官張孝純，福建路差轉運副使翁彥國，兩浙路差轉運判官王汝明。

十月十四日，陝西河東路宣撫使童貫奏：「契勘陝西路提轄鑄錢官近已有指揮未得鼓鑄，惟所領坑冶事猶依舊管勾。竊緣坑冶之利，所出不見浩瀚，虛設提轄官吏等，委是冗員。欲望特降御筆，將陝西、河東路提轄鑄錢坑冶官並罷，所有見領職事並歸提舉常平司。」詔令常平司兼領。

七年正月十八日，尚書省言：「新授提舉東南九路坑冶徐禋狀：契勘坑冶置坊官監，今來事初，全藉廉勤之吏協力勾當。欲乞應坑冶監官從本司量見任可存留、廢罷并闕官處，並踏逐六十歲已下有心力、無過犯文武官申朝廷，乞下吏部差注，與理本等資任，不以有無137違礙，權許辟差一次。兼契勘坑冶置坊，係是路僻去處，醫藥飲食皆非所便，而又請給微薄，不足養廉。欲乞於權買價錢内，每貫剋留一十文，充監官茶湯錢，每月〔請〕給不得過一十貫文。」從之。

六月二十五日，詔：「訪聞虔州、饒州提點鑄錢兩司官，邇來不務通融銅寶，致工匠有端閑之處。仰兩司官輪年於虔、饒州守任，交互巡歷檢察管下坑冶，應干收支見(任)〔在〕銅料，各具關報，通融應副，依格鼓鑄，庶各供備，無有不足之患。」

七月二十三日，奉議郎、措置荆西坑冶時君陳奏：「詢

〔一〕本司奏：「奏」字疑衍。

究得坑冶利原，招置窑户請射，檢察兵匠開採，已置成官冶，催督收趁。採到金七百兩、銀五千兩，差勾當官劉充管勾，赴都省呈納。」詔時君陳轉一官。

九月十四日，中書省言：「勘會近到朝旨，爲諸路坑冶事務稍已就緒，并催促上供柴炭不須專置官司，遂降朝旨，京東京西河北路坑冶鑄錢司、提舉東南九路坑冶司專切根刷，催促上供柴炭所並罷，令逐路提舉司、輦運司兼領。今來(上)〔止〕爲諸路所置專司官屬稍多，慮州縣艱於應辦，又緣條令各已完備，事法皆已成緒，即比事初不同，理合裁損。竊慮外路官司並不體認朝廷意旨，妄意觀望，便將逐司已成法令公然廢弛，不爲奉行，則使山澤地利不歸公家，在有蠹散。又況諸司前後所得朝旨等，自合一一遵奉施行。」詔令逐路提舉等司，仰將逐件事務一一遵依前後所降朝旨施[138]行，不得妄意亂有隳墮。如少有不(前)〔虔〕，官員並當停廢，吏人支配千里。仍各具已知委狀聞奏。

八年十一月十四日，江淮等路提點坑冶鑄錢饒州置司奏：「契勘江、池、饒州錢監鼓鑄錢額上供，全仰韶州岑水、潭州永興、信州鉛山三大場并新發坑場收趁銅料應副，全藉兩提點官不住往來巡察等。照會逐場相去遼遠，動涉三四十程，每遇出巡，其不通陸路處自合乘船外，有通陸路去處，又却道程迂遠，理欲徑便乘船前去。緣有礙大觀四年三月二十五日指揮，不免陸行，却成迂滯，恐爲未便。今相度，兩提點官如遇出巡管下坑場錢監，點檢驅催物料，應副錢監鼓鑄上供額錢，經由去處不以水陸路，並從徑便。」從之。

重和元年十一月二十日，江西路轉運判官兼措置本路坑冶劉蒙奏：「興國軍大冶縣金鷄山等處銅礦興發，臣等欲望敷奏，申敕諸路，則已墜之法庶幾復舉。」詔諸路元罷提舉坑冶官並復置，仍具員數取旨。其江南路令劉蒙同措置。又詔：除陝西、京東、河北、河東坑冶官不置外，餘並依舊。内東南九路坑冶司減勾當公事二員，京西路賓冶指揮候新官到日，措置消與不消招置，具狀聞奏。

宣和元年正月二十六日，都省言：「檢會金部員外郎朱尹奏：承尚書省劄子，奉御筆，饒、虔鑄錢司失陷本錢不少，積年不曾勾考，差臣前去勾考，仍委措置以鐵蘸銅事。臣今參酌范之才昨[139]提舉荆湖茶事出使條例，畫到合行事件下項：一、檢會昨范之才提舉南北兩路茶事，差屬官四員。今來措置勾考東南諸路事務，不敢故有陳乞，欲只依上件體例共差四員。内一員充管勾文字官，仍乞於見任或得替待闕不以京朝官或選人内踏逐，具名奏差。所有資任、請給、遞馬、驛券、當直、人從并差破手分等，並依范之才已得指揮。」奉御筆，屬官可止差三人，其該載未盡，依范之才已降指揮，仰別具申請。餘依奏。

二月十五日，新差提舉東南九路檢踏坑冶鄧紹密奏：「前官徐禋被差之初，有申請到畫一朝旨，已經勘當，今來復置，合行照用，欲乞先次並依徐禋已得指揮施行。」詔序位、請給、支賜、人吏、人從、舟船、遞馬、驛券、薦舉、按察、公使錢等，並依江淮等路提點坑冶鑄錢司條例施行。

六年五月九日，新差權提舉京西南路常平等事雷勉狀奏：「竊利之輩所奏苗脈不實，唯在借請官錢，遂成失陷。欲望下諸路，委漕臣與提點官公共講究革弊之術。如有告發坑冶，委提點坑冶官選委能吏，同州縣當職官躬親詣地頭監轄取打礦石烹試，如委實有寶，即計其所出，有補於官，許依條借請官錢。仍令作料次，隨其所出之寶量多寡借請。及乞令召第三等以上税户保借，無容似前泛濫借請，枉致失陷。仍乞提點坑冶司關報漕臣，公共點檢覺察。」詔令諸路提點坑冶官并兼領官條畫措置，申140尚書省。

七年正月二十四日，詔：「陝西坑冶見差提舉官一員，巡按不能周遍，可分京西別駕一路〔一〕。」

二月二日，詔：「諸坑冶興復之初，全藉官屬專一提振，諸路各置提舉坑冶官一員，仍並理提刑資序。所用錢物，並仰運司應副。如州縣官不切遵奉，公然弛慢者，按劾以聞。內有稽違觀望不職甚者，並許先次放罷，具實聞奏。」

同日，詔：「已差官分路興復坑冶鼓鑄，仰尚書省悉力舉行。」又詔：「熙豐諸路鑄錢監十九處，歲鑄新錢僅六百萬，富國裕民，具載典彝。即今東南惟存其跡，如上供監分尚以他錢代起，廢法弛令，莫甚於此。利源所失，動數百萬，致公私匱乏，歛取百姓。應廢罷熙豐以來舊鑄銅錢監分並行興復，仍委本路提舉，及與監司、郡守同共措置增敷舊額鼓鑄，不得鹵莽滅裂。應合行事件，條具以聞。」

三月三日，詔：「江淮等路提點坑冶鑄錢司官屬依熙豐員數，餘路坑冶官屬並罷。內舊坑冶隸轉運司者，依熙、豐、紹聖法；崇寧以後新坑冶隸常平司者，依崇寧法。提點官令中書省選差。」

十二日，中書省、尚書省言：「勘會已降指揮，諸路興復坑冶，專差官提舉措置，合行事件下項：一、以『提舉某路坑冶司』爲名。一、合用印記令工部行下所屬，限十日攙先鑄造，以『提舉某路坑冶司印』爲文，并複褥印匣等全。一、合用公廨並以舊提舉坑冶司廨舍充，如已被他司拘占，或舊無處，或(全)〔令〕來提舉路分與舊不141同，合於別州置司者，即從便踏逐，申尚書省。未踏逐到間，許權於寺院治事。一、逐司各置管勾文字、勾當公事官一員，勾當公事官兩員，檢踏官十員。內管勾文字、勾當公事官差文臣，檢踏官通差文武臣，許提舉官於見任、得替、待闕、待次官內，踏逐通曉坑冶次第人，具姓名申尚書省，下吏部差。一、提舉官序位、理任、借服色、舉官員數、請受、供給、公使錢、當直并接送人兵、遞鋪、水路破船，並依本路提刑官。本司管勾文字、勾當公事官依轉運司屬官，檢踏官依提刑司檢法官見行條

〔一〕別駕：似當作「別爲」。

例施行。其舉官員數，如提舉兩路已上者從一多舉。一、水路合破人船，許於本路州軍見管無違礙船內踏逐，限一日應副。一、合置人吏并書表、客司、通引人數，并請給等，並依本路提刑司差破，許於無違礙官司指名抽差，限一日發遣，不得占〔劉〕〔留〕，如無或不足，聽召募。一、應用紙〔扎〕〔札〕、朱紅、發遞角皮筒、油單之類，聽於隨處州縣取索應副，合用價錢於係省錢內支破。一、應取會事，承受官司限一日回報。其申奏行移文字，許入急遞，仍令提刑司進奏官並行承發。一、興復坑冶之初，全藉州縣官協力措置，如勸誘開採寶貨浩瀚，許提舉官保明聞奏，當議優與推恩。弛慢廢職，亦仰舉劾，依降御筆坐違御筆之罪。」從之。

二十四日，詔：「陝西、河東、京西坑冶見三路共差一員官提舉，路遠山僻，巡按不能周遍。今伊陽銀坑興發，可分兩路，京西[142]差陳修，免謝辭，令疾速前去。」

五月七日，都省言：「檢準四月二十一日〔三〕省同奉聖旨，諸路坑冶令中書省檢會熙豐以來條制，將上取旨。吏、户、工部供到熙豐舊置提點坑冶鑄錢官下項：江淮荆浙福建廣南路提點坑冶鑄錢虔州置司，提點官一員，勾當公事官一員，檢踏官四員，政和二年十二月置一員，政和六年三月添置。江浙荆湖福建廣南路提點坑冶鑄錢饒州置司，提點官一員，充京西路檢踏京西路坑冶鑄錢，及差置勾當公事官一員，檢踏官三員，政和七年八月指揮罷，重和元年十一月復置，見係提轄檢踏措置京西路坑冶鑄錢司。陝西路，政和二年七月差官一員，充陝西提舉措置興復坑冶，及差勾當公事官一員，檢踏一員，重和元年十一月指揮罷，宣和二年十二月指揮復置。宣和二年十月奉御筆，陝西坑冶司罷。河北路，大觀二年五月差官一員，充提舉措置河北路坑冶鑄錢，差檢踏官二員，政和七年八月指揮罷。河東路，政和二年八月差官一員，充檢踏措置坑冶，及差勾當公事官一員，檢踏官一員，重和元年十一月指揮罷，宣和元年十二月御筆復置，宣和三年十月指揮罷。京東路，政和二年九月差官一員，充提轄檢踏坑冶，及差檢踏官二員，政和七年八月指揮罷。宣和七年二月一日，都省劄子，奉御筆諸路各置提舉坑冶官一員。宣和七年三月十五日敕，諸路〔興〕[143]復坑冶，專差官提舉措置，逐司各置管勾文字官一員，勾當公事官兩員，檢點官十員。宣和七年三月二十四日，奉御筆，陝西、河東、京西坑冶見三路共差官提舉，路遠山僻，巡按不能周遍，可分爲兩路。今具諸路見差置官屬下項：提舉荆湖南北路坑冶司，提舉官一員，管勾文字一員，勾當公事二員，檢踏官一十員。提舉京西路坑冶司，提舉官一員，〔管〕勾文字一員，勾當公事二員，檢踏官一十員。提舉陝西河東路坑冶司，提舉官一員，管勾文字一員，勾當公事一員，檢踏官一十員。提舉廣南東西路坑冶司，提舉官一員，管勾文字一員，勾當公事二員，檢踏官一十員。提舉江南東路坑冶司，提舉官一員，管勾文字一員，勾當公事二員，檢踏官一十員。提舉京東淮南路坑冶司，提舉官一員，管勾文字一員，勾當公事二員，檢踏官一十員。提舉兩浙福建路坑冶司，提舉官一員，管勾文字一員，勾當公事二員，檢踏官一十員。銅本錢，舊坑冶隸轉運司，熙寧已前係轉運司置場榷買，其本錢係轉運司應副。紹聖四年後來，冶户無力興工，聽就錢監借措留錢。大觀二年後來，舊坑冶轉運司闕本錢，許借常平司錢收買。新坑冶係崇寧二年三月以後興發者，隸提舉常平司。置場官監處，冶户無力興工，許借常平司錢，候中賣，於全價内剋留二分填納。不堪置場召人承買處，中賣入官價錢，以常平司錢限144當日支還。契勘諸路坑冶，除江淮等路係提點司專領外，其餘逐路坑冶職事，未置逐司已前舊坑冶係屬轉運司，崇寧以後新發坑冶係屬常平司。」詔提點坑冶鑄錢司官屬依熙豐員數，餘路坑冶官屬並罷。舊坑冶隸轉運司者，依熙、豐、紹聖法；崇寧已後新坑冶隸常平司者，依崇寧法。提點官令中書省選差。

高宗建炎四年三月十七日，江淮荆浙福建廣南路提點坑冶鑄錢孫莊言：「本司歲用銅、鉛、錫、鐵，唯藉荆廣路坑場出産，其合要本錢全仰二廣五分鹽息錢應副。以地遠煙瘴，前後提點官罕曾親到，致官吏弛慢，積弊百端。今太后、六宫及從衛百司、官兵已到虔州，所有本司欲望許令於荆廣路踏逐衝要軍州，權置廨宇，候太后、六宫、從衛百官還闕日，仍舊歸司。」從之。

紹(聖)〔興〕元年二月一日，都省言：「訪聞江淮等路提點坑冶鑄錢司近來多是(安)〔妄〕以坑冶興發爲名，擅差見(任)〔在〕城寄居待闕官充檢踏官之類，騷擾州縣，冗費請給。」令所在嚴行禁止，如有違犯，本司官並被差官各以違制論，請過俸給並計贓。如實有坑冶興發，合差官檢踏去處，止許時暫遣見任官。

二年五月十一日，詔：「鑄錢司鼓鑄錢寶，歲有定數，昨緣有司失職，鼓鑄多不敷額。宣和二年五月二十六日指揮，許取撥二廣五分鹽息錢助買銅本，近公然違戾，將鹽息錢更不買銅，就便兑作所鑄上供錢起發，因此唯務拘刷145鹽息，更不修舉鑄錢職事。今後專責兩提點收買銅貨應副鼓鑄，仍每月開具收二廣五分鹽息錢數、收買到銅貨若干、般發往是何錢監、鼓鑄若干，候歲終依法比較賞罰。如敢留襲久弊，兑鹽息錢直作所鑄上供起發者，並依擅行截使移易上供錢物法。」以提舉廣南路茶鹽李承邁言：「韶州永通監自國朝以來年額鑄錢四十五萬貫，於岑水場買銅六分，起付江、池等州錢監外，四分仍舊鑄錢四十萬貫，循環充本。宣和二年，始撥本司鹽息錢五分充買銅本，而錢額益虧。乞還本司樁管，每歲可得錢三十萬貫，以助經費。」故有是詔。

七月二十日，提點江淮荆浙福建廣南路坑冶鑄錢王晪言：「本司闕乏本錢收(有)〔買〕銅鉛物料，以致課額虧損。乞將本司年額上供錢内權借留一十五萬，措置回易，將所獲息錢充循環錢本，其所留錢限次年内先次起發。仍乞置虔州提點司准備差使五員，主管幹運，許本司踏逐校尉以上有物力、諳練錢穀土人充選。所有理任、請給，乞並依諸司押綱使臣條例，仍別量支食錢，庶幾有以激勸。」從之。

二十二日，鑄錢司言：「本司昨被旨許置幹辦公事一員，檢踏官五員，催綱官二員，後來與諸司屬官一例減罷。緣所隸九路不可闕官。」詔復置幹辦公事一員，檢踏官三員，催綱官一員。

八月七日，尚書省言：「訪聞提點坑冶鑄錢虔、饒州司舊管小料七綱，共計船二百八十隻，146般運嶺南銅鉛物料。依紹聖四年二月十一日敕旨，應經過州縣不得截留附搭，亦不許借數別裝官物。累年以來，多是過軍虜奪前去，今止有綱船一十七隻，致綱運有闕。」詔虔、饒州提點鑄錢司，應官、客船過往，有軍馬及他司州縣輒敢拘占截撥者，依紹興二年三月二十二日指揮科罪。仍許梢工越訴。先是，臣僚言，乞禁止官司拘占民間舟船。有旨，應官吏、軍下使臣等輒干州縣，亂作名色指占舟舡，及州縣因作非泛使命經過差人捉舡，並徒一年，許船户越訴。

九月三日，户部尚書黄叔敖言：「東南州軍舊用常平司錢買鐵，在法他司要用，聽依元價量搭息（捪）〔椿〕錢兑買。欲乞專委提刑司剗刷所在常平司買下鐵貨若干斤重，計定元價及令搭息錢數目申尚書省，將通水路去處盡數撥與鑄錢司浸銅鼓鑄，却於鑄到錢内依數撥還。」從之。

三年四月二十三日，詔：「提點鑄錢司廨宇安頓錢物及一司公案，今後不許諸官司指占安泊及駐屯兵馬。如違，杖一百科罪。」從提點坑冶鑄錢向宗恕所請也。

九月十六日，詔：「今後虔、饒兩提點官遍詣坑場銅鉛錫所産處，措置應副監院鼓鑄，立限起發歲額，仍委逐路提刑司覺察稽違。」

四年六月十六日，工部言：「崇寧二年五月十一日敕：『修立到條：江、池、饒、建州每年鼓鑄上供新錢，銅料闕乏致虧者，責鑄錢司。鑄錢司不先次應副物料，典級杖八十，官147員委發運司具職位、姓名聞奏取旨。』近降指揮，發運司官屬權罷，職事並令逐路漕司分認管辦。竊慮事有相干，欲乞令江東西路提刑司遵依前項條，常切覺察施行。」從之。

五年六月五日，三省言：「提點江淮荆浙福建廣南路坑冶鑄錢司近歲所發額錢，比舊十虧八九。蓋以兩司並兼坑冶、鑄錢，責任既不專一，職事多致弛廢。」詔將饒州司官吏除留屬官一員外，其餘官屬、人吏並行減罷，應干見行事務等，權併歸虔州司管。雖有上項指揮，後來多在饒州置司，贛州只係巡歷。

七月二十一日，提點坑冶鑄錢趙伯瑜言：「竊見茶鹽司文移，准敕州縣並限一日回報，如違，以違制科罪。欲望應本司文移應報稽違及輒不應報去處，亦乞詳酌立法。」詔鑄錢司文移，州縣並限二日回報。如應干稽違及輒不應報者，各杖一百。

六年四月十八日，提點坑冶鑄錢趙伯瑜奏：「被旨興復坑冶，今先詣鉛山場措置，詢訪得管下（責）〔青〕碌坑場見今封閉。竊（責）〔以青〕碌係銅之母，發爲精英，其名有浮淘、青頭、青二、青大碌之類，皆是價高值錢之物。靖康初住罷採打，今來雖別無所用，而民間裝飾服用亦有合用青碌去處，往往被人户私採盜賣，暗失錢本，誠爲可惜。今相度，乞將管下坑冶出産青碌去處，從來本司措置召（入）〔人〕興採，委自坑冶場拘收，立價抽買入官，量行搭息變賣，資助銅本。如朝廷許依所請，即乞早賜指揮 148 施行。」詔令鑄錢司依已降指揮召人興採抽買，即不得抑勒騷擾。

七月十二日，尚書省言：「勘會坑冶鑄錢，昨緣積弊之久，所入不償所費，已降指揮省減官屬及委官講究弊病。訪聞近來尚以催綱、檢踏、檢視爲名，差官幹辦，人數至多，批請驛券，州縣供億頻仍，甚失朝廷省減官屬、興復利源之意，理宜約束。」詔令趙伯瑜將上件所差官一切寢罷。今後如坑冶發泄興盛，官移物料遲延，委實合行差官，内量事選委，支破合得請給，毋致泛濫。仍不得巧作事因，一槩差委，虚破驛券，支請失錢〔一〕。稍有違戾，重寘典憲。

八月三日，户部侍郎王俁言：「民間銅器盡以錢爲之，所在烹冶，公然貿易。一錢之毁，鬻利十倍，則其爲害不可勝計。臣愚欲望聖斷，明詔有司，講究利害。凡諸路有錢監去處，止據所有銅料盡行鼓鑄，令漕司董之，提點司與舊額權行罷免，中嚴銅禁，悉遵舊法，上下維持，期於必行，所冀國家至寶不致耗竭。」詔令工部勘當，申尚書省。

七年七月二十日，中書門下省言：「紹興七年三月二十一日敕節文，監司、知州見帶職并曾任監察御史以上及館職更不銓量外，監司、大藩、節鎮、知州差初任通判資序以上人，軍事州、軍、監第二任知縣資序以上人。檢准紹興敕，諸稱監司者，謂轉運、提點刑獄，其提點坑冶、鑄錢、茶鹽、市舶，未有該載。」詔提點坑冶鑄錢依監司，茶鹽、市舶依軍州事已降指揮施行。

149 十一年三月四日，江淮荆浙福建廣南路都大提點坑冶鑄錢韓球言：「本司係管東南九路州縣場監路分，職事最多。緣每歲止得薦舉改官四員，今來本司正當措置興復坑冶利源之際，須藉所轄州縣官協心應辦，又以薦舉數少，無以激勸。緣提點官序位、資任並與提點刑獄官一同，今欲乞本司薦舉除文臣與武臣陞陟依舊外，所有薦舉改官及職令員數，乞並依江南東路提點刑獄官條格施行，庶幾薦員稍寬，可以激勸。」從之。

十月，韓球言：「本司見置檢踏官六員，前此多是在司端閑，時有差出，往往止緣私計，不曾實辦職事。球欲乞以本司所管路分州軍内有緊要錢監、坑冶場職事去處，將檢踏官各認分定專管職事。内一員在饒州本司，一員在信州，一員在建州，一員在韶州，一員在潭州，從本司差委前

〔一〕失錢：似當作「夫錢」。

去逐處，分頭檢踏逐處坑冶，催趁課利物料。所有逐官請給、人從，並各隨所分定逐州支給差破應副。如逐處或有互差幹當事務，即乞從本司臨時差委。」從之。

十二年八月十九日，韓球言：「坑場監官弛慢不職，已有專法對移取勘所有坑場縣分令、丞不可倚仗之人。近申畫指揮，並具事因申取朝廷指揮，對（贊）〔替〕施行。緣韶州曲江、潭州瀏陽、信州鉛山、饒州德興四縣所管坑冶累年積弊不可槩舉，欲將前項四縣令、丞點檢得弛慢不職，課利虧欠，並許本司先次對移取勘，申奏朝廷，150乞賜施行。所有浸銅兵匠及見差那擺鋪兵級在場浸銅之人，如有違慢作過，虧欠課額，亦乞從本司將情重之人改刺重役場監。」從之。

十月十日，韓球言：「本司獲奉今年八月十九日敕節文，將韶州曲江、潭州瀏陽、信州鉛山、饒州德興四縣令、丞，今後如點檢得弛慢不職〔一〕，課利虧欠，並許本司一面先次對移取勘，申奏朝廷，乞賜施行。欲望詳酌，將其餘諸州管下應有坑冶縣分令、丞，如本司點檢得有弛慢不職、課利虧欠之人，並乞依上件四縣令、丞已得指揮，許本司一面先次對移取勘，申奏朝廷，乞賜施行。所貴可以責辦，興復坑冶，早見就緒。」從之。

十一日，韓球奏：「應曲江、保昌、始興三縣知縣，自紹興二年遭賊火殘破之後，至今已經二十年，內曲江縣紹興六年一次差到正官外，自餘年分前後差官權攝，久不交替，場冶利害未嘗究心，以致保昌、始興兩縣亦然，是致課利虧欠，無緣興復。欲乞詳酌，下吏部差注韶州曲江、南雄州保昌、始興三縣知縣正官前來填闕。」詔令鑄錢司奏辟一次。

二十四日，韓球言：「坑冶、鑄錢，祖宗以來係發運使兼提點，至景祐元年，專置都大提點坑冶鑄錢官一員。準嘉祐敕，與提點刑獄序官。依條，提點刑獄在發運判官之上。竊緣發運使係管六路，歲舉改官二十員，縣令十員；如係發運判官，三分減一。即今提點官雖歲得舉改官七員，縣令六員，緣提點司所管九路151坑場五百一十三處，球近已措置過數內，以採興坑冶計一百七十九處，合趁金銀銅鉛錫鐵課利，及鑄錢監院六處，見鑄新錢。其間州縣及場監官內實有材幹之人，須藉薦舉激勸，使之辦事，本司所得薦舉改官員數委是數少，伏乞比附發運判官合得員數施行。」詔許通舉改官十員，餘依已降指揮。

二十六年十二月十七日，尚書省言：「坑冶鑄錢司近年以來所鑄歲額全虧，而一司官吏所費不貲，理宜措置。」（照）〔詔〕都大提點坑冶鑄錢司官吏檢踏官等並罷，令逐路轉運司交割，措置條具聞奏。

二十七年八月二十六日，知樞密院事湯鵬舉言：「兩日見三省議鑄錢事未定，臣職事非所干預，然有管見，不敢不奏聞。前日罷坑冶鑄錢司歸諸路轉運司，甚善。但户部

〔一〕得：原脱，據前條及本條後文補。

近日欲撥本錢，兼別差官。臣聞逐監本錢見在，不曾起發，户部措置有未盡善，所以臺章論列，兼恐坑冶司省罷官在此唱爲異議。願陛下以鑄錢專委漕臣，必能就緒，自不須別差官。」上曰：「此一事朕詢之士大夫，亦無他説，獨王珪再有章疏。朕謂凡有建立，人各以所見更相可否，歸之至當然後已。若一人唱之，百人和之，事未必當，朕何所取！朕觀近日議論，皆有未盡。且鑄錢先理會銅苗，若銅坑不發，何以鼓鑄！多是百姓苦官中科擾，雖有銅坑發處，亦不告官。須是明立賞罰，多方勸誘，使不爲百姓之害可矣。兼今日工役比之昔時152十不得一，如鍊銅造模、磨擦般擔之類，如何得人使，須是先計置銅匠與雜役人，等第給食錢。人力既至，銅料又備，錢豈難鑄！至於薪炭之屬，官中宜垛下見錢，燒炭人户爭來求售，何至科擾！卿等可同共商量，俟有定議來奏。」鵬舉曰：「謹領聖旨。」

二十七日，三省、樞密院言：「昨緣都大鑄錢司歲額全虧，一司官吏所費不貲，遂行省罷，令諸路運司分認措置。議者或謂諸路銅料有無不等，運司不相統轄，無以通融鼓鑄。雖已委官看詳，未有定議。按唐制，户部尚書、侍郎官領鑄錢使，國朝三司亦分筦鹽鐵。今欲參酌舊制，置提領諸路鑄錢官於行在，朝廷通行選差侍從或卿監一員，不妨本職兼領，仍許置屬官二員，踏逐舊司通曉人吏使喚。其合係諸路運司、知通拘催應副職事，並令依舊通管。應干合行事件，令提領官照鑄錢司舊制，審度因革，條具措置，申尚書省取旨。其户部申請指揮更不施行。」從之。

九月十四日，户部侍郎兼提領諸路鑄錢司榮薿言：「准敕差兼提領諸路鑄錢，乞以『提領諸路鑄錢所』爲名。合用印記，欲權就用户部右曹印記使用；仍乞下禮部以『提領諸路鑄錢所印』八（宇）〔字〕爲文，所屬鑄造。已降指揮許置屬官二員外，欲乞並作幹辦公事，其序位、請給、人從依發運司屬官，仍乞從本所踏逐奏辟。」從之。

二十八年九月四日，提領諸路鑄錢所言：「諸路錢監見行興鑄，除本司屬官二153員外，欲時暫更選官二員，分委前去逐監專一措置。」詔朱商卿、呂靖差提領鑄錢所措置官，候措置畢日罷。

二十九年閏六月十九日，左司諫何溥言：「鄱陽之坑冶，永平、永豐兩監當諸路鼓鑄之半，鉛錫銅（錢）〔鐵〕，四面輻湊，祖宗以來置司其地，宜矣。當其盛時，歲鑄緡錢不下數十萬。比年有司措置無法，弊事毛起，計其所得，不償所費，遂請廢罷。朝廷因用其言，初欲分隸漕司，而諸路隔越，不相統轄，其勢無以通融，遂議總制於版曹，創置屬官。其捧檄一出，疾驅而歸，第不（遇）〔過〕條具數端，藉手以復命而已，其利害經久之策，何從考究而得其實！況提領端坐省部，屬官間走道途，而可以責辦數千里之遠者乎！望特詔大臣，令有司從長措置，依舊置司饒州。」詔令給舍議。

七月十八日，中書舍人洪遵等上鑄錢司議曰：「泉貨之行於世，如穀帛水火之適於用，自古所不可闕，故必張官置吏以董之。在周之九府，漢之鍾官令、丞，唐之鑄錢使是也。國朝或以漕臣兼領，或分道置使，或釐爲二司。自中興以來，置都大提點，事權太重，官屬太多，動爲州縣之害，但當隨時之宜，爲救弊之計。間者亟行廢罷，事出倉卒，初未嘗下有司討論。既罷之後，又無一定之論。初委轉運使，又委提點刑獄，又委郡守、貳，號令紛紛不一，鼓鑄益少。乃命版曹提領，雖以侍從臨之，然官守不專，勢難逾度，而屬官有幹辦公事，又有措置官，154間一差出，州縣承迎甚於使命，則使權視前日又重矣。罷提點一人、官屬十餘人，而總以侍從，置在京官屬四員，下至胥吏之類，額雖減而月給數倍，則官屬視前日又不少矣。異時提點坑冶以一職名官，猶懼不濟，而況版曹錢穀之司，遠在數千里外，符檄往來，安能辦治！屬官之出，不過毛舉細事以塞責耳。今何溥請乞復鑄錢司，遵等切以爲復置便。今參照祖宗舊制及今日利害，畫一下項：一、景祐元年，置江淮荆浙福建廣南等路都大提點銀銅鉛錫坑冶鑄錢公事一員。元豐二年，分置兩司，在饒州曰提點淮南福建江南東路坑冶鑄錢事，在虔州曰提點荆湖廣南西路坑冶鑄錢事。政和七年，提點鑄錢官兩員，輪年於饒、虔州守任。紹興六年，趙伯瑜乞依嘉祐著令，銜内添『都大』二字，與提刑序官，事權太重。今欲參酌祖宗舊制，以『江淮荆浙福建廣南路提點坑冶鑄錢公事』繫銜，與轉運判官序官，依舊於饒、贛二州置司，輪年守任，專以措置坑冶、督責鼓鑄爲職。如州縣於坑冶弛慢不職，許從本司按劾。其逐歲薦舉所部官，並依未罷司以前員數施行。一、主管文字、幹辦公事舊各一員，檢踏官九員，秤銅官、催(剛)〔綱〕官各二員。官屬既多，往往非理干擾州縣。今欲於饒州置(主)管文字一員，贛州置幹辦公事官一員，請給、人從、序位並依轉運司主管文(事)〔字〕、幹辦公事例。韶州、建州各置檢踏官一員，並155依準備差遣例。別置秤銅官、催綱官各一員，專差武臣，如係暫闕，不許輒差文臣權攝。屬官請給於逐州支破，兵(給)〔級〕不得過數。逐州知、通，縣令、佐，依舊以提點、主管入銜。屬官只許於本司本路差出，及赴本司稟議，不得輒往別路。一、提點司手分、貼司、軍典舊額二十二名，今欲以手分十名、貼司二名、軍典一名爲額。屬官下手分、軍司舊係十六名，今欲逐官下各破手分一名，請受依舊鑄錢司則例。一、提點司淺(剛)〔綱〕船專一裝載銅鐵鉛錫，本司多是差借外人，纔至裝綱，却於州縣差船，實爲騷擾。今後淺綱船不得差借，如有違戾，(今)〔令〕監司覺察按劾。一、諸監兵匠並依見在人數，不得抑勒州郡，虚樁闕額錢糧及科取率分工錢。一、監兵間有技藝工匠，常是占留私役，或借事官員。仰指揮到日，委自提點司量行揀選。如係諸色工匠，不許存留，別行招刺。今後輒差監兵借事，並以違制論。一、錢監官有兩員去處，如一員缺，不許差見任及寄居官權。如並闕，許差本司屬官或見任官一人時暫兼權。一、昨拘收到鑄錢司什物，見樁管激賞庫。」詔依。給舍議罷提領官，其檢踏官於饒州添置一員。鑄錢所見在吏人十四名，發赴本司，令提點官條具本司及屬官下合差置吏人申尚書省。仍令江東轉運司撥饒州錢一千貫，付新差提點官公用，見拘收什物，令具狀赴激賞庫請領。至是議上，從之。

三十年五月十 156 二日，江淮等路提點坑冶鑄錢公事李植言，乞下江西提刑司撥還舊來廨宇。工部看詳：「提點坑冶鑄錢官多在饒州，其贛州止係巡歷，欲令本州係官屋宇摽撥充鑄錢司廨宇。一、元計置(上)〔主〕管文字一員，幹辦公事一員，檢踏官三員，秤銅官、催綱官各一員，準備差使二員。內檢踏、秤銅、催綱官乞更不設置，幹辦公事一員乞改作主管文字，係饒、贛兩司各一員，更乞添置準備差使三員。本司并主管文字下乞通置手分十人，貼司、代軍典各五人，共二十人爲額，依舊司則例支給請受。」吏、户部看詳：「內乞踏逐添差大小使臣三員充準備差使，欲共置三員，其餘欲盡依本司所乞。」從之。

三十二年孝宗已即位，未改元。十一月二十七日，江淮荆浙福建廣南路提點坑冶鑄錢公事魏安行奏：「本司舊置屬官一十三員，見今止有五員。緣本司所管路分闊遠，闕官廢事，欲於舊檢踏官內復置兩員。」從之。

孝宗隆興元年十月十六日，户、工部狀：「淮批下提點坑冶鑄錢司申：『從來般擔銅鐵等，係是和雇人夫。紹興二十八年，承南安軍差到鋪兵六十人，前來岑水場銅鐵軍般運〔一〕，多不遵依程限，搔擾鄉村。今相度，欲依舊和雇人夫般運，官司計量鐵數多少，支給錢米，委是省費，經久利便。』逐部勘當，欲依所乞事理施行。」詔依。

十一月五日，提點坑冶鑄錢公事黄仁榮奏：「本司未廢司以前，置檢點官九員，近獲旨復置兩 157 員，委是闕官幹當。乞將準備差使三員數內改一員充檢踏使臣。」詔依。

乾道元年正月一日大禮赦文：「勘會鑄錢監所用木炭，自有合支破窠名本錢收買應副，虔州縣巧作名色科擾，仰今後收買木炭，須管專一置場，即當官支還價錢，不得科擾減尅作弊。仰監司、提點鑄錢官常切覺察，如有違戾，按劾以聞。」

二年四月十二日，提點坑冶鑄錢司狀：「契勘紹興五年十一月指揮，坑爐户依保甲法，與免身丁。今據興國軍坑户劉介狀，稱被本縣不時差科坑丁作匠，應奉官司，(坊)〔妨〕廢採坑。本司已行約束外，乞降旨，應坑丁作匠並令本縣注籍，與免本身諸般非泛差使。所貴專一用心，興採坑冶。」詔依。

六月三日，尚書工部侍郎薛良朋奏：「(奏)〔奉〕旨，諸坑冶出銅去處，令臣措置，要見所收數目。今條畫下項：一、契勘鑄錢司祖額一百六十一萬七千九百三十五貫八百文，內除六十七萬七千五百五十五貫三百九十九文充銅本錢，實合發錢九十四萬三百八十貫四百一文。後來鼓鑄不

〔一〕銅鐵軍：「軍」似當作「庫」。

(數)〔敷〕，承降旨權以五十萬貫爲額，每年盡行分撥起赴内左藏庫。臣拖照舊案并關會户部，見得紹興十一年提點鑄錢官韓球曾陳乞支降茶引一十五萬貫作銅本錢。又紹興十六年，支降江西茶引三萬貫。又紹興二十七年，支降八萬貫。係於近便州軍經總制錢通融取撥，委是支降本錢分明。欲從朝廷支降八萬貫，仍158以江西、江東茶引并一并見錢，於近便州軍上供錢内撥下鑄錢司，以銅額多寡均撥諸州，將茶引轉變，同見錢逐時責付諸州，給還坑户銅本，庶可督責銅額。一、契勘州縣拘納坑户銅寶，就使依官估支給價錢，尚自不酬實直。今既不支錢，又令將所採銅寶盡行送納官司，其坑户一無所得，參之人情，實不可行。臣今措置，且以坑户採銅十斤爲率，内只許本縣收買七分，所有三分許令坑户經本縣出給文引，備坐斤數，從便賣與他處官司，即不得私下交易。如數外擅賣，許人陳告，依本司約束賞罰施行。一、契勘坑(治)〔冶〕興發，人户欲行告發，多畏立額，恐將來取採年深，礦苗細微，官司不爲減額，不敢告發。今相度，應人户告發銅鉛錫鐵坑冶，更不立額，但據採煉到數赴官中賣，即時支還價錢，(度)〔庶〕使坑户放心告發。一、諸路坑場現今所産銅鉛錫鐵，係鑄錢司二分抽收，八分榷買。今來措置興復坑冶場，務要課利增重，理宜優恤。今相度，應見催趁并人户踏發新舊坑冶，所趁銅免抽收，支還十分價錢，優潤坑户。一、參照昨指揮，坑爐户每一名一年内中賣到銅五千斤，免差役一次；一萬五千斤，免差役兩次；賣及三萬斤以上，免差役三次。庶使加意趁辦。一、勘會已降紹興二十七年正月二十一日指揮，坑户自備錢本採煉寶貨，賣納入官，從紹興格特與減一半數目，依全格推賞補官。契勘折減一159半數目推賞，尚慮太多，難得預賞之人。今相度，欲於所減一半數目上以三分爲率，再減一分，依全格推賞補官。庶使人户用心，趁辦課利。」從之。

三年正月十二日，司農寺丞、兼權提點坑冶鑄錢公事晁公愚奏：「諸路出産坑冶去處〔一〕，五金雜出，銅坑有鉛，鉛坑有銀，銀坑有鐵，所産礦脈厚薄不等〔二〕。自來銅鉛錫鐵隸提點司，金銀坑隸轉運司，事不歸一，職難兩盡。且如銀坑有銅，轉運司但收銀寶，其所有銅置而不問；鉛坑有銀，即提點司但認鉛數，其所有銀亦恐漕司争占，不敢防閑，遂致百姓夤緣爲姦。如銅、銀雜出，於漕司則稱係是銅礦，當於泉司告發；於泉司則言係是銀礦，當於漕司告發。彼此不照，私自行採，實爲利害。今乞專委提點司拘轄，將轉運司歲收過金銀數目〔三〕，責令提點司抱認，庶幾五金之利全歸公上。」詔依。

十三日，詔：「劉莊士奏對坑冶利害可採，與轉一官。

〔一〕産：原作「差」，據本書食貨三四之一六改。
〔二〕産：原作「廣」，據本書食貨三四之一六改。
〔三〕將：原作「却」，據本書食貨三四之一六改。

提點坑冶鑄錢司幹辦公事一員，特差劉莊士填闕。」

二十八日，詔江淮荊浙福建廣南路提點鑄錢陳扃所乞自辟官屬指揮更不施行，從臣僚論列也。臣僚上言：「伏覩吏部牒報，新除提點坑冶鑄錢陳扃劄子〔一〕，以泉司事重，乞自辟差官屬，視其勤惰而爲黜陟，已得旨（巳）〔依〕奏。竊詳諸路分置監司，各有官屬，皆是朝廷差置。若曰泉司事重，可以自辟，如總領、轉運、提點刑獄事，顧不重乎？使皆援此例以進，則將何辭以拒之？而況使者160易置雖多，屬官未嘗改易，今有以到任未及終更者，將何罪而罷之乎！又有已授而未及赴上者，將無事而抑之乎！審爾，則堂除之目移於泉司，使者之權偪於銓部矣。扃但當躬率吏屬幹辦職事，如有不職，自當奏劾可也。欲望特寢前命。」從之。

四月一日，詔陳扃所乞復置檢踏一員指揮更不施行，從臣僚論列也。中書舍人梁克家言：「竊見坑冶一司未罷之前，官屬頗多，自紹興二十九年復置，止留主管文字以下七員，後來節次增添，遂至十一員。隆興二年，方減其四。今已有主管文字二員，幹辦公事三員，并劉莊士係權行添置，共四員，檢踏官一員，準備差遣一員。遇有坑冶興發，又許差所部州縣官前去檢踏。今更添置，徒有增官之費，而無舉職之實。若扃以身率先，督責見今屬官，使之曉夕究心，講求利病，無職案不辦之理。所有録黃，臣未敢書讀。」故有是命。

五月三日，詔右承奉郎、監饒州永平監兼物料庫嚴瑄特降兩官放罷。爲在任減剋物料，私鑄銅器，從知饒州俞翊之奏也。

五年二月十一日，户部尚書曾懷言：「契勘諸路金銀坑冶舊隸轉運司，昨緣晁公愚陳請，盡委提點司拘催。本部竊詳提點司係十一路，坑冶闊遠，何以機察！今欲依舊撥隸逐路轉運司，免致失走課入。」詔依。

六年四月一日，詔：「鑄錢司減罷，併歸發運司，存留幹辦公事二員〔二〕，二員歸發運司〔三〕。其減罷屬官並依省罷161法。」

二十四日，尚書省勘會：「司農寺丞許子中專一措置鼓鑄鐵錢，其鑄錢司已降指揮併入發運司。」詔許子中應鑄錢職事並隸發運司措置。

閏五月二十九日，江浙荊湖淮廣福建等路都大發運使史正志言：「信州鉛山場額趁黑鉛二十萬斤，依指揮，令、丞、監官、知、通如措置及額，減一年磨勘；更於額外〔增〕五分以上，減一年半磨勘；增一倍以上者，各減二年磨勘。若虧欠亦各展一年磨勘，比額虧五分以上即合對展。後緣當職官專務趁鉛得賞，不趁銅課，續降指揮，如趁鉛外須趁

〔一〕點：原作「舉」，據上文改。按此時稱「提點」不稱「提舉」。
〔二〕二員：《景定建康志》二六作「一員」。
〔三〕二員：《景定建康志》卷二六無此二字，當是承上文而衍。

銅及新額一十三萬斤，即與放行鉛賞。照得近年以來，趁銅既不及額，其趁鉛即不該賞，是致當職官不切用心，銅、鉛數少，有妨鼓鑄。今相度，欲將所趁額賞罰依紹興三十一年三月已降指揮，其收趁銅如及新額一十三萬斤，亦乞減一年磨勘，虧欠五分即展一年磨勘。兩項賞罰各不相(効)〔妨〕，庶可責其用心趁辦。」從之。

七月十六日，工、吏部狀：「準都省批下許子中申，勘會舒州同安監鼓鑄鐵錢，所用鐵炭浩瀚，乞置官兩員，專一往來尋踏苗脈興發及檢(檢)〔點〕起置事件。(令)〔今〕勘當，欲依所乞差置一員，從本所踏逐文武官員內辟差。」從之。

八月七日，詔利州路紹興監監官一員、金牛檢踏官一員，紹興監監門官一員、金牛鐵務官一員窠闕，並令轉運司每季使闕集注差官。從利州路轉運判官、提舉鑄錢趙公說之請也。

十月十八162日，發運使史正志言：「本司已興置江州等處錢監，尚闕工匠。照得諸州鐵作院兵匠(諸)〔諳〕會工作，易爲指教，即目多是空閑，欲許從本司逐急刷差，添貼鼓鑄，一年一替。」詔諸州見打鐵甲，於厢軍內刷差前去。

十一月二十八日，中書門下省言：「勘會近降指揮，鼓鑄鐵錢歲額五十萬貫。續據發運司申，乞將興國軍富民監鑄錢六萬貫理(從)〔充〕措置淮西鼓鑄許子中所鑄之數。」詔今後鼓鑄錢，發運司及許子中每歲各認三十萬貫，立爲定額。其興國軍富民監六萬理充發運司三十萬貫之數，餘依前後已得指揮。

十二月十三日，史正志言：「契勘諸處鼓鑄銅錢，惟饒州永平監數多。近緣許子中盡數取撥兵匠共三百一十四人前去舒州同安監指教，今永平監闕人鼓鑄。」詔令許子中先發一百人回，令發運司於諸路厢軍內劃(例)〔刷〕一百人往同安監習學。

十六日，史正志言：「契勘坑冶寶貨，所在有之，惟藉逐縣令、丞公共收趁。緣未立定賞格，今相度，欲下所屬，今(從)〔後〕新發或停閉坑冶，若令、丞措置招坑户，一年內趁發過銅一萬斤、鉛三萬斤、錫五萬斤、鐵十萬斤，各減一年磨勘；更增及五分，減一年半磨勘；增及一倍以上，減二年磨勘。」詔依。

十九日，吏部狀：「準批下史正志劄子：『契勘吉州安福縣連嶺場、信州弋陽縣寶豐銀銅場〔一〕，各監官一員，別無職事，合行省罷，就令縣丞兼監。緣本司已興置鐵錢場四處，權差右163迪功郎許孝純監江州廣寧監，右迪功郎徐椿〔監〕興國軍大冶縣富民監，左迪功郎徐之茂監臨江軍新喻縣豐餘監，右迪功郎蔣莊監撫州裕國監，欲望朝廷給降付身。所有省罷場監官請給、人從，許本司拘收。』今欲依本官所乞，仍於逐處縣丞銜內添入兼監逐處稱呼，及正差右迪功郎許孝純等充四處監官。」詔特依。

〔一〕「弋」原作「戈」，「豐」原作「豊」，均據《元豐九域志》卷六改。

七年二月二十八日，詔右朝請郎、直秘閣江璆除提點坑冶鑄錢，填復置闕。

三月六日，許子中奏：「先奉旨以司農寺丞兼措置淮西鼓鑄鐵錢，續改差權發(遺)〔遣〕舒州，依舊兼措置淮西鼓鑄鐵錢。緣是郡守，不敢擅出，欲得躬親前去蘄、黄等州相視置監去處，措置鼓鑄，所有郡事依條差以次官權行管幹。」從之。

五月十五日，新江淮荊浙福建廣南路提(舉)〔點〕坑冶鑄錢公事江璆言：「如信州鉛山、韶州岑水場皆有監官二員，文武各一，然銅鉛鐵料所出浩瀚，乞將(西)〔兩〕場監官文臣繫階作本司檢踏官，專一措置本場。所有韶、信兩州幹辦公事，即不時差出，督責諸處場監銅鉛鐵課及催起錢物。」從之。

十七日，江璆劄子：「契勘江西路四監鐵錢已鑄到三萬餘貫，畫旨每二萬貫令淮東轉運司雇舡裝載，下通、泰州鹽場，充亭户本錢，却兑換客人納到銅錢，從淮東提鹽司計置起赴左藏南庫樁管。後來撥隸本司，督責鼓鑄，通前計鑄到鐵錢一十萬一千餘貫。欲望朝廷劄下淮東轉運司，速行計 164 置舟船，前去逐監般取，委自知、通裝發，往通、泰州兑換銅錢，起赴左藏南庫交納。」詔依，令提舉鹽事司兑換銅錢，發赴左藏南庫交納。

二十四日，詔：「鑄錢司每歲認鑄鐵錢三十萬貫，所有合用本錢，令户部科降度牒二百道，餘令鑄錢司於所餘銅錢本錢内取撥，應副鼓鑄。」

十月九日，江璆奏：「檢準乾道七年五月六日指揮，逐州通判係專(注)〔主〕管坑冶事務，内有不可倚仗及弛慢之人，令本司劾奏，差官對移。本司契勘，吉州通判趙壎自本司復置之後，牒令催趁鐵課、修葺綱船、起發鐵料等事，經及累月，並無一字報應，積壓鐵料七十餘萬斤。竊恐其他州軍遞相倣傚，難以責辦，欲望睿旨將趙壎重賜黜責，以爲慢吏之戒。」詔放罷。

十一月二十三日，工、吏部狀：「準都省批下提點鑄錢司申：『契勘江西路興置江州廣寧監、撫州裕國監、臨江軍新喻縣豐餘監、興國軍大冶縣富民監〔一〕，歲鑄錢三十萬貫。緣本司所轄坑場錢監路分稍遠，全藉州縣當職官協濟應辦，欲望朝廷劄下錢監州軍，依已得指揮，令守臣提領，知縣兼監，督趣鼓鑄，無致闕悮。如歲終拖欠，即從本司具當職官申乞施行。』本部勘會，近據鑄錢司申，乞下逐州軍知、通，據歲額應辦鼓鑄每歲及額，特與減年磨勘；如或虧欠分數，乞與展年。已降指揮，候鑄及所定課額，即(無)〔與〕推賞。今勘當，欲依所乞事理施行。」從之。

八年三月二十二日，詔知江 165 州李木、通判蔣該、知興國軍向濬、通判王杞、知大冶縣鄭梓各特降一官。以逐監鼓鑄錢虧額，提點江璆按奏，故有是命。

〔一〕縣：原重此字，據文意删。

五月七日，新差知處州趙善仁言：「乞依舊令通判、令、丞銜内帶行主管銅銀鉛坑冶職事。如任滿無虧欠，及巡尉任内無私採透漏，即依條推賞施行。」詔依。其推賞一節，令户、工部同敕令所參酌立法〔一〕，申尚書省。其後户、工部同敕令所修立下條：「每歲立定所收銀、銅、鉛數，任滿無虧欠，各與減二年磨勘。巡尉官如任内無私採透漏，候任滿令本州批書，巡檢與減半年磨勘，縣尉升六箇月名次。」從之。

六月十六日，江璆狀：「前來曾措置韶州岑水場添槽作一百，所取膽水、膽土淋鐵成銅，下二廣州軍，委守臣點檢雜犯配隸人年四十已下、筋力强壯各二十人，借支月糧，限半月發赴本場役使，且以五百人爲額。具申朝廷取旨依外，照得韶州岑水場係分兩場〔二〕，内黄銅場管鑿山取礦，烹煉黄銅，置武臣監官一員；膽銅場管浸鐵洗礦，烹煉膽銅，置文武臣監官各一員，内文臣監官改作檢踏官。遞年以來，兩色銅課皆不敷額，往往各分彼此，互有侵占。已將兩場併作一場，責辦監官依舊收趁外，緣岑水場承平人煙繁盛，其黄銅場監官階銜帶兵馬都監、主管煙火公事，今來既併爲一場，及又刷差二廣配隸五百人在場淋銅，皆是烏合雜犯之人，欲望朝廷詳酌，將岑水場兩監官並係 166 階作監韶州岑水黄膽銅場並烟火公事監轄淋銅及檢踏措置官，庶幾有以彈壓，不致生事。」送吏部勘當，欲依本官所乞施行。詔依。

九月二十〔三〕，提點坑冶鑄錢司申：「據興國軍申：『富民監歲額鑄錢十萬貫，及補填乾道七年未鑄錢。本監見管工匠二百餘人，假令晝夜不歇，未能及額。欲望裁減，令有事力監分均認。』本司相度，欲將興國軍富民監、江州廣寧監歲額量行裁減各一萬貫，却令臨江軍（監）豐餘監、撫州裕國監管認，並自乾道八年爲始。」詔依。

十七日，詔：「右從事郎、專一措置處州庫山等處銀場管準特貸命，追毁出身以來文字，除名勒停，決脊杖二十，刺面配連州牢城，仍籍没家財。」以準銷錢爲銅以應官課，却將銀銅場合得銀更不抽收歸官，入己盜用，大理寺丞吳淵前去取勘得實，故有是命。

十一月六日，江東路提點刑獄公事梁俊彦奏〔四〕：「准付下户部尚書楊倓劄子：『得旨，半年内鑄到新錢，每次取一貫進呈。尋取到饒州九月新錢二萬餘貫，内一分係黄銅錢，九分帶鉛、錫錢，取到二貫進呈。得旨，永平監監官令江東提刑司取勘，限十日聞奏。』本司今勘到鄭炤、趙師回職爲監官，各不合依鑄錢司公帖，節次將夾雜銅依十分好銅數目支出鼓鑄。兼提點官江璆到永平監，見有鑄到錢一

〔一〕同：原作「司」，據後文改。
〔二〕上「場」字原作「縣」，據前後文改。
〔三〕九月二十：疑當作「九月二日」，否則下條「十七日」失序（「十七日」不誤，見本書刑法六之三八）。
〔四〕梁俊彦：原作「梁俊産」，據《吳郡志》卷七改。

萬四千五百貫文黑色，却令本監分綱起發。自後鄭炤、趙師回爲好銅數少，不合節次將夾雜鉛、錫[167]錢衮同黄銅錢在庫，運發至左藏西庫。」詔江璆、鄭炤、趙師回各特追三官勒停，户部長貳各降一官，左藏西庫監官各特降兩官，工部長貳各展二年磨勘。

十二月二十六日，詔：「鑄錢司依舊置提點官二員，於饒、贛二州置司。左承議郎王楫除江淮荆浙福建廣南提點坑冶鑄錢公事，右宣教郎李大正除江淮荆浙福建廣南路提點坑冶鑄錢公事，並填見闕。」

九年正月六日，江璆言乞支降乾道九年鼓鑄本錢等事，送户、工部勘當：「契勘乾道十年本錢，科降度牒二百道，餘令鑄錢司於所餘銅錢本内取撥應副；并乾道八年分本錢令左藏南下庫支會子八萬貫[一]，却給降度牒二百道，付本庫給賣價錢撥還。續據江璆奏，所用本錢已多，方擘劃分俵。四監所欠止三二萬貫，候降到會子支揍充足，樁留會子五萬貫，充來年分本錢。今又準批下江璆劄子，所陳乾道九年本錢，欲乞朝廷指揮下南庫，於支降去年未支會子共六萬貫，并給降度牒一百道，通揍一十萬貫，應副鼓鑄。」詔依。

九(月)〔日〕，新差提點坑冶鑄錢司王楫劄子：「照得今年雖是分置兩司，緣諸路軍州錢糧物料交互多寡有無不等，難以分擘，欲乞權將乾道二年所收銅課約爲則例，分路趁辦。所有錢額，計銅所入，同共鼓鑄，然後比較遞年增虧。」詔銅課比乾道二年數增三分之一措置趁辦，如州縣事干坑冶、鼓鑄，若有違戾，許按劾聞奏。

[168]二十六日，權發遣處州姚述堯奏：「被旨令臣措置本州銀銅坑事，竊見本州雖有龍泉、松陽兩縣石堰等銀坑一十一處，厙山等銅坑九處[二]，其間地力所産高下不等，行下本縣取問業主，願與不願自備工費採打。據權龍泉縣事張漢勘會到，有石堰、季湖銀坑兩處，蔡崧等五人地；有厙山等銅坑數處，(係)〔孫〕可久等二人地。據逐人狀，各甘自備工費採打，依本州措置，銀以分數支給，銅以工價收買，已各出(交)〔文〕帖給佃。今措置，欲將銀、銅分作兩處，銀以十分爲率，六分給官，四分給業主。厙山等四處銅坑，依王文等責到狀，將净銅就官賣，約計工費，乞納銅四斤請官銀一兩。所有坑户收到鉛貨，以十分爲率，内二分納官，八分給坑匠，即就勒赴官中賣，量立價，每斤支錢二百文收買，應副銅坑折合計料使用，庶幾公私兩濟。其銀、銅兩場除監官外，尚慮工匠等別有侵欺，已別差指使八名、兵(給)〔級〕四十八名，分頭監督，每月所支食錢并應干本柄，係將收到銀内指數逐旋支撥。」詔並依，内銀赴行在左藏南庫、

[一] 令左：原作「分在」，據文意改。按《宋史全文》卷二六上：淳熙二年十二月，「併左藏南庫、封樁庫。提領左藏封樁庫顏度言：『今相度，欲將南上下庫及封樁上下四庫併爲二庫。』」是左藏南庫又分上下庫也。

[二] 厙山：按此地名，本書職官、食貨、刑法三門共見九處，其中六處作「庫山」，唯此條三處作「厙山」，姑仍其舊。

銅赴軍器所送納。

閏正月五日，工部狀：「準批下王楫、李大正狀，其分認路分課額及合行事件：『一、欲將江東〔一〕、淮南、兩浙、潼川、利路分隸饒州司，江西、湖廣、福建分隸贛州司，錢糧物料並依所分路分催趁。一、準省劄，檢會乾道二年鑄錢司申，江東路饒州興利場膽銅二萬三千四百八十三斤，信州鉛山場169膽銅九萬六千五百三十六斤，弋陽縣寶豐場黃銅四十斤〔二〕，池州銅陵縣膽銅四百八斤五兩〔三〕，潼川路潼川府銅山縣黃銅六千斤〔四〕，利州青遝黃銅七千斤，興州青陽黃銅一千六百六十二斤〔五〕，分隸饒州司，共計一十三萬五千一百二十九斤五兩。福建路汀州長汀縣黃銅六十二斤，南劍州尤溪縣黃銅三千六百五十四斤，建寧府因將場黃銅八千三百一十七斤四兩，邵武軍光澤縣黃銅三百二十五斤，廣東路韶州岑水場黃銅二萬四百十四斤〔六〕、膽銅八萬八千九百四十八斤，連州元魚場黃銅二千八百八十斤，湖南路潭州永興場膽銅三千四百四十斤，分隸贛州司，共計一十二萬八千四十斤四兩〔七〕。兩項通計二十六萬三千一百六十九斤九兩，合於上件數內依今降指揮增三分之一趁辦。一、契勘(銅)〔潼〕川、利州路緣爲路稽察不前，訪聞得逐處産銅浩瀚，遞年收到餘剩銅，轉運司貨賣價錢，以爲公庫使用。今乞劄下潼川、利路産銅州縣，應有額外增羨數目，與免立額，盡數起發。一、契勘坑冶場監官係吏部以格法差注，初非選材，或有庸繆昏老不堪委任之人，乞從本司申奏，與嶽廟差遣，即從本司踏逐有材力人，不以有無拘礙辟差。一、契勘雖是分置兩司，緣諸路州軍互有官物干連，難以逐一分撥。今乞仍舊各以江淮荆浙湖廣福建潼川利州路提點坑冶鑄錢公事(繫)〔繫〕銜，應行移並連銜170通行，按察刺舉。一、契勘鑄錢司舊管吏額，孔目、職級、手分、貼司、代軍典三十四人，昨因廢罷後復置，共三十人。今來分置二司，人數不敷使用，今乞量添十名，通舊人分兩司使喚。』工部勘會，鑄錢司吏額依已降指揮，係於主管文字下通置手分、貼司、代軍典共二十名。今勘當，欲下本司量行添破手分四名、貼司二人計六名，共二十六名爲額。」詔並依。

同日，王楫等申：「契勘鑄錢已有主管官二員，分置在饒、贛二州。又有屬官三員，盡在饒州，今欲擬一員過贛州。今更乞辟置一員，庶幾事體均平。」工部契勘：鑄錢司屬官已差置七員，內主管文字二員，幹辦公事二員，檢踏官

〔一〕江東：原作「江南」，據《宋史全文》卷二五下改。
〔二〕豐：原作「豊」，據《元豐九域志》卷六改。
〔三〕陵：原作「池」，據本書食貨三三之一九、二〇改。
〔四〕潼川路：原作「四川路」。按「四川」非一路之名，潼川府屬潼川路，因改。
〔五〕「青陽」下原有「縣」字，按興州無青陽縣，「青陽」乃銅場之名，見本書食貨三四之二三，因刪。
〔六〕二萬四百十四：原作「二黃四十」，據下文總數推算改正。
〔七〕四十斤：原作「四斤」。按，以下句兩司通計之數減去上文饒州司之數，應爲「四十斤」，因補「十」字。

一員，各已分撥置局去處外，準備差使二員亦係本司辟差員數，未曾分隸。今勘當，欲下本司各分隸一員使唤。「一、天申聖節并大禮年分進奉銀，欲乞依崇寧上供格法，并照舊例於産銀州軍支係省錢收買，連銜進奉。」户部勘當：欲下江東西、湖南、福建、廣東路轉運司，依崇寧、大觀格，於出産州軍收買，輪流起發，依逐官所乞事理施行。「一、契勘合用印記二顆，饒州已有見行使銅印外，乞給贛州司印。」禮部契勘：欲下工部鑄造一顆，付本司行使，以「江西湖廣福建路提點坑冶鑄錢司印」十五字爲文。詔並依。

八日，工、户、吏部狀：「準批下權發遣處州姚述堯狀：『坑場官吏多與坑户偷瞞官物，及有銋銷錢寶之弊，關防未盡。除已委巡尉[171]不妨巡捕往來巡察，及委主簿機察坑場偷瞞官物，并委知縣點檢，旬具有無覺察保明事狀稽考外，所委官每月各添支食錢五貫文省。欲乞於逐官考内，稽考有無透漏銋銷錢寶等事件，批書印紙，庶幾官吏有所激勵。』逐部勘會：點檢、機察、巡捕官每月添支食錢，欲依所乞；批書所委官印紙事内，知縣、主簿已有立定六項課績批書指揮外，縣尉乞依本官所乞。」從之。

十一日，王楫、李大正狀奏[一]：「臣竊見紹興二十八年指揮，拘收器具數目浩瀚，州縣憚水脚之費，多不解發，亦有(唤)[换]易妄用之弊。乞令臣等委官分路取索當時拘收干照根刷。兼民間私有銅鑼，係違法禁，欲乞檢舉條令，一就拘收，添助鼓鑄。」詔依。

十二日，王楫、李大正言：「今來雖將見管坑場分隸兩司，所有舊坑多係江西贛州一司管内，竊慮江東饒州一司無所措置，今欲於江西管内取撥江州、吉州、撫州、興國軍、隆興府，却隸饒州司。」從之。

三月十五日，户、工部狀：「檢準乾道八年五月七日知處州趙善仁奏：『處州管下坑冶，乞令處州通判、令、丞依舊例於銜内帶行主管銅銀鉛坑冶職事。候任滿日無虧欠[二]，并巡尉任内無私採透漏，即依條推賞施行。』除許帶坑冶職事外，其推賞一節看詳，如通判、令、丞任滿無虧欠，各與減二年磨勘。巡尉官任内無私採透漏，候任滿令本州批書，巡檢與減半年磨勘，縣尉陞六箇月名次。擬送(教)[敕]令所[172]修立格法。」詔依。

五月十六日，中書門下省勘會：「諸路各有金、銀、銅、鐵、鉛、錫坑冶，比元豐祖額，今所收不及五十分之一。設或發歇不時，不應自元豐年後九十餘年，更無一興發去處，顯自州縣循習，隱蔽不申，是致失陷財計。」詔令逐州知、通候指揮到日，限兩月講究失陷因依，從實檢踏興廢去處供申。其已前隱蔽并與放罪。仍責委無隱漏及講究不盡事件，具結罪保明申尚書省。

[一]正：原作「臣」，據前後文改。
[二]虧：原作「銀」，據前文職官四三之一六五改。

八月七日，中書門下省勘會：「處州坑冶因乾道七年以後差官措置，一年收到銀二萬二千八百餘兩，銅四萬五千餘斤。諸路各有興發去處，州縣循習，隱蔽不申，是致歲久失陷財計。已降指揮，限月講究，并令提點鑄錢官據所分路分覈實，至今未見申到。照得處州坑治過額之數，合開坐行下逐州知、通并提點官，照應指揮疾速供申，如有違戾，取旨行遣。」詔依。

十月九日，李大正狀奏：「契勘韶州岑水場趁辦浸銅、淋銅課額，全仰春水浸漬，今年一春闕鐵使用。臣至南雄州，索到收支鐵曆點對，去歲一年之間收鐵五十八萬餘斤，其南雄州只支發過二十七萬餘斤。照得般發銅鐵綱運，係本司主管，通判南雄州林次韓，今已任滿去官。見任通判曹緯自正月到任，至目下已發過鐵五十八萬餘斤，有此不同。欲望特賜處分，以爲勸戒。」詔林次韓特降一官，曹緯特轉一官。

二十三日，尚書省勘會：「諸州軍申到金、銀、銅、鐵、鉛、[173]錫數，往往不及元額，及有申稍無興發去處，多是隱蔽鹵莽。」詔令諸州(運)〔軍〕遵依已降指揮，疾速委官子細詢究盡實，結罪保明，申提點司覈實，申尚書省。如將來朝廷差官檢踏得稍涉欺隱，當職官吏重作施行。

二十六日，權發遣蘄州、提領鑄錢韓喚言：「奉旨令分舒州同安監歲鑄鐵錢一十萬貫文〔一〕，申乞差知監官一員，準指揮就差蘄春知縣兼管。喚契勘所置監係在蘄口鎮，自州城往來即須三日，蘄春知縣難以兼監。今來催督人匠工程，收支鐵炭萬計浩瀚，豈可闕官？伏望詳酌，許令選差一員奏辟監視，庶幾專一。」從之。

淳熙元年正月十一日，詔：「舒、蘄州住罷鼓鑄鐵錢，逐監已差監官並依省罷法，見役工匠盡數發赴饒州鑄錢司收管。內招到百姓人匠願從便者聽。其鐵炭物料並起赴軍器所。未盡事件，令饒州鑄錢司條具申尚書省。」先是，詔令蘄州分舒州同安監歲鑄鐵錢一十萬貫，就差蘄春知縣兼管。既而以所置監在蘄口鎮，去州城差遠，蘄春知縣難以兼監，許令選差一員奏辟監視，至是罷之。

十五日，提點鑄錢司言：「江、撫州、興國、臨江軍鑄錢監如歲鑄及額，知、通、監官乞與一等各減半年磨勘，虧及一分者展半年磨勘。若於額外增鑄及一萬貫，即與比類通減一年磨勘。」下工部勘當：「請依所乞外，其逐監比歲額虧及一萬貫，亦比類通展磨勘一年。仍令本司歲具逐監實鑄過錢及[174]官職、姓名以聞。」從之。既而江州廣寧監、興國軍富民監元以一十萬貫爲額，知、通、監官減磨勘一年，虧及一分展磨勘半年。臨江軍豐餘監、撫州裕國監元以五萬貫爲額，比江州、興國軍兩監減半賞罰。其後廣寧、富民監各減作九萬貫，豐餘、裕國監各增作六萬貫，本司以其增減不同，故有是命。

〔一〕錢：原脱，據下條補。

二月十三日，中書門下省言：「提點鑄錢王棡興復坑場，鼓鑄精緻，(各)〔合〕行推賞。」詔王棡轉一官，更減二年磨勘；監督官章洞、監官周椿、沈作賓各減二年磨勘；葉簣減二年磨勘〔一〕；李大正候所鑄錢起到行在，量度推賞。

七月二日，提點鑄錢李大正言：「被旨遍詣所管坑冶州軍，除已到贛、(表)〔袁〕、潭三州外，所有襄、房、辰、(沅)〔沅〕州及二廣、福建去處，乞依潼川、利州路分委各監司與逐州守倅保明申省。」事下工部，本部勘會，惟京西襄陽府、房州欲依所乞。從之。

二年二月二十二日，提點鑄錢王棡言：「建寧府豐國監已行住罷，今二年間並不興鑄，乞將監轄收支物料鼓鑄錢寶官一員減罷，依省罷法。」從之。

二十四日，棡又言：「諸處場監官，乞從提點官選擇，辟差一次。如有敗事，舉官同坐。」從之。

三年五月十一日，户、工部言：「提點鑄錢王棡鼓鑄銅錢遞年虧減，却以打造麻扎及雁(翊)〔翎〕刀爲詞，又乞以元降鑄本舊錢通計新錢起發，失鼓鑄本意。」詔棡降兩官，仍自淳熙三年爲始，須管每年鼓鑄數足，不得拖欠。

五年六月二十七[175]日，詔江淮等路提點坑冶鑄錢公事，可依景祐元年故事，銜内帶「都大」二字，與提刑序官。

九年十一月二十三日，詔：「左藏南庫借會子二萬貫文，付坑冶司鼓鑄錢本。却仰本司發回茶引二萬貫文，赴行在都茶場送納，仍將本引現在之數日下措置給賣，及據撥足本錢，嚴禁拘催，須管鼓鑄及額，毋致拖欠。」以本司言「坑户闕錢採打銅鉛，有妨鼓鑄，乞將元給降茶引五萬貫文給換官會，應副支遣」故也。

十年二月二十二日，詔：「諸州所欠鑄錢司錢，七年已前並與蠲放，八年已後行下州縣盡數撥還。」

十二年三月二十二日，省韶州永通監監官，置潭州衡山縣泉井銅鉛場監官一員。既而都大提點坑冶鑄錢司言「永通監監官全無職事，徒費廩禄，而衡山縣泉井銅鉛新發，二年間趁銅一萬二千九百餘斤、鉛七千五百餘斤」，而有是請。

十三年八月一日，都大提點坑冶鑄錢公事趙師羼言：「信州鉛山縣坑冶場鋪兵處，因縣道不支衣糧，畫降指揮專委任官別置倉庫支納。竊詳鉛山令、丞各係主管坑冶官，知縣以兼兵馬都監繫銜，趁辦銅鉛，增虧均受賞罰。其鉛山場趁銅兵級，知縣自當管轄，但未有明降指揮，所以不曾干預。今欲將鉛山場兵級，令、丞與監場檢踏官同共統轄彈壓，措置坑冶事務。其場兵衣糧，縣丞專一拘催，及時支散。其餘有坑冶場兵處，亦乞準此。」從之。

紹熙元年十[176]二月三日，提點坑冶鑄錢司言：「嚴州神泉監鼓鑄合用銅、鉛，係於信州鉛山場等處支撥，緣般運

〔一〕簣：當是「簀」之誤。葉簀，孝宗至寧宗間人，寧宗時任浙西提刑，又見本書職官七四之四一、食貨六一之一四五。

費力，多是空閒工役。兼去永平監差遠，鑄料間有不相接濟。今乞只就永平監一處鼓鑄，人力不闕，實爲利便。所是神泉監見任監官候鑄絶物料日，并已差下替人，並乞與對换一等差遣。人吏、專知發歸元來去處，兵匠移填本州厢軍。及處州石堰場銅鑛日來衰微，其監官二員亦乞省減一員，見任人許令終滿，已差下替人，亦與對换一等差遣。」從之。

二年二月五日，四川總領李結言：「利州紹興監見管工匠一百八十七人，除招刺到監兵子弟及舊收刺軍匠三十六人外，其餘皆是諸處配到貸命之人，晝則重役，夜則鏁錠，無有出期。乞下鑄錢司，日後遇有配到人兵，將在監執役年遠者逐旋填替，發還元本州軍。內癃老疾病與詳元放停，若筋力尚壯、情理兇惡者，與在州羈管。兼本監軍匠最係重役，而衣糧未能裹足，乞各除舊請外，更與添支米二斗。」逐部指定：紹興監見管兵匠一百八十七人，工匠敷足，可以立爲定額。如日後諸處配到人溢額，許將見在老弱之人揀放。如元係軍人願歸本軍、百姓願充厢軍者，聽。其元犯情重、永不放還之人，不許揀放。所乞支米，欲行下本路漕司，於見管米内那融應副，按月支給。並從之。

七月二十八日，提點江淮湖北鐵冶鑄錢劉煒言：「照應創置提點鐵冶[177]司，事務最爲繁冗，今措置下項：一、照得淮南運司、淮西提刑、提舉常平、茶鹽四司，止有屬官并檢法官共三員，内檢法官不許差出。淮南運司舊有添差幹辦公事一員，見今闕人，今乞省併，却移充提點鐵冶司幹辦公事窠闕，就無爲軍置司。一、乞置檢踏官二員，内一員舒州置司，往來兼管舒州、光州錢監事；一員蘄州置司，往來兼管蘄州、漢陽、興國軍錢監事。並許於曾經本路本軍縣差遣任滿及見任官選人内選擇辟差。一、乞置監門官一員，兼受給，專關防滲漏及人匠出入搜檢。許本司於文臣選人、武臣小使臣内通行踏逐有材幹、公廉、經任之人。一、照應見今舒州同安監、蘄州蘄春監監官元係本州辟差，今乞止許本司差辟。一、照應捕捉私鑄，全藉巡尉，乞將湖北路德安府、復州、漢陽軍、鄂州，江西路隆興府、興國軍、江州，江東路南康軍、寧國府、池州、太平州、建康府，及兩淮州軍都監、巡尉銜内，並帶『巡捉私鑄鐵錢』，任滿批上印紙。」悉從之。

十一月二十七日南郊赦：「勘會諸路州縣坑冶興發在觀寺、祠廟、公宇、居民墳地及近墳園林地者，在法不許人告，亦不得受理。訪聞官司利於告發，更不究實，多致騷擾。及有坑冶停閉，苗脈不發去處，勒令坑户虚認歲額。可令提點鑄錢司委官詢訪，日下改正。仍檢坐見行條法指揮約束，常切遵守，如有違戾，許人户越訴。」

三年三月九日，提點鑄錢司[178]言：「竊見建寧府大挺鉛場昨來係坑户撲認浄利，日來興發浩瀚，乞將豐國監監官兼監大挺鉛場，往來管幹兩處職事。若將來大挺場採取盡絶，即仰(往)〔住〕兼。」詔建寧府大挺場創置監官一員，依處州石堰、庫山銀銅場例，作堂闕差人。其豐國監令坑冶司相度，合與不合省罷。既而坑冶司言：「照得舊係建寧府、嚴州、贛州三監與饒州分鑄，今併就永平一監，稍覺難辦。況豐國監有交受南劍等州并大挺場坑冶銅鉛，從本監轉發前來永平監鼓鑄，事體稍重，若省罷豐國監官，深慮福建一路坑場轉發銅鉛遲滯。欲乞仍舊存留，免將來再有申乞復置。」從之。

慶元元年十二月三日，右正言兼侍講劉德秀言：「坑冶司凡所總(管)〔官〕屬，自主管文字而下至於監轄坑場幾三十員，隨事之輕重，職之崇卑，莫不皆有責任。唯建寧之豐國監，贛之鑄錢院，舊各置監官一員，後緣銅料不繼，罷去鼓鑄，而監官至今猶存。冶司舊有辟差窠闕凡六，近以其一歸堂除，而今所存者尚有五闕，吉州置司檢踏官、監潭之永興場、監建寧之瑞應場，與夫處之石堰、庫山場監轄使臣是也。乞廢罷前兩監官，少寬州縣冗食之患；舉後五闕皆歸吏銓，以聽公選。」詔吉州檢踏官、潭州永興場、建寧府瑞應場三闕今後堂除，餘并依。其廢罷兩監官，見任人許終滿，差下人依省罷法。

三年八月十六日，江淮等路都大提點坑冶黃唐179奏：「本司歲計支遣錢二十六萬緡，内十九萬緡係省額錢均撥諸州供納外，三萬緡有奇係本司收到坑場所產花利錢，尚欠三萬緡，係逐年拘催到諸州未解錢數補揍支遣。欲乞令本司今後於次年春季之終，取一郡欠數最多者申奏朝廷，主管官量賜責罰，庶幾主管官有以任其責。」户部勘當：「欲下本司照合起條限催發，如有違欠最多去處，仰逕申朝廷取旨施行。」從之。

二十九日，中書門下省言：「已降指揮，諸路屬官今後並不許差注本貫及居止在本路者。見任人令終滿，已差下人聽兩易，添差不釐務者非。」詔坑冶司屬官止避本貫及居止處。

四年二月五日，中書門下省(下)〔言〕：「嚴州神泉監復置之初，已解到當三新錢三千貫，鼓鑄精緻，見得究心措辦，理宜議賞。」詔監官如三年鑄及十萬貫，減改官舉主兩員。又能催趲工程，即照應已降指揮，更與優異推賞。其知、通應辦無遺闕，每歲各減一年磨勘；如不及全年，計日推賞。

嘉定十五年七月二十二日，臣僚言：「銅錢寖少，楮券寖輕，不可不慮。夫錢者，本也；楮者，末也。中興之初，分鑄於虔、饒二州，除椿留外，歲(鮮)〔解〕緡錢四十九萬。今總九路爲一司，歲額近有十五萬，乃累政積壓，至五十六年之錢猶未起發，尚何望其佐國之經費乎！彼司提點之職者，亦非不欲課額登足，積弊相仍，難以頓革，非上之出令有以申嚴之，則人心未易聽從。夫其爲180弊固多端，而關於利病之大者有三焉：一曰鉟銷滲漏之多，二曰本錢支遣不敷，三曰官屬體統不一。夫銅爲有限，而用之者無窮，勢家器具、商賈般載，散之外境，安得而不耗？此鉟銷滲漏之弊也。坑冶本錢，朝廷於諸郡科撥，歲總十九萬緡，而州郡馴習拖欠，每歲纔及十三四萬，故工役之費卒不能給。此本錢支遣不敷之弊也。國家張官置吏，有長有屬，使之作統相維，叶（刀）〔力〕裨贊，而冶司所總之路既廣，故有檢踏布於江浙、湖廣間，分司以董之。顧乃闕到之官，任滿解職，與冶司邈不相關，其貪者殘克本錢，繆者虧折銅課，不卹也，所謂相維、裨贊之意何在！此體統不一之弊也。乞申飭有司，檢照累降指揮，嚴漏洩之禁，官民之家不得以銅爲器玩；每郡專委通判檢察，其（料）〔科〕撥本錢去處，亦專委通判拘催，如額解發，〔如〕違，許冶司奏聞；分司檢踏官並要赴冶司銓量，然後之任。如此，則三者之弊可革，而錢、楮庶乎可以相權，實正本澄源之策也。」從之。（以上《永樂大典》卷一一二〇）

宋會要輯稿　職官四四

市舶司〔一〕

【宋會要】❶市舶司，掌市易南蕃諸國物貨航舶而至者。初於廣州置司，以知州爲使，通判爲判官，及轉運使司掌其事，又遣京朝官、三班、内侍三人專領之。後又於杭州置司。淳化中，徙置於明州定海縣，命監察御史張肅主之。明年，肅上言非便，復於杭州置司。咸平中，又命杭、明州各置司，聽蕃客從便。若船至明州定海縣，監官封船荅堵送州〔二〕。凡大食、古邏、闍婆、占城、勃泥、麻逸、三佛齊、賓同朧、沙里亭、丹流眉，竝通貨易，以金、銀、緡錢、鉛、錫、雜色帛、精麄瓷器市易香藥、犀象、珊瑚、琥珀、珠琲〔三〕、賓鐵、鼊皮、瑇瑁、瑪瑙、車渠、水晶、蕃布、烏樠、蘇木之物。太平興國初，京師置榷易院，乃詔諸蕃國香藥寶貨至廣州、交趾、泉州、兩浙，非出於官庫者，不得私相市易。後又詔：「民間藥石之具恐或致闕，自今惟珠貝、瑇瑁、犀牙、賓鐵、鼊皮、珊瑚、瑪瑙、乳香禁榷外，他藥官市之餘，聽市貨與民。」其後二州知州領使如勸農之制，通判兼監，而罷判官之名，每歲止三班、内侍專掌，轉運使亦總領其事。大抵海舶至，十先征其一，其價直酌蕃貨輕重而差給之。

太祖開寶四年六月，命同知廣州潘美、尹崇珂竝充市舶使，以駕部員外郎、通判廣州謝處玭兼市舶判官。

太宗太平興國元年五月，詔：「敢與蕃客貨易，計其直滿一百文以上，❷量科其罪；過十五千以上，黥面配海島；過此數者押送赴闕；婦人犯者配充針工。」淳化五年二月，又申其禁，四貫以上徒一年，遞加至二十貫以上〔四〕，黥面配本地充役兵。

二年正月，命著作佐郎李鵬舉充廣南市舶使。

七年閏十二月，詔：「聞在京及諸州府人民或少藥物食用，(今)〔令〕以下項香藥止禁榷廣南、漳、泉等州舶船上，不得侵越州府界，紊亂條法；如違，依條斷遣。其在京并諸處即依舊官場出賣，及許人興販。」凡禁榷物八種：瑇瑁、牙犀、賓鐵、鼊皮、珊瑚、瑪瑙、乳香。放通行藥物三十七種：木香、檳榔、石脂、硫黄、大腹、龍腦、沉香、檀香、丁香、丁香皮、桂、胡椒、阿魏、蒔蘿、蓽澄茄、訶子、破故紙、荳蔻花、白荳蔻、鵬沙、紫礦、胡蘆芭、蘆會、蓽撥、益智子、海桐皮、縮砂、高良薑、草荳蔻、桂心、苗没藥、煎香〔五〕、安息

〔一〕原無此題，徑補。
〔二〕荅：《補編》頁六三八作「塔」。
〔三〕琲：原作「鉡」，《補編》頁六三八作「錍」。按「鉡」即「鑛」字，「錍」乃鐵釘，俱不合，今據《宋史》卷一八六《食貨志》下八改。琲，珠串。
〔四〕至：原無，據《宋史》卷一八六《食貨志》下八補。
〔五〕煎香：《補編》頁六三八作「箋香」。

香、黃熟香、烏樠木、降真香、琥珀。後紫礦亦禁榷。

雍熙四年五月，遣内侍八人，齎敕書、金帛，分四綱，各往海南諸蕃國勾招進奉，博買香藥、犀牙、真珠、龍腦。每綱齎空名詔書三道，於所至處賜之。

端拱二年五月，詔：「自今商旅出海外蕃國販易者，須於兩浙市舶司陳牒，請官給券以行，違者没入其寶貨。」

淳化二年四月，詔廣州市舶：「每歲商人舶船，官盡增常價買之，良苦相雜，官益少利。自今除禁榷貨外，他貨擇良者，止市其半，如時價給之。麤惡者恣其賣，勿禁。」

至道元年三月，詔廣州市舶司曰：「朝廷綏撫遠俗，禁止末3游，比來食禄之家，不許與民争利。如官吏罔顧憲章，苟徇貨財，潛通交易。闌出徼外，私市掌握之珍；公行道中，靡虞薏苡之謗。永言貪冒，深蠹彝倫。自今宜令諸路轉運司指揮部内州縣，專切糾察，内外文武官僚敢遣親信於化外販鬻者，所在以姓名聞。」

四月，令金部員外郎王澣與内侍楊守斌往兩淛相度海舶路。

六月，詔：「市舶司監官及知州、通判等，今後不得收買蕃商雜貨及違禁物色。如違，當重置之法。」先是，南海官員及經過使臣多請託市舶官，如傳語蕃長所買香藥，多虧價直。至是，左正言馮拯奏其事，故有是詔。

九月，王澣等使還，帝諭以「言事者稱海商多由私路經販，可令禁之」。澣等言：「取私路販海者不過小商，以魚乾爲貨。其大商自蘇、杭取海路，順風至淮、楚間，物貨既豐，收税復數倍。若設法禁小商，則大商亦不行矣。」從之。

真宗咸平二年九月，兩浙轉運使副王渭言〔一〕：「奉敕相度杭、明州市舶司，乞只就杭州一處抽解。」詔杭州、明州各置市舶司〔二〕，仍取蕃官穩便。

大中祥符二年八月九日，詔杭、廣、明州市舶司：「自今蕃商齎鍮石至者，官爲收市，斤給錢五百。」以初立禁科也。時三司定直斤錢二百，詔特增其數。

九年九月十八日，太常少卿李應機言：「廣州勾當市舶司使臣，自今後望委三司使、副使、判官或本路轉運使，奏廉幹者充選。」從之。

天禧元年六月，三司言：「大食國蕃客麻思利等回，4收買到諸物色，乞免緣路商税。今看詳麻思利等將博買到真珠等，合經明州市舶司抽解外，赴闕進賣。今却作進奉名目，直來上京，其緣路商税不令放免。」詔特蠲其半。

三年十月，供備庫使侍其旭言〔三〕：「廣州市舶庫門，舊令(鈴)〔鈐〕轄監閲，望止於都監押内輪司其事。」從之。

四年六月，右諫議大夫李應機言：「廣州通判係審官

〔一〕使副：疑當作「副使」。

〔二〕明州：原無，據《長編》卷四五補。

〔三〕侍其旭：原作「時其昌」。《補編》頁六三九作「侍其」，其下小字注云「音同御名」。按《長編》卷九四載天禧三年九月供備庫使侍其旭奏，即其人也。「旭」音同神宗趙頊之「頊」。據改。

院差，緣兼市舶公事，望自今中書選差。候得替日，如不虧遞年課額，特與改官，優加任使。其市舶使臣亦候得替，依押香藥綱使臣例，遷轉親民任使。」詔廣州通判於京朝官中選累有人奏舉者，具名取旨。其市舶依所請施行。

仁宗天聖三年八月，審刑院、大理寺言：「監察御史朱諫上言，福州遞年常有舶船三兩隻到鍾門海口，其郡縣官員多令人將錢物、金銀博買真珠、犀象、香藥等，致公人百姓接便博買，却違禁寶貨不少。乞申明條貫，下本州。」從之。

四（四）年十月，明州言：「市舶司牒，日本國太宰府進奉使周良史狀，奉本府都督之命，將土產物色進奉。本州看詳，即無本處章表，未敢發遣上京。欲令明州只作本州意度諭周良史，緣無本國表章，難以申奏朝廷。所進奉物色如肯留下，即約度價例迴答。如不肯留下，即却給付，曉示令迴。」從之。

五年九月，自今遇有舶船到廣州博買香藥〔一〕，及得一兩綱，旋具聞奏，乞差使臣管押。

六年七月十六日，詔：「廣州近年蕃舶罕至，令本州 5 與轉運司招誘安存之。」

八年六月，詔：「廣州監市舶司使臣，自今三班院依揀走馬承受使臣例，選取三人各曾有舉主三人已上者，具脚色、姓名供申樞密院。其差出使臣如在任終滿三年，委實廉慎，別無公私過犯，仍令本路轉運使、副保奏，當與酬獎。」

景祐五年九月七日，太常少卿、直昭文館任中師言：「臣在廣州，奉敕管勾市舶司，使臣三人、通判二人亦是管勾市舶司，名銜並同。勘會所使印是『市舶使』字，乞自今少卿監以上知廣州，並兼市舶使入銜；內兩通判亦充市舶判官，或主轄市舶司事；管勾使臣並申狀。」詔知州徐起兼市舶使，今後少卿監已上知州兼市舶使，餘不行。

神宗熙寧四年五月十二日，詔：「應廣州市舶司每年抽買到乳香、雜藥，依條計綱，申轉運司，召差廣南東、西路得替官往廣州交管，押上京送納。事故衝替之人勿差。」至元符三年六月十一日，廣東轉運司奏：「欲於『上京送納』字下添（人）〔入〕『如逐路無官願就，即不限路分官員，並許召差；如無官，仍約定綱數申省，乞差軍大將裝押』字。」從之。

七年正月一日，詔：「諸舶船遇風信不便，飄至逐州界，速申所在官司，城下委知州，餘委通判或職官，與本縣令、佐躬親點檢。除不係禁物稅訖給付外，其係禁物即封堵，差人押赴隨近市舶司勾收抽買。諸泉、福緣海州有南蕃海南物貨船到，並取公據驗認，如已經抽買，有稅務給到 6 回引，即許通行。若無照證及買得未經抽買物貨，即押赴隨近市舶司勘驗施行。諸客人買到抽解下物貨，並於市

〔一〕此句之前似脱「某某言」數字。

舶司請公憑引目，許往外州貨賣。如不出引目，許人告，依偷税法。」

七月十八日，詔廣東路提舉司劾廣州市易務勾當公事呂邈，以擅入市舶司拘攔蕃商物故也。

十九日，詔：「廣州市舶司依舊存留，更不併歸市易務。」

九年五月二日，中書門下言：「給事中、集賢殿脩撰程師孟乞罷杭州、明州市舶司，只就廣州市舶一處抽解。欲令師孟赴三司，同共詳議利害以聞。」三司言：「今與師孟同共詳議廣、明州市舶利害，先次删立抽解條約。」詔恐逐州有未盡、未便事件，令更取索，重詳定施行。

元豐三年八月二十七日，中書言：「廣州市舶條已修定，乞專委官推行。」詔廣東以轉運使孫迥，廣西以轉運使陳倩，兩浙以轉運副使周直孺，福建以轉運判官王子京。迴，直孺兼提舉推行，倩、子京兼覺察拘攔。其廣南東路安撫使更不帶市舶使。

五年十月十七日，廣東轉運副使兼提舉市舶司孫迥言：「南蕃綱首持三佛齊詹卑國主及主管國事國主之女唐字書〔一〕，寄臣熟龍腦二百二十七兩、布十三疋〔二〕。臣昨奉委推行市舶法，臣以海舶法敝，商旅輕於冒禁，每召賈胡示以條約，曉之以來遠之意。今幸刑戮不加，而來者相繼，前件書、物等，臣不敢受。乞估直入官，委本庫買綵帛物等，候冬舶回報謝之，[7]所貴通異域之情，來海外之貨。」從之。

十二月二十一日，廣西轉運副使吳潛言：「雷、化發船之地與瓊島相對，今令倒下廣州請引，約五千里，不便。欲乞廣西沿海一帶州縣，如土人、客人以船載米穀、牛酒、黄魚及非市舶司（司）抽解之物，並更不下廣州請引。」詔孫迥相度，於市舶法有無妨礙。

六年十一月十七日，知密州范鍔言〔三〕：「欲於本州置市舶司，於板橋鎮置抽解務，籠賈人專利之權歸之公上。其利有六：使商賈入粟塞下以佐邊費，於本州請香藥雜物，與免路税，必有奔走應募者，一也。凡抽買犀角、象牙、乳香及諸寶貨，每歲上供者，既無道塗勞費之役，又無舟行侵盜傾覆之弊，二也。抽解香藥、雜物，每遇大禮，內可以助京師，外可以助京東、河北數路賞給之費，三也。有餘則以時變易，不數月坐有倍稱之息，四也。商旅樂於負販，往來不絶，則京東、河北數路郡縣税額增倍，五也。海道既通，則諸蕃寶貨源源而來，上供必數倍於明、廣，六也。有是六利，而官無橫費難集之功，庶可必行而無疑。況本州及四縣常平庫錢不下數十萬緡，乞借爲官本，限五年撥還。」詔都轉運使吳居厚悉意斟酌，條析以聞〔四〕。其後居

〔一〕佛：原缺，據《補編》頁六四〇補。
〔二〕疋：《補編》頁六四〇作「段」。
〔三〕知：原脱，據《長編》卷三四一補。
〔四〕析：原作「息」，據《補編》頁六四〇改。

厚言：「其取予輕重之權較然可見，於今無不可推行之理。欲稍出錢帛，議其取舍之便，考其贏縮之歸，仍上置榷易務，差官吏牙保法，請自七年三月推行。」已而居厚又言：「鍔所請置抽解務，如此[8]則牽制明，廣二州已成之法，非浙、廣、江、淮數路公私之便。海道至南蕃極遠，登、萊東北密邇遼人，雖立透漏法，勢自不可拘攔，而板橋又非商賈輻湊之地，恐不可施行。」

哲宗元祐二年十月六日，詔泉州增置市舶。

三年三月十八日，密州板橋置市舶司。

五年十一月二十九日，刑部言：「商賈許由海道往來，蕃商興販，並具入舶物貨名數，所詣去處申所在州，仍召本土物力户三人委保，州爲驗實，牒送願發舶州置簿，給公據聽行。回日許於合發舶州住舶，公據納市舶司。即不請公據而擅乘船自海道入界河及往高麗、新羅、登、萊州界者，徒二年，五百里編管；往北界者加二等，配一千里。並許人告捕，給船物半價充賞。其餘在船人雖非船物主，並杖八十。即不請公據而未行者徒一年，鄰州編管，賞減擅行之半，保人並減犯人三等。」從之。

元符二年五月十二日，户部言：「蕃舶爲風飄着沿海州界，若損敗及舶主不在，官爲拯救，録物貨，許其親屬召保認還，及立防守盜縱詐冒斷罪法。」從之。

徽宗崇寧元年七月十一日，詔：「杭州、明州市舶司依舊復置，所有監官、專庫、手分等，依逐處舊額。」

三年五月二十八日，詔：「應蕃國及土生蕃客願往他州或東京販易物貨者，仰經提舉市舶司陳狀，本司勘驗詣實，給與公憑，前路照會。經過官司常切覺察，不得夾帶禁物及姦細之人。其餘應有關防約[9]束事件，令本路市舶司相度，申尚書省。」先是，廣南路提舉市舶司言：「自來海外諸國蕃客將寶貨渡海赴廣州市舶務抽解，(舉)〔與〕民間交易，聽其往還，許其居止。今來大食諸國蕃客乞往諸州及東京買賣，未有條約。」故有是詔。

四年五月二十日，詔：「每年蕃船到岸，應買到物貨合行出賣，並將在市實直價例，依市易法通融收息，不得過二分。」從廣南提舉市舶司請也。

五年三月四日，詔：「廣州市舶司舊來發舶往來南蕃諸國博易回，元豐三年舊條只得却赴廣州抽解，後來續降，沿革不同。今則許於非元發舶州(往)〔住〕舶抽買，緣此大生奸弊，虧損課額。可將元豐三年八月舊條與後來續降衝改參詳，從長立法，遵守施行。」

大觀元年三月十七日，詔廣南、福建、兩浙市舶依舊復置提舉官。

三年七月二十，詔：「罷兩浙路提舉市舶官，令提舉常平官兼，專切提舉，通判管勾。」

政和二年五月二十四日，詔兩浙、福建路依舊復置市舶。從福建路提點刑獄邵濤請也。

三年七月十二日，兩浙提舉市舶司奏：「至道元年六月二十六日敕，應知州、通判、諸色官員并市舶司官、使臣等，今後並不得收買蕃商香藥、禁物，如有收買，其知、通、諸色官員并市舶司官並除名，使臣決配，所犯人亦決配。緣止係廣南一路指揮。」詔申明行下。

四年五月十八日，詔：「諸國蕃客到中國居住已經五世，其財產依海行無合承分人[10]及不經遺囑者，並依户絕法，仍入市舶司拘管。」

五年七月八日，禮部奏：「福建提舉市舶司狀：『昨自興復市舶，已於泉州置來遠驛，與應用家事什物等並足，并立定犒設〔一〕、饋送則例，及以置使臣一員監市舶務門，兼充接引，幹當來遠驛。及本司已出給公據付劉著等收執，前去羅斛、占城國説諭招納〔二〕，許令將寶貨前來投進外，今照對慕化貢奉諸蕃國人使等到來〔三〕，合用迎接、犒設、津遣，差破當直人從與押伴官等，有合預先措置申明事件。今措度，欲乞諸蕃國貢奉使、副、判官、首領所至州軍，乞用妓樂迎送，許乘轎或馬至知、通或監司客位，候相見罷赴客位上馬。其餘應干約束事件，並乞依蕃蠻入貢(修)〔條〕例施行。如更有未盡事件，取自朝旨。』本部尋下鴻臚寺勘會，據本寺狀稱：『契勘福建路市舶司依崇寧二年二月六日朝旨，招納到占城、羅斛二國前來進奉。內占城先累赴闕，係是廣州解發外，有羅斛國自來不曾入貢，市舶司自合依政和令詢問其國遠近、大小、強弱，與已入貢何國爲比奏。』本部勘會，今來本司並未曾勘會、依條比奏及申明合用迎接等事，今欲下本司勘會，依條比奏施行。」詔從之。

八月十三日，詔提舉福建路市舶施述與轉一官，以招誘抽買寶貨增羡也〔四〕。

七年七月十八日，提舉兩浙路市舶張苑奏：「欲乞鎮江、平江府如有蕃商願將舶貨投賣入官，即令稅務監官依市舶法博買。[11]內上供之物依條附綱起發，不堪上供物貨關提刑司選官估賣。」從之。

宣和元年八月四日，又奏：「政和三年七月二十四日聖旨，於秀州華亭縣興置市舶務，抽解博買，專置監官一員。後來因青龍江浦堙塞，少有蕃商舶船前來，續承朝旨罷去正官，令本縣官兼監。今因開修青龍江浦通快，蕃商舶船輻湊住泊，雖是知縣兼監，其華亭縣係繁難去處，欲(去)〔乞〕依舊置監官一員管幹，乞從本司奏辟。」從之。

十二月十四日，詔：「福建提舉市舶蔡栢職事修舉，可特轉一官；勾當公事趙實轉一官，令再任。」

三年十一月二十六日，詔諸路市舶本錢並依茶鹽錢已得指揮。

四年五月九日，詔：「應諸蕃國進奉物，依元豐法更不起發，就本處出賣。倘敢違戾，市舶司官以自盜論。」

〔一〕并立：原無，據《補編》頁六四二補。
〔二〕招：原作「詔」，據《補編》頁六四二改。
〔三〕使：原無，據《補編》頁六四二補。
〔四〕招：原作「詔」，據《補編》頁六四二改。

七年三月十八日，詔降給空名度牒，廣南、福建路各五百道，兩浙路三百道，付逐路市舶司充折博本錢，仍每月具博買并抽解到數目申尚書省。

高宗建炎元年六月十三日，詔：「市舶司多以無用之物枉費國用，取悅權近。自今有以篤耨香、指環、瑪瑙、猫兒眼睛之類博買前來，及有虧蕃商者，皆重寘其罪。令提刑司按舉聞奏。」

十四日，詔：「兩浙、福建路提舉市舶司併歸轉運司，令逐司將見在錢穀、器皿等拘收，具數申尚書省。」

十月二十三日，承議郎李則言：「閩、廣市舶舊法，置場抽解，分爲粗細二色般運入京。其餘麤重難起發之物，[12]本州打套出賣。自大觀以來，乃置庫收受，務廣帑藏，張大數目，其弊非一。舊係細色綱只是真珠、龍腦之類，每一綱五千兩。其餘如犀牙、紫礦、乳香、檀香之類，盡係粗色綱，每綱一萬斤。凡起一綱，差衙前一名管押，支脚乘、贍家錢約計一百餘貫。大觀已後，犀牙、紫礦之類皆變作細色，則是舊日一綱分爲三十二綱〔一〕，多費官中脚乘、贍家錢三千餘貫。乞將前項抽解粗色並令本州依時價打套出賣，盡作見錢樁管。許諸客人就行在中納見錢，齎執兑便關子，前來本州支請。」詔依舊，餘依所乞。

二年五月二十四日，詔依舊復置兩浙、福建路提舉市舶司。尚書省言併廢以來土人不便，虧失數多，故復置之。

六月十日，詔給度牒、師號，二十萬貫付福建路〔二〕，十萬貫付兩浙路，專充市舶本錢。

十八日，兩浙路提舉市舶吴説劄子：「契勘本司廨宇舊在杭州，已經燒毁。伏見杭州神霄宫依昨降朝旨廢罷，見今空閒，欲乞踏逐一位子，量以本司頭子錢修葺，安著一行官吏。」詔依，仍不得過四十間。

七月八日，詔兩浙路市舶司：「以降指揮，減省冗費。每遇海商住舶，依舊例支送酒食，罷每年燕犒。其上供細色物貨並遵舊制團綱起發，罷步擔雇人。廣南、福建路市舶司準此。」

十月十七日，司農卿黄鍔奏：「臣聞元祐間，故禮部尚書蘇軾奏乞依祖宗編敕，杭、明州並不許發船往高麗，違者徒二年，没入財貨充賞，併乞删[13]除元豐八年九月内創立許海船附帶外夷入貢及商販一條，並蒙朝廷一一施行。臣近具海船擅載外國入貢條約，稟之都省，蒙劄付臣戒諭。臣已取責舶户陳志、蔡周迪狀，稱今後不得擅載，如違，徒二年，財物没官之罪。欲望特降處分，下諸路轉運、市舶司等處依應遵守，不許違戾。」從之。

四年二月二十六日，尚書省言：「廣南路提舉市舶司言，檢准敕節文，廣南市舶司狀，廣州市舶庫逐日收支寶貨

〔一〕三：原作「之」。按：據上文，細色綱五千兩，合三百一十二斤八兩，粗色綱一萬斤，爲細綱之三十二倍。可證此處「之」字乃「三」字之誤，因改。

〔二〕二十：原作「一十」，據《補編》頁六四三改。

錢物浩瀚〔一〕，全藉監門官檢察。欲乞許從本司奏准無贓私罪文武官充廣州市舶庫監門，庶幾得人檢察，杜絕侵盜之弊。」從之。

六月二十二日，詔：「諸路市舶司錢物，今後並不許諸司官劄刷。如違，以徒二年科罪。」

十月十四日，提舉兩浙市舶劉無極言：「近准戶部符，仰從長相度，將秀州華亭縣市舶務移就通惠鎮，具經久可行事狀，保明申請施行。今相度，欲且存華亭縣市舶務，却乞令通惠鎮稅務監官招邀舶船到岸，即依市舶法就本州抽解，每月於市舶務輪差專秤一名前去主管。候將來見得通惠鎮商賈免般剝之勞，往來通快，物貨興盛，即將華亭市舶務移就本鎮置立。」詔依。

紹興元年十一月二十六日，提舉廣南路市舶張書言言：「契勘大食人使蒲亞里所進大象牙二百九株、大犀三十五株，在廣州市舶庫收管。緣前件象牙各係五七十斤以上，依市舶條例，每斤價錢二貫六百[14]文，九十四陌，約用本錢五萬餘貫文省。欲望詳酌，如數目稍多，行在難以變轉，即乞指揮起發一半，令本司委官秤估；將一半就便搭息出賣，取錢添同給還蒲亞里本錢。」詔令張書言揀選大象牙一百株并犀二十五株，起發赴行在，准備解笏造帶、宣賜臣僚使用。餘依。

二年正月二十六日，詔：「令戶部取會兩浙等三路提舉市舶司酌中年分起發上京物數，并抽解博買實用過錢數及賣過物色若干等，自權住起發後來所有抽解買賣到息錢，並依此開具申尚書省。內兩浙係近便，仍責限回報，先次措置。」

三月三日，詔：「兩浙提舉市舶移就秀州華亭縣置司，官屬供給令秀州應副。」

四月二十六日，戶部言：「據提舉廣南路市舶張書言劄子，近年以來，不蒙朝廷給降本錢，而轉運司又取撥過本司見錢五萬貫文，見今委實闕乏。」詔令禮部給降廣南東路空名度牒三百道，紫衣、兩字師號各一百道，撥還本司充博買本錢支用。

六月二十一日，廣南東路經略安撫、提舉市舶司言：「廣州自祖宗以來興置市舶，收課入倍於他路。每年發舶月分，支破官錢管設津遣，其蕃漢綱首、作頭、梢工等人各令與坐，無不得其懽心，非特營辦課利，蓋欲招徠外夷，以致柔遠之意。舊來或遇發船衆多及進貢之國併至，量增添錢數，亦不滿二百餘貫，費用不多，所說者衆。今准建炎二年七月敕，備坐前提舉兩浙[15]市舶吳說劄子，每年宴犒諸州所費不下三千餘貫，委是枉費。緣吳說即不曾取會本路設蕃所費數目，例蒙指揮寢罷，竊慮無以招懷遠人，有違祖宗故事，欲乞依舊犒設。」從之。

七月六日，福建路安撫、轉運、提舉司奏：「准紹興二

〔一〕市：原作「司」，據《補編》頁六四四改。

年四月十一日德音：『勘會本路地狹民貧，官吏猥衆。訪聞市舶只是泉州一處，舊來係守臣兼領，今既有提舉設屬置吏，費耗禄廪，其利之所入徒濟姦私，而公上所得無幾。仰本路帥臣、監司同共相度，可與不可廢罷，條具聞奏。』逐司今相度到未置提舉官已前，只是本路轉運或提刑司官兼領，比置官後所收課額元無漏落。兼每歲自八月以後至六月以前，風信不順，即無販蕃及海南回船到岸，其提舉司官吏於上項月分並各端閑，委是可以廢還逐司〔一〕。」詔依，仍委本路提刑司兼領。

八月六日，詔：「市舶司廢罷，其本司銀器、錢物並令起赴行在左藏庫送納。舊管人吏以入仕年月日先後，三分中存留一分。官吏請給舊費，令提刑司取見元支窠名每月支數，依元窠名樁收訖，具狀申尚書省。」尋詔市舶司屬官不罷。

九月二十五日，詔舊市舶司職事令福建提舉茶事兼領，前降令提刑司兼領指揮更不施行。

十月四日，詔：「福建提舉茶事司權移往泉州，就舊提舉市舶司置司，將（令）〔今〕來兼管市舶司職務繫銜。」

三年六月四日，户部言：「昨承朝旨，取會兩浙市舶司已前酌中年分起發上 16 京物數若干等數，權住起發往來抽解博買及一面賣過物數〔二〕，所用本柄收到息錢，並依此開具供申，仍分明聲説曾如何支使，見在之數於何處樁管，候比照驅考有無虧損侵隱，措置經久可行利害申尚書省。本部行下本司取會開具依應回報去後，今據兩浙提舉市舶司申，本司契勘臨安府、明、温州、秀州華亭及責邈近日場務〔三〕，昨因兵火，實無以前文字供攢。本司今依應將本路收復以後建炎四年、紹興元年二年内，取紹興元年酌中一年一路抽解博買到貨物，比附起發變賣收到本息錢數目，開具如後：一、本路諸州府市舶務五處，紹興元年一全年共抽解一十萬九百五十二斤零一十四兩尺錢二字八半段等。本部尋行驅考得雖有所收息錢，其間多有一面支使，名色不一，例各不見具到許支條法〔四〕。比欲再行取會，又恐内有違法擅支數目，遷延月日，不肯依公回報。若不別作擘劃，又緣市舶務所管朝廷錢物浩瀚，唯在提舉司檢察拘轄，似此深恐得以侵用，因而陷失財計。今相度，欲乞委淛西提刑司取索市舶司自建炎四年以後應支使錢物窠名、數干照并許支條法指揮，逐一子細驅磨，將不合支破錢數依條追理，撥還入官，添助博買錢本。仍乞令諸通判，自今後遇市舶務抽買客人物貨，須管依條躬親入務，同監官抽買。及自紹興三年爲始，歲終取會逐務開具的實買到 17 物貨名色數目、用過本錢、營運利息、應支使錢物夾細帳

〔一〕可：原無，據《補編》頁六四五補。
〔二〕住：原作「往」，據《補編》頁六四五改。往來：疑當作「後來」。博：原作「轉」，據下文改。
〔三〕責邈：此不似地名，疑當作「青龍」。宋秀州有青龍鎮，爲海商輻湊之所，設有税務，見單鍔《吴中水利書》、《吴郡圖經續記》卷中。
〔四〕到：原作「致」，據《補編》頁六四五改。

狀，保明申淛西提刑司，從本司取索驅考。如稍有隱漏不實之數，並依無額上供法施行。若逐州通判不依法躬親入務同監官抽買，亦乞（令）〔令〕提刑司按劾施行。」詔依。

七月一日，詔：「廣南東路提舉市舶官，今後遵守祖宗舊制，將中國有用之物如乳香、藥物及民間常使香貨並多數博買，內乳香一色客筭尤廣，所差官自當體國，招誘博買。仍令户部限三日，將市舶司抽解博買舊法參酌，重別立定殿最賞罰條格，具狀申尚書省。」以尚書省言「提舉官往往非其人，致蕃商稀少，理合講究」故也。

八月二十二日，新差提舉廣南路市舶姚焯言：「蒙恩付以南海舶事，唯蕃商物貨之職而已，他不與焉。今赴新任，竊恐入境以後或見本路民間有的實利病，乞依守臣五事例，得以條具聞奏，庶幾遠民咸喻德意。」從之。

九月九日，詔：「廣南市舶庫錢物，除朝廷指定取撥合應付外〔一〕，其餘官司今後並不得取撥支使，雖奉特旨，亦聽本司執奏不行。」提舉姚焯言「本司錢本多爲轉運司畫旨取撥，致無以應副蕃商」故也。

十一月十二日，户部言：「諸路收買市舶司博易物色本錢，欲依舊用坊場錢應副。」從之。

十二月十七日，户部言：「勘會三路市舶除依條抽解外，蕃商販到乳香一色及牛皮、筋、角堪造軍器之物，自當盡行博買。其餘物貨，若不權宜立定所起發窠名，18 竊慮枉費脚乘。欲令三路市舶司，將今來立定名色計置起發。下項名件，欲令起發赴行在送納：金、銀、真珠、玉乳香、牛皮筋角、象牙、犀、腦子、麝香、沉香、上中次箋香、檀香、烏文木、鵬砂、朱砂、木香、人參、丁香、琉璃、珊瑚、蘇合油、白荳蔻、牛黄、膃肭臍、龍涎香、藤黄、血碣、蓽澄茄、安息香、縮砂、降真香、肉荳蔻、訶子、舶上茴香、茯苓、菩薩香、鹿茸、黑附子、油腦、蓯蓉、琥珀、上等螺犀、中等螺犀、下等螺犀、水銀、上等藥犀、中等藥犀、下等藥犀、鹿速香、赤倉腦、米腦、腦泥、木扎腦、夾雜銀、石碌、白附子、銅器、銀珠、苛子、南蕃蘇木、高州蘇木、隨風子、青木香、乾薑、川芎、紅花、雄黄、川椒、石鍾乳、硫黄〔二〕、白木、夾雜黄熟香頭、上等生香、茴香、烏牛角、白牛角〔三〕、沙魚皮、上等鹿皮、魚膠、海南蘇木、熟速香、畫黄、黿、鼊皮、魚鰾、椰心簟、蕃小花狹簟、菱牙簟、蕃顯布、海南碁盤布、海南吉貝布、海南青花碁盤被單〔四〕、下色餅香、海南白布、海南白布被單、楝香、上色餅乳香、中色餅香、次下色餅香、上色袋香、中色袋香、下色袋香、乳香、塌香、黑塌香、水濕黑塌香、青碁盤布紬、生速香、斫削揀選低下水濕黑塌香、黄蠟、松子、榛子、夾煎黄熟香頭、白蕪荑、山茱萸、茅朮、防風、杏仁、五苓脂、

〔一〕撥：原作「不」，據《補編》頁六四六改。
〔二〕硫：原作「瑠」，據《補編》頁六四六改。
〔三〕白牛角：原無，據《補編》頁六四六補。
〔四〕被：原作「皮」，據《補編》頁六四六改。後同。

黄耆、土牛膝、毛絶布、高麗小布、占城速香、生熟香〔一〕、夾煎香、上黄熟香、中黄熟香、下箋香、石斛。下項名件，欲令本處一面變賣：薔薇水、御碌香、蘆薈、阿魏、蓽撥、史君子、荳蔻花、肉桂、桂花、指環腦、丁[19]香、母扶律膏、大風油、加路香、火丹子、紫藤香、篤芹子、荳蔻、黑篤耨、龜童、没藥、天南星、青桂頭、秦皮、橘皮、鼈甲、蒔蘿、官桂、榆甘子、益智、高良薑、甲香、天竺黄、草荳蔻、藿香、紅豆、草菓、大腹子肉、破故紙、苓苓香、蓬莪朮、木鼈子、石決明、木蘭皮、丁香皮殼、荳蔻、烏藥、柳桂、桂皮、檀香皮、薑黄、相思子、蒼朮、青椿香、幽香、桂心、大片香、薑黄、熟纏末、潮腦、三賴子、龜頭、枝實、密木、檀香、纏丁香、枝白膠香、椿香頭、鷄骨香、龜同香、白芷、亞濕香、木蘭茸、烏里香〔二〕、粗熟香、下等丁香、下等冒頭香、下等麤香頭、下等青桂、片香、麝香、木蕃、檳榔肉連皮、檳榔舊香連皮、大腹〔三〕、麤熟香頭、海桐皮、松搭子、犀蹄土、半夏、常山、蕤仁、遠志、暫香、下速香、下黄熟香。」詔依。

五年閏二月八日，詔：「市舶務監官并見任官詭名買市舶司及彊買客旅舶貨，以違制論，仍不以赦降原減。許人告，賞錢一百貫。提舉官、知、通不舉劾，減犯人罪二等。」

六年十二月十三日，詔蕃舶綱首蔡景芳特與補承信郎。以福建路提舉市舶司言景芳招誘販到物貨，自建炎元年至紹興四年，收浄利錢九十八萬餘貫，乞推恩故也。

二十九日，户部言：「兩淛市舶司申，看詳到泉州相度，乞今後蕃商販到諸雜香藥除抽解外，取願不以多少博買外，其抽解將細色直錢之物依法十分抽解一分，其餘麤色並以十五分抽解一分。若依所乞，即於本路委是利便等事。」送户部勘當，[20]本部言：「欲下三路市舶司更切契勘，如委實可行，不致虧損課息，即依所乞施行。仍仰今後博買物貨，照應前後節次已降指揮博買施行，毋致枉有占壓本錢。除象牙、乳香、真珠〔四〕、犀係是實寶貨之物，合依舊分數抽解外，其諸雜香藥物貨，欲依已勘當事理施行。」詔依。

七年七月二日，三省言：「紹興七年三月二十一日敕節文：監司、大(蕃)〔藩〕節鎮知州差初任通判資序以上人，軍事州、軍、監第二任知縣資序以上人。檢準紹興敕，諸稱監司，謂轉運、提點刑獄，其提點坑冶鑄錢、茶鹽、市舶未有該載。」詔提舉坑冶鑄錢依監司，茶鹽、市舶依軍州事已降指揮施行。

閏十月三日，上曰：「市舶之利最厚，若措置合宜，所得動以百萬計，豈不勝取之於民！朕所以留意於此，庶幾

〔一〕熟：原作「孰」，據《補編》頁六四七改。

〔二〕烏里香：原作「烏黑香」。按宋陳敬《陳氏香譜》卷一：「烏里香，葉庭珪云出占城國，地名烏里。」據改。

〔三〕腹：原作「復」，據《補編》頁六四七改。

〔四〕真：原作「真真」，據《補編》頁六四七删。

可以少寬民力爾。」先是，詔令知廣州連南夫條具市舶之弊，南夫奏至，其一項：市舶司全藉蕃商來往貨易，而大商蒲亞里者既至廣州，有右武大夫曾納利其財，以妹嫁之，亞里因留不歸。上（令）〔令〕委南夫勸誘亞里歸國，往來幹運蕃貨，故聖諭及之。

八年七月十六日，臣寮言：「廣南、福建、兩浙市舶司抽買到市舶香藥、物貨，依紹興六年四月九日朝旨，立定合起發本色，并（令）本處一面變轉價錢〔一〕，赴行在送納名件。緣合起發内尚有民間使用稀少等名色，若行起發，竊慮枉費脚乘及虧損官錢。」詔令逐路市舶司，如抽買到和劑局無用并 21 臨安府民間使用稀少物貨，更不起發本色，一面變轉價錢，赴行在庫務送納。内廣南、福建路仍起輕賫。

十一年十一月，户部言：「重行裁定市舶香藥名色，仰依合起發名件，須管依限起發前來。所是本處變賣物貨，除將自來條格内該載合充循環本錢外，其餘遵依已降指揮計置起發施行，不管違戾。合赴行在送納、可以出賣物色：細色：呵子、中箋香、没藥、破故紙、丁香、木香、茴香、茯苓、玳瑁、鵬砂、蒔蘿、紫礦、瑪瑙、水銀、天竺黄、末硃砂、人參、鼊皮、銀子、下箋香、芹子、銅器、銀珠、熟速香、帶梗丁香〔二〕、桔梗、澤瀉、茯神、金箔〔三〕、舶上茴香、中熟速香、玉乳香、麝香、夾雜金、夾雜銀、沉香、上箋香、次箋香、鹿茸、珊瑚、蘇合油、牛黄、血竭、膃肭臍、龍涎香、蓽澄茄、安息香、琥珀、雄黄、鍾乳石、薔薇水、蘆薈、阿魏、黑篤耨、鱉甲、篤耨香、皮篤耨香、没石子、雌黄、雞舌香、香螺奄、葫蘆芭、翡翠、金顔香、畫黄、白荳蔻、龍腦。有九等〔四〕：熟腦、梅花腦、米腦、白蒼腦、油腦、赤蒼腦、腦泥、鹿速腦、木扎腦。麤色：胡椒、檀香、夾箋香、黄蠟、黄熟香、吉貝布、襪面布、香米、縮砂、乾薑、蓬莪朮、生香、斷白香、藿香、蓽撥、益智、木鼈子、降真香、桂皮、木綿、史君子、肉荳蔻、檳榔、青橘皮、小布、大布、白錫、甘草、荊三稜、碎箋香、防風、蒟醬、次黄熟香、烏里香、苓苓香、中黄熟香、冒頭香、三賴子、青苧布、下生香、丁香、海桐皮、蕃青班布、下等冒頭香、下等烏里香〔五〕、苓牙簟、修割香、中生香、白附 22 子、白熟布、白細布、山桂皮、暫香、帶枝檀香、鉛土、茴香、烏香、牛齒香、半夏、芎袴布、石碌、紫藤香、官桂、桂花、花藤、粗香、紅荳、高良薑、藤黄、黄熟香頭、釵藤、黄熟香、片螺頭、斬剉香、生香片、水藤皮、蒼朮、紅花、片藤、瑠琉、水盤頭、赤魚鰾、香纏、小片水盤頭、杏仁、紅橘皮、二香、大片香、糖霜、天南星、松子、麄小布、大片水盤香、中水盤香、獐腦、青桂香、斧口香、白苧布、鞋面布、丁香皮、草菓、生苧布、土檀香、青花蕃布、菝蓉、螺

〔一〕本處：原作「本本處」，據《補編》頁六四八删。
〔二〕梗：原作「根」，據《補編》頁六四八改。
〔三〕箔：原脱，據《補編》頁六四八補。
〔四〕此注原作正文書寫，據文意改爲小字。
〔五〕烏：原作「五」，據《補編》頁六四八改。

犀、隨風子、紬丁〔一〕、海母、龜同、亞濕香、菩提子、鹿角、蛤蚧、洗銀珠、花梨木、瑠璃珠、椰心簟、犀蹄、蕃糖、師子綏、枝實。麄重杻費脚乘：窊木、大蘇木、小蘇木、硫磺、白藤棒、修截香、青桂頭香、蕃蘇木、次下蘇木〔二〕、海南蘇木〔三〕、鑊鐵、白藤、麄鐵、水藤坯子、大腹子、薑黃、麝香、木跳子、鷄骨香、大腹、檀香皮、把麻、倭板、倭枋板頭、薄板、板掘、短板肩、椰子長薄板合簟、火丹子、蛙蛄、乾倭合山、枝子、白檀木、黄丹、麝檀木、苧蔴、蘇木、稍靸、相思子、倭梨木、榼藤子、滑皮、松香、螺殼、連皮、大腹、吉貝花布、吉貝紗、瓊枝菜、砂黄、麄生香、硫黄〔四〕、泥黄、木柱、短小零板杉枋、厚板松枋、海松板木枋、厚板令赤藤厚枋、海松枋、長小零板板頭、松花小螺殼、麄黑小布、杉板狹小枋，令團合雜木柱、枝條蘇木、水藤篾、三抄香團、鐵脚珠、蘇木脚、生羊梗、黄絲火杴煎盤、黑附子、油腦、藥犀、青木香、白术、蕃小花狹簟、海南白布單、青蕃碁盤小布、白蕪荑、山茱萸、茅术、五苓脂、[23]黄耆、毛施布、生熟香、石斛、大風油、秦皮、草荳蔻、烏藥香、白芷、木蘭茸、蕤仁、遠志、海螺皮、生薑、黄芩、龍骨草、枕頭土、琥珀、冷餅、密木、白眼香、欝香、鐵熨斗、土鍋、荳蔻花、砂魚皮、拍還腦、香栢皮、黄漆、滑石、蔓荊子、金毛狗脊、五加皮、榆甘子、菖蒲、土牛膝、甲香、加路香、石花菜、贏絲蔺頭、大價香、五倍子〔五〕、細辛、韶腦、舊香、御碌香、大風子、檀香皮、纏香皮、纏末、大食芎崙梅、薰陸香、召亭枝、龜頭犀香、荳根、白腦香、生香片、舶上蘇木、水盤頭幽香、蕃頭布、海南碁盤布、海南青花布被單〔六〕、長木、長倭條、短板肩。」

二十三日，臣寮言：「廣東、福建路轉運司遇舶船起發，差本司屬官一員臨時點檢，仍差不干礙官一員覺察。至海口，俟其放洋，方得回歸。如所委官或縱容般載銅錢，並乞顯罰，以爲慢令之戒。」詔下刑部立法，刑部立到法：諸舶船起發，販蕃及外蕃進奉人使回蕃船同。所屬先報轉運司，差不干礙官一員躬親點檢，不得夾帶銅錢出中國界。仍差通判一員謂不干預市舶職事者，差獨員或差委清彊官。覆視。俟其船放洋，方得回歸。諸舶船起發，販蕃及外蕃進奉人使回蕃船同。所委點檢官覆視官同。容縱夾帶銅錢出中國界首者，依知情引領、停藏、負載人法，失覺察者減三等。即覆視官不候其船放洋而輒回者徒一年。從之。

十二年十二月十八日，詔：「福建路提舉市舶令見任官專一提舉，其已差下替人令疾速赴任，專一提舉茶事。」福建路提舉市舶司昨自紹興二年廢罷，遂[24]令提舉茶事司兼領，就泉州置司。時朝廷措置福建臘茶，欲就行在置

〔一〕紬：《補編》頁六四八作「細」。
〔二〕次下：原缺，據《補編》頁六四八補。
〔三〕海南蘇木：原缺，據《補編》頁六四八補。
〔四〕硫：原作「琉」，據《補編》頁六四八改。
〔五〕子：原無，據《補編》頁六四九補。
〔六〕被：原作「皮」，據《補編》頁六四九改。

局給賣，於是通判臨安府呂斌言，乞將福建路茶事司依舊復歸建州，專一主管買發臘茶。而户部言，今將提舉市舶司未廢併以前官吏(今)〔令〕量減孔目官、手分各一名外，每月約支錢止三百九十貫，米止十七碩。比之茶事司見請錢米，其錢歲減二千四百六十貫，米減一百二十六碩。故有是詔。

十四年九月六日，提舉福建路市舶樓璹言：「臣昨任廣南市舶司，每年於十月内依例支破官錢三百貫文排辦筵宴，係本司提舉官同守臣犒設諸國蕃商等。今來福建市舶司每年止量支錢委市舶監官備辦宴設，委是禮意與廣南不同。欲乞依廣南市舶司體例，每年於遣發蕃舶之際，宴設諸國蕃商，以示朝廷招徠遠人之意。」從之。

十五年十二月十八日，詔江陰軍依温州例置市舶務，以見任官一員兼管。從本路提舉市舶司請也。

十六年四月十日，提舉福建路市舶曹泳言：「乞今後本路沿海令、佐、巡尉批書内，添入本地分内無透漏市舶物貨一項，所屬得本司保明，方得批書。及州縣有承勘市舶透漏公事，如或滅裂，許本司奏劾〔一〕。」從之。

九月二十五日，宰執進呈廣南市舶司繳進三佛齊國王寄市舶官書，且言近年商販乳香頗有虧損。上曰：「市舶之利頗助國用，宜循舊法以招徠遠人，阜通貨賄。」於是降右朝散大夫、提【25】舉福建路常平茶事袁復一〔二〕，以前任廣南市舶虧損蕃商物價，故有是命。

十七年十一月四日，詔三路市舶司：「今後蕃商販到龍腦、沉香、丁香、白荳蔻四色，並依舊抽解一分，餘數依舊法施行。」先是，紹興十四年，一時措置抽解四分，以市舶司言蕃商陳訴抽解太重，故降是旨。

十八年閏八月十七日，詔：「明州〔三〕、秀州華亭市舶務監官除正官外，其添差官内許從市舶司每務移差官一員前去温州、江陰軍市舶務，專充監官，主管抽買舶貨，收支錢物，仍與理爲本任。」從提舉市舶司周奕請也。

二十一年閏四月四日，右中奉大夫、直顯謨閣、知撫州李莊除提舉福建市舶。上曰：「提舉市舶官委寄非輕〔四〕，若用非其人，則措置失當，海商不至矣。莊可發來赴闕稟議，然後之任。」

七月八日，廣南市舶司言：「廣州通判二員，主管市舶職事，比之幹辦公事，職事爲簡。乞將通判賞減定，依幹辦公事官一等推賞。」詔下本司，(上)〔止〕差通判一員主管市舶職事。其賞依本司所乞，與幹辦公事一等，比監官條法減半推賞施行。

二十七年六月一日，宰執進呈户部措置廣南銅錢出界

〔一〕許：原作「詳」，據《補編》頁六五〇改。
〔二〕袁復一：《補編》頁六五〇作「袁復之」，然《中興小紀》卷三四、《建炎要録》卷一五五、弘治《八閩通志》卷三〇等皆作「袁復一」，《補編》誤。
〔三〕州：原無，據《補編》頁六五〇補。
〔四〕寄：原作「奇」，據《補編》頁六五〇改。

事，上曰：「廣南市舶司遞年有蕃商，息錢如及額，許補官，此祖宗舊制。前兩年有陳乞推恩人，朝廷不與，恐緣此蕃商不至。今後可與依舊例推恩，即非創立法制。」

二十九年九月二日，宰執進呈御史臺檢法官張闡論市舶事，上曰：「廣南、福建、兩[26]浙三路市舶條法恐各不同，宜令逐司先次開具來上，當委官詳定。朕嘗問闡市舶司歲入幾何，闡奏抽解與和買以歲計之，約得二百萬緡〔一〕。如此，即三路所入固已不少，皆在常賦之外，未知户部如何收附及如何支使，卿等宜取見實數以聞。」湯思退奏曰：「謹當遵依聖訓，行下逐路舶司抄録條法，并令取見收支實數。俟到，條數聞奏。」以御史臺檢法官張闡言：「比者叨領舶司，僅及二載，竊嘗求其利害之灼然者，無若法令之未修。何者〔二〕？福建、廣南各置務於一州，兩浙市舶務乃分建於五所〔三〕，三路市舶相去各數千里，初無一定之法。或本於一司之申請而他司有不及知，或出於一時之建明而異時有不可用，監官之或專或兼，人吏之或多或寡，待夷夏之商或同而或異，立賞刑之制或重而或輕。以至住舶於非發舶之所，有禁有不禁；買物於非産物之地，有許有不許。若此之類，不可槩舉。故官吏無所遵守，商賈莫知適從，姦吏舞文，遠人被害，其爲患深。欲望有司取前後累降指揮及三路節次申請，釐析删修，著爲一司條制。」故上諭及之。

孝宗隆興元年十二月十三日，臣寮言：「舶船物貨已經抽解，不許再行收税，係是舊法。緣近來州郡密令場務勒商人將抽解餘物重税，却致冒法透漏，所失倍多。宜行約束，庶官私無虧，興販益廣。」户部看詳：「在法，應抽解物不出州界貨賣更行收税者，以違制論，不以去官、赦[27]降原減。欲下廣州、福建、兩浙轉運司并市舶司，鈐束所屬州縣場務，遵守見行條法指揮施行。」從之。

二年七月二十五日，臣寮言：「熙寧初，創立市舶一司，所以來遠人、通物貨也。舊法，抽解既有定數，又寬期納税，使之待價，此招致之方也。邇來州郡官吏趣辦抽解之外，又多名色，兼迫其輸納，貨滯則減價求售，所得無幾，恐商旅自此不行。欲望戒敕州郡，推明神宗皇帝立法之意，使商賈懋遷，以助國用。」從之。繼而户部欲行廣南、福建、兩浙路轉運司并市舶司，鈐束所屬州縣場務遵守見行條法施行，毋致違戾。

八月十三日，兩浙市舶司申：「條具利害：一、抽解舊法，十五取一，其後十取其一。又其後擇其良者，謂如犀象十分抽二分，又博買四分，真珠十分抽一分，又博買六分之類。舶户懼抽買數多，所販止是粗色雜貨。照得象牙、珠、犀係細色，抽買比他貨至重，非所以來遠人，欲乞十分抽解一分，更不博買。一、三路舶船各有置司去處，舊法召保給

〔一〕萬：原無，據《補編》頁六五〇補。
〔二〕者：原作「當」，據《補編》頁六五〇改。
〔三〕乃：原作「及」，據《群書考索》後集卷一三改。

公憑起發，回日繳納，仍各歸發船處抽解。近緣兩浙市舶司事爭利，申請令隨便住舶變賣，遂壞成法，深屬不便。乞行下三路照應舊法施行。一、商賈由海道興販諸蕃及海南州縣，近立限回舶，緣其間或有盜賊、風波、逃亡事故，不能如期，難以立定程限。今欲乞召物力户充保，自給公憑日爲始，若在五月内回舶，與優饒抽稅。如滿一年内，不在饒稅之[28]限。滿一年已上，許從本司根究，責罰施行。若有透漏，元保物力户並當坐罪。」從之。

乾道二年五月十四日，兩浙路市舶司言：「建炎三年四月四日指揮，應販市舶香藥，給引付人户，遇經過收稅去處，依此批鑿，免兩州商稅。當來失寫『物貨』二字，致被稅務阻節，乞於『香藥』字下添入『物貨』二字。」詔依，仍令人户於出給文引内[一]，從實開坐所販名件、數目，齎執前去。

六月三日，詔：「罷兩浙路提舉市舶司，所有逐處抽解職事，委知、通、知縣、監官同行檢視而總其數，令轉運司提督。」先是，臣僚言：「兩浙路惟臨安府、明州、秀州、温州、江陰軍五處有市舶。祖宗舊制，有市舶處，知州帶兼提舉市舶務，通判帶主管，知縣帶監，而逐務又各有監官。市舶置司，乃在華亭，近年遇明州舶船到，提舉官者帶一司公吏留明州數月，名爲抽解，其實搔擾。餘州瘠薄處，終任不到，可謂素餐。今福建、廣南路皆有市舶司，物貨浩瀚，置官提舉，誠所當宜。惟是兩浙路置官，委是冗蠹，乞賜廢罷。」故有是命。

二十七日，兩浙轉運使姜詵言：「奉旨提督兩浙市舶事務，今條具下項：一、今來市舶司廢罷，行移文字欲就用轉運司印記，元印合行繳納。一、市舶司每歲天申聖節及大禮，各有進奉銀、絹，欲依舊例，將市舶錢收買發納。一、市舶司元於見任官内差一員兼主管文字，點檢帳狀，今欲就委轉運司屬官。提舉官廨宇，今欲充市舶務庫，安頓[29]官物，舊務却有監官廨宇。一、市舶司元管都吏、前後行、貼司、書表、客司共一十一名，今欲於内存置前行手分、貼司各一名，其餘並罷。」從之。

三年四月三日，姜詵言：「明州市舶務每歲夏汛，高麗、日本外國船舶到來，依例提舉市舶官於四月初親去檢察，抽解金、珠等起發。上件今來撥隸轉運司提督，欲選差本司屬官一員前去。」從之。

二十二日，詔：「廣南、兩浙市舶司所發船回日，内有妄托風水不便、船身破漏、檣柂損壞，即不得拘截抽解。若有別路市舶司所發船前來泉州，亦不得拘截，即委官押發離岸，回元來請公驗去處抽解。」從福建路市舶程祐之請也。

十二月二十三日，詔：「令福建市舶司於泉、漳、福州、興化軍應合起赴左藏西庫上供銀内，不以是何窠名，截撥二十五萬貫，專充抽買乳香等本錢。」從工部侍郎、提領左

[一] 文：原作「支」，據《補編》頁六五一改。

藏南庫姜詵請也。

七年十月十三日，詔：「今後廣南市舶司起發麤色香藥、物貨，每綱以二萬斤正、六百斤耗爲一綱，依舊例支破水脚錢一千六百六十二貫三百三十七文省，限五箇月到行在交納。如別無欠損違限，與依押乳香三千斤推賞。其差募官管押等，並依見行條法指揮。」從户部尚書曾懷之請也。

九年七月十二日，詔廣南路提舉市舶司申乞於瓊州置主管官指揮更不施行。先是，提舉黄良心言，欲創置廣南路提舉市舶司主管官一員，專一覺察市舶之弊，并催[30]趕回舶抽解，於瓊州置司。臣僚言：「昔貞元中，嶺南以舶船多往安南，欲差判官往安南收市，陸贄以謂示貪風於天下，其事遂寢。遣官收市猶不可，況設官以漁利乎！」故有是命。

淳熙元年七月十二日，户部侍郎蔡洸言〔一〕：「乞委幹辦諸軍審計司趙汝誼往臨安府、明、秀、温州市舶務，將抽解博買，合起上供并積年合變賣物貨根括見數，解赴行在所屬送納，趁時出賣。」從之。既而汝誼申，若盡數起發，切恐無本博易，乞爲量留。詔存留五分。

十月十日，提舉福建路市舶司言：「舶司素有鬻綱之弊，部綱官皆求得之，換易、偷盜、折欠、稽遲，無所不有。今乞將細色步擔綱運，差本路司户、丞、簿合差出官押；麤色海道綱運，選差諸州使臣諳曉海道之人管押。其得替待闕官不許差。」從之。二年，市舶張堅有請，以見任官可差出者少，乞依舊差待闕官。從之。

二年二月二十七日，户部言：「市舶司管押綱運官推賞，今措置，欲令福建、廣南路市舶司麤細物貨並以五萬斤爲一全綱，福建限三月程，廣南限六月程，到行在無欠損，與比倣押錢帛指揮推賞。如不及全綱，以五〔萬〕斤爲則作十分(組)〔紐〕計，亦依押錢帛綱地里格法等第推賞。」從之。

十二月五日，提舉福建路市舶蘇峴言：「近降旨揮，蕃商止許於市舶置司所貿易，不得出境。此令一下，其徒有失所之憂。乞自今諸蕃物貨既經征榷之後，有往他者，召保經舶司陳狀，疏其名件，給據付之，許令就福建[31]路州軍興販。」從之。

六年正月二十二日，詔前廣州鄭人傑特降三官。以人傑任内透漏銅錢、銀寶過界，故有是命。

二十三日，詔復置光州中渡市榷場主管官兩員，從朝廷於文武官内選差一次。既而宰臣趙雄等言：「光州復置中渡榷場官，御前恐有曾經在榷場幹事之人〔二〕，可以差充監官〔三〕，庶可檢察禁物，不令過界。」上曰：「御前自來不

〔一〕蔡洸：原作「蔡詵」，據本書職官四五之三〇、嘉定《鎮江志》卷一七、《宋史》卷三九〇《蔡洸傳》改。
〔二〕之：原無，據《宋史全文》卷二六下補。
〔三〕官：原作「司」，據《宋史全文》卷二六下改。

曾差人在淮上買物，如淮白、北果之屬〔一〕，宮中並無。（今）〔令〕榷場官，卿等宜一面選差，須戒其禁絶銅錢等違禁之物過界。於任内無透漏，當與陞擢差遣。」

七年八月三日，臣僚言：「黎州塞外諸戎多以珠、玉、犀、麝之屬互市，任官自欲收買，減尅時直，囑付牙儈，不許外人增價。黷貨啓怨，引惹邊事，乞行禁約。」詔守倅輒買者，令諸司按劾；州縣官令守臣按劾；監司違戾，許行互察。

十一年十二月十四日，中書門下省檢會淳熙十年（九年四月）〔九月四日〕已降指揮：「今後與蕃商博易解鹽之人徒二年，二十斤加一等。徒罪皆配鄰州，流罪皆配五百里。知情引領、停藏人爲同罪，許人捕；若知情負載〔二〕，減犯人罪一等，仍依犯人所配地里編管，許人告。透漏官司及巡察人各杖一百。獲犯人并知情引領、停藏人，徒罪賞錢二百貫，流罪三百貫；如告獲知情負載人，減半。其提舉官并守令失覺察，並取旨重作施行。」詔令逐路提舉官并州軍守臣各照應已降指揮，常切覺察禁止，毋令違犯，每季檢舉，多出文牓曉諭。

32 十三年十一月二十七日，宰執進呈前知雷州蘇詵奏：「廣西軍寨向來有回易處，蓋以備一寨之用，即無差人在外之例。兵官貪婪者不循三尺，差破兵卒已私，所差兵卒因而彊買貨物，多致生事。乞（今）〔令〕本路軍寨舊有回易處，只於本寨置局，不許輒差兵卒出外，因而營私。」上曰：「此説可採，可嚴行禁戢，毋致擾民。」

十五年九月二十四日，宰執進呈四川制置司相度永康軍置博易場不便事。上曰：「博易場是不可置，非惟引惹生事，不廉之吏便啓貪心。」

十一月二十二日，知盱眙軍葛掞言：「臣僚奏陳發客過淮關防更夜之弊，奉旨令葛掞日下措置聞奏。契勘本軍與北界泗州對境，設置榷場，每遇客人上場通貨，已自互相結甲，五人每一保〔三〕，榷場書填甲帖，付保頭收管。榷場又開到申數客人單名、物貨件段，牒付淮河渡，本渡憑公牒辨驗甲帖真僞，同榷場主管官并本軍所差官當面逐一點名搜檢隨身并應干行貨，若無夾帶禁物，方得過淮。其渡口搜檢官下合干人并渡載棹梢各與來往客人相熟，自是不容夾帶外來姦細作過之人。本軍前後措置關防非不嚴備，止緣冬間日晷向短，客人過淮不許經宿商議交易，彼此圖利，難便圓就，是致遲延，有至夜晚日分。今措置，令榷場每兩日一次發運，每場不得過五百人。遇放客日，須管侵晨裝發給由，淮河渡衆官搜檢通放，至日未没前向載盡數 33 過淮。如有般未了物貨，於次日裝發，及再行傳語泗州。已從本軍措置，所有溝壍，才候來年春暖，即便開撩。」從之。

〔一〕淮白北果：原作「淮自北界」，據《宋史全文》卷二六下改。

〔二〕「知情」下原有「引領」二字，當是承上文衍，據下文文例刪。知情引領、知情停藏、知情負載爲三種類型。

〔三〕每：似當作「爲」。

紹熙元年三月八日，臣僚言：「福建市舶司每歲所發綱運有麤細色陸路綱，有麤色海道綱，其押綱官並無酬賞。至於海綱，人畏風濤，多不願行。每差副尉、小使臣，多有侵欺貿易之弊。竊見饒州錢監起發錢綱，綱官押及二萬三千貫，地滿三千里，例減磨勘二年。錢寶與香貨皆所以助國家經常之費，況錢由江行，香由海行。乞今後市舶司綱官押海道麤色綱及十萬斤，委無少欠，乞紐計價直，比附錢綱推賞。」從之。

開禧元年八月九日，提轄行在榷貨務都茶場趙善謐言：「泉、廣招買乳香，緣舶司闕乏，不隨時支還本錢，或官吏除尅，致有規避博買，詐作飄風，前來明、秀、江陰舶司，巧作他物抽解收税私賣，攙奪國課。乞下廣、福市舶司多方招誘，申給度牒變賣，給還價錢。仍下明、秀、江陰三市舶，遇蕃船回舶，乳香到岸，盡數博買，不得容令私賣。」從之。

十月十一日，詔：「泉、廣市舶司將逐年博買蕃商乳香，自開禧二年爲始，權住博買。」

三年正月七日，前知南雄州聶周臣言：「泉、廣各置舶司以通蕃商，比年蕃船抵岸，既有抽解，合許從便貨賣。今所隸官司擇其精者，售以低價，諸司官屬復相囑託，名曰和買。獲利既薄，怨望愈深，所以比年蕃船頗疏，征税暗損。乞申飭泉、廣市舶司，照條抽解和[34]買入官外，其餘貨物不得毫髮拘留，巧作名色，違法抑買。如違，許蕃商越訴，犯者計贓坐罪。仍令比近監司專一覺察。」從之。

嘉定六年四月七日，兩浙轉運司言：「臨安府市舶務有客人於泉、廣蕃名下轉買已經抽解胡椒、降真香、縮砂、荳蔻、藿香等物，給到泉、廣市舶司公引，立定限日，指往臨安府市舶務住賣。從例係市舶務收索公引，具申本司，委通判、主管官點檢，比照元引色額數目一同，發赴臨安府都税務收税放行出賣。如有不同并引外出剩之數，即照條抽解，將收到錢分隸起發上供。今承指揮，舶船到臨安府不得抽解收税，差人押回有舶司州軍，即未審前項轉販泉、廣已經抽解有引物貨船隻，合與不合抽解收税。」詔令户部，今後不得出給興販海南物貨公憑，許回臨安府抽解。如有日前已經出給公憑客人到來，並勒赴慶元府住舶。應客人日後欲陳乞往海南州軍興販，止許經慶元府給公憑，申轉運司照條施行。自餘州軍不得出給。其自泉、廣轉買到香貨等物，許經本路市舶司給引，赴臨安府市舶務抽解住賣，即不得將元來船隻再販物貨往泉、廣州軍。仍令臨安府轉運司一體禁戢。從之。（以上《永樂大典》卷一一一二四）

河北糴便司 [一]

【宋會要】

[一] 原無此題，據正文内容補。

35 治平四年神宗即位未改元。五月八日，新河北體量安撫使陳薦言：「皇祐初，河北荐饑，朝廷輟汴綱米七十餘萬石，漕黃河以濟一方之民。欲乞依例輟米三十萬石，轉漕至澶、衛州、通利軍、北京賑濟。兼聞河北糴便司頗有陳積糧斛，乞候臣至本路，借支貸糧，户二石，以所輟米撥還。」從之。

治平元年五月二十一日[一]，三司言：「河北都轉運使趙抃乞罷提點刑獄都提舉糴便[二]，望委轉運司管勾。」從之。

神宗熙寧二年八月十八日，龍圖閣直學士陳薦言：「聞河朔今歲豐稔倍常，物價必賤，欲乞指揮河北糴便官量增市直收糴。」從之。

十月二十七日，知滑州蔡挺言：「本路秋稼大勝常時，可因此計置糧草。然臣所受旨但提舉糴買而已，自餘皆轉運司施行，臣不關與。儻於元指揮内更少假以事權，庶幾施爲稍獲辦事。」詔挺具所見糴買利害以聞。

十二月十八日，河北糴便司言：「熙寧二年沿邊軍糧，準朝旨糴三百三十萬石，草四百萬束，約度未至有備，乞增糴軍糧五十萬石、草二百萬束。」從之。

三年十二月九日，詔河北糴便司置勾當官一員。

十年十二月十日，詔：「河北沿邊米價騰貴，轉運使、糴便司尚增錢召人入中，不惟使逐熟細民艱食，又縻公錢以資豪右。可速指揮，如軍糧可支二年，即權住收 36 糴。」

元豐元年九月二十七日，三司請於糴便司權住糴鈔錢内，更撥錢十萬緡，應副河北路轉運司乘時收糴軍糧。從之。

二十九日，同知樞密院事薛向請下提舉糴便司，糴民所自糴米粟及坐倉入官[三]，仍依諸軍所請，用見錢坐倉收糴。從之。

二年正月十四日，詔：「司農寺、市易、淤田、水利司封樁糧斛，並兑換與河北糴便司，更不計置。」

三月八日，提舉河北糴便糧草王子淵言：「糴沿邊軍儲，皆商人入中，歲小不登，必邀厚價，故設内地州縣寄糴之法以權重輕，自内地用御河船運至沿邊。且以熙寧八年言之，綱船三百，用兵士幾二千人，所運不及八萬石，計綱船兵工，約一斗已費錢七十矣。若僦私船，百里之地斗才一錢三分至五分。率以千里之遠計之，猶可省綱船所費之半。宜雇客船便。」下三司議，三司請留綱船二百二十艘應副般運，不足即如子淵議。從之。

九月十二日，詔提舉河北糴便糧草司按並邊被水州縣，如軍食有備，權住糴。賜末鹽錢二十萬緡，付河東轉運司。

[一] 按，此條年分不誤（趙抃此年十二月改知成都府），應移前。
[二] 抃：原作「汴」，據《長編》卷二〇一改。
[三] 此二句疑有誤，《長編》卷二九二記作「請下提舉糴便所，自今糴米粟入官」，當是。

三年六月四日，詔三司選官措置河北糴便。

四年八月三日，以提舉河北路糴便糧草、承議郎王子淵權河北西路提點刑獄，兼提舉糴便糧草。

七年五月二十四日，尚書户部言：河北轉運司借支河北糴便司封樁及舊糴便司、三司封樁糧六十餘萬石，無寬剩錢物撥還，乞除放。（照）〔詔〕通限十年還。

哲宗元祐元年五37月一日，户部尚書李常言：「河北舊有糴便司，專置提舉官經制邊備，後止令轉運司兼領，以措置爲名。按糴本錢不預漕計，難俾兼領，請復置提舉糴便司。」詔可。其措置司職事令提舉糴便司與轉運司通管。

八月十四日，户部言，欲支撥糴便司見錢二十萬貫，應副河北路轉運糴買。從之。

五年九月二十四日，詔：「措置河北糴便司職事，令提舉河北糴便司一面管當結絶，轉運司更不兼管。」

十二月二十二日，詔提舉河北糴便糧草以三十月爲任。

紹聖二年四月二十七日，詔復置河北措置糴便司。

三年四月十三日，詔罷河北提舉糴便司，就差提舉河北路糴便糧草王子京同措置糴便。以兩司競糴，枉增價直，動多相妨，故有是詔。

十一月九日，以河北路轉運副使邵𪛖兼措置糴便。

四年九月四日，詔河北轉運司、措置糴便司、西路提舉常平司於逐州就便去處乘時多方計置。

元符元年二月四日，户部言：「河北措置糴便司狀：『趙州糴倉關到措置司糴本文鈔，每一十貫加饒錢三百文；轉運司糴本文鈔，每一十貫加饒錢七百文。加饒不同，便錢斛斗價亦高下不一。今相度，乞將本司文鈔依轉運司例，實一百貫文並支加饒錢七貫文。』本部相度，一州兩司用鈔加饒不同，終是未便〔一〕。乞將今後立定加饒，每一百貫文支錢三貫文。」從之。

八月十三日，户部言：「河北措置糴便司封樁糴本錢物，除朝38廷外不許他司取索，其諸州亦不得輒報。如準朝旨，申本司施行。」從之。

三年五月二十四日，知定州、寶文閣直學士路昌衡奏，糴便司乞不令轉運司兼領，從之。國初以沿邊十七州軍蠲減税賦，年計不足，故歲賜鈔錢二百萬，并十七州軍税賦，悉糴便司專領，所以轉運司不能侵漁。後併爲一司非便，故昌衡以爲請。

十一月九日，詔河北措置與提舉糴便各爲一司。

徽宗大觀二年十二月二十一日，上批：「河北連年豐稔，今歲大熟，兼併射利，姦猾乘間，高估物價，分盜緡錢。軍儲雖已積二十萬石，而增糴之數猶未敷額。可檢會元豐置司措置糴便條例，委彊幹官一員提舉，仍令條具，疾速聞奏。」勘會除已有元豐條例外，詔徽猷閣待制王旉充河北路

〔一〕終是未便：原無，據《長編》卷四九四補。

都轉運使，專切提舉糴便糧草。

制置解鹽司〔一〕

【宋會要】

39 神宗熙寧二年七月七日，知河中府蔡延慶言：「乞下解鹽司相度，據自來煎煉私鹽地分置煎鹽户，煎煉歸官，每斤依鄉原例支價錢，依解鹽出賣。如敢私賣，依私鹽法。」上曰：「此恐不可施行。然要詳盡利害，且令陝西轉運司、制置解鹽司各具相度以聞。」

元豐三年六月五日，三司言提舉賣解鹽司自熙寧八年至元豐元年，收息錢拾陸萬伍阡柒佰緡。提舉官殿中丞張景溫〔二〕、勾當官右班殿直呂逵各遷一官，餘減磨勘二年，吏賜帛有差。

四年四月十三日，陝西路制置解鹽司言：「解鹽歲增錢，準條作熟鈔召人中買，内陸萬緡令三司封樁。去年三司封樁歲增錢陸萬緡，凡爲鈔玖阡柒百伍拾壹席。今民間鈔多價賤，若更變賣，恐轉損鈔價。見鈔乞納三司，更不出。」從之。并所增經制、轉運司合得陸萬緡，亦令納三司，自今後並權住給鈔。

十二月二十二日，詔：「提舉江西廣南鹽事司蹇周輔已差充河北都轉運使，更不差提舉鹽事官，令廣南東路轉運判官程之邵、江南西路轉運司提舉鹽事司及合屬處，依已降條約悉力奉行，毋得有虧歲課。」

五年十月十九日，詔宣義郎張元方提舉出賣解鹽及提舉巡捉私鹽，相度措置淤鹹地〔三〕。

六年十一月十二日，廣南東路轉運副使高鎛言：「本
40 路賣鹽場務多虧欠，欲依陸路鹽法，就差逐州主管官爲鹽官，考較功過賞罰，乞令提點刑獄兼提舉鹽事。」從之。

哲宗元祐六年七月八日，三省言〔四〕：「陝西制置解鹽司舊事設官總領，後來方令轉運使一員兼管，致職務不專〔五〕，有害鈔法。乞依舊差官，專充制置解鹽使。」從之。

八月二十二日，命復置解鹽使，依諸路轉運副使資序。

七年十月二十二日，權發遣陝府西路轉運副使陳元直專切提舉出賣解鹽。

紹聖元年六月七日，陝西路轉運司言：「相度制置解鹽，從來令轉運使、副兼，别無闕曠。鹽司錢物並係朝廷臨時指揮支給，於轉運司亦别無侵耗，其制置解鹽司專官可廢罷。」從之。

二年十二月三日，提舉出賣解鹽司言，本司管勾賣鹽官合依舊以常平主管官兼領。從之。

〔一〕原無此題，據正文内容補。
〔二〕官：原作「言」，據《長編》卷三〇五改。
〔三〕淤：原作「於」，據《長編》卷三三〇改。
〔四〕言：原脱，據《長編》卷四六一補。
〔五〕不：原作「下」，據《長編》卷四六一改。

元符二年九月二十五日，詔差陝西轉運副使、兼制置解鹽使王博聞相度鹽地開河〔一〕，并修月堰。

徽宗建中靖國元年二月十三日，權發遣虢州孫陞權發遣陝府西路轉運副使，兼制置解鹽使。

大觀四年八月六日，中書省言：「奉御筆：見議鈔法，將欲頒行，逐路專委運副一員推行。數内陝西路仍委制置解鹽司官同共措置。在京并永興軍兩處買鈔場合用監官二員，並堂除選差一員，委户部郎官一員，提舉買鈔、支還客人錢物，催促印給三路文鈔應干事務。」詔提舉買鈔差户部員外郎李友聞。諸路提舉解鹽官，陝西路 41 差權發遣陝府西路計度轉運副使公事陳敦復〔二〕。同提舉解鹽官：河東路差權發遣河東路提點刑獄公事王勤，京西路差權發遣京西路轉運使張杲，榷貨務買鈔官差宣德郎鮑嗣宗，陝西路買鈔官差奉議郎蹇競辰。（以上《永樂大典》卷一一一一五）

經制司〔三〕

【宋會要】

42 神宗熙寧十年八月六日，詔入内副都知李憲、權發遣秦鳳等路轉運副使趙濟同經制熙河路邊防財利，許舉勾當公事文武官五員。如事干經畧安撫司，即連書以聞。

十二月七日，詔：「經制熙河路邊防財用司條上利害事内有可行者，宜先行下，庶於田事可及時經畫，以助邊費。」時以熙河用度不足，仰度支供億，於是命入内都知李憲置領經制財用司〔四〕。中書具憲所條上可施行者凡十四事，如所奏行之。

十一日，以秦鳳等路提點刑獄、駕部員外郎霍翔兼同管勾經制熙河路邊防財用事，其提舉官莊及營田弓箭手公事並罷，悉歸本司。

十八日，詔：「近下經制熙河路財用司畫一治田等事，聞所降指揮已入遞付熙州治所，緣本司官李憲見在京師，宜別録本速劄下，庶令及時，早得行遣。」

二十五日，詔：「經制熙河路邊防財用司兼秦鳳路財利事，及置市易務，不隸都提舉市易司。其熙河、秦鳳路市易務並罷。」

二十七日，經制熙河路邊防財用司言〔五〕：「州、軍、城、寨各有蕃部弓箭手、官莊、營田、水利等事務繁多，乞依常平司逐州軍差通判或職官一員，逐城寨選使臣一員充管勾官。」從之。

〔一〕聞：原脱，據《長編》卷五一五補。又「地」，《長編》作「池」。
〔二〕復：原作「後」，據本書選舉三三之二六改。
〔三〕經制司：原作「經制使」，據下文内容改。按此門資料録自《永樂大典》卷一一一二一，該卷爲「司」字韻，不得作「使」。且宣和始有「經制使」之名，不得用「經制使」之題概括兩宋（參見下文校記）。
〔四〕置領：《長編》卷二八六無「置」字，似當刪。
〔五〕制：原作「利」，據《長編》卷二八六改。

元豐元年正月十七日，詔經制熙河路邊防財用司增秦鳳路，行熙河路事稱「經制熙河路邊防財43用司」，行秦鳳路事稱「經制秦鳳路財用司」。御筆改「用」作「利」字。改「用」作「利」，據御筆批，後却並作「用」，不知何時又改。

十九日，詔經制熙河路邊防財用司根括冒耕地爲官莊，限半年聽民自陳。其方田更不施行。

二十二日，詔：「秦鳳等路轉運副使、同經制熙河路邊防財用、太常博士趙濟，候經畫就緒，與除館職[一]。」

閏正月二十八日，入内副都知、經制熙河路邊防財用等事李憲言：「同經制官及同主管經制官分巡，所至州軍各稱行司官吏，上下難以遵稟。乞同經制官已下凡遇分巡，如事干邊防、蕃部、弓箭手及差移官吏、勾抽役兵、改易措置，候回本司，與長吏從長商議，所貴上下易於稟從。」從之。仍許憲銜内增「都大」二字，本司主管官並用申狀。

十二月八日，經制熙河邊防財用司言：「本司推行事務各已有緒，乞自明年管一路歲計用度。」詔具經制歲入若干以聞。已而本司奏，約以元豐二年所入錢糧，計百餘萬貫，石。

三年正月十一日，經制熙河路邊防財用司言置司以來實收利入：元豐元年四十一萬四千六百二十六貫、石，二年六十八萬四千九十九貫、石。

四月五日，詔陝西轉運司，熙河一路錢帛芻糧，並交與經制司管認；緣經制財用職事、舉廢官吏，亦令經制司施行。

九月十三日，權發遣永興軍等路提點刑獄葉康直減磨勘二年，以經制熙河邊防財用司奏收課利功也。

五年四月十二日，權管勾涇原路轉44運判官、兼同管勾經制熙河路邊防財用、承議郎胡宗哲降授承事郎，權發遣同經制熙河路邊防財用、通直郎馬申降授承務郎，展磨勘八年，坐闕軍前糧餉也。

六年七月十三日，經制熙河蘭會路邊防財用司言：「乞於蘭州添置市易務，支撥錢本，計置物貨，應接漢蕃人户交易，因以增助邊計。」從之。

十一月八日，詔經制熙河蘭會路邊防財用司都大提舉視轉運使，主管視轉運判官。

七年八月三日，權發遣同經制熙河蘭會路邊防財用馬申乞免熙河路封樁新復五州軍額禁軍請受[二]。詔自今更不封樁，其已封樁者撥與經制司。

十月三日，經制熙河蘭會路邊防財用司言：「糴買全在冬春之交，乞十月後印給次年鹽鈔[三]，限正月至本路。」下尚書户部，户部言：「若本路預得鈔招誘入中，牽制秦鳳等四路鈔價。乞依秦鳳等路，吏部差使臣於正月下旬押赴

[一] 館：原作「官」，據《長編》卷二八七改。
[二] 馬：原作「司」，據《長編》卷三四八改。
[三] 鹽：原作「監」，據《長編》卷三四九改。

經制司。」從之。

十二月九日，詔陝西買馬隸經制熙河蘭會路邊防財用司。

元祐元年正月十二日，詔朝請大夫、監在京皮角四場庫務孫路，朝奉大夫、權都大提舉清河輦運公事穆衍，相度措置熙河蘭會路經制財用司事。

三月二十八日，詔：「罷熙河蘭會路經制財用司，其本路財利職事併入陝西轉運司。如有措置事，速具聞奏。其熙河路合得錢物，許兑那應副，即不得將充別路支費，經制司舊官候交與轉運司，方得離任。」

徽宗宣和 45 三年六月十一日，詔發運使陳亨伯經制兩浙、江東路。事具「發運使」門。

高宗建炎元年十一月二十三日(一)，樞密院言：「訪聞江西轉運司認定應副經制司金銀錢帛一百萬貫，行下逐州收簇酒税等，并七色錢物，騷擾尤甚，致本路軍兵錢糧等不能預先樁備，有害軍政。」詔將江西漕司認定經制司數目並特免，所有本路軍兵錢糧等，仰漕司先次計置樁管，無致闕誤。

紹興元年正月二十六日，户部言：「看詳除東南八路轉運司所管樓店務係省房廊，已增收錢三分充經制外，發運司見管所罷學事司係官屋宇，未審合與不合依此增收。今勘當，欲下兩浙路提刑司，依前項已降經制司所得指揮增收三分，樁充經制錢。令提刑司拘催起發赴行在，補助經費。其餘東南路分依此施行。」從之。

二月七日，户部侍郎孟庾言：「欲令東南州縣每季收到經制錢數目，限次季孟月十五日已前，具帳申提刑司。本司類聚申尚書省并本部，從金部置籍拘催。如違限，並依無額帳狀違限科罪。」從之。

九年正月十八日，三省言：「有旨：罷發運司，其糴買、經制等事，令户部侍郎專領，令三省措置，取旨施行。今措置：經制發運使司，欲除去『發運』二字，只作經制使司，差户部長、貳一員兼領。別差副使或判官一員，不時巡按諸路。將見今屬官十員減作六員，數内兩員充主管文字，四員充幹辦公事。應本司官吏資任、請給、人從等，並 46 依經制發運使司已得指揮。契勘經制司職事，專管檢察内外應干諸司、州縣、軍監失陷錢物，舉催未到綱運，措置糴買，及總領諸路常平司事。仍許於諸路常平司各選差知首尾人吏二名與逐路幹辦公事官下行遣文字(二)，其餘人吏、公案，並歸經制司，同本司人吏行遣。」從之。

二十三日，户部侍郎、兼江淮荆浙閩廣路經制使梁汝

(一) 天頭原批：「又卷一萬三千三百三。」按：此爲屠寄批語，其意謂此卷内容又見《永樂大典》卷一三三〇三。查《大典》卷一三三〇三爲「使」字韻，原有「經制使」一目，蓋其文與卷一一一二二「經制司」南宋之文全同（南宋始正式稱「經制使」）。屠寄整理徐松原稿時遂將此部分删去，而僅於此作一交代，並移「經制使」之題於此卷。

(二) 與：似當作「於」。

嘉言：「一、乞下禮部鑄印二面，一面以『江淮等路經制使司之印』十字爲文，一面以『江淮等路經制判官之印』十字爲文。一、諸路常平司兼隸經制司，緣爲尚有聲説未盡路分，今乞於『江淮荆浙閩廣』字下添『等』字。一、諸路常平司主管官並改充經制某路幹辦公事，緣上件職事本係管常平司務，未有該載，欲乞作『經制某路常平等公事』繫階。」並從之。

同日，詔經制判官與轉運副使叙官，從梁汝嘉請也。

二月二十日，梁汝嘉言：「諸路幹辦常平官係每路各置一員，唯淮南兩路止差一員(一)，委是難以遍行檢察。乞東、西路各差一員，除吴㮚就充幹辦西路外，東路乞差右承議郎、新差權揚州通判蔡材管幹施行。」從之。

三月十五日，江淮荆浙閩廣路(路)經制判官霍蠡言：「朝廷復置經制一司，檢察中外財用，專以户部長、貳兼領其事，而臣一介疵賤，何足以當重寄！ 臣聞自三司之法壞，而户部雖掌經費，不復稽財用之出入久矣。軍興以來，上自朝廷，下至州縣，案籍焚毁，綱目散[47]亡，老胥猾吏出没其間，而掌邦計者但以調度不足爲憂，志在苟得，苛刻隱欺之患不暇復省。故一有調度，舉以其數責之漕司，漕司責之州，州責之縣，縣責之民。民不勝其求，不得不爲巧避之術。於是詭名寄産、分户匿税之弊，百端紛起，而吏受重賕。雖良民不得不爲此者，實有以驅之也。今爲縣者非不知民有巧避之術，爲州、爲監司、爲户部者亦非不知州、縣、監司皆有妄取侵用之數，而上下相蒙，莫或誰何。故公賦屈於隱欺，民力殫於賂遺。舉天下之財悉耗於姦胥之手者，職此之由。今將檢察其實，固非督其逋負，收其羡餘，以爲刻剥之務，亦將計其所取於民者幾何，有當取者、不當取者，從而是正之。覈其上供於朝廷、供億於大軍及諸司之所支撥、州縣之所常用者各幾何，有當用、有不當用者，亦從而是正之。使其所取有常，所用有數，復于朝廷，達于萬民，皆可通知爲經久之制。尚慮不知者謂今設官之意、檢察之名徒爲聚斂之政，願詔諸路監司、州縣，使明知陛下設官理財，將爲足國安民之計，悉力而奉行之。」詔依，令經制司行下諸路監司照會。

八月二十二日，宰執進呈曾統言乞罷經制司劄子。上曰：「經制一司須經久方見利害，今纔半歲，難遽責以近效。若實無益，雖亟罷可也。三省措置以聞。」

二十九日，臣僚言：「累具奏劄論創置經制司不當，未蒙施行。竊聞建司之初，即創官吏，長、[48]貳之外，屬官二十員，正名人吏、客司二十六名，貼司之屬不知其幾，各有請給，四時餽遺，出入津送，種種横用。置司半年以來，校其所入，未必能補其所費。至於創置酒庫，亦是陰奪省司之利。夫經制所總之事，皆户部本職。税賦失實，當問轉

(一) 淮南：原作「河南」。按宋代並未置河南東、西兩路，此處「河」當爲「淮」之誤。下文命揚州通判蔡材管幹東路常平，揚州正屬淮南東路。

運司；常平錢穀失陷，當問提舉司；監司不法，自有互察之文；州縣不法，自有監司按舉之令。若使經制司檢察，則户部亦可廢，又何必置諸司！欲乞檢會累奏，早賜施行。」詔令户部措置，户部條具：「一、經制司係檢察諸司、州縣失陷錢物，并舉催未到綱運，總逐路常平等事。緣本司所管路分廣闊，未見速效。今來若隨事依舊分隸諸司拘收檢察，其經制一司自可寢罷。一、經制司若行寢罷，欲乞將拘催檢察上供錢物糧斛等職事，並各併歸逐路所屬監司主管施行。年額上供錢物、糧斛、酒稅、諸路贍軍酒務、椿辦糴本等，隸轉運司；無額經制、朝廷封椿錢物、建康永豐圩等，隸提刑司；茶鹽錢物，隸茶鹽司；常平并市易、回易、平準等錢物，隸常平司。一、據經制司主管官具到見管江浙錢物，欲令逐州軍主管官除市易務錢物外，依舊窠名椿管，聽候户部充糴本支用。一、經制司酒庫應干官物，欲乞併歸措置贍軍酒庫所分撥使用。一、經制司屬官人吏，欲責限一月結局。其所管公使錢物等，並赴左藏庫送納；其經制司案牘，並發赴本部；所有逐路案牘并抽差到吏 49
卒，並發歸元來去處。一、諸路主管常平官，近因置經制司，改作經制某路幹辦常平等公事。今來經制司若罷，即合依舊。」詔罷經制司，餘依措置到事理施行。內主管官請給、序位等，依已降指揮施行。（以上《永樂大典》卷一一一二二）

50 徽宗宣和三年〔一〕，方臘初平，江浙諸郡皆未有常賦，乃詔除陳亨伯以大漕之職經制七路，財賦許得移用，監司聽其按察。於是亨伯收民間印契及鬻糟醋之類，爲錢凡七色。是後州縣有所謂經制錢〔二〕，自亨伯始也。其後翁端朝繼爲之。紹興初，與發運俱罷。九年復置，以户部侍郎梁汝嘉爲使，司農少卿霍蠡爲判官，以檢察內外失陷錢物，舉催未到綱運，措置糴買，總領常平爲職。未幾，諫議曾統言其無益而多費，就省之。紹興中，又有總制司，以參政孟庾領其事，其職畧視經制司。（以上《永樂大典》卷一三三〇三）

提舉保甲司

【宋會要】

51 神宗熙寧三年十月十八日，陝西宣撫使韓絳乞差尚〔書〕駕部員外郎馬玿、秘書丞劉拱、秘書省著作佐郎呂大忠、殿中丞樂渙赴本司，以備提舉義勇。從之。絳又言，義勇分爲七路：延、丹、坊爲一路，邠、寧、環、慶爲一路，涇、原、儀、渭爲一路，秦、隴爲一路，陝、解、同、河中府爲一

〔一〕本條之首有屠寄案語云：「寄案，徐輯《大典》引《文獻通考》。」其下即本文。文末又批：「云云，今坿（附）此。」按此乃《大典》卷一三三〇三「經制使」之文，徐松原稿本輯有全文，屠寄以其與卷一一一二二之文重複，遂予刪落，惟存此一條。參見前文校記。此文見《文獻通考》卷六二。

〔二〕有所：原倒，據《文獻通考》卷六二乙。

路，階、成、鳳州、鳳翔府爲一路〔一〕，乾、耀、華、永興軍爲一路。

四年五月四日，詔：「罷陝西諸路提舉義勇官，委本屬州縣依舊條分番教閲，轉運、提點刑獄司遇起教日提舉。」初，陝西宣撫司請辟官八員，分總諸路義勇，人情以爲煩擾無補。曾公亮出鎮永興，對日，首以爲言，故罷之。

八年閏四月四日，詔：「五路義勇保甲，差在京有職事官一員提舉，仍各不限常制，奏舉選人或班行一員勾當公事，不以時差出或躬親巡察。」差知制誥沈括等十一人兼提舉。尋皆罷之。

元豐二年十一月二十九日，詔開封府界提舉保甲官，以昭宣使、果州防禦使、入内副都知王中正，東上閤門使、榮州刺史狄諮爲之。初，王安石議減正兵，以保甲民兵代之，於是始置提舉教閲之使，後又行於西北三路。世議不以爲然，而後卒改焉。

三年六月三日，詔：「五路轉運、提舉官巡歷所至，許按閲見教義勇、保甲武藝，有不如法，關牒提點刑獄司施行。」以河北提點 52 刑獄劉定言一司不能遍閲州縣保甲故也。

十三日，詔廣南、梓、夔、利路保甲，令監司、提舉司歲分州縣按閲。從尚書兵部請也。

十五日，詔河北、河東、陝西路各選文、武官一員提舉義勇、保甲。武臣提舉義勇保甲兼提點刑獄，文臣提點刑獄兼提舉義勇保甲。自今五路提點刑獄準此。

四年正月七日，詔提舉保甲司錢物，專令文臣領之。

六年十一月八日，詔：「提舉保甲司，三路（北）〔比〕轉運司，提舉視轉運使，同提舉視副使，同管勾視判官。開封府界（北）〔比〕提點司，提舉、提點官，同提舉視三路同管勾官。仍依所定格子除授，並爲監司。其人從、舉官、恩數等，並依所視職任。武臣專管教閲，文臣專管催驅收支錢物，輒侵紊者徒一年。」

八年十月二十八日，詔罷府界、三路提舉保甲官，諸路以提〔點〕刑獄兼領。

哲宗元祐元年二月十五日，詔府界、三路提舉保甲官并官屬罷謁禁。

閏二月二十四日，詔：「河北東西路、永興、秦鳳等路提點刑獄兼提舉保甲司〔二〕，並依提刑司例，各爲一司。」

二年五月二十八日，詔：「河北、陝西路提刑兼提舉保甲，並依提刑司分路。」

徽宗崇寧五年二月三日，詔：「河北東西路、河東、永興、秦鳳路各置武臣提舉保甲，兼提點刑獄，罷提舉保甲文臣。」（以上《永樂大典》卷一一〇八）

〔一〕府：原脱，據《長編》卷二一六補。
〔二〕「提點」上原有「提路」二字，據《長編》卷三七〇删。

提舉弓箭手司

【宋會要】

53 神宗元豐五年二月十五日，詔提舉熙河等路弓箭手、營田、蕃部共爲一司，隸涇源路制置司，許奏舉幹當公事官一員，準備差使使臣三員。

七月七日，提舉熙河等路弓箭手營田蕃部司康識言：「與兼提舉營田張大寧同議立法，乞應新收復地差官以《千字文》分畫經界，選知農事廂軍耕佃，頃一人。其部轄人員、節級及雇助人工，歲入賞罰，並用熙河官莊法。餘並召弓箭手，人給二頃，有馬者加五十畝。營田每五十頃爲一營，差諳農事官一員幹當，許本司不拘常制舉選人、使臣〔一〕，請給依陝西路營田司法。不滿五十頃，委付近城寨官兼管，月給食錢三千。」從之。

哲宗元祐元年三月二十八日，詔罷提舉熙河等路弓箭營田蕃部司。

元符元年二月十七日，樞密院言：「鍾(傅)〔傳〕奏，乞權於熙、秦兩路輟那新城内地土，並召弓箭手居住，仍置提舉官二員。」從之。

三年三月八日，罷提舉弓箭手司，從章楶之請也。

徽宗政和五年二月十八日，勘會陝西、河東逐路自罷專置提舉官隸屬經畧司，事權不專，頗失措置。根(舌)〔括〕打量、催督開墾、理斷交侵等職事，盡在極邊，帥臣無由親到，竊慮54因循浸久，曠土愈多，銷耗民兵人額，有害邊防大計。兼提(舉)文臣玩習翰墨，多務安養，罕能躬親衝冒寒暑，奔走往來議事。可陝西、河東逐路並復置提舉弓箭手(同)〔司〕，仍各選差武臣一員充，理任、請給、恩數等並依提舉保甲條例施行。每路各置勾當公事使臣二員。每歲令樞密院取索逐路招置弓箭手并開墾過地土，比較優劣殿最，取旨黜陟。

四月二十七日，太尉、武信軍節度使、奉御前處分邊防童貫奏：「據提舉陝西河東路弓箭手何灌等申請：『今來復置提舉弓箭手司，其人吏並行重祿，人從、恩數並依文臣提點刑獄條例。資序高者自從高。契勘逐官資序不等，緣曾任都(鈴)〔鈐〕轄、(鈴)〔鈐〕轄、知州軍、路分都(鹽)〔監〕資序，所有請給、人從、隨行指使、接送人，並乞依上項從高條令支破施行。兼政和五年二月二十一日指揮，理任、請給、恩數等並依提舉保甲司條例。契勘提舉弓箭手司舊視提舉常平司。又崇寧三年正月敕節文：提舉弓箭手官歲舉改官、縣令，比提舉常平官減半。今來本司係依提舉保甲，與提點刑獄條例並同。今欲乞薦舉改官、縣令依提點刑獄官減半外，有分曹建掾後來添舉改官員數，內零分更舉一員。其逐路城寨甚多，當職使臣並係奉行弓箭手職事，所有薦

〔一〕臣：原作「人」，據《長編》卷三二八改。

舉大小使臣，並乞依提舉保甲司條例，更不減半。』看詳可行，欲依所乞。」從之。

十一月七日，奉承御前處分邊防司奏：「檢會崇寧二年五[55]月十一日樞密院奏，提舉河東弓箭手兼營田司申：『營田司使臣五員，並分差在新邊城寨，往來照管耕種、催納租課等事，最爲勞苦。緣逐人依指使例各差破白直兵士二人，委是使喚不着。欲乞依監當官條例，差破白直兵士五人，於數内差識字軍人一名應副文字。若不足，並從下差禁軍。』詔依所申。本司今相度，本司準備差使官員合破人從，欲乞並依上項提舉弓箭手兼營田司已得朝旨差破。如遇差出有公案文字，依監司差出小使臣□□勾當。政和重修格，破擔擎鋪兵二人。陝西諸路亦乞依此施行。本司看詳，欲乞陝西、河東路提舉弓箭手司所差本司小使臣，並權依河東路弓箭手司上項所申事理差破，候招刺就緒日依舊。」從之。

欽宗靖康元年二月十四日，罷陝西、河東提舉弓箭手官，以其人復隸帥司。（以上《永樂大典》卷一一二四）

宋會要輯稿　職官四五

監司 〔一〕

【宋會要】

1 神宗元豐三年四月二十六日，詔：「監司、提舉官有所措置及申請而輒及他司者，論如非所職輒主管法。」

哲宗元祐元年四月十八日，三省言：「奉旨，轉運使副、提刑，今後選曾任知州以上〔二〕；轉運判官選曾任通判〔三〕、實歷親民差遣，所至有政迹人。」詔監司許降一等差授。如曾任監司，見係通判資序以上，亦許差。

十一月二十四日，詔：「諸道監司互分州縣，每二年巡遍。」

三年五月四日，御史中丞胡宗愈言：「近者監司不復按舉不法，坐視部下官吏貪惏違越，苟簡偷惰，隳廢職務，並不督察。望明賜戒敕。」詔劄與諸路及府界監司，仍令御史臺覺察。

二十六日，詔：「監司秩滿，資深無過人除知州者，與理監司資序。」

五年，臣僚言監司便文苟簡，多不徧行所部。詔轉運、提刑司按部，二年一周。

八年十一月五日，監察御史郭知章言：「竊見比年選授監司多繇寺監丞，寺監丞多以知縣資序，莅事或半年，或一年，遂除監司。今之外官惟監司爲要任，所以助朝廷承流宣化，繫一路之休戚，其任可謂重矣。竊謂宜稍爲法以限之，除轉運判官必擇通判資序，除提點刑獄必擇知州資序。仍各須實歷一任、有治績者，然後簡拔用之。」詔今後監司並依元祐元年閏二月八日條貫差人〔四〕，如闕人，即許降一等差授。是時來之邵亦言：「祖宗朝除任諸路監司，其掄才甚 **2** 密，所以待遇之體亦甚重，故當時(詣)〔諸〕監司號爲得人。比來朝廷除任監司官，其掄材甚疏，付與甚易。寺監丞之職雖自朝廷掄選，然其清濁高下蓋未嘗無間也。七寺丞則異於諸監丞矣，宗正、太常、秘書丞則又異于七寺丞矣。今之寺監丞，不問人才能否，職任高〔下〕，或一年，或二三年，例除諸路監司，付與可謂易矣。祖宗之制，監司或自內除，或自外徙，皆受命即行，未嘗有所待也。元祐初，轉運判官始有待闕，既而延及提點刑獄，今則轉運副使亦使之閒居待次，遇之之體輕矣。此士論所共惜者也。

〔一〕原批標題爲「監司　提舉　郡守　轉運　提刑使」。按此卷內容全爲監司事，轉運、提刑本在監司之列，提舉、郡守則卷中只偶爾附帶涉及。且此卷乃録自《永樂大典》卷一一〇九，本卷字韻爲「司」，事目亦止作「監司」，是《輯稿》所批標題殊爲不當，今删去「提舉」等字。

〔二〕曾任：《長編》卷三七五作「一任」。

〔三〕曾任通判：《長編》卷三七五作「通判一任」。

〔四〕二月：原作「三月」，據《長編》卷三六八改。

欲望應除監司，用祖宗故事，候有闕方差。其寺監丞及任滿，止可隨材擢用，不必人人盡爲監司，庶幾使者之體亦稍加重。」元祐元年閏二月八日條貫未見〔一〕。

紹聖元年十一月十五日，侍御史翟思言：「請臣僚任知縣乃得關陞通判，知州乃得除監司，庶幾部使者、郡縣得材能吏。」詔自今初除轉運判官、提舉官，須實歷知縣以上親民人；提點刑獄以上，須實歷知州或通判人。

元符元年八月二十九日，左司郎中呂溫卿言：諸路監司及州縣各以事格目，倣省部分六案。詔送詳定一司敕令所。

徽宗崇寧元年四月二十六日，臣僚上言：「竊見諸路監司、郡守多務（沾）〔沽〕長厚之名而苟避刻薄之謗，以此奉行職事，往往失當，而民被其害。國家雖有良法美意而實惠不能及民者，以奉行之人不得其宜也，朝廷不可不察。乞特賜 3 誡諭，使諸路監司、郡守平心悉力，守法信義，此救弊之所宜先也。」詔劄與御史臺，常切覺察彈奏。

二年正月二十六日，中書省言：「四川地遠，軍防不修，乞利州、夔州依成都府例，各置鈐轄，移利州路分于劍門關，兵卒增倍。成都府舊以便宜從事，罷去已久，乞軍民所犯巨蠹者，令酌情處斷。四川監司、鈐轄、大州守臣不差蜀人，所轄兵馬東軍與土人參用，如舊法。」從之。

四年九月七日，中書省言：「奉詔，除依元豐舊制設置監司外，所有後來增置提舉茶鹽、坑冶、鑄錢、學事、保甲、糧草官之類，可子細相度，可以併省者即行併省，不可併省者依舊存留，仍裁減屬官，嚴立出巡搔擾及受饋遺約束。其經署安撫、轉運、提刑、發運、糴便、提舉司準備差使、勾當公事官等，亦相度裁減，無令冗員侵耗那用。今依御劄指揮，契勘到監司等見管屬官計五百三十餘員，今參酌措置，欲依下項：諸路轉運司、屬官一百九員。提刑司、屬官十八員〔二〕。經署安撫司、屬官一百一十三員。鈐轄司、屬官三十二員。總管司、屬官七十二員。發運司、屬官九員。措置河北糴便司、屬官六員。提舉陝西成都府等路茶馬司，屬官六員。欲除帳司、檢法官、指使外，其餘屬官據見在員數三分中罷一分。所減分數不及一員，即就釐減一員，止有一員者聽留。」

五年二月一日，手詔：「四方之遠，視聽豈能周遍，慮有民瘼，壅于上言。可詔逐路監司察民間疾苦，具實以聞。」

六月三日，詔曰：「諸路監司，所與 4 共治，而寄制舉耳目之任〔三〕，顧不重哉！苟非其人，不能檢身律下，乃違法背理，貪贓違濫，全無忌憚，其能制舉一道，稱所任乎！朕方勵郡守、縣令各各循理，而按察之官身先犯令，則士民

〔一〕貫：原作「符」，按前文有「元祐元年閏二月八日條貫」語，因改。

〔二〕十八員：似有脫誤。蓋提刑司事務繁重，其屬官之數當與轉運司相去不遠，上文云轉運司屬官爲一百九員，而此僅十八員，顯然太少。姑存疑俟考。

〔三〕制舉：似當作「刺舉」。下同。

何所視傚！見今諸路監司，互相察舉如法，或庇匿不舉，以其罪罪之。仍令御史臺彈劾以聞，朕當驗實，重行黜責。故茲詔示，想宜知悉。」內「庇匿不舉以其罪罪之」一節，仍著爲令。

八月十九日，詔：「訪聞諸路監司屬官擅行文書，付下州縣，及出按所部，犯分搔擾。可令今後學事司屬官許出諸處點檢學事外，餘並不得離司出詣所部，及不得擅移文書付下州縣。即有公事差委勾當者，徑詣所差處，沿路不許見州縣官及受饋送。違者徒三年，仍不（許）〔以〕赦降、去官原減。」

二十九日，詔：「應監司到所部半年，或因赴闕奏事，許舉部內所知二人，著爲令。」

十二月六日，京畿轉運使張杲奏：「伏見陛下申畫王畿，肇新四輔，改提點爲轉運使〔一〕，職事繁劇。舊提點官兩員，請分京、畿增置運判一員。」從之。

大觀三年四月二十二日，尚書省送到內降劄子，臣僚上言：「竊見近者違例條奏之人，率多御前或朝廷得知，制下推鞫。素設知、通、監司掌舉按之職，但聞舉人之能，未見陳按人之罪，復待聖主廉察。望有御前及訪聞公事得實若干件以上，按察官司容庇不發，量立懲誡之文。」詔依，立法施行。看詳：「若知而容庇，自依律科外，今修立下條：（詣）〔諸〕所 5 部違法，監司及知、通失按舉，謂因御前及朝廷察治得實，（請）〔情〕理重（旨）〔者〕。並奏裁。」得旨依擬定，仍先次施行。

政和元年二月二十四日，詳定一司敕令所狀：「修立到條：諸被受朝旨應委監司同共管勾或分詣勾當者，並于符牒內指定合依某司所舉某官同共施行。」從之。

三月二十九日，臣僚上言：「契勘法有監司互察之文，而提舉學事官例以侵官越職之故，不干預他司事。臣以出巡所至，有百姓多是稱訴冤枉，臣以職事不相干，不敢受理。欲望特降睿旨，提舉學事官巡歷，遇百姓有詞狀，聽詢問情實，關送所屬監司。」內降黃貼子：「欲從其請，恐好權之人侵越職事，宜深思講究，惟使民不失法意爲良。檢準《元符令》，諸監司知所部推行法令違慢，若詞訟雖非本職，具事因牒所屬監司行遣。其命官老病不職而非隸本司準此，仍聽具奏。」詔依，申明行下。

八月二十日，臣僚上言：「恭惟藝祖誕受天命，聖神相授，專務愛養元元，以固邦本。謂刺史、縣令于民最親，尤宜遴擇，內則諭輔臣戒飭，使保廉節，而外則責監司按察，俾不得侵漁吾民。其或弗按，則加之刑罰。天聖中，工部侍郎李應機坐守兗州日貪暴不法〔二〕，仁祖出之。因謂輔臣曰：『應機貪墨，何由累至此？』宰臣王欽若對曰：『應機素無廉節，然監司未嘗按舉，故累資至此。』于是監司皆

〔一〕爲：原脱，據《長編紀事本末》卷一三六補。又「使」，該書作「司」。
〔二〕機：原作「幾」，據《長編》卷一〇二改。下同。

罰金以懲之。當是時，外臺之官莫不悉心舉職，而郡縣之吏爭以廉白相尚矣。今陛下以聖 6 德嗣服，遴選守宰，敦尚廉隅，勤恤民隱，同符仁祖。比肆赦罷憲司圭田，使專一檢察貪吏，多取違法害民者以聞，此雖堯、舜之用心無以加也。臣愚伏願申詔部使者振舉職業，謹察貪吏，必以名聞。其或坐視侵牟，恬不加意，因緣他故暴露，失律之罪，必罰無赦。庶幾仰副遴選守宰，敦尚廉隅，勤恤民隱，以光昭祖宗之美意。」從之。

九月八日，臣僚言：「朝廷設置監司，所以寄四方耳目，職在糾察貪污，勸率部屬。比來彈治多出臺諫，或是朝廷訪聞，或因事罥罣，所部監司恬然坐視，全無擿發，偷安竊祿，辜負使令，遂致惠澤弗宣，閭閻受弊。一歲中，部內有似此違犯之人如及三人以上者，雖不及三人而或曾薦舉者準此。其（司）〔監〕司並令吏、刑部開具申三省，具名取旨，不以去官、赦降原減。仍委御史臺常切覺察。」從之。其後十二月二十二日，因臣僚言，又詔及二人以上者，令吏、刑部檢舉上件指揮施行。

十五日，臣僚上言：「竊以審處經費，首自中都，可謂詳節于內矣。凡外之財計非不廣也，其患在于官吏經制無術，拘摧失時。欲乞明詔監司，講出納之節，（樽）〔撙〕冗費之源，郡邑之吏奉行有稱者，許以名聞，稍加旌勸。」詔戶部審詳以聞。

十二月十三日，詔：「帝王之盛，州牧侯伯致其外庸，以和庶政，群吏之治，三歲誅賞。國朝以來，按察之權，分路置使，選用賢能，不輕付畀。比年擢任頗輕，職事曠廢，竊據要司，吏民姍笑。掌漕事者，歲計匱 7 乏，土貢闕供；司憲禁者，寇賊間作，刑罰未衰。常平不修水土之利，學校未聞人材之衆。或依勢作威，妄自尊大；或嗜利自營，漫不舉職。欲重外寄，其可得乎！應今後若除提點刑獄、轉運使、副以上，須選曾任州軍、監司、臺諫官、寺監長貳、郎中、員外郎，提舉常平等官許通選曾任通判、知縣、寺監丞、館職、博士，學行有聞，政績顯著，無贓私徒坐，非上書姦邪上等之人，并歷任具名取旨差。仍令子細批書功過，三省歲終考殿最事狀。仰三省參定立法，著于甲令，務在遵守，違者御史彈劾以聞。」其後二年正月六日，臣僚言：「新定監司之格，非上書姦邪上等之人亦許除授，則中、下之等皆在其選矣。比降指揮，上書姦邪等不得就試學官。夫試學官且猶不可，而況于一路按察之計，能爲陛下宣布德澤，推行善政，仰副陛下紹述之美意乎？且上、下之等，相去何若，要之操姦邪則其揆一也。矧當人材盛多之時，諸路使軺不過數十輩，奚必用姦邪中、下等之人，然後竟其額邪！願陛下深念國體所係，特降睿旨，應上書姦邪等並勿除監司。仍乞于近降指揮內删去『上等』二字。」詔依。

二年十月十九日，臣僚上言：「竊見今日官吏，其內外親屬之有權者，玩法如無法，視監司長吏如無人。且監察御史，臺屬也，近者高宇爲之，其兄高定令襄之宜城，恣横不法，貪污害民，刺舉按察之官非獨不繩其罪，又且薦其材。以 8 監察御史之勢，已能屈陛下至公之法，況宰相、執政、左右近侍之親戚乎！伏望特降睿旨，監察御史以上及宰執大臣，其内外親屬敢有依勢犯法者，監司長吏不得蓋庇。如别因人言，上達淵聽，其本路、本州按察官並嚴行典憲。内曾經薦舉者，仍加等坐之，不以赦降、去官、陳首原免，則天下官吏皆知法不可屈，非特吏民受賜，亦震懾姦宄、整肅權綱之一端也。檢會政和元年八月二十日敕，臣僚上言，郡縣之間，貪污不法，監司失職，詔部使者振舉職業，謹察貪吏。契勘朝廷設置監司，所以寄四方耳目，職在糾察貪污，勸率部屬。比來彈治多出臺諫，或是朝廷訪聞，或因事買罣，所部監司恬然坐視，全無摘發，偷安竊禄，辜負使令，遂致惠澤弗宣，閭閻受弊。今來所言，可令今後一歲中，部内有似此違犯之人，如及三人以上者，雖不及三人，而或有曾薦舉者准此〔二〕。其監司並令三省具名取旨，不以去官、赦降原減。仍委御史臺常切覺察。」詔申明天下。

三年正月二十四日，尚書省言：「勘會昨降指揮，指揮州縣、監司各修舉職事，（砥）〔祗〕備朝廷差官點檢，及已降手詔訓諭。今差官往四路按察鹽茶事，合依已降處分，應州縣、監司職事并許按察點檢，若有違慢失職或修舉奉公之人，並許舉劾、保明聞奏。其晝一並依前後察訪條例施行，仍條具申尚書省。沿路不許受謁、出謁，不得受供饋及聚議會食之類，與第二等支賜，亦 9 不得妓樂接送。有所須之物，如陳設家事什物之類，並合用官錢收買，不得取借，不得勾呼行人、市户、諸色人隨行供應。如有公事，許當職官、見任官相見。所至州縣如有冤抑，見在囚禁，照證分明，許即時疏放（乞）〔訖〕以聞。其挾私害法，妄言（感）〔惑〕衆，即仰收禁，奏取旨。」詔依。奏報文字許赴入内内侍省投進，仍展限五日出門。

二月十六日，詔：「監司不職者，可並依在京諸司例沙汰。」

四月十九日，詔：「（請）諸道監司置簿，應一路州司録事，各以其簿授之，將事之稽違、已經糾舉者具載其上。候逐司巡歷到，檢察漕案，對簿所記，考其勤惰。歲終諸監司參較，定爲優劣，悉聞于上，以俟陞黜。」

閏四月一日，詔今後監司不許任本貫或産業所在路分。

九月二十三日，臣僚上言：「應御筆寬恤手詔，乞令監司類次，悉于孟月上旬印給，令民間通知。違者比（籍）〔稽〕緩制書律加二等。」從之。

十二月十六日，詔：「藝祖削平僭僞，混一區宇，監觀五代藩鎮之弊，專恣跋扈，封靡自擅，罔或率由于法度之内，失馭臣之柄，有末大之患。乃罷藩鎮，俾處環衛，遴簡

〔二〕者：原作「付」，據前「九月八日」條相同小注改。

儒臣，出補方面，百五十餘年，海内蒙澤。而分陝以西，大河之東，控制二虜，析路置帥，皆公卿侍從之良，州牧侯伯之選，統列城，握强兵，當重寄，廩餼之厚，卒徒之衆，華資要職，寵異之數不爲不至。比年以來，稍復縱弛，破制玩法，恃帥權，乘高勢而爲邪，無報國之心，有營私之實。或攘取帑藏，【10】號爲公使，規牟入己；或私役禁旅，營繕第家，資給過往，虚稱白直；率米爲釀，不可以數計，科配軍民，侵奪官酤，公私受害；搔擾番户，賤市貴物，不給其直；貨賂交通，汙蔑監司，耳目按察之官，曾莫敢言。至于理財備邊之術，足兵之計，所當爲者，恬不爲恤，考其治效，蔑如也。今法度具備，期于不犯，疆土日廣，期于富庶，而閫寄之臣輒肆抵冒，殊負眷注。比以數經恩宥，未欲致于理。自今已往，敢有犯者，竄殛刑戮，當不汝容。仍仰監司耳目之官，詳究逐項事理，各務按察彈奏以聞。」

二十六日，手詔：「陝右宿重兵，制黠虜，本路所出既不足以充軍儲，故資以川蜀之供、茶鹽之利，及自今降糴本、錢鈔、金帛，相踵于道，歲以千萬計。將漕之臣不聞畫策以助邦計，而每以急闕上聞，期于必得。夫春秋租税之入，榷酤鹽鐵之征，一切失催，賤市虧折而不問，掌計之官且何賴焉！其各親詣所部，條具州縣出入之數，措置之宜，養兵裕民之術，實封來上，毋爲空言。」

六年閏正月三日，臣僚言：「應監司巡按，並乞依陝西已降指揮收買飲食藥餌，其餘並禁止。」從之。

四月二日，詔：「今後按次之官行部〔一〕，遇遞馬鋪兵委闕，須得指定見少實數，牒所屬照會，方得依條和雇。無文移及不支雇直者，(乞)〔仰〕重立刑名，仍許雇人越訴。」從臣僚請也。

七月二日，詔：「應諸路監司不得抽取縣鎮公人充本司吏職，見供職人並放罷。違者以違制論，【11】監司互按以聞。」

三十日，詳定一司敕令所奏：「臣僚上言：『近降睿旨，陝西路監司不得赴州郡筵會，及收受上下馬饋送。欲乞應諸路監司及依監司例人，凡可按刺州縣者，並依陝西路已降指揮施行。所有置司去處合得供給，官爲(擾)〔優〕立正數，許令收受等。』詔依。令詳定一司敕令所立法，申尚書省。本所今相度，欲乞依置司州府知州應受諸色供給之類並聽筭請外，如遇出巡，給驛券一道，歸司日罷。」從之。

十二月十日，詔：「依條立到諸監司依監司例人、凡可按刺州縣者同。輒赴州縣筵會及收受上下馬供饋者，各徒二年。」

七年二月十二日，詳定一司敕令所奏：「諸路監司供給，依置司處知州例支破。其出巡或被旨勾當公事，除沿路上下馬饋送及筵會，自依已降指揮不許收受、趁赴(所)〔外〕，所有置司所在州，上路及歸司饋送，緣知州所無，欲

〔一〕按次：似當作「按刺」。

乞許令依舊例收受。其諸路依監司例人，并凡可按刺州縣者，亦乞〔無〕〔並〕依諸路監司已得指揮施行。」詔依。

十五日，尚書省言：「勘會除監司已降指揮，依置司處知州供給，遇出巡給驛券外，所有其餘官司屬官，欲遇出巡亦許破券一道，歸司日罷。」詔依。

八年正月二十五日，詔：「《五禮新儀》，州縣推行未臻厥成，可令諸路監司因按部考察勤惰，歲擇一二以聞，當議賞罰，以勸忠厚之俗。」

八月十五日，詔：「諸路監司及依監司例人〔一〕、凡可按刺州縣者，今後出巡，除不許赴州郡筵會外，其【12】上下馬供餽並依舊。所有置司依知府、知州供給之類，並遇出巡給驛券指揮更不施行。」

宣和元年六月（二月）二十一日，詔：「應除授監司，可遵守前後詔旨，擇材望爲衆所推、曾任通判以上資任人充。」

七月二十一日，臣僚上言：「先準詔：『監司按察一道，祖宗以來所任必更治民，資材兩得，職事修舉。近歲有初改官爲監司者，資淺材薄，取輕一路，非使者之重。今後差除監司，並次通判以上資序人，具歷任取旨差。』竊見宣教郎綦毋慮特差權發遣廣東運判，毋慮自（政）〔改〕官後曾未三數月，遽有今來除命，誠如詔所謂資淺材薄、取輕一路，非使者之重也。」詔已降除命更不施行。

二年六月六日，尚書省言：「臣竊見遠方監司巡按所至，差人夫、户馬多不依法。雖有應破之格，而州縣夤緣多差，不以數計，走吏皂隸皆乘户馬，負荷卒乘悉代之以人夫。自至傳舍，往往又爲所轄者受賂而潛遣之，復告逃亡，再行差補。一時搔擾，至于如此。宜部使者提綱一路，當正身潔己，使州縣有所視効，而身自違戾，將何以糾察官吏乎！欲望特降指揮，嚴行戒約，申明法令而告諭之。」詔申明政和六年四月二日指揮行下。

十一月一日，詔：「近歲諸路諸司及帥臣添設屬官冗濫〔二〕，徒擾州縣，無補公私。可除學事、鹽香茶、市舶、坑冶、鑄錢、木栰、木植司、陝西都平貨務屬官及提轄直達綱運外，餘並依元豐員額，以後添置員闕並【13】罷。內學事、坑冶、鑄錢、市舶司續添置官，及臣僚陳乞添設屬官，並（請）〔諸〕州轉運司管勾並罷。減罷官依省罷法。」

十八日，臣僚上言：「竊見監司提案一路，事干州縣法令之當檢察者，其目不一。每遇按行，指摘點檢，多不過數事。前期移文，號爲刷牒，官吏承報，必預爲備，而文之所不載者曾不加省。故吏或因循，寖多曠失，實由檢案之不嚴也。欲乞明詔部使者，巡按所至，各具所隸事目，不以巨細，臨時摘取點檢，不得預行刷牒。州縣既莫知所備，則必

〔一〕例：原作「依」，據前「七年二月十二日」條所述改。

〔二〕諸司：疑當作「監司」，此處乃指諸路軍政長官添設屬官，而非泛指諸司；且若作「諸司」，則此條不應置於「監司」門。

事爲之戒，當使庶務畢舉，罔有闕遺矣。」詔依。

十二月十五日，詔：「監司、郡守遵依累降御筆指揮，並三年成任。今後通判准此。」

三年八月二十八日，詔：「監司、郡守未滿三年，並遵依累降指揮，不得非時替移。雖奉特旨，令三省執奏。」

九月一日，臣僚言：「四海之廣，所與共治者在守、令，而監司刺舉之官也。近歲以來，任非其人，背公自營，倚令擾民者比比皆是，惟以附托權勢爲計，委之營緝田産，製造器用，侵用公錢，須索誅求，靡有藝極。甚則假托氣焰，强市横斂。乞自今有敢蹈襲抵犯，重立典刑，令御史臺及廉訪使者覺察按治。設被委之者，並以枉法自盜論，知而不案與同罪。」

十一月二十二日，手詔：「重惟賦政于外，俾德澤下究，實賴外臺。頃有弛慢驕處者，亦足汰黜，變而通之，朕心庶幾焉。自今應于政無補、于民弗便若蠹邦財、害實利者，監司、郡守悉以上聞，務 14 從寬恤。如觀望顧避，方命懷奸，倚法以削，朕當與衆共棄，罰不爾私。」

四年二月二十四日，詔：「監司、知、通自熙豐行（宮）〔官〕制後，例替成資，可並遵依舊制。其治績顯著及專委勾當，合滿三年或令再任者，自依專降指揮。」

十二月九日，刑部言：「增修諸〔路〕轉運、提點刑獄歲以所部州縣量地遠近〔更〕互分定，歲終巡遍。提點刑獄仍二年，提舉常平一年一偏，並次年正月具已巡所至月日申尚書省。以上巡未（偏）〔徧〕而移罷者，至次年歲首新官未到，即見任官春季巡畢。」詔依。

十日，臣僚言：「乞詔諸路監司未經上殿者，雖從外移，並令赴闕引對，方得之官。庶幾闒茸老疾者無所容，而真賢實能率職効力，足以（即）〔仰〕副爲官擇人之意。」從之。

六年五月二十七日，中書省言：「勘會初除監司合上殿人，其見闕官去處，初除人未有指揮。」詔今後就外初除監司人，如係見闕官去處，候任滿日上殿，申明行下。

十二月十九日，詔：「監司審擇縣令，委有治績，連銜保奏。每路不得過三人，召赴都堂，審察録用。如人材卓異，可備除擢，取旨引對。」以言者論縣令雖有審察之法，未聞褒擢，故有是詔。

七年六月十二日，手詔：「中都裁抑冗濫，立爲經常簡易之制，事協于至公，法稽于成憲。百司庶府，惟動丕應，罔不是乎遵揚，繼述之意，庶無愧于前人。夫京師諸夏之本，惠中國而綏四方之道也。承平日久，法令明具，可遵而不可失，而僥倖苟且 15 之徒，習尚弗虔，爲便文自營之計；民繁物阜，可安而不可擾，而貪（賤）〔殘〕刻薄之吏，侵漁不已，爲豐殖黷貨之資。甚者託言公上，以紊貢入之常；賄賂要權，以圖進取之策。浮靡相先，費出無藝，流弊滋久，上下相蒙。雖明示勸懲，申頒詔令，而監司、州郡恬不加恤，然則國用安得不屈，民力安得不匱哉！帥臣、監司各條具所部無名之費、不急之務以聞。」

高宗建炎元年五月一日赦：「應諸路帥守、監司，許依例進貢推恩。其因金人及盜賊曾失守或逃避之人，不許進貢。」

十二月六日，詔諸路監司：「應曾燒劫州縣，並躬親巡歷，一歲再遍。所至具月日申尚書省。仍開坐所措置過事，尚書省類聚，考其當否而爲之升黜。」從臣僚之請也。

二年八月十七日，朝散大夫、充秘閣修撰、新差同提領措置行在茶鹽司徐公裕言：「契勘提領官二員，內梁（楊）〔揚〕祖係發運使兼領，前官楊淵乃工部員外郎，係第二等奉使同領。以上逐官應干事件，各有本職任條法外，今來公裕係是正除上件官，所有服色、序位、刺舉、請給、人從等，並未曾有立定指揮。」詔並依發運副使條法施行，內舉官減三分之一。

三年二月十八日，知平江府湯東野言：「元豐、政和令節文：諸發運、監司因點檢或議公事，許受酒食。其巡歷所至，薪炭、油燭、酒食，並依例聽受。續準宣和二年御筆，每歲巡歷所部，並一出周遍。即有故復出者，不得再受所過州縣酒16食、供饋。今軍興之際，調發緊急，百須應辦，巡歷不常，又非平日無事之比，難以指定歲終巡遍之限。倘使區區往來道路之間，供給所入不足以償所費，而又廨宇所在，合得供給，例皆微薄。見今物價踊貴，既不足以糊口，又使更營道路之費，深恐未稱朝廷所以委寄部使者之意。欲並依元豐、政和條令施行。」詔權依所乞。

三月二日，詔：「監司緣事擅置官屬，理當重寘典憲，爲累經赦宥，特免行遣。其所差官並罷。今後更敢擅自差置者，差與被受官並徒三年，所在官司不得放行請給。」

四月十二日，詔：「諸路州軍除添差宗室、歸朝官存留外，餘並日下減罷。監司屬官依此施行。其江東路經制司屬官日下減罷，所有職事並令安撫司屬官兼領。」

九月十七日，詔：「諸路監司今後差官屬出幹事，不得差待闕官。如輒差，其元差官司及被差官各徒二年，不以去官、赦降原減。」

十月一日，臣僚言：「自宣和以來，至今爲州縣之害者，贓吏是也。贓吏不除，民無安靖之理。欲乞立法，應按察官自通判至監司，每半年具發擿過贓吏若干人，並籍記姓名，以爲殿最。或當劾而不劾，致因他事暴聞者，其不劾之官並重行貶黜。」詔每年一次，令諸監司按察官具發擿過贓吏姓名申尚書省置籍。

四年二月二十三日德音：「應軍民疾苦或刑政未便事件，仰監司採訪聞奏。」

六月三十日，詔：「應監司巡歷去處，除合得供給外，輒17以米麴價錢于所部公使庫買酒，（緣本司職事于所在州取者非。）入己者以自盜論，不入者以坐贓論。」

十月四日，詔：「應監司被旨體究公事，如敢遷延觀望及循情滅裂，令御史臺彈奏，重寘典憲。」

紹興元年正月一日德音：「方今州縣積弊，百姓疾苦，朝廷無由盡知。今令諸路監司及郡守、縣令，各據一路、一州、一縣隨所在合有可以罷行事件講究條具，申尚書省。如實便國利民，當議褒賞。」

五月二十五日御筆：「監司以侍從所薦縣令不法，不即按劾，重寘典憲。」上以侍從薦縣令，如將來犯贓則與同罪，若按發一人則并坐舉者，監司必觀望，有所不敢，故戒飭之。

二年二月五日，臣僚言：「近葉夢得、李回、馮澥並以曾任執政，陳乞子姪爲監司屬官，至或創添窠闕與之。且監司屬官並係堂除，若發運司則壓通判，其餘往往亦與諸州通判叙官。遇本司長官出，簽廳實行其事，其權甚重，豈可輕畀未出官人！請收還夢得等三人已降指揮，令別陳乞合入差遣。其以前未曾出官經任堂除屬官人，不以已未到任，並令放罷歸部，別選歷任三考以上、實有材能之人，以重其選。」從之。

十八日，詔：「今後監司令三省取見本貫，不得除鄉貫係本路人。」

九月二十八日，詔：「今後諸路監司及安撫等司屬官，元額之外不得以軍期爲名輒行奏辟。及見任、罷任、待闕未出官人，並不許暫時虛作名目，差委出入。被差之人計俸坐贓，帥司、18監司別行黜責。」

十一月二十四日，詔：「應寬免詔旨，令諸路監司每季具所部州縣施行實狀上聞。其奉行周悉與夫苟簡者，精加檢察，爲之賞罰。」

三年三月十九日，新除淮南轉運副使郭康伯言，先在揚州居住，有父母墳壠并產業，礙監司不許任本鄉貫指揮。詔淮南係緣邊去處，既非本貫，雖有墳壠，自不合避。

二十六日，司封員外郎鄭士彥言：「真宗即位之初，謂宰相曰：『天下物宜、民間利弊，惟轉運使得以周知，當令更互赴闕，延見詢訪。』以今日論之，宜不止于轉運使而已。若獄訟之繁簡，茶鹽之利病，舶貨之低昂，鼓鑄之多寡，各有司存。乞依祖宗彝訓，應監司、提舉官因事到行(任)〔在〕所，並令引對，不許免。除奏稟職事之外，凡可以救時濟治者，悉許敷陳。」詔除兩浙路外，餘依奏。

六月五日，工部侍郎李擢言：「願擇知州資序以上人充轉運使、副與提點刑獄，第二任通判資序以上充轉運判官、坑冶提點官，初任通判資序以上充茶鹽、市舶提舉官。若資序未及，則擇嘗歷郎官、監司、郡守行治有稱者充其選。」詔令三省常切遵守。

五年閏二月十九日，詔：「諸路監司屬官，除轉運司主管帳司、提刑檢法官外，餘並堂除。內兩浙轉運司催促糴買官減一員，往來催促剗刷起發行在米斛官二員並罷，仍並差令録以上資序曾經任人。」

三月八日，詔：「應諸路監司取會州縣三經究治不報，住滯人吏杖一百19勒停，當職官申尚書省取旨。」

六〔月〕〔年〕二月四日〔一〕，神武副軍都統制岳飛言，將復襄陽府路，未曾差置監司，許置監司一員兼領諸司事務。

九月十四日，勘會諸路監司與本路安撫大使司、宣撫司行移並用申狀，〔令〕〔今〕四川轉運使李迨係龍圖閣直學士，其與四川安撫制置大使司及川陝宣撫司行移，未有指揮。詔並用申狀，書檢不繫銜。

十二月十八日，詔：「監司、守貳，委寄非輕，除授非人，百姓受弊。比年員多闕少，致有除代數政去處。尚慮選擇失當，其間不無望實未副之人，可令中書省開具已除監司、守貳職位、姓名，送中書後省、御史臺照會。仍令今後遇闕到前半年，取索以次待闕官出身、歷任脚色，並加銓量。如有不可任用之人，具詣實聞奏，與改作自陳宮觀。」

七年五月二十六日，中書門下省言：「諸路監司係通治一路，祖宗法即不避本貫。」詔監司除授依祖宗法施行，内本貫係置司州軍者，即行迴避。

閏十月二十九日，右正言李誼言：「今後除授監司不以本貫人，其見任并已差下人，乞與鄰路兩易其任，庶幾公道稍開，私門稍塞。」從之。繼而中書門下省勘會，福建轉運葉宗諤、提舉兩浙市舶章藺、提舉浙西茶鹽章茇並礙本貫。詔葉宗諤改爲江西轉運使替徐林〔二〕，章藺改爲提舉廣南市舶替黄大名，並成資闕，提舉浙西茶鹽章茇與提舉江東茶鹽徐康兩易其任。

八年正月二十一日，詔：20「今後諸路監司、知、通，提舉坑冶、茶鹽、市舶、〔當〕〔常〕平主管官，除代不得過一員。監司屬官、諸州教授除代不得過二員。」

九年五月十六日，樞密院檢詳諸房文字晁謙之言：「竊見外路監司、郡守按發之際，初不體究其實，但知便文自營，改易月日，悉作前期奏劾，習以成風，至有一郡之内凡起數獄者，或流入爲深刻，或濫及于無辜。乞賜戒敕，凡〔案〕〔按〕發之際，先委清彊忠厚之士體究得實，方聞于朝，庶幾人自無冤。」從之。

十一年九月十二日，臣僚奏：「乞凡監司容縱贓吏，並不按劾，而爲臺諫彈奏，勘鞫有實者，其監司亦坐之，輕從降秩，重或免所居官。俟奏斷日，令大理寺貼説取旨。」從之。十三年閏四月十一日〔三〕，又詔申嚴行下。二十六年九月一日，又詔如臺諫彈奏外，人户論訴得實，其失按察監司，令刑部具名申尚書省取旨。

十三年二月三日，詔諸路常平司職事令茶鹽官兼領。

八月三日，詔：「每路委有出身監司一員兼提舉學事，如本路監司並無有出身人，即從上一員兼管。」

二十六年二月二日，詔：「諸路監司仰依法分上下半年出巡，脩舉職事。除坑冶司外，其諸司官屬並不許

〔一〕六年：原作「六月」，據《建炎要録》卷九八改。
〔二〕轉運使：原作「漕運使」，據《建炎要録》卷一一七改。
〔三〕十三年：原脱，據《建炎要録》卷一四八補。

差出。」

五月十四日，詔：「近民之官，莫如郡守，其間職事脩舉，治狀顯著者，可令監司連銜保明聞奏，當議甄擢。」

六月四日，詔：「諸路監司躬親遍歷所部州縣，詢訪廉察官吏，條具奏聞，當議黜陟。」

八月十三日，上謂輔臣曰：「新除兩浙二 21 漕臣，卿等可召至都堂，面諭近屢降寬恤事件。到任後，令遍詣所部，稅賦之足否，財用之多寡，民情之休戚，官吏之勤惰，悉加訪問。如有奉行弗虔，職事不舉者，並按劾以聞。庶幾可以警動諸路，使皆知所視傚〔一〕。」

九月十四日，詔曰：「朕宵旰圖治，講求民瘼，詔旨屢頒，務行寬大，革去煩苛。監司之職，臨按一路，寄耳目之任，專刺舉之權，命令之下，是宜悉心布宣，庶使郡縣得以視傚。乃奉行不虔，徒爲文具，致事有壅滯，姦弊弗除，欲實德及民，其可得乎！至如官吏廢弛，不聞有所懲治，乃或上下相蒙，習爲偷惰，甚無謂也。繼自今，其究乃心，率乃職，以祇承朕命。其或不恪，委臺諫按劾以聞，當寘重憲。」

十月五日，中書門下省檢正諸房公事陳正同言：「監司按治之牘相踵而上，姦贓者懲戒既嚴，而不旌異循良，恐或未盡。乞更令諸路監司採訪部內有愷悌之政，宜于百姓，潔己奉公，不邀虛譽者，拔擢一二人，不次用之，庶幾威惠兼行，人知勸沮。」上曰：「卿此論甚合朕意。今日方有一郡守爲監司所薦，已令除職再任，任滿與陞擢差遣矣。」

二十七年六月四日，詔：「諸州軍上下半年（多）〔各〕開具監司出巡將帶人數，并批支過口券數目，及有無應副過須索物件，供申户部點檢。」

八月八日，左司諫凌哲言：「比來州縣官吏每遇監司巡按、帥守移替，例皆傾城遠出，爲監司、帥守者亦輒受而不辭。乞嚴飭于諸路監司、帥守，22 互相覺察，應所屬見任州縣官，不應迎送而輒出迎送，與不應受而輒受之者，並須依公按舉，寘之典憲。其或徇情容庇，委御史臺彈奏。」從之。

十一日，詔：「諸路監司可將所借管下州軍兵士盡數發歸元差去處。今後監司接送，據依條合破人數，分下諸州差撥，候接送畢即發回。仍專委帥臣覺察。」以知邵州趙不茹言：「監司赴上、替移，例于管下州軍差撥厢禁軍，既而更不發回，別給口券，所費不貲，乞行禁止。」故有是命。

二十八年七月十七日，詔：「監司按發屬吏，仰依條不得送置司州軍。如所犯稍重，即申取朝廷指揮，委鄰路監司選清彊官就本處置獄推究。其州軍按發官吏，即申監司於鄰州差官，所委官不得避免及接見賓客，仍限三日起發。如有違戾，重作施行。」

十月十二日，左正言何溥言：「乞詔大臣，應監司、郡

〔一〕視：原作「親」，據《建炎要録》卷一七四改。

守除命既下，即日起發。或以疾故丐祠禄，俟終滿方許陳乞。如或違戾，令御史臺糾察。」從之。

十一月四日，詔：「諸路州軍合（依）〔供〕錢物糧斛，仰所隸監司將違限拖欠最多去處當職官吏依然按治〔一〕。監司如在置司州軍，或因出巡到州縣，方許時暫勾追都吏、典押整會供報。」以左正言何溥言：「財賦積欠，所在而有，監司帖州則追都吏，州帖縣則追典押。一歲之間，殆無虚月，徒有勞費，無益于事。」故有是詔。

二十九年八月十八日，詔：「兩浙東路提刑徐度、兩浙西路提刑吕廣問，候滿日召赴行[23]在，除在内陞等差遣。」初，度等有召命，司諫何溥言：「監司擇人，每患其難，今既知其可用，復不使少安厥職，恐來者未必如舊，送迎紛紛，重爲勞擾。乞令二人依舊供職，或有顯效，寵畀職名，俟其終更，乃加召擢。」故有是命。

三十年十一月十二日，京西路轉運判官兼提刑、提舉常平茶鹽等公事蔣汝功言：「契勘淮南東、西路監司依諸路屬官已得指揮，隨置司州軍推賞。今京西路轉運、提刑、提舉在襄陽府置司，正係極邊，乞依淮南路監司一體推賞。」從之。

三十一年二月二日，軍器監主簿楊民望言監司三弊，曰：「按吏所以除民之蠹賊，而忤己者捜索其過，奉己者容庇其罪，以示威福，一也。巡按所以察郡縣，而卒伍菲屨之資，胥吏囊橐之賄，一縣或踰千緡，二也。居處多借狨綿，以公使奉其奢華，不足以示儉；宴會迭送錢，計其月收過于供給，不足以訓廉，三也。此三者，監司之弊。他道未必皆然，蜀去朝廷最遠，吏尤自肆，乞命四川帥臣、監司互察〔二〕。」從之。

孝宗紹興三十二年八月二十三日，未改元。中書門下省付下内降寬恤事件：「勘會監司巡歷，不得過數將帶人吏。于州縣乞覓，計贓坐罪。其以白狀借請州縣錢者，準盜論。所取索文案置曆，委守貳、令佐發遣。其諸司屬官過往及通判、職官季點行縣依此。如有違戾〔三〕，監司仰御史臺彈奏，州官令提刑司按劾以聞。」

十二月三日，詔曰：「朕（祗）〔祇〕膺慈訓，誕保[24]斯民，永惟戚休，繫于牧守。昔我祖宗，每思共理，乃分道遣使，以寄耳目，守之臧否，靡不周知，故累朝之民安于田里。法令猶存，而人莫克舉，是以循良不勸而貪暴未革，將何以助朕爲治！咨爾使者，其悉乃心，察列城之政，舉循良，劾貪暴，及疏怠曠職者，以聽陞黜。至于任非其所長，無他大過者，亦條列以聞，朕當命以他官。剌舉以公，朕則有賞；阿私失實，罰亦隨之。其令諸路帥臣、監司，限兩月悉具部内知州治行（滅）〔臧〕否，連銜聞奏。苟違朕言，令御史臺彈劾。」

〔一〕依然：似當作「依法」、「依條」之類。
〔二〕察：原作「從」，據《建炎要録》卷一八八改。
〔三〕「此如」二字原闕，據文意補。

隆興(三)〔二〕年三月七日〔一〕，詔：「朕自即位以來，累降詔旨，優恤軍民。其令尚書省下諸路帥守、監司，開具見已如何施行，務使實惠及人，無或失信。敢有不虔，必罰無赦。」

五月十一日，詔：「自今後應除監司，於闕期前具名取旨。仍令先次上殿，不得在外又以資序差除。可立爲定式。」

九月十五日，臣僚言：「乞專降指揮，應監司並不許將親隨、僕使在任所。如遇出巡，除依條合帶吏人二名，客司書表一名，當直兵級十五名，不得以承局茶酒等爲名别差人數，及不得令隨行人吏、兵級於合任日數外借支食錢等乞取錢物。如違，許人越訴。監司不互覺察，與同坐。」從之。

十月五日，侍御史尹穡言：「本臺每日受諸路州縣民户詞訴，多是官吏擅行科擾，肆爲貪欺，雖有監司，不爲受理，〔是〕以遠在數千里外，不憚勞費，前來陳狀。欲望特降指揮，自今後許本臺取每月臺諫 25 官所論州縣官吏貪汙罪犯，及因本處民户陳論得實施行事項，監司不曾按發究治，擇一二多者具名奏劾，將本路監司重行貶黜，庶使遠方之民得以安業。」從之。

乾道元年正月一日大禮赦文：「勘會監司巡歷州縣，依條不得過三日，(詔)〔訪〕聞近來多是過數收受饋送。并隨行公吏，已降指揮，借請歲不得過兩月，却有直判白狀，重疊過數借請，乞取搔擾。若州縣過數供送，并仰監司互察。如違，令御史臺彈劾。」

十八日，臣僚上言：「臣聞臺諫之與監司，雖内外不同，其爲耳目之官均也。臺諫之察郡邑，孰若監司之詳且審。今監司不刺舉，而必俟臺諫按劾，是辜陛下之委寄也。欲望特降睿旨，戒敕諸路監司，察郡縣之吏不職不法者，按劾究治，罰一懲百。如隱庇不舉，致臺諫論列，必議失察之罪。庶幾内外協心，官吏知畏。」從之。

五月十四日，詔令逐路監司、帥守講究實有革弊事聞奏，毋事文具。

六月四日，潼川府路轉運判官竇敷奏：「郡守多自外除用，或在任選易，其有老病者，朝廷莫得而知之。縣令皆外臺擬注，而銓量之法益爲文具，老病者以資格得之。守令如此，斯民何賴焉！乞下諸路監司，將見任守、令公共銓量，將郡守老病者具名聞奏，縣令老病者徑從罷免。若監司容隱，亦必寘之嚴科。」有旨：「竇敷所奏雖當，今監司例爲文具，從來未見公劾。可劄喻本人，到官當踐其言，勿爲循習取容，稱朕臨 26 遣之意。」

七月七日，詔：「諸路監司將見任老病守臣限一月公

〔一〕二年：原作「三年」。然隆興只二年，無三年。按下文十月五日條稱「侍御史尹穡」，查《宋史》卷三七二《尹穡傳》，穡以隆興二年五月除殿中侍御史，可證此處之「三年」必爲「二年」之誤，因改。

共銓量聞奏，知縣委守臣體訪，申取朝廷指揮。如監司、守臣互爲容隱，御史臺覺察以聞。」

十二月十四日，詔：「應已授監司、郡守人候闕到半年前赴行在奏事訖，方得之任。如本貫川、廣，見在本鄉居住之人，即仰逐州知縣結罪保明(議)〔詣〕實，申取指揮。」

三年閏七月十五日，詔：「今後監司郡守除授訖已上殿，應赴在二年内者，與免將來奏事，候闕到前去之任；其赴在二年之外及除授未經上殿人，依已降指揮，闕到半年前赴行在奏事訖之任。」

四年六月十四日，臣僚言：「紹興二十八年指揮：『監司、郡守按發官吏，往往只送本州或置司去處，不無觀望，致有冤濫。今後監司按發官吏，不得送置司州軍，事理重者委鄰路監司選官；郡守按發官吏，申監司於鄰州差官推勘。』其法雖已詳備，而尚有可議者。如監司、郡守按發所部官，據憑一時訪聞贓私罪犯，便具申奏，致獲降指揮，先次放罷。後來勘得止係公罪，于法不至差替、衝替、追官、勒停，其被按發之官情實可憐。乞降旨，應監司、郡守按發所部官，致獲降指揮先次放罷，後來勘得止係公罪，于法不至差替、衝替、追官、勒停，如元是堂除，與本等近闕差遣，或係吏部差注，與先次注授差遣。庶幾枉被按發者不至失所。」從之。

六月二十六日，詔：「今後守臣有罪狀顯著，或職事不舉，而監司不即按 27 劾，却因他事發覺，三省具姓名取旨。守臣不按知縣，亦如之。」以尚書省勘會累降指揮，戒敕諸路監司按發所部官贓污狼藉、職事昏謬、爲民害者，非不嚴切，近來往往坐視守令治政乖謬，全不按劾，未欲即加典憲，理合申嚴約束。故有是命。

七月十三日，臣僚言：「郡守、縣令治所部之兇頑犯法者，監司、郡守劾所隸之贓私不法者，皆所以奉行天子之法也。比來多有所部之民、所隸之吏曾被治劾者，懷怨挾恨，隨即媒孽其私，公肆論訟，以償憤怒之氣。俾其訟得行而以罪加于治劾之官，則天下之爲守、令、監司稍不自强者，則必畏首畏尾，有所忌避，是民之兇頑、吏之贓私者，殆將縮手而不敢問矣。守、令、監司真有過差，他人訟之可也，豈應有嫌之人所得而告！此而不懲，則告訐之風日長，姦惡之俗日滋，實傷害風化之大者。欲望特降指揮，戒敕中外，如有曾經守、令、監司之所治劾者，輒敢以私訟元治劾之官，不問事之虚實，即以告訐之罪罪之。庶幾此風衰息，助成忠厚之化。」詔依。

五年四月十三日，臣僚申請將廣西轉運使副、提刑合得到任恩澤乞罷去，候任滿與轉一官。詔從之。

九月四日，詔：「諸路監司今後分上下半年依條巡按，詢訪民間疾苦，糾察貪墮不職官吏，仍具詣實以聞。如依前容縱公吏等乞覓搔擾，當重寘典憲。」以中書門下省勘會諸路監司近來多不詣所部州縣巡按，官吏 28 貪墮，無所畏憚，間有出巡去處，又多容縱隨行公吏乞覓搔擾，理宜約束。故有是命。

九月六日，新差權發遣江南東路計度轉運副使程大昌朝辭進對，上宣諭曰：「近來監司多不巡歷，卿爲朕偏行諸州，察守、令臧否，民情冤抑，悉以聞奏。」

六年五月七日，詔：「今後監司、郡守闕到合奏事之人，如到國門日，徑劄閤門引見上殿，更不逐時畫降指揮。」

閏五月二十六日，臣僚言：「國家建官以察所部，雖所掌之職不同，欲共濟王事則一也。然而監司徇私黨局，凡有施行，不相照應，從漕司則違憲司，從憲司則違提舉司，遂使州縣難于遵承。甚者或務姑息，或爲矯激，專欲沽百姓之譽，不恤州縣之難行。推原其故，多由清要持節，不諳州縣事體，故所行若是。乞自今清要官補外，不曾歷州縣者，且令治郡，俟有善狀，擢爲監司未晚。」詔依。

六月三日，詔：「諸路監司責任非輕，近來多有闕官去處，可檢照累降卿、監、郎官更(送)〔迭〕補外指揮施行。」

七月八日，詔：「川、廣監司、郡守未經上殿許先赴任之人，今後任滿，須赴行在奏事訖，方得再有除授。」

八月二十五日，中書門下省檢會紹興七年五月二十六日敕：勘會諸路監司係通治一路，祖宗法即不避本貫，內本貫係置司州軍者，即行迴避。有旨：今後除授監司，可依前降指揮施行。

二十八日，吏部勘會：「淮南、京西、利州路監司屬官到任、任滿，依條法許依置司州軍推賞。今[29]來極邊州縣官承指揮增賞，到任、任滿共轉一官，其監司屬官亦合一體。今欲將淮南監司屬官應得酬賞，各隨置司所在州縣官格法，合依乾道五年十一月指揮推賞。」從之。

十二月十一日，詔淮南東、西等路監司、帥守察本部沿邊縣令，職事修舉者保明聞奏。從淮南東路安撫使晁公武之請也。

七年二月八日，詔：「方今州縣積弊，百姓疾苦，朝廷無由盡知。令諸路監司、帥守限一月各行講究，條具一路、一州、一縣便國利民事件以聞。」

十月十二日，詔：「諸路監司將白直人兵照條於置司州差破外，將諸州抽差人兵盡行發遣。如違，令御史臺按劾。」以三省、樞密院勘會，諸路監司合破白直人兵皆有定數，訪聞比來別立名色，多行占破，却于所部州軍差撥軍兵赴司，就置司去處添破口食，以致郡計闕乏，甚爲大害。故有是命。

十二月二十五日，詔：「諸路監司昨裁減準備差遣、差使窠闕可復置，並差選人。其諸司屬官幹辦公事並差京官以上，已差幹辦公事非京官人，候回日依紹興二十八年五月二日指揮，歸吏部依格差注。」

九年六月八日，詔：「令諸路監司、郡守不得非法聚歛，並緣申請，妄進羨餘。違者重寘典憲，令御史臺覺察彈奏。」

八月二十日，中書門下省奏：「勘會已降詔書，勸課農桑，并遍牒考課條法。」詔令諸路監司、郡守恪意遵行，限次年正月終，各保奏以聞，毋致違戾。

十月七日，詔：「逐[30]路漕司行下本路州軍，各差通判或簽判一員，專一主管歸正官，按月幫支請給，并安泊去處應干事件，務要存恤。月具支過人數錢米數目，申樞密院。」

二十三日，宰執進呈敕令所修立監司互察等條。上曰：「監司委寄甚重，此條使互相按舉，恐于事體未是。雖如此修改，大意亦是互按。卿等更宜詳悉理會，不然，除去此條亦可。」

十二月十五日，詳定一司敕令所狀：「已頒乾道海行條法，其間有得旨删改條件，合遍牒内外通知。一、諸監司準指揮分詣本路州幹辦者，各具本年已分巡歷處。有（方）〔妨〕礙處聽互牒前去。一、諸監司每歲被旨分詣所部點檢催促結絶見禁罪人，限五月下旬起發，雖未被旨亦行。遇本司闕官或專奉指揮躬親幹辦及鞫獄、捕盜、捉獲河防不可親詣者，委幕職官，仍具事因申尚書省。至七月十五日以前巡徧，仍具所到去處月日申尚書省。」詔依。

二十三日，權户部侍郎蔡洸言：「諸路州軍起發上供并經總制等錢，各有期限賞罰。比年監司不體法意，其起發如期者皆與保明被賞，而違限者未見其舉劾也。有賞無罰，人無懲勸，乞嚴飭諸路監司依限催發。其守貳尚敢違例，許臣擇其弛慢尤甚者按劾奏聞；監司不行糾察，亦俾坐罪。」從之。

淳熙元年三月七日，尚書省言：「諸路帥臣、監司下文武臣準備差使並改作準備差遣，見任并已差下人，並令依舊滿任。武臣自今悉從堂除，與文臣例爲屬官。」從之。

二年十二月（十二月七典）〔十七日慶壽〕赦〔一〕：「應年七十，依[31]法不除監司、郡守，如歷任有治績而精力尚强之人，令三省取旨。」詳見「知府州軍監」。

三年二月八日，詔：「除授四川監司、帥守，如已被受信劄，令不候授告敕，先次赴上。自今準此。」

九月六日，詔：「諸路監司互相饋遺，及因行部輒受折送者，以贓論。」以臣僚言：「近歲監司臨按，多受饋餉，行部例有折送錢物，數目至多。又有無忌憚者，諸司互以錢物饋送，皆以折酒爲名，賕餉相通，專濟私慾。乞嚴寘刑章，必罰無赦，計其所受，悉以贓論。在内令御史臺彈劾，在外許諸司互察。」故有是詔。

十月十四日，詔：「自今監司被受三省六曹委送民訟，並仰躬親依公予決，疾速回報。若事干人衆，或涉遠路，須

〔一〕十七日慶壽：原作「十二月七典」，顯誤。考《宋史》卷三四《孝宗紀》：淳熙二年十二月「甲午（十七日），朝德壽宮（按：高宗禪位所居之宮），行慶壽禮，大赦。」即此條所述之事。此次大赦之文，見於《宋會要輯稿》者，除此處外，尚有職官五八之三〇、職官七七之八四、選舉二之二二、食貨一八之八、食貨六六之一五、刑法二之一四六等。以上諸處均稱此赦爲「二年十二月十七日慶壽赦」，不應此處獨異，因改。

合委官定奪，亦仰立限催促。候所委官申到，從本司再加詳審，別無不當，方得具申。仍令所屬曹部置籍稽考。如有違戾，取旨施行。」

五年十二月十六日，右諫議大夫謝廓然言〔一〕：「乞自今除授監司，並須先契勘年甲。或已年及，即乞只與祠禄，庶得持節之人，類皆彊明振職。」從之。

六年九月二十五日，臣僚言：「乞下諸路州縣，應監司使命經從，祇令于門外相見，諸司屬官及應沿檄被差過往之人，並不許迎送，免使官吏曠廢職守，軍兵妨奪教閱。」從之。

七年正月十三日，起居郎木待問言：「監司巡按州縣，乞如臺制，不報謁賓客。」上曰：「監司巡按州縣，留不過三日，若更報謁飲宴，則何戢吏姦、去民瘼耶？自今後許接見賓客，不許[32]報謁，仍不得赴州郡宴集。」

三月九日，詔：「監司、郡守條具民間利病，悉以上聞，無或有隱。」既而中書舍人鄭丙言：「昨詔監司、郡守到任，必以民間利病條奏，而所在乃以細故塞責，民之疾苦不以上聞。如廣西因草竊之變，陛下令諸司講求利害，始有打筭歲計之請；如南劍州道士邀駕訴本縣科敷，陛下行下本處覈實；如近日臣僚進對，言諸路敷酒捉酒之弊，陛下始行約束。皆非本路監司守臣之所自言，乞行申敕。」故有是命。

八年二月二十七日，臣僚言：「四川去朝廷最遠，其在本處授監司、太守差遣者，既免奏事，一任復一任，至有不出巴峽、周旋麾節一二十年而未嘗至輦轂者，賢否皆不可知。宜令久任四川監司、郡守人，更迭爲東南差遣。其在任未久者，既有任滿前來奏事指揮，候到闕始得別與除授。」從之。

七月二十三日，詔：「帥臣、監司以勸農爲名，自當朝夕諮訪，以待上問。比者數命諸道條具雨暘豐歉之候，乃或泛言某郡某縣大畧如何，或云見行取會，顯屬文具。即自今行下所部，令諸縣五日一申州，州十日一申帥臣、監司。纔候指揮到日，帥臣、監司即時開具聞奏〔二〕。其或不盡不實，並當黜罰。」

九年三月十八日，臣僚言：「頃詔監司、帥臣臧否所部，歲終以聞。然郡守更易不常，監司、帥臣好惡不一，則言有當不當。有已去而不及臧否者，有近到而已遇臧否者，或取其辦事而不言其害民，[33]或喜其彌縫而不言其疏謬，或畏其彊有力而不議，或以其疏遠無援而見斥。望復詔諸路監司、帥臣，自今臧否所部，必須總計一歲之數，不問已去、見在，就其中而區別之。或臧者朝廷已加擢用，則具其臧之次者；或否者朝廷已行罷黜，則具其否之次者。

〔一〕廓：原作「廊」，據《宋史》卷一七四《食貨志》上二改。
〔二〕即時：上一字原缺筆畫，據殘存筆畫推斷，似爲「時」字。考《宋史全文》卷二七上記作「即便」，據其意改。

其有臧否不當者，必令具析以聞。」詔除初到任人外，餘從之。先是，正月十三日，詔諸路監司、帥臣淳熙八年分歲終各合臧否所部守臣，令日下聞奏。至是臣僚復有此請。

四月四日，詔：「(臣)〔自〕今盜發所臨，其帥守、監司不能先事彈壓，仰三省、樞密院具名將上，先議責罰。如平定有勞，却行推賞。」

十一月四日，臣僚言：「監司、守臣所部官吏因不職對移，自有成法，訪聞近來多任私意，不俟奏報，顯屬違例。」詔吏部檢坐見行條法，申嚴行下。

十二年六月二十六日，進呈諸路帥臣、監司每遇歲終各以所部郡守考察臧否來上。浙東一路最近，淳熙十一年分至今尚未開具聞奏，鄭丙等擬展二年磨勘。上曰：「近來廢弛事多，須當懲誡，可並降一官。」

八月十四日，新除監察御史冷世光言〔一〕：「監司歲出巡歷，吏卒誅求，所過騷然〔二〕，有過使錢，有輕齎錢，有遞馬券食錢，一縣之中凡數百緡，僅能應辦。否則睚眦以興怨，捃摭以生事。乞明詔諸路監司，今後巡歷所至，力革此弊。所用隨行吏卒，各于州郡差撥，逐州交替。庶幾杜絶誅求之擾。」從之。

十三年七月九日，詔：「監司去 34 處守臣暫闕，令監司兼權。若監司兩員去處，則依官職次序。如遇監司巡歷，時暫令本州以次官兼權，毋得輒受知州上下馬供給公用之類。」從臣僚請也。

淳熙十六年七月十四日，臣僚言：「今來監司有興販木植，動以數萬，高立價直以牟厚利。至于貨賣不行，抑令所屬州郡變轉。州責之於縣，縣敷及于民，至有鬻產送納。況牌筏所過場務既免征税，而住賣之處亦無抽解，不惟暗失官課，又且攘奪商賈之利。乞嚴立禁止，如有違戾，許令内臺糾察，重寘典憲。」從之。

十九日，臣僚言：「乞詔二三大臣，取諸路見在職任及已差除監司姓名，畫一開具，稟取聖斷，將其間素無材望又無績效之人改授州郡差遣。若昏老庸謬，并無廉稱，則或與宮觀，或遂廢斥。如此，則見在不才監司可得而汰去矣。」又言：「乞詔侍從、臺諫集議，公舉才力可爲監司者上之，宰執所知則許自薦，籍于中書，遇有員闕，即于其間選授。如此，則將來監司可多得其才者矣。」從之。

十月九日，詔：「川、廣監司、郡守未經上殿許先赴任之人，如連任上件差遣，任滿須赴行在奏事訖，方得再有除授。見闕取旨。」

二十三日，前權知南安軍方崧卿言：「乞明戒監司，凡官吏罪之當按者，不必互相(闕)〔關〕白，各以所察之實明著罪狀。若果衆所共惡，自應不約而同；若其意見有殊，或臨部未久，更須詳核，亦不必以失按爲過。庶幾監司得以

〔一〕察御：原脱，據《宋史全文》卷二七下補。
〔二〕騷：原作「驗」，據《宋史全文》卷二七下改。

各振其職，而爲35之官吏者樂于自展所長，不虞異見之罰。」從之。

紹熙元年二月二十三日，臣僚言：「乞自今除授監司，必選擇曾任州縣之人。苟未歷州縣而爵位雖高，亦須使之試郡而後除。庶于州縣事體身曾親歷，不至于持未試之術，行偏見之私。」從之。

六月十九日，詔：「今後郡守、監司，其間有贓污狼藉、曾經論列、或曾被按劾而事跡昭著者，任祠禄之後不得復任監司、郡守。」從臣僚請也。

十一月二十一日，御史中丞何澹言：「竊見壽皇在御，每因監司有闕，于少監而下親自拔擢，人人感勵，號爲稱職。近日監司適有虛員，亦有闕次不遠者，願陛下出自聖意，擇朝臣之久次而人材爲衆所推許者分遣以往，以爲初政特達之舉，以重諸道按察之權。」詔三丞以上久次有材望，可爲監司者，選擇差除。

二年四月十一日，臣僚言：「近來監司未知舉察，罕事按刺。乞詔有司考監司之績，凡其按察、刺舉之職振而風采著者，與加旌擢。倘一任之內默默全無按刺，與一路之間官吏有不治之迹，因事自彰而失于按刺者，以不職之罪罪之。」從之。

六月一日，臣僚言：「至尊壽皇聖帝屢申嚴守臣條具裕民五事之制，淳熙法書告成，遂以守臣到任及半年以上，具的實民間利病事件以聞，著之於令。欲乞今後監司到任半年，亦令條奏裕民事件，務要的實利便，不得滅裂文具。庶幾廣求民瘼，悉以上達。」從之。

五年九月二十一36日，中書門下省言：「四川、二廣，其地險遠，遇監司闕官，士大夫資望稍高者皆不願就，無以深慰遠民之意。乞今後于寺監丞內選差。」從之。

二十七日，臣僚言：「竊惟今日至急者，惟有拯救諸路旱傷一事。茲事甚大，責在監司，監司得人則州縣各自究心，赤子均受實惠。今救災之責尤急于常平使者，目即災傷去處尚且闕員，雖或已除，而在遠者展轉必至窮冬。救災之務，要及西成之際，或就糴他方，或移撥近地，或輸陳粟，或督種粦麥，皆在此月之內，若至天寒歲暮，則後時無及。差擇監司，豈非今日急務？近年以來，立爲二著、三丞之限，材與能者始不得以備緩急之用。只如壽皇之朝，或自寺監丞及百執事便與持節者累累相望，其人見朝廷非次擢用，必思悉力報稱。昨日伏聞已降指揮，川、廣監司得不以資格（受）〔授〕任，臣知陛下之心與天下公議相協。但遠民之可念，未若近民邇日迫切之情。欲望亟降睿旨，去近歲（監）〔堅〕執資格之說，遵壽皇選吏之規，諸路見闕使者，俾于班列之間疾速選差真實體國愛民之吏，以收人心，以回天意。」從之。

慶元元年十月二十九日，殿中侍御史黃黼言：「竊詳吏部銓法，年六十五不許注知縣、巡尉。巡尉以警捕爲職，而縣有人户、社稷、財賦、獄訟，其責任之小者尚爾，而況於監司、郡守乎！ 乞檢舉紹興二十三年十月二日、三十二年正月十三日、隆興四年三月十四日[37]前後指揮〔一〕，令尚書省行下吏部，再行申明，監司、郡守年及七十者，其見任人不至疾病昏耄廢事，聽其終任，改畀祠禄。 如有年耄疾病之人，許其自陳，以全其進退之義。 自今年及七十者，不除授監司、郡守，著爲定令。」從之。

十二月二十六日，臣僚言：「乞今後應除授監司及已除未上之人，並須曾作州縣及歷他司者，庶幾諸路皆受大賜，又可使人材之練歷。 前來三丞嘗降指揮許作監司，今亦乞考其資歷，如不曾經歷州縣，且與見闕州郡以試其材，俟有政績，即行陞擢，庶幾內外均一。」從之。

二年九月二十七日，臣僚言：「監司、帥守今于迎送之間，一切踰法過制，既破兵衛之給，又邀舟楫之用。 方來則文移征索，以爲當然；暨去則自爲囊橐，取又數倍。 今宜立爲之法，使舟行者蠲其兵衛，陸行者禁其水脚。 或兩有所取者，其一以贓論。 迎送兵之多寡遠近，並以成法申嚴行下。」從之。

三年五月十一日，殿中侍御史張釜言：「乞今後有自朝行更迭補外而未經作郡之人，及在外雖經作郡而不曾考滿者，並且與知州軍差遣。 俟其治行有聞，然後擇尤異者，以節畀之。 庶幾諸路耳目之寄，盡得老成更練之人，而措諸政事，無捍格不通之患。」從之。

十月六日，臣僚言：「辰、沅、靖在湖外，爲至僻之郡，其地至狹，其民至貧。 三州之境相接蠻猺生界不率〔二〕，與之雜處，若州縣政平訟理，拊摩得術，則百姓安業，邊方帖[38]然，豈復有侵擾騷動之患！ 向來所以間曾剽掠，敢入熟地作過，亦州縣爲政乖謬有以致之。 夫州縣官吏從事於此地，非不知百姓之不可虐，生界之不可擾，實緣三郡去朝廷至遠，凡事輕忽，得以自恣。 所賴監司歲一巡部，故風俗之美惡，獄訟之繁簡，官吏之貪廉，蠻人之出没，皆可察訪而賞罰之。 今提刑、提舉在常德爲置(所)〔司〕之所，窮年卒歲，足跡未嘗一到。 究其所由，蓋緣三州之地荒陋遠僻，非特水陸皆險，舟車不便，行役所以亦難。 乞行下湖北提刑〔三〕、提舉兩司，每一歲分上下半年，必要遍歷三郡，以察官吏，以問風俗，以安蠻獠。」從之。

十二月十一日，殿中侍御史張釜言：「乞四川諸路帥臣、監司，今後不許令隨侍子弟互注沿邊有賞去處窠闕。 應廣西州縣見任官，諸司不得存留在置司權攝，有(坊)〔妨〕本任職事。 如有違戾，在外許諸司互劾，在內委御史臺覺察彈奏，重寘典憲。」從之。

四年正月十六日，監察御史張巖言：「孝宗皇帝有詔宰臣云：『監司，民之休戚係焉。 今後二三大臣宜精加考

〔一〕隆興四年：按隆興僅有二年，此處年號、年數必有一誤。
〔二〕界：原作「畀」，據下文改。
〔三〕提刑：原闕，據上文補。

擇，既按資格，又考材行，合是二者，斯可進擬。』前日臣僚之言資格已正，臣謂材行尤當深考也。欲望睿旨，凡前所除授未經作郡除監司，已在任之人，若有聲績著聞、卓然超異者，可令終任，俟解替日朝廷別與見闕州郡；如已試平平、〔如〕〔無〕足采録者，似不應濫居其職，即與改郡，更令詳試民事。若尚待次，即令換合入 39 州郡，俟有治行尤異，然後畀之以節。如此，則資格、材行二者俱得，其于人情公論，方爲愜當。」從之。

二十二日，右正言兼侍講劉三傑言：「乞今後監司、郡守應以疾患控列，別無規避者，即與將上取旨，畀之祠禄，以均閑佚。其抱病日久，不以自陳，致有廢事者，郡守則令監司覺察，監司則令諸司互察，便賜罷斥。或有隱蔽而不以聞者，則令御史臺劾奏，亦與黜責。庶幾各知廉耻，不敢養痾以負朝廷之隆委。」從之。

五年八月二十六日，臣僚言：「乞備坐慶元重修條令行下諸路監司，嚴切戒飭，今後須管每歲徧詣所屬巡按。候起程有日，先次奏申。其所歷郡縣，或曾興除民間利病，刺舉官吏賢否，應有已施行事件，並於回司之後，限在半月內逐一開具聞奏，并申尚書省、諫院、御史臺。如有違戾，仍前視爲文具，委自臺諫覺察彈劾，重寘典憲。」從之。

十月二十七日，右諫議大夫兼侍講陳自强言：「乞諸帥臣、監司今後屬官遇有合行按發事跡，即當論奏，毋得黨庇。一或黨庇，致有臺劾，則必量其輕重以罪其長。如此，則爲之長者斯以時而覺察，爲之屬者亦自知于循謹。」從之。

六年正月二十三日，臣僚言：「乞申敕監司，使之恪守成憲，明知分道置使，其職在于按察。若州縣吏贓污不法，繆懦不治，劾章不以上聞，致有臺諫論列者，當併責罰。仍詔大臣，其於諸路監司，遴選賢德重厚、風采有望之士俾當其寄。 40 庶幾上下相維，內外一體。」從之。

嘉泰二年十月四日，臣僚言：「內外庶官除授監司、郡守在七十以前，而赴上之日適年及七十者，闕到之日，許其自陳，令赴闕奏事。儻于堂察、臺參及陛對之際，見得其人視聽不衰，筋力尚强，猶可委使，及自指揮下日見在任之人，並合滿此一任，然後納禄，不過踰致仕之期僅一二年爾。庶幾有志事功者，不以年高而終棄，而監司、郡守亦多得老成更練之人。其有日暮途遠，恃老貪汙，不知止足者，則有臺諫彈劾在焉。」從之。

十一月九日，臣僚言：「臺諫風聞于千萬里之外，日省月察，時有彈擊。向之論及縣令則守臣自責，論及守臣則監司引咎。今諸路監司偃然坐視，不得翫法慢令之守〔一〕，置而不問，罷輭不任職，狠愎不事事，貪刻以害吾民者，悉縱之而不察，竊長厚之名以成委靡之俗。乞今後臺諫或論

〔一〕不得：疑誤，蓋既云「不得」，則下句「置而不問」即無着落處。疑「得」當作「德」，音同而誤也。

及所部守臣通及三名，許御史覺察，將本路監司量行責罰。」從之。

三年三月二十四日，臣僚言：「數年以來，州郡監司交承之後，具申錢物前後不同。或有申聞朝廷而不與之明別是非，或有私白臺諫而無從究見曲直。其弊皆起于不候交割，先次離任之故。甚者貪夫資之以席卷，姦吏乘此以並沿，隱匿竄名，竄易文曆，歲月侵奪，漫不可考。其間弊倖，殆不止此。合符告新，古人所貴。乞自今後監司、郡守到罷，雖被召命，並候親相交割錢物，即須同銜申上，方許離41任。或以故去，或以罷斥，亦令佐貳屬官將見在錢物明著項目，列狀交管，結罪具申朝廷。」從之。

二十七日，臣僚言：「選任監司，多自三丞、二著及（遺）〔諸〕寺監丞中拔擢而用之。近歲以來，獻議者必拘以曾任州郡，方許持節。夫監司之才固不可以多得，今有其才者，既以未任州郡而不預選，曾任州郡者或多遲暮而乏風采，是豈容拘之以此而不加廣耶！乞自今監司除嘗爲知州軍許選差外，其三丞、二著雖未爲知州軍而嘗任知縣者，若堪充是選，則並許通差。其未爲知縣者，雖歷三丞、二著，勿差如舊。」從之。

嘉定三年五月二十六日，臣僚言：「乞申儆中外，俾膺監司之任者，每歲各季輪流巡按管下州縣，稽察官吏，疏列臧否，訪求民瘼，具以實聞。雖窮荒僻左之地，尤當博采情僞。所過州縣，各差三十人祗應迎送，不許赴宴會、受饋遺。」從之。

四年二月五日，監察御史商飛卿言：「監司所統一路，吏治短長，耳目易及，顧乃竊賢厚之名以自蓋，鮮所揚激。乞自今選任監司，一以孝宗之已行爲法，不必拘三丞、二著之制。倘其人委有風望，曾經作邑，雖寺監丞亦許選差。仍乞令侍從、兩省以上官各舉所知，保奏以聞。有不如所舉，并行責罰。」從之。

九年二月三日，臣僚言：「今之監司或掌刑獄，或董餉運、茶鹽、倉庾，各有攸司，大率以廉察爲職。教畫一放，觀聽攸繫，好惡雖微，舒慘立見。由中朝百執而視外，一監42司若未足深加之意，然列城十邑之休戚，實關係乎一臺之正否，委任一非其才，喜怒不得其中，則九重雖有如天之澤，亦將壅閼而不獲施矣。今江浙諸路監司間有闕員，未即差除，得非謹於掄選而不以輕畀乎！乞命大臣審擇中正無私、剛廉不撓之士，亟充監司闕人去處。仍詔近臣各舉一二人，以備採擇，諸路幸甚。」從之。

十一年十月三十日，臣僚言：「朝廷置部使者之職，俾之將明王命，以廉按吏治。至于職事，則各有攸司。婚田、稅賦則隸之轉運，獄訟、經總則隸之提刑，常平、茶鹽則隸之提舉，兵將、盜賊則隸之安撫。是以事權歸一而州縣知所適從，民聽不貳而詞訟得以早決。而今之爲監司者，依勢作威。不以激濁揚清爲先務，而惟以追逮縣吏爲威名；不以按發姦贓爲己能，而惟以泛受詞狀爲風采。故珥筆之吏，凡有詞訟，今日經某司則判曰云云，明日經某司則又判曰云云。甲可乙否，彼是此非，遂致州縣之間無所適從，日遷月延，終不予決。是豈陛下分臺置使之本意哉！乞下臣此章，戒飭諸路監司，體朝廷設官分職之意，懲昔人侵官離局之非。若州縣之間，或暴賦橫斂以摇民心，或隱蔽水旱以欺主聽，或大吏有姦贓而蠹國，或兵將包藏而干紀，許諸司從條（吏）〔例〕互察外，自餘詞訴，須委自簽廳契勘，果隸本司，方與受理。若未經州縣結絶者，且與立限催斷，給與斷由，聽詞人次第 43 理訴，並不許他司越職干與及妄有追索入案。庶幾州縣之吏可以一意奉行，閭里之民不爲豪强所困。」從之。

十二年十月五日，臣僚言：「竊惟國家設官分職，内外錯立，激揚所繫，舉刺並行。詳内畧外，固非分治本意，而有舉無刺，任按察者可不究心乎！蓋人主深居九重，人才賢否不能徧察，故内而彈擊則責之御史，外而按刺則責之監司。比年以來，臺臣奏劾無月無之，而監司、郡守各不舉職。夫有舉必有刺，二者宜兼行之。今也連連累牘，紛紛來上，或舉政績，或舉所知，或舉廉吏，或舉科目，有獨銜而特薦者，有連銜而列薦者，有一狀而薦至五六人者，每至將替，尤爲猥衆。其間固有時取姦贓，廉按一二，然類多吐剛茹柔，莫肯任怨。至有終歲而不按一人，終任而不劾一吏者。豈部内官吏皆賢而無可論者耶！上下相蒙，孰視不問。雖言責之地，得其風聞，不敢緘默，而外臺容庇，漏網實多。乞戒飭監司各察其屬，舉賢糾惡，參舉並行。仍令省部每遇刺舉來上，或舉多刺少，或舉少刺多，並置籍稽考，畧倣臺臣月劾之例，少加旌別。如有任滿不按一吏，終歲不劾一人者，並令臺臣覺察，重與責罰。庶幾官曹肅清，姦貪知畏。」從之。

十四年六月三日，臣僚言：「天子耳目，寄與臺諫，而臺之爲制，則有内臺，有外臺，外臺即監司是也。今之内臺，非已經作縣者不與茲選，則外臺之任，可輕畀之未嘗作縣者 44 乎？且薦舉之事，外臺職之，按刺之事，外臺又職之。至于芻粟飛輓之任，犴獄平反之責，倉儲斂散之權，其上關國脈，下切民瘼，至不輕也。淳熙間，臣僚奏請，今後監司非曾歷知縣者不可輕畀，亦謂其糾察郡縣，觀覽風俗，歷任頗重，難以付諸未嘗更歷民事者也。欲望聖慈申明舊制，應凡監司，並照内臺體例，必曾作縣有聲者，然後除授，則由内外，皆可得人，而于耳目之寄不爲無補。」從之。

閏十二月一日，臣僚言：「竊觀慶曆中，富弼上言，乞令中書、密院通選諸路轉運使、副，令逐路轉運選轄下知州，逐州選部内知縣、縣令，于是薦張温之九人以備選擇。又觀嘉祐中，陳升之嘗言郡縣之得失固不得周知，付之十八路轉運使，遂上選用責任考課之法。二臣之言，可謂切中時病。今之監司鮮能任責，謂薦賢可以市恩，謂按吏足以召怨。或終一任而被（旗）〔旌〕擢者多至數十，經按劾者間有一二，豈所部多賢而無可按之吏耶！臣嘗考之矣，其説有四：雅無譽望則有所隱蔽而不欲言，素乏廉隅則有所縱弛而不復言，暱于親故則有所掩覆而不容言，迫于勢要則有所顧忌而不敢言。是以州縣之吏，善惡不分，功過莫辨，朝廷有寬大之詔而吏弗宣，守宰無循良之政而民愈困。夫監司號外臺耳目，職業不修，廼至若是，豈不負陛下委寄哉！邇者近甸守令罪狀顯露，人所共知，臺臣已行彈奏矣，監司方從而[45]按發，不幾於失職乎！州郡守倅贓證明白，見于互申，諫臣已行論列矣，監司乃爲之回護，不幾於惠姦乎！上下相師，習以成風，無怪乎吏不稱職，而民不得安其業也。夫有官必有課，其來尚矣。上自州縣長官，下至一命之吏，皆有長以考察其能否。獨監司無所屬而莫爲之長，其賢不肖當使誰課之？漢法，御史中丞外督部刺史。本朝蘇洵亦欲朝臣議定職司考課之法，於御史臺別立考課之司，中丞舉其大綱，擇屬官强明者專掌其事，以舉刺多者爲上，以舉刺少者爲中，以無所舉刺者爲下。臣謂舉賢人之所樂，按吏人之所難，故歲舉率有定員，而終歲或不能按一吏。今莫若參用本臺月課之制，委自御史考察諸路監司，相視按刺多寡而定其高下，歲終以名聞于朝而行賞罰焉。庶使監司皆知自勉而不至曠職，州縣有所畏憚而不敢爲非，民生庶乎有瘳矣。欲望睿旨宣（論）〔諭〕大臣，特賜施行。」從之。（以上《永樂大典》卷一一〇九）

宋會要輯稿　職官四六

分司

【宋會要】[1]太祖建隆元年二月，以左驍衛大將軍致仕李彥崇爲右羽林大將軍，分司西京。

三年二月，以左清道率府率范昭祚爲左衛將軍，分司西京。

開寶二年八月，以太子少詹事王哲爲少(傅)〔府〕少監，分司西京。

四年六月，翰林學士、左散騎常侍歐陽炯落職〔一〕，以本官分司西京。

七年十二月，以江南僞命官許憲爲右贊善大夫，分司西京。

九年八月，以江南僞命〔官〕崔萬安爲太府少卿，分司西京。

太宗太平興國六年十月，除名人和峴爲秘書丞，分司西京。

七年正月，以除名人張炳爲殿中侍御史，分司西京。

八年七月，以前崇信軍節度掌書記沈承慶爲大理寺丞，分司西京。

雍熙元年十二月，追官人段從革爲秘書丞，分司西京。

二年正月，除名人曹翰爲右千牛衛大將軍，分司西京。

四年十二月，前右補闕蘇德祥爲殿中丞，分司西京。

真宗咸平元年九月，以左衛上將軍張永德爲太子太師，分司西京。仍授其孫大理寺丞文蔚西京監當，以便就養。明年十二月，以車駕北征，召永德爲東京城内外都巡檢使。三年二月，復授彰德軍節度使。

三年六月，西京左藏庫使張正吉爲左衛率府副率，分司西京。

四年七月，都官郎中、分司西京楊坦檢校秘書少監，充安遠[2]軍節度副使。坦年老，上言分務不便，故改授焉。

五年九月，右僕射張齊賢爲太常卿，分司西京，坐子宗誨與薛氏訟財故也。

十一月，以職方員外郎、分司西京樂史直史館。史年七十餘，以郊祀畢奉留守司表入賀，真宗召見，以其筋力不衰，篤學好著書，故授以舊職。

六年三月，以前太子中舍呂藩守本官分司西京。藩，故相端之子，病足請告凡數年，當落籍，特推是恩也。

景德元年七月，以光禄卿李昌齡分司西京。昌齡知光州，轉運司言其病不任事，故有是命。

閏九月，以歸德軍節度副使胡旦爲祠部員外郎，分司

〔一〕炯：原作「迥」，據《長編》卷一二改。

西京。

四年九月，以四方館使、平州防禦使、知同州上官正爲左龍武軍大將軍，領平州防禦使，分司西京。起居舍人、知華州張舒守本官分司西京。並以轉運使言老疾不任吏事，而正以嘗預平蜀功，故特令領郡，優其俸給。

大中祥符二年三月，吏部尚書致仕宋白言：「母氏年八十五歲，臣弟炎見任職方員外郎、分司西京，欲望除一致仕官，帶分司俸給，以遂侍養。」詔令依舊分司，支給請受，許赴東京侍養。

三年七月，詔左龍武軍大將軍、韶州防禦使、分司西京韓宗訓請俸依見任例支給。

四年二月，詔：「應西京分司文武官不因贓罪授者，（科）〔料〕錢三分中特給一分見錢。」

六年六月，以翰林學士、户部郎中、知制誥楊億爲太常少卿，分司西京，陽翟養疾，俟損日赴西京〔一〕。億以母【3】疾上章請告，不待報而行。既至許州，復自稱病，故有是命。

七年十一月，右諫議大夫、權西京留司御史臺陳象輿爲衛尉卿，分司西京。先是，河南府言象輿不職，故有是命。

天禧四年正月，以太府卿裴莊爲光禄卿，將作監韓援爲秘書監，兵部郎中崔旼爲太常少卿，並依前分司。

十一月，以保靜軍節度副使戚綸爲太常少卿，分司南京，綸以疾陳請故也。

十二月，比部員外郎孫夢協乞分司南京，取便居住，詔許焉。後多援例許從便居住。

五年正月，司勳員外郎、知解州蕭芳分司西京。仍以其子殿直國真監西京牧馬監，以便侍養。

十一月，山南東道節度使、同平章事王欽若責授銀青光禄大夫、司農卿，分司南京。欽若時判河南府，稱疾擅離任赴闕，故有是命。

乾興元年四月，仁宗即位未改元。以秘書監分司西京韓援爲太子賓客，太常少卿分司西京崔旼爲太僕卿，兵部郎中分司西京高紳、司封郎中分司西京韓昌齡並爲太常少卿，皆依前分司。

六月，守司徒、兼侍中丁謂降授太子少保，分司西京。謂爲真宗山陵使，坐與内侍雷允恭擅移皇堂。當降制，止命舍人院草詞。

九月，詔銀臺司、閤門、都進奏院，自今分司官表章並許收接。時分司西京韓援上言：「准都進奏院公文，分司、致仕官并前任丁憂持服官表章無例投進，緣分司官見今食禄，列在班簿，致仕官亦有俸給，即與丁憂持服不同。」故【4】有是詔。

仁宗天聖元年五月，給事中、充集賢院學士張復爲光

〔一〕損：原作「校」，據《長編》卷八〇改。

祿卿，分司南京。與假百日將理，候痊損發赴南京。

七月，主客員外郎、判三司度支勾院李宗諒言：姪國子博士昭迪昨自汾州通判就差監(穎)〔潁〕州正陽鎮鹽酒税，兼兵馬都監，爲患乞就除分司西京，且在私家求醫，損日却赴西京。詔給假百日將治，候痊損發赴西京。

二年四月，以知曹州、刑部尚書、集賢院學士薛映本官分司南京，仍於曹州居住。

九月，知兖州、工部侍郎李應機爲將作監，分司南京，徐州居住。

三年四月，知宿州、工部郎中孫元方求分司。詔以元方在任公事無曠闕，(今)〔令〕終此一任差替。

六年十二月，主客員外郎、分司南京邵焕落分司，就(蓋)〔差〕監當。

七年十月，工部郎中、監泰州茶鹽商税務周嘉正分司西京，泰州居住。嘉正言兼男茂先近授楚州司户參軍，乞改授泰州倚郭縣簿尉或判司。從之。

慶曆五年十二月，賜司封員外郎、分司西京趙希言三品服，仍賜錢十萬。初，樞密使王貽永、副使龐籍、丁度言希言嘗講禁中，年餘八十，而家素貧，故賜之。

六年七月，右正言、知制誥、知吉州余靖爲將作少監，分司南京，許居於韶州。

皇祐四年正月，詔御史臺：「臣僚年七十，因體量罷官或分司致仕者，更不推恩子孫。」

嘉祐四年九月，以翰林侍讀學士、禮部郎中、知和州呂溱落職降官，分司南京。

五年六月，以寧國 5 軍節度副使孫沔爲光禄卿〔一〕，分司南京。至七年十月，以知濠州。

神宗熙寧三年六月，光禄卿、知舒州楊嶼守本官分司南京。嶼以本路轉運司奏庸懦不職，乞改宮觀差遣故也。

元豐元年七月十九日，詔：「自今武臣遥郡已上分司，如歷任不因戰功轉官，及不曾任管軍及横行，並除南班官分司。」

三年九月四日，御史王祖道言：「太常丞汪輔之除廣東轉運副使，輔之即乞分司致仕，朝廷爲改成命，令依舊爲開封府推官。臣竊以平日無事差一監司，聽避免而不行，萬一二廣有邊陲之警，朝廷何以使人？誰肯爲陛下行者？望從輔之之請。」詔許輔之分司。

四年十二月十六日，詔：「見分司官三年罷，自今更不許分司。」以侍御史知雜事滿中行言，乞自今見任官更不許陳請分司，已分司者候滿二年放罷。

哲宗元祐元年五月十八日，詔：「李定落龍圖閣直學士，守本官分司南京，揚州居住。」定父没，始解官持所生母心喪，劉摯言其不持服也。

同日，詔三京依舊置分司官。

〔一〕卿：原無，據《宋史》卷二八八《孫沔傳》補。

六月十二日，詔：「相州觀察使張誠一特責授左武衛將軍，分司南京，於本處居住。」以左正言朱光庭言邪險有虧孝行也。

十八日，詔：「資政殿大學士、正議大夫、提舉西京嵩山崇福宮呂惠卿落職，降爲中散大夫、光禄卿，分司南京，蘇州居住。」以諫官蘇轍、中丞劉摯論列，故有是命。

二十七日，詔：「龍圖閣直學士李定責授朝請大夫、少6府少監，分司南京，滁州居住。」以左司諫王巖叟言不持所生母仇氏服，故有是詔。

十月三日，詔：「奉議郎、前太府寺丞王璋許守本官，依舊太府寺丞，分司南京。」璋以疾自陳故也。自是應自請分司，並帶職事官。

紹聖元年七月十八日，詔：「降授左正議大夫、知隨州呂大防守本官，行秘書監；降授左朝議大夫、知黄州劉摯守本官，試光禄卿；降授左朝議大夫、知袁州蘇轍守本官，試少府少監。並分司南京，大防郢州、摯蘄州、轍筠州居住。」以御史中丞黄履等言，大防等謗訕先朝，變亂法度，乞各正典刑，故有是命。

二年五月二十二日，詔：「依元豐四年朝旨，見任官不許陳乞分司。」從殿中侍御史郭知章言也。

三年八月十九日，詔：「梁燾除少府監〔一〕，降授奉議郎、管勾洪州玉隆觀、南安軍居住劉安世除少府少監，並分司南京，各於本處居住。」

元符元年正月二十四日，前知應天府趙君錫等將公使庫寄納官錢借使，詔君錫以少府少監分司南京，亳州居住。

三年徽宗即位未改元。六月十日，左正言陳瓘言：「龍圖閣待制、知荆南府邢恕昨者自謂親聞司馬光有凶悖之語，遂以告於章惇，而光及范祖禹等緣此貶竄。又以文及甫私書達於蔡確妻明氏，謂劉摯、梁燾、王巖叟皆有姦謀，而摯等家族幾至覆滅。按恕嘗以反覆詭詐得罪先朝，公議不容，固亦久矣。今寵以華職，付之大藩，中外沸騰，不以爲允。望降7睿旨，原情定罪，以協公議。」三省進呈瓘疏，韓忠彦請改撰司馬光、呂公著告命。上曰：「但貶邢恕訓詞中具載此意，則天下皆知之矣。」是日，責恕爲少府少監，分司西京，筠州居住。

欽宗靖康元年二月十八日，詔：「太師蔡京特責授中奉大夫、秘書監、分司南京致仕，河南府居住。」以言者論：「京政和中首建平燕之議，王黼當國，循襲創造邊患，黼大正典刑，如京之惡，豈可獨貸！」故有是命。

高宗建炎元年五月二十九日，資政殿學士〔二〕、西道總管王襄責授中大夫、秘書少監，分司北京，襄陽府居住；資政殿學士、北道總管趙野責授中大夫、秘書少監，分司南京，青州居住。以提兵在外，不能入赴國難，而爲退避之計

〔一〕燾：原作「濤」，據《長編紀事本末》卷一〇一改。
〔二〕學士：原作「大學」，據《建炎要録》卷五改。

故也。

七月三日，詔：「朝奉大夫、充徽猷閣待制、知平江府鄭滋落職，責授秘書少監，分司南京，筠州居住。」以爲郡躭樂，不恤國艱故也。

三年三月十二日，詔：「光禄大夫、提舉南京鴻慶宫黄潛善責授秘書少監，分司南京，衡州居住；正議大夫、提舉西京嵩山崇福宫汪伯彦責授祕書少監，分司南京，永州居住。」皆以其謀國不臧，致虜騎憑陵故也。

十七日，詔：「錢伯言責授軍器少監，分司西京，澧州居住。」以伯言(常)〔嘗〕棄城而遁故也。

同日，詔：「黄潛厚責授中大夫、祕書少監，分司南京，道州居住。」以殿中侍御史王庭秀論其賣官售寵故也。

七月八日，詔：「張澂落職，責授祕書少監，分司南京，衡州居住。」以朋附苗8傅、劉正彦故也。

四年五月二十三日，詔：「中大夫、同知樞密院事周望(授責)〔責授〕秘書少監，分司南京，衡州居住。」初，望爲江浙制置使，以嘗有(補)〔捕〕獲苗瑀功，遂超拜本兵之任。既而以宣撫使總師平江，會金人南牧，望不能統御大軍爲捍禦計，望風先遁，致虜騎乘間復破吳門，連陷諸郡，言者乞加誅斥，乃有是命。

八月十八日，詔：「權知三省、樞密院事滕康，同權知三省、樞密院事劉珏，並責授祕書少監，分司南京，滕康永州居住，劉珏衡州居住。」以言者論其傳聞警報，使太后乘流涉險故也〔一〕。

九月十七日，詔：「分司居住人該遇今年二月二十三日德音，令所屬具元犯因依，取旨移放。」

紹興元年十月三日，詔：「朱勝非責授中大夫，分司南京，江州居住。」坐辭難避事之罪也。

十年閏六月二十五日，詔：「前相趙鼎責授中大夫、祕書少監，分司南京，興化軍居住。」

十一年十一月十三日，詔：「范同責授左朝奉郎、祕書少監，分司西京，筠州居住；朱翌責授左承事郎、將作少監，分司西京，韶州居住。」臣僚言：「同當貳政之始，首爲遷葬之謀，驅役疲民，騷動州縣，州縣之吏望風而迎祭者絡繹於道。以朝廷執政之尊而恃威怙權，蔑視百僚，無所不至。至於掩人主之雋功，稱爲己有；勸人主之必殺，恣爲己私。陰結維城之戚，密通左右之臣，引用非人，植立黨與，必欲盡排異己者而中傷忠良。故如朱翌、邵大受之徒，皆以儇輕9險躁之資，甘爲鷹犬厮役之態。同之所向，翌等必附之；翌等所言，同必行之。更唱迭和，共濟其姦。」故有是命。

十二年正月二十九日，詔：「孫近責授左朝散郎、祕書少監，分司南京，漳州居住。」以臣僚列其交結朋比之罪故也。

〔一〕涉：原作「陟」，據《中興小紀》卷九改。

十月二十一日，詔：「左朝奉大夫、提舉江州太平觀何鑄責授左朝奉郎、祕書少監，分司南京，徽州居住。」以破和議故也。

三十一年七月十九日，詔：「同知樞密院事周麟之責授左朝奉大夫、祕書少監，分司南京，筠州居住。」以其辭避使虜故也。（以上《永樂大典》卷一一一一八）

宋會要輯稿　職官四七

判知州府軍監

【宋會要】

1 周朝州鎮有闕，或遣朝官權知。太祖始削外權，牧伯之闕止令文官權知涖，其後文武官參爲知州軍事。二品以上及帶中書、樞密院、宣徽事者，稱判。

《兩朝國史志》：知州、通判、判官、掌書記、推官、支使、録事參軍、司户參軍、司法參軍、司理參軍、知州府事各一員。府以朝官及刺史以上充，州以京朝官閤門祇候以上充。凡州之别有六：曰都督，曰節度，曰觀察，曰防禦，曰團練，曰軍事。凡諸使赴本任或知他州，皆不簽書錢穀事。通判州各一人，與長史均理州府之政，無不統治。藩府或置兩員。廣南小州有試秩充通判兼知州者。節度、觀察皆有判官，京官以上充則謂之簽書判官事。又節度有掌書記，觀察有支使，而節度、觀察、防禦、團練、軍事皆有推官，府則置司録，州則置録事參軍而下各一人，户多事繁則置司理二人。自通判而下，州小事簡，或不備置。又節度、防禦、團練皆有副使，而節度、團練副使並以待左降官。諸州有司馬、長史、文學參軍、助教，士人或有特恩而授不釐務，亦有以負犯人爲之者，流外則止除别駕、司馬。又有軍、監使，掌同諸州，以京朝官及閤門祇候以上充，亦有稱知軍、監事者。邊要之地，或户口繁多，亦置通判，以京朝官充。判官各一人，以京朝官及選人充，司户、司法、司理參軍並同諸州。軍小事簡不備置，非繁劇而不領縣務者 2 量減官屬。河南、應天、大名，使院牙職〔一〕、左右軍巡院悉同開封，而主押以下差減其數。府院置孔目、勾押司、開拆官、行首、雜事、前行，其餘州府使院置都孔目官、都勾押官各一人，又節度、觀察有孔目、勾押、勾覆、押司官、前後行之名。衙前置都知兵馬使、左右都押衙、都教練使、（押）左右教練使、散教練使、押衙軍將，又有中軍、子城、鼓角、宴設、作院、山河等使，或不備置。又客司置知客、副知客、軍將，又通引司置行首、副行首、通引官。其防禦、團練等州使院衙職，悉約節鎮而差減焉。元豐以來具《職官志》〔二〕。

太祖乾德四年十月，詔：「應荆湖、西蜀僞命官見爲知州者，令逐處通判或判官、録事參軍，凡本州公事並同簽議，方得施行。」時以僞官初録用，慮未悉事，故有是命焉。

開寶五年，初平嶺南，以其地有瘴毒，艱於命吏，詔以太子中允周仁俊領瓊管五州。仁俊言，請以僞命官駱崇璨等分知諸州事，乃以崇燦知崖州，譚崇知儋州，楊舜卿知振州，朱光毅知萬安州，仍各授檢校官。

〔一〕院：原脱，據《宋史》卷一六六《職官志》六補。
〔二〕屠寄眉批：「以上《大典》卷九千二十同。」

八年八月，以陳州南頓縣令楊可法爲鄭州防禦判官，權知軍州事。

太宗太平興國九年三月，選祕書丞楊延慶等十餘人分知諸州〔一〕。太宗謂宰臣曰：「刺史之任，最爲親民，非其人則其民受其弊。昔後漢秦彭爲（穎）〔潁〕川郡守，教化大行，百姓懷惠，乃有鳳凰、麟麒、嘉禾、甘露之瑞，可謂善政也。以一太守猶能致此〔二〕，況君天下者乎？何謂太平之3不可致、和氣之不可召也！」

雍熙三年四月，以駕部員外郎梁裔知應州，監察御史張利涉知朔州，右贊善大夫馬務成同知寰州，左拾遺張舒同知雲州。時田重進北伐，凡下州郡，即命朝臣領之。

（瑞）〔端〕拱元年正月，詔州郡長吏應受制敕暨三司、轉運使移文，至於部民訴牒，悉繫日著於文簿，以幕吏一人句稽，俾絶留事。

十一月，以鎮州馬步軍副都總管、同知州事、光州刺史王明爲禮部侍郎，依舊同知州事，仍給刺史俸。

真宗咸平元年二月，廣南東路轉運使康戩言，新、恩、循、梅四州瘴有毒，請於江南州縣官中就選知州。詔流内銓選荆湖、福建人注本州官，令知州事。

二年六月二十六日，詔：「廣南宜、邕、欽、廉、融等州知州能綏撫蠻夷，俾其樂業者，替日當議優奬；別致生事，重寘之法。」

四年二月，詔：「廣南諸州先令幕職州縣官權知，自今並差京官。」

五年十月，洛苑使李繼和請擇防禦、團練蒞鎮戎軍。真宗曰：「屢有人言緣邊州軍宜如往制正除牧守，朕謂但得其人可也。前代兵權、民政悉付方伯，利害亦可見矣。」

景德二年十二月十八日，詔：「河北、河東、陝西路緣邊州軍，長吏舉官爲通判〔三〕、幕職、巡檢，既爲所舉，則在職依違，不能協正公務，今後宜罷舉。」

三年六月，詔：「近日知州已下多與部内使臣官屬爲姻，後方以聞，致煩移替。自今應轉運使、副使、知州已下，不得與部内使臣官員爲姻，違者並行4朝典。」

九月，廣南轉運使言，邕州都押衙、知田州黄眾盈請授檢校官知州事。詔授銀青光禄大夫、檢校太子賓客、兼監察御史、武騎尉、知州事。

四年四月，詔選嶺南人歷職有聞者優與改官，令知廉州。先是，廉州知州數年間亡歿者四人，帝諭以非習水土者不可令往。時邵曄自廣南安撫回，因令保舉使臣一人，優命遣之。至是復降此詔。

十一月，詔審官院：「今後選京官曾知縣者充廣南知州、通判，依例引對。」

〔一〕書：原作「閣」，據《長編》卷二五改。
〔二〕按，自此句以下，《長編》卷二五作宋琪語。
〔三〕「長吏舉」三字原脱，據《長編》卷六一補。

大中祥符四年八月一日，以捧日右廂都指揮使王潛等七人爲諸州團練、刺史，並赴本任。仍詔審官院擇官爲通判。

五年六月，故恭孝太子韓國夫人田氏言，兄(閣)〔閤〕門祗候承説乞入知州軍差遣。帝曰：「親民官豈可輕授？承説先無能幹之聲，止可近便都監。」

七月，詔：「諸道州府公文並申轉運使、副，内丞郎、大兩省官知州府，本路轉運使、副或是本曹郎中、員外及小兩省官，雖統攝委於事權，然等差紊於品秩。自今應知制誥并觀察使已上知州府，凡事申轉運司公狀，並止書案檢，令通判并以次職官於狀後列銜。如大兩省官已上充轉運使，官高於知州官者，即如舊儀云。」

六年正月，以澧州駐泊都監史方知邵州〔一〕。先是，邵州闕知州，轉運使遣潭州監税聞人若拙權領州事〔二〕，帝以若拙頃與李琰等同謀叛，因告變授官〔三〕，付以親民，何以勸俗，故以方代之。

九月，河北安撫司言，5 冀州路當衝要，信使往來，先差文臣知州，今乞選刺史已上。詔以澤州團練使魏榮知州事。

七年四月，詔：「諸路知州、通判每季閲視在城倉庫〔四〕，其外縣者止校簿籍，不須巡行。」初，淳化中，長吏每季行縣之制，至是罷之。

是月，詔慶成軍知事、判官不兼知縣、主簿。自汾陰禮成，以榮阿縣爲軍，仍隸河中府，官屬猶領縣事，至是許直達朝廷〔五〕。

九年八月，以右僕射陳堯叟判河陽河堤事，專委通判已下修護，堯叟提總之。堯叟以疾求補外〔六〕，故有是旨，優大臣也。

天禧三年六月，夔州路轉運使刁湛言：「雲安軍管一縣户口，鹽井課利最多，自來知軍並差班行，失於點檢，致欠官鹽不少。望依舊例，選有心力强明朝臣知軍。」從之。

四年五月，廣南東路轉運司言：「新徙春州，請於選人、幕職州縣官内〔七〕，選嶺南人内有無贓罪者，充本州通判，兼知州。仍量與錫賜，及與録事參軍俸錢、添支，得替日依漳州龍巖等縣惡水土例酬奬〔八〕。」從之。

五年六月，侍御史燕肅言：「瓊、崖、儋、萬安四州之地，漢爲儋耳、珠崖郡，地方千里，越隔大海，久被聖化，户口滋豐。自來轉運、提點臣僚以部内州郡數多，復又地里遐遠，在一任中少有過海親到者。瓊州知州兼瓊管四州轉

〔一〕駐：原作「注」，據《長編》卷八〇改。
〔二〕監：原作「鹽」，據《長編》卷八〇改。
〔三〕授：授作「受」，據《長編》卷八〇改。
〔四〕季：原作「委」，據《長編》卷八二改。
〔五〕直：原作「轉」，據《長編》卷八二改。
〔六〕叟：原作「搜」，據前文改。
〔七〕官：原脱，據《長編》卷九五補。
〔八〕等：原作「華」，據《長編》卷九五改。

運司公事，崖、儋、萬安三州十四縣知州、知縣並係瓊管轉運司專差彼處衙前攝官充補臨理，多務誅剥，不便遠民。故近年以來，瓊州知州羅善長、黄建中 6 繼坐贓污，蓋不擇材，致此隳敗。欲望自今選差曾有近上臣僚同罪保舉者知瓊州，候得替無遺闕，與陞擢差。」從之。

仁宗乾興元年即位未改元。六月，審官院言：「準景德四年十一月詔，應廣南諸州軍知州、通判選京朝官曾差知縣者充。今詳新轉京官知縣到任及一年已上者，亦依例移差。緣廣南東、西兩路州軍有户口稍多處，若一例就差知縣往彼知州，頗以僥倖。今將下項十七州差合入通判資序人知州，餘州即依元詔施行。」從之。英、韶、惠、連、端、潮、康、賀、封、南雄、昭、象、藤、柳、潯、邕、梧，凡十七州。

仁宗天聖五年六月，廣南西路提點刑獄司言：「高、欽、融三州皆侍禁知州，舊有推官，闕員已久，高、融州各無推官，只有司户、司理參軍。或是常程公事，亦有行遣失錯。況嶺南人民至衆，犯罪頗多，谿洞相連，地里迂遠，全藉長吏詳酌施行，若只以資序合入遠官差遣，亦未爲便。自今前項知州，望更選本人歷任勾當公事粗有能聲者差遣。」從之。

十月，以淮南江浙荆湖發運副使張綸兼知泰州。時是州修捍海堤，故命綸兼領，其本司公事仍令往來同發遣。

六年正月，廣南西路提點刑〔獄〕司言：「高州大辟公事兩件相繼翻變，已别差官覆勘，各得分明。緣本州地接雷、化等州海岸，刑獄甚繁，須藉長史發遣，竊慮刑獄别有枉〔監〕〔濫〕。檢會舊差京朝官知州，欲乞選差經歷諳會公事、有心力、帶職供奉官以上使臣，7 或却差廉明京朝官知州。」詔今後選差使臣充知州。

是月，上封者言：「朝官充通判，經兩任例入知州。況一郡長吏，委寄非輕，若匪擇人，豈能稱職！欲望自今並須三任通判，方得差充知州。如有殊常勞績及奏舉人數多者，令審官院取旨。」從之。

八月，以真、楚、泗三州路居津要，令審官院選知州。

九月，祠部員外郎簡言：興元府、利州知州，令後乞選差人。從之。

七年三月，廣南西路轉運司言：「融州居枕邊陲，地連谿洞，見屯兵甲，事務亦繁。自來無職官，唯知州一員，若非得人，則致曠敗。欲望自今選曾親民政、諳練邊事强幹使臣充知州。」從之。

五月四日，梓州路轉運使李紘言：「審官院將新及第人授京官知縣者，未滿一任，就差充廣南知州。緣初官未諳歷事，遠荒之地，尤藉撫綏，兼替回例入通判，頗爲僥倖。乞今後京朝官知縣合入遠地，候第二任移充廣南知州。」詔審官院詳定。既而請依紘所奏，若遇西川、廣南有通判員闕，即依例移差，如無闕，任滿差替。其如知縣之人，緣有累任監當方入者，亦有自歷州縣改官者，綿歷既久，望且依舊施行。其奏蔭官、特賜進士出身差充知縣，及未曾勾當特與知縣者，亦請依新及第人例。從之。

十四日，上封者言：「近邊内地州郡多是儒臣知州，邊事武畧，安肯留意？自今選有武勇謀畧内殿崇班已上三二十人，於河北、河東、關西及西川、廣南，不以遠[8]近，但路居衝要處充知州。得替日，具本處民間利害或邊事十件以聞。或朝廷有所驅使，詢之于朝，則曰某人曾在某處知某處事宜，則是先試以近邊之事，後委以臨邊之任，或爲州郡之防，或爲偏裨之將，不乏人矣。」詔自閤門祇候已上充知州、知軍，候替回日，知州令言事五件，内三件民間利害，二件邊事或兵馬利便。其知軍言事三件，内二件民間利害，一件邊事或兵馬利便。

九月，上封者言：「審官院所差知州，自來止三任通判無過，即依次差充。或才器凡庸，年老病患，蓋存格例，不復區别。欲望今後所差知州，並具官位、姓名申中書，於宰臣聚廳時令引出詢問。如堪差委，即差；若庸愚老病，即具事狀以聞，乞降等差遣；或全然衰老疾病，便與分司致仕。」詔今後定差知州、知軍，引見後當日或次日令到中書。

十年七月二日，詔：「大名（府）、真定、京兆、鳳翔、河中、江陵、江寧七府，兖、鄆、青、陳、許、亳、襄、鄧、孟、潞、并、延、秦、陝、（譚）〔潭〕、杭、越、蘇、揚、洪、泉、福二十（一）〔二〕州，自今知州府並與三司判官、轉運使、副使一等差遣。」

景祐元年四月二十九日，新授江南東路轉運使蔣堂言：「竊見諸路差武臣知州軍等，多是素昧條教，不知民事。欲乞今後除阨束邊陲之處合選差近上武臣外，其餘州縣即乞改差文資。」仁宗令諭樞密院，今後差武臣知州軍，並選擇人。

寶元二年二月二十一日，臣僚上言：「日近差除邊上知州軍臣[9]僚等，乞早（摧）〔催〕赴任，仍合與日限進發，勒定到任月日。」詔並令乘遞馬，限三月十日已前須管到任。時以西邊有警也。

康定元年五月十九日，都官員外郎何白上言：「乞於群臣中擇識理道、明撫綏、能制姦吏、善撫軍旅者一百餘員，代陝西、河北、河東三路知州軍不材之人。苟一郡之内得一良吏，則萬事皆集。」詔諸路轉運司體量部下知州、知軍，有年老昏昧、貪濁踰違及非幹勤者，具事以聞。

二年十月二十一日，審官院言：「近令臣僚奏舉河北、河東、陝西知州，人數頗多，欲令見任知州到任一年半差人替，二年滿闕。」從之。

慶曆四年正月，詔審官院：「凡選差知州，而通判官高者勿拘。」

七年六月，詔審官院：「益、梓、利三路，並選歷官無私罪人爲知州。」

皇祐二年三月一日，右司諫陳升之言：「乞委中書、樞密院考察河北牧守治狀，如素來庸常、别無他術者，宜推擇有才能之人以代其任。」詔河北轉運司、安撫司體量轄下知州軍治狀。

三年四月，江南東路轉運司言：「知江州林咸德老昏，而通判梅德臣又非才多病，請擇人代之。」帝曰：「一州軍民將何寄乎！其令咸德致仕，德臣罷歸。」

七月十八日，帝宣諭宰臣曰：「近日職司以長吏不理而聞者多矣，中書未嘗施行。且長吏者，民之性命，可不慎乎！宜擇其甚者罷之，小者易之。」文彦博等慙謝而退。故自鄂州王開、台州呂士宗等〔一〕，或以衰老，或以弛慢而10罷斥〔二〕、對移者凡十六人。

六月〔三〕，汝州兵馬都監楊景宗請徙知一州，帝謂輔臣曰：「景宗，章惠皇太后之弟，朕豈不念之？然貪戾之性，老而(踰)〔愈〕甚，今與州則一方之民受弊矣。」卒不與之。

是月，詔：「威、茂、黎、集、壁等知州及戎、瀘州通判，自今令轉運司舉本路京朝官知縣前任成資今任一年、或前任一年今任二年者爲之，候滿三年理初任通判。」

四年七月九日，詔：「廣西連、賀、端、白等州近罹蠻寇，新差長吏宜令審官院慎擇廉平，存撫疲困。」

十一月，詔：「真、楚、泗知州〔四〕，自今令江淮制置發運、淮南轉運司連狀保舉，如職事修飭，代還當除提點刑獄。」

五年閏七月八日，詔：「諸路知州軍武臣並須與僚屬參議公事，毋得專決。仍令安撫、轉運、提點刑獄司常檢察之。」

八月，詔：「黎、雅州控扼蠻夷，爲四川之屏蔽，自今宜擇武臣諸司使、副以上知州。黎州仍益屯陝西兵三百人，雅州二百人，置駐泊兵馬都監一員。」

至和元年八月，詔雅州知州專管勾黎州兵馬賊盜公事。

嘉祐三年四月，詔：「省府推判官、諸路轉運使、提點刑獄非體量劾奏而爲知州者，並理本資序。其朝辭所賜及添支、遇恩補蔭子弟亦如之。」

四年五月，詔：「武臣知州軍，非歷路分都監一任以上毋得差，其當差者仍先與小處知軍。」

〔五年〕九月十五日〔五〕，詔：「齊、登〔六〕、密、華、邠、耀、鄜、絳、潤、婺、海、宿、饒、歙、吉、建、汀、潮凡十八州，並煩劇之地〔七〕，自今令中書選人爲知州。11其知潮州委本路轉運、提點刑獄司同保薦之。」

十一月，詔：「廣南西路欽、廉、融三州，自今令本路經畧安撫、轉運司舉內殿崇班已上爲知州，仍帶沿邊溪洞都

〔一〕台州：原作「合州」，據《長編》卷一七〇、《太平治迹統類》卷六改。
〔二〕斥：原脱，據《長編》卷一七〇、《太平治迹統類》卷六補。
〔三〕按《長編》卷一七〇，此條在六月九日，下條在六月十八日，依次第應移在上文「七月十八日」條之前。
〔四〕知州：原作「三州」，據《長編》卷一七三改。
〔五〕五年：原脱，據《長編》卷一九二補。下條亦爲五年事。
〔六〕登：原脱，據《長編》卷一九二補。
〔七〕劇：原脱，據《長編》卷一九二補。

巡檢使。」

英宗治平元年閏五月，詔：「自今大使臣知州軍，須本轄安撫經略、路分總管、轉運使副、提點刑獄及内外待制、觀察使已上，乃許奏舉。」

二年五月，樞密院言：「自今武臣知州軍，選歷任無贓私罪者。私罪杖以下，公罪體量衝替除差遣，候經四任親民；贓私罪徒已下而嘗立戰功酬奬轉官者〔一〕，亦候經四任親民，仍臨時取旨。知州軍、路分都監、鈐轄等如有員闕，即與正差，不得陳乞理爲資序。」從之。

十一月三日，御史知雜呂誨言：「乞除擬知州人，引見日令上殿親有所問，又使中書閲其可否，然後授之。」詔自今鄭、兖、曹、蔡、相、邢、同、晉、壽、湖、明、宣、河中等知州府辭見，許上殿。

（三月十二日）〔熙寧元年十二月十七日〕〔二〕，樞密院言：「自至和年降詔後，凡諸司使知州軍並乞帶兼鈐轄，蓋自誤用上條。今欲差除武臣知州，除須合兼鈐轄去處外，餘並只用兼管勾駐泊軍馬公事，著爲定式。如前任資高，今來所差知州軍不是責降，即許理爲資序。其正任防、團已上知州，自依舊制。」從之。

《神宗正史·職官志》：知州事、通判州事各一人，府、軍、監事如州，視地望重輕。以資級應選者充藩方劇郡，則通判二人。知州掌郡國之政令，通判爲之貳。凡其屬有七：判官、推官，掌受發符移，[12]分案治事；兵馬都監，掌訓治兵械，巡察賊盜；録事、司理、司户參軍，掌分典獄訟；司法參軍，掌檢定法律。各一人，皆以職事從其長而後行焉。凡降赦條制，先詳意義，注於籍而下所屬。歲時勸課農桑，旌别孝義。其户口、賦役、錢穀應聽斷之事，率舉以法；若不能決，則稟於所隸監司。屬縣有令，有丞，有主簿，有尉。主簿鈎稽簿書，尉事捕盜禁物，餘事與令、丞通治，而倉庫、酒榷各有監臨官以分掌之。雖吏員多寡及節度觀察推判官、掌書記、支使有無繫於州、府、軍、監之高下，而典領職務則同焉。

《哲宗正史·職官志》：諸州（府）置知州事一人，（州）〔府〕、軍、監亦如之。掌總領郡務，宣佈詔條，以教化導民善，而以刑罰糾其姦慝。歲時勸課農桑，旌别孝悌。其户口、賦役、錢穀、獄訟聽斷之事，率舉以法，凡兵民之政皆總焉。屬縣事令、丞所不能決者，總而治之；又不能決，則稟於所隸監司及申省部。凡法令條制，先詳意義，注於籍而行下所屬。有赦宥則率官吏宣讀而班告於治境。舉行祀典，察郡吏德義才能而保任之。若疲軟懈怠，或冒法，則隨

〔一〕下：原作「上」，據《職官分紀》卷四一改。

〔二〕此條時間原作「三月十二日」，但前條已爲十一月，時序顛倒，已爲可疑。查本書職官四八之一〇九亦有完全相同之一條，繫年作熙寧元年十二月十七日。彼處前後文年月順序清晰無誤，可知此處之「三月十二日」誤，今據改。此條應移後。

職事舉劾。遇水旱，以法賑濟及安集流亡。凡郡邑祥瑞及民有孝義可稱者，據事實以聞。若河南、應天、大名府，則兼留守司公事；太原府、延安府、慶州、渭州、熙州、秦州，則兼經署安撫使、馬步軍都總管；定州、真定府、瀛州、大名府、京兆府，則兼安撫使、馬步軍都總管；瀘州、潭州、廣州、桂州、13雄州，則兼安撫使、兵馬鈐轄；(穎)〔潁〕昌府、青州、鄆州、鄧州，則兼安撫使、兵馬巡檢。其餘大藩府或沿邊州郡，或當一道衝要者，並兼兵馬鈐轄、巡檢、都監，或帶沿邊安撫、提轄兵甲、沿邊溪洞都巡檢，餘州軍則否。其屬官有無及員數多寡，皆視其地望之高下與職務之煩簡而置之。

治平四年閏三月，神宗即位未改元。詔：「齊、密、鄧〔一〕、華、邠、耀、鄜、絳、潤、婺、海、宿、(驍)〔饒〕、歙、吉、建、汀、潮等十八州，並係嘉祐中詔委中書選清幹臣僚差充，近年該堂除知州人多直指射，有違詔約。今後應堂除知州，於上件員闕自合聽候中書掄選，並不得陳乞指射。」

是月，詔：「今後知州如兩考俱在劣等，即展二年，與監當差遣。」以知階州李從實爲考課院定到政迹〔二〕，第一年爲中等，第二年爲劣等，有旨特展一年磨勘，與州都監差遣〔三〕，因有是詔。

九月二十六日，詔：「諸路知州府帶安撫或總管、都鈐轄，并京府今後長吏闕員，並令轉運使副、提點刑獄兼權，餘只令通判權行發遣。如別有總管、鈐轄，即兵馬公事牒與總管、鈐轄。」

十二月十八日，考課院言：「準嘉祐六年閏八月詔，轉運使副、提點刑獄每歲終定部下知州軍一人能否尤著者爲優劣，如連二考俱在優等，即具以聞，當議特行賞罰。看詳新知廣濟軍、祕書監祝正辭前知衛州，係治平二年、三年，河北都轉運使元絳、轉運使無度〔四〕、沈立、提點刑獄沈扶、韓璹連二考爲優等，乞賜詳14酌。」詔降勅書奬諭，仍差知襄州。

神宗熙寧元年正月二十九日，原州臨涇縣令鮮于師中上言：乞於利、閬、興元間別置一帥，夔峽亦置一帥，以爲四蜀維持之勢。詔利州路、興元府，今後依真、楚州例，堂選人知州事；夔州知州，樞密院精加選擇。

二年八月，詔：「今後真、楚、泗州令發運使、副精加選擇，同罪舉充。如無正知州人，即許奏舉第二任通判人權知。」

五年八月二十七日，詔：「陝西丹州、寧州、隴州、河北永寧軍、永靜軍知州軍，自今參用文資爲之。」

八年二月二十九日，以潭州通判、屯田員外郎趙(楊)

〔一〕鄧：按前述嘉祐詔，據《長編》卷九二所載，有「登州」而無「鄧州」，此處似誤。
〔二〕李從實：原作「考惟實」，據本書職官五九之八、《補編》頁三八八改。
〔三〕都：原作「郡」，據本書職官五九之八、《補編》頁三八八改。
〔四〕無度：疑當作「燕度」。

〔揚〕權知邵州，今後仍互差文臣。從本路轉運司所請也。

元豐元年五月七日，提舉茶場司言：「彭、漢知州許本司權奏辟，如能協力，保明留再任。」從之。

八月八日，詔知順州、西上閤門使、康州團練使陶弼爲東上閤門使。以嘗得旨，順州知州先轉一官，候及一年更轉一官，任滿陞一任，時弼到任一年也。

十二月四日，詔内藏庫副使、權太原府路鈐轄張世矩罷兼知火山軍。以河東都轉運司言，準詔具土人武臣知州軍者以聞，世矩府州土人故也。

二年四月十七日，廣南西路經畧司言：「賓州瘴癘，加以兵火之後，難得官願就，乞差殿中丞吴潛知賓州。」從之。

同日，詔尚書司勳員外郎韓晉卿知壽州〔一〕。先是，晉卿自大理出，初知同州，上以晉卿非次替罷，特與一見闕，故易之。

三年正月二十15二日，賜故知瓊州俞瑊家銀五百錮〔二〕，以本路言瑊在海六年，不得代而死，故優卹之。

三月二十七日，詔：「戎、瀘知州自今差武臣〔三〕，各帶本州沿邊都巡檢使，遇有邊事，與兵官照應出入。」從梓夔路鈐轄司所請也。

十月三日，詔：「應川峽人連任西路知州者，不得過三任。」

十一月三十日，詔：「諸路監司具到部下知州、通判治狀最優，有未經朝廷任使者，令中書籍其姓名。」

四年九月十五日，詔：「陝西、河東次邊近裏州縣，比自議兵之初〔四〕，朝廷使選擇守令者，不惟欲供辦軍需，與轉運之官叶力，蓋以部内兵民一朝悉發，遠從征討，則肅察姦宄〔五〕，綏靖鄉廬，乃所責任。可以朝廷之意丁寧申諭，俾各遵守。苟能於兵夫未還之間〔六〕，警察盜賊，鎮撫部民，各獲安居，當議旌褒，顯擢職事。」

五年正月二十六日，客省副使、知誠州謝麟言：「本州旁近户口或遠隸他州，見有封疆不足城守，乞增割户口、山川，并降屬縣名額。」詔沅州新修貫堡、託口、小田、豐山堡寨，係控扼蠻蜑形勢之地，宜以瀕渠河貫堡寨爲治所，合置渠陽縣，隸誠州。仍以麟知沅州，主管沅誠州沿邊安撫公事。置兵馬監押、職官、司户參軍各一員，並令謝麟舉官一次。誠州官任滿〔七〕，依沅州酬奬。

七年八月二十四日，詔：「堂除及吏部使闕知州，自今三年爲一任。」

二十九日，詔：「武臣知州軍及軍使，並三年爲一任。」

〔一〕「知」上原有「等」字，據《長編》卷二九七刪。
〔二〕瑊：原作「瑊」，據《長編》卷三〇二改。
〔三〕戎瀘知州：原作「瀘州」，據《長編》卷三〇三補。若只作「瀘州」，下句「各」字無所承。
〔四〕比：原作「北」，據《長編》卷三一六改。
〔五〕宄：原作「究」，據《長編》卷三一六改。
〔六〕夫：原作「火」，據《長編》卷三一六改。
〔七〕任：原脱，據本書職官四一之七七、《長編》卷二二二補。

十二月十七日，詔：「黎、茂、威三州知州，委鈐轄、【16】轉運司依選格奏差。」

八年七月十二日，詔：「今後知州年及七十，不許奏舉再任。」

哲宗元祐元年閏二月二十八日，詔：「今後差知西京、大名、應天、成都、太原府〔一〕、永興、成德軍、秦、延、青、鄆、杭、瀛、定、慶、渭、熙、廣、桂州，並待制已上人；如未至上件職任〔二〕，曾任正提刑已上即權，餘並權發遣。其兼安撫、總管等自依舊條。其知河陽、荆南、江寧、（穎）〔潁〕昌、河中、鳳翔、陜府、陳、兖、襄、鄧、潞、揚〔三〕、亳、蘇、越、洪、潭、泉、福、梓、徐、曹、蔡、鄭、滑、相、邢、同、晉、廬、壽、湖、明、宣、滄、齊、棣州〔四〕，已上并差曾任正提刑人，餘並權，通判已下資序權發遣。其見任提刑已上，因差知州軍，即具歷任取旨。」

六月一日，詔：「新復郡縣知州軍並堂選，餘吏部選差。」

十月四日，詔：「内地及川、廣知州堂除人外，並以三十月爲任。」

十二月二十二日，詔堂除知州成資爲任。

二年六月二十四日，詔：「三京及帶一路安撫、總管、鈐轄知州闕，轉運、提點刑獄官兼權，餘州以次官或轉運司選官權攝。武臣知州闕，安（府）〔撫〕、鈐轄司選官權，内河北、陜西安撫本路闕官，許牒轉運司權差。」先是，武臣有闕，帥臣與監司互差，定州安撫司以爲言，著爲令。

十月八日，詔知賓、横州悉用武臣。即有警，使以兵互應。

三年六月一日，吏部言：「熙寧敕，知州、通判川廣以二年爲滿〔五〕，元豐敕川廣以三十月，元祐敕知州、通判並以三十月爲任，即不分川廣。請川廣知州除有專法指定及酬奬外〔六〕，不以見任、新差官，並二年【17】爲任，其使闕、滿替，悉依本法。」從之。

二十二日，詔邢、趙州守臣今後互差武臣〔七〕。從安撫使滕元發請也。

十一月十四日，詔辰州知州自今互差文武官。

四年八月八日，詔：「河中、鳳翔、邠、涇，自今並選差守臣。」從文彦博請也。

五年十二月二日，詔：「成都〔八〕、利、夔路轉運司，知州、軍、監闕官，並依差權繁難縣指揮施行。」從夔州路轉運司請也。

〔一〕原：原作「元」，據《長編》卷三七〇改。
〔二〕「如未至」句：原無，據《長編》卷三七〇補。
〔三〕揚：原作「陽」，據《長編》卷三七〇改。
〔四〕棣：原作「隸」，據《長編》卷三七〇改。
〔五〕以：原作「一」，據《長編》卷四一二改。
〔六〕請：原作「許」，據《長編》卷四一二改。
〔七〕後：原作「從」，據《長編》卷四一二改。
〔八〕都：原與下「利」字互倒，據《長編》卷四五二乙。

六年六月十二日，樞密院言：「元豐七年，中書省條堂除知州軍三年爲任，武臣依此。元祐元年指揮，以成資爲任，武臣未曾立法。」詔武臣任六等差遣，川廣成資，餘並三十箇月爲任。

八年正月十二日，荆湖南路安撫、鈐轄、轉運、提刑司言：「全、邵、永州係沿邊溪洞，其知州望委逐司選有文武材畧人同奏舉。」詔今後吏部選差文臣。

紹聖二年六月二十三日，知永寧軍劉宋卿言：「應武臣知州軍處，遇災傷降不下司敕，令轉運司牒與通判同掌，無通判處同簽判掌之。因災傷爲盜罪至死者，守貳同決。」從之。

四年正月七日，詔：「丹州知州，今後令樞密院選差武臣。」

二十五日，梓州路轉運司言，乞今後知州並許通差川峽人。從之。

徽宗崇寧元年九月二十五日，詔：「邢、趙、辰州守臣，自今依熙寧差武臣，罷互差指揮。」

二年正月二十六日，中書省言：「四川地遠，軍防不修，乞利州、夔州依成都府例，各置鈐轄。成都府舊以便宜從事，罷去已久，乞軍民所犯（臣）〔巨〕蠹者，令酌 18 情處斷。四川監司、鈐轄、大州守臣不差蜀人，所轄兵馬東軍與土人參用，如舊法。」從之。

三年二月二十一日，詔：「深、洺〔一〕、磁州，國信道路經由，知州並令吏部依格選差，申三省審察。」

四年閏二月四日，中書省言：「昨自元豐肇新官制，隨事之宜，分隸六曹，總領職務，各正名實。比者開封已正尹牧，惟外路州縣等處尚循（例舊）〔舊例〕，而所置案名未曾體倣官制隨事分隸，致主行事務叢雜。今體倣六曹爲六案，各依六曹所主事務行遣，庶中外事體歸一。其有該説未盡事件，悉合依倣官制格目。承行及主行吏人既隨事分撥，輕重不同，自當量事繁簡，約度合銷人數，從本屬當職官隨宜均定。」所有常平等事，合係常平免役案主行，并開拆司知雜案自合依舊外，詔令〔諸〕路監司行下本路逐州軍等，先次令相度增損，前期分撥，釐正已定申本司，再行相度施行訖申尚書省。

大觀三年四月二十八日，户部侍郎蔡居厚奏：「檢會已降詔旨，吏以罪去，多緣赦宥，或由推擇，更付以郡寄。然罪有輕重，槩以與之，則害民廢法，無所懲艾，自今情理深重者勿與知州差遣。乞應以罪（能）〔罷〕或送吏部及遇赦牽復之類，雖係知州資序者，並依詔旨。」從之。

九月八日，詔：「萬安軍知軍，今後令樞密差武臣。」

政和元年八月二十四日，詔：「諸路州軍今後守〔臣〕闕，並仰遵元符條令。仍令提刑司、走馬承受常切覺察，如

〔一〕洺：原作「洛」。按宋代内地無洛州，「洛」乃「洺」之誤。北宋洺州在今河北永年縣東，與磁州、深州鄰近，爲宋、遼來往所經，因改。

舊弊不革，即速按⓳劾聞奏，議加黜責。」時河北帥臣言：「本路州郡暫闕守臣，權攝多非其人，率皆貪猥，不遵詔令，於民利害畧不加省。元符令，諸三京或兼一路經畧、安撫、總管、鈐轄知州闕，轉運、提點刑獄官兼權，餘州以次官或轉運司選差。武臣無知州，即安撫、鈐轄司差官。」故降是詔。

五年十二月十三日，陝西路轉運司席貢言：「乞沿邊知州闕，令本州通判兼權，其兵馬職事令帥臣選武臣權，不得干預郡事。」從之。

六年五月八日〔一〕，手詔：「藝祖深鑒（王）〔五〕季藩鎮得自置立而馴致專恣〔二〕。比來諸路帥司僉緣請求，數乞辟置守臣，侵紊國法，漸不可長。自今有託邊事辟置守臣者，以違制論。」

宣和元年十二月二日，詔今後四輔知州差待制已上。

三年四月二十一日，中書省、尚書省言：「江浙淮南等路宣撫使童貫奏：切詳江浙州縣經賊去處，整葺事務全藉守令得人，方可辦治。若又只循常法注授，或未曾經歷民事，兵火之後，豈可更失撫馭？乞江浙守令内杭、睦、歙、衢、婺、宣、處州，除已係朝廷日近選擢及宣撫司奏辟外，其餘並乞朝廷遴選累歷州縣，熟知民事、無過犯人，仍並以三年爲任，勿復替移。任滿課績顯著，特乞優異推恩，所貴有以激勸。」從之。

閏五月一日，詔：「恭、涪兩州、大寧監鹽課係糴（木）〔本〕應副夔州路州儲，可令本路漕司踏逐才幹清强官充知州、監，任滿無遺闕，保奏。」

十二月十七日，詔嚴州守臣依舊差⓴文臣。

四年二月八日，臣僚上言：「近省部、寺監官以疾請者，皆與之郡。臣謂郡守非養病之地，其真以疾請者，皆宜休之祠館，不絶其禄。若郡一失守，千里受害。應曾任或見任省、寺、部、監長貳及監司以疾請而與知州軍者，在京令御史臺，在外令監司驗實以聞，與宮觀。見任知州（連）軍被疾者準此。」

六年閏三月十八日，臣僚（言）〔上〕言：「臣聞王者之於農也，非特躬率之，必有教督之言焉。雖守令（勘）〔勸〕課，著在甲令，然比年以來，但知考課之文，究其誠心惻怛如古田之制，未易得也。伏望申嚴守令勸課農桑之法，然恭率弗虔，徒爲文具，即令監司按劾以聞。」從之。

七年八月十日，瀘南沿邊安撫使黎揆言：「本路沿邊施、黔等州皆係武臣知州，即珍州與施、黔州事體一般，欲望將珍州守臣依黔州守臣〔差〕武臣。」詔特依奏。

（三）〔二〕十三日，詔：「蜀、漢、彭、邛、興、劍、（祥）〔洋〕、雅、利知州，今後並堂除依格人。」

〔一〕按，《宋大詔令集》卷一六四繫於政和五年八月八日。

〔二〕按，此下有所刪節，文意未完，《宋大詔令集》卷一六四作：「而馴致專恣，有末大之患，故郡縣之官，一命以上，自天子出，爲萬世法。況守土之臣，實分符竹，有民社之寄。」

九月五日，詔：「今後守臣依已降處(令)〔分〕，並三年爲任，毋輒更易。」

十月二十六日，詔：「今後守臣緣事改移，或因罪罷，並仰據任内所管歲計錢穀、金帛之類收支、見在數目，(閲)〔關〕與後官照會覈實，保明申尚書省。」

高宗建炎(九)〔元〕年五月七日〔一〕，詔：「河北路、京東西路除帥司外，舊差文臣知州去處，許通差武臣一次。」

七月二十日，詔：「要郡文臣一員帶本路兵馬鈐轄，武臣一員充副鈐轄；次要郡文臣一員帶本路兵馬都監，武臣一員充副 21 都監。令逐州改正稱呼。」

十二月九日，詔：「應州郡守臣遇有緣事改移、衝罷，並候後官交割職事畢，方可離任去職。」

〔建炎四年〕十月二日〔二〕，詔洪州分寧知縣陳敏識特與沿江知州軍差遣〔三〕。先是，臣僚言：「朝廷比緣防秋，選擇郡守，頗患乏才，然猶未聞取已前忠義不屈、有已試之効者不次而用之。且如洪州分寧知縣陳敏識，説諭邑人，無得降拜，至披胸示衆，云『若欲降拜，請先殺我』，衆遂從之，邑中以寧。朝廷雖使之遷官矣，未聞委以郡寄，無以爲忠義之勸。欲望深詔大臣，取前日保護城邑、守節不屈、卓然有功之人如敏識之類者，不以其官之高下，超遷郡守之任，庶幾緩急可爲倚仗。」故有是命。

十一月十二日，臣僚言：「切以郡太守之職，總府庫甲兵之重，官府士民之重，任專城之責者也。雖間出公門，則兵官坐甲仗庫以儆不如甲令，行縣則委之參佐。承平乃爾，矧當擾攘易揺之時，一郡安危尤繫於守臣之動静，不可不察。大江之南，凡有寨堡不知其幾郡，而太守躬行按視，始於婺州，繼以信州。既皆得請，切恐此命一下，援例而請者繼踵而沓至。迫此盛冬，正當嚴加防扞之時，風傳小警，爲守臣者皆諉事於其副而遠走外邑，則江浙諸郡守臣棄城郭者往往而是，則東南之勢將何恃以自保乎！倅貳素無守將之權，且任責匪專，其下必不信服，一朝驟當專城之寄，必有不勝任者。人見太守委城而出，22 群情動揺，必有震驚遁走者。守臣既行，必分兵自衛，姦人窺伺，必有乘間而竊發者。邑去郡遠者或二三百里，若令行諸縣，半月之程決不可回，託事出限，誰復察而制之？彼既挾按行之旨，緩急可動，而城守保民之意既已不專，則防禦扞敵之謀必未盡力，其患可勝言哉！乞將所降兩州守臣躬親按行寨柵指揮乞更不施行，專委通判同本縣令、佐嚴加檢察，重以賞罰。」從之。

十九日，詔岳州知州銜内許帶本路兵(路)〔馬〕都監。以知州宋昞言：「岳州係節鎮，自來銜内並帶本路兵馬都監，緩急有警，庶幾可以處置本州兵將之類。今來昞所授

〔一〕元年：原作「九年」。按《群書考索》後集卷一四，以下二條均在建炎元年，據改。
〔二〕建炎四年：原無，據《建炎要録》卷三八補。
〔三〕識：原作「職」，據《建炎要録》卷三八改。

敕命，銜内毋之，切慮合帶。」故有是命。

紹興元年正月八日，知越州陳汝錫言：「諸路守臣並許節制管内軍馬，除逐州輒有緩急事宜合依前項指揮聽從本州守臣節制外，所有事干一路軍政及合隸帥司差發之類，並合遵依舊法施行。」詔申明行下。

二月十七日，詔：「今後守臣在任改差並依昨降指揮，候新到官交割訖方得離任。」

三月一日，建康府路安撫大使呂頤浩言：「(自近)〔近自〕行在前來赴任，經由臨安府、嚴、婺、衢、信等州，切見知嚴州柳約、(如)〔知〕衢州李處勵去冬措置寨柵，一一可考，皆依山據險，控扼衝要，使賊馬不奔衝。(若)〔約〕不肯(事)〔辭〕難避事，毅然之任；處勵謹守一邦，使無它望。朝廷雖曾推賞，(盾)〔質〕之公議，似未當切。兼二人者吏畏民愛，治狀可觀。」詔柳約、李處勵各[23]進職一等。是日進呈，上曰：「守臣治郡有勞，但當進職，不必數遷。」李回曰：「漢宣帝時，守臣有治効，(轍)〔輒〕有璽書增秩賜金，意亦出此。」

二年閏四月六日，新除顯謨閣直學士、左朝(教)〔散〕郎、知平江府李彌大言，平江府係鄉貫所在，乞改除宮觀。詔彌大爲係從官，特不避本貫。

七月一日，詔知太平州許端夫特許終任。以被言章別除守臣，蒙本路安撫大使李光并監司備據民户狀乞舉留終滿故也。

十月三日，臣僚言：「近聞諸郡守臣有以罪罷而新官未至者，皆以近降候新官到交割指揮之故，猶復在任。往往自以爲既罪，不復顧藉，豈徒廢弛職事，殆有縱意所如、肆爲不法者。欲望令守臣，應改移差遣及罷，更不候新官到，先次罷任，委本路運司選以次見任廉幹官權行主管，帥臣則令監司權之。如此，則守土之臣常得其人，不至爲千里生民之害。」從之。

三年二月十二日，臣僚言：「比年以來，州郡守臣並帶本路兵馬都監，既與異時沿邊事體不同，又於今日諸州統制無補，徒署名位，以成虛文。欲望寢罷，仰副陛下總(該)〔核〕名實之意。」詔見今要郡、次要郡守臣帶路分都監去處並罷。

(十)〔七〕月十一日〔一〕，詔知泗州徐宗誠候任滿日特令再任。先是，泗州百姓等六百九人狀：「切見知州徐宗誠到任以來，本州城郭屋宇漸有營葺，郡人歸業，頗安其政。能自儉約，知民疾苦。前此境内皆食草實，本官以私錢辦牛[24]畜、糧種，課民耕鑿，分給之外，軍儲亦足，人人皆得粒食。欲乞特令本官再任。」故有是命。

八月三日，宰執進呈薛徽言與郡。上曰：「徽言得無資淺乎？郡守唯當擇累歷之人，祖宗朝兩任知縣方作通判，兩任通判方除知州。然自諳練於民事，更須久任，勿委

〔一〕七月：原作「十月」，據《建炎要録》卷六七改。

移易。如此，天下安有不治哉！」

五年七月八日，中書門下省言：「應郡守初自行在除授及自外罷任赴闕，並令引見上殿。勘會官員新除郡守，緣有闕期未到，若依已降指揮上殿，切慮難以久待班次。」詔新授郡守除見闕人外，餘並免上殿。

十月二十二日，宰臣趙鼎等言：「近來卹民之詔數下，而州縣之吏往往奉行不虔，使百姓不受實惠。」上曰：「守令皆帶勸農公事，多不奉職。農者天下之大本也，可不重乎！然其要當在擇人，如或守令有治効顯著者，可令中書省籍記姓名，特加擢用。」

二十五日，右諫議大夫趙霈言：「比年以來，郡守更易不常，固有交印視事，席未暇煖，(人)〔又〕復改命，或與他州守臣兩易其任。然公帑每遇到罷，(例依)〔依例〕各有饋送，多者數百千，少者亦不下三二百千。初到任人既已收受饋送，或移之他郡，亦復如之。凡一易守臣，則所費必倍。到任已踰年而更易者猶之可也，其間却有止經一兩月，遽邇遷陟，而受兩處饋送，顯屬重疊，枉有支費。公帑所入有限，例册所定有常，一或過多，則供須何以取足，必責之庫官。庫官無策，必仰之醋[25]息；醋息不充，必哀之寺觀；以至受納禾米，多取於民，資其出剩，以助供須。唯庫官、受納官相爲表裏，則無復暴露。此今日之深弊也。臣伏見昨降聖旨，灼見兹弊，令敕令所立法。故當時詳定到條令，諸監司、知州非任滿替移，雖有例册，饋送罷任之物及受之者，並受贓論，善矣。然講究尚有未盡，止不許受罷任之物，而到任未久改易他州者，未有明文。欲乞應守臣兩易其任，在半年内者不得重疊受到任饋送。如違，守臣及庫官並以贓罪坐之。其監司到任未久，遇有改易者，准此。」從之。

六年五月十二日，都督行府言：「已降指揮，劉洪道除知襄陽府。契勘襄陽府係上流重地，密鄰僞境，欲乞依陝西五路例，許帶京西南路安撫使。」從之。

七月八日，詔：「太平州、池州、江州、興國軍、鄂州、岳州並以三年爲任，餘並依舊。」以中書門下省勘會沿江州軍係爲控扼去處故也。

九月二十一日，詔：「宜州守臣兼帶提點買馬，其合行事件並依邕州已得指揮。」

二十三日，三省言：「知明州仇悆、知衢州吴革、知處州吕丕問並究心郡政，戢吏安民，理宜褒陞，以爲良吏之勸。」詔仇悆與轉一官，吴革與陞一職，吕丕問除直祕閣。

十二月二十一日，提舉淮南西路公事張成憲言：「淮南守、令賞典重疊，遂啓僥冒之弊。歸業民户皆係旋營耕墾，若州縣撫存不擾，自然户口漸增，耕墾日廣。欲望將守、令歲增户口并墾田土及知縣任滿[26]墾田(酧)〔酬〕奬併入任滿賞格，乞量與增重，庶格冒賞。」詔淮南守、令開墾田土，增招户口，即從一重推恩。

二十六日，中書門下省言：「荆門知軍舊係文臣窠闕，昨因殘破之後，一時權差武臣，今來自合依舊正差文臣。」詔續爵改差知荆門軍。

八年正月六日，宰執進呈臣僚言章，乞今後從官知州不許便銜見任人。趙鼎奏曰：「祖宗以來，待遇從官如此。」上曰：「若遇從官無異庶官〔一〕，遇宰執無異從官，則非朝廷之體。」陳與義奏曰：「人臣亦何有重輕，但堂陛之勢不可不存。」秦檜奏曰：「嚴堂陛乃所以尊朝廷也。」

十二月十七日，宰執進呈湖北宣撫司乞差胡邦用知靖州。上曰：「郡守牧民之官，亦藩屏所寄，當自朝廷選差。若皆由將帥辟置，非臂指之勢也〔二〕。」

十八日，殿中侍御史鄭剛中言：「切謂承流宣化，莫先於太守。今日之勢，尤急於邊郵，如楚、泗、通、泰以至滁、濠、江、鄂，接連襄鄧、關陝之地，爲今邊郡者，大畧不過二三十郡，委以與人，誠不可忽。願詔大臣，將諸處見任及已除未及赴之人精加審察，訪求材術之士，畧其細行，但平時績効著聞、實可任用者，精選二十餘輩，布之邊郡，使其講究利源，招徠士卒，種植牧養，蓄息疲瘵。分委既定，時遣朝廷官吏按行省察，取其無狀者復更易之。俟其處處得人，則須以持久，增秩、賜金之事可行也。」從之。

九年五月十二日，中書門下省言：「諸州守臣並二年爲任，昨降指〔指〕揮，兩淮并沿江三 27 年爲任，今來自合與諸守臣一等。」詔應守臣並以二年爲任。

八月十六日，宰執進呈司勳員外郎李公懋劄子，兩淮重地，乞令侍從近臣鎮撫。上曰：「朕用人材，初無内外之間。士大夫既爲近列，多擇善地，至兩淮新疆，輒復固辭。今後差除，擇其避事辭難之人重行黜責。」

九月四日，臣僚言：「紹興令，命官移任，已受告敕者解罷，知州須候替人，考之舊章，本無此法。蓋自建炎之初，盜賊蜂起，所在州郡無復固守之意，見在任者營求脱免，未到官者遷延規避，苟得貪緣，委之而去。於是言者建請，見任守臣雖有移命，須候替人，此在當時固合事理。其後新書既成，遂爲著令，至今遵行。欲乞明詔有司，删去此條，一循祖宗舊制。」吏部看詳：「今來臣僚所請，緣本部見遵守紹興二年十月三日指揮施行，所乞删去紹興令，乞下敕令所，從所請删去施行。」從之。

十四日，宰執進呈樓炤言，差郝抃知陝州。上曰：「陝〔川〕〔州〕合差是何臣僚？」秦檜曰：「係舊差文臣去處。」上曰：「武人作郡，往往不曉民事，又恐恣横。今日所還州郡久陷夷僞，尤須守臣得人，使之愛養百姓，武臣非所任也。可自今只差文臣。」

十五日，湖北經畧安撫使司言：「淮臣僚奏，欲乞將湖北路辰州守臣依邵州例，今後遞差文武臣。契勘辰、沅、靖三州皆係沿邊去處，内靖州舊係溪洞誠州，先蒙朝廷改作

〔一〕「如此上曰若遇從官」八字原脱，據《建炎要録》卷一〇八補。

〔二〕勢：原作「執」，據《建炎要録》卷一二四改。

渠陽軍，後來省廢，再於崇寧元年復置，改渠陽軍爲[28]靖州，最係極邊去處。今相度，可依舊只差武臣知州外，其辰、沅二州不全係極邊，合遞差文武官。」從之。

十一年三月四日，臣僚言，應兩淮控扼去處，其守臣悉易武臣。從之。

七日，德音：「應殘破州縣所差官，除已有立定到任賞格外，今收復之後，如守令能措置安輯流亡，勸課農桑，早見就緒者，令本路監司保明事實以聞，當議更與優異推恩，仍加擢用。」

十三年四月三日，上諭輔臣：「郡政以循良稱者，便與擢用，庶可爲諸郡守臣之勸。今兵事少息，當以民事爲先，卿等宜博詢之。」

閏四月二十七日，上諭輔臣曰：「昨日上殿楊大任，朕觀其人物昏老，難當郡寄，可以宫祠處之。似此等人作郡，臺諫欲論列，又却別無顯過〔一〕，只是昏耄，郡事不理，千里之民陰被其害。今後差郡守，卿等切宜審詳。」秦檜等曰：「謹遵聖訓。」

六月二十九日，上諭輔臣曰：「朕頃嘗下詔，令守臣到任半年以上，具民間利病或邊防五件聞奏。近觀諸處所奏，其間固有法所該載者，亦有一方利便朝廷所不知者。宜委都司看詳，有便於民，即與施行，無事虚文。」

九月二十日，禮部言：「權發遣建昌軍李長民奏：『宣和以前，應知、通、令、佐階銜並帶主管學事。自軍興以來，學校之教中輟。今和議既成，儒風復振，宣化承流，責在郡縣，所有主管學事，謂宜依舊結銜，以示聖朝偃武修文之意。』本部下國子監勘會，昨行三舍法，除從官以上知[29]郡係帶提舉學事，餘郡知、通，縣令、佐，並帶主管學事。今諸路監司既已選有出身或從上一員兼提舉官，欲依李長民所乞，令郡知、通，縣令、佐，依舊例帶提舉或主管學事結銜。」從之。

十四年七月四日，上諭輔臣曰：「京西襄陽府一帶，宜擇守臣，庶不生事。」秦檜曰：「當依聖訓。」

十五年九月十三日，詔諸路知州帶本路安撫使，如見係帶待制以上職任，今後舉官與作職司收使。從吏部請也。

十一月十九日，權廣南西路提刑吳彦璋言：「管下諸州多連溪洞，守臣拙於綏撫，往往輕易生事，動經歲時，不唯廣害生靈，兼亦枉糜經費。欲望戒令不擾，唯務靖安。一任之内，若無邊事，優加賞擢。其生事之人，重賜斷遣。」詔行下本路遵守施行。

十六年十月十三日，上諭輔臣曰：「今天下無事，民事最急，監司、郡守須擇人，得其人則爲縣者有所畏憚，不敢恣縱。蓋縣官皆是銓曹依格差注，難別賢否，全在監司、郡

〔一〕顯過：原倒，據《建炎要録》卷一四八乙。

守考察。如昏謬不任事者，別與一般差遣；清强有才力者〔一〕，宜擢用之。」

十七年七月二十五日，宰執進呈左朝散大夫謝尋擬差權知潮州，左朝奉郎陳惇特差知饒州，右承議郎林琪差權知忠州。上可其奏，因宣諭曰：「凡除郡守，莫須到堂否？」秦檜曰：「例須參辭。」上曰：「今既休兵，正以民事爲急，卿宜加詢審，如有昏耄無取，恐不能宣佈朝廷愛民之意，不若只與宮祠。」

十八年十一月八日，上諭輔臣曰：「荆[30]南重地，帥臣不可不遴擇。軍興以來，多差武臣，今疆埸安靖，可依舊選文臣，庶能舉職。」

十九年二月二十三日，上諭輔臣曰：「今四境寧息，沿邊守臣務在安靖，若任滿別不生事，可量緊慢取旨推賞。」

二十一年十月二十八日，宰執進呈右宣教郎、守大理正張巘奏，乞應州郡常程文字並用木匣實封，令遞鋪或祗候典轉送下縣，縣復責令承帖人付鄉村。上曰：「公人下鄉，止是搔擾。朕頃在河朔，親見其弊，可檢坐見行條法申嚴行下。」

二十三年十月二日，侍御史、兼崇政殿説書魏師遜言：「郡守之職，分民共理，委寄非輕。考之格法，如年及七十，已自有礙，今有尸素，恬然冒居而不知去者，非唯不應格法，臣恐昏耄適爲民害。今欲令許其自陳宮觀，庶幾公私兩得其便。若猶有志在忝竊，不自退省者，仍望朝廷取索職名、姓名，與理作自陳宮觀。」從之。

二十五年六月二十六日，刑部員外郎張巘言：「郡縣長吏間有連日不出公廳，文書訟牒多令胥吏傳押，因緣請託，無所不至，鄉民留滯，動經旬月，至有辨訟終事而不識長官面者。如此，則豈能盡民之情、宣上之德！欲望申嚴，今後守令非疾病式假，不許不出廳治事。仍令監司常切督察。」從之。

八月六日，宰執進呈乞差侍從兩員同看詳守臣到任所請裕民五事。上宣諭曰：「守臣陳獻利害，當令國與民皆足，乃爲稱職。如建炎間，時方艱難，財用匱[31]乏，翟汝文知越州，乃盡放散和預買及鑑湖官租，不恤國計而專欲盜名，如此等人，國家何所賴也！」秦檜曰：「陛下成中興之功，而知民疾苦，保惜生靈，蓋兼漢宣帝、光武之事業。」上曰：「朕何敢望二帝，然志所深慕焉。」於是差權刑部尚書韓仲通、權户部侍郎曹泳同共看詳。

二十六年三月十一日，右正言凌哲言：「自江以北諸路州軍，殘破之後，尤宜遴選，望詔大臣均擇循良之吏以爲郡，增嚴殿最之法，使知激勸。」從之。

四月三日，詔：「應自今知州、通判互論不法事件，並須拘留在任，選委監司之清正有風力者依公究治，取見詣實曲直情狀施行。」從右正言凌哲請也。

〔一〕强：原作「疆」，天頭原批「宜作强」，從之。

十月二日，宰執進呈武德郎向世禧差知賓州。上見履歷狀，係内舍生，問：「世禧豈武舉出身者？」湯思退等奏：「元是襄陽府府學内舍生，後因獲賊補官，前任東南第十二副將。」上曰：「士人必知民事，如此差除甚善。」

閏十月二十三日，樞密院進呈武經郎王恪擬差知靖州。上曰：「靖州沿邊，其溪洞人本不敢生事，只緣官吏不得其人，因省地人欺凌蠻傜，或買物不還錢，遂致殺人生事。若撫馭得其宜，安有不安帖？」湯思退曰：「蠻傜雖不知禮義，然亦守信。聞與省民交易，畫地爲期，多因失約，遂成怨怒。」陳誠之曰：「恪久任湖南兵官，頗諳彼中風俗，必能副陛下使令。」上曰：「善！」

二十七日，中書舍人王倫言：「近看詳諸州守臣條具到裕民事件〔一〕，32其間亦有五事之内唯一二三的實，餘皆細務及本州自合奉行之事，取以充數而已，類非民間緊切利病。以此却恐利病稍多去處亦爲五條所限，不得盡言。夫多者必損，少者必增，切慮日久寖成文具。欲望應今後諸州守臣裕民事件，不拘五條之數，或多寡，唯務的實，庶幾有以上副陛下務施實德之意。」從之〔二〕。

二十七年八月八日，詔：「諸路監司、帥守常切互相覺察，應所屬見任州縣等官不應迎送而（輙）〔輒〕出迎送，與不應受而輒受之者，並須依公案舉，寘之典憲。其或徇情容庇，仍委御史臺彈奏。」

十一月十九日，宰執進呈左正言何溥奏：「欲望特詔大臣，自今郡守毋庸數易。其有治狀顯著，必俟滿秩而議甄陞；倘或少有過差，亦希下章，以詭求效。」上曰：「此論切中時病，然亦近有因事移易者，自今非甚不得已，且令成資，宜常切遵守。」宰臣湯思退等奏曰：「豈惟郡守，監司亦然。諸路監司昨因臣僚薦舉除授，至春間往往滿替，將來欲於卿監郎曹中擇其資淺者，令中外更代，皆至成資而罷。」上曰：「如此不惟免迎送之擾，亦可革内重外輕之弊矣。」

十二月十二日，上諭輔臣曰：「監司郡守固當久任，然其間有癃老疾病之人，使之在職，亦有（有）利害。蓋移易差遣，慮有煩費及迎送之擾耳，與其職事廢弛，貽患一州一路，此利害孰輕孰重？今後如有此等，可與宮觀，仍理作自陳。」沈該等奏曰：「久任，常法也。至33於癃老疾病，合行罷遣，有不得已者，當依聖訓施行。」

二十八年正月二十七日，詔：「諸州、縣今後止許守、令出郊勸農，不得别行差官。每歲並用二月十五日，仍不得將帶公吏及因而遊翫飲酒搔擾。其勸農飲食，並依時價折錢，給付父老。仍出文榜曉諭人户知悉，并下諸路監司常切覺察。如奉行却致搔擾去處，即依前項已降指揮按劾施行，無致違戾。」

〔一〕看：原作「省」，據《建炎要録》卷一七五改。
〔二〕之：原脱，據《建炎要録》卷一七五補。

七月七日，右正言朱倬言：「四川郡守凡赴新任，舟輿器用，靡不備具，又需黃金以爲人舡之直，多至五六千緡，少亦不下三四千緡。就移鄰郡，其解罷者亦不少損其數。欲乞明詔有司，俾之立法，自今爲郡守者敢復如所陳，並以贓論。監司隱蔽不劾，許臺諫論列。」從之。

九月十九日，知蘄州宋曉言：「條具裕民事：一、諸州軍守臣到任之初經理財賦，既去替將近，或改易差遣，往往便將本處見在歲計錢糧私情恣意非法妄用。轉運司不爲監察，遂致財賦率多闕乏，而掻擾及民。乞下諸路轉運司常切約束，及取索州軍守臣到任一年收支若干，并去替一年月分取支若干，比較多寡，開具夾細窠名帳狀，并守臣職位、姓名，保明申朝廷，付户部審實稽考。如有增添非法妄用不應支使錢物，(本從)〔從本〕部具因依申乞朝廷，(當將)〔將當〕職官取旨黜責施行。一、比者連拜詔旨，戒飭監司、郡守不得觀望當路，挾情狥私，劾〔姦〕贓之污吏，明以賞罰。於法郡守不得而專，[34]設或所部有實犯罪，仍與通判同銜按劾。欲望特降處分，應所部有實犯，守臣具事因牒報通判，同銜具奏。如所見不同，或守臣增加罪狀，或於法親嫌應避，限兩日具事因回報，仍先次申尚書省。若出違日限，守倅互有容庇，即是有違詔條，乞下所司嚴立法禁戒約。」從之。

十月十二日，詔：「監司、郡守除命既下，即日起發。或以疾故力丐祠禄，必俟終滿，方許别有陳乞。如或違戾，令御史臺糾察以聞。」

三十年十二月四日，宰執進呈差諸州太守。上曰：「朕頃見秦檜每論除授〔一〕，必曰『臣未知其人心術如何，恐招物議』，似未爲確論。且人心不同，各如其面〔二〕，若之何盡知其心術然後除授？朕謂果知其賢才，固當用之；不然，采之公論，若國人皆曰賢，如何不用？借使繆濫，旋行罷黜，亦惟公論。但使不容私意，無所不可。」以上《中興會要》。

孝宗紹興三十二年未改元。七月十九日，新除江淮東西路宣撫使張浚奏：「兩淮守貳、縣令闕官尚多，欲望許令宣撫司奏辟〔一〕次。」從之。

隆興元年八月八日，詔曰：「朕惟共理，允賴守臣，比年以來，遷易靡定，欲使宣化承流，民安田里，難矣。載嚴成法，每徇私恩。今後郡守須到任二年，方許差除。」

二年二月十三日，宰執進呈擬差韓彦直知舒州。上曰：「親民之官，不可輕授，寧與在内清要官。」宰相湯思退奏：「彦直嘗爲郎官。」張浚奏：「彦直嘗爲成閔隨軍漕。」上曰：「更且試之以事，它日可以親民，付之[35]州郡未晚。」宰執退，相與言曰：「上於州郡不輕付人如此，可知願治之意也。」

十一月二十五日，詔：「郢州係極邊去處，守臣見係文

〔一〕頃：原作「請」，據《建炎要録》卷一八七改。
〔二〕如其：原倒，據《建炎要録》卷一八七改。

臣，可令韓仲通、趙撙選擇有心力兵官一員，將帶本管軍馬前去，兼知郢州。」

十二月六日，湖北京西路制置使韓仲通言：「趙撙契勘武節郎、本司後軍統制王世顯臨敵果勇，素有心力，欲令本官將帶軍馬前去，兼知郢州。」從之。

乾道元年六月十九日，詔曰：「朕從鄰好息兵，方務内治安衆。近因遣使，就令體訪兩淮之民。偏歷四五百里，僅存數十家，此守令勞來安集之無効也，朕何賴焉！自今其痛革偷惰，專務撫綏，思拯瘡痍，早息愁嘆。若漁取煩勞，固奪陂澤，飭厨傳，耽宴飲，佞上欺下，營私背公，有一于此，必罰無赦。臺諫、監司常切檢劾。仍將詔諭各置守令治事之左右，以爲朝夕之戒。」

二年六月十一日，中書門下省言：「勘會已降指揮，非曾任守臣不得除郎官，著入條令。」詔於「守臣」字下添入「及監司」三字，「條令」字下添入「提舉市舶(司)〔同〕」五字。

四年五月十四日，詔：「今後大辟罪展，委長吏於聚録之際詳加詰問。」

二十六日，尚書省言：「勘會二廣州軍多係荒僻瘴癘之地，無人願就，有久闕守臣去處。」詔令諸路監司、帥臣依吏部破格外，於見任、得替待闕寄居官初任通判及第二任知縣資序人内選辟，申朝廷給降付身。

二十九日，〔詔〕：「諸路總領所，今後於歲終將所管州

36 軍合發錢物十分爲率，若拖欠及二分，知、通各展二年磨勘。或欠數太多，取旨。如了(辨)〔辦〕數足，各與減二年磨勘。」從淮東總領呂擢之請也。

十一月一日，知樞密院事、四川宣撫使虞允文言：「龍州與綿、劍、利州接境，西(竹)〔行〕七日始至文州，不可謂邊郡。國初知州係文臣，慶曆年因有西夏事宜，臣僚建明龍州去文州不遠，改差武臣，往往知有兵，不知有民。伏乞依祖宗元法，改差文臣。」詔今後通選差文武臣。

五年三月十三日，樞密院言：「廉州、欽州、融州、賓州、横州、雷州、南平軍、永康軍、黔州、施州、宜州、西和州、階州、邕州、萬安軍、静江府、瀘州、沅州、辰州、夔州、靖州、全州、文州、龍州、武岡軍，舊法知州並差武臣。詔静江府、夔州、瀘州用文武臣通差，餘並依舊法。

十七日，詔：「(請)〔靖〕、邕、宜、欽、廉州知州文武臣到任，並各與減三年磨勘，其奏補子孫及期親條格指揮更不施行。内邕州舊(州)〔條〕不該載任滿酬賞外，餘州並各與減三年磨勘。」

同日，樞密院言：「舊法，三省、樞密院互差文武臣知州：邵州、澧州、常德府。並添入文武臣通差知州：真州、楚州、通州、高郵軍、滁州、盱眙軍、泰州、安豐(州)〔軍〕、光州、舒州、和州、濠州、無爲軍、均州、郢州、光化軍、隨州、信陽軍、桂陽軍、成州、鳳州、興州、黎州、雅州、茂州、威州、石泉軍、大安軍、珍州、叙州、長寧軍、德安府、郴州、瓊州、昌化軍、吉陽軍、廣安軍、高州、鬱林州、雲安軍使。」詔今後可

依擬定州郡文武通差。

37 十一月二十三日，詔：「今後郡守宮觀人，並許先次解任，依舊以次官攝。如任滿得替，即須伺候替人交割，方得離任。」

十二月二十五日，臣僚言：「奉旨，右宣教郎、通判靜江府鮑同差知高州，乃知靜江府張維所薦，守臣不當薦通判，非堂除不當知高州。欲望寢罷，從朝廷選除。」從之。

〔六年〕閏五月八日〔一〕，臣僚言：「見任守臣凡年七十以上者，乞詔大臣檢舉，例與宮觀。自今後除授，考其政績，參以履歷，方許擢用。」從之。

八月十四日，詔：「今後監司、郡守凡按發之際，先委清强忠厚之士體究得實，方聞於朝。」從吏部侍郎汪大猷請也〔二〕。

八年三月十一日，吏部言：「荆湖北路安撫、轉運、提刑、提舉常平茶鹽司奏，欲乞將常德府守臣帶提舉鼎辰沅靖州兵馬盜賊公事，委是利便。本部欲依逐司所申事理施行。」

十二月十三日，户部尚書楊倓言：「契勘諸路額發經總制錢，每年常是虧欠。照得今年八月四日指揮，止令通判拘催，專任賞罰，切恐與守臣異同，不肯協力。欲乞依乾道二年十二月五日指揮，令知、通同共任責，協力拘催，分受賞罰，庶幾不誤本部歲計。」從之。

九年六月八日，詔：「諸路監司、郡守不得非法聚斂，並緣申請，妄進羨餘。違者重寘於罪，令御史臺常切覺察彈奏。」

八月十四日，臣僚言：「凡州縣守令輒因公事敢科罰百姓錢物者，許諸色人越訴，坐以私罪，仍乞放罷，人吏決配。贓入己者，官吏 38 送監司根勘以聞。監司察州郡，州郡察縣鎮。監司不能覺察，御史臺彈奏；若因事發覺，監司、守臣並一等罪。」從之。（以上《永樂大典》卷九七七七）

【宋會要】

39 淳熙元年三月五日，樞密院言：差文武臣知州郡：浙東路明州，江東路池州，江西路江州、興國軍，福建路漳州、興化軍，湖南路郴、邵、全州、桂陽軍，湖北路常德府、澧、沅、靖州、信陽軍、辰州、德安府，廣東路惠州、德慶府，廣西路靜江府、融、高、雷、鬱林、瓊州、昌化、吉陽軍，淮東路真、楚、通、泰、滁州、高郵、盱眙軍，淮西路舒、和、光、濠州、無爲、安豐軍，京西路隨、郢州、光化軍，成都府路簡、雅、茂、威州、石泉、永康軍，利州路興元府、洋、興、成、鳳州、大安軍，夔州路夔、達、施州、南平、南安軍，潼川府路遂寧府、瀘、叙州、長寧、廣平軍。專差武臣知州郡：廣南西路邕、賓、横、叙、廉、宜州、萬安軍，利州路文、階、西和州，

〔一〕六年：原無，按乾道五年、八年之間惟六年閏五月，據補。

〔二〕汪：原作「江」，據《宋史》卷四〇〇《汪大猷傳》改。

夔州路黔州。

四月六日，〔詔〕黎州知州依威、茂州例差武臣。從知成都府薛良朋請也。

五月二十五日，詔：「諸州軍守臣罷黜，指揮到日，即將州印交與以次官，不得匿旨逗留。如違，仰監司及御史臺覺察聞奏。」

十二月八日，詔：「滁州到任、任滿，依廬、楚州推賞。」

二年二月八日，詔：「吏部見擬注知州軍，令盡歸堂除使闕。」

六月九日，中書門下省言：「武臣橫行正任或大小使臣差充知州，從來未有稱呼定制。自今正任觀察使以上差充知州府，並爲知某州府。通侍大夫至右武大夫差充知州，爲充某州；若係合差待制以上人去處，爲權知。武功至武翼大夫帶遥郡差充知州，爲 40 權知某州；若係合差待制以上人去處，即爲權發遣。武功大夫至小使臣差充知州府，並爲權發遣。正任觀察使以上差知帥府，爲兼某路安撫使，餘州帶管内安撫者爲兼管内安撫使。通侍大夫以下差知帥府，帶兼主管某路安撫司公事，餘州帶管内安撫者爲兼管内安撫司公事。」從之。

十月十八日，詔：「西和、階、成、鳳州守臣，依舊以（充）〔統〕制官兼。」

十一月四日，詔：「自今黎州守臣（今）〔令〕制置、提刑司公共於文武臣内通行選差公廉有材力人，申取朝廷指揮。」六年六月，詔（今）〔令〕制置、茶馬、提刑三司公共奏辟。以四川茶馬吳揔言，黎州買馬全在守臣得人，本司不預，難以任責故也。

二十三日，詔：「應赴任半年前奏事别與差遣人，知州資序添差參議官，通判以下資序並添差通判。其初授訖朝辭人，亦依逐項資格，與正闕參議、通判差遣。」先是，新知潯州曹朴上殿，上以其不堪作郡，又不欲使待遠闕，宣諭宰執，令與添差，龔茂良訖分作兩等以處之。故有是命。

三年三月二日，詔四川都統制吳挺選習兵官一員兼知文州。以四川制置使范成大言，文州管下蕃部作過，知州李彦堅畏懦失職，下任王彪老謬不肯之官，彦堅、彪既罷，因有是命。

四月三日，詔：「侍從、臺（練）〔諫〕、兩省官照資序差格，不以内外，雜舉監司、郡守歲各五人。保舉官及五員以上，列銜共奏，明言所舉人有何政績才術，堪任何等監司、41 帥府、大小州郡差遣，聽上下半年奏舉，中書省置籍，三省更加考察，取旨除授。」

六月二十一日，詔真州通判徐棟知泰州。中書門下省言：「已降指揮，第二任通判以上資序人，不以内外，與知州軍差遣。棟雖係初任通判資序，因監司以勞効實跡薦舉，與陞擢差遣，難以一槩施行。」故有是命。仍令自今後有似此之人依此。

八月十二日，詔富順、大寧知監自今堂除。潼川路轉運司申，定差朝散大夫楊騫知富順監。吏部檢準淳熙二年二月八日勑，行在職事官、諸路監司、知州軍依舊堂除，内不曾該載知監窠闕。詔楊騫依轉運司定差，因有〔是〕命。

十一月二十三日，詔：「諸州軍守臣惟才是用，自今不拘遠近，於文武臣内選擇差除。」

四年四月十六日，詔：「諸州軍差武臣去處，須精加選擇可以治郡者。」閤門宣贊舍人應材言：「今日武階通差守臣，然而郡寄重甚，非便民事者彊使爲之，必不勝任。」故有是詔。

七月二十五日，詔：「職事官未至知州資序人陳乞外（人）〔任〕，緣堂除并取到部闕通判皆遠，如係通判資序，可特與添差參議官一次，知縣（次）〔資〕序以上與添差通判一次。在職改官後及二月同。每路每州各不得過一員，候添差及兩政之後別取旨。」先是，二年定職事官除郡之格，理親民資序後以實歷職事官年月等第除授。於是翰林學士、知制誥周必大等言：「《乾道中書門下令》：『諸在京職事官未至 42 監察御史已上，履歷尚淺，供職未久，陳乞外任者，不得除監司、知州軍差遣。』注：『特旨除授或資序已及者非。』今乃許其身内改秩，或京官不曾作縣，纔歷職事官三二年便得爲郡。間有辛勤州縣，繇歷數任，必參格法，方始得之，若何而不内重外輕乎！乞自今職事官未至監察御史以上者，履歷尚淺，供職未久，陳乞外任，欲乞依《乾道中書門下令》，不得除監司、知州軍差遣。其有材能勞效卓然顯著、特旨陞擢者，不拘此限。其元係部闕州軍并川、廣州軍，令三省選定緊望去處，合堂差外，並發下吏部依格法注擬。元係堂除通判闕，依舊歸堂。所立定格即非舊法，合行除去，並依舊法。」從之。其吏部注擬知州軍并堂除通判員闕，並遵依紹興五年閏二月十三日措置指揮。

五年六月二十七日，詔：「吏部注授知州軍人，並令赴都堂審察訖前去之任，候任滿日奏事。」

六年八月二十三日，詔鬱林州守臣可令樞密院選差武臣一次。

八年三月二十八日，詔：「帥府并駐大軍州軍守臣自不合除代外，自今每路各留兩闕，候見任人去替半年，方許差人。三省常切遵守。」以侍御史黄洽言：「今州郡大率皆四年闕，職事官之久次者豈不欲更迭補外？大抵食貧，無以爲遠次之資，是以盤旋而不能去。議者無以處之，遂又有添差參議、通判之說。州郡既以闕乏，而創爲添差不已，夫豈良策？宜於州郡闕中留十 43 數闕不差替人，以俟後來擢用之人。」故有是詔。

九年正月三日，詔：「諸路守臣任滿，開具本州實在財賦數目及有無拖欠諸色請（結）〔給〕，并有無少欠人户錢物，不管以在庫虛數及不係本州合用之數在内，具公文交割與交代。如正官未到，並以交割以次官，及具一般文狀，省部置籍稽考。如有不實，許監司、臺諫覺察奏聞。總領及轉運司依此施行。」十一年六月，令户部檢坐申嚴，仍仰新到任人限一月内將交割到數目從實具申。如違，許本部具名奏聞。

七月十六日，詔自今黎州守臣銜内帶兼節制黎雅州屯戍軍馬。以四川制置使陳峴言：「雅州榮經縣并碉門寨等處與黎州相關，所管戍兵止是知縣、知寨官主管，或有小(驚)〔警〕，分布防拓，須聽黎州守臣號令，方能相應。」故有是命。

十一月六日，詔汀州守臣依舊堂除。

十二年十一月十一日，權户部侍郎葉翥言：「乞令守臣得替，開具合趁歲額諸色窠名錢物有無發足與虧欠，及許其自言，在任之日或能關防滲漏，撙節妄費，趲積儲蓄，以爲一州後日計者，申尚書省，下户部以憑審實。」從之。

十三年二月十三日，進呈知州軍留闕，上令中書置簿籍定遵守。先是，上諭宰執：「州郡不須待闕人多，可大郡、小郡各留幾處，勿除代。」於是所留凡四十二州：浙東路紹興府、明、婺、處州，浙西路臨安、鎮江、平江府、湖州，江東路建康、寧國府、太平州、廣 44 德軍，江西路隆興府、贛、吉州、臨江、南安軍，福建路福州、建寧府、泉、汀州，湖南路潭、郴州、武岡軍，湖北路江陵府、鄂州、荆門、信陽軍，淮東路揚、楚州、盱眙軍，淮西路廬、和州、無爲軍，京西路襄陽府、光化軍，廣東路廣州、肇慶府、潮州，廣西路静江府、邕、瓊州。

十月二十七日，詔：「今後四川、二廣知州軍見居川、廣，合闕到半年前奏事人，及係見闕去處，並令諳本路轉運司稟事，仰漕臣精加銓量，人材委堪任使、非昏謬老疾之人，結罪保明申尚書省。」以上《孝宗會要》。

淳熙十六年十一月十四日，詔：「知閬州吴昭夫、知果州趙蕃各特轉一官，與近闕蜀郡差遣。」以四川總領趙彦逾言措置有方、催科不擾故也。

十七日，宰執進呈盱眙守臣霍箎捕獲趙興等透漏銀兩甚多，不可不畧與(旗)〔旌〕賞。上曰：「與轉一秩，以爲沿邊官吏舉職者之勸。」

紹熙元年三月二十四日，詔潭州觀察使、知揚州鄭興裔除保静軍承宣使。以興裔久任邊帥，職事修舉故也。

六月十九日，臣僚言：「應郡守有贓汙狼籍，曾經論列或被按劾而事跡昭著者，任祠禄之後，乞不得復任郡守。」從之。

二年三月二十三日，中書門下後省言：「看詳吏部尚書鄭(喬)〔僑〕奏，乞自今到部初任用賞改官人，須實歷三任，方許注知州軍闕，自餘悉如見行條法。庶幾用舉主陞改人資歷稍同，實爲允當。」從之。

四年十二月十一日，中書門下省言：「今沿邊州郡 45 所除太守皆用二年承替，與内郡無異，送往迎來，初無固守之計。今欲將極邊楚州、盱眙軍、滁州、(豪)〔濠〕州、安豐軍、光州、隨州、郢州、光化軍、均州、信陽軍、金州、洋州、鳳州、西和州、成州、階州，次邊高郵軍、和州、無爲軍、德安府、復州、荊門軍二十三郡，今後遇有闕到半年，三省、樞密院同共商議，於文武臣精加選擇，並令三年爲任。每遇任滿，如有治効，取旨陞擢，特令再任。見在任及已差下人，並成資滿罷。」從之。以上《光宗會要》。

紹熙五年十月四日，臣僚言：「朝廷舉四蜀之地付之制司，其權不輕，其責甚重，則凡一切之事，宜皆歸之制司，而州軍守臣赴上之銓量反歸之四路之漕司。夫漕司之權比制司爲輕，而漕司之責亦不如(置)〔制〕司之重。權輕則不敢多有所廢黜，責輕則不暇詳於顧計。其間雖特立獨見，不溺此習之人，然亦無幾。今不若以銓量守臣之柄，一付之制司。夫權重則雖廢黜之多而有所不憚，責重則顧計利害之深而不敢苟且，如此則昏耄疾病不勝任之人，不得以冒居守臣之任，而州郡無不治矣。」從之。

閏十月十日，敕令所言：「今以紹興參附尚書司勳格、紹熙五年七月九日聖旨，擬修下條：郢州州縣官格，右到任及一年減一年磨勘，任滿更減二年磨勘。右入淳熙京西路酬賞法。」從之。先是，權發遣郢州任世安言：「京西一路六郡之地，與敵境相接，除襄陽府、均、隨、房州、光化軍五郡官吏 46 任滿皆有恩賞，獨郢州無推賞之令。如房州一郡居大山之中，地勢深固，去邊稍遠，尚蒙朝廷存念，官吏任滿亦與推賞，而郢州極邊，乞照別次邊體例特與放行恩賞，庶幾官吏趨赴事功，自然有所激勸。」至是勅局修立爲法也。

慶元元年二月一日，詔：「處、台、衢、秀、嚴、信、池、筠、袁、撫、江、泉、漳、潮、通、泰、鄂、永、邵州、南康軍二十闕，今後止差一政。令中書籍記，非職事官補外，不許陳乞。」

六日，詔南安、邵武、漢陽知軍三闕依舊堂除。

七月二十三日，詔曰：「朕圖回初政，不遑康寧，延見群臣，博詢治道，有可采用，未嘗不行。比覽奏對，所陳多以監司、郡守數易爲説。蓋監司典一道按廉之權，郡守膺千里牧養之寄，倘不久任，弊非一端。雖得賢能之人，要必假以歲月，豈有閲日尚淺，又復徙而之他！居官者懷苟且之心，競進者亡久留之意。民知其將去則莫從化，吏知其可欺則絶簿書。若乃財用殫于送迎，卒徒疲于道路，郡縣凋弊，殆不能支。此誠今日所宜首革者也。朕既明諭大臣，遴選人材于除用之初矣。繼自今深鑒前弊，無數變易，以考治功，以寬民力。其有績效著聞者，當以璽書勉(厲)〔勵〕，增秩賜金。公卿有闕，選諸所表，以次用之。庶幾乎漢宣中興之治，顧不美與！刺史二千石其各安乃職，共乃事，務爲悠久之計，政成而俟褒擢，稱朕意焉。」

十月三日，詔：「通判資序及兩經任通判人，方許除知州，庶幾士夫不爲 47 空言，究心民事，以副朕愛養元元之意。如有卓異之才，宰執將上取旨，別議旌擢，雖有已降指揮者更不施行。」

十一月三日，右正言劉德秀言：「國家在外之選，莫重於監司、郡守。然監〔司〕則多出於一時之差擇，初不膠於一定之法，若州郡守臣則似膠於法而不通矣，不有以通之，其可哉！且今天下幾郡，爲郡守者幾人，或已居官，或未赴上，姑以十分爲率，其三則爲朝廷補外之人，其七則由小官積累以至者也。其由朝廷補外者，則以才望選，而由小官以至者，特以資歷耳。今小官之入仕，或早或晚，是雖不一，姑酌其中而言。且以三十而仕，守闕歷任必須七八年，有舉主三人，而後得所謂〔闕〕〔關〕陞者。又守闕歷任六七年，求舉主五人，而後得所謂改官者，則蓋幾〔五十〕〔十五〕年矣。既已改官，然後作縣，謂之須入，而縣闕之佳者至三年，其次者亦不下二年，其守闕歷任又如前比，迨作縣之竟則已五十餘矣。然後入所謂屬官通判，展轉兩任，共須十年，然後始可望四年、五年之郡，則幾於七十矣。當此之時，筋力疲於少年之奔走，精神困於少年之酬應，雖有趙廣漢之聰明〔一〕，桑〔洪〕〔弘〕羊之心計，謾不復知省矣。其權不過委之於僚吏，否則一歸之吏胥之手而已，百姓何由而蒙利哉！臣愚以爲今不若擇天下之劇縣若干，類而榜之，使改官須入之人，其居是官有撫字、催科兩課俱優，發擿、教化並行不悖者，令州縣、監司 48 以其治狀結罪保明來上，仍令御史臺覆覈。如委有顯迹，則稍超躐之，畀以見近闕通判，任滿即與知州軍差遣。如此，則其人幸筋力之未衰，精神之未耗，展佈四體，以惠利斯民，一利也。爲劇縣者既前知有州壘超躐之可慕，則悉心畢力，趣事赴功，而縣無不治，民無不被其惠，二利也。舉一事而二利從，亦通變而適時之法。然或者謂近降指揮，須兩任通判然後可以得郡，無乃與之相背也，臣以〔不爲〕〔爲不〕然。近降指揮爲中常之才設也，初不相妨，亦可兼用。如陛下以臣言可采，乞降付三省詳酌施行。」從之。

二十四日，臣僚言：「孝宗皇帝朝，詔守臣到任半年，以民間利害五事上聞，年來殆成文具。臣謂莫若不必限以五事，但使之講究利害，委有關繫生民休戚者，然後使之上聞。少者或以一二，多者或過於五事。如可備採擇，乞頒諸州奉行。」從之。

十二月二十一日，宰執進呈中書舍人汪義端劄子，乞邊地帥守雜用文武之臣，若文臣知州，亦宜選武臣爲貳，其文臣倅貳之無用者自可省去。上曰：「郡有倅貳，正如諸軍統制之有副也，互相糾察，豈容省去！此論〔非〕是。」余端禮等奏：「聖訓切當。兼改更祖宗法度，亦非所宜。」

二年九月二十七日，臣僚言：「監司、帥守，陛下所賴以風厲一道而表率郡邑也。今於迎送之間，一切踰法過度，既破兵衛之給，又邀舟檝之用，名爲水脚。且水則具舟檝，陸則具輿馬，所出 49 各不過一塗，所蒞亦各有定數，灼然不可欺也。而剖符持節以出，既多爲之程，又兼取夫水陸之費。方來則文移正索，以爲當然；既去則自爲橐橐，

〔一〕漢：原作「漢」，據《漢書》卷七六《趙廣漢傳》改。

取又數倍。監司取之於列郡，郡(首)〔守〕取之於列邑，郡縣匱乏，何所從出，不過爲一切之政以供之。幸而終更者，二年一取，已不勝擾，其或數去數易，將何以堪！今宜立爲之法，使舟行者鐫其兵衛，陸行者禁其水脚。或貪冒無恥，兩有所取者，一以贓論。迎送之兵，多寡遠近，並以成法申嚴行下。庶幾稍知自律，足以表率郡縣之小吏。」從之。

三年四月三日，臣僚言：「仰惟孝宗皇帝長轡遠馭，凡兩淮、荆襄沿邊州郡，必斷自聖意，精加採擇。猶慮未能盡得其人，嘗詔從臣、臺諫各舉所知，以充其任。一時應選，皆是綿歷州縣、深達事機、熟諳民務、才能之傑然者。間用武臣，亦必其儕輩中之素所推服而更練不在文臣之下者。近年以來，除授寖輕，往往躐分而求，循例而請，夤緣交結，志在苟得。乞自今兩淮、荆襄州郡及金、洋等處守臣，不許妄有陳乞。其有資歷稍深，舊例可得，而才能不堪邊寄者，且與外任兵官差遣，或川、廣遠近〔一〕。庶幾控扼形勢要害之地舉得其人，可以上寬憂顧。」詔從之，仍常切遵守。

五月二十四日，詔：「嘉興府、處、台、衢、嚴、信、池、袁、撫、江、潮、漳、泰、温、徽州通增作十五闕，專充職事官補外。其已籍定邊郡如遇有闕，亦許通差。」以三省言昨來所留三十【50】闕内，常留見近十闕以待職官補外，緣十闕太窄，故有是命。

四年正月二十二日，右正言劉三傑言：「乞今後監司、郡守應以疾患控列、別無規避者，即與將上取旨，畀之祠禄，以均閑佚。其抱病日久，不以自陳，致有廢事者，郡守則令監司覺察，監司則令諸司互察，便賜罷斥。或有隱蔽而不以聞者，則令御史臺劾奏，亦與黜責。庶幾各知廉恥，不敢養痾以負朝廷之隆委。」從之。

四月二十九日，臣僚言：「伏見二廣州郡有自來係吏部依格法差注去處。因慶元二年臣僚有請，乃降指揮，盡作堂除。緣此有資歷深多者既不得受，有孤寒恬退者又不容受，反使能官安分之人未免滯淹。其躁進巧圖者躐次越等，妄行陳乞，徒長奔競，愈不足以重遠方牧守之寄。」詔從之。其廣東路英德府、南恩、循、梅、封、新州，廣西路潯、高、藤、昭、象、梧、貴、化、鬱林州、昌化、吉陽、萬安軍守臣闕，並發歸吏部，照舊來格(發)〔法〕差注。所有在堂二廣州軍闕，如武臣陳乞，亦須曾歷民事、熟於州縣者，方得進擬。

五月二十一日，詔：「今後京官補授，雖已任通判得替，未曾作邑人，須通歷兩任通判終滿，方得與除州郡差遣。」

十一月二十七日，臣僚言：「比年以來，歲使監司定臧否之論，而朝廷行黜陟之權，法信美矣。唯是人心不同，真僞難辯，或有違法以干譽，設詐以盜名，巧爲營求，冒干臧最，而政未必平，訟未必理，田里之愁歎莫之卹。乞【51】降〔詔〕，監司於考察郡(首)〔守〕之際，其實惠及民者則以爲

〔一〕遠近：疑當作「遠郡」。

贓，而虛聲罔民者即以爲否。庶幾欺僞不行，爲郡（首）〔守〕者各圖惠民之實，以副陛下保民如赤子之意。」從之。

五年六月二十六日，臣僚言：「竊見近降指揮，凡守臣引年謝事之人例與宮觀，候替人交割錢物訖，方得離任。朝廷之意，正恐錢物易以侵欺，兼又干求請囑，乘間而去，旬月之内，咈人任怨既不可爲，則未免徇私曲從，寧無害事，反使其人愈不自安。乞令已得宮觀人徑將錢物交付以次官，一面離任。如以次官妄有支動，許新人點檢，具申朝廷請旨施行。仍令監司覺察。」從之。

十月二日，臣僚言：「比年臣僚有請，累降指揮，應監司、守臣改差替罷，具見管交割錢物數申省部，此誠良法美意，天下遵承，無敢違戾。大抵錢物有經常，有餘羨，有支用，有起解，有樁積，有增有虧，要當分别窠名，使各歸著。乞行下諸路諸州，今後交割錢物，各開數目窠名，某錢某物今後樁管，某錢某物合充支遣，某錢某物合行起綱，供申省部，交與後官。其見管錢物内有無合起綱運，合支用度。庶使諸路諸州財賦所在，本末源流各隨其實，一歸聖朝責實之公，而無昔人僞增之弊。」從之。

嘉泰元年三月二十三日，右諫議大夫程松言：「乞明詔大臣，其於武臣知州蓋無選擇曾任閤門已經擢用之人，亦須察其慈祥愷悌，留意民事。至於繇常調而序進者，更宜畧效【52】文臣，限以考任，及曾任縣令，委有政績，然後付之郡寄。應州郡通差武臣去處，仍乞妙選才幹之吏以爲倅貳，庶幾相與協濟，詢究民瘼，檢扼吏姦，下爲千里之體，而上副九重共理之切。」從之。

四月二十九日，詔：「今後四川守臣闕到合赴上之人，銓量得雖川臣，昏耄疾病而才力實不逮者，並令制置司從實保明，别與宮觀閑慢差遣。」

二年二月二十七日，詔：「今後曾經作縣又經通判任滿之人到堂，且與川、廣小郡。如任通判不曾作縣，合再與通判差遣。」

四月十七日，臣僚言：「乞照慶元三年指揮，止乞酌中存嘉興府、處、台、衢、嚴、信、池、袁、撫、江、潮、漳、泰、温、徽州共十五闕，令中書再行注籍，專待職事官補外，並止差一政，日後更不借用。仍乞照已降指揮，邊郡有闕，亦許通差。其餘諸州有元係留闕，今次再行存留（留）〔外〕，剩下之數並以待外方合得州郡者，與其他諸州軍府衮同使闕。庶幾外方求郡者有闕可入，不敢更有睥睨留闕，而朝士之丐外者亦得近闕以行，不至有先乞占闕之蔽。」從之。

三年十二月二日，右諫議大夫張澤言：「當今急莫先於邊備，邊備之策莫急於選擇帥守。乞詔二三大臣，留意邊郡帥守，將背公徇私、不能爲國遠慮之人易而去之。除授之際，公共相度，精加選揀，必求彊敏通練、能爲國遠慮者用之。俟在任果有政績，則增秩賜金，俾之久任，以示褒奬。庶使有志事功之人，咸知激昂【53】奮勵。」從之。

四年六月二十一日，臣僚言：「監司、守臣多不以實選。選人改官，僅了作縣，一任通判，即授知州，雖望郡大藩率可坐致，如執券取償，所至害民，罕有善政。向因臣僚論建，嘗降兩任倅貳方許作郡指揮，謂宜申嚴必行，以重民社之寄。乞今後通判兩任，方許除授知州。除廣郡外，欲乞四川亦照此施行。如(正)〔政〕術才望公論共推者，即係朝廷擢用。」詔除成都、潼川、遂寧、興元府、瀘、興、夔州外，其餘州軍今後上州差曾任知州一任以上人，中等州差兩任通判人，下等州差一任通判(任)〔人〕。

開禧元年三月二十五日，臣僚言：「臣聞郡縣天下之根本也，郡守天下之司命也。今爲郡守者，其視往昔何如哉？通判善罷，不用薦舉，取一障如探懷袖。至於一任知縣，一任屬官，不歷半刺，亦得以竊專城之寄，不亦太輕且濫乎！其間有罪戾罷斥之餘，夤緣祠禄，不俟滿歲，即謀干請。都堂之審察，御史臺之參辭，閤門之見謝，皆所以察其人而審其實，著之令甲，豈容輕廢！今在外得郡之人，始焉既無堂審、臺參、陛辭之禮；戍期甫及，又夤緣獲任滿奏事之命。自始至末，九重不知其人，廟堂臺諫不識其面，雖癃老疾病，闒冗猥瑣，皆得掩覆其迹。若人而居千里之上，豈不重爲民害乎！今郡守之闕，近者兩政，遠者數年，朝路壅塞不通，廟堂除授不行，職此之由。乞詔有司，申覈實之政，重牧守之寄，除曾經擢用，有朝蹟，[54]已經奏對，及湖廣、四川沿邊員闕辟置外，其他除郡雖知州以上資序，並須親到闕，方許除授。如合奏事之任之人，已對在四年外者，不許巧作規避。庶幾賢否别而倖門塞，牧守賢而國本固。」從之。

嘉定元年六月十八日，臣僚言：「息兵修好，既通信使，將撤戍軍，經理邊陲，最爲急務。然而蹂踐之後，農桑一空，室廬不存，赤地彌望，流民歸業，生計茫然，各欲使之安存，其策未知所出。朝廷用人，往往拘於資格之相當，局於履歷之相稱，間欲拔擢而用之，或牽於人情而聽其自擇，或懼其創例而來者不已。是以纏束拘攣，用者未必能，能者未必用。當安平無事之日，猶可固執資序；至於拯溺救焚之時，其可不思所以更之哉！乞令侍從、兩省、臺諫各舉邊郡太守二三人，俟姓名來上，次第分遣。仍乞久其資任，寬其文法，課其勞績，第其優劣，或增秩賜金，或褒詔除職。舉得其當者受上賞，薦非其人者被顯罰。如此，則不出十年，兩淮、荆襄、全蜀皆復承平全盛之舊矣。」從之。

八月十三日，御史中丞章良能言：「今之急務，莫如經理兩淮。今守臣多出臣僚薦舉，或朝廷遴選，事體至重，自合專以功名爲念。若假此以爲進身之計，到任未久，又求遷擢，則萬事無可爲者。乞兩淮守臣並以三年爲任，任未滿間不得陳乞宫觀。如有罪狀顯著，嚴行責降，不特放罷而已；若功效尤異，即用增秩賜金之規，或(有)〔又〕加職名，[55]以示褒賞。其未滿三年，别有移易，許給舍、臺諫論奏。其荆襄間亦乞一例施行。」從之。

二年二月十一日，詔：「雅州守臣任滿與減二年磨勘，令勑令所修立成法。」以四川制置司言，雅州守臣責任非輕，考之地理，正係邊面，乞比附黎州賞典，故有是命。

五年二月一日，臣僚言：「先朝舊制，文武臣皆以磨勘遷轉。文臣自選人至京朝官止以考第，然所以考察之者詳且密矣。仁宗皇帝以改官猥衆，於是始立舉員之制，而武臣則仍其舊。方是時，武臣之登用者少，而入仕之途未加多也。今武臣爲郡，視爲常典，而廉汙能否，莫之保任，是可不斟酌其法而損益之乎？且文臣必三考，有舉主而後關(陛)〔陞〕，又三考有舉主而後爲縣，縣滿三考然後爲倅，倅滿爲郡。其歷民事差久，而保任薦揚之者七八人焉，然其間猶有貪鄙狼籍者，有昏謬不解事者。今武臣或便從軍，或爲計議，漫不省民事之謂何，乃遽爲郡，安有高材異能，不待嘗試如彼其易哉！乞自今後武舉人所官須歷巡尉，次任須歷諸州都監，又次任便歷知縣，無過犯，有舉主，方可與郡。庶使習熟民事，宅生重寄皆得循良諳練之士，而文臣、武臣之得郡守者不爲偏矣。」從之。

六月一日，監察御史石崇萬言：「作邑任滿人許授通判，此固舊制也。臣竊見近降指揮，帥府大藩如臨安、紹興，平江，慶元府等闕，並差經任通判人。其次名郡如(胡)〔湖〕、秀、衢、婺、太平、建寧等闕，並差 56 作邑有政績人，如經任通判人願受者聽。其他如常、嚴、饒、信等闕，並差應入通判人，如作邑有政績人願受者聽。如是，資歷淺深，粗有以甄別。今也不然，一經作邑，曾預論薦，即起院轄之望。僅倖終滿，初無聲稱，即乞大郡通判，豈不陵躐！夫一任通判人許授川、廣州軍，此固舊法也。臣竊見續降指揮，兩浙、江淮、湖南北、京西州郡除帥藩外，並差兩任通判以上人。四川州郡分爲三等，上等州如崇慶、眉、漢、嘉定之類，差曾任知州一任人；中等州如黎、雅、隆、叙、重慶之類，並差兩任通判人；下等州如威、茂、石泉、長寧之類，方許差一任通判人。如是，則其選稍艱，不至冒濫。今也不然，一經作倅，不量資格，便欲覬望近裏州郡，豈不超越！乞自今除授守、倅，並照已降指揮，如京官出身，有恩例免作邑人，須實歷八考，方許授小郡通判。其已曾經任通判人，當先考其前任履歷，更審觀人才可以作郡，然後畀之。庶幾稍革奔競僥倖之風。」從之。

二十三日，國子博士徐自明言：「臣觀內外州郡每闕一帥臣、守臣，陛下必爲之精擇遴選，或有躊躇數月而不輕授者。若乃績用無聞，僥倖滿秩，或與一蜀郡，或與一廣郡，則諉曰是資格之不得不與者也，是險僻瘴癘之鄉人所不樂去者也。夫蜀郡、廣郡，非陛下之土地人民乎？至使昏謬闒茸者得之，貪冒無恥者得之，其不病民者鮮矣。至於每歲用改官人而俾之試縣，雖 57 未必盡皆得人，猶曰用薦舉五削而後得之也。而縣令之職，無郡不有，今選人之能奮勵以自媒其身者，不授諸司幹官則授州縣幕職官去矣，其俛首而受令者，非庸繆昏耄徒，否則罪戾之餘而已。吏部亦不復與之較，曰是財賦之難辦，民訟之難決，督責多而勞績少，非人之所樂爲者也。如是，則又安保其不爲民病乎！夫地遠帝畿，則貪虐易以下及，病苦艱於上訴。職近親民，賢而惠易以孚，不賢則虐易以肆。是誠不可不深念，毋以其遠且小而忽之也。臣願川、廣諸郡非作倅實有勞績，曾爲監司所舉者，不可以輕授。而畀之郡者，必令奉事之官因以問其所言，考察所行，以周知其能否。其昏耄而闒茸者，宜止與之帥府參謀及大郡倅貳。至於諸邑之令，非嘗有一二舉削而無過犯者，不可輕與。仍令監司謹擇其憂民稱職者，先有所舉薦，以爲作邑者之勸。」從之。

八年七月十一日，知贛州楊長孺奏：「汀、贛聯境，民習兇頑，不務農桑，易於爲盜。近年贛盜頗稀，汀盜反爲贛害。蓋贛人有犯，追捕甚嚴，人知懲艾。惟汀州隸福建，汀人爲盜於贛，贛州移文追捕，而汀州視如秦越，緣此數載，汀盜公行。此而不防，久將益熾，勢須江西守臣得以兼福建之兵權，庶幾福建盜賊，江西可以討捕。竊見本州兼領兵甲，越至廣界，南雄、南安悉在鈐制，故江西交、廣事體相關，應〔授〕〔援〕如響，廣東之盜不敢侵踰，其效可58覩。獨汀州之盜頻來擾害，捕則竄歸。欲乞將汀州兵甲照南雄州例，許本州守臣提舉，添入『汀州』兩字繫銜。仍劄下福建路安撫、提刑司及汀州照應施行，庶幾彼此相維，群盜可弭。又照得贛州〔端〕〔瑞〕金縣正汀盜出入之衝，而汀州古城寨最近瑞金㈠，若蒙朝廷以古城寨爲兩州界寨，使本州與汀州皆得統轄，則汀盜有所畏憚矣。」從之。

九年十二月十七日，詔：「天水軍移就天水縣舊治，其知軍令四川制置司選辟文臣一次。」

十年八月一日，四川安撫制置使司奏：「據新知天水軍黃炎孫申，乞照光化軍與龍州體例兼帶彈壓屯戍軍馬。本司照得天水軍正係極邊去處，又有出戍官兵，若使守臣與之全無關涉，竊恐緩急誤事。黃炎孫所陳委爲允當，乞檢照龍州體例，自後天水知〔事〕〔軍〕兼帶彈壓屯戍軍馬繫銜。」從之。已上《寧宗會要》。（以上《永樂大典》卷九七七六）

通判諸州府軍監

宋置諸州通判各一員，西京、南京、天雄、成德、益、〔杭〕〔杭〕、并、鄆、荆南、潭、廣、泰、定等州各兩員，小郡或不置。正刺史以上及諸司使、副使知州者，雖小郡亦特置，兼管内勸農使。

太祖建隆四年四月，命刑部郎中賈琬等充荆南道諸州通判。

十一月，詔：「應諸道州府公事並須長吏、通判簽議連書，方得行下。」

㈠汀州：原作「古州」。按宋代江西、福建無所謂古州。「古」字承下而訛，當作「汀」。《清一統志》卷三三三：「古城寨，在長汀縣西五十里，去江西瑞金縣五十里。相傳閩王延政築城，後廢爲古城里，宋置寨。」

開寶四年四月，詔：「廣南管内州郡除已差朝臣知州外，其餘見闕知州、通判處，委吏部銓於鄧、唐、隨、郢、襄、均、房、復、安、中等州并荆湖管内見任令録兩考已上成資59者，及判、司、簿、尉中兩任五考、合入令録、年五十五以下者移注，仍别降敕。兼令知州許般家赴任，緣路支給館券。其俸錢並依逐州録事參軍例，據户口特支見錢。以三考爲限，秩滿不令守選，據資叙量試書判，注在北幕職官。」

七年五月，詔：「諸道州府通判官等每有公筵，並接知州坐次。」

太宗太平興國五年七月，命知萊州、殿中丞鄭濬文，知單州、左贊善大夫劉厚德，並通判本州事，以刺史赴本任故也。

雍熙二年二月，以著作郎韋亶通判隨州，殿中侍御史李式通判道州，武元穎通判博州〔一〕。初，李繼捧歸朝，其弟繼遷遁入蕃部爲寇。會邊臣言繼遷悉知朝廷事，蓋繼捧等漏露〔二〕，故宗族悉置於外，令亶等通判，專司郡政。

真宗咸（年）〔平〕四年正月，省杭州通判一員。

景德二年六月，置濱州通判一員，以刺史周緒赴本任也。真宗以武臣多不閑政理，非通判廉幹則民受弊，詔應防、團〔三〕、刺史在本任及知州處，見任通判令轉運司密具能否以聞。

八月八日，河北轉運使劉綜請擇文學器識之士通判緣邊州軍，庶其商度邊事，往還北境文牒。從之。

三年十月，置解州通判官一員。舊制，州不及萬户不置通判，至是解州及數，乃置。

四年十一月，詔：「保州通判自今選進士登科有材幹者充。」保州密邇邊境，舊止武臣知州，每契丹官屬書（門）〔問〕及行移文牒，多未適中，故令選任。

大中祥符二年十60二月，詔：「緣邊并連接溪洞州軍，其間通判職位高於知州者，並勘會移易。」

四年八月，詔：「武臣新罷軍職正授郡任者，各選差通判官。」

六年正月，上封者言：「武臣知州軍處或闕通判，望令轉運司飛奏以聞，付有司速差。所差官如未到任，仍於京朝官知州、通判有全員處權差。」從之。

天禧四年七月，置懷州、衛州通判各一員。以轉運使言二州頻年災傷，今民稍復業，請增官綏撫故也。

乾興元年仁宗即位未改元。五月，置戎州、瀘州通判各一員，從安撫使江德源請也（也）。

天聖元年三月，中書門下言：「應北朝人使經過州郡通判，今後令審官院選差。」從之。

二年四月，集賢校理葛昂、張仲尹、黄弼、陳商、范説等

〔一〕元：原作「光」，據《太平治迹統類》卷二改。
〔二〕「繼」下原有「宜」字，據《太平治迹統類》卷二刪。
〔三〕團：原作「關」，據《長編》卷六〇改。

言，各乞外任差遣。詔並與小處通判。太宗朝，凡帶館職出皆知州。景德後，王昱、劉奭並以官卑止與通判〔一〕，因以爲例。

三年五月二十八日，中書門下言：「新授虢州團練使田敏差知隰州。自來防、團、刺史赴本任，又知州無通判處，權置同判，候差朝臣及内職知州〔二〕，即却省罷。」詔隰州權置同判。

五年八月，置祁州通判一員。先欲增置，詔轉運司相度，乃言本州領三縣，户口萬三千，民事税賦不少，止以武臣知州，况係緣邊，實稍要差置。故從之。

六年正月，上封者言：「京朝官兩任知縣入通判，欲望今後並須三任方得差充。如有殊常勞績及奏舉人數多者，令審官院別取旨。」從之。

六月，詔廣州權置[61]通判一員。舊無通判，至是轉運司言，近以武臣石普知州，本州錢穀、刑獄事繁，乃增置。

七年三月二十五日，詔潭州同判官自今增置一員。從太常少卿李若谷請也。

七月，詔：「自河北、河東、陝西緣邊同判，並於第二任近地知縣内到任及二年已上者就移。候得替，別充三任同判，方入知州。」

九年九月，詔：「沿邊四榷場州軍〔三〕，自今同判選經歷任有心力清幹京朝官充。」是月，河北轉運司請置順安軍通判一員，從之。

寶元二年正月，詔：「陝西秦、鳳、鄜、延、涇、源等州、鎮戎軍及河北鎮、定、瀛、莫、雄、霸等州通判，自今令審官院並選差人。」

五月，增置永興軍、延州通判各一員。

康定元年六月十六日，河東轉運使文彦博言：「河東隰、憲州、寧化、保德、岢嵐〔四〕、火山軍處地居邊境，自來止有職官，元無通判，乞各差京朝官一員充通判，却省職官一員。」詔審官院選曾經知縣一任者充，見任職官候成資放罷許參選〔五〕。

十二月二十四日，詔：「增施州通判一員，以京朝官充，仍於本路縣令内選舉。」從本路轉運司之請。

皇祐三年二月，審官院言：「通判員多闕少，今定藩府州軍凡五十一處，請各差京朝官一員爲簽判；及端、封等二十二州知州〔六〕，邕、桂、宜三州通判，舊制就移知縣人

〔一〕「王」、「劉」二字原無，據《長編》卷一〇二補。
〔二〕臣：原作「廷」，據《長編》卷一〇三改。
〔三〕榷場：原作「權揚」，據《長編》卷一一〇改。
〔四〕岢：原作「苛」，據《長編》卷一二七改。
〔五〕候成資放罷：原作「候候資放放便」，據文意改。《長編》卷一九：「詔選人因避親成資放罷者許令參選。」又卷一九九：「其他親戚即候成資放罷（許對移）。」皆與此同例。宋代官制，官員任滿無失並達到一定資格，稱「成資」。
〔六〕「封」原作「符」，「知州」原無，據《長編》卷一七〇改補。

充，今請先用通判〔一〕。」從之。

五年閏七月二十六日，詔：「今後曾任中書、樞密院臣僚出知外郡，更不得奏辟通判，許添奏職官一員。餘依前後條[62]貫。」

嘉祐二年正月九日，右諫議大夫、知桂州張子憲言，乞差前知貴州周約充本州通判。非常例也。詔以桂州〔帶〕一路安撫使，自今聽舉通判一員。

十月二十二日，審官院言：「勘會西京、北京、益州、廣州、荊南、并州、江寧府、杭州、永興軍、鎮、定、秦、延、渭、慶、鄆、青州，並是京府及安撫使、都鈐轄分領州鎮，其差通判，欲今後並以知州資序人差充。任滿無公私過犯，候到院與陞半年名次。」從之。時以在院知州員多，故有是請。

《哲宗正史・職官志》：通判掌倅貳郡政，凡兵民、錢穀、户口、賦役、獄訟聽斷之事，可否裁決，與守臣通簽書施行。所部官有善否及職事修廢，得刺舉以聞。

神宗熙寧元年正月二十三日，詔：「諸州通判遍點檢本部巡檢器甲，具堪任披帶行使以聞。仰本路（提）〔轉〕運、提點刑獄、兵甲司每歲舉行。仍自今器甲損壞，只送本轄州軍納換。」

四年十一月十七日，詔：「自今近臣因老疾得知州軍者，其通判並擇。」時天章閣待制〔二〕、知單州孫思恭以疾乞任，許之，因有是詔。

五年十月，詔編定鎮戎、保安、通遠軍通判、吉鄉軍使，並令中書選差。

十一月十九日，詔熙州置通判二員、曹官三員。

七年四月二十一日，詔：「諸州軍器物料並置庫，選職事或曹官一員兼監，仍委通判點檢。」

元豐元年五月七日，提舉茶場司言：「彭、漢通判許本司權奏辟，如能協力，保明留任。」從之。

三年十一月三十日，詔：「諸路監[63]司具到部下通判治狀最優，有未經朝廷任使者，令中書籍其姓名。」

六年二月二十五日，詔：「陝西路帥臣所在通判，不許監司差出。」從知慶州趙卨請也。

四月二十六日，陝西轉運司乞就差通直郎、通判解州吳安憲通判延州。詔：「沿邊軍民事之大者，雖多屬經略司處置，然干涉州務事亦不少，須得明敏之人剸遣，乃無敗事。兼即今本州内外興役修治城壘，方賴以次官分頭幹辦，可依所奏速差。」

哲宗元祐元年十月四日，詔：「内地及川、廣通判除堂除人外，並以三十月爲任。」

十一月五日，權發遣秦州、兼管勾秦鳳經略安撫都總管司范育言：「知州係帥臣，將下公事乞不許通判同管。」

〔一〕用通判：原作「問」，據《長編》卷一七〇改。
〔二〕待制：原倒，據《長編》卷二二八乙。

從之。

十二月二十二日，詔堂除通判成資爲任。

二年十月八日，詔賓、横州通判聽舉京朝官知縣資序已上人充。

三年六月一日，吏部言：「請川、廣通判除有專法指定及酬奬外，不以見任、新差官，並二年爲任。其使闕滿替悉依本法〔一〕。」從之。

九月十六日，詔：「吏部擬注通判，依知州例赴門下省引驗。」

紹聖三年三月十六日，京西路轉運副使郭茂恂言〔二〕：「西京係祖宗陵寢（在所）〔所在〕，通判職任至重，請自朝廷除授。」從之。

三年十二月十五日，發運使呂温卿言：「乞真、楚、泗州通判，請自朝廷選授。」從之。

四年正月二十五日，杭州路轉運司言，乞今後通判並許差（州）〔川〕、峽人。從之。

元符元年，詔：「通判、幕官令日赴長官 64 廳議事，及都廳簽書文（繳）〔檄〕。」

徽宗崇寧三年二月二十一日，詔：「河北國信道（通）路經由州軍通判，令吏部依格選差，申三省審察。」

政和元年六月二十日，詔：「河北沿邊、次邊州軍，全藉彊幹材敏通判糴買軍儲，營辦職事，自今差注，並令三省審察，不得容罷癃綿弱年高之人。」

三年閏四月十一日，詔武臣知州處勿差宗室通判。

十九日，詔：「自今三省吏人出職，不得同任一州守、倅。」

六月九日，湖南路安撫、鈐轄司言：「武岡知軍見係武臣，若緩急出入，須藉通判治理，兼學事亦須常得有出身通判管幹，伏望復置通判一（月）〔員〕。」從之。

九月二十六日，欽州言：「遠小州軍係初任或第二任知縣人權入通判，兼無司録去處係通判糾察六曹，即未審合與不合理作實歷親民。」詔應無司録處通判，並許理實親民。

四年十月四日，詔：「諸州通判有兩員處，以一員堂除。」

五年四月十九日，臣僚上言：「伏覩雄州每年北虜并本朝國信使副往還到州，至白溝驛及次白溝界首交割絹，並是通判親臨，職事實比他郡不同。自來本州通判亦有差出，雖差官權代，臨事不無滅裂。臣欲乞今後雄州通判雖不拘常制，亦不許差出。」從之。

十月二十八日，吏部言：「武臣知州軍並皆邊遠，其通判專差有出身官，致有闕官日久去處，少有應格之人，自合依元豐法，不限有無出身差注。」從之。

六年七月二十九日，詔：「邊倅 65 多副貳，武臣倚以

〔一〕滿：原無，據《長編》卷四一二補。
〔二〕恂：原作「詢」，本書及《宋史》記此人事蹟多作「恂」，因改。

文法，訪聞或老疾輕易，或全無風力，坐糜厚俸，無補郡事。今後並具名取旨差，仍著爲令。」

七年六月三日，詔：「淮陽軍、廣濟軍、信陽軍、高郵軍、荊門軍、漢陽軍、懷安軍、邵武軍、復州、榮州、雅州、普州通判堂除，餘令吏部差人。」

宣和三年閏五月十九日，(訪)〔詔〕：「訪聞諸州軍通判員闕，多是寄居待闕或他州官奔競請求權攝，窺圖利(人)〔入〕，漫不省事，虚費禄廪。今後通判闕，差本處以次官權，仍止許收受本職供給等。違者以違制論。」

六月八日，詔：「諸州監香茶礬事，並委通判處委録〔一〕。」

四年六月二十六日，荊南府申明：「本府通判二員，即未審合與不合依舊制通簽六曹文字。」都省勘會：「昨因京東路轉運司申請，應天府少尹二員，乞分治六曹事。准政和七年四月四日敕，依本司所乞，諸路兩員處依此。」詔令通管府事，諸路兩員處依此。

七年正月十八日，中書省、尚書省言：「諸州添差通判處，遇知州替移及時暫在假，於條牌印與以次官，而添差入官在正任通判之上，竊慮合將州事令正任人掌署。緣未有明文。」詔令尚書省立法。

高宗建炎元年六月十四日，詔諸州軍有通判兩員去處減一員。嘉祐以前員額依舊例。

二年三月十二日，詔承務郎蔡聲通判任〔二〕。以麟州市户、居民、僧道樊恭等言，聲靖康間爲本州司録，撫恤軍民，乞留(元)〔充〕見闕通判，故有是命。

三年九月十七日，詔：「應廣 66 南東路(監)〔鹽〕事，並委通判專行，務要客販通快。仍常切鈐束官司，協力奉行，如敢違戾，並令按劾。」從户部侍郎葉份請也〔三〕。

四年六月十一日，臣寮言：「近日州縣自通判、職官以至監當，各有添差官，或以恩例(授)〔援〕請，私計陳乞，宗室特差，其實本非爲民。欲乞罷除添差通判、職官，其監當官如繁劇去處，添差無過一員。」詔今後更不添差通判、職官。

二十五日，詔鎮江府特添置通判一員。從知府劉光世請也。

十二月十五日，詔：「監司、郡守遵依累降御筆指揮，並三年爲任，今後通判准此。」

紹興元年十月十九日，知荊南軍府解潛言：「峽州地據川口，最爲要衝，自罷通判後來，大段廢事。欲乞復置本州通判。」從之。

二年三月十七日，詔：「將淮南通判到任賞比附建炎元年九月二十四日京畿已降指揮，到任與轉一官。及一年別無事故替移，保明申吏部給告(者)；若一年内替罷，更不

〔一〕此句似有脱誤。
〔二〕通判任：似當作「通判麟州」。
〔三〕份：原作「紛」，據《建炎要録》卷二八改。

收使。任滿無遺闕，更轉一官。」

七月五日，詔高麗人使經由州軍，通判依舊堂除。

三年正月十八日，詔今後淮南通判並令朝廷選差。以中書門下省言，前降指揮令諸鎮奏辟，朝廷審量除授，以致闕官故也。

四月二十三日，〔詔〕：「今後應遣發大兵，所至州縣並專責通判充錢糧官，於界首伺候應副支遣。俟人馬出州界，方得歸州。」

五月十一日，詔令吏部契勘有無知州所辟通判以聞。以監察御史鄭作肅言：「近日帥臣稍奏67辟通判，切恐循習不已，欲乞降詔檢會，應諸州通判係見在知州所辟者，並令罷任，今後毋得奏辟。」故有是詔。

十一月十九日，詔：「今後諸路州軍遇遣發軍馬，並仰本州將不係軍馬經由縣分錢糧通融移用應副。仍依已降指揮，專責通判充錢糧官，於界首伺候應副支遣。及令所委通判常切點檢覺察。」

四年十月十二日，詔：「右(軍)〔宣〕教郎、濠州通判國鳳卿依舊還任，主管職事。」先是，臣僚言淮南州軍通判可併，有旨舒、濠州通判並罷，其國鳳卿已罷，宣撫使劉光世契勘濠州係瀕淮南，與僞界接境，正南控扼去處〔一〕，故有是命。

五年三月九日，三省言：帥府通判今置兩員，或有一員去處，致帥司逐旋申請添置。除潭、廣、洪州、鎮江、建康、成都府係見兩員外，詔帥府通判今後並以兩員爲額。

六年三月二十三日，詔舒州許復置通判一員。從提點淮南西路公事張成憲請也〔二〕。

九月十二日，知平江府章誼言：「本府係車駕駐蹕去處，事務繁劇，雖有添差通判史愿一員，緣係從軍。今來不敢陳乞創添官吏，乞於鄰近州府添差通判內更那撥一員前來本府添差官，庶幾可以分幹事務。」詔添差常州通判孫邦就移添差通判平江府，仍通理前任月日，任滿更不差人。

十八日，知成都府席益言：「州郡置倅，所以佐郡守之治，入則貳政，出則按縣，方今軍興之際，尤不可闕。夔路所管州郡、軍、監共一十三68處，軍、監之小固無所用置倅，除夔州係帥臣及恭、涪大郡外，施、鈐、達州、南平軍係武臣知州，皆合置通判。又見今通判職事專管催促米運，前件州府係沿流，所有通判合行存留。」從之。

七年三月六日，詔隨州通判魯平之特令再任。以平之協贊郡事，諳曉民情，兼管幹營田備見宣力故也。

二十一日，詔：「今後除授通判，不得差初改官人。」

八年九月十四日，三省言：「福建六州二軍，内六州及興化軍皆有通判，獨邵武一軍倅貳事付之幕職官，職任不專。乞依做諸州軍置通判一員，所有本軍見任簽判，乞令

〔一〕南：疑當作「是」、「爲」之類。
〔二〕西：原作「兩」，據《建炎要録》卷九六改。

成資罷，今後更不差人。」從之。

十五日，詔濠州復置通判一員。先是，知濠州楊桂言「本州通判昨緣朝旨減罷，今來本州係極邊衝要去處，全藉通判協力」故也。

九年六月十日，詔將新復州軍同知州並合改作通判稱呼。從同知順州陳楚請也。

十一年八月十八日，詔臨安府通判劉將、呂斌各特與轉一官。以守臣俞俟言各有才力，究心職事，欲望恩賞，以爲官吏之勸，故有是命。

十二年五月十九日，詔：「安豐軍許置通判一員，今後堂除使闕差人。」

八月八日，淮西安撫、轉運司言：欲令（盧）〔廬〕州存留正任通判一員外，其添差通判乞行省併。從之。

二十年三月二十日，詔循州置通判一員。從本路提刑司請也。

二十六年四月三日，詔：「應自今知州、通判互論不法事件，須拘留在任，選委監 69 司之清正有風力者依公究治，取見詣實曲直情狀，具奏施行。」以左正言凌哲言，比來守倅間有互相詆訐者，臣僚論列，乃欲先次並罷故也。

二十七年六月十四日，詔：「州郡令通判季點之外，不得輒遣官下縣刬刷，肆行刻剥。若二稅之出違省限，經總制錢之欠於季終，月樁券食錢之欠不依月分，則許州郡按劾以聞。」

七月五日，詔：「諸路州郡無通判處，遇守臣有闕，其以次官如係選人〔一〕，即具申本路監司，選差鄰郡通判或見任京朝官時暫權攝。」

二十八年十一月十六日，詔：「瀘州、夔州添置通判一員，峽州通判一員並減罷。」

二十九年正月二十五日，詔襄陽府、利州通判各減罷一員。以臣僚言倅〔獨〕員爲是故也。

三十年五月十七日，中書門下省言：「平江府係人使經由路分，事務繁重，見今通判止係一員，難以應辦。」詔平江府更差通判一員。繼而殿中侍御史汪澈言〔二〕：「人使經由，自盱眙至臨安府，何獨平江爲繁，若六郡援例，何辭拒之？乞賜寢罷。」從之。

孝宗乾道元年二月十四日，詔：「買馬州軍通判，令茶馬司依舊法奏辟。」從四川都大提舉陳彌作乞依祖宗舊法之請也〔三〕。

四年七月二十日，詔均州復置通判。先是，京西南路安撫運司言：「本州通判昨緣省併，却置簽判一員。今本州係極邊控扼重地，乞行復置。」故有是命。

八月十四日，詔均州通判堂除差，從吏部請也。

〔一〕係：原作「保」，據《建炎要録》卷一七七改。
〔二〕澈：原作「徹」，據《宋史》卷三八四《汪澈傳》改。
〔三〕陳：原缺，據本書職官四三之一一〇補。

六年六月二十70六日，詔德慶府通判、教授並堂除。以本府舊係康州，太上皇帝登寶位，陞爲德慶軍額，故有是命。

七年二月十九日，詔隆州依舊置通判一員。隆州舊係陵州，管仁壽、井研、貴平、籍四縣，元差通判一員。自熙寧年改爲監日，將井研、貴平、籍縣廢爲鎮，將通判改差選人判官。今復還州額，改名隆州。未復還兩縣間〔一〕，將判官改差京官簽判。今井研、貴平、籍鎮復還縣額，本州仍有四縣。今依舊差通判，改簽判爲職官，從吏部勘當也。

九月二十一日，詔：「隆州通判堂除差人，職官依條格定差。」從吏部請也。（以上《永樂大典》卷九七七六）

【宋會要】

71淳熙元年十一月七日，詔：「寧國府通判以二員爲額，改差明州通判毛幵、徐行簡填闕，各通理前任月日，已差下人依舊承替。」以中書門下省言，本郡通判舊有正任、添差各一員，今立新額，故降是命。

二年六月九日，浙西提刑徐本中言：「諸路州軍應差鄰州通判審問公事，而正任通判實有事故者，許差以次官權通判前去，仍不得以監當、曹官、主簿充代。」從之。

十一月二十三日，詔：「應赴半年前奏事別與差遣人，通判以下資序並添差通判，其初授訖朝辭人亦依資格與正闕通判差遣。」

三年正月三十日，前任武岡軍簽判陳公琦言：「本軍昨因臣僚申請減罷通判，其職事並隷簽判，合得酬賞乞賜施行。」詔依元置通判推賞指揮，其任滿，撫遏蠻傜，各安生業，別無侵擾引惹生事，與減二年磨勘。

六年四月九日，詔：「自今宗室、戚里、歸正官等應合用恩例添差通判，每州共不得過一員，已差下人聽依舊。簽判以下及諸司參議官等準此。」

七年十二月二十八日，工部侍郎兼臨安府王佐言：「本府通判（賞）〔嘗〕差五員，今闕其三，職事不辦，乞選才術疏通者添差一二員。」詔許添差一員。

九年十一月十二日，詔：「自今通（州）〔判〕不得以季點爲名，輒行下縣。或因諸事差出，令量帶人從，嚴加禁戢，無得因緣騷擾。仍令監司常切覺察，其或知而不問，亦坐失察之罪。」從侍御史張大經請也。

十二月三日，右諫議大夫黄洽言：「添差經營釐務爲今日之弊，倅則尤繫利害。乞自今應不釐務者，並不許薦舉作釐務。」從之。先是，三年十二月，曾詔常州添差通判趙光夫特令釐務。

十年七月二十八日，詔：「辰、沅、靖州通判止許往來三州内幹當，不許差出遠處。」從湖北提刑吴燠請也。

十四年八月十六日，利州路提刑張縯言：「乞將本路

〔一〕兩縣：疑當作「三縣」。

通判窠闕，除藩〔府〕通判合自吏部差注，（闕）〔關〕外四州通判自制置司奏辟外，所有金、洋、興、利、文、龍等州通判窠闕，依八路法送本路轉運司擬差，庶幾不致闕官廢事。」詔除已差下人外，今後依元豐舊法，令本路轉運司照應條格施行。

十五年十二月二日，詔今後臨安府添差通判止差一員。

紹熙元年七月二十四日，吏部言：「安豐軍乞復置通判一員，其簽判却行減罷。」詔依，其闕令堂除。

二年二月七日，詔：「今後補授京官人歷三任（闕）〔關〕陞知縣者，如才力不能作縣，雖是堂除，未可便與通判，且令更歷一任，如簽判、屬官之類，任滿方得陳乞小郡通判差遣。」

紹熙五年十一月七日，滁州奏：「兩淮極邊州軍，並無添差通判（買）〔員〕闕，獨本州因朝奉大夫朱輣用戚里恩例指射陳乞，因而差注不釐務，任滿更不差人。任滿之後，又乞再任，自後作員闕，因仍差注，已更四政。緣本72州係極邊僻遠窮陋之處，賦入微薄，與真、和州事體不同。乞照應昨來創行添差任滿更不差人指揮，消落上件員闕。」詔從之。今後江北州軍並免差。

慶元五年四月二十七日，詔：「今後差注通判，並不許指授有産業去處。」以臣僚言：「臨安府仁和縣自慶元三年正月內推排物力，造簿已定，有韓尚書户所敷和買，連歲送納多是不足。蓋其家韓杖者見任本府通判，輕視屬縣，敢爲拖延。縣廼申杖，杖大怒，輒追縣吏及里正囚繫決罰，備劇慘毒。」杖放罷，故有是命。

嘉泰三年五月二十三日，詔：「今後知縣任滿人，曾歷總領所、安撫、制置、經畧、轉運、提刑、茶馬、鑄錢司幹官，任滿與理爲通判一任。」

開禧二年八月八日，中書門下省言：「已降指揮，將諸司幹官理爲通判一任，以重其選，可就吏部量取二十闕，與作堂除進擬。照得試中教官人未曾該載。」詔將試中教官、有資考人，許令比附前名人陳乞。

十二月二十五日，詔：「崇慶府、（童）〔潼〕川府、遂寧府通判，今後令堂除使闕。」

嘉定六年三月二十八日，詔：「惠州添置通判一員，所有簽判窠闕省罷。其見任人聽令終滿，已差下（次）〔人〕令赴部別行注授合入差遣。」以廣東諸司奏請，故有是命。詳見「幕職官」門。

十二年六月十九日，臣僚言：「班行不清，固由庸才之充塞，亦以更迭之制不嚴，展轉凝滯。乞明詔大臣，申更迭之制。凡未經作邑之人，非三丞、二著、權郎，且與通判差遣，庶令習熟民事，轉而爲州，不致臨政乖疏，輕重無措，抑亦爲官擇人，可均內外之任。」從之。

十三年六月十五日，詔：「奉議郎、知贛州贛縣桂如淵特差簽判崇信軍節度判官廳公事，二年滿日罷，任滿理爲通判月日，將來更不作闕。」

十四年七月十日，權兵部侍郎陳廣壽言：「國初懲五代藩鎮之弊，始置諸州通判，詔公事並須通判簽議連書，方許行下。蓋以武臣爲之，必賴倅貳協贊，庶不致闕失。今邊方郡守往往欲事權出於一己，慮其相侵，率不謀于同列，自爲剖判，曲直失當，不合事情。而郡佐復多遠嫌疑，柔怯巽避，知享平分之樂，而不能爲（闕）〔關〕決之助。邊方俶擾之餘，困於科調，而乃使不更民事之人專擅其上，未免有以狼牧羊之患。乞行下凡沿邊郡守係武臣去處，應干獄訟、財賦，須管倅貳同心併力，公共（事）〔施〕行。苟能夤恭協濟，課最上聞，則守、倅均賞。其或貪虐肆行，寃枉無告，則守、倅同罰。庶仰合祖宗用人之意，而使邊氓拜撫摩之惠。」户、刑部看詳：「照得州郡刑獄、詞訟雖專決於郡守，其間蓋藉通判公心協濟，乞依今來奏請。」從之。

十五年八月二十五日，臣僚言：「伏見近者諫臣欲於二廣諸郡置倅，陛下即俞其請，是亦所以惠海隅之民也。臣竊照廣郡多是武臣爲守，若設倅貳，爲益非淺。儻曰郡之小者難於供給，如英德府、賀 73 州等郡舊嘗有倅者，何嫌於復置？況是諫臣請廢本州簽判[一]，並更省併一二冗職之俸以予倅，則誠爲可行。若得添置數郡倅，如遇闕守之郡，亦可差權，庶知顧卹。又（盧）〔慮〕已改官人不願就僻地倅，仍許經畧司專行選辟。」從之。

十六年五月九日，都省言：「照得已降指揮，紹興府脩奉攢宮，專委兩通判每月一次躬親點視葺治。竊緣通判各有本職，恐事任不專，合行添差通判一員，專以處職事官，更不分管兩廳職事，止通行簽押本府文書，專一主（官）〔管〕攢宮脩奉。其請給、人從，合依舊來添差通判體例支破。仍舊用路鈐廳作廨宇。庶幾職專事舉，不爲具文。」詔紹興府特置添差通判一員，仍釐務，專一主管昭慈、永祐、永思、永阜、永崇陵攢宮脩奉。（以上《永樂大典》卷一六二九二）

司理院

【宋會要】

74 端拱元年十二月，詔：「諸州州司理院并屬縣獄簿並用州印，長吏（曰）〔日〕省，屬縣旬申州。」

仁宗天聖五年十二月，開封府言：「先準編敕，應司理院禁勘公事合銷紙筆、油燈，罪人合破薦席、柴炭，委長吏量公事、刑獄大小，以本處估賣贓罰衣物等價錢支買供用。如不足，於係省頭子錢内支給。左右軍巡院每日贓罰錢内各支三貫文，收買燈油紙筆供用；不足，欲於係省頭子錢内逐院每日各支十貫文。」從之。

神宗元豐元年四月十一日，丹州言：「本州僻小，管宜川一縣，每有公事，止於司理院當直司勘鞫，乞併州院入司

[一] 諫：原作「課」，據上文改。

理院。」從之。

乾道七年二月四日，臣僚言：「臨安府所管左右司理院、府院三獄，除每院推級四名推行重禄外，其餘杖直、獄子等自舊皆無請給，往往循習乞覓，無所顧藉。乞令三獄每處止許置杖直、獄子一十二名，比附大理寺則例，每月支錢十貫、米六斗，並推行重禄。仍不許諸處官司差撥。如敢仍前乞取，並計贓斷罪。」從之。（以上《永樂大典》卷一九九八九）

宋會要輯稿　職官四八

上佐官

【宋會要】❶宋以諸州府長史、司馬、別駕爲上佐官。

太祖開寶四年六月，詔：「廣南僞命官送學士院試書判，取稍優者授上佐、令録簿尉。」

八年四月，教坊使衛得仁乞補外官，中書擬上州司馬。太祖曰：「此輩止宜於樂部中遷轉，上佐官不可輕授。」乃補太常寺太樂局令。

太宗至道元年七月，以峽路渠州教練使范仁辯等十二人並爲諸州上佐。蜀盜之起，范仁辯等嘗出私廩以助縣官，又糾合義族以全城邑，轉運使以聞，故有是命。

真宗景德元年三月，詔：「三班使臣年七十五以上者，借職授支郡上佐，奉職、殿(真)〔直〕授節鎮(佐上)〔上佐〕，不願者放歸鄉里。」

仁宗天聖二年六月八日，詔：「諸州攝助教樂和等三十三人元是年老經學舉人，先朝閔其衰老無成，特與此名，俾霑賦禄。今其有請，可並除參軍。」

九年六月，上封者言：「近日上佐官多擅離本處，赴闕進狀，妄有披訴及僥望恩澤。」詔自今副使、上佐官、文學、參軍等不得擅離本處，委所在官吏覺察，犯者寘其罪。仍令登聞鼓院不得收接所進文狀。

十年三月五日，詔：「舉人緣恩澤授上佐、文學、助教、參軍者，聽從便出入。」時(鄿)〔蘄〕州文學戚元成者舉進士授此官〔一〕，貧凍不能濟，州以詞制散官不聽他適，與負犯授者一例羈管，州將言其事，特有是詔。

景祐四年二月二十七日，❷詔：「應因公事授上佐、文學、參軍十年已上，無過，願逐便者，逐處以名聞。」時洪州別駕劉藏器累經赦宥，乞從逐便，因有是詔。

慶曆二年六月，補新授諸州長史、文學田庭堅等五人爲三班奉職，王好言等十八人爲借職，劉易等十四人爲下班殿侍、三班差使。初，進士諸科特奏名人既授以逐州長史、文學，而願試方畧、武藝，乃命翰林學士蘇紳等考其中格者補之〔二〕。

五年十一月，詔尚書刑部：「應貶官人經恩叙授諸處行軍司馬、副使、上佐官、司士、文學、參軍，願不之任者聽之。」

皇祐二年十一月五日，詔：「應慶曆六年以前因應舉殿前恩澤授諸州司士、長史、文學、助教，見年六十以下，精神不至昏昧者，並許朝臣三人同罪保明奏舉，赴銓投下文

〔一〕戚元成：《長編》卷一一一作「戚元彧」。
〔二〕紳：原作「納」，據《長編》卷一三五改。

字，試判三道，依言邊事試中人注權入官。其攝助教與注諸州參軍。每官只得同罪奏舉兩人，仍於舉狀内開坐已舉過人數、姓名，重結罪以聞。仍令銓司置簿拘管，候舉主數足，勘會施行。」

《兩朝國史》：諸州有司馬、長史、文學、參軍、助教，士人或有特恩而授，皆不釐務。亦有以負犯人爲之者，流外則止除別駕、司馬。

神宗熙寧九年三月二十七日，中書門下言：「應應舉授試國子、四門助教人，欲令流内銓作長史、文學條例施行。」從之。

淳熙元年十一月七日，詔：「寧國府長史俞召虎改除明州長史，司馬蘇謂改除明州司馬，各通理前任月日。」以皇子魏王愷移鎮四明故也。

二年二月 3 二十二日，詔直祕閣、明州長史俞召虎除直徽猷閣。以職事修舉故也。

三年十月十九日，詔明州長史莫濟除祕閣修撰，司馬陳延年除直祕閣。以興修東錢湖灌溉民田，協贊有勞故也。四年四月，濟賜紫，延年賜緋。

四年五月二十三日，詔明州司馬陳延年令再任〔一〕。以皇子魏王愷言延年練達効力故也。明年，詔以贊治有勞，陞直徽猷閣。

六月十二日，詔明州長史鞏湘除直敷文閣。以皇子魏王愷言湘贊佐有補故也。

七年二月十二日，詔明州長史蘇謂除大理少卿，司馬陳蒼舒除司封郎官。以皇子魏王愷薨結局故也。（以上《永樂大典》卷三八三八）〔二〕

幕職官

【宋會要】

4 國初兩使各置推、判官，節度置掌書記，觀察置支使，餘州置判、推官各一人。太平興國六年，詔諸道節度州依舊置支使，資考、俸料同掌書記〔三〕，以經學及諸色入仕無出身人充〔四〕。書記、支使不並置。國初楊國華爲之，廳存子城之南。（以上《永樂大典》卷一四三九七）

【宋會要】

5 太祖乾德二年七月，詔曰：「管記之任，資序頗優，自前藩鎮薦人，多自初官除授。自今歷職兩任已上有文學者，即許節度使、觀察留後奏充。」

三年三月，詔：「諸州長（史）〔吏〕今後或有須藉人代判

〔一〕州：原無，據前後諸條所述補。

〔二〕《大典》卷次原缺，陳智超《解開宋會要之謎》頁二一六補作卷三八三八，姑從之。據《永樂大典目録》，此卷爲「官」字韻「事韻」目，本書職官六二「假試官」、「攝官」皆在此卷，「上佐官」想亦相同。

〔三〕料：原作「科」，據後太平興國「六年十月」條改。

〔四〕入仕：原作「人任」，據後太平興國「六年十月」條改。

者，許於幕職内擇公幹者充，不得更任代判。」〔從之〕五代以來，領節旄爲郡守者多武臣，皆不知書，所至必自置吏，稱代判，以委州事，因緣不法。初革其弊。

太宗太平興國四年八月，以贊善大夫十五員充諸州節度判官：韋亶鳳翔，唐正白襄州，孔憲滄州，張蔚陳州，張利涉徐州，楊舜舉廬州，呂祐之兗州，武元穎曹州，周巨源鄧州，孟上交壽州，韓國華相州，王化基揚州，鄭歸昌密州，張至邢州，張郢宿州。太宗以宿州戎幕闕官〔一〕，選朝士補之，俾分理事，且試其才。

六年十月，詔：「諸道節度州依舊置觀察支使一員，資考、俸料並同掌書記。自今吏部除擬，以經學及諸色入仕無出身人充。凡書記、支使不得並置。」

雍熙四年三月，以檢校秘書監黄夷簡爲倉部員外郎，充許王府判官；檢校秘書少監慎守禮爲膳部員外郎，充諸王府掌書記。二人皆〔錢〕俶僞命官，俶歸朝，累封至許王，因命爲屬官。

四月，以水部員外郎耿振爲〔焚〕〔楚〕州團練使。振先任三司職，心勞得疾，俾從優逸，故有是命。

端拱元年三月，以六宅使何承矩知滄 6 州節度副使事。時米信在鎮，不知書，爲人粗暴，故令承矩領州事。

淳化四年九月十一日，詔：「諸道州府新除行軍、防、團副使，上佐、文學、參軍及禁錮人等，宜令轉運司自今本州闕官，仰次補承乏，以責其効，俾之自新。或勤幹有聞，當再與叙用。其行軍副使並先上聞取旨。」

五年十二月，太常丞武允成除成都節度副使，仍預公事。允成太平興國元年進士，迨此年七十八，視聽不衰，帝嘉其壯健而已遲〔慕〕〔暮〕，特命以優之。

真宗咸平二年九月，審官院言：「諸處兩使判官闕，於得替通判中依例差充。」從之。

三年四月十日，詔：「諸州行軍司馬，節度、防、團副使，上佐、司士、文學、參軍，非特許簽書者，不得掌事。」

十五日，河東轉運使范正辭上言：「請自今幕職州縣官到任半年，令長吏、通判具能否以聞。」從之。

是月，詔川、峽幕職州縣官並二年注替。

景德元年十月，國子博士張紳、大理評事祕閣校理劉筠分知天雄軍節度〔二〕、觀察判官事。紳受命乘傳督河北軍糧，時參知政事王欽若判天雄軍府，上言奏〔辭〕〔辟〕，故以命之。

三年七月，令審官院選京官一員知西京留守判官事，以知留守司邊肅請置此官代通判巡行屬縣故也。

大中祥符四年六月，以祕書少監、直祕閣黄夷簡爲檢校祕書監，充平江軍節度副使，不簽書公事。夷簡以疾在

〔一〕宿州：疑當作「諸州」，此總言以上十五州，不應只言宿州，「宿」字蓋承上句而誤。

〔二〕筠：原作「均」，據《長編》卷五七改。

假者累年，復丁母憂，表乞散秩還鄉，故有是命。

天禧元年六月，以武昌軍節度副使邊肅【7】知光州，以赦叙也。時刑部言肅元犯，真宗曰：「肅在邢州，時北戎侵擾，屢詔棄城入保，肅能固守，頗著誠效。雖坐贓廢，亦累經赦。」故特有是命。

二年九月，流内銓請(以)自今軍、監判官更不兼通判。從之。

四年正月，詔：「桂、廣州幕職自今增注及五員，仍選有吏幹勤事者。」帝以桂、廣嶺南大藩，而轉運、勸農使多委二州幕職鞫治獄訟、詳公事，故命增員以備差遣。

仁宗天聖二年二月，河北緣邊安撫都監張炎成言：「雄、霸州〔一〕、廣信、安肅軍、保州五處最是窮邊，内保州、雄州、廣信軍凡承受北界公牒，演用文字迴報，須畧言典故。乞自今吏部銓選進士及第有公器者充判官或推官，凡有往來公牒，專令相度迴答。」從之。

四年六月二日，中書門下言：「今後奏舉人及常選人内，經八考已上合入令録，雖未赴任，特與職事者，乞並除節度、觀察推官。」仁宗問：「舊例如何？」王曾對曰：「自來初等職官俸入太(簿)〔薄〕，緣已被保舉與兩使推官，則稍似升陟。」從之。

五年十二月，廣南(路西)〔西路〕轉運司言〔二〕：「高、融二州欲乞各除推官一員。」流内銓言：「自來高州置司户參軍一員，兼録參、司法事；融州置司理、司户參軍二員，兼録參、司法事。若置推官，即少得合入之人注擬。今相度，高、融二州請依舊只令司户參軍兼知逐州推官廳公事。」從之。

六年六月，以無爲軍巢縣主簿梅鼎臣權鳳翔府觀察推官，俟回日與初等職事官資叙。從知府周寔之舉也。

【8】七年十月，上封者言：「河北緣邊州軍所置幕職多經學出身，不惟公事因循，至書斷案牘紕繆，文理辭語不能曉會。緣多武臣知州軍，若朝廷行下文字，州府關報不能辨白，則或訪問他人；又緣邊州軍承受外地公文或失詳明，便成漏泄。欲望自今逐州軍職官，各取進士出身有舉薦者一人充。」詔吏部銓選注。

〔九年〕八月十四日〔三〕，詔：「節度行軍司馬簽書州事者，位在幕職之上，自今負犯人更不除授。」時行軍司馬石待問簽書州事，乞定著位。事下禮院參議，議者以今之行軍司馬皆過犯叙除，不可準於典故，遂有是詔。

《哲宗正史·職官志》：幕職官掌助理郡政，分案治事。其簿書、案牘、文移付受催督之事，皆分掌之。凡郡事與守、倅通簽書。

〔一〕霸：原作「覇」，據《長編》卷一〇二改。
〔二〕言：原與下字「高」互倒，據後文所述乙。
〔三〕九年：原脱，據《長編》卷一一〇補。

神宗熙寧七年四月二十一日，詔：「諸州軍器物料並置庫，選職官或曹官一員兼監。」

九年六月十三日，詔流内銓，河州簽判今後不依名次選差合入職官人充。

元豐三年十二月二十七日，夔州路轉運司言：「南平軍止有通判一員，無職官。本軍兩縣一鎮六寨堡，事務繁多，欲乞依嘉州例置職官一員，兼監鑄錢監。」從之。

六年二月二十五日，詔陝西路帥臣所在職官，不許監司差出。從知慶州趙卨請也。

政和二年三月二十七日，荆湖南路轉運司言，桂陽監簽判乞依熙豐法復置，從之。

三年十一月一日，詳定一司敕令所看詳：「舊幕職州縣官，今後承直郎以下其就任改官之[9]人，自改官日理任等，除元祐法合行删去外，今以熙豐舊法參酌修立下條：諸承直郎以下應就任改官者理任，自改官日即願通計前後月日滿三年罷者聽，仍不理爲任。」從之。

高宗建炎元年十二月二十三日，詔：「〔已〕降指揮，諸州、軍、府司録依舊爲簽書判官廳公事，諸路除舊有簽判官自合存留司録改充，餘州司録並令減罷。訪聞舊無簽判處却存留司録充簽判，令都省劄下吏部，遍牒諸州軍，依元降指揮改正。仍行下轉運司，取會所轄州軍改正減罷員闕，類聚申尚書省。如有違戾，按劾以聞。」

紹興十年八月十四日，詔：「右承務郎邢孝寬添差婺州簽判，任滿更不差人。」以皇后親弟故也。

十三年四月十七日，詔：「化州簽判任滿賞格，今後依本州幕職官例，與理不依名次家便差遣一次。」

二十一年三月五日，詔南恩、封、新、梅州各置簽書軍事判官一員。

二十四年正月二十五日，詔潮州添置軍事判官一員。

三十年十月二日，信陽軍教授陳端彦言：「通化軍係極邊，如遇守臣在假，以次官係選人充軍事判官，難以權郡。乞將通化軍見置軍事判官改差簽判，欲乞差注承務郎以上官。」從之。

十一月八日，臣寮言：「忠州、萬州、渠州、珍州、茂州、開州、梁山軍、懷安軍、石泉軍、大安軍，其間多控蠻獠，既無通判，且不差簽判，以次官盡是選人，乞依通化軍將見置判官改差簽判。除本官俸錢合幫勘，其餘請給增[10]損不多。儻遇闕守，則以通攝，不必鄰郡差官。」從之。

三十一年六月二十四日，吏部言：「京西南路安撫、轉運、提刑、提舉常平茶鹽司奏：通化軍判官元係兼司法，今來改置簽判，有司法令職事，欲依判官例令簽判帶行兼管。」從之。

孝宗隆興元年十月三十日，四川安撫制置等司奏：「仙井監已復還州額，知州合自朝廷差除，其軍事判官乞依忠州等例，改爲簽書判官廳公事。」本部勘當，欲依所乞。從之。

二年二月十日，梅州言：「右宣教郎、梅州簽判黄民瞻乞参照欽、廉州簽判任滿賞格修立施行。」吏部照得梅州簽判係承紹興三十一年指揮創置窠闕，欲乞参照本州推官等任滿合得賞格，比類與減二年磨勘，占射差遣一次，修立成法施行。從之。

乾道元年二月十五日，潼川府路兵馬鈐轄、轉運、提刑司申：「普州係選人充判官，緣遇守臣有闕，若候選差鄰郡通判權攝，所差官未到間，郡(東)〔事〕委有妨闕。乞依諸州無通判處改差簽判。」吏部勘當，欲依所申。從之。

三年十二月一日，廣南西路轉運司申：「建武軍、象、梧、潯、柳、貴、化州通判闕，並無京朝官願就，乞注職官資序人一次。」詔令吏部行下本司，將逐州軍簽判闕如無應格人願(就)，令職官兼權。

十六日，權發遣和州胡昉奏：「本州判官係是江淮宣撫司一時奏辟，即無承受專降復置指揮明文，兼無爲、安豐軍判官職事見係録參兼管，今來欲乞將判官窠闕依 11 舊省罷，令録參兼管。」從之。

五年九月二十五日，利州路安撫、提刑、轉運司奏：「據劍州元係軍事州，今上皇帝舊額藩邸，已准推恩陞爲普安軍，今是節鎮，乞將軍事推官員闕改作普安軍劍州節度推官。」從之。

七年二月十九日，詔龍州見任簽判窠闕改作職官。

十一月二十七日，淮西路安撫、提刑、淮南路轉運司奏：「逐州乞復置，和州判官一員兼司法，光州節推一員兼支使。」並從之，令吏部使闕。

淳熙元年十二月六日，詔濠州復置軍事推官一員。以淮西諸司言「本州極邊，自省罷幕職，官闕事廢」故也。

二年十二月二十五日，詔：「邵州許添置軍事判官一員，同推官分管簽廳當直司職事。」以守臣丁雄飛言「簽廳止有推官一員，且無司户，乞依衡、永州例，添差判官或司户一員」故也。

四年二月二十三日，詔：「荆南府依舊爲江陵府，簽判、節度推官以荆南繫銜[一]。」吏部侍郎周必大言：「選人有兩使職官，如節度推、判官合從軍額，察推及支使則從州府名是也[二]。姑以行朝言之，寧海是軍名，凡簽判及節推則以寧海軍入銜；臨安是府名，凡察推、支使則以臨安府入銜。此定制也。近有從事郎李敏用歸正恩例添差荆南節度推官，合從軍額，其奏鈔内却帶『荆南府』三字。其前有差過從政郎郭世華已是如此。蓋緣前後除本府守倅，或作江陵府，或作荆南府[三]，而不知荆南是節鎮，江陵却是府號，差互失於釐正。至淳熙元年，有司又不照兩使職 12 官自有分别，誤作勘會，稱江陵府幕職州縣官窠闕内有節推一員，係作荆南節度推官(繋)〔繫〕銜。其餘曹、縣官計二

[一] 繫：原作「繋」，據《周文忠公集》卷一三九《論荆南江陵府號差互》改。
[二] 是也：原無，據《周文忠公集》卷一三九補。
[三] 荆：原作「金」，據《周文忠公集》卷一三九改。

十四處〔一〕，並稱江陵府，遂謂荆南即無軍額，亦無指揮分別，欲作一體稱呼，殊不知荆南不稱軍，猶太原府謂之河東，揚州謂之淮南，襄陽府謂之山南東道，成都潼川府謂之劍南東西川也。當時事下湖北安撫司，本司不知節鎮行移自來多用軍額〔二〕，遂乞依倣建康等體例，就以荆南府爲名。所有節度推官，自來專從軍額，難冠以『府』字，合行改正。」故有是詔。

二十六日，吏部言：「廣南簽判窠闕破格曉示，滿半年以上，如無官願就差，欲具申都省行下逐路運司使闕人。若逐路再滿半年又無定差別官，乞本部再行破格出闕，召官指射。如本部再破格曉示，滿半年又無官願就，却具申朝廷施行。」從之。以廣南西路轉運司奏，柳、藤、貴州、建武軍、高、化州等簽判，乞破格定差職官資序一次，下部指定，故有此請。

六(月)〔年〕八月七日，詔：「蘄州復置推官一員，兼措置鑄錢。」從守臣施温舒請也。

十五年六月十九日，吏部言：「乞依利州路轉運司所乞，將金州、洋州、蓬州、大安軍簽判闕注第〔二〕任知縣資序、次酬獎改官合入知縣應選、年未六十人。如經使兩季別無應格人就，第三季許破格差注初任知縣資序應選、有舉主、年未六十人。其破格定差官到任、任滿更不推賞。如定差日却有本等人願就，即先注本13等人。」從之。

十一月十三日，夔州路轉運司言：「忠州簽判闕官半年以上，乞許令本司將上件闕如集注日無本處應格人就，破格定差初任知縣資序、次第二任監當資序人，仍銓量差注。如同日有應格人就，先差應格人。仍乞立爲定制。如見任人過滿，牓及兩季以上無應格人就，依此破格差注。」從之。

淳熙十六年四月二十一日，四川安撫制置使趙汝愚言：「四川京官簽判員闕，多有闕官去處。照得通判供給錢從條支給八十貫，止是成資解罷；簽判供錢四十貫，却於三十箇月爲任。其簽判責重禄薄，又須兩年半方得解罷，比之通判，優劣大不相侔。是致京官曾歷知縣者，便自經營通判軍、監差遣，更不願就簽判窠闕。乞將四川諸州軍無通判、止有京朝官簽判去處，並聽成資爲任。」從之。

紹熙元年十二月二十四日，臣僚言：「二廣諸州多無通判，其簽判實任通判職事。比年以來，廣西定擬簽判之闕，多有恩科癃老之人。欲乞行下廣西轉運司，應今後定擬諸州簽判，稍加審擇，不許差年六十以上昏眊之人。」從之。

三年四月十一日，詔省罷蘄州推官。從本州請也。

開禧元年四月二十三日，臣僚言：「乞行下諸路，應簽廳職事不許以勢干請。或未免兼攝者，不得(已)〔以〕簽廳

〔一〕二十四：《周文忠公集》卷一三九作「一十四」。
〔二〕用：原作「有」，據《周文忠公集》卷一三九改。

爲名支破俸給。庶幾權有所歸，職有所分，不至重爲民病。其或玩習爲常，滅視憲度，令提刑司覺察以奏，重賜鐫降，以爲不安職守者之[14]戒。」從之。

嘉定元年八月六日，詔茂州添置推官一員。以知茂州楊思成言：「州舊有教授、司户各一員，教授兼簽廳職事，與司户同佐郡政，實賴裨贊。因制置司經畫威、茂兩州歲計，省罷教授員闕，見今在州文吏止有司户，倉庫、獄訟叢於厥身，雖有精力，亦恐有所不及。乞省併雞宗關同知關一員，添置推官。」故有是命。

二年二月十四日，詔：「潯州推官、司户更不注恩科人，並作破格，許初官注授。」從守臣之請也。

五月十六日，臣僚言：「監司有幹官，州郡有職官，以供簽廳之職。使幹官、職官得其人，固自能舉職，或非才不能勝任者，則按刺易置之可也。今乃不然，差兼簽廳者動輒三兩員，或四五員，其爲冗費，與添差何異？是朝廷徒有罷添差之名，而無〔罷〕添差之實也。乞將諸路及州郡所差兼簽廳官並行住罷，令回本任，各共乃職。所有復置創置名闕，自今並行免差。」從之。

三年十一月十七〔日〕，詔：「天水軍添置判官一員，以天水軍軍事判官入銜，令制置司於經任有材幹選人内(奉)〔奏〕辟。」

五年八月十四日，荆湖北路轉運司言：「信陽軍係是極邊小壘，止有信陽、羅山兩邑，户口無多，獄訟稀少，既有專官司理院一獄係省部差注，而又有軍院，却無正官，乃以判官兼之。其判官階銜即不帶兼上件獄官，止帶兼司法。且既兼司法，即合檢斷獄事，既自勘鞫而又自檢斷，豈無妨嫌？乞省罷。」吏部勘當，信陽軍判官既兼司法檢[15]斷，難以又兼軍院鞫勘，委以職事相妨。及本軍録參自來無此窠闕，其軍院見得不係省額所置，合行省罷。詔信陽軍添置司户一員兼録事參軍，堂差一次，以後令吏部依條使闕。

十二月一日，廣西諸司言：「賀州判官、推官，乃簽書之一職爾。曩者正緣郡小力微，省罷通判，改注簽判，少寬郡計。今已有簽判，而推官窠額猶存。如中州之郡，有簽判亦無推官窠闕去處，況此斗大之州，却復有之，乞賜省併施行。」從之。

六年三月二十八日，廣東諸司言：「本路梅、新、恩、英、連、封州簽判無官，願乞許運司將職官資序人定差，或許監司辟差。」從之。

七月二十八日，知(州)均州丁昌時言：「乞將本州節度推官注有出身人，俾兼教官之職，著之令甲，永爲定制。」尋將闕籍照得均州職官止有推官一員，勘當上件事理，乞自今後注有出身人，俾兼教官職事，仍牒敕令所修成定法。詔依吏部勘當到事理施行。

閏九月十三日，知(盧)〔廬〕州李大東言：「本州流徙復業之後，田疇交錯，訟牒紛然，曹職官止有四員，節推專簽廳，知録、司理掌獄事，日不暇給。照得揚州見管兩縣，曹職官尚有六員，本州所管三縣，曹職官僅有其四。欲望特許本州添置察推一員，復向來省罷窠闕。」從之。

八年七月二十八日，京西湖北制置司言：「光化軍申，本軍係是極邊，全藉僚佐裨助。舊止有簽判、司理二員，無事之時，常有乏使，況今城壁已立，備禦方16嚴，而簽判久無正官，止有司理一員，衆職萃於一身，雖使才力有餘者當之，亦恐乏事。又況增戍既多，則財穀之任非他官所可兼管。竊見比者沿邊諸郡如信陽、安豐、盱眙皆添置司户以專出納，況本軍止有郡僚二員，乞照信陽軍等處體例，添置司户一員，從本路運司或本軍選辟一次。通舊所有之官不過三員，亦未至於冗贅。不惟平時出納責任可專，亦使（使）緩急之際得以協濟，實爲邊方幸。」從之。

九年十二月十七日，詔：「天水軍移就天水縣舊治，置録事參軍一員，令四川制置司選辟一次。」

十一年五月二十日，詔：「高郵軍判官改作京官簽判闕，注已作縣任滿人。仍專置軍事推官一員，並堂差一次，日後令吏部使闕。」以都省言，兩淮州軍並置通判員闕，獨本軍只置判官一員，其推官又以録參兼行，慮恐乏事，故有是命。

十二年八月四日，臣僚言：「國家駐驆吳會，置守之重，畧倣開封。雖官儀期復於舊京，僚屬難同於往制。但彈壓之所，最爲煩劇，服寀分曹，僅與外州郡比，甚非所以壯商邑之極、隆漢輔之威也。乞將簽〔書〕判官公事、節度推官、觀察推官四闕改作堂除。其簽書判官差曾經作縣有政績人，任滿理通判資序；餘推、判官差注有舉主人，任滿無遺闕，比附作縣令例入幹官差遣。有能顯著聲績，並量材擢用。仍須見闕，始差下政，以重其選。其見在任人，京官即與近闕屬官，選人即與近17闕堂除一次。已差下人赴部重行注授，優給占射兩年。如見任而情願就部，亦同上項恩例，庶幾幕屬得人。」從之。

十六年四月十五日，臣僚言：「銓部之法，講若畫一。州郡僚屬所資以協贊者，幕職官若也。今選人初任甫及一考，或因罪罷未幾到選，殘零有闕，皆得注授。若係宗子，類以恩例徑注破格職官。在部則有破格、殘零之分，在郡則均爲幕職之寄。彼既罰不傷其毫毛，而反使超躐，兼居官一考，更事幾何，重以罪斥，寧有婉畫以裨郡政乎？欲乞今後選人初官未及二考，或以罪罷，不許徑注破格及殘零職官。」從之。（以上《永樂大典》卷二一九二八）〔一〕

縣令

【宋會要】

18淳熙十二年八月十三日，吏部乞將夔路見闕縣令辟差一次，從之。以吏部侍郎王藺言：「夔路見闕縣令凡

〔一〕《大典》卷次原缺，據《永樂大典目録》卷五八補。

二十處，亦有六七年無正官者。其闕並係本路轉運司定差，應格人少而格法阻礙。乞令本路安撫、轉運司公共選擇經任無贓私過犯人，不以其他拘礙辟差一次。候有辟正去處，仍舊收歸運司差使闕。」故從其請。

同日，吏部乞將二廣見闕縣令辟差一次，任滿與陞一年名次。從之。以吏部侍郎王藺言：「二廣見闕縣令三十六處，有十餘年無正官者，或係尚書左選與本選通差窠闕，或係本路轉運司定差窠闕。其間四(方)〔分〕之三已承指揮破格，並未見有人指射及定差到人。遠惡之地具無賞格，縱有賞格處，亦不過任滿得不依名次家便差遣而已。其間唯宜州忻城、昭州立山、廉州石康、邕州武緣、宣化、梅州程鄉、南恩州陽春得循資減年及減舉主，後來亦經朘削，人孰肯就？乞將上件見闕去處，令本路經略、轉運司公共選擇經任無贓私(遇)過犯人，不以其他拘礙，聽從辟差一次。如任滿無遺闕，到部特與陞一年名次。其有賞格處，自依見行。候有辟正去處，依舊(遂)〔逐〕旋收歸本部注擬及轉運司定差。」故從其請。

慶元元年二月二十三日，詔：「選人任郴州宜章縣令，滿日該磨勘，與減舉主一員。」乾道四年三月二十三日，19 知潭州張孝祥以宜章深在溪峒，水土惡弱，人不願就，乞今後如係選人在任彈壓，別無盜賊生發，即於合磨勘日特減舉主二員，京官與轉一(員)〔官〕。詔從其請。緣淳熙新格，選人任滿止循一資，至是本路帥司請復舊推賞，故有是命。

(淳熙)二年十二月十一日〔一〕，臣僚言：「昨來臣僚有請，令諸路監司、帥守各於歲終以所部縣令實跡分爲臧否七等，次春奏上。此令一行，致使作邑之人不安分守，不修職業，專事經營權要書劄，囑託當路，希覬推薦，以圖陞進。非惟無補於考察，且私意盛行，是非紊亂，他時難以取信。況縣令能否，自有監司、帥臣舉次之法，不必如是紛擾，徒長奔競之風，誠爲未便。乞將臣僚所請已得指揮寢罷施行。」從之。

三年二月二日，詔：「四川今後不得違法抽差知縣、縣令，有敢抽差若經營求抽差，悉重寘典憲；其抽差過月日，並不理爲在任。諸司互相糾察，有敢隱蔽，御史臺覺察以聞，併與坐罪。仍立爲令甲。」以臣僚言：「四蜀縣令、知縣違法抽差甚衆，到官未幾，即謀他徙。大抵非貴遊之子孫，即高談之文士，往往憚煩，不肯屑就，迫於合入，姑爲一來，委而去之，不過付之佐官而已。佐官既非本職，豈肯竭力盡心？上司違法抽差，亦難以嚴詰峻責，綱運月解悉不能

〔一〕原稿先無「淳熙」二字，後來添入。按添此二字實非。前條已爲慶元，此反爲淳熙，時序顛倒。今考自此以下四條實皆爲慶元事，與上條相接。何以知之？此下「三年二月二日」條又見於本卷職官四八之四四，分明繫於慶元。又下「四年四月」條載京鏜與皇帝對話，必是京鏜時爲宰輔。查《宋史》卷二一三《宰輔表》，淳熙四年宰輔無京鏜，而慶元四年京鏜正爲右丞相。則此「四年」乃慶元四年無疑。是皆可證此條亦必爲慶元二年，茲刪「淳熙」二字。

辦，故州郡拖欠總所有至數十萬緡，而本州官兵月給有拖下累月者。此則縣令（扣）〔抽〕差之所由致也。」故有是命。

四年四月二[20]十六日，宰執進呈嚴州分水知縣王斌近遭論罷，寄居王中實等率衆入縣衙，欲毆擊之，圍守三日。上曰：「如此，則守臣亦可肆其無禮矣。」京鏜等奏：「此風不可長，欲作訪聞行下懲治。」上曰：「恐相倣傚，不可不治。」

十二月四日，知贛州彭演言：「贛之爲州，在江西之極南，實與嶺南接境。龍南、安遠二縣瘴癘之氣，視嶺南他州縣殆甚焉。乞將龍南、安遠二縣縣令從鄰縣梅州程鄉及惠州河源縣例，許以舉主二員，改合入官。仍許通用前任舉主及免職司。或前任已有舉主三員，亦並候三年終滿，別無公私過犯，許提刑及守臣照改官狀犯入己贓甘當同罪體式，連銜保奏，亦與改官。蓋前任舉主至於三員以上，即其人才必有可取；而本任之内並無公私過犯，其（餘）〔於〕蒞官律己亦有足稱；又令憲司、守臣連銜責其保任，則非出於一人之私意，而其言亦不苟矣。若京朝官以上任知縣者，亦乞倣此優立賞格，庶幾士夫欣慕而來，務修職業，以期榮進。」詔如京朝官願就之人，候三年任滿與轉一官，更減二年磨勘。

嘉定三年十一月十七日，詔：「天水軍置天水縣令一員，令制置司於經任有才幹選人内奏辟。」先是，四川制置大使安丙言：「天水軍元係秦州成紀縣疆理，紹興初創爲天水縣，今改爲軍，（徒）〔徙〕治白環堡以就形勝，去舊縣十餘里，其舊縣治井邑如故。欲隨宜措置，存天水縣之名，俾通判兼領，即[21]故縣爲治所，專管民訟、財賦，以『通判天水軍事兼知天水縣事』入銜，與理爲通判，仍三年爲任。其措置撫御顯有勞績之人，任滿許諸司保明，陳乞軍、監差遣。庶幾有志事功之人，不憚極邊，展效才力。其上件窠闕，仍乞專委制置安撫司於改官授告人内公共選辟，其於邊防實爲利便。」檢正都司擬到：「照得所乞將已改天水縣爲天水軍，奏辟初改官人充通判天水軍兼知天水縣事，自來無此條法，難以施行。今欲創置判官、縣令各一員，以『天水軍軍事判官』及『知天水軍天水縣事』入銜，仍令制置司於經任有才幹選人内選擇奏辟。」故有是命。

五年八月十三日，權發遣靖州陳謙言：「靖州有三縣：曰永平，曰會同，曰通道。永平負城之邑，文武通差；會同、通道皆是外邑，多注右選。會同自慶元五年秉義郎石師鈞之後，今已十餘年無人注授；通道自嘉定元年成忠郎盧元吉之後，今亦數年無人注擬。乞下吏部將此二闕，凡武舉出身曾經任人及任子曾試律義經任者，皆許破格注授。任滿之後，特轉一官。」吏部勘當：「會同、通道二闕，今來申請乞作破格差注，止合差武舉出身經任監當資序、有舉主二員、年未六十人。其任滿舊法得減三年磨勘，今乞特轉一官，竊恐太重。欲任滿日與減四年磨勘，將二闕作破格差注。」從之。

九月二十一日，臣僚言：「自今以後，凡有武臣資格合入兩淮縣令者，除武舉22人外，其餘並當同文臣任子一例銓試。其在選中，方許注授。兩淮縣令必須先歷武尉一任，庶幾稍通文學，粗諳民事，不至爲民病矣。」從之。

七年二月四日，荆湖南路安撫司奏：「郴州桂陽縣昨被峒寇殘破，先差承節郎張志寧權縣令，總管官軍在縣駐劄，提督討捕。後來捕獲賊首，其張志寧解罷職事。續同諸司辟差從政郎、前衡州録事參軍鄭必聞充桂陽縣令，葺理縣治，招集流徙，候任滿與減舉主三員，内職司一員。本官去替止有半年，其下次人雖已差從政郎陳瑀，所是賞格未準指定，合(其)〔具〕申催促，早賜行下遵守。」詔郴州桂陽縣令任滿無盜賊疏虞，與減二年磨勘，選人循一資，付吏部施行。

四月八日，浙東提刑兼知慶元府程覃奏：「四明屬邑大率瀕海，而昌國一縣去州尤遠，幾與高麗接境。是以爲邑令者多不奉法，税租或至於重科，公吏恣行於掊剋，細民憚於裹糧，往往(陪)〔倍〕輸而莫訴。正緣縣令多是選人，未曾關陞，或無舉主，或昏繆無能，無所顧藉。欲乞自後專注改官人，庶幾知自愛重，悉心撫字，使海島生齒各安田里，無有愁歎。」詔令吏部今後專注改官人，其見任人且令終滿，已差下人令赴部别行注授。

九年四月二日，臣僚言：「二廣氣候惡弱，西廣尤甚，今資格之合入縣令者，必不肯深入瘴煙之地。今欲使文臣之爲令者，不憚深入，以惠吾民，惟有減舉員以示激勸耳。試23以東廣言之。循州之長樂、興寧，新州之新興，皆許用兩紙常員薦狀改官；梅之程鄉只用一剡；南恩之陽春滿考不用舉狀。今率是文臣之選人注授，往往皆能律己愛民，以希改秩。此已行之明驗也。豈有行之廣東，而廣西最僻絶之地獨不得援此爲比乎？(此)〔比〕覩二廣守臣亦有以此爲裕民五事之獻者，融州守臣趙善淇乞以懷遠邑令比附陽春、河源推賞，柳州守臣鄭肅乞以馬平、柳城、洛容比附東廣諸邑推賞，皆乞量與減員。廣西諸邑合減舉員處頗多，如象之武仙，昭之立山，高之信宜，雷之徐聞，化之石城等邑，皆毒(務)〔霧〕熏蒸，民生窶悴，户口蕭疏，不可不擇人任撫安之寄。若推東廣減員之令以示激勸，於選人恩數不爲泛濫，而遐方小民實均被不貲之施。乞令廣西諸司條具諸邑之最惡弱、久闕官去處申上，量與裁減薦員，以爲作邑者之勸，庶幾少蘇嶺海無告之民。」從之。

七月四日，臣僚言：「邑令之職，最爲近民。古者郎官出宰百里，本朝仁厚，尤所注意。以至紹興之詔旨，寺監丞、簿改官，未歷民事，與堂除知縣。乾道之御筆，非任縣令不許除監察御史。凡此者，皆責任之不輕，故除用之亦異。是時監司、郡守仰識上心，體察邑令，而無上下不相恤之政，故任邑寄者得以行撫摩之志。二十年來，海内寖有不可爲之縣，未赴者有償債之憂，已赴者有鑊湯之嘆。臣知其故矣，敢畧陳之。如零細窠24名或歲納苗米，舊來就縣納者，今乃取之於州。如批支驛券或寄居祠奉，舊來就州支者，今乃移之於縣。赦文蠲放之賦，復令承認；民户逃閣之數，不與豁除。酒課無米麴之助，令自那融；起綱無般脚之資，令自措置。積年邑欠，前政已去而尚須帶納；征亭商税，差官監收而又令補解。官有修造而欲獻助，郡有迎送而欲貼陪。以至一邑之内，有縣官、吏胥之請給，縣兵、遞鋪之衣糧，乃科以不可催之錢，畀以未嘗有之米。此皆彊其所無者。至如闔郡官屬，諸司幕客，每於職事，皆有干涉。年例饋遺，但可增添；囑託夫馬，惟當應副。上官到縣排辦之數，多者或至千餘緡；差人下縣需索之費，少者不下數十千。如此之類，日甚一日。當此之際，(疆)〔彊〕敏者無所用其力，才智者無所施其巧，不取於民，將焉取之？於是因訟事而科罰，其初數十千，旋至于數百千；用歲額而豫借，其初一二年，旋至于五六年。科取竹木，多折價錢；已輸税租，抑令重納。(推)〔椎〕肌剥髓，以苟目前，朝暮凜凜，但思脱去，豈復于愛人利物之事少垂意哉！乞命大〔臣〕，遴選有風力人，畀以諸路漕寄，使之精加體訪，凡部内屬邑之不可爲者，究其不可爲之因，皆許邑令條陳利害，復與守臣詳悉評議。其逐縣財賦實可催者，令照條限催理解發；其他白撰窠名，一切罷去。使州縣通融，有同一家，庶幾邑令得以展布，而民力得以少蘇。」從之。（以上《永樂大典》卷一八九九八）

縣官

【宋會要】

25 諸縣事務要劇者，以京朝官或武臣幕職領。以上《國朝會要》。舊《會要》分知縣及縣令爲兩門，今依《神宗正史·職官志》併爲一門。

《兩朝國史志》：軍使兼知縣，附令、丞、主簿、尉。令、丞掌字民，治賦，平決訟訴之事，主簿爲之佐。尉掌盜賊、傷殺。令參用京官，或試銜幕職及三班使臣，皆謂之知縣事。又有軍使兼知縣者。凡縣各置押司、録事、録事史、佐史。諸鄉置里正〔主〕賦役，州縣郭内舊置坊正，主科税。開寶七年廢鄉分爲管，置户長主納賦，耆長主盜賊、詞訟。諸鎮將副、鎮都虞候同掌警邏盜賊之事。有典以主文案、所由以役使，皆無定數。元豐改制，具載《職官志》。以上《續國朝會要》。

太祖建隆四年六月，詔曰：「河朔右地，魏爲大名，分治劇邑，當用能吏。近多曠敗之政，殊昧撫綏之方，致逋吾民，以失常賦。思慎釐於縣務，特選士於朝行。斷自朕心，以重其事。其以大理正奚嶼知大名府館陶縣，監察御史王祜知魏縣〔一〕，楊應夢知永濟縣，屯田員外郎于繼徽知臨清

〔一〕祜：原作「祐」，據《全宋文》卷二所收此詔之校記改。

縣〔一〕。」朝臣知縣自嶼等始。

真宗咸平四年五月，詔：「自今三班使臣知縣，不得以諸州衙吏及富民受職者充。」

六月，以兵部郎中、史館修撰韓授〔爲〕秘書少監、知河南府洛陽縣，從所請也。

景德二年九月，河北轉運使劉綜請令近臣連銜於幕職州縣官内，録舉堪任京官知縣者各一員，俾知天雄軍、相州管内劇邑。真宗曰：「河朔宰字，尤藉得人，然慮舉官或致稽滯，當俟銓司引對常選人，察其有績效、無罪累者，朕自擇之。」

天禧元年十一月，太常博士、判三司度支勾院韓庶言：「江南州軍五千户已上縣，望差京朝官知縣。」從之。

二年正月，詔：「應臣僚奏舉幕職州縣〔官〕改授京朝官與西川知縣者，如未有闕，不得差權知縣，且與監當差遣。」先是，每授京朝官知西川大縣，若未有闕，即差權知近地縣邑，伺候遠闕，或三五月即便移替，往往以不終任考因循，吏緣爲姦。兼送迎煩數，重勞於民，故有是詔。

四月，殿中丞黄吉甫言：「京官使臣知大縣及萬户縣令，欲望不許差出。除本州諸縣及鄰縣公事，即許更互就便勾當。」從之。

乾興元年五月，仁宗已即位，未改元。詔諸路轉運使，自今因事降充監當人，不得差權知縣事。時陝西轉運司差監酒税、著作佐郎饒奭權知華州蒲城縣，故條約之。

仁宗天聖元年正月，開封府界提點諸縣鎮公事李識言：「畿内京朝官知縣，自今請令大兩省及知開封府同罪保舉。如滿三年無贓私過犯，公事幹集，特與陞陟差遣。至於諸縣簿、尉，亦許清望官論薦。若考績有聞，等第量與擢用。」詔審官、吏部銓今後選差人充。

十二月十二日，中書門下言：「近年諸處甚有大縣，户口極多，公事不少，26闕官勾當。審官院少得京朝官差充知縣，深爲未便。欲今後於引見（識）〔職〕事官内，揀選歷任中公過稍少者，於中書引驗，相度年甲、精神，取旨降勅，令帶本官知大縣，乃就多支與俸給。」從之。

三年十月，詔：「自今府界知縣有年滿者，從府司預奏，乞降勅下清望官，於見任官朝官内保舉進士出身、曾歷親民者充。」先是，王臻等起請舉府界知縣，至是釐改。

〔五年〕九月〔二〕，監察御史、陝西路體量安撫王沿等言：「乞自今因奏舉改轉京朝官，並差知陝西災傷大縣，候及成資，方得依例四川陝〔三〕。仍慮京官改轉者少，縣分不治處多，欲乞於本路幕職州縣官内體量，選差官權充。」詔陝西轉運使體量轄下縣令、知縣，有不治處，選其幕職州縣官權替勾當，具姓名聞奏，當議降勅指揮。

〔一〕徽：原作「徵」，據《長編》卷四、《宋史》卷一五八《選舉志》四改。

〔二〕五年：原無，據《長編》卷一〇五補。

〔三〕此句文字似有誤。

七年閏二月六日，詔：「應河北、河東、廣南沿邊幕職州縣官等改轉京朝官者，今後並差充福建知縣。」

八月，知開封府王博文言：「府界扶溝、中牟、東明縣〔一〕，各軍民公事繁多，或地連黃河，路處衝要，全藉心力官員管勾。欲望令審官院，自今不以先後到院資次，於京朝官内選差有〔舉〕主及歷任中顯著勤績官員充知縣。」從之。

八年正月，殿中侍御史張存言：「比部員外郎、知開封縣劉汀，知祥符縣李宗簡，各緣門地，遂厠郎曹，曾乏譽於中才，猥庇身於大邑。乞自今開封兩赤知縣依舊差館職及立朝知名者充，自餘常流，不在除授。」詔劉汀、李宗簡候成資替〔二〕。

景〈佑〉〔祐〕元年三月二十三日，臣僚上言：「乞今後知州赴任，諸縣令、佐更不得離縣入呈牌印。」從之。

閏六月七日，審官院言：「在院祇候知縣京朝官不少，欲乞今後有情愿乞監當差遣者，勘會近遠差注，與當親民一次。」從之。

慶曆七年二月二十二日，詔：「陳留等九縣屯兵縣分知縣，今後差朝臣。候年滿得替，如在任理斷軍民公事別無曠敗，如合入遠，特與之〔近〕地；不合入遠，特先次差遣。」

六月，詔天下知縣非鞠獄毋得差出。

八年五月，詔：「諸道非鞠獄而差知縣、縣令出者，以違制論。其被差官據在外日月，仍不得理爲考。」時權三司使葉清臣自永興召還，言所部知縣有沿牒他州而經數時不歸者，恐假領之官不能盡心職事，故條約之。

皇祐二年二月，詔：「雄州歸信、容城知縣，自今罷差京朝官，其令本路轉運司舉武臣有才勇及曉兩地民情者爲之。」

三年三月，詔：「天下知縣、縣令若差推勘刑獄及應副軍期，或權繁劇縣，須具奏聞。其閑慢處輒差及差而不奏者，以違制故失論。被差之官亦行責罰，差出日月仍不理爲資考。」

五年十二月，夔州路轉運使言：「請升南州爲懷化軍，并三溪入南川縣，以朝臣爲軍使，兼知南川縣，置主簿、尉各一員。」從之。

至和元年十一月，詔：「湖南鄰溪洞諸縣，其令本路安撫、轉運司舉官爲知縣。歲27滿，京朝官免入遠，選人與免選。」以上《國朝會要》。

縣令 試銜知縣〔三〕

太祖乾德二年正月，詔曰：「張官置吏，所以爲人，吏

〔一〕「扶溝」原作「扶搆」，「中牟」原作「中有」，據《元豐九域志》卷一改。

〔二〕成：原脱，據《長編》卷一〇九補。

〔三〕按，以下文内容觀之，此細目似爲《國朝會要》（元豐增修五朝會要）之標目，只至至和二年條止。

或不循，人將受弊，故於近歲，曾降明文〔一〕。如聞比來，多有踰越，奉吾詔以不謹，致斯民之未康。宜示申明，俾令遵守。應諸縣令無事不得下鄉，一准建隆四年五月詔書從事。仍自今令、録、簿、尉，並委本判官、録事參軍等常切覺察，如有不因公事〔二〕，輒下鄉村，及追領人户，節級、衙參並宜勘罪以聞〔三〕。」先是，建隆中有詔約束令、尉，立爲條制，故詔及之。

太宗太平興國六年正月六日，詔：「令長之任，所以字民，百里之裁制自專，一邑之慘舒攸係。朕深惟致理，用洽小康，而所司掄材，未能稱職。況今封疆混一，縣邑動皆缺員，歷年未補。銓衡則拘常調而不擬，州郡則緣下吏以爲姦。朕思其所長，用立新制，與其限於資級，不若校以行能，俾下位以來求，令長吏而保舉，且用試可，以觀其材。儻及報政之期，自有陟明之典。宜令諸路轉運司、州郡長吏，於見任判司有清廉明幹者奏舉，當傳召赴闕引對，授以知縣，秩滿差其殿最，以定黜陟。」

雍熙三年四月，詔：「常選人授知縣、令録者，便以地望爲資叙，有犯亦同正官之法。」

淳化元年十月，詔：「知縣、令録人未有試銜，並與試校書郎。」

五年五月，詔曰：「令長之任，風化所出，故有不下堂而一境治，兩換縣而善政行。所宜躬親字人，不可嬰以佗務。應天下縣令，自今轉運司及本州並不得輒令按讞刑獄、監筦倉庫等事，俾專厥職。」

真宗咸平二年，詔：「吏部銓凡〔註〕〔注〕令佐，一縣之内不得全用流外出身人。」

仁宗天聖二年正月，詔：「諸路州軍自今常留縣令管勾簿書〔四〕，催督税賦，及理婚田詞訟，不得差出勾當小可公事，及於縣鎮道店場務比較課利。其令佐年滿，雖准銓牒放罷，若一縣全然闕人，未得出給解由，須本縣不至闕人，即許離任。」時諸州軍累言屬縣令佐因年滿放罷，及轉運司差往他處比較課利，有一縣全闕官者，故條約之。

七年十月二十一日，詔：「諸路轉運使〔五〕、副使及知州府軍監〔六〕、朝臣并武臣崇班以上〔七〕，舉部内見任判、司、簿、尉有出身三考、無出身四考以上，廉勤幹濟、無贓私罪、堪充縣令者，除轉運使、副不拘人數，餘各一員，仍須同罪保舉〔八〕。如未有人，亦許察訪，候有以聞，即不得舉親屬及得替常參官。有兩人奏舉者，送銓司，候縣令闕就移。如在任無贓罪，有公私罪情理稍輕，及能區決刑獄無枉濫，

〔一〕曾：原作「增」，據《宋大詔令集》卷一九八改。
〔二〕因：原作「周」，據《宋大詔令集》卷一九八改。
〔三〕堪：原作「刻」，據《宋大詔令集》卷一九八改。
〔四〕路州：原倒，據《長編》卷一〇二乙。
〔五〕使：原脱，據《宋大詔令集》卷一六六補。
〔六〕「知」下原衍「縣」字，據《宋大詔令集》卷一六六删。
〔七〕并：原無，據《宋大詔令集》卷一六六補。
〔八〕保舉：原無，據《宋大詔令集》卷一六六補。

催理稅賦不追擾，本州、府、軍、監具實以聞，得替參選日與職事官，再令知縣。如有依前顯效，得替引見，特與京官，仍逐任替迴免選。或不應得此詔，即候該參選日，且與知縣、縣令，其日前令錄並依資序注擬。判、司、簿、尉內無人舉者，如資考合入令、錄，人材書判稍堪、精神不昏昧、無 28 贓罪者，並依例注擬。內前任令、錄并初入人（犯）曾犯贓罪及私罪至徒者，銓司相度，與注小處令、錄。如精神昏昧、勾當稍難者，取旨。其已係及初入令、錄人內，雖無人（奉）〔奏〕舉而歷任無贓私公罪、三度以下情理稍輕及有勞績者，銓司相度人材書判堪預掄選者，引見取旨。已是令、錄七考已上，與職官、知縣；不及七考，與大縣令。初入令、錄者，且依制與縣令，將來升陟，當議依奏舉人例。內常選人引見日特有恩旨者，自依常例。」

景祐五年二月六日，中書門下言：「諸處（奉）〔奏〕舉縣令人數頗多，合入闕少，先降有出身三考、無出身四考舉令條貫，乞不施行。」從之。

十一月二日，流內銓言：「舉縣令乞今後依前詔舉主人數外，其間須得一員見任轉運，或提點刑獄及知州、軍、監官，方許施行。」詔今後所舉縣令須舉本部內官，仍於合入遠近路分就移，餘從之。

康定元年十二月，詔：「諸路轉運（副使）〔使副〕、提點刑獄及知州府軍監朝臣、武臣，今後舉縣令，其舉主兩員內，但一員現任本部，一員見任別路州軍，許令保舉狀逐旋送銓置簿。舉主數足，依奏舉人例申中書，候降下，仰就近移注。」

二年三月，河北體量安撫使賈昌朝言：「流內銓條貫，諸處所舉縣令只差擬十五千及十二千俸錢去處。銓司見有十千縣令員闕甚衆，豈可以縣户稍少，不擇宰字之官？況今諸處差點到强壯人等，逐年進退丁口，均量差役，須在得人，則民不受弊。乞（令）〔今〕後所舉縣令如移十千俸錢處，權與十二千；如差常選人，即自依舊數。」從之。

六月七日，中書門下言：「自來舉縣令人，訪（問）〔聞〕流內銓只是移（住）〔注〕過滿見闕僻小縣分，欲令今後許指定縣分奏舉。」從之。

十五日，詔：「舉縣令之法，本欲試其治能，而流內銓乃注過滿見闕僻小之處〔一〕，自今令所部指定煩劇或久不治縣奏舉之〔二〕。」

〔慶曆〕四年十二月二十二日〔三〕，詔吏部流內銓：「進納授官人舉縣令者〔四〕，須及五考，有所部升朝官三人同罪奏舉，方聽施行。」

七年六月，詔天下縣令非鞠獄毋得差出。

皇（佑）〔祐〕二年六月，詔：「舉官爲縣令，自今河北、陝

〔一〕乃：原作「選」，據《長編》卷一三二改。
〔二〕自今令：原僅有「令」字，據《長編》卷一三二補。
〔三〕慶曆：原無，據《長編》卷一五三補。
〔四〕授：原作「綬」，據《長編》卷一五三改。

西轉運使、副歲各舉十二人，提點刑獄各六人；河東、京東西、淮南轉運使、副各十人，提點刑獄各五人；兩浙、江南東西、福建、荆湖南北、廣南東西、益、梓、利轉運使、副各八人，提點刑獄各四人；夔州路轉運使四人，提點刑獄三人；江淮發運制置使、副各六人；府界提點各三人；知開封府并諸州、府、軍、監各一人。仍止得舉所部官。」初，同提點京西刑獄張易臨替〔一〕，併舉十六人爲縣令，仁宗謂輔臣曰：「縣令與民最近，故朕設保舉之法。今易所舉猥多，豈無干請之人？」故令裁定之〔二〕。

三年三月，詔：「天下縣令推勘刑獄，應副軍期，權知繁劇縣，方許差，仍須以聞。」事具「知縣」。

至和二年八月，詔吏部流内銓：「臣僚陳乞子孫 29 當得試銜知縣者，自今並與注權初等幕職官。」以初官不欲臨治縣事也。《國朝會要》〔三〕。

《哲宗正史·職官志》：縣令掌總治民政〔四〕，勸課農桑，平決訟獄，有德澤、禁令則宣布于治境。凡户口、賦役、錢穀、賑給之事皆掌之。以時造户版及催理二税，有水旱則受災傷之訴，以分數蠲免。民以水旱流亡，則撫存安集之，無使失業。有孝悌及行義聞于鄉閭者，具事實申於州，激勸以勵風俗。若京朝幕官則爲知縣事，有戍兵則兼兵馬都監或監押。丞掌貳令之職〔五〕，主簿、尉佐理縣務，而主簿專掌稽考簿書，尉（長）〔掌〕追捕盜賊及檢覆之事。小縣不置丞，或以主簿兼縣尉之職。

治平四年八月，神宗即位未改元。詔今後不許臣僚乞骨肉〔充〕本處知縣差遣。以殿中侍御史裏行張唐英〔言〕：「太子太師致仕張昪子瑒知許州陽翟縣〔六〕，昪舊家本縣，半是親舊，雖使凡事盡公，人以爲疑。」有旨令今任成資與替，却許就本處監當以便親養，因有是詔。

十一月一日，詔：「今後京朝官知縣被移者，如所移處闕限未滿，見任替人未到，並令且依舊管勾，未得離任。」

十三日，詔：「考課之法，所以練羣臣而覈名實也。逐路監司與夫郡守之政，既已科别其條具爲令矣，至於縣令之職，與民尤近，而未嘗立法，恐非以愛育元元之道。宜令天下州軍各具所轄縣令治狀優劣以聞，以副吾陟罰之意。其條約令考課院詳定以聞。」

神宗熙寧元年十月二十五日，詔：「開封、祥符二縣令，開封府舉有出身，經一任三考，無贓私罪、公罪徒以上，曾有舉主三人者充。」從權知開封府呂公著之請也。

三年正月二十六日，詔：「今後開封府祥符知縣，亦許

〔一〕臨：原作「治」，據《長編》卷一六八改。
〔二〕令裁：原作「令歲」，據《長編》卷一六八改。
〔三〕按，「縣令」細目似止於此，以下仍爲「縣官」門之文。
〔四〕縣令：原作「縣吏」，據《宋史》卷一六七《職官志》七改。
〔五〕貳：原作「二」，據文意改。「貳令之職」謂爲縣令之副貳。
〔六〕昪：原作「昇」，據《宋史》卷三一八《張昪傳》改。

選無出身人及通判資序人權差。」

十一月二十七日，以鄜州司法參軍楊琪爲丹州軍事推官，知鄜州直羅縣，今後更不差使臣。從宣撫使韓絳之請也。

四年二月五日，詔：「江南東西、荆湖南北四路知縣人，自今連併兩次作硬闕收使者，(今)〔令〕審官東院勘會，關報本路，許依七路條貫指定就差。或見任官滿，無人願就，即本院依例硬差。」

七日，詔：「諸路知縣闕，候正入人不就又無人差移見闕及半月外，過滿闕二十日外，八路見闕過(尚)〔滿〕及差移五日外，八路委闕無人指射及差移一月外，並許親民、監當無贓罪及公罪徒、私罪情理重者權指射差注，與知縣請受。候在院監當人數少，即別取旨。」

二十三日，詔利州路轉運司，利州三泉知縣自今且從本司舉官。

元豐元年閏正月二十九日，詔鄆州長壽知縣范規與堂除差遣。以縣水災而率民護城有勞也。

四月二十三日，詔：「定州望都縣自今罷武臣知縣，差京朝官。」

十月二十五日，詔：「開封府界諸縣知縣，自今差合入親民京朝官。」

三年五月二日，御史范鏜言，知開封府祥符縣唐黻瘝病，職事廢[30]弛。詔(今)〔令〕提舉司體量。

六月九日，上封者言，乞精擇守令。上謂輔臣曰：「朝廷惟一好惡，定國是，守令雖衆，沙汰數年，自當得人也。」詳見「判知諸州府軍(鹽)〔監〕」門。

九月十五日，詔：「陝西、河東次邊近裏州縣，比自興兵之初，守令能於兵夫未還之間，警察盜賊，特爲稀少，鎮撫部民，各獲安居，當議旌褒，顯擢職任。」詳見「判知諸州府軍監」門。

五年正月十七日，詔：「開封府界提點司，聞知管城縣陸宣職事不修，體量事實以聞。」初，提點司不按舉，承詔，即言宣闒慢迂疏，事多逋滯，糾擿稽違事數條以應詔。上批：「陸宣先衝替，仍劾罪。」

二月二日，上曰：「刺史、縣令治民爲最近，今之藩郡不過數十，往往多不得人，則縣令可知也。自今更宜精擇。」詳見「知府州軍監」門。

六年三月二十三日，開封〔府〕界提點司言：「陽武縣尉、權知縣張繹，昨黃河漲水注縣，凡七處水決，繹身先勞苦，率衆用命，救護縣城，公私以濟，乞不依常制權知本縣。」吏部言：張繹以奏舉縣令見待闕，開封府界知縣法不許借注。詔繹特改合入官，知陽武縣。

四月一日，詔：「前知鄧州南陽縣曾阜、知穰縣陳知純並勒留在本縣，同見任官催納積欠。」以提舉司言，阜任內欠坊場河渡錢五萬緡、常平錢八百千，知純任內欠坊場錢四萬緡、常平九百千也。

六月八日，淮南轉運、提點刑獄司言：「知濠州定遠縣賈棠以體量愚暗不曉事差替，自體量後，親捕獲强竊盜四夥，乞許令滿任，除落差替。」從之。

閏六月十九日，權發遣提點開封府界諸縣鎮范峋上殿言，知雍丘縣向宗慤違法劾奏。上曰：「已逐之矣，諸縣可稱者何人？」峋言：「奉議郎、知考城縣孫載簿案嚴整，税課辦集；通直郎、知咸平縣朱勛未滿任而去，民至今思之。」上曰：「朱勛嘗有薦廣西幹當者。」峋言：「趙禹征安南，嘗奏勛隨行。」上曰：「違慢者既斥逐，有善狀者復收擢，則官吏自然戒勸。」詔孫載、朱勛，中書省記姓名。

七年六月二十一日，廣南西路轉運司言：「民方逋鹽税錢、和糴米，其縣令、佐雖得正官交替，乞並住給請受，勒令催理，候足日放罷。」從之，納外欠不滿五分即放罷。

哲宗元祐元年十月二十九日，户部言：「欲乞巡檢、知縣兼鹽倉場賞罰，並依正監官法。」從之。

十一月二十二日，吏部言：「准勅，尚書、侍郎、内外學士、待制〔一〕、兩省〔二〕、臺官、左右司郎官、諸路監司各舉公明廉幹、材堪治劇，仍係合入知縣或縣令一員，令吏部不依名次差充重法地分知縣、縣令，次差賊盗多、有萬户以上縣。任滿委監司保明治狀，作三等陞賞，有任滿酬獎者聽從重〔三〕，仍令吏部考較等第以聞〔四〕。今詳立到考較等第，其舊有任滿酬獎者聽累賞。」從之。

三年十一月四日，三省言：「在京堂除差遣累有增改〔五〕，而吏部闕少官多。今裁定：開封府祥符、咸平、尉氏、陳留、襄邑、雍丘知縣，31並中書省差；太康、東明〔六〕、考城、長垣知縣，並吏部差。俸錢依在京分數。」從之。

五年十月十六日，三省言：「通遠軍申〔七〕，乞添置倚郭一縣，以隴西爲名，差選人充尉，兼令、簿。」從之。

紹聖三年八月十三日，詔開封、祥符知縣今後差通判以上資序人。

四年九月十一日，新知揚州程嗣恭言：「乞今後吏部差注縣令，遇有以資考入而無主簿處，不許流外人充尉。」詔都司立法。

徽宗崇寧二年四月十九日，都省言：「八路知縣等闕，雖依條係八路轉運司使闕差人，緣今來前項置官去處並係創添，欲並令吏部依條差官。如一季無人願就，下八路差注。」從之。

四年八月十九日，前權提舉永興軍等路常平等事王縠言：「乞申明禁約，應陝西諸縣知、令除奉朝旨或委係軍期

〔一〕待：原脱，據《長編》卷三九一補。
〔二〕省：原作「員」，據《長編》卷三九一改。
〔三〕重：原作「之」，據《長編》卷三九一改。
〔四〕仍：原作「任」，據《長編》卷三九一改。
〔五〕累：原作「果」，據《長編》卷四一七改。
〔六〕「東」下原有「廣」字，據《長編》卷四一七删。
〔七〕「申」上原有「乞」字，據《長編》卷四四九删。

急切外，不得以應副軍期爲名，妄有差出者以違制論。」從之。

政和元年四月十二日，梓州路提舉學事鄭宗言：「欲乞今後鄰州接境人，不得注鄰縣令、佐。」吏部勘會：注擬官員差遣，依條：「本貫開封府不注本縣，諸州不注本州，即河南、京兆府、鄆、蘇州有産業者，雖非本貫，亦不注親民。」今臣僚所請令、佐不得注鄰縣，今看詳令佐事權不同，欲于上條内「不注本州」字下添入「縣令不注鄰縣」六字。從之。

二年四月三日，詔：「縣令於境内親詣田疇，勸諭勤(隋)〔惰〕，以爲力田之倡。述職承宣，虔奉明詔，即出鄉就見(文)〔父〕老，播告國家務農重穀、惻怛愛民之意。以十二事勸課農桑，宜各遵行，上副朝廷之意。一曰敦本業。謂農桑爲衣食之本，工作之類乃是治末，雖獲厚(刊)〔利〕，而無本源，故於本業切宜敬尚。二曰興地利。謂曠地有可以墾闢者，積水有可以疏決者，皆宜耕種，庶使地無遺利。三曰戒游手。謂羣飲聚博，放(膺)〔鷹〕走犬，游惰之事，皆廢農桑。爲人父兄，理當戒謹；爲人子弟，尤宜遵稟。四曰謹時候。謂農時一違，諸事廢敗，尤在所謹。故耕以時則土膏，種以時則苗秀，斂以時則無禽獸之耗，無盜賊之侵，無霖雨之壞。五曰誡苟簡。謂耕欲熟，芸欲足，則田土膏腴，禾稼茂實。蓋農事最爲勞苦，人易怠惰，多致苟簡，尤宜戒勉。六曰厚蓄積。謂財不妄用，穀不妄費，穀有餘則農事實用有備。七曰備水旱。謂修固池塘以資灌溉，開溝導洫以泄淫雨，則旱澇無患。八曰戒宰牛。謂牛爲耕稼之本，當務孳生，況其功力最大，尤不當殺。九曰置農器。謂農家器用缺一不可，與其廢(用)〔財〕修飾車服，不若以財廣置農器。十曰廣栽植。謂麻麥粟豆果瓜蔬菜，凡可以爲養生之資者，廣務栽種，則自然(農)〔豐〕足。十有一曰恤佃户。謂佃客多是貧民，方在耕時，主家有催舊債不已，及秋收時以其租課充折債負，乃復索租，愈見困窮，不辭離即逃走，宜加以寬恤。十有二曰無妄訟。謂非理興訟，致被追呼，在官對定，必費時日，32以妨廢農桑，甚爲無益。」

五月九日，臣僚上言：「願特詔諸路監司，告戒所部令、丞，豫於催科之前舉行法令，究所以便民之方，毋失期會，使民艱於輸納，毋繁文移督責以滋吏姦。其有輸入以時，民安而賦足，於課最號爲不擾者，歲特取一二尤者以聞，少加褒擢，以示旌勸。若擾民長姦，歲額虧闕，尤無狀者，即劾奏于朝，議加典刑。」詔依所奏，仰尚書省委户部，限五日檢詳前後條令，立爲約束，疾速徧行，歲終具陞黜官以聞。

十一月十一日，權發遣河北路轉運副使侯臨言：「乞繁難縣令闕官及六年以上，如有人願授者，候任滿無公私過犯，令本州及轉運司保明，京朝官與轉一官，選人與減舉主二人改官。」詔依。承務郎以上與減二年磨勘，選人比類施行。(從之)

三年三月十七日，臣僚上言：「訪聞士大夫之間，皆輕縣令之選，蓋太平盛時，人皆重内而輕外。又縣令之任爲最繁重，催科勸率、民訟刑禁，凡朝廷所行之政多在焉。前日吏部兩選知縣窠闕久不注授者甚多，以人皆輕之，不願就故也。願察縣令勢輕之弊，議所以增重激勸之法，使人皆悦慕，各思效職。」詔令尚書省措置。

六月十一日，新提舉利州路常平等事盧知原言：「乞(抄)〔縣〕令非緣學事及沿邊不拘常制并部領本縣夫役外，餘雖拘(拘)常制，並不得差出。」從之。

四年三月二十八日，尚書省言：「勘會萬户以上知縣，昨於崇寧三年六月十一日降朝旨講議司措置，並差承務郎以上，至大觀四年七月内衝改。」詔並依崇寧三年六月十一日已得指揮施行，其見任、已差人許終滿今任。

七年正月二十八日，左司員外郎陳揚庭言：「應諸路知縣有闕及一年以上者，令吏部措置差注，庶治縣得人，政事悉舉。」從之。

六月二十八日，詔：「訪聞虔、吉州管一十二縣，見闕正官，權官苟禄，不切任事，民受其弊。仰轉運司限一月依格選那合入資任人差填訖奏。」

九月二十三日，新知宋州宋昭年言：「比年以來，士多求倖免，故諸路縣令例直差注。然考課固有成法，而有司徒爲具文，漫不加意。臣謂宜因遣使採民謡，察政事，其治行尤異者不次陞擢，去其不任事者，以爲勸沮。」詔令尚書省檢詳條令立法，取旨施行。

八年十月十六日，尚書省言：「河南府永安軍使兼知縣事，自來吏部使闕差人。緣應奉陵寢，全藉有風力才幹人管勾，即與其他軍使不同。」詔令後朝廷使闕選差人。

宣和二年十二月廿三日，中書省、尚書省言：「增修到諸繁難縣令闕，本路無官可(考)〔差〕，若轉運、提點刑獄司於罷任待闕官内選年未六十、曾歷縣令、無私罪疾病及見非停替人權，不得差在本貫及有産業、并見寄居者舊曾寄居處。上條合入《政和職制令》，衝改本條不行。」從之。

三年十月十二日，詔：「濱州招安、深州 33 東鹿縣令佐，許河北轉運副使呂頤浩踏逐有心力人奏差一次。内京朝官替見任人成資闕，選人替年滿闕。」先是，委頤浩拘催州(州)縣學事司田土租賦，頤浩言兩縣田土空閒，無人承佃，在縣令佐協力幹辦，故從其請也。

四年正月二十八日，提舉利州路常平劉鎡言：「切見僻遠縣令多缺正官，類皆權攝，苟且歲月，豐己營私，視公宇如傳舍，奚暇究心職事、勤恤民隱？乞二廣縣令見闕處盡行差注。」從之。

五年十二月五日，利州路轉運判官王敏文等奏：「縣令之職，全要風力强勁，不可以昏老任之。近蒙吏部差注六十以上之人，伏望處分，雖破格不以拘礙，唯縣令乞差年六十以下之人。」從之。

六年十月二十三日，臣僚上言：「川峽四路差官之法，令、佐不得並差川〔陝〕〔峽〕路人。内地人多不願就，故本路監司不免差官權攝，所差官多是川人，有至三五年不替者，其與破格差注名異實同。欲乞應川峽四路令、佐内無應入人，而限滿無本色人就者，許通注鄰路人，庶使注授稍廣，各得正官，民不受弊。」詔可依所奏，尚書省立法施行。

十一月十九日，詔：「今後監司審擇縣令，並同共審擇，委有治績，連銜保奏。每路不得過三人。召赴都堂審察録用，如人材卓異，可備除擢，取旨引對。」

七年三月二十七日，臣僚上言：「伏見川路縣令多是川人，往往去鄉近便，故舊干託，旦暮不絶。伏望川路縣令不許差注川人，庶幾有以杜絶干託騷擾之弊。」從之。

十一月二十一日，臣僚上言：「竊見福建諸州軍管下諸縣逐時非遇知州到任内，欲入州營私干謁，即以稟公事爲名，將帶公吏入州，往來動經數日，委是有妨理民急務。緣公事有疑，依令只合申州與決，即無專許知縣入州稟覆之文，欲望下有司立法禁止施行。」詔依所奏立法，餘路依此。

欽宗靖康元年四月十八日，知太康縣康國材、知扶溝縣惠厚下、知東明縣宋晟能率衆守禦，與改合入官。

五月十八日，詔畿内縣知縣並替成資闕。

六月二十九日，利州路轉運判官張上行言：「本路定差官員並遵守熙豐法，至宣和七年始有不許差本路人爲縣令之制。緣川州去鄉遠近不同，且如本〔縣〕〔路〕洋州人指射劍州梓〔橦〕〔潼〕縣令，則去鄉一十七程，以本路人不該定差；若成都府路綿州人指射，去鄉兩程，却係別路人合差。況祖宗八路差官法，令、佐不得并差川人。續降旨，令、〔佗〕〔佐〕不得差本貫鄰縣人，關防已備。」〔即〕〔詔〕依祖宗八路差官法。

七月六日，詔：「三省申明舊制，今後不以堂除、吏部人，凡初改官未曾實歷知縣者，不許別除差遣。」以上《續國朝會要》。

高宗建炎元年七月十四日，江南東西路經制使翁彦國言：「准朝旨增置弓手，小縣二百人，大縣三百人，知縣兼領，不知如何繫銜。舊法兼兵知縣有添給 34 食錢。」詔知縣兼管不須帶入〔街〕〔銜〕，月給食錢三貫，候創置縣尉到日罷。

二年七月二十四日，知常州周杞言：「防秋之時，沿江令佐乞不許帥臣、監司差出。雖朝廷除授差遣，並許本州占留，候來年二月以後方得離任。」詔依，劄〔劄〕與帥臣、監司。

紹興元年正月十四日，詔：「今後京朝官知縣闕次，並令三省選擇差除。仍内外侍從官各舉堪充縣令京朝官二員，中書門下省籍記姓名，以次除授。俟有善政，任滿陞擢差遣；或犯贓罪，連坐舉官，依保舉法。」

二月八日，詔：「應知縣、縣令今後不以是何官司，並不得差出。雖專畫到許差見任官指揮，亦不許一例指差。

仰守臣檢察，如或違戾，按劾以聞。被差及差之者，以違制論。」

二年十一月十三日，詔：「今後知縣闕官處，只委本州日下差本州屬邑丞、簿權外，巡尉、場務闕下依舊法。」

三年十月十三日，臣僚言：「乞自今令佐官非出入假故，應通簽而獨行者，官司不得被受。仍乞申嚴典憲，重行黜責，監司、守貳按行覺舉。」詔坐條(甲)〔申〕嚴行下。今後如遇差出或在假等事故，並于階銜下分明批鑿。

五年閏二月二十一日，詔：「自今見任縣令未經交割離任以前，並不許輒從諸軍辟置，及不得兼帶軍中幹辦職事。專委監司常切覺察，如敢隱蔽，重寘以法。」

六年三月二十七日，詔：「諸縣非有公事拘留平民，或受訟、輸納，多端乞取，及多收米麥剩耗造酒聚飲等，令諸路帥臣、監司按劾以聞。」

六月七日，詔帥、守、監司：「今後縣令庸懦不才者，依法對移，贓污不法者依法按(刻)〔劾〕。自餘並遵詔令，不得横肆凌逼。」從右司諫王縉請也。

八月十七日，詔：「四川知縣有不可倚(杖)〔仗〕之人，令安撫(使)〔制〕置大使司依已降指揮先次對移聞奏。」

十二月二十四日，詔令諸路監司，今後分上下半年開具所部知縣有無善政顯著及謬懦不職之人申尚書省。

七年二月九日，詔將寺監丞、簿等任滿已改官人未歷民事者，各與選擇堂除知縣一次。

十五日，詔：「應堂除知縣並借緋章服，供給依簽判例支給。任滿赴都堂審察，如治狀有稱，即與陞擢差遣。內監司列薦治狀顯著者，當不次除擢。」

九年七月六日，詔吏部，日後縣令差文臣。以臣寮奏建炎以來始注武臣，爲害甚衆故也。

十四年四月七日，臣寮上言：「縣令之職，比年類多偷惰。每畏事繁，無辭以却，遂於詞狀前預令人吏朱批有無少欠官物。一有少欠，則非特不爲受理，又且從而監繫，非理阻抑。緣此一邑之内，豪户日益恣横，而寃抑之民日益困迫。欲乞今後如有似此違犯之人，許令人户越訴，仍委監司覺察按(刻)〔劾〕。」從之。

九月十六日，軍器監趙子厚言：「乞詔諸郡守臣任滿朝見進對，各舉所部縣令一員，命有司覈實，親加獎擢。」上曰：「所論甚善。如所舉稱職，特與推賞；其或不當，則 35
坐以繆舉之罰。」

十六年三月二十二日，詔龍州清川知縣依舊差置武臣。從本路諸司請也。

十七年十月十三日，右正言巫伋言：「近年州縣間上下苟且，凡命令之下，視爲具文。欲望申敕州縣，將前後所降指揮編次成册，置之廳事，守、令常切遵依。如少有違戾，即仰監司覺察按劾。」從之。

十八年六月十三日，上諭輔臣曰：「近布衣上書，多言縣令非理科率。朝廷自和議以來，未嘗有取於民，可申嚴監司、郡守常切覺察，或有違戾，即須按劾。」

十四日，宰執進呈檢坐前後約束縣令指揮，欲令監司、郡守常切覺察。上曰：「自今有作事過當或年老昏謬，可並與宮觀差遣，庶幾不爲民害。」

十九年三月十六日，宰執進呈前知復州劉時奏〔一〕：「湖北縣令有久無正官者，差本州見任及寄居待闕官時暫權攝。臣恐事多曠闕〔二〕，吏緣爲姦，民受其弊。伏望應湖北縣令闕正官去處〔三〕，許諸司及本州不以有無拘礙選辟能吏。」上曰：「可令吏部具已差下未赴之人催促之任，未差去處疾速出闕，如無人願就，即下所屬辟差。其尤係辟闕，令速行奏辟。」

六月二十三日，上諭輔臣曰：「知縣員多，朝廷難以一一差選，有過亦難盡察，須責之監司、郡守。如治狀可嘉，即與轉官再任，或陞擢差遣，庶可激勵。」

二十年十月十六日，詔：「諸守、令遇勸農，不得用妓樂迎送及宴會賓36客，如違，徒一年，著爲令。」

二十四年七月十二日，宰執進呈郡守、縣令能布宣德澤，實惠及民，有政績者，令監司、守、倅保奏陞擢。上曰：「或遷官，或陞差遣，庶有激勸。如失不保奏，令御史臺彈劾。」遂降旨行下。

十二月十七日，司封員外郎王葆言：「郡守、縣令，民之師帥，而縣令則於民爲尤親者也。近年以來，監司、郡守多緣好惡之私以更易縣令。在法，命官犯罪，雖有實狀，亦須具奏，方許對移。今或謂有贓污不法而對移者，初未究見罪迹，有不俟奏稟而行者。在法，縣有繁簡難易〔四〕，監司察令之能否，隨宜對換，亦必具奏聽旨。今或謂疲懦不才而兩易者，所易之官未必循良，亦有反爲民蠹者。遇有闕令去處，多差寄居待次之人。夫寄居待次，區區馳騖，以丐攝官，必無體國裕民之心，至有竭倉庫以示私恩，縱貪殘以滋己欲。一邑之間，公私困弊，物論不容，方爲去計。逮其去也，特當路之曲庇〔五〕，無功過之書，彼此相蒙，畧無忌憚。」詔申嚴行下，應對移具事實申尚書省〔六〕。

二十六年八月二日，詔：「初改官及應理知縣資序人雖有兩任，如用縣丞作實歷親民者，即依舊法，須滿六年替罷，方許依條闕陞。其選人任縣令，候滿任無過犯，與占射差遣一次。」

十月二十八日，吏部言：「欲依臣寮所請，將治縣善最

〔一〕「州劉」二字原倒，據《建炎要録》卷一五九乙。劉時：《建炎要録》作「劉時」。

〔二〕多：原無，據《建炎要録》卷一五九補。

〔三〕此下原有「路之曲庇」至「識字人指」共四百六十一字，乃後文錯簡在此，已移至下文二十四年「十二月十七日」條「特當」下，見下文校記。此條末段「許諸司」以下畧見《建炎要録》卷一五九。

〔四〕簡：原作「減」，據《建炎要録》卷一六七改。

〔五〕自「路之曲庇」以下至二十八年「六月八日」條「識字人指」四百六十一字原錯簡在上文「十九年三月十六日」條「正官去處」之後，以致文字不通，年代錯亂。今據《建炎要録》卷一五九、一六七、一七九並參以文意移正。

〔六〕移：原無，據《建炎要録》卷一六七補。

并七條之目刊印成册，凡縣令授記，即給付一本。并將逐項治民條法鏤板，遍下諸路州軍及監司等處，行下所部縣分正廳，令大字書寫板榜，常切遵奉，毋致違戾。」從之。

二十七年七月五日，詔：「縣令之職，最爲近民，累降指揮，治狀顯著之人令監司、郡守保舉陞擢，如貪污不職，即行按劾。尚慮未能悉意奉行，循習觀望，或挾情徇私，舉刺失實，可令學士院降詔，嚴行戒飭。」

二十八年五月二十日，詔：「昭州立山縣知縣破格差注縣令資序人，任滿許依恭城、平樂、昭平縣大觀專法，北人循一資，仍不依名次家便差遣，廣南人循一資酬賞。若有考第、舉主合該磨勘之人，依法減舉主一員外，更與減一員，仍許破格差注。令、録資序人内，京朝官破格差注人許依正格任滿推賞。如同日却有本等人願就，即先差本等人。」從本路漕司請也。

六月八日，詔：「沿邊溪洞知縣有係武臣去處，自今降指揮到部日，遇有小使臣指射此等知縣窠闕，並依格注經任親民人，比附巡轄馬遞鋪專注識字人指揮〔一〕，令當官試書劄百字以上，方許依格法差注，其四川、二廣定差辟差沿邊溪洞知縣窠闕，依此施行。

七月十四日〔二〕，左正言何溥言：「乞詔大臣擇天下大縣，收其闕以爲堂除，公選博采風績顯著之人以居其職，假之服色，優以廪給。俟其滿秩，特與甄陞，籍記姓名，以待他日之用。」本部看詳：今來臣僚所請擇天下大縣，收其闕以爲堂除，若將上件闕盡歸朝廷，則慮本部有員多闕少之患。欲依祖宗故事，遇朝廷有選知縣，乞下本部點取闕次供申，取旨差除，理作堂除。仍依臣寮所請，與借服色，支破簽判供給。候任滿，如治狀顯著，即與陞擢差遣。從之。

二十九年四月二十八日，詔右迪功郎許狀差充均州鄖鄉知縣。以本路監司言杕久諳京西人情〔三〕，乞不拘常制破格差注故也。

三十年二月五日，詔：「今後知縣係陞朝官即帶兵馬都監，若宣教郎以下即帶兵馬監押。」從荆湖北路通判王趯請也。

十二月十一日，宰執進呈因知縣慵懦不職事。上曰：「知縣若非贓私慘酷，自當依祖宗朝兩易其任，不理遺闕，兹爲良法，豈可不遵奉？」陳康伯奏曰：「不惟不成法，兼紹興勑令所載亦同。」以上《中興會要》。

紹興三十二年七月八日，孝宗已即位，未改元。詔：「兩淮知縣除立定賞條外，候任滿無過，從本路監司保明，與減舉主一員。」

八月十三日，知沅州秦杲言〔四〕：「盧陽、黔陽、麻陽三

〔一〕巡：原作「處」，據《宋史》卷一七二《職官志》一二改。

〔二〕「七月」旁原批「二十五年」。按此批誤，此條乃紹興二十八年七月事，見《建炎要録》卷一八〇。

〔三〕杕：上句作「狀」，當有一誤。

〔四〕沅州：原作「元州」，按宋無元州，且下文所述三縣皆屬沅州，因改。

縣各接傜獠生界，及接廣南，係水土惡弱瘴煙之地，縣令任滿循兩資。今乞比照本州幕職官與改合入官，或止依判司任滿該磨勘，與減舉主二員。」吏部勘當：欲將三縣縣令依見行賞格推賞，如任滿得替應磨勘改官人，任内不曾透漏蠻賊五人以上入界，即與依本州判司減舉主二人，不願減〔舉〕主者聽與循資。從之。

孝宗隆興元年三月二十三日，吏部言：「〔臣僚〕劄子，乞令州郡長吏舉行對移知縣 37 不理遺闕指揮，將一州内在任官察可爲縣者，使之作縣令。看詳，欲將諸州縣分繁簡難易，令本州長吏察其能否，隨宜對换，各取願狀，具奏聽旨。有不堪爲縣者，亦乞依此，各不理遺闕。仍並申監司照會，如對换不實，輒徇私意，仰監司將長吏按劾。」從之。

二年十月五日，廣南西路經略、安撫、都鈐轄、提刑、轉運司言：「乞將化州吴川縣西鄉創置石城縣，減吴川縣丞員闕充縣令〔一〕，并增置簿尉一員，選差小使臣及校尉年未五十人充。縣令注令録以上經任人。吴川縣舊係京官知縣〔二〕，今欲改差選人縣令。」吏部勘當，吴川縣闕欲先差京官以上，如無正格及破格合入京官，即許通差選人。餘依逐司所陳。從之。

十二月二十日，詔吏部：「縣令窠闕無應格人願就，依已節次申降指揮，許破格差注一次。」

乾道元年三月二十二日，詔：「京官以上任知縣，權以二年爲任。」

二年三月二十四日，宰執進呈御筆：「今後非兩任縣令不得除監察御史。」宰執洪适奏：「察官陛下親擢，如必要曾經兩任縣令人，恐應格〔上〕者少。」〔上〕問其故，對曰：「有出身人法許差教官，故不歷縣令。欲令有出身初改官人曾任縣令，方許授教官；不曾任縣令，並令先注知縣。」上曰：「極是。庶幾有出身人皆知民間利害，他日差除，不至乏人也。」适等奏曰：「合更下吏部看詳。」從之。

二十五日，上謂宰執曰：「兩任縣令方得爲察官，果可行否？」洪适奏曰：「非不可行，但艱於應選。縱有之，恐其才未必可用。」上曰：「若改『兩』字爲『曾』字亦可，然號令重於更易，此法既不可破，數年之後不患無人也。」

四月十六日，吏、刑部言：「看詳自今後非兩任縣令不得除監察御史，非曾任守臣不得除郎官，乞著入條令，下吏部照會施行。」從之。

二十七日，尚書吏部侍郎、權吏部尚書陳之茂等言：「伏準御筆降下堂除理實歷親民知縣等事，今議定下項：一、除職事官以上係朝廷選用人材外，今後除六院官，須要曾經實歷知縣一任，方得除授。一、今後教官及在京監當、主管尚書六部架閣文字等闕，如係京朝官以上任上件差

〔一〕吴川：原作「吴州」，據前後文及《元豐九域志》卷九改。

〔二〕吴川縣：原作「吴縣縣」，據《元豐九域志》卷九改。

遣，亦須實歷知縣一任，方許關陞通判。或兩任內曾經作縣一任，雖授別差遣，並與授理爲兩任，關陞通判。宮觀嶽廟承務郎以上關陞知縣及宗室換授理親民准此，仍自今降指揮日爲始。」並從之。

八月十六日，尚書吏部侍郎、權吏部尚書陳之茂等言：「集議指揮內知縣除選人外，其京朝官並以二年爲任，立爲永法。今四川轉運司檢坐令，諸知縣人川廣並三十箇月爲任。本部未敢依本司專法，亦未敢依集議指揮。」詔令吏部遵依四川專法施行。

九月十三日，四川安撫制置使司言：「嘉州峨眉、犍爲兩縣，今後許令本路都鈐轄司同提刑司選辟諳練邊事、合入資序人充逐縣知縣。」吏部 38 勘當，嘉州峨眉、犍爲知縣雖是本路轉運司定差窠闕，緣並係邊縣，欲許令本路諸司選辟。從之。

二十二日，中書門下省言：「勘會累降指揮，令監司、守臣保明知縣，縣令治狀顯著，具姓名聞奏，未見有一申到。」詔令諸路監司於部內各舉三兩人，不許連銜；守臣於屬邑各舉一二人。具姓名保明申，令中書門下省籍記，取旨甄擢，如無聽闕。

十月十日，試吏部尚書陳俊卿言：「勘會近准御筆集議指揮，改官人理知縣資序，兩任內一任實歷知縣，方得關陞通判。內有改官後曾歷兩任內，雖不歷知縣，却曾任知州軍并監司差遣，(無)〔照〕得知州軍、監司比之州縣責任尤重，理宜參酌，本部未敢擅便施行。」詔曾任監司、郡守人，依實歷知縣關陞。(從之)

三年六月二十五日，臣寮言：「知縣、縣令若從銓部差注，恐不得人，欲乞擇繁難處，並令堂除，稍重其選。」詔令吏部看詳。今看詳，應繁難處雖係部闕，乞令堂除；非繁難處雖係堂除闕，却乞歸部。從之。

八月八日，詔：「令四川逐路帥臣、監司審實繁難縣分，保明申尚書省。如本路自今應有見闕知縣，令公共辟差經任無過犯人一次，申朝廷給降付身。」從臣寮之請也。

九月二十四日，權尚書吏部侍郎薛良朋言：「本部近承指揮，凡注擬知縣、縣令，令赴都堂審察，其不才及老病者別注差遣，或宮〔觀〕嶽廟。本部遵守外，有在外指射并移注及四川、二廣定差奏辟人，欲依舊法令本處知、通精加銓量，保明申部。」從之。

十一月十九日，詔：「今後京朝官知縣，依舊法以三年爲任。」從知瓊州李褒之請也。

四年二月八日，吏部言：「勘會四川因事到闕官甚衆，本部節次(陞)〔申〕降指揮劄刷四川知縣闕，依格法借注，甚爲通流。繼而衝改，謂與四川運司定差窒礙。今來別無見榜不該，又不訴借注，則川士遠來，無合入差遣。今欲借四川轉運司三年以上合入窠闕，榜令注授，(責)〔則〕可發歸四川，又於定差亦不相妨。」從之。

二月二十二日，荊湖南路安撫使張孝祥言：「臨武、宜章深在溪洞，水土惡弱，人不願去。欲乞今後如係選人在任彈壓，別無盜賊，即於合磨勘（特）〔時〕特減舉主二員，京官轉一官，庶有所勸。」從之。

八月八日，成都府路轉運司言：「本路一季所出知縣闕次不下三四十處，京官就集不踰五七員，各指射本等窠闕，破格輒無就者。乞將本路京朝官知縣見闕及過滿如已經兩季收使，無本等人就，許依紹興二十三年十月破格注酬獎改官知縣資序未經任人，次第二任監當有舉主人，次通注選人。仍依差注縣令條格，通注奏舉職官及職官知縣、縣令，并常調職官知縣，及應入縣令人，所貴縣邑不致曠員。」從之。

十七日，成都府路轉運司言：「承乾道三年都省劄子，四川定差知縣、縣令，依舊法止令本處知、通銓量，保39明申部照會。本司凡遇定差知縣、縣令，依元降指揮，並係本司長官躬親銓量，見行遵依，別無衝改。若別委知、通，不唯有礙元降指揮，兼恐事不歸一。」詔下成都府路轉運司，仍依元降指揮，餘路准此。

五年二月五日，權發遣臨安府周淙言：「乞令鹽官知縣帶兼兵馬都監事，如有盜賊，庶有統轄，可以擒制。」從之。

六年正月十七日，成都府路鈐轄、轉運、提刑司言：「已准指揮，仙井監改爲隆州。緣熙寧五年内陵州改爲監，將貴平縣、籍縣廢爲鎮，今復還縣額，乞將井研縣丞、仁壽縣主簿並省，復置縣令兩員。」從之。

二月三日，廣西轉運司言：「賓州（嶺）〔領〕方、遷江兩縣知縣、簿尉承隆興元年指揮並差武臣，竊慮不曉文墨，百里受弊。欲乞知縣差文臣，簿尉差武臣，庶得利便。」從之。

十一月六日赦：「勘會縣令賢否，係民休戚。今貪贓者，監司、守倅公然蓋庇，民無所訴。在法，所部違犯，監司、知、通失按舉者奏裁。今後更失按舉，當議重行停降。」

八年正月九日，四川宣撫使王炎言：「欲將夔、利兩路京朝官知縣無人願注闕，破格差注令、録實資序以上及經任有舉主人。如無人，許逐路帥司選辟。」從之。

五月十一日，詔：「紹興府諸暨縣楓橋鎮改爲縣，減本府酒官并贍軍庫官共三員，用添令、丞、簿、尉。本處有義安鄉，以義安爲名。」從轉運副使沈度之請也。

九月二十二日，吏部言：「見榜知縣二十名闕，目今在部待次知縣資序四十二員，欲借使五年以下闕一次。」從之。

十二月二十四日，中書門下省言：「臨安府錢塘、仁和縣依開封府開封、祥符縣例，并紹興府會稽縣兼掌攢宮，舊皆堂除。」詔三闕依舊堂除，餘繁難等縣係堂除者，並權令吏部差注。

九年八月十四日，詔：「縣令輒因公事敢科罰百姓錢物者[一]，坐私罪放罷。」詳見「知州」門。

二十日，權吏部尚書李彥穎言：「照對乾道二年集議，京朝官知縣以二年爲任，次年議者請復以三年。見今合入知縣人併集銓曹，無以發遣，況中外京朝官無非二年，何必獨令知縣守三年之制？欲乞依乾道二年集議指揮施行。」從之。

十二月九日，臣寮言：「乾道二年指揮，實歷知縣一任人方授通判。乾道八年指揮，初磨勘改官人並須入知縣。今有在任承務郎理監當資序，三任通及六考，用舉主關陞知縣資序人，更不歷縣，徑干通判、幹官，或除知軍州，有礙銓法。今後乞令歷縣一任。」詔令吏部看詳申尚書省。

十二月二日[二]，詔：「龍州清川知縣改差文臣，尉兼簿改差武臣。」清川知縣舊用武臣，不曉習文法，故易之，從本路諸司請也。

淳熙元年三月七日，尚書省言：「沿邊知縣、縣令、縣尉隨格通差文武臣，武臣仍須識字，依文臣法。知縣、縣令先本部銓量，次都堂審察，方許差注。其窠闕并差注格法，令吏部條具申本省。湖廣屢經㊵盜賊縣道，可以文武臣通差，其窠闕令逐路帥臣、監司同共開具申奏。候到，送吏部處置，申取朝廷指揮。其文武官歲舉武臣陞陟，內將二人舉堪充陞陟親民任使。到部官有舉主二員、曾歷監當差（遺）〔遣〕、考第及格人，方許注授知縣、縣令。」從之。

五月六日，權吏部尚書李彥穎言：「昨降指揮，乾道五年待闕職事官已添差任滿之人，可與堂除外任差遣。內有任滿已改官人，令赴部注授。近發下堂除知縣，其任滿初改官人更於部闕通注，理作堂除。本部未承許借服色之文，乞依自來堂除知縣體例，許借服色。」從之。

二年二月八日，詔：「瓊州澄邁縣令與比附瓊山縣令，任滿循資酬賞。」從廣西諸司請也。

十二日，吏部言：「欲將沿邊、次邊知縣，日後遇有本選合出窠闕，依已降指揮通差文武臣。四選同日出榜，召官指射。如同日有四選官願就，即差京朝官，次大使臣，次選人，次小使臣。餘依逐選見行條法。」從樞密院請也。

四年十月，臣寮言：「監司、守臣中擇明習憲章、長於涖事人，歲舉堪任知縣、縣令二員，將有舉主人方許注沿邊、次邊知縣、縣令。如其間有習刑法，願銓試律義或斷案，若合格，不拘內外差注知縣、縣令。候任滿無敗闕，依文臣例與陞將副差遣。」從之。十年十一月，詔：如文武臣指射，先注武舉出身人，從本部長貳銓量訖，申樞密院審察。

十一月二十七日，吏部尚書蔡洸言：「承務郎以上官前任知縣或縣令，已任滿，偶緣替人未到，因改差或避親、丁憂罷任，請依得替罷到部收使陞壓名次恩例。」從之。

[一] 敢：原作「被」，據本書職官四七之三七改。

[二] 按，上條爲十二月九日，此條反爲十二月二日，疑有誤。

五年九月十六日，執政言：「先降指揮，極邊、次邊知縣元差文臣處，並通差文武臣。昨來王佐所申武崗軍綏寧知縣窠闕，舊係專差武臣，今亦乞令文武通差。」從之。先是，湖南帥王佐按武崗軍綏寧知縣、敦武郎葉逵騷擾傜人，受贓至千九百餘貫，乞重作施行。上曰：「且放罷，令取勘，何如？」王淮等奏曰：「傜人畏懼官司，若置獄取勘，追逮者衆，或至騷擾生事。葉逵騷擾受贓，爲帥臣所劾，自可便與行遣。」上曰：「可降三官放罷。」淮等曰：「此闕舊係帥司辟武臣。」上曰：「武臣多不曉事，記得淮上及四川（闕）〔關〕外，諸縣許通差文武臣，卿等可理會將上。」至是故又及之。

四年四月二十二日〔一〕，詔：「贛州瑞金知縣張廣，令吏部依淳熙三年八月七日指揮先授通判，理作堂除。」以江西路轉運副使錢佃等言「瑞金與汀州爲鄰，兩界之衝，盜賊盤踞，追捕之速則竄入他境。自廣到官，嚴立保伍，機察姦細，群盜屏跡。昨茶寇自興國抵瑞金不能三十里，而先事有備，民賴以安，乞賜旌擢」故也。

七月二十六日，詔：「吏部將廣南簽判、知縣窠闕破格曉示，滿半年以上無官願就，具申都省，行下逐路運司使闕差人。若逐路再滿半年又無定差[41]到官，本部再行破格出闕，召官指射。如本部再破格曉示，滿半年又無官願就，具申朝廷施行。」從吏部請也。

五年正月二十四日，詔：「注擬知縣、縣令，並令吏部精加銓量，乾道三年赴都堂審察指揮更不施行。」

六月四日，詔：「郴州宜章知縣雷溧特轉一官，候再任滿日取旨陞擢。」以吏部侍郎李椿言本縣有召募二百人在縣置寨，恃（疆）〔彊〕難制，溧撫馭有方，故有是命。

十二日，臣僚言：「諸州知縣不宜注授恩榜補官之人。如係極邊知縣、縣令，雖許通差武臣，仍要銓量其人才術幹畧，及能兼通法律，方得注擬，其餘次邊知縣，只令專注文臣。」詔吏部措置申尚書省。吏部言：「武臣知縣、縣令，除武舉出身及試中七書義，或已試中斷案人，許依已定（法條）〔條法〕差注外，其不曾經試中人，見係親民資序，有舉主二員，依小使臣呈試指揮，添試斷案一場。仍止試一道，問目少立條件，比文臣銓題一半。內有能文願隨文臣銓試者，召保官二員，候銓試收試。其四川亦合依此，令赴制置司附試。次邊知縣，謂如淮南路揚、泰、真、舒、和、黃、蘄州、高郵、無爲軍，京西路房州，湖南路全州，湖北路德安、江陵府、復州、荆門軍，利州路興、建州，雖是次邊，即與內地州軍事體頗同，欲依臣僚奏請差注文臣。其恩榜補官人若年五十五歲，不許注授知縣窠闕，雖破格亦不許注授縣令。」上謂輔臣曰：「措置恩科甚當。向來一半文學可以出官，

〔一〕按，自此以下至本門之末，諸條依年次觀之，可分爲三大塊：一、自淳熙四年至淳熙十五年；二、自淳熙十一年至嘉泰元年；三、自淳熙十六年至嘉定十六年。各塊之內年月次序不亂，但與上一塊不相銜接，疑是《大典》抄合《會要》不同門目之文。

今止三之一耳，若便限以年，則爲縣者絶寡矣。」於是詔悉從之。内次邊縣道許通差武臣，仍依極邊武臣知縣格法施行。

十一月三日，詔：「監司、郡守，自今以往，縣令苟無大過，不得以私意輕易去留。遇有闕官去處，一依甲令，只令以次佐縣兼攝。」以臣僚言「今邑宰有爲監司、郡守不樂者，諭令請祠尋醫而去，却委羣僚攝事，縣庫席卷而去」故也。

十四日，工部郎官楊獬言：「廣西之盜已殄，乞命選曹遴選縣令，勿注推恩得仕、兩舉權攝正攝補官者。」上謂輔臣曰：「縣令最爲近民，(李)〔奈〕何以攝官爲之？可令吏部詳議以聞。」既而吏部言：「在法，知縣、縣令並注已改官及經關陞有舉主、考第人。其推恩得仕，比至經任、關陞、(往)〔注〕授，年已六十，近降指揮已不許注授知縣窠闕，即無許差注攝官條法。其廣南東、西路攝官，檢點皇祐、大觀、紹興條格，已是詳備。目今廣東合補正額待次、攝官各二十五人，共一十九處窠闕；廣西正額待次、攝官各三十人，共三十五處窠闕。除海外瓊州樂會、文昌縣，萬安軍萬寧、陵水縣，昌化軍宜倫縣，或是令闕有以主簿兼縣事外，其海北並係場務監當，即無縣令窠闕。今乞下轉運司，照條不得將不是闕官闕次輒差攝官，及不得因所攝之官就委兼權其他職事。如違，許諸司互察，御史臺彈奏。」從之。

七年 42 正月十五日，樞密院具到審察武臣知縣、縣令格目：「一、知縣、縣令令注經任有舉主、關陞親民人。一、注年未及六十無疾病人。一、注識字能書曉文義人。一、注不曾犯贓若私罪情重人。一、當官試書判二道，從長貳出題〔一〕。一、審察之日〔二〕，各具已見利便劄子三兩件投陳。」詔吏部先次銓量，如應得今來立定格目，即具申樞密院審察，餘依見行格法。

九月二日，詔：「四川知縣、縣令候二年闕官，方許辟差。」以新知劍州張瑱言四川奏辟知縣、縣令之弊，欲令三年無正官去處，方許奏辟一次。趙雄等奏：「擇縣之優異處辟差，誠爲未便。」上曰：「諸司各私其親舊，占了好縣，豈容如此？」故有是詔。

十七日，知南劍州沈維言：「自今知縣須候成資，方許監司列薦。」上謂輔臣曰：「知縣未及二年，功効亦未顯著，難以舉薦，可從之。」

八年六月十八日，臣僚言：「京官曾任知縣，因癃老昏懦遭監司或遭章按罷，即係停罷未成資任。若縣丞與幹官等，又係選闕格不應入。乾道九年四月指揮，除建康、荆南、平江、紹興府、明州簽判外，其餘州軍簽判許依格注授。竊詳知縣以癃老昏懦，雖縣丞、幹官俱不許入，(沉)〔況〕簽判比之縣丞又爲緊切，至如小處簽判，例無通判，尤爲優異。乞令本部將曾任知縣因癃老昏懦遭章按罷人，且與注

〔一〕貳：原脱，據本卷後文職官四八之四五補。
〔二〕之日：原作「臣」，據本卷職官四八之四五改。

授縣丞一次。候縣丞任滿，別無過犯，方與注授簽判。」詔依舊法差注。

九年正月五日，詔：「郴州〔貴〕〔桂〕陽縣令，本路帥漕〔縣令〕〔體〕量訖，方許赴上。如不堪倚仗，別行奏辟。」從新知潭州李椿請也。

十五年五月二十三日，詔：「賀州富川、昭州立山知縣二闕，行破格定差初入官注判（州）司簿尉人一次。賀州臨賀、廣州番禺、韶州曲江、廣州南海、連州桂陽知縣五闕，令本路運司〔昭〕〔照〕應格法定差應入縣令人一次。英州真陽、欽州靈山、貴州鬱林、柳州洛容縣令見闕，照已降指揮下本路破格定差一次。如同日却有本等人願就，先差本等人。」以臣僚言二廣縣令多攝官，無所顧藉故也。

十一年五月一日，吏部言：「京官在法理知縣資序人，須實一任滿，方合理當實歷。其注文稱，若在任未滿二考，改移或尋醫、侍養，並不許理爲一任。即兩考實歷便合理當一任。今來承務郎以上官理知縣資序人授知縣差遣，在任已成二考，偶因丁憂罷任之人，服闋之後再行參部，緣見今知縣以三年爲任，本部却將似此之人作不曾實歷知縣一任，復令止注知縣差遣，顯是礙前項條法。今欲將京官任知縣在任已成二考，不因罪犯，偶因憂罷之人，即照應前項條法與理當實歷知縣一任。」從之。

十二年二月二十一日，臣僚言：「諸縣收支如版帳錢物等，皆知縣自專，而丞或不預簽押。其常平倉等通簽，河渡等錢雖縣丞通管，出入之際，易爲欺弊。乞自今諸縣應干[43]收支，必使丞佐等通簽，其縣丞所管財賦則必使知縣檢察。將來如有以贓獲罪，並量輕重責罰。」從之。

七月二日，知贛州趙善佐言，乞將本州安遠、龍南知縣二闕通差選人。從之。以上《孝宗會要》。

紹熙元年五月二日，知贛州鄭汝諧言：「龍南、安遠兩縣最爲煙瘴之地，自裁減賞典之後，無人肯就。照得惠州河源縣令只用舉主兩員改合入官，今龍南、安遠去河源縣界止二三百里，欲乞並與減舉主二員，或職司一員。如注京官知縣，與轉一官，庶早得人管幹縣事。」吏部欲將兩縣如係選人注授，候任滿無過犯，從舊法任内有舉主三員與改合入官。龍南縣如係京官知縣，於新格減二年磨勘，仍占射差遣一次上；安遠縣於新格減三年磨勘，仍占射差遣一次上，乞各更與減一等磨勘。從之。

二年七月二十一日，吏部言：「潼川路逐司審度到渠州大竹鎮乞與興復爲縣，於流江縣分丞一員爲大竹令，移在城駐泊兼尉，其流江知縣却改爲令，委是利便。本部照得即不聲説有無主簿，及〔夫〕〔大〕竹鎮酒税合與不合改爲大竹縣酒税，乞再行相度。」詔依諸司保奏到事理，主簿一員仍令駐泊兼，其酒税隨縣名改正。

三年七月七日，宰執進呈吏部勘當到贛州龍南縣難以廢罷。留正奏云：「龍南有瘴，舊來只用兩紙文字，所以有人願就。後來朘削賞典幾盡，故多闕官。」上曰：「豈可〔有〕

無賞？與盡復(典賞)〔賞典〕。」以上《光宗會要》。

嘉泰元年五月二十六日，臣僚言：「立國之本在民，係民之休戚者最切於州縣。使爲州縣而上下相濟，有無相通，均節之利歸於公家，安裕之福及於田里〔一〕，則王澤得以下宣，無復嘆息愁恨之心矣。今州不息縣，縣不卹民。乞戒飭州縣，毋得循習，交相規奪，以貽民害。俾上有均節之利，下有安裕之福。」從之。以上《寧宗會要》。

淳熙十六年四月二十一日，四川安撫制置使趙汝愚言：「四川知縣、縣令內除合差選人并沿邊縣分通差四選官外，有專注京朝官知縣去處，並係繁劇大邑，久無正官。兼京官員闕所在並以三年爲任，惟川蜀獨專法止以三十箇月解替，每任之縣較之內地常少半年。照得近降指揮，四川改官止以一十五員爲額。本司目即節次放散過選人改官，已挨排積下淳熙十七年、十八年員數。見今四川京官知縣闕多，在部京官合入知縣人絶少，乞將已經本司放散過四川選人改官，從名次專令注授京官須入知縣窠闕一次。仍乞今後京官知縣並以三年爲任滿。」從之。

閏五月十二日，權吏部尚書顔師魯言：「知縣近制並以三年爲任，今或以二考緣故而罷，若許其參選，與理資任，謂之曾歷親民，何以爲作邑者之勸？」吏、刑部看詳：「知縣尋醫，多是在任有公私顯過，監司、郡守未欲按治，勒
44 令尋醫。今滿年到部，却與三年知縣無過人事體一同，委是不均。合除丁憂人外，餘並以三年爲滿任。在法應避親者，期親並罷，餘依限陳乞對移應入闕。其任知縣人若在任成考以上，(親)〔應〕避期以上親者，當日便合解罷，即與其他所謂親戚者不同，仍許理爲實歷知縣一任。若在任不成二考，或作緣故陳乞避親者，即不合理爲實歷知縣一任。」從之。

八月十一日，臣僚言：「近年應改官人須要作邑，不材之人貽害百姓。在法，諸縣有繁簡難易，監司察令之能否，隨宜對換，仍不理遺闕。又敕，諸監司以繁簡難易察換縣令，而私徇者以違制論。乞申明上件指揮，今後所在知縣委實才力不逮者，從本州具申監司。或監司自能采訪，即行公共商議，不拘縣之小大，擇人兩易。他日到部，並無妨礙。其縣令亦依此施行，則能否各當其任，而民得撫字矣。」從之。

十月三日，詔：「秀州華亭知縣未有京〔官〕注授，令漕臣同守臣於京官、選人內公共選辟一次，理作堂除。」於是兩浙漕臣潘景珪選擇承直郎、前江南西路運幹楊潛，舉主考第今已及格，乞先與改合入官，差充華亭知縣，理作堂除，候任滿別與陞擢。從之。

紹熙三年七月七日〔二〕，吏部言：「江西提刑鄭湜等相

〔一〕裕：原作「俗」，據下文改。

〔二〕按，此條與上文同日之條記同一事，但取材角度與文字不同，說明二條本在不同門目。

度，贛州龍南縣難以廢罷，今欲從諸司所申，照本縣民庶所請，擇地勝處易置縣治。其合得賞祇依舊格，如無人願就，本路監司同本州守臣選辟。」從之。

二十四日，吏部言：「潼州府路諸司奏：相度到叙州南溪縣新興、移潼、關山三里割隸宜賓縣，以便民户輸送等，委是經久利便。照得近制，緣邊京官知縣並通差選人，南溪縣舊注京官，近改官人多不願就。今若將三里撥隸宜賓之後，若無京官願就，即通差選人。」從之。以上《光宗會要》。

慶元二年九月二十八日，兩浙路〔轉〕運副使〔趙〕師䍐奏：「管下台州黄巖縣比之〔天〕台、仙居、寧海諸邑，地界廣闊，户口繁夥，幾及一倍，詞訟紛紜，税賦浩瀚，素號難治。自淳熙十六年之後，吏部止是差注選人。乞下吏部，今後黄巖知縣並注京官。」從之。

三年二月二日，詔：「四川今後不得違法抽差知縣、縣令，有敢抽差若經營求抽差者，悉重寘典憲；其抽差過月日，並不理爲在任。諸司互相糾察，有敢隱蔽，令御史臺覺察以聞，併與坐罪。仍立爲令甲。」以臣僚言：「四蜀縣令、知縣違法抽差甚衆，到官未幾，即謀他徙。大抵非貴遊之子孫，即高談之文士，往往憚煩，不肯屑就，迫於合入，姑爲一來，委而去之，不過〔附〕〔付〕之佐官而已。佐官既非本職，豈肯竭力盡心？上司違法抽差，亦難以嚴詰峻責，綱運月解悉不能辨，故州郡拖欠總所有至數十萬緡，而本州官兵月給有拖下累月者。此則縣令抽差之所由致也。」故有是命。

四年正月二十四日，臣僚言：「乞申嚴乾[45]道二年、淳熙元年指揮，令吏部常切遵守，應理知縣資序之人，須要實歷知縣一任，方得注授通判。如不曾實歷知縣者，並止得注知縣。仍令三省凡於堂除之間，須以體國爲心，所有京官出官未曾作縣之人，並不得與通判差遣。庶幾法意均平，人知奮勵，仰副陛下愛撫黎元之意。」從之。

九月七日，詔：「沿邊武臣知縣，今後依銓法差注。」以監察御史張巖言：「邊縣事體與内縣不同，内縣所長者民事而已，邊縣自邊防之外，兼主民事，必有通才，乃能稱職。隆興初政，戎馬方息，朝廷欲存撫復業之甿，兼爲守衛之計，以防南牧，是以通差武臣，亦時良法也。在法，沿邊注武臣知縣，須關陞親民資序，有堪任知縣、縣令舉主二員，赴部選量日，長貳出題試書判二道，試中者申密院。審察之日，又令具已見利便三兩事。惟武舉與試中《七書》義及斷案人免書判。其立保薦銓量之法嚴密如此，豈容泛進！自後循襲，漸虧法意，大小使臣粗有夤緣，干堂即得邊邑。既〔聞〕〔開〕其端，抱虚者紛至，皆援例而前，以求倖恩，初無練歷之能，輒冒民社之寄。是以數十年來，邊縣未聞政績顯著者，正以保薦銓量之法姑亦文具，而干堂者又得以泛進故也。自今沿邊州縣並令吏部先差文臣，次差武臣，一依銓法差注。其武臣須加嚴保薦選量之法，舉主二員並要於歷任處監司、帥守薦舉，方理爲舉主，庶幾熟知其人有〔才通)〔通才〕，可任縣寄者。至於銓量之法，亦當審察其才能，毋爲文具。自指揮之後，更不堂差武臣縣令，現任者委監司、帥守體量，有不堪其任者即申朝廷與祠禄，理作自陳。如此，則邊縣不至泛用不練歷之人以爲民害，而邊防綏禦之計亦庶乎得人矣。」故有是命。

十一月十二日，臣僚言：「凡今之爲令者，徒知簿書期會之爲急，生財修繕之爲功，催科政拙者指爲愚人，凡事操切者目曰能吏。聽訟之事，置而不問；字民之效，邈焉無聞。乞戒飭監司、守令，今後論薦知縣，如其廷無滯訟，邑無冤民，訟訴不至於上司者，始可剡薦，不得徒以財賦爲急。如或徇私行權，淹延民訟，翻異至多者，並從按治施行。」從之。

六年正月十七日，臣僚言：「堂除知縣自來祇是錢塘、仁和、會稽三縣，緣係行都附郭并攢宫去處，事體既重，特加優異。昨來有就部中注擬，却夤緣理堂除，遂致泛濫，且啓僥倖，猶是就部注擬之後，方敢陳乞。近來又有大僥倖者，名次未當注擬，徑於朝廷陳乞，下部直差，攙奪他人當得之闕，遂使銓注之法自此而壞，堂除之例自此而創。乞特降指揮，除前三邑依舊堂除外，自餘知縣闕並令赴部，依公注擬。仍不許注擬之後乞理作堂除。」從之。

嘉泰元年二月十七日，臣僚言：「廣西一路諸縣，縣令少有正官，若無以次官處，多是於他 46 州別縣差官權攝，甚至差寄居待闕右選攝官。多者一年，少(月)〔者〕數月，倏去忽來，志在苟得，職事廢弛，冤枉莫伸。間有貪夫掊尅自營，則一意聚斂，席捲而去，恬不顧恤。於是縣益廢壞，至有一二十年無敢注授者。其間有水土惡弱、嵐瘴至重去處，加之經久權攝，事皆廢壞。檢照淳熙令，諸南(宫)〔官〕得替該職官循資酬賞者，如考第合磨勘，與減〔舉〕主一員；又令，諸廣南縣令任滿該改官應減舉主者，更減一員。竊詳法意，廣南縣令任滿有循資酬賞，改官之人，自合減舉主二員。然比歲以來，廣西一路縣令任滿到部，未聞有用舉主三員得放行磨勘者。乞行下廣西監司、帥臣，刷具本路諸縣有水土惡弱，累年無人願就去處，斟酌輕重，分作三等，同銜結罪保明，具申朝廷。候到，送吏部照福建、廣東西路見行格法，將願授知縣選人隨其地土惡弱輕重量減舉主，申取朝廷指揮，行下本部照應出(關)〔闕〕。在任必要實歷三考，方該賞典。」從之。

二年二月十二日，殿中侍御史林采言：「縣令字民之官，於民最近，得其人則百里受福，非其人則百里受禍，不可不擇也。夫作縣者當以十二事爲戒：自己不貪財，子弟不與政，官物不預借，公事不科罰，保正不催科，户長不代納，簿鈔不關銷，税苗不失割，公人不下鄉，推吏不鬻獄，差役不偏曲，推排不漏濫，凡此謂之十二事。作縣之善，固不止此，然爲縣令之至要，若能行此十二事，其縣亦治，其訟亦少。乞委諸路轉運司出給版牓，行下屬縣，各揭於廳事之左，使凡爲縣令者朝夕觀省。然後監司、郡守擇本部縣令之能行十二事、不掛民訟者，任滿之日，得以名聞，擇其尤者特加激勸。有一違此，即行按劾，重寘典憲。」從之。

七月十三日，殿中侍御史林采言：「今日之爲繁難大縣者，宜有以示勸，乞與□□□遣一次〔一〕。如有材力最優之人，乞從朝廷擢用，不必問其有無薦書。如不因按劾彈奏，任滿批書見得委有遺闕，從吏部具申，隨輕重責罰。仍乞照舊法，應作縣人除丁憂已成二考，許理爲一任外，餘並過三考終滿。如有實避親人，即踏逐一般闕次對換。如一月無對換，即到部別注知縣。揍及三考，元經按劾論列人雖已改正，亦不許通理考任，須實歷三考無遺闕，方理爲任。如上件作縣不滿及有規避作縣人，内不得爲院轄職事以上官，外不得爲通判幹官之屬。所有日前曾任本州知縣人，不許堂除本州通判；如已得通判人，許與一〔搬〕〔般〕差遣人兩易，滿一月後與堂除別州一般通判。其在吏部，乞依本法。」從之。

四年三月二十日，前知英德府邵之綱奏：「乞將二廣諸縣久無正官注授者，〔今〕〔令〕吏部四選通差。或四選中又無注授，〔今〕〔令〕監司、帥守審度文武中廉〔潔〕慈惠者奏辟充填，然後考核否臧，嚴加黜陟。」47從之。

二十八日，中書門下省言：「吏部改官人合注知縣差遣，緣拘年限出闕，是致注授不便。」詔令吏部將應干知縣窠闕不拘年限，並令曉示，從便注授一次。

十月二十八日，臣僚言：「竊惟銓曹之法莫嚴於注擬，注擬之官莫重於知縣，而京官任子皆自兒時奏補，多有虛增年數，冀速出仕。纔更一任，憑藉勢力，干圖薦舉，二任即注知縣而去。未嘗更練，不習法令，輕狂妄作，無所不至。殊不知民社所寄，簿書之叢委，獄訟之曲直，財計之登耗，雖巧心敏手處之，猶恐力不暇給，今乃以年少未更事之人遽任劇繁，鮮不敗事。乞自今後京官注擬知縣，一遵祖宗格法，必兩任有舉主而後注授。仍照鹽場窠闕體例，並注年三十以上有舉主人。見在任者且令終滿替回，依曾任縣丞格法注幹官、簽判差遣，不許即求通判。已注未上之人，並令赴部，聽別改注。庶幾舊法不廢，而少年者得以養成遠業。」從之。

開禧三年二月二十五日，臣僚言：「今兩淮郡縣驟經創殘，一旦欲使安集以還舊貫，誠爲不易。使委任得人，以至誠惻怛之意，思始圖終，勤於朝夕，則成效可必。今見闕縣令去處，須從帥守公選可與共事之人辟置在任。隨縣劇易，事以招集户口多寡爲賞格之高下，或與改秩，或減舉員，或與陞擢；稍不勝任者，復許其便宜劾罷。如此，則上下相孚而規摹歸一，臂指相應而後先不紊，人人争欲以績效自見。」從之。見任知縣、縣令，令監司、帥守從公審實，内不勝任之人取旨與祠禄，仍一面選辟承替。

嘉定元年閏四月十二日，刑部侍郎、四川宣諭使吳獵

〔一〕句中所缺三字，似應作「堂除差」。

奏：「朝廷嚴須入之令，凡改官人必須作邑，所以重民社，抑僥倖，誠良法也。然以四川觀之，知縣之闕有餘，而改官之員極寡。每歲所(故)〔放〕川班不過一十五員，分爲四路銓注，逐路不過得三四員。以故知縣常有見闕去處，有司不免破格差注，或奏辟選人及小使臣，或簿尉、監當兼權，或寄居待次官攝事。乞下四川轉運司，許令改官待班人一面注授合入知縣差遣。如有見闕，先與出給，就權赴官，候班到日與降付身。仍將就權月日通理三考之任。」從之。

三年四月十九日，臣僚言：「乞明詔内外，自今治郡有聲者，必須任滿，方許擢用。改官人雖曾受辟，候任回須管依舊作縣。」從之。

四年二月十一日，詔：「令吏部將應干知縣窠闕不拘年限並行曉示，聽改官人從便注授一次。」

六年正月二十九日，都省言：「吏部改官人合注知縣差遣，緣拘年限出闕，是致注授不行。」詔令吏部將應干知縣窠闕不拘年限並行曉示，聽改官人從便注授。

七年十二月二十日，臣僚言：「近歲以來，知縣被罷之人往往即求改正，既得改正，即求通理。彼其被罷之時，若非臺諫彈奏，即是監司、郡[48]守按劾，不曰贓濫，則曰暴酷昏謬者也。使其一時所論不能盡實，爲之改正，亦合使之更歷三考，以驗其才否，奈何復使通理前任，曾未幾時而遂脱去乎！且其心自知日月不多，更不思爲久計，民何望焉？又其通理之人，類皆急於見次，不問繁難久廢之縣，冒昧以前。臣愚以爲今後任知縣人，如是以理去官，法許通理，自如舊法外，其餘以罪黜罷之人，縱經改正，不許輒求通理，須管任滿三考，方得改去。雖法許通理之人，亦不許注授繁難見闕去處。庶幾獲戾之人，勉圖後效以自贖。」詔今後作縣以罪罷黜之人，縱經改正，内已及一考以上者，須再滿三考，其已及二考以上者，須再滿二考，方聽理爲知縣一任。

九年正月二十五日，觀文殿學士、知潭州安丙言：「潭州屬縣凡十有二，湘潭、瀏陽、攸縣三邑，財賦、民訟最稱繁夥，而所注乃選人。湘潭、攸縣本是注京官，瀏陽亦是京官選人通差，往往中間人憚繁劇，不樂注擬。尚左因無人願就，遂作破格闕侍左，並注選人。如湘鄉、湘陰、益陽皆爲中邑，見注京官，豈有攸爲上邑，湘潭、瀏陽亦中邑，乃一向注授選人！不惟失當來立法之意，且選人資望既淺，同官未必協力，吏民率多玩視。今若得京官注授，庶幾資望稍重，可以復振。兼三邑舊來本是京官窠闕，乞仍舊差注京官外，有善化、寧鄉兩縣近來户口亦繁，而善化又係附城，亦欲通注京官。如一季無京官願注，却關侍左通注選人。庶幾事任稍重，不致負聖朝字民之責。」從之。

二月三日，臣僚言：「天聖中，近臣保舉知縣，必(改)〔須〕三年無贓私過犯，特與陞陟。中興以來，隨時因革，而京官縣令率以三年爲定制。比來此意寖失，到官未半載，民瘼[illegible]求而未究，教令僅敷而未浹，已多端求爲再考避親計。於是朘民膏血，厚自豐植，締交延譽，希進交遷，斯民愁嘆，一不邉恤，安望其盡心摩撫，以副陛下爲民設官之意哉！乞考天聖之常憲，遵中興之成式，特降指揮，自今京官知縣必以三年爲任，到任已及二年，不在避親之限，或一考半以上以理去官，許陳乞填補二年，著爲定制。如有違戾，許御史臺按劾。銓曹注擬，常務遵守。如是，則人無倖心，各有固志，百里得人而元元被惠矣。」從之。

八日，吏部奏：「廣西經畧安撫司言：『静江府古縣令素來無賞，無官願就。今乞將古縣令於銜上帶兼兵馬監押，文臣比附龍南縣令任滿循資減舉主體例，武臣比附邕欽沿邊都巡檢、鳳州河池知縣授訖轉官、得替減磨勘陞名體例。乞(乞)詳酌立法，今後静江府古縣令任滿無遺闕，與循一資，占射差遣。如有改官舉主三員，與改合入官。』付敕令所。本所照得古縣令係是四選通差窠闕，上件指揮止該載選人酬賞及武臣依所乞比附，所是京官 49 注授，上件差遣却未有任滿推賞明文。乞送吏部參酌，比擬合得酬賞。本部照得：古縣令任滿推賞，選人循一資，與占射差遣，減改官舉主二員。所有京官昨來照條比擬，將選人循一資，占射差遣一次。唯是選人減舉主二員，京官不用舉主，别無條法可以比擬。今參照賞格，如贛州龍南縣，選人縣令循一資，占射差遣一次，減舉主三員；京官知縣轉一官，減二年磨勘。即係共減磨勘六年，除選人循資、占射比折京官三年磨勘外，所有舉主三員約減三年磨勘。今古縣令減舉主二員，若京官比擬龍南縣賞格，合減二年磨勘。緣龍南係風土惡弱去處，比古縣利害不同，欲更與減一年磨勘，共減三年磨勘，仍占射差遣一次。所有占射差遣，京官上所得從條合换次等，減一年磨勘，即係共減四年磨勘，委是輕重適中。」從之。

十二月十七日，詔：「天水軍移就天水縣舊治，置天水知縣兼本軍判官，兼司法。如係有出身人，即兼教授。令四川制置司選辟一次。」

十二年正月七日，臣僚言：「乞明詔吏部，凡知縣以罪罷斥去，許注中、下之縣。雖使詔赦，只許注上、中之邑，其緊望之邑雖無同射之人，亦不許差注。所有通理一節，亦必遵照條例施行。」從之。

九月二十七日，臣僚言：「縣令之職，撫字催科，號爲繁劇，而沿邊諸邑亦非内地比；尉曹之官，所資彈壓，而沿邊諸邑亦非内地比，豈容輕畀？乞令吏部左右選，應文官注授沿邊知縣、縣尉差遣，須年六十以下之人，其六十以上並不許差注。庶幾官使得人，事功易集。」從之。

十三年四月十日，臣僚言：「竊見朝廷創(制)〔置〕衡州鄘縣，郴州桂東、資興縣，正欲令佐得人，以安百姓，銷患于未形。近來多是經營差出，或占留諸司簽聽。其本職却别委官暫權，多是差恩科或右選雜流之人，緩急不可倚仗，殊失創縣置官之意。乞下湖南帥臣、監司，自今爲始，新創三縣並不許巧作名色差出，别差權攝。仰御史臺覺察。見差權攝人日下還任，庶幾三邑俱有正官。照得三縣令、佐俱要擇人，併乞下吏部，不許注恩科人；巡、尉只許注武舉人，不許注右選雜流人。」從之。

七月三日，臣僚言：「當今作吏之難，莫若近民之官。於民尤近者，作縣是也。縣無劇易，限以三考，官卑責重，行志實難，惟求無愧於心心〔二〕，庶可少寬於百謫。然而才品器局，人固不齊，某廉某貪，某臧某否，清議不可泯滅，官邪所當糾繩，於是按刺之法行焉。間（曹）〔遭〕罷命，未忍棄捐，庸示寬恩，復許改正，俾勉圖於後效，以自贖於前愆，於是通理之法行焉。而近之通理者，類以了債爲言，苟（焉）〔爲〕揍考之計。於是建議者以爲，罪罷之人縱經改正，不許輒求通理，內已及一年以上者須再滿三考，其及二考以上者須再滿二考，方聽理爲知縣一任。乞50下吏部，任知縣人已歷一考以上爲臣僚、監司、郡守論罷，非實因贓濫慘酷，曾經追攝伏辦，情理深重顯著之人，與照赦條除豁，被罷零考許令通理。」從之。

九月二十九日，臣僚言：「臣聞主一邑者有知縣，有縣令，邑之大者付之知縣，邑之小者付之縣令。祖宗之法，自入仕以來已及三考，或得諸司令狀，則許之注擬縣令；已及六考者或舉狀及格，則許之改官作縣。此固一定之法也。然所謂令者，其責重而職勞，（興）〔與〕知縣實等。幸而一任之內，五削並足，固可脱選，其有兩任之後始能到班，則未免仍受邑寄。使其精力有餘，不以累任親民爲難也，猶可黽勉從事；苟其不然，則恐九考作邑，力困於應酬，心勞於治理，其於獄訟、財賦之間，未必不以衰弱而反致闕誤者。則知邑無劇易，均曰繁重，彼既練歷涉履之久，可不思所以憫卹優易之乎！乞下吏部詳酌事宜，變通其法，應兩經作令滿替、實歷九考、有政聲無過犯、舉員及格改官之人，特免再作知縣。其願作縣者聽循舊法，其不願者却許受簽幕或幹官，以當知縣履歷。」從之。

十一月十九日，詔：「贛州瑞金縣、南安軍南康縣，知縣並以『兼兵馬監押』繫銜。」先是，江西提刑劉筠言：「南安軍南康縣當林峒之衝，本司昨來申創古城一寨，所以控扼要害，彈壓未萌。贛州瑞金縣接臨汀、石城之交，鹽子出沒其間，則有狗脚巡檢以任警徼追捕之責。然古城一寨，錯居井邑，群勇悍之夫日與百姓爲市，既於本縣無所繫屬，將來循習，豈無繁擾之慮？瑞金去州爲遠，或有盜賊之警，全藉巡、尉爲之奔走，而狗脚諸卒素無紀律，視縣道之文移恬若無有，甚至頡頏驕横，敢於犯上，漸不可長。此二寨者，若使其於縣道有所統隸，則禁令自行，階級自肅，緩急之際乃可使令。竊見南安軍南安縣、建昌軍廣昌縣近旨知縣兼兵馬監〔押〕，欲望朝廷劄下贛州、南安軍，見任知縣並以兼兵馬監押繫銜者永爲定制。庶幾軍兵在其境內者，得以鈐束而整齊之。」吏部勘會，乞下江西安撫、轉運、提

〔二〕心心：疑當作「一心」，以對下句「百謫」。

舉、提刑司，照條連書保奏。至是，逐司審度保明來上，乞將選人承直郎以上、京官宣教郎以下並兼兵馬監押，通直郎以上兼兵馬都監繫銜。故有是命。

十四年四月二十五日，臣僚言：「應是右選試中文科换授京官者，如未經任人，照本條止注監當差遣後更須再歷一任，若已經一任人仍須再歷(一)〔兩〕任，已經兩任人仍須再歷一任，已上凡縣佐、郡幕、幹官並許通注，回日有陞陟舉主二員，方許注授知縣。内已經一任再歷兩任人與減舉主一員。其有宗室到部，須仰書鋪重立罪賞，於射(闕)〔闕〕狀内明注委無妨嫌，方與注授，不許援三日内退闕條法復求换易。二説既行，庶幾宰邑之官可得通練之才，而到部之51官亦無淹鬱之患，其於銓法不爲無補。照得在法，右選使臣兩考方當一考，即是四考方當一任。近來换授京官者，乃以所歷二考即是一考，便作已經任人注授知縣，不亦太濫？今若使未經任人先注(濫)〔監〕當一任，後注縣佐等一任，則止是四考；又已經一任人止是實及一考，更歷兩任方成五考；又已經兩任人止是實及兩考，更歷一任方成四考。如此則可得注授知縣，其視有出身人六考、奏補人七考、舉主並皆及格，及尉曹獲賞改官後更歷一任方許作縣，實爲優異。」從之。

九月十日明堂赦文：「勘會知縣、縣令放罷後到部，從已降指揮不許差注繁難大縣及選闕知縣、縣令，止許注小縣并中縣、下縣知縣縣令。似此之人如該今赦，令吏部開具元犯申尚書省，酌量事理輕重，除不許注授繁難大縣及選闕外，特許注授見榜上縣并未應出闕中下縣知縣、縣令一次。」

閏十二月五日，右文殿修撰、知静江府胡槻奏：「本府十縣，民淳事簡，號爲樂土。又多有濃賞，係是部闕京官、選人通差，人(事)〔争〕願就。從昔不注右選，内惟有陽朔一縣緣諸司吏人室家田産所在，知縣不能誰何，間係静江府守臣選辟。其他諸縣自來並無奏辟者。近年以來，諸司不知守(守)〔法〕，率以私意妄亂辟人。照(行)〔得〕十縣目今興安、修仁、義寧、古縣係左選，餘臨桂、理定、靈川、永福、荔(蒲)〔浦〕、陽朔六縣盡係右選，内義寧、古縣下政皆已辟右選將到，如此則八縣皆係右選。又簿、尉頃年盡是左選，亦緣諸司間辟右選，後來在部亦打作左右選通差及諸司奏辟，今亦太半右選。静江係是會府，初非瘴地，不應差武臣爲令，虧損事體，虐害善良。乞下吏部，照舊來格法，盡差京官選人，不許諸司仍前委辟右選。所有義寧、古縣下政雖是武臣，今將次到官，欲且存留外，其餘八縣已差辟右選之人，乞令赴部别從注擬。今天下會府並無武臣爲令，静江即非深廣無人肯就，皆是佳邑，是以先欲整救外，諸郡尚餘六十二縣，亦有佳處，自不妨左右選通差，或從諸司薦辟，元不妨右選進身之路。」從之。

十五年八月十七日，臣僚〔言〕：「天台屬邑五，獨臨海附郡，其簿書期會、牒訟賦租，視他邑繁夥蓋相(陪)〔倍〕蓰，顧乃使選人爲之，秩卑望輕，權不足副，勢要足以陵之，豪(疆)〔彊〕得以侮之，吏胥得以玩之。其間不能自植立者，往往蓄縮避就，幸於苟免而已，尚奚望其以幹(辨)〔辦〕聞哉！乞下吏部，自今臨海許從京官通差，庶幾事權稍重，得以展布。」詔令吏部今後改差京官。

十六年三月二十四日，吏部言：「軍(器)少監、兼權考功郎官黄涇奏：『立法貴乎中，用法貴乎一。作縣被罷之人，槩得通理則過寬，一切沮之則過嚴。舊制，非因贓濫慘酷情重之人照赦除豁，被罷零考許與通理考任〔一〕，謂是立法得其中。52自嘉定七年議者有請，罪罷之人縱經改正，不許輒求通理，及一考以上須再滿三考，及二考以上須再滿二考，乃聽理爲知縣一任。自此照赦通理之制既格而不行，而赦文亦不復載斷。而都司以爲待吏之意太薄，抗疏于朝，歷一考以上一時論罷，非因贓濫慘酷、情理深重之人，照赦條被罷零考許令通理〔二〕，嘉定十三年之請也。方其申請之時，吏部勘當雖有十一年前後之别，皆以照條爲言，是照通理之條，非赦條之謂也。及吏部續行指定，於十一年以前則曰照條，以後則曰照赦條，自此例以赦條不載沮之。特不知赦條自七年銜改舊制，故八年以後因仍不復載爾。前乎十一年者例得以照條通理，後乎十一年者乃獨拘於赦條而不得通理，毋乃因法之不一乎！勸沮之道，恐有未明。欲乞照嘉定十三年指揮，應任知縣人歷一考以上，一時按罷，有非實因贓濫慘酷、曾經追攝伏辦情理深重顯著之人，以遇赦爲準，不問赦條載與〔不〕載，悉與除豁，被罷零考(考)通理考任。庶幾立法中，用法一，(吏姦)〔姦吏〕不得以出入，作縣者争自濯磨奮厲，以副清朝甄録之意。』本部照得嘉定五年郊祀赦文内，應任知縣在任已歷一考以上，一時論列或按奏放罷，其間非因贓濫及用刑慘酷、别無情理深重罷任之人，除不理被罷考内月日，餘令吏部與通理考任。後承嘉定七年臣僚(寫)〔奏〕請，是致八年、十一年兩次大禮赦文内不曾載説。續有十三年十一月指揮，即是銜改嘉定七年指揮。本部今看詳，本官奏請正應得(喜)〔嘉〕定十三年十一月臣僚奏請，委是可行。但以此通理，滿罷之人到部注授，似不可與無過犯三考人一同，要須畧與分别。今欲將初任知縣按罷次任許通理滿三考人，且與注簽判或諸司幹官一任，候滿方許注授通判。或有遵用今來指揮，通理前任滿三考之後，因交代未到，在任候代，遂致次任自成三考，將來到部，却合比同無過犯滿三考人，便許注授通判差遣。」從之。（以上《永樂大典》卷一六五九九）

縣丞

【宋會要】

〔一〕許：原作「餘」，據前十三年「七月三日」條所述改。
〔二〕條：原作「除」，據下文所述改。

53 仁宗天聖四年七月二十一日，詔開封府開封、祥符兩縣各置丞一員，在簿、尉之上，仍於有出身幕職、令録内選充。時兩赤縣簿、尉多差出外勾當，而本縣闕官，祠部員外郎蘇耆以爲言，乃命增置。

慶曆八年四月，詔開封府畿、赤縣丞不許他處奏辟。

皇祐三年三月，詔：「開封府曹官、赤縣丞，自今並除新改京官人，任滿與免遠官。」初用選人，一年無過遷，蓋歲遷者甚衆，故裁革之。

神宗熙寧元年十月，詔：「京畿縣丞、簿、尉除舉官外，令審官院、流内銓精加選擇。」從權知開封府呂公著之請也。

四年三月五日，編修（申）〔中〕書條例所言：「欲令諸路轉運司具州軍繁劇縣分，主户二萬户以上增置縣丞一員，以幕職官或縣令人充。」從之。

哲宗元祐元年四月十二日，詔：「應係因給納常平免役置丞、簿〔一〕，並行省罷。内縣丞如委是事務繁劇，難以省罷處，委轉運司存留，保明以聞。」

元符元年，詔縣丞、簿、尉日赴長官廳議事及簽書文檄。

徽宗崇寧二年三月二十四日，宰臣蔡京言：「熙寧之初，修水土之政，行市易之法，興山澤之利，皆王政之大者，追述緝熙，當在今日。農田如荒閑可耕鑿，瘠鹵可變膏腴，陸可爲水，水可爲陸之類；水利如陂塘可修，灌溉可復，積潦可洩，圩堤可興之類；山澤如銅、54 鉛、金、銀、鐵、錫、水銀坑冶及林木可養，斤斧可禁，山荒可種植之類，縣並置丞一員以掌其事。」從之。

四月十九日，中書省、尚書省言：「檢會三月二十四日勑，諸路除已置縣丞處外，餘並置丞一員。承務郎以上知縣者，即差承務郎以上官，萬户以上即差令録人，萬户以下經任判、司、簿、尉，並許差見闕榜。半年無人願就者，以次通注。今欲承務郎以上知縣去處差置縣丞，並差承務郎以上親民人，次新改官合入知縣人，並與理爲實歷知縣資序；次第二任監當有舉主人。萬户以上差職官縣令及奏舉職官知縣、縣令人，萬户以下差縣令及奏舉職官知縣、縣令人；（萬户以下差縣令及奏舉職官知縣縣令人萬户以下差縣令及奏舉職官知縣縣令）已授差遣待闕人换授。又無，差經任判、司、簿、尉人。」從之。

九月二日，尚書省言：「諸州縣丞除差判、司、簿、尉資序人，已有條不差年六十以上外，其餘應入人未有限隔。」詔應差縣丞並不注年六十以上人。

三年十一月十五日，詔：「諸路創置縣丞，見今未差注去處尚多，如兩月以上無本等合入人願就，并未有奏舉別官，並許不拘資序、考第權入，仍支與縣丞請給。」

大觀三年八月十四日，詔：「昨增置縣丞内，除係舊額及萬户以上縣分委是事務繁冗，并雖非萬户實有山林、川

〔一〕常：原作「當」，據《長編》卷三七五改。

澤、坑冶之利可以興修，不可闕官去處，依舊存留外，餘令逐路轉運、提舉常平司同[55]共相度聞奏。」

四年三月三日，兩浙轉運、提舉常平司言：「杭州錢塘、仁和、臨安縣丞，係熙寧年舊置去處，疆界闊遠，詞訟最多，委是難治，合依舊存置。湖州烏程、歸安、安吉、長興四縣，各係萬户以上，事繁，舊有縣丞，合行存置。德清、武康縣不係事繁，元舊不曾置縣丞，合行減罷。」從之。

同日，江南西路轉運、提舉常平司言：「照對本路南昌等四十八縣内，除一十二縣舊有縣丞外，洪州分寧等一十九縣各係萬户以上，委是事務冗繁，實有山林、川澤、坑冶，合行依舊存置。洪州奉新等一十七縣，雖及萬户以上，事務不至繁冗，亦無山林、川澤、坑冶，合行廢罷。」從之。

宣和六年閏三月十七日，工部尚書郭三益言：「本部自來承行常平司奏到縣丞種植任滿合該推賞之人，止是汎言係官地内或道路傍側之類，即不曾指定著望去處，致難以考驗詣實。欲乞今後保奏狀内開説所種是何官地，如天荒、户絶、退灘之類。仍具所屬鄉村地段頃畝，至自甚年月日，種植是何名色，以前有無舊來林木及曾經報奏之數，每歲曾無依條按籍點檢。務要聲説詳盡，可以覈實，庶幾稍革欺弊。今來申明推賞條貫，別無衝改。」從之。

高宗建炎元年六月十四日，詔：「諸縣縣丞如係嘉祐以前員闕并及萬户處存留一員，餘并罷。」

十一月二十日，詔：「諸縣縣丞闕官去處，許令本路提刑司依已降指揮舉辟一次。」

紹興三年[56]十一月初六日，詔：「淮東諸縣縣丞專管農田水利等，今來職事至少，可權行減罷。内泗州、漣水軍更不裁減。」先是，臣僚言：「淮東諸州縣累經兵火，人户外移，未全復業，見今事務比之往時實爲減省，若仍舊差置官屬人吏，委是猥冗。」故有是命。

五年閏二月二十二日，詔：「自今見任縣丞未經交割離任以前，並不許(輙)〔輒〕從諸軍辟置，及不得兼帶軍中幹辦職事。專委監司常切覺察，如敢隱蔽，重置以法。」

六年九月二十三日，詔右從政郎、池州青陽縣丞何稽中特授右文林郎。先是，淮南西路安撫使司言：「稽中於本地分沿江把截捍禦一百餘日，應辦屯駐人馬支遣錢糧，並無疏虞。」故有是命。

十八年三月六日，詔泰州海陵縣置丞一員。從本路諸司請也。

二十年八月十五日，詔：「肇慶府高要、潮州揭陽、新州新興、德慶府端溪、瀧水縣，各置丞一員。」先有詔，縣及萬户者許置丞，至是本路諸司有請故也。

孝宗乾道六年正月十七日，成都府路鈐轄、轉運、提刑司奏：「隆州貴平、籍鎮復還縣額，乞將井研縣丞一員、仁壽縣主簿一員並省併，就令縣尉兼管，於所復兩縣各置縣令一員，縣尉兼主簿一員。」從之。

七年正月二十八日，吏部言：「四川承務郎以上縣丞，一依內地承務郎以上縣丞法，以二年爲任。」從之。

淳熙五年二月四日，詔諸縣縣丞如均稅事體，置丁稅一司。從臣僚請也。

十二年[57]二月二十一日，臣僚言：「乞自今諸縣應干收支，必使丞佐等通簽；其縣丞所管財賦，必使知縣檢察。將來如有以贓獲罪，並量輕重責罰。」從之。

嘉泰二年三月八日，監察御史張澤言：「遇縣闕令，並須遵從條法，先差以次官縣丞及選曾歷任良循之人，不許輒差他邑官及初官權攝。」從之。

四年十二月二十六日，權知揚州鄭挺奏：「江都縣所管户口年來增進，事緒繁夥，闕官協助，欲添置縣丞一員。」從之。

開禧元年十月七日，知建昌軍趙汝礪奏：「本軍新城、廣昌兩縣疆境闊遠，事務繁冗，乞增置二丞，同共協濟縣事。」詔本路轉運、提舉兩司參詳。逐司請從汝礪奏陳，委合公議，經久利便。從之。既而嘉定七年十月，權發遣建昌軍羅勳言：「本軍舊特撫州之支邑，創郡之始，屬邑僅有其二，紹興八年始析南城而爲新城，分南豐而爲廣昌，則新城、廣昌特南城、南豐之一隅也。自析邑以來，南城、南豐有丞、簿、尉，新城、廣昌則有簿、尉而闕丞。非故闕也，事省力微，簿、尉之職自足以兼之。開禧元年，守臣始請增置二丞，往往徇一時之情，而不爲經久之計。蓋此二邑非南豐、南城之比，僻陋尤甚，宰是邑者常有匱乏之慮。置丞以來，月糜俸給，縣計益虧。且去郡稍遥，動與令抗，事益不治。乞將二邑丞闕並行省罷，少蘇二邑。」從之。

嘉定元年四月二十四日，詔：「省罷興元府城固縣丞一員，令主簿兼領，自後永爲[58]定例。」從利州路安撫司之請也。

三年三月二十五日，詔：「金州洵陽、漢陰兩縣丞，候見任人滿日省併，更不差人。」從四川制置大使司之請也。

四年十月七日，詔省罷衡州茶陵縣丞、郴州郴縣丞二員，添置郴州桂東縣丞、巡檢各一員。從知潭州曹彦約之請也。

八年七月八日，知興元府許沆奏：「蜀之饒風關，其險聞於天下，東北距金州，西南距洋州。舊例，洋州嘉定三年知州申制置大使司，乞將金州之漢陰縣漖口鎮創爲饒風縣，益以洋州真符、西鄉、西縣三鄉之田，自此饒風關遂隸金州，故洋州郡計日削。兼饒風去金州爲遠，邊民困於遠（邊民困於遠）輸。失險病民，害孰重此！欲將饒風新縣廢罷，依舊爲鎮，仍復漢陰縣丞一闕，治于漖口鎮，使之催理稅賦，受接民訟，實爲經久之利。」從之。

十三年八月二十六日，江西提刑司奏：「江南西路提刑趙汝讜乞將南安縣丞闕下部省廢，却以俸給補助新創大傅、石龍兩寨及大傅書院地基并養士劉士聰等户役官田段等稅賦，未委縣丞俸給每歲若干，大傅、石龍兩寨稅賦若干，可以兩相對補。本司契勘，照得南安邑小事稀，官不必備，若減省縣丞以補民賦，其錢米猶有贏餘。損予縣道以補逃絶失陷之租，如此則荒殘之邑、凋瘵之氓皆得以少抒，誠爲兩便。乞將見任人聽令終滿，下政别改注一等差遣。」從之。（以上《永樂大典》卷八一三九）

驛丞

【宋會要】59真宗咸平六年，詔：「京東西、河北、河東、陝西、淮南諸縣令兼知館驛使，勿得差往他所。」

淳熙十二年，詔：「川陝、廣西漕臣依元降指揮，兼帶提舉綱馬驛程公事繫銜，其提點使臣並改作幹辦稱呼。」（以上《永樂大典》卷八一四一）〔一〕

縣尉

【宋會要】60太祖建隆三年十二月，詔曰：「賊盜鬬訟，其獄實繁〔二〕，逮捕多在於鄉閭，聽決合行於令佐。頃因兵革，遂委鎮員，漸屬理平，宜還舊制。其令諸道州府，今後應鄉村賊盜鬬訟公事，仍舊却屬縣司，委令尉勾當。其萬户以上縣差弓手五十人，七千户以上四十人，五千户以上三十人，三千户以上二十五人，二千户以上二十人，千户以上十五人，不滿千户十人。合要節級，即以舊鎮司節級充，餘並停歸色役。其弓手亦以舊弓手充。如有賊盜，縣尉躬親部領收捉送本州。若有群賊，畫時申州及報捉賊使臣，委節度、防禦、團練使、刺史畫時選差清幹人員將領廳頭小底兵士管押，及使臣根尋捕逐，務要斷除。其鎮將、都虞候，只許依舊勾當鎮郭烟火賊盜争競公事。仍委中書門下每縣置尉一員，在主簿之下，俸録與主簿同。」又詔：「縣尉以在任無寇賊理爲上考，非捕賊不得下鄉，其較考並依判司，仍與免選注官。所有捉賊期限、賞罰，並依前制，減一選者超一資，殿一選者折一資。」

四年七月，以大名府涇城縣尉張又元爲本府元城縣令，賞捕盜之功也。天下縣尉久廢其任，是歲復置賞罰之令，而又元與令段滔首該賞典，以激勸之。

乾德六年十一月，詔：「賊盜漸息，逐縣弓手稍多，宜復差減。自今萬户縣三十人，七千户二十五人，五千户二十人，三61千户一十八人，二千户一十五人，千户及不滿千户並一十人。令、尉如妄占留差遣，許人陳告，重寘之法。」

太宗雍熙三年十一月，詔：「縣尉在任，三限捉獲劫殺賊，並於曆上批書行劫及捉獲日月、斷遣刑名。今後應書較縣尉考第，如在任捉獲劫殺賊人，考帳内分明開（折）

〔一〕《大典》卷次原缺，據《永樂大典目録》卷二二補。
〔二〕「實」下原有「獄」字，據本書兵一一之一删。

〔析〕。第一限獲者，准格與折兩次不獲劫殺賊；第二、第三限獲者，並與折一次不獲賊。其三限内捉獲劫殺賊人，開説批書不全者，令後一次獲劫殺賊人，批書不全者比折一次不獲劫殺賊人，即不理爲勞績。」

至道元年二月，詔吏部銓：「自今西川簿、尉並選年壯可任者，以備緩急。」

真宗咸平元年十月，詔天下縣尉司不得置獄。

四年四月十二日，西川安撫使王欽若等上言：「川陝縣五千户以上請並置簿、尉〔一〕，自餘仍舊以尉兼簿。」從之。

五年八月，詔置縣尉司弓手營舍。

大中祥符三年四月，太常丞乞伏矩上言：「川界弓手多貧乏，困於久役，州縣拘常制不替，至破壞家産。況第一、第二等户充耆長、里正，不曾離業，却有限年；弓手係第三等户，久不許替，事體不均。今滿三年與替，情願在役者亦聽，其第三等户例即與第二等户差充。」從之。

四年十一月，大理寺言：「自今諸縣弓手唯許勾當縣尉一司公事外，不得别有差使。仍以節級、弓手共十人充縣尉當直，供身(軀)〔驅〕役，不得私使往外處勾當。同本縣令、佐置曆，抄上姓名印押，62 半月一易，亦不得有妨緩急捕賊。」從之。

九年四月，詔：「三京及諸路轉運司〔二〕，除川峽州軍外〔三〕，並據所管縣分弓手，每五人借弩一枝〔四〕，其弓箭鎗劍令各自置辦，以簿拘管，遞相交割，委令、尉常切教閱。」先是，止降詔河北轉運司〔五〕，太常博士張希顔言，復州有弓手置弓刀以捕寇者，本州以私置衣甲器械坐其罪，皆杖脊配隸本城。真宗因令徧下諸道〔六〕。

天禧元年九月，詔：「自今令、尉親自部領弓手鬬敵，殺獲劫盜，及十人以上雖不全火，并七人以上雖不傷中，並比類元條酬奬。」先是，獲全火十人已上，全火不及十人而傷中者，方得酬奬。帝特寛此條，以勸勤吏。

四年三月二十五日，詔：「自今縣尉鬬殺全火賊，資考當入令録者，授節、察推官。」

五年五月二十三日，劍州言：「梓潼等縣俱當驛路，望各增置主簿一員。」從之。

仁宗天聖二年二月，詔：「瀘州江安等兩縣(合)〔令〕佐、縣尉等，自今除元是西川人及流外出身不注外，取選人情願者據資序注授官。如在任别無遺闕，得替即與職事官酬奬，仍與授官曆子分明。」

四年七月，詔：「兩川弓手自今不得雇人代役，犯者許

〔一〕川陝：疑當作「川峽」，西川安撫使不當言陝西事，其時陝西自有安撫使。
〔二〕路：原無，據《長編》卷八六補。
〔三〕峽：原作「陝」，據《長編》卷八六改。
〔四〕五：《長編》卷八六無此字。
〔五〕止：原作「上」，據《長編》卷八六改。
〔六〕徧：原作「編」，據《長編》卷八六改。

鄰保糾告，重行科罰。」時呂夷簡自益州安撫回，言川中豪民咸傭夫以代雜役，多得惰農，每執杖悉不得力，故有約束。

五年八月，流內銓言：「准詔，開封府界闕簿、尉，於選人中揀無遺闕、有出身、書判人材稍優者引見取旨，權超資注擬。今府【63】界簿、尉有過滿員闕，緣少得有出身人揀選引見，欲望許於見該參選合入判、司、簿、尉人內揀有出身、歷任無贓私罪、或止是公罪三兩度者，並引見取旨，權超資注擬。」從之。

康定二年八月五日，中書門下言：「近令淮南等路添差弓手，與舊同教閱武藝、捕盜。今慮縣尉中有貪濁昏耄，欲令流內銓自今並選無贓罪、年六十已下注授。仍令體量，如貪濫不公，即依理施行。止是年老昏昧、臨事怯弱，即與選人對換。」從之。

慶曆二年四月，詔：「如聞京東西盜賊充斥，其令轉運司委通判或幕職官，與逐縣令、佐擇鄉民之武勇者，增置弓手。仍令流內銓選歷任無贓罪、年未及六十者爲縣尉，以捕擊之。」

八年四月，詔：「開封畿、赤諸縣簿尉，不許他處奏辟。」

皇祐五年二月，詔置南川縣主簿、尉各一員。從夔州路轉運司請也。以三溪併入南川〔一〕，故有是請。

至和二年十一月，增置開封〔二〕、祥符縣尉各一員。

嘉祐五年十月，置婺州義烏、永康、武義、浦江四縣主簿各一員。

神宗熙寧元年十月二十五日，詔：「京畿縣丞、簿、尉除舉官外，令審官院、流內銓精加選擇。內開封、祥符二縣令開封府舉有出身、經一任三考、無贓私罪公罪徒已上、曾有舉主三人者充。」從權知開封府呂公著之請也。

三年八月二十三日，提舉河北路常平廣惠倉等事王廣廉言：「一縣之事，不以繁簡，唯令、簿、尉三員。又簿、尉所職各異，【64】苟有謬誤所職事者，雖坐之而莫得救弊。乞今後依舊簿專管勾稽簿書，尉專管捕捉外，其餘縣事並令通管。如此則吏不增員，事能協濟。」從之。

十月二十八日，京西路轉運司言：「州縣人户昨添差爲鄉弓手後，別無捕盜日限，止是歲集縣尉司教閱一月放散，其所置隨身器械入官架閣，而令全免户下賦役，深爲僥倖。」詔京東西、淮南、兩浙、江南、荆湖、福建等路添差弓手並放罷〔三〕。

十二月一日，詔：「全、道、郴、潭、邵、永州、桂陽監有溪洞蠻猺處縣分，主簿、縣尉及逐州監銀、銅、鉛、錫坑冶監官，令轉運司依川、廣七路指射員闕就差條貫施行。」

〔一〕三：原作「川」，據《長編》卷一七四改。
〔二〕「開封」下原有「府」字，據《長編》卷一八一删。
〔三〕弓：原無，據《長編》卷二一六補。

四年十二月十三日，侍御史知雜鄧綰言，請於陝西、河東沿邊城寨稍大處置主簿一員。從之。

九年五月八日，詔：「應係減放兵級、弓手教閲義勇、保甲地分，縣尉令流内銓選差，仍別立格。」

元豐元年閏正月二十二日，廣南西路轉運司言，邕州太平寨乞依陝西沿邊例增主簿一員〔一〕。從之。

六月十九日，詔：「滄州清池、莫州任丘、霸州文安、大城，秦州成紀、隴城、清水，延州膚施、延川，慶州安化、合水，全州清湘、灌陽，邵州邵陽、武岡，澧州石門、慈利十八縣，自今委三班院選差使臣爲尉。」

二年二月十二日，詔增戎州僰道縣主簿一員〔二〕。

四年正月九日，詔：「開封、祥符縣各省尉一員，弓手二十人。陳留等二十縣弓手亦如之。」以復置縣城四面巡檢二員故也。

五年三月二十[65]八日，提舉河北路保甲司言：「諸縣尉通管縣事外〔三〕，惟主捕縣城及草市内賊盜，鄉村並責巡檢主管，沿邊把截控扼巡檢兵級並依舊。其定州望都、曲陽、北平、唐縣，祁州蒲陰，保州保塞，廣信軍遂城〔四〕，安肅軍安肅，順安軍高陽，永寧軍博野，滄州清池，霸州文安、大成〔五〕，莫州任丘，雄州歸信、容城，逼近邊界，舊以使臣爲尉，其職事與内地不同，鄉村盜賊恐難一例專責巡檢，欲並令尉依舊條，惟不干預教閲。」從之。

七月四日，詔重法地縣尉並差使臣。

九月十四日，詔：「諸縣給納月分，無丞處主簿非檢覆本縣災傷勿差出。遇壅併，權免縣事。」

十月十五日，詔罷縣尉司指使，撥與逐縣巡教官充指使。

十二月七日，樞密承旨司言：「開封界諸縣及白馬、胙城、韋城弓手，昨雖裁定縣以二十人爲額，其庸錢未經立法。看詳縣尉既不管鄉村賊盜，弓手頓減出入之勞，所支庸錢當依諸路弓手定爲一等，一年正支錢三十千，共減錢三千六百二十緡。乞預先會校錢糧，一處封樁。」從之。

六年二月十七日，詔定西城置主簿一員。從李憲請也。

七年十月四日，權開封府界提點范峋等言：「諸縣尉專捕草市賊盜及通管縣務，歲下鄉常以百數。若省縣尉，一主簿不能辦事，乞依舊。」從之。

哲宗元祐元年二月二日，詔：「京東西、淮南安撫、轉運、提刑司，體量縣尉老疾不任職之人，選官對移，或奏具因依以聞。」

八月二十四日，右司諫蘇[66]轍言：「舊法，縣尉皆用

〔一〕平：原作「常」，據《長編》卷二八七改。
〔二〕戎州：原作「戍州」，據《元豐九域志》卷七改。
〔三〕通管縣：原無，據《長編》卷三二四補。
〔四〕城：原作「成」，據《長編》卷三二四改。
〔五〕成：原作「城」，據《長編》卷三二四改。

選人，近歲並用武臣。自改法已來，未聞盜賊爲之衰息，請復舊法。」詔除沿邊縣尉依舊外，餘並差選人。

元符元年正月二十三日，三省言：「吏部侍郎左選諸縣簿、尉相兼處，請不注流外人。」從之。

二月三十日，刑部言：「欲於《編敕》『巡檢、縣尉應承告強盜而故不申徒二年』字下，添入『重法地分係結集十人已上者，仍不以赦降、去官原減』。」從之。

徽宗崇寧二年七月十五日，詔：「重法地分縣尉舊差武臣處並歸本選，依元豐法選差。」

大觀三年三月十九日，詔：「訪聞諸路縣分有令、丞、簿、尉，令知總縣事，其尉專主盜賊。若令、丞、簿差出事故，縣尉權攝縣事，萬一有賊盜合行掩捕，即恐職事相妨，難以出界襲逐。可立法，每縣常留令或丞、簿一員在縣，不許差出。如非次偶闕，州軍那差官權管勾，所貴不妨縣尉捕盜職事。」立下條：「諸縣令、丞、簿雖有條旨許差出，須常留一員在縣，如非次見闕，州郡差官權。」從之。

政和元年正月二十三日，廣南西路經略安撫司言：「近廢龔州隸潯州，依舊存留平南縣；廢白州隸鬱林州[一]，存留博白縣。乞各置主簿一員，管認元額賣鹽收稅。」從之。

四年四月八日，集賢殿修撰、知廣州張勵言：「潮州倚郭海陽縣地理最爲闊遠，傍臨大海，道路險惡，前後盜賊驚劫不常。本縣止是縣尉一員，責使巡警，顯見力所不逮。今相度，既有知縣，又有縣丞，其主簿兩員委是 67 責輕事簡，欲將一員改作縣尉，量添弓手，分定地界管認巡捕。」從之。

六年十月八日，吏部言：「秦、鳳等路提舉保甲司申：『本路保甲地分無巡檢，係差文臣縣尉，合奏差武臣縣尉窠闕。本司契勘，鳳州河池、兩當縣巡檢係管兩縣，涇州并鳳翔府管界巡檢係管四縣至五縣。已上巡檢合兼巡教一縣保甲外，有其餘州縣分，今來合與不合奏差武臣縣尉？』檢承政和五年十月十三日詔，大名府館陶、夏津，冀州棗(疆)〔彊〕、武邑、衡水[二]、南宮六縣，今後並令本路保甲司依條踏逐試驗，奏差武臣充縣尉。應教保甲地分無巡檢，係差文臣縣尉處，並依此。侍郎右選今勘當，諸縣有巡檢去處，令巡教廨宇所在保甲外，餘縣有巡檢不係廨宇所在及無巡檢縣分，欲依前項指揮，並許奏舉武臣充文臣縣尉兼巡檢保甲。侍郎左選勘會，有四縣共巡檢一員，其四縣應干巡檢職事並合管勾，切慮難以止限廨宇駐劄去處。緣別路亦有似此去處。」從之。

七年三月十四日，詔：「沿邊巡、尉武臣，並樞密院選曾歷邊任、有方略或戰功人充，任滿無遺闕，與酬獎。」

七月二十一日，吏部言：「大名府安撫司乞元城縣復

[一] 下「州」字：原作「軍」，據《宋史》卷九〇《地理志》六改。
[二] 衡：原無，據《元豐九域志》卷二補。

置縣尉一員，仍將見管弓手一百五人分在東西縣尉下主管捕盜。」詔許復置，餘依所申。

宣和二年二月十五日，提舉京畿京西路鹽香茶礬事司(廬)〔盧〕知原言：「私鹽及茶、礬、香盜販，全藉巡捕官不住遍詣巡警，則[68]私販不致透漏。雖前後立法約束，不能奉行。欲乞應管下縣鎮於逐鄉村置粉壁一座，依巡轄馬遞官法，每月躬詣地頭，於粉壁上親書出巡月日。一月之間，責其一遍，亦不爲勞。如不親書，及坐罪立法〔一〕。」尚書省檢會政和勅，諸巡、尉下鄉巡捕，應書曆而令人代書及代之者，各杖一百。欲依所請，諸巡檢、縣尉應出巡而不出，或限內不遍及不書粉壁者，各杖一百。從之。

三年十一月十三日，臣僚上言：「巡檢以巡捕爲名迎送，違令罪笞，縣尉亦未有明文。伏望於政和令巡檢不得迎送條內入『縣尉』二字。」從之。

七年八月六日，臣僚上言：「竊見兩浙縣自來係差文臣，昨緣方臘作過，武臣提刑楊應誠乞通差小使臣，係一時指揮，賊平之後，自合依舊。欲望下吏部一面差文臣承替，或令終滿今任。庶官得其人，民不受弊。」詔見(令)〔任〕人令終滿今任，今後差文臣。淮南路依此。

高宗建炎元年五月十七日，提點兩浙刑獄公事高士曈言：「兵戈之後，盜賊時發，皆緣巡、尉怯懦，不即撲滅，以致嘯聚。如本路巡、尉有不堪倚仗之人，許臣審量放罷，不拘文武官，選擇有材武心力合入之人踏逐指〔差〕。助教權縣尉去處，多不用心彈壓盜賊，欲乞本路見闕巡、尉去處，許令本司踏逐有心力膽勇選人使臣奏差一次。」詔令本路運司限一月差注。如限滿無人願就去處，即令本司具闕關提刑司，許行奏差一次。

九月十八日，[69]詔：「沿江已差過第一次武臣縣尉免改正，其再使闕差下替人並罷，今後依格法差人。」

二十七日，詔：「樞密院合差創置諸縣武尉指使，許諸路逐州保明有材武大小使臣申樞密院銓量，取旨差注。」

十一月十二日，詔：「諸縣武臣縣尉不拘大小使臣，如有丁憂之人，權宜給(暇)〔假〕一十五日，候至盜賊稍平，復依常法。應措置防秋處州縣依此。」

紹興元年三月十七日，臣僚言：「福建路巡、尉，欲望特降指揮，差訖具名申奏。」從之。

十一月六日，江南西路轉運司言：「乞依淮東提刑司已降指揮，縣尉闕許令提刑司具名奏辟一次。」從之，仍詔諸路准此。

二年八月二十五日，詔：「縣尉有員闕去處，下吏部限三日速差。其文臣縣尉不差五十以上人充。」

三年七月四日，詔今後應犯罪之人不許對移充縣尉。

四年二月十七日，福建路轉運判官魯詹言：「防托把隘，全藉巡、尉，乞令安撫、轉運、提刑司公共踏逐有風力材

〔一〕及：疑當作「乞」。

武之人，連銜結罪奏辟。」從之。

五月六日，廣東路提點刑獄公事曾統言：「本路州縣水土惡弱，多是闕官，至有差攝癃老疾病及疲懦不任事之人。〔乞〕令提刑司於本路見任官内選擇，兩易其任，見闕正官處令逐司奏辟。」詔依。如狥情移易及奏辟不實者，並依上書詐不實科罪。

七月二十八日，詔常州無錫縣添尉，移就洛社置廨舍，彈壓盜賊。

七月十四日〔一〕，詔諸路添置武尉銜内並帶兼巡 70 捉私茶鹽。以提舉兩浙東路茶鹽公事蔡向請也。

三年七月二十二日，江淮荆浙都督諸軍事呂頤浩言：「據知常州俞俟劄子，本州邊臨大江及太湖，地分闊遠，全藉巡、尉防托。本州四縣見任巡、尉共一十二員，數内有怯懦不可充捕盜官，可以幹辦場務之人，其監當官却有材武不諳場務職事，欲乞許令本州兩易，其候過防秋依舊。」從之。

三年十一月三十日，詔：「諸鄉村巡、尉每月〔二〕地界闊遠處聽巡、尉更立分巡。於要會處置粉壁，州給印曆，付保正副掌之。巡、尉所至，就粉壁及取曆親書到彼月日、職位、姓名，書字仍與本身曆對行抄轉。本身曆候巡遍齎赴州印押，州縣當日給還。仍仰提舉茶鹽司及主管官逐季點檢，著爲令。」從兩浙西路提舉茶鹽公事夏之文請也。

十二月十五日，淮南轉運司言：「乞將淮西諸縣所置武臣縣尉并弓手，雖累降指揮相度廢罷，緣即日尚有見置武尉等去處，其所管添置弓手雖有六十人以上舊額，緣見管人數多是不及六十人，欲將武尉并弓手並行減罷，所有見在弓手撥填文尉下見闕人去處。如有剩數，權於額外收管。」從之。

四年五月十九日，左奉議郎周綱言：「昨乞罷諸路武尉併新弓手，續覩朝旨，將新弓手撥填舊弓手闕額外，武尉與文尉通管職事。切慮紛争事權，拘占役使，追耆保，擾鄉民，其弊有不可勝言者。若朝廷未遽罷去，且令終滿今任，71 姑欲全其資考，止可使勿釐務。使其果有材武，緩急可(博)〔恃〕，遇有盜賊，乞安撫司及本州臨時指名差使，未爲晚也。」從之。

五年正月二十一日，樞密院言：「兩浙、江東西沿江海，見任巡、尉多是癃老疾病及疲懦，緩急不可倚仗之人。」詔令逐州守臣逐一銓量，如有似此之人，於本州見任官内選擇有材武、非老疾疲懦之人兩易其任，不理遺闕。即不得徇情移易，仍具所易官職位、姓名申樞密院，日後令吏部審量差注。

閏二月二十一日，詔：「自今見任簿、尉未經交割離任以前，並不許輒從諸軍辟置，及不得兼帶軍中幹辦職(身)

〔一〕以上二條日次顛倒。

〔二〕按，此下疑脱「出巡一遍」。參前文「宣和二年二月」條。

〔事〕。專委監司常切覺察，如敢隱蔽，重寘以法。」

八月七日，詔：「諸監司妄作緣由，非〔理〕追呼巡尉、弓兵，將帶遠離地分謂出本界。者杖一百，著爲令〔一〕。」

十年四月十一日，臣僚言：「二廣諸縣尉，多是恩牓或初出官等人應選。緣今日艱難之際，境内纔有盜賊竊發，率疲懦畏縮而不敢進。且乞一例選擇材武出身小使臣或軍功有勞等人充選，候將來盜賊寧静日依舊。」詔令本路安撫、提刑司同共相度合差武尉去處申尚書省。

五月六日，臣僚言：「乞申命攸司，稍重巡、尉，嚴立禁令，應地分内被盜而本保不以聞官，與巡、尉受報不即掩捕，及容縱所領弓兵妄以搜索停藏爲名，强取財物，皆重行斷罪。守、令、監司知而不糾，亦量加責罰。」詔令刑部立法。

十一年六月十三日，成都府路提 72 刑李授之言：「嘉州峨眉、犍爲兩縣正係緊當邊面，乞將兩縣見任文武縣尉改差武臣，從提刑司選官，具申川陝宣撫使司差注。所有逐縣弓手各不滿六十人，每遇蠻人侵犯，委是闕人防托。乞每縣添置弓手各以一百人爲額，責委武臣縣尉專一管轄，教習事藝，以備邊塞防托。」從之。

九月二十七日，詔主簿、縣尉依舊例帶主管學事結銜。

十四年七月十五日，知濠州李觀民言：「沿江諸郡間每遇官員、客旅或諸色綱運，有不逞之徒恣行劫掠，乞下所屬嚴飭巡、尉，常令更互往來巡捕。及遇諸處綱運入界，即時關報前路官司，仍護送至界首（首）交割。若有疏虞，其所經由去處並當按治。」詔令逐路提刑司措置施行。

十五年五月三日，詔：「應見任巡、尉候任滿，令所屬批書任内有無食菜事（麽）〔魔〕公事。如有，候結絶了日，方許參部。若任滿失行批書，自參部日與降一年名次。」

七月十二日，詔省黔州彭水縣外尉一員。從本路諸司請也。

八月十一日，詔：「滁州全椒縣添置主簿一員，楚州山陽、鹽城、寶應、淮陰縣尉兼主簿，今後差注文臣。」並從本路諸司請也。

十六年四月七日，詔惠州博羅縣添置主簿一員。從本路諸司請也。

十八年二月十四日，詔恭州壁山縣、涪州樂温縣、忠州墊江縣、萬州武寧縣、大寧監大昌縣各置主簿一員。從本路諸司請也。

五月二十八日，詔：「潼（州）〔川〕府通泉、飛（鳥）〔烏〕、射洪、 73 鹽亭、銅山、東關縣，遂寧府長江、青石、遂寧縣，果州相如縣，合州石照、巴川、銅梁、赤水、漢初縣，昌州大足、昌元、永川縣，普州安居、樂至縣，資州内江、龍水縣，榮州榮德、資官、應靈縣，叙州南溪、慶符縣，廣安軍渠江、岳池縣，榮州威遠縣，叙州宜賓、宣化縣，渠州鄰山、鄰水縣，

〔一〕「者杖」以下原作小字，據文意改爲大字。

各添置主簿一員。」從本路諸司請也。

十九年六月二十六日，上諭輔臣曰：「福建盜賊漸已消弭，惟海道間有作過者，只緣巡、尉不得其人，可令安撫、提刑司覺察，如不可倚(杖)〔仗〕者，須選官替罷。」

二十六年十月二十九日，淮南東路安撫司言：「楚州、盱眙軍並係邊地，盱眙軍管下盱眙、招信兩縣，見今並係武臣縣尉。本司今欲將楚州山陽、淮陰兩縣縣尉依盱眙、招信兩縣體例，並差武臣充，仍乞選差有材武之人。所有見任人發遣歸部，依省罷法别注差遣。」詔並依。内武臣縣尉令吏部選經任有材武、年五十以下人充，仍申樞密院審察。

二十八年九月二十五日，給事中楊(椿)〔椿〕等言：「知涪州程敦書奏：縣無丞者，簿得以貳令，今有任簿之職者，往往常求差出，簿失於銷注，鄉司得以作過。乞下諸路監司，縣無丞者，其主簿不得差出及兼他職，遵依縣丞法施行。」從之。

二十九年三月十九日，淮南路轉運司、提點刑獄司言：「近降指揮，無縣丞處主簿不得差出。緣本路共管二十縣，止有泰州海陵一縣有丞，若主簿不許差出，委是闕官選委，欲 74 乞許令依舊。」從之。

三十年正月二十九日，知明州象山縣俞光凝言[一]：「本縣管海洋闊遠，接連温、台州界，其間常有賊船結集。竊見本州五縣尉司，各管弓手八十餘名，獨本縣額管四十五名，乞依諸縣例添置八十名。」從之。

三十一年八月十七日，詔：「真州六合縣主簿依舊存留，自今後如遇知縣排頓，其主簿更不許差出。」

紹興三十二年六月二十三日，孝宗皇帝即位未改元。詔省淮西光州固始縣主簿一員。從安撫等司之請也。

孝宗隆興元年正月二十八日，臣僚言：「縣尉戢姦禁暴，巡警彈壓，一邑之政多任其責。乞詔吏部本選，今後不許差癃老疾病、年六十以上人充。仍委長貳，凡有差注，依知州知縣法銓量。」從之。

四月十七日，詔：「廬州倚郭合肥縣、濠州鍾離縣、和州歷陽縣、壽春府壽春縣、無爲軍望巢縣屯軍去處，各復置主簿一員。」從淮南路運判莫濛請也。

五月六日，知明州韓仲通言：「契勘明州外邑曰昌國，曰象山，皆居海中。海道盜賊出没，全藉縣尉隨時擒捕，若差武臣，必能盡力。欲望特降睿旨，兩縣各置武臣縣尉一員，下吏部差注小使臣有材武、年未五十歲人充。」從之。

二十八日，權發遣賓州張昂言：「本州商税院及管下獨女鉛場，各係小使臣窠闕，税額微細，乞改作攝官，却將本州(嶺)〔領〕方、遷江兩縣尉正作武臣窠闕，令本路轉運司定差，庶不失元額員數。」從之。

乾道 75 三年六月十一日，起居舍人洪邁言：「諸路州縣巡、尉，今後遇監司、知、通初到，許量帶兵級出一程防

[一] 俞光凝：原作「俞光疑」，據《紹興十八年同年小録》改。

護。若凡值出巡經歷而在置司五十里内者，許其送迎。過此以外，皆不得出。」從之。

四年二月十四日，宰執進呈知和州胡昉奏：「契勘本路州軍除廬、光、(毫)〔亳〕、壽春四郡各係武尉，餘州亦乞改差武臣。」上曰：「亦不必全用武臣，文武通差可也。若有不職，帥司自可按來，别差人去。」

五年三月十四日，吏部奏：「京西路安撫、轉運司言，房州房陵縣尉昨制置使司奏請省併，緣地分僻遠，全藉巡捕彈壓，係緊切窠闕，不可闕官。欲乞依舊復置。」從之。

四月十二日，户部言：「知樞密院事、四川宣撫虞允文奏：官員白劄子言，近年鄉司作弊，却將經界出山簿隱藏，官司無所稽考。委自令、丞，無縣丞委主簿，置櫃於縣廳上收掌上件簿書。交替日依場務法委官監交，結罪保明申州，批上印紙，方許放令離任。」從之。

六年正月十七日，吏部言：「乞將隆州新撥貴平縣、籍縣各置縣令一員，縣尉兼主簿一員，仍舊本路轉運司准條使闕。」從之。

六月十六日，吏部言：「乞將淮東沿邊州軍文臣縣尉窠闕，依淮西已得指揮改差武臣。餘州軍自今文武臣通差。」從之。

十一月十五日，福建路安撫使、提刑司奏，汀州武平縣尉乞依舊差文臣。從之。

七年正月十五日，詔嘉州峨眉、犍爲兩縣各置主簿一員。先以成都路諸司言「兩76縣近邊，地里闊遠，止有文臣知縣一員，武臣縣尉兼主簿，緩急邊界有警，尉出巡邊，如出納官物、銷注簿書之類，並無佐官協力」故也。

七月十二日，詔復置廬州舒城、無爲兩縣主簿二員。從權知廬州趙善俊請也。

十一月二十七日，詔和州烏江縣、含山縣，廬州梁縣，無爲軍廬江縣，各置主簿一員。從淮南、西諸司請也。

十二月五日，淮西安撫、淮南轉運司言：「安豐軍壽春縣係倚郭，户口稍衆，兼管大軍錢糧，乞依舊復置主簿一員，從本軍辟差。」從之。

八年三月十一日，吏部〔言〕：「京西路轉運司奏：房州昨乞裁減房陵、竹(木)〔山〕兩縣縣丞、主簿共四員。竊緣本州四縣已省併永清入房陵，上庸入竹山，封疆闊遠，復業人户益衆，兩邑主、客萬餘户，縣尉巡邏無虚日，緩急之際，知縣親行，縣道一空。欲乞兩縣依舊各復置主簿一員。」從之。

九年八月二十一日，荆湖北路安撫、轉運、提刑、提舉司言：「乞將峽州長陽縣舊漢寨依東南縣例，置文官西尉一員。」從之。

淳熙元年三月七日，詔吏部將沿邊縣尉自今隨格通差文武臣，仍須識字，依文臣法。令勑令所照應差注格法重别修定，一體施行。修立到條法如後：一、選闕縣尉限五日先注應材武親民人，限滿無人就，方許經任應材武監當人指射。内郴州先注武舉出身人，如無，即依上法。仍試書劄百字，試中許差。並不注癃老疾病、年六十以上。在部委長77貳，若在外指射及奏辟定差，即監司、帥司或寄居州軍知、通並精加銓量。一、注闕縣尉，兼縣尉同。右注年未六十、不經體量怯弱弛慢、并非有疾不任捕盜人。諸應注縣尉，委長貳精加銓量，在外指射及奏辟定差者，即監司、帥司或寄居州軍知、通准此。乾道四年二月十九日并乾道六年六月十六日勅，淮南東、西路諸州文臣縣尉去處，自今通差文武臣。如同日指射，即先差文臣，次大小使臣。乾道五年九月二日，三省、樞密院言：「將京西路極邊州軍差注武尉，依淮西已降指揮通差文武臣。如同日指射，先差文臣，次大使臣。若無大使臣指射，即差小使臣。餘依本選格法。所有廬州梁縣、合肥縣，光州光山、固始、定城縣，安豐軍安豐、六安、霍丘縣，濠州鍾離、定遠縣，盱眙軍天長縣，楚州寶應、鹽城縣，尉通〔差〕文武臣。如同日指射〔一〕，先差大使臣，次選人，次小使臣。侍郎左選。武岡軍綏寧縣，澧州澧陽、安鄉縣，邕州宣化、武緣縣，信陽軍信陽，羅山縣，廉州合浦縣，辰州沅陵縣，融州融水縣，郢州長壽、京山縣，襄陽府襄陽縣，尉通差文武臣。如同日指射，先差選人，次大小使臣。侍郎右選。勘會除本選自來認定沿邊縣尉專差武臣小使臣窠闕去處，從本部依見行條法已降指揮差注外，今欲將沿邊文臣縣尉窠闕通差文武臣，欲依尚書侍郎左選已措置事理施行。」從之。

三年四月七日，詔：「武臣縣尉通理及五考，得替到部，78與依權巡檢法一等關陞。」

八月六日，詔：「諸處弓兵獲到私販茶鹽，如事狀明白，依時給賞。如弓兵縱容私販，巡、尉官坐視，致有透漏，並仰所部監司覺察。」以江東提舉趙師揆言，弓兵捕獲私販而推賞止及巡、尉，乞定弓兵賞罰故也。

四年二月十七日，詔：「諸路遇縣尉陳乞賊賞，(酒)〔須〕體究是與不是躬親鬬敵，然後保奏。」以吏部侍郎周必大言：「《國朝會要》：天聖七年五月，大理寺申請，凡縣尉躬親鬬敵，捉殺賊全火十人以上，合(人)〔入〕令、録人並授京官，仍賜緋章服。至天聖八年，又詔未合入令、録人止令循資。乃知選人初官，難用賊賞改秩。今見行條法〔二〕，非軍功捕盜只得循資，蓋本天聖之遺意。其後姦弊日生，凡縣尉因弓手捕到彊盜七人，其奏狀必云『馬前三步親自捉到』，以此爲軍功捕盜，例得改次等官。乾道七年、八年各五人，九年八人，則是三年之間僅有十八人。逮淳熙元年，一歲已有十八人，二年十六人，三年亦十三人，而取會未圓者尚不在數。使縣尉果有才勇，手格彊盜，雖更加擢用，初未爲過。其如假借弓級，牽合人數，外則州郡、提刑司胥吏坐受計囑，綴緝文欵，内則棘寺省郎審覆之際，多以賄成，使朝廷坐受欺罔，輕畀爵秩。望詔勅令所參考新舊賞格，

〔一〕如同日指射：原無，據下文文例補。
〔二〕「見」下原有「合」字，據周必大《文忠集》卷一三九《論縣尉捕盜賞格》刪。

分别輕重，稍爲限制。仍申飭外路，遇縣尉陳乞賊賞，更切體究是與不是躬親鬭敵，然後保奏。庶幾革去僞冒，有功者勸。」故有是詔。

79 七月二十一日，左司諫蕭燧言：「捕盜官應格改官，將以勸功，而姦生詐起，往往揍足人數，遷就獄情，求合法意，所以捕盜改官者甚多。乞詔勅令所改修成法，止與循資。」從之。既而吏部言，未降詔旨以前申奏到部之人，依條合依立功時格法酬賞。詔見在部收使獲盜改官人，與依舊法施行。

五年十二月十六日，詔：「吏部右選，自今遇注縣尉，令赴銓量，讀律成句，或擇易曉一二句問之，畧通，方許擬差。」

七年五月二十九日，詔：「自今恩科出官人年六十，依格不注縣尉，雖破格亦不許注。見任人不職弛慢者，令監司、郡守踏逐對換。」從江西提舉陸游請也。

十月四日，右正言葛邲言：「自今選人初官有捕盜酬賞，乞候終任日無過犯，始得陞改。」從之。

八年八月二日，詔：「贛州寧都縣兩尉舊差武臣，自今東尉改差文臣。見任人令滿今任，已差下武臣依省罷法。」先是，寧都父老詣縣言：「本縣兩尉舊並差文臣，未嘗鬭事，後因臣僚申請差武臣。本縣文臣止有知縣、縣丞、主簿三員，武臣却有巡檢一，捉殺、兩縣尉共六員。或知縣不測在假及丞、簿差出，無官權縣。又如檢驗，若初、覆檢盡差武臣，恐有失當。」州上其事，故有是命。

十年十一月九日，臣僚言：「萬州南浦縣漁陽鹽井歲收鹽一十四萬六千三百餘斤，從來以南浦縣主簿兼監。鹽井去縣八十餘里，主簿例多恩科老繆之人，不能鈐制姦黠，緣此每年 80 拖欠不下四五萬斤。乞將漁陽鹽井專差監官一員，而以南浦縣尉兼主簿。」從之。

十一年五月十六日，詔：「鄂州蒲圻縣主簿改作西尉，仍兼鄂岳州蒲圻臨湘新店市鎮蓴湖盜賊烟火公事。」臣僚言：「鄂州蒲圻縣四十里有市曰新店，民户夾溪而居，南岸數百家則屬蒲圻，北岸百餘家則屬岳州。臨湘縣去縣甚遠，北有蓴湖，廣數百里，皆盜賊出没之地。乞以蒲圻縣主簿分領捕賊，而移主簿於新店，爲蒲圻縣西尉，兼領兩縣、新店及蓴湖盜賊烟火公事，凡杖七十以下皆聽裁決。且於本縣弓手額内差撥一十名，别增二十五名，充西尉司弓手，令兩州縣應副錢糧。」下本路安撫、提刑司相度，稱經久利便，乃從之。

十一月二十一日，（紹）〔詔〕：「興元府南鄭縣添置縣尉一員，通差文武官。」從利州東路安撫、提刑司請也。於縣南九十里地名米倉（堺）〔垻〕置司，以南鄭縣南尉繫銜，兼主管米倉市。

十二年二月十二日，權户部侍郎葉翥等言：「近日二浙私鹽公行，畧無畏避，巡、尉任滿不過宛轉請囑提舉司保明，却以無透漏推賞。雖曰止得占射差遣一次，然亦不可妄予。乞將提舉司保明巡、尉合得無透漏賞，到部之日未得便與放行，須自户部行下榷貨務，契勘本人在任月日，本州軍住賣鹽額有無增虧。如住賣鹽額虧，即是巡、尉任内必有透漏私鹽，難以與賞。若住賣鹽及額，所合得無透漏，却與依舊放行。」81從之。

八月十九日，福建路安撫使趙汝愚言：「本路汀州與贛州爲鄰，常多寇盜，全在巡、尉得人，庶能彈壓。乞令吏部，今後汀、贛兩州縣尉闕不許注恩科出身人。如牓闕(蒲)〔滿〕一季，無本等人願就者，聽武舉出身人通注。其已差下人候到任，從知、通銓量，如昏謬不能任職，(其)〔具〕姓名聞奏。」詔權依。

十月十四日，吏部乞將汀、贛二州縣尉非次闕牓五日，專許武舉出身親民人指射，先差大使臣，次小使臣。限滿無人願就，許武舉出身經任監當人指射，長貳精加銓量。從之。

淳熙十六年十二月九日，江東提刑司言：「寧國府太平縣尉高世椕獲到私鑄銅器六百一十斤，乞行推賞。」詔與轉一官。

紹熙元年四月十八日，詔：「今後恩科人年及六十，不許注縣尉。」

二年五月十一日，詔黄州黄岡縣上巴河添置東尉一員。從前知黄州李揖之請也。

三年四月九日，詔安豐軍六安縣故步鎮添置縣尉一員。從淮西諸司之請也。

六月十六日，利州東路逐司言：大安軍指使三員内，將一員改作大安軍尉。吏部勘當，乞差注年未六十選人。如無選人願就，即注小使臣，先親民，次監當資序，應材武人並銓量定差。從之。

慶元元年正月六日，江西安撫司奏：「吉州永新縣民物繁夥，舊來縣尉例是文階，向因茶寇爲梗，遂改差武尉，自此深爲民病。乞今後永新縣尉仍舊令左選差注。」從之。

嘉泰元年三月二十四82日，詔婺州東陽縣添置縣尉一員。先是，臣僚言：「東陽爲婺州難治之縣，而永寧又爲東陽難治之鄉。蓋緣此鄉都分闊遠，跨涉紹興諸邑，風俗慓悍，人户積年税賦不輸。官司遣人追逮，則聚集毆擊，巡、尉亦望風奔避，前後如此者屢矣。請於永寧鄉增置尉司一處，弓級百人。其創置之詳，乞委自本州守貳從公相度施行，實爲永遠之利。」既而婺州奏：「永寧鄉果是東陽尤僻去處，增置縣尉，實爲利便。所添縣尉合以東尉爲名。緣建置之始，乞差文官詳練有材力人建立規模。東陽一十四鄉，合分爲二扇，兩尉共管九鄉，巡檢管五鄉。」諸司保奏來上，故從之。

十一月十二日，浙東提刑曾喚奏：「在法，縣尉闕官，許於寄居待闕官内選差權攝，蓋爲警捕盜賊，其任稍重。科舉之年，縣尉有出身人當差充考試，近年以來，專以闕應副人情，於是民之受害始有不可得而言矣。乞特降指揮，立爲定制，自令縣尉差充試官，止令丞若簿兼攝，不須於寄居待闕内差。若丞、簿、尉皆有出身，仍須存留一員以備兼攝，不許盡數差出，庶革權官乘時爲害之弊。」從之。

二年十月二十四日，詔：「今後如有極邊縣尉窠闕，並注年未五十人。如係兩淮通差闕，即先差小使臣，次選人，不許注授不應材武之人。」

三年五月八日，詔迪功郎、嚴州建德縣尉楊圭特與循兩資。以本路漕臣奏：「嚴州烏龍山虎豹出没，傷民害旅，圭[83]能措置驅捕剿絶，乞行激賞。」故有是命。

四年正月二十三日，詔紹興府諸暨縣添置縣尉一員。以守臣辛棄疾奏：「楓橋鎮，浙東一路衝要之地。乾道間嘗陞爲義安縣，至淳熙初復罷爲鎮，止有鎮、税官各一員，無事力可以彈壓，姦民無忌憚。乞增置縣尉一員，以武舉初任人注授。」故有是詔。

十一月三日，詔：「今後贛州興國、雩都、寧都三縣尉闕，令吏部注授武舉出身及曾任縣尉無過犯人。」從守臣趙時逢奏請也。

開禧二年七月十日，臣僚〔言〕：「伏覩諸州縣尉多注恩科及吏職，往往皆年老昏耄，不能嚴於紀律，勤於追捕。乞專委諸州守臣銓量巡、尉，如有年老昏耄、不堪任職之人，即與改授祠禄。若年高精力未衰之人，即與管下主簿或監當對易職任。其已注未上之人，與别官兩易差遣。仍今後應恩科、吏職、雜流非材武之人，不許注授。」從之。

嘉定元年四月十八日，詔罷衢州西安縣南銀場監官，添置西安縣西尉一員，以選人充，與東尉分（畀）〔界〕管幹，兼領銀場、酒税職事。以守臣孫昭先奏：「西安南接處之遂昌，北抵嚴之遂安，相望三百餘里，止有一尉。惟是管下銀場監官一員拘收課利，兼管酒税、烟火，後緣廢敗酒課，坐糜俸廪，官爲虚設。」故有是命。

九月七日，淮西運判張孝仲奏：「奉旨，本路見任知縣、縣令許諸司審量，有不勝任人，選辟承替。其縣尉、巡檢、監鎮，欲乞一體審量，或有不稱職，許[84]從辟替。」詔從之。淮東淮此。

四年四月十八日，四川制置大使司奏：「天水縣尉因縣改建爲軍，遂作軍尉。今仍創縣，乞將天水軍軍尉改充天水軍天水縣尉，兼主簿職事，從本司於左右選内通行選差。」從之。

十月七日，詔：「郴州添差兵馬監押一員，改入（在）〔左〕選，爲桂東縣尉。」

五年三月二十七日，侍御史徐宏言：「竊惟選人作尉獲賞者，一朝及格，即遂通班，所以重人命而戢盜賊也。今格當作尉者，希覬釃賞，多擬窠闕於濱海州縣。故其到官之初，不務弭盜而願多盜，鍛鍊旁及於無辜，牽連湊足於人數。有本非兇惡彊盜，而用財買囑故入其罪者；有以任内所（護）〔獲〕之盜，積一名、兩名而湊成全火者；亦有蹣跚跛曳，而稱『馬前三步躬親鬬敵』者。妄冒成賞，請託保明，初無履歷之素，而遂有改秩之榮。乞行下諸路提刑司，自今凡作尉獲賞者，仰於任滿日勘會在任獲賞之後，有無透漏羣火盜賊，申聞省部，如有透漏，即前賞不許行用。其有本非彊盜，不係全火，蹣跚跛曳，濫希賞格者，仰嚴行覺察，許人陳告得實，却從省部改正，以爲縱盜弛職、僥倖冒濫之戒。」從之。

二十九日，左司諫鄭昭先言：「建隆中，以初罷鎮將，重令、尉之權，首頒捕盜之令，立爲賞格，許以捕盜改秩，蓋賞當乎功，寧過於厚。然又慮其干名倖進，相與爲欺也，故立爲『馬前三步』之制，謂遇敵格鬭，萬死一生，以此償之，良不爲過。比年以來，此[85]意寖失。固有巡檢捕獲，賞無所用，而宛轉買囑者有之；亦有弓級捕獲，尉初不知，而攘爲己功者有之。甚至所獲之盜不過數人，而鍛鍊無辜以足其數者；又有全無贓證，率是平民，而囹圄捶楚，抑勒承認者。且彊盜、竊盜，刑名不同。臣近覩廣西憲司申奏，梧州司曹(忘)〔妄〕稱攝尉，逼脅平民，鞫而爲盜，前後郡守縱臾成就之。得旨已從鐫降勘鞫。此特因事敗露耳，似此之類，不一而足。乞於刑部俾申嚴『馬前三步』之制，仍戒勑監司、守臣，如或保奏，必須詣實，其有徇情挾私如臣所陳，乞併治其欺罔之罪。庶幾功賞不至冒濫。」從之。

七年八月六日，京西路安撫司奏：「襄陽府屬邑惟南漳最爲闊遠，除知縣外止有一尉，巡捕一月不能遍及諸都。其巡檢一員又隸襄陽、宜城、南漳三縣，至本縣百餘里，設有盜賊，委難應援。又況外當邊面之風寒，內〔處〕歸、峽之心腹，揆之事宜，合增置縣尉一員，分任巡邏警捕之責。文武通差，請給並依正官。」從之。

十一月二十四日，權知楚州趙仲夫奏：「本州鹽城縣有岡門堰市，居民日繁，商旅所聚，惡少縱橫，鬬訟滋多，亦不可無官司彈壓。本縣佐官有簿、尉二員，其主簿職事至簡，欲將主簿省罷，併令縣尉兼管，却於岡門置西尉一員。仍乞差武舉人，與本縣尉通管海道，庶幾緩急有以相濟。」從之。

八年八月十八日，京西湖北制置司奏：「郢州所管長壽、京山兩縣，各止有尉一[86]員。近年以來，流民猥聚，詞訴亦繁，若所差尉或是武臣，不通文理，難以倚仗。欲將兩尉自後各差注文臣。」從之。

九年十二月十七日，詔：「天水軍移就天水縣舊治，其天水縣置縣尉一員，仍兼主簿，令四川制置司選辟一次。」

十二年七月二日，樞密院言：「縣尉之職，以警盜爲先，不得其人，則害可勝言哉！六合四年前後兩尉，皆出於進納，彼其初以資得之，龍斷之念，駔儈之態蟠結于中，安知官業之爲如何？選部以其初筮，不問其地之緊慢，人之賢愚，例以尉授之，而不知利害夐絕。欲乞自今有擬注淮邑尉者，必先問其出身，精加揀擇。有如進納之人，止授之以繁難監當。將見任人令監司精加揀擇，堪任職守人許令終滿。其已差未赴人，令赴部別注授合入差遣，及自今後，雖依條破格，亦不許注授。」從之。

十二年九月二十一日，臣僚言：「伏見衢州西安縣知縣、丞、簿之外，元止一尉而已。因前知州孫子直以西安縣疆界廣闊，申乞添置一尉爲東、西，却廢罷本縣南銀場監官，俾西尉兼總其事。西尉乃居城闉，遇有幹旋行出鄉，似若優閑。所隸弓手五十名，雖於東尉司撥到二十名外，創立三十名，月支庸錢歲計一千六百二貫，未免均敷於民。以贅員之官，徒爲民困。今欲復省而廢之，所隸弓手二十名撥還東尉司外，餘人住罷；及將西安縣每歲增科（没）〔役〕錢一千六百二貫，亦行免敷。所有南銀場 87 人烟稀少，不成井邑，兼在山澤之內，月收課額併令東尉掌管。龍游縣亦係繁劇去處，與西安、江山兩縣事體一同。西安、江山乃有丞、簿、尉三員分領其事，獨龍游縣止有縣丞及縣尉兼主簿二員而已。緣本縣管下一十一鄉四十九都，路當孔道，稅賦繁夥，周回數百餘里，若遇差委或丞、尉有他故，更無別員（司）〔可〕差。今欲廢罷西安尉，却於龍游縣置主簿一員，俾職任各得其當。」從之。

九月二十九日，詔：「沿邊縣尉年六十已上人，並不許差注。」詳見「知縣」門。

十三年四月十日，臣僚言：「竊見曩者郴（冠）〔寇〕之發，上關朝廷（優）〔憂〕顧，下而江西、湖南、廣東三路俱受其害。伏自賊平之後，朝廷創置衡州酃縣、郴州桂東縣、資興縣，正欲令佐得人，協力以安百里，銷患於未形。令職撫字，丞、簿佐之，巡、尉警捕，俱不闕官。訪聞近來多是經營差出，或占留諸司、本州簽廳，其本職却別委官暫權，多是差恩科或右選雜流之人，緩急不可倚仗，殊失朝廷創縣置官之意。乞下湖南諸司及衡州、郴州，自今桂東、資興、酃縣三縣官，並不許巧作名色差出，別差權攝。仰（御）史臺覺察。其權攝人並日下還任，庶幾三邑俱有正官。仍乞行下吏部，不許注恩科人。其巡、尉止許注武舉，不許右選雜流人通注〔一〕，庶幾不至生事，引惹邊隙。」從之。

七月二十六日，臣僚言：「竊謂方今改秩之法，惟盜賞爲僥倖，牽合附會，上官通融，惟以金錢賂遺吏胥，事蔑 88 不濟，所〔謂〕馬前捕獲，徒虛語爾。頃者議臣厭其僞濫，欲盡廢磨勘，乞與循資，事竟不行，僥倖如故。凡今尉曹賞改，多在中州，事簡俸優，不涉勞苦，非分之福，甚於邊功。臣嘗親見窮邊一尉，嘗以多事，萬死一生，於戎馬間追逐官軍護餉，或部領民兵守險，或能掩捕田里剽掠，或能消弭聚亂姦民，曾不得比附僥倖之徒希榮脱選。三邊事體，勞苦一同，或死于虜兵，或死于奔命，了無褒異，疇肯激昂！臣竊見每歲班行酬賞八員，明知僥倖，法難輕廢，且乞歲減二員以處極邊縣尉。軍興以來，凡奮不顧身，宣勞疆埸，人所共知者，本任內前後曾獲兇惡强盜通計七人以上，不拘全火，不必馬前獲，許其陳乞。仰本郡開具已斷獄案，仍述本

〔一〕雜：原作「親」，據上文改。

官才具，在任勞効申聞。帥、憲覈實，公共保奏，取旨注籍，比附酬賞班引。西蜀保奏如之，歲放通不過兩員。或保薦未到，許令次年補足。如此，則極邊諸縣盡得佳尉，他時邊境需才，緩急可以選用，其與端坐内地、僥倖通籍者，萬萬不侔。臣今所陳，非欲陛下輕改成憲，權宜激勸，邊事定日仍舊。不待勘當，不須體例，聖君所行，即是故事。如臣言可采，乞賜睿斷施行。」從之。（以上《永樂大典》卷一五二七七）

鎮寨官[一]

淳熙元年十二月五日，詔：「紹興府諸暨縣楓橋鎮烟火公事專差文臣一員，其武臣主管監税一員仍舊。」從守臣錢端禮請也。

五年十二月十六日，詔吏部：「自今注縣令、尉及監鎮兼烟火公事，再令讀律，長[89]貳詳加銓量。」以吏部侍郎程大昌言：「在法，小使臣授縣令、縣尉及監鎮，元兼烟火公事，須經銓量乃注。而從來銓量止是審驗癃老疾病，未必能通文義。乞自今銓量，並令當面讀律，或擇易曉一二句問之，須通方許擬差。庶幾銓量不爲虚文。」故有是命。

十一年七月二十八日，四川安撫制置使留正言：「乞於黎州東南邊大渡河上修築要衝城，移兵屯守。所有知要衝城官，乞下本司作員闕奏差，令成都府路轉運司應副請給。二年爲任，與依關外四州極邊體例推賞。」從之。

十二年十一月十五日，臣僚言：「紹興府餘姚縣眉山、三山、廟山諸寨，皆係沿海控扼去處。内安撫司水軍統轄眉山寨駐劄一員，三山、廟山寨官各一員，并明州沿海制置司海道幹當使臣三員，並專以捕盜爲職。累政相承，皆係諸司辟差，往往夤緣請求，不可倚仗。乞將上件窠闕悉歸吏部。」詔今後令吏部於大小使臣中選差有材武、諳歷海道之人充。

十三年八月二十七日，前邵州瀘溪知寨劉昌齡言：「湖南沿邊防守知城、堡、寨官，除請受在本州軍支給外，其供給錢逐州軍公使庫例給曆頭，令於本寨自行措置。緣此每遇蠻獠因事赴寨陳詞，例將理斷人科罰錢物充供給錢。」詔今後並就公使庫按月支散，如或科擾，重寘典憲。

十四年六月二十二日，詔黎州盤陀寨依安静、要衝城等體例施行。四川安撫制置[90]司言：「黎州三面與蕃蠻接境，先來本司措置，就形勢控扼處建置寨栅，以爲經久備禦之計。内西南邊置安静寨，係防吐蕃、青羌路；東南邊置要衝城寨，係防邛部川等蠻路；西邊置盤陀寨，係防五部落路。並係緊靠邊界瘴煙之地。除要衝城寨官已得旨許理爲員（關）〔闕〕，任滿依關外四州官推賞外，餘盤陀、安静兩寨官皆未有推賞格法。内盤陀寨未準指揮理爲員闕，所以久無官願就。乞將黎州盤陀寨依要衝、安静城寨官體

[一] 原無此題，下文與上文緊接。屠寄分出，並眉批此題，今從之。

例，理作員闕，從運司應副請給。其盤陀、安静知寨仍乞許從本司選差，具申樞密院給降付身，任滿日並依要衝城寨官體例，比附關外四州官賞格推賞。所貴邊寨〔事〕體均一，有以激勸。」故有是命。

淳熙十六年八月十八日，詔：「隨州隨縣唐城市仍舊改爲唐城鎮，置監鎮官一員，兼管本鎮烟火公事，仍於文武臣内通行差注。」從本路諸司請也。

紹熙元年正月十七日，權發遣黔州黄旦言：「今後差注寨官，必選有材武人，庶幾緩急可以倚（杖）〔仗〕。」從之。

二年二月一日，四川安撫制置司言：「臣僚奏，照得碉門元置知寨，止爲彈壓、訓練，以鎮邊壘。今與收税，殊失大體，威重不行。欲於知寨外别差税官一員，專令收税，勿與寨事。其知寨乞從制置司銓量按試諳熟邊備、精於武事者差充。本司乞於雅州見任釐務指使内省併一員差管碉門寨商税外，所有碉門知寨，乞自朝廷差注，或 91 從本司量度人材選差，專一主管烟火、彈壓邊面。」詔其知寨官令制置司選差。

七月十一日，湖北諸司言：「江陵府松滋縣、澧州澧陽縣管界巡檢，乞移就西平市置寨彈壓。」從之。

三年三月四日，福建安撫司言：「浦城縣查源洞賊平之後，措置欲將左翼軍官兵三十人存留在臨江鎮彈壓，他時朝廷或有調發，亦不妨抽撥。」從之。

八月十二日，廣西諸司言：「照得萬安軍調囂知寨兼帶地爛博敖烟火賊盗公事，委與縣官相妨。乞今後差注調囂知寨，許令兼帶統轄博敖地爛忠義民兵結銜。」吏部勘當，欲將調囂知寨兼本路分巡檢窠闕銜内，添入「統轄博敖地爛忠義民兵」。從之。

二十五日，知峽州朱皆請移三州巡檢於土溪置寨，從之。（以上《永樂大典》卷一五二七七）

鎮將

【宋會要】

92 掌巡警盗竊。唐有品秩，五代已來皆節帥自補親隨，與縣令抗禮，公事專達于州。自建隆二年置縣尉主鄉盗賊，鎮將所主止郭内而已，仍統於縣。副將兼領都虞候。又有鎮典，主文案、所由，供役使，無定數。

太祖建隆四年四月，詔涇、原、邠、慶等州長（史）〔吏〕不得補蕃人爲緣邊鎮將。

太宗太平興國二年，詔藩侯不得差親隨爲鎮將。自此皆用本州牙吏爲之，亦有宣補者。

真宗景德二年八月，詔益、梓、利、夔路管内鎮將，不得捕鄉村盗賊及受詞訟。

《哲宗正史・職官志》：諸鎮監官掌警邏盗竊及煙火

之禁〔一〕，兼征税榷酤則掌其出納會計。

神宗元豐元年閏正月七日，詔：「廣南西路沿邊寨〔二〕、鎮使臣，自今並依五路舉官條奏舉，權免取願就狀，候交人入貢取旨。」以本路經畧司言，沿邊寨、鎮使人年滿及見缺無人願就故也。

五年十一月六日，廣南東路轉運判官徐九思申：「東海有島曰香山嶠，佃户、主、客共五千三百三十人，欲置香山鎮，差監官一員主煙火盜賊。」從之。

哲宗元祐元年二月二十一日，詔：「諸將兵在鎮寨非將官駐劄者〔三〕，監鎮寨主依知縣法同管勾公事〔四〕，著爲法。」

徽宗大觀元年九月四日，京畿計度轉運使宋喬年奏〔五〕：「乞應京畿下諸鎮已有武臣處，只令專管酒税外，别差經任文官一員管勾鎮事，仍兼 93 酒税。其民旅稠穰、見無監官去處，亦乞依此差官。乞自朝廷差往，或許臣具名奏辟一任。」並從之。

三年六月十四日，詔大觀元年九月内京畿諸鎮添差文臣指揮更不施行。

政和四年正月二十四日，兩浙轉運司言：「湖州安吉縣梅溪鎮監官不管轄監中煙火，居民畧無畏憚。今相度，欲令本鎮監官就兼煙火公事。」從之。（以上《永樂大典》卷次原缺）〔六〕

牙職

【宋會要】

94 太祖開寶四年十月，知邕州范旻言：「嶺外十州風土甚惡，縣鎮津口税賦失額，州主、令佐皆是衙前職名及土人補置，因無廩禄，非此色人不易久住。慮言事者或請遍除職官，廣屯兵士，未知嶺外所入則少，朝廷所費則多，制置之時，别有宜便。」詔依舊例差衙前勾當。

太宗太平興國二年三月二十二日，以諸州所籍送嘗隸牙校者凡百人，（具）〔其〕九十五人補殿前承旨，五人老病遣還。先是，方鎮侯伯得自補子弟爲軍中校。既死，其子弟因父兄財力，率豪横奢縱，民間患之。太宗在晉邸，悉知其事，故即位之始，盡命諸州籍其名部送至闕下，以賤職羈縻之。

八年五月，詔：「諸道州府軍監衙前使院、客司、通引

〔一〕警：原作「擎」，據《宋朝事實》卷九改。《文獻通考》卷六三作「巡」。
〔二〕寨：原作「塞」，據《長編》卷二八七改。下同。
〔三〕非：《長編》卷三六六無此字。
〔四〕同管勾：原作「司管」，據《長編》卷三六六改補。
〔五〕宋：原作「宗」，據《宋史》卷三五六《宋喬年傳》改。
〔六〕按，陳智超《解開宋會要之謎》頁二一六定作卷一五四八九，未知是否。據《永樂大典目録》，此卷爲「鎮」字韻「事韻」目。

官，多是知州、通判臨替狥情，額外添人，驀越遷補。自今並須依次轉補，及不得額外別置名目添人。如日前已有此類，並須改正。如違，許諸色人論，正犯人當行配決，告事人支賞錢二百千，犯事人家財充賞。其干繫官吏等並當除名。新官到任後不舉覺，亦連坐之。」

真宗景德四年三月，詔：「開封府職員、孔目官、勾押官至前後行，自來元不定遷轉年限，今後並五年一遷，逐度具功過以聞。」

六月，詔：「諸州軍解奏牙校守職年深乞班行者，自來例補借職。若係藩方者，即人員數多，計其歷職久而方遷，今後可特補奉職。」

大中祥符四年十一月，詔：「開95封府使院職員、前後行等，特因轉補職名，如有見闕，更不轉補。候逐司却及舊管職名人數內有員闕，即依舊例施行。」

八年正月，詔：「三京及諸道州府軍監衙前使院職員等，有受入己贓，依法不至徒刑、勒停、見充散押衙者，今後經恩特與降等收係。或定額已足，即令守闕；如有闕，亦依例遷轉。內有元犯枉法贓并勒充衙前散職，後再犯入己贓，並依舊名目收管，經恩不得收係。應三司、開封府過犯公人，自來赦文該敘理者，除犯入己贓及徒刑外，餘並許於刑部投狀，送所屬處勘會元犯因依以聞，當與量所犯等第收敘。」

八月，詔：「開封府應管牙職、將佐、都押衙、左知客、押衙、左番通引官、行首，並壹處遷補，仍具新定資級以聞。」舊例，叙遷至牙職之首即府以聞，補充班行。至是，本府以押衙、知客、權行首各奏歲滿出職，故有是命。

九年九月，開封府言：「定衙吏爲三等：左、右都押衙爲第一等，以五年出職；客司左右知客、押衙爲第二等，六年；通引同左右番行首爲第三等，七年。並出職。其職員不立等第，有闕即本司次補。」從之。

天禧二年十月，詔：「逐路轉運司奏，諸州軍都知兵馬使供職年限，看詳有一二年或二〔三〕年一替之處，例各不同，自今並二年一替。」

〔二〕〔三〕年十二月〔一〕，詔：「諸路府州軍監，自今都知兵馬使年滿，並先申本路轉運司，委使、副看驗人材書札堪任班行差使〔二〕，即得發遣赴闕。如選懦、不習96書劄及老疾不任差使者，却送逐處，與攝長史、司馬。」

五年七月，詔：「廣南州軍都知兵馬使，除廣、邕、桂州每及三年無過即試驗送闕下，自餘滿日並試驗，具入仕件析奏裁。」

仁宗天聖元年十一月，詔：「宜州最處邊陲，接西南蕃，南丹州控帶蠻洞，其衙前職員累經差使，甚有勤績。自今都知兵馬使三年滿，依例赴闕與班行，諸處不得援例。」

〔一〕三年：原作「二年」，據《長編》卷九四改。
〔二〕札：原脱，據《長編》卷九四補。

四年正月，詔：「應諸州軍州院勾押官已下係節級名目者，如犯入己贓，依法不至徒刑、勒停，該赦叙理者，比類使院勾押官已下體例，與衙前散押衙名目，不得隨例遷轉。」

七月，三省言：「夔州路轉運司（運）轄下十二州軍，使院都孔目官、勾押官職滿安排勾當名目，内十一州軍已有舊例，難議改更外，有渝州使院都孔目官年滿〔一〕，取便歸農。自今於本州守闕教練使安排，更不歸農。」從之。

十月，樞密直學士薛田言：「益州見管職員文帳内，有歸明軍將後行四十餘人，即今只有十餘人，乞與除落『歸明』二字。」從之。

六年七月，開封府言：「在府使院十一案，每日行遣錢穀、税賦及刑獄諸般文書不少，欲乞添置守闕勾押官壹名，已後爲額，與都孔目官同共繫書，點檢諸司公事。」從之。

十月，臣僚上言：「伏覩豪民於防、團、刺史以上武臣門館，希求牒帖，補充教練使、衙内指揮使或内知客、子城使，以至押衙迴圖軍將者。竊緣並是元隨之人，止可供身驅使，而外道豪 97 民求此名目，凌駕州鄉，兼并縱肆，官吏至有陪接者。欲乞自今武臣品秩合（説）〔該〕補置牙校者，止得於隨行人内收補，更不得以豪民充。」從之。

八年二月，南京言：「當京自來並無長入衙前轉遷體例，昨自建京後來，牒西京會問留守兩衙〔二〕，分析到衙前所管職員：都知兵馬使一人，左、右都押衙二人，都教練使一人，左、右教練使各一人，守闕教練使一人，押衙二人。並三年一轉。至都知兵馬使，三年滿出職，如願在班行，即押赴闕；如不願者，與攝長史、司馬。遷轉之時，如闕職名、人數，將舊管長入軍將從二名排連資序，轉充押衙。守闕都教練使，左、右教練使，都教練使，左、右都押衙，都知兵馬使，乞依此體例。」從之。

四月，知濱州崔有方言：「欲乞應諸州軍年滿得替理正押司、録事，如差充衙前年滿願永充衙前者，並依見在職承引、客司等例，據入仕年月次第相對遷轉。所貴願充衙前人見此遷轉職名體例，漸次別爲招誘。」從之。

景祐元年二月十五日，權三司使范諷等言：「准敕詳定衙前人，乞除川陝、廣南、福建、兩浙等路且依舊外，餘路招召不曾犯徒刑、有户貫人充。候及三周年不犯徒罪，無官物縮繫，願上京充三司軍將，令本州申三司抽填差使。」詔三司軍將如不至闕人，且仰住招。候招到人額内數足，即更不得抽差鄉縣人充。餘從之。

十月九日，詔：「州府都知兵馬使（令）〔今〕後年滿，合得奉職者與借職，借職者 98 與三班差使殿侍。並三年滿，無贓罪轉一資。」

五年二月十七日，詔：「衙前軍將身死，並依客司、承

〔一〕渝州：原作「俞州」，據《元豐九域志》卷八改。
〔二〕守：原作「府」，據現存《永樂大典》卷二〇四七九改。

引官名闕，許本家骨肉承填。」

寶元二年八月十二日，以府州都孔目官、勾當府谷縣折諫爲借職。是州境皆党項部落堡，人户稀少，朝廷但以孔目吏掌縣事，教練使爲獄官。時知州折繼宣蒞事不法罷去，諫常依倚爲姦，轉運使奏罷縣事，授借職羈縻之。司理院許選牙職不犯徒者充。

皇祐四年十二月，詔：「諸州衙前在緣邊應役者，止令主管官物，毋使管勾公厨、茶酒、帳設司，違者以違制坐之。」

嘉祐三年十一月，詔：「諸路轉運司、開封府界及府界提點司，體量衙前差配主持買納官物及押綱之類，有害民者條奏之。」

五年二月，知雄州曹偕言：「幽州人杜清自來與雄州探刺事宜〔一〕，今事覺，挈家來歸，請補外州一教練使，給良田數頃，仍給月俸。」從之。以上《國朝會要》。

神宗熙寧三年十一月二十二日，定州言：「使院都孔目官乞依太原府都孔目官例，年滿赴闕，與下班殿侍。本州指使一年轉三班差使。」詔太原府年滿推恩指揮今後更不施行。

哲宗元符三年六月十七日，試尚書兵部侍郎兼權吏部侍郎黄裳等言：「契勘諸路都知兵馬使年滿轉補三班差使借差，在元豐條，到部應副短使，足日收入住程指射差遣。元祐立法，乃許歸本州或本路管押綱運，仍依召募得替官員支給路費。係短使者即 99 理短使，係住程者即理在職月日。今看詳，在部人合應副短使一年以上，無闕方許收入住程。若獨許衙職出身之人就便出外管押綱運，理當短使，顯屬僥倖。今欲乞依元豐條格施行借差。」從之。其元祐指揮更不施行。

徽宗政和三年二月八日，中書省言：「契勘今天下諸州軍因仍五代藩鎮之弊，胥徒府史有子城使、教練使、都教練使、左右押衙、左右都押衙、中軍使、兵馬使、都知兵馬使，名稱鄙俗。今董正治官，革去因襲，擬釐改作都史、副史、介史、公皂、衙皂、散皂、上隸、中隸、下隸。」從之。其請給、遷補、出職之類，並依逐州軍見行條法施行。以上《續國朝會要》。

高宗建炎三年四月八日，詔：「應殘破去處，監司、州、縣人吏並減半，不經殘破去處減三分之一。自今移文，務從簡（者）〔省〕。」

十月一日，臣僚言：「諸縣吏人自有定額，比年以軍興爲名，多自添置。百姓因事到官，則群肆乞覓，少不如意則舞文巧詆，無所不至。欲望行下逐路轉運司，諸縣額外人數並限日下罷免，妄作名目占留者，許諸色人越訴。」詔行下諸路，依近降裁定人數施行。

四年七月二十七日，詔：「應換授班直、親從官差充諸

〔一〕杜：原作「社」，據《永樂大典》卷二〇四七九改。

州軍縣指使，依已降指揮（於）〔與〕令之任，候任滿日更不差人。」

十月二十四日，樞密院言：「諸班直、親從、親事官已降指揮，保義郎已下差諸州軍指使，未曾立定人額。」詔每州各以五員爲額，内已過數人任滿日更不差人，仍以先[100]到任爲額。

紹興元年八月六日，户部言：「吉州申，昨來衙前舊法，係稱都知兵馬使等名目，及本州人吏係稱都孔目官等名目。後准指揮，衙職改都史〔一〕，人吏改典史等。契勘建炎元年六月十六日勅，開封府官並依舊制，諸州軍府准此。竊恐都孔目官等并衙職等名稱，亦合依舊。」詔諸路監司、州縣衙職、人吏，並依舊制稱呼。

三年十二月十五日，淮南轉運司言：「建炎三年四月八日赦：應殘破去處人吏並減半，不經殘破去處裁減三分之一。今來文移減少，民訟未多，欲乞淮西州縣已減上更減三分之一。如將來民户歸業，事務繁冗，許從州縣申請，乞行添置。其州縣如有更願減者，聽其減併。」從之。

八年三月六日，詔：「監司、州、縣等處吏人犯罪，但已曾編配，或於法本不合編配，而情重法輕，有司酌情特行編配之人，雖會恩或依條放還，或改正過名，並不許收叙，亦不得投充他處名役。」（從之）

五月二十三日，臣僚言：「州縣吏人各有定額，中昨三分減一，而官吏循習，務爲容庇，往往過數存留。望申嚴法禁，今後專委提舉常平司覺察。」從之。

九月二十一日，詔：「諸路監司、州軍人吏見帶校尉以上名目之人，不自陳解罷，依舊充役者，徒一年。官司容庇，杖一百。」以臣僚言：「州郡舊制，人吏每遇考課，推其年額最高、無罪犯者補攝參軍，號爲出職，未有得爲品官者。唯節鎮衙前，每歲解發一名[101]補承信郎。近歲以來，（寢）〔寖〕失舊制，監司、州郡執役人吏夤緣軍興之際，奏功推賞，竄名其間，例蒙授以品官，一州不下數人，高者至保義郎，下者進武校尉。且以近地數州論之，平江府尤甚，爲役史而帶行階官，固非舊制，而又仍舊掌行文案，未嘗罷役參選。」故有是命。

十二年九月八日，臣僚言：「州縣往往擅自增添人數，額外收補充手分、貼司、鄉書手，并存着私名貼寫之類，及收叙犯罪勒罷吏人入役。并有斷配他州者，輒敢不往配所，依前家居，或存留在案，充私名貼司，恣其作過。伏望令户部檢坐勅條，行下諸路，專責通判先自本州軍及遍詣管下點檢，將額外增置及斷罷不應充役之人并存着私名貼寫之類，並日下放罷。所有斷配之人，如尚留本家，即收捕依法施行訖，嚴切押往配所交管。其州縣違戾之罪，乞權貸免，自後有犯，論如常法。仍令部使者常切覺察。」詔令户部檢坐見行條法行下，仰諸路監司按察，如失舉劾，令御

〔一〕史：原作「吏」，據上文「政和三年」條及後文乾道「九年閏正月」條改。

史臺彈奏。

十三日赦：「勘會監司、州、縣公吏自有裁定人額，後因泛濫收係及令負犯人冒名充役，蠹害百姓，累加約束。近臣僚奏陳，又降指揮，令户部檢坐條令申嚴，仍委監司按察。尚慮上下容庇，奉行滅裂，限赦到，應負犯及額外收係如私名貼書、家人之類，並放罷。鎮寨、場務依此。當職官失覺察，並行竄責。」

二十六年八月十一日，御史中丞湯鵬舉言：「欲固邦本，在〔102〕寬民力，在省人吏。今之州縣胥徒最冗，爲民之害最甚。且如既有正額，又添守闕；既有習學，又收私名。創立事端則謂之專行，分受優輕則謂之兼案，率置一局則三四人共之，貼司又不可勝計。比年以來，朝廷屢行告戒，赦文累有約束，或減省吏額，或禁止冒役，丁寧備至。率皆巧作名目，或云見行理雪而所屬公文未下，乞先次權案；或云已經赦宥而叙復合得元名，乞先次收補。於案牘公移則避罪而不繫書，於監司巡案則匿名而暫逃避。凡此之類，未易槩舉。緣此，州縣本無事也，以人吏衆多紛張而生事；居民本無訟也，以人吏姦猾教唆而興訟。追呼逮捕，文移騷然，第見吏日益富，民日益貧。比年守、令、監司恬不加卹，朝廷豈可不爲之立法乎？伏覩建炎三年赦文内一項，具載減罷人吏最詳，而一時奉行不虔，至今徒爲空文。乞下户部，委逐路常平官躬親出巡，量立期限，參照見行條令，視州縣繁簡分爲上、中、下三等，立定合置吏額。如逐處已是足用，則不須增置；如或過額，則自當裁減。内有曾經編配放停之人，並不許收叙。稍有違戾，於額外收補，委監司、守、令常切覺察。如不遵守，以違制論。」詔依，令逐路常平官參照吏額立定，申尚書省。

十二月十二日，宰執進呈兩浙東路提舉常平趙公稱奏：一路人吏共四千二百六十一人，減罷二千一百九十三人。上曰：「一路人吏乃有許多，減得極〔103〕是。縱容此輩在官，役錢固不足惜，唯是姦猾侵欺，大爲民害。二千餘人衣食皆取於民，便是供養二千餘家，民力極不易。」沈該曰：「兼此輩蓋是黠胥，教唆詞訴，尤爲民患。」上曰：「若諸路依此措置減罷，不唯州縣省事，百姓亦受賜無窮也。」

三十年八月二十五日，大理評事蔡洸言：「伏覩紹興二十八年郊祀大禮赦勑〔二〕：『契勘昨緣州縣、監司公吏猥冗，已降指揮裁減，及犯罪停罷之人。訪聞往往循習積弊，别作名目收係。既無吏禄，則取給百姓，至於教唆詞訟，變亂曲直，擾害公私。並日下罷逐，與免科罪。仍仰提刑司常切覺察，如有違戾去處，按劾以聞。』切見近日諸州縣、監司吏額之外，畧已去矣，獨有諸縣未能恪意奉行，頓革此弊。除吏人定額之外，依前潛置私名，號爲貼書、欵司，其徒尚繁，每一劇邑有至一二百人，少亦不下數十人。縣官利其便於使令，一切不問。朝入縣門，百十爲群，散之吏

〔二〕赦：原無，據下文補。

舍，行遣公事，操切百姓，乞取無厭，抵暮無有垂手而歸者。使鄉民日贍一二百人，自然膏血盡矣，何爲而不困耶！且有老姦巨蠹，累犯斷停，置身無所，專務刺探縣道，持其短長。苟或不容，則假託姓名，妄興詞訟，官吏畏之，無敢不留。公事一入其手，則舞文弄法，擾害公私，正如詔旨之所謂者，可不逐乎！伏望申嚴行下提刑司，常切覺察，如有違戾去處，即依敕勅指揮按劾施行。私名冒役之人，一例依條斷罪。」詔令户部[104]申嚴行下。其昨降指揮令諸路監司參照裁定吏額，至今未見申到去處，仰本部限一月催督。如依前違戾，具監司職位、姓名申尚書省取旨。

十二月七日，臣僚言：「州縣公吏每月請受，從長官給券，按月以支，不許借請，不許以次官書判。乞備坐見行條法及節次承降指揮，下諸路監司并所部州縣，常切遵守。（令）〔今〕後公吏借請，一歲通不得過兩月，如過數借請，其借請之人及判狀幫書官吏並計贓斷罪。及乞從户部不時取索驅磨，將違戾去處按劾施行。」從之。以上《中興會要》。

孝宗乾道二年五月十七日，户部言：「提舉江南東路常平茶鹽公事李庚奏：今後吏人陳理身役，雖有叙法，更令本州縣保明申常平司，具録元犯，重行（覆）〔覈〕實。本部契勘，緣已有見行條法、指揮該載，慮州縣奉行不虔，欲行下諸路常平司，鈐束所部州縣常切遵守，毋致違戾。」從之。

五年三月二十七日，臣僚言：「乞嚴行禁戢監司、州、縣公吏，非因差出，不許借請。令諸路監司互察。」從之。

六年八月二日，試宗正少卿兼户部侍郎王佐言：「乞令提舉常平司委州之主（官）〔管〕官，限兩月取索屬縣額内公吏看詳，如委有違條冒役人，即行勒罷[一]。如收叙應法，聽令在役。仍將各縣公吏姓名揭於板榜，其稱再入役者，署具所叙之因，俾民通知，歲終一易。論訴冒役者，必須指其元犯刑名與收叙不當因依。如根究得實，監司、守、令、當職官依[105]紹興二十六年八月指揮，坐違制之罪。或姦民挾私妄訴，亦科反坐。」從之。

九年閏正月七日，詳定一司勅令所言：「契勘諸州衙職解發補官，乾道令稱孔目官每州補一名[二]，年滿解發赴闕補官。緣政和二年二月九日指揮，都知兵馬使改爲都史，昨修書日，照『都史』二字作『都吏』字，改移爲孔目官。今看詳，合將上條内『孔目官』三字依舊作『都知兵馬使』爲文。」從之。

七月十（七）〔九〕日[三]，兩浙西路安撫司言：「本司人吏年勞補進義副尉，存留充主管文字三年。竊緣本司係掌行一路事務，其主管文字實歷三年，應辦委是繁重。乞欲將人吏補受充主管文字三年爲任，年滿無遺闕，轉一官離司。」從之。以上《乾道會要》。

[一] 勒：原作「勤」，據《永樂大典》卷二〇四七九改。
[二] 目：原作「自」，據《永樂大典》卷二〇四七九改。
[三] 十九：原作「十七」，據《永樂大典》卷二〇四七九改。

淳熙元年十一月七日，詔將吏職副尉職名依舊法隸都官。

二年二月十日，福建提刑葉南仲言：「郡縣獄吏推行重祿，今職級押録之下有推司，欸司之下有代書貼司〔一〕。自推、欸司以上行重祿，代書貼司無祿也。是以每有獄事，則推、欸司主行之，而賕賂公行，則在乎代書貼司也。獄成而無詞訴，則衆分其賂；有詞訴則貼司當之，又相與營救，止抵微罪。乞詔有司立定郡縣獄吏額數，應在獄者並行重祿。如敢額外增置無祿人吏，並以違制論，令監司按察以聞。」從之。

四年九月二十八日，臣僚言：「乾道七年，太府寺丞王全福申請，乞將州縣吏人就提刑司試中，方許補充。近來州軍循習久 106 例，皆不試補。乞令諸州軍法司習學并知曉法律不係習學人，解赴提刑司，令檢法官依條收試。逐州不限所取人數，將試中人籍記姓名，行下本州。元習學人外，其餘人數如諸州無合格人，及日後闕少，諸司許指名申提刑司選差。」詔諸路州軍每歲專委通判試補，將試中人籍記，以備差補。

五年四月八日，詔：「諸路提刑司行下所屬，應州縣承勘人吏，並從上名選差諳曉鞫獄人。」從大理評事周泌請也。

紹熙三年五月二十九日，臣僚言：「伏覩法文，應州縣分爲等降，許置吏額，皆有定數，近者所至多於額外巧作（各）〔名〕色添置。乞行下監司、守令，照應見行條制，額外一人不許存留，揭示姓名，使民通知。捨是許人越訴，庶幾民不被其侵漁之害。」從之。

慶元六年六月二十四日，臣僚言：「州府吏人資級，自正額手分遞遷都孔目官及點檢文字；其衙前職員資級，自客司客將遞遷押衙等。昨來臨安府陳乞，本府係車駕駐（驛）〔蹕〕之地，事務不一，委是勤勞。竊見兩浙轉運司人吏年滿，已降指揮補承信郎。緣本府與外郡不同，比漕司尤重，乞比附開封府格法上降二等補承信郎。欲乞除兩浙轉運司、臨安府自依見行條法指揮外，今後諸路監司、州軍人吏并衙職等，並不許解發。所有已保明在部之人，亦不許補授，庶免攀援僥濫之弊。仍乞令敕令所（循）〔修〕立成法。」從之。（以上《永樂大典》卷二〇四七九）

都鈐轄　鈐轄〔二〕

【宋會要】

107 都鈐轄、鈐轄，朝官及諸司使以上充，或一州，或一路、兩路、三路，亦有無「都」字者。

《兩朝國史志》有都鈐轄，以朝官及諸司使以上充。有

〔一〕欸司：原作「疑司」，據下文改。

〔二〕原無此題，徑補。

一州、有一路或兩路者。官高資深充都鈐，官卑資淺稱鈐轄。舊州鈐轄除本州知州已帶本路帥臣，并本路兵職高及管内安撫使者，依舊稱鈐轄；餘知州見帶本州兵馬鈐轄，其州鈐轄依新制改稱兵馬副鈐轄。

真宗咸平五年四月，以知鎮戎軍李繼和兼涇原儀渭州駐泊兵馬鈐轄。真宗曰：「李繼和累請益兵，朝廷難以應副。本路總管司軍馬之數已是不少，繼和益者，慮至時總管司不爲策應。朕細思，莫若就命繼和充四州駐泊鈐轄〔一〕，其鎮戎軍駐泊兵士却令總管司通連管轄。」宰臣等以爲然，故有是命。

景德元年十月，詔：「川(陝)〔峽〕四路兵甲賊盜事内，益、利兩路令西川鈐轄司提舉，梓、夔兩路(今)〔令〕峽路鈐轄司提舉。其逐州都監但主本州兵甲盜賊事。」先是，咸平四年，詔分川(陝)〔峽〕爲四路。以西川轉運使馬亮爲益州路轉運使，總益、綿、漢、彭、邛、蜀、嘉、眉、陵、簡、黎、雅、維〔二〕、茂、永康凡十五州軍；以知益州宋太初、崇儀使楊懷忠並爲益州鈐轄，提轄兵馬捉賊事。峽路轉運副使李防爲梓州路轉運使，總梓、遂〔三〕、果、資、榮、昌、普、渠、合、戎、瀘、懷安、廣安、富順凡十四州軍；以知梓州王渭提轄兵馬捉賊事。西川轉運副使張志108言爲利州路轉運使，總利、洋、興、劍、文、集、壁、巴、蓬、龍、閬、興元、劍門、三泉、西縣凡十五州府軍縣；以益州都監王沆知利州，提轄兵馬捉賊事。以峽路轉運使丁謂爲夔州路轉運使，總夔、施、忠、萬、開、達、渝、黔、涪、雲安、梁山、大寧凡十二州軍監；以知夔州李漢贇提轄兵馬捉賊事。今復更制，故有是命。

大中祥符五年六月，涇原路駐泊都鈐轄兼知渭州曹瑋言：「乞依舊例別差人知渭州，臣止乞一面管勾鈐轄司事。」帝宣示王欽若等曰：「邊防軍馬所屯之地，若別置知州，即各生事體，可降詔以此意諭之。」

十月，詔廣州鈐轄兼提舉在城煙火賊盜事。

天禧三年五月，延州言：「閤門使、鄜延路鈐轄高繼勳以私買部民馬抵罪勒停，其軍馬公事乞交與知延州趙湘權管勾。」帝曰：「邊防軍馬公事既已停罷，即合晝時交對，自今當條約之。」

仁宗景祐二年五月二十七日，樞密院言：「高州蠻獠驚劫人户〔四〕，英州亦有賊盜，雖已差人捉殺，緣朝廷路遠，緩急奏報不及。欲於廣南〔東〕、西路各置鈐轄司。其廣州知州兼充東路鈐轄，并舊鈐轄外，更添駐泊都監一員。桂州差近上臣僚知州兼充西路鈐轄，更添西路鈐轄一員〔五〕，

〔一〕四州：原作「四川」，據文意改。四州即前文「涇、原、儀、渭州」。

〔二〕維：原作「威」，據《長編》卷四八改。按維州，至仁宗景祐三年乃改名「威州」（見《輿地廣記》卷三〇）。

〔三〕遂：原作「逐」，據《長編》卷四八改。

〔四〕獠：原作「僚」，據《長編》卷一一六改。

〔五〕「西路鈐轄更添」六字原無，參《長編》卷一〇六補。《長編》云：「詔知廣州兼廣東路鈐轄，知桂州兼廣西路鈐轄，及權增置東路駐泊都監一員，西路鈐轄一員。」

及舊駐泊都監。每路各三員，差指使使臣二人。」從之。

寶元二年七月二十三日〔一〕，樞密院言：「河東安撫使段少連乞罷陝西、河東兵馬鈐轄等巡邊名目，或欲令兵馬司臣僚察視兵甲、城寨，經度鄰界事由等，即令簡徑[109]出入，不須張皇。」從之。

慶曆二年四月，詔：「諸路轉運使、副爲按察之官，其路分兵馬鈐轄並位其下。提點刑獄朝臣許壓州鈐轄，而與路分鈐轄以官叙之。」

皇祐元年正月二十一日，兩浙轉運司言：「請自今知杭州專管勾一路兵馬鈐轄司事，仍選諸司使、副一員爲本路駐泊兵馬都監司管勾鈐轄司事。如本路軍人犯法，許鈐轄司量輕重斷遣。」從之。

至和元年八月二十三日，樞密院言：「今後三路權鈐轄差遣，並實有〔武〕藝或膽勇出衆、堪任戰陣者充，候及五年與正鈐轄。如非時特立戰功，朝廷酬奬者，不拘此限。自餘更不差權，仍不許陳乞。」從之。

二年五月，罷河北、河東、陝西三路知州軍兼路分鈐轄、都監，其正任團練使以上只爲本州總管，諸司使以上爲本州鈐轄，餘管勾本州駐泊兵馬公事。其員多處將來有闕，更不除。

嘉祐元年十一月，詔：「武臣爲路分鈐轄及六周年者，給添支錢五十千。」

二年九月七日，詔：「內臣爲鈐轄、都監者，逐路止置一員。」

四年五月二十四日，詔淮南東路揚州、西路廬州，江南東路江寧府、西路洪州，湖南路潭州，福建路福州長吏並兼本路兵馬鈐轄〔二〕。

神宗治平四年未改元。閏三月，詔：「今後三路分內臣鈐轄、都監闕，並須選擇。如內臣中未有可選者，即於前班互换選差。」

熙寧元年十二月十七日，樞密院言：「自至和年條貫後，凡諸司使知州軍並乞帶鈐轄，蓋是誤用條制。今欲差除武臣知州，除須合兼鈐轄去處外，餘並只用兼管勾駐泊軍馬公事，著爲定式。如前任資高，今來所差知州軍不是責降，即許理[110]爲資叙。其正任防、團以上知州，自依舊制。」從之。

三年五月二十一日，樞密院言：「武臣知州未立定合兼鈐轄州軍去處，今定除河北、河東、陝西知州軍帶經畧安撫使及都總管外，河北雄、滄二州，河東代、潞二州知州，自今並兼本州駐泊兵馬鈐轄。餘州軍兼管勾本州駐泊軍馬公事〔三〕，其正任防禦、團練使以上知州，自依舊制。」從之。

六年十二月三日，詔六宅副使邢佐臣充太原府路鈐

〔一〕二年：原作「三年」，據《長編》卷一二四改。
〔二〕馬：原無，據《長編》卷一八九補。
〔三〕餘：原作「除本」，據《長編》卷二一一改。

轄，兼給路分鈐轄添支。自今諸司副使充正路分鈐轄准此。

九年二月十三日，詔改新知廣州、祠部員外郎、史館修撰劉瑾知虔州〔一〕，兼江南西路安撫、兵馬鈐轄。其洪州即權罷鈐轄司，候南事平日依舊。

元豐元年八月十八日，詔自今路分兵官與將官互差。

二年正月十七日，以左藏庫使李希一爲永興軍路鈐轄〔二〕。希一初授本路都監〔三〕，自陳乞一路分鈐轄。上批：「希一累經外任，恐合陞鈐轄，可具資序進呈。」遂命之。

二月十八日，詔：「成都府路鈐轄寄任頗重，與他路不同，其知府處置鈐轄司職事，自今並須參議。於接待儀範，並依蔡延慶未到任以前體例，毋輒裁損〔四〕。」先詔坐次與本路通判叙官，其罷之。」初，趙抃、馮京以前執政爲安撫使，故見鈐轄儀稍殺故也。

三年三月十四〔日〕，上批：「京西路轉運使穆珣乞移梓夔路鈐轄司於資州〔五〕，應接夷事頗爲近便。但轉運、鈐轄兩司皆不欲徙，故言者雖衆，議卒■不行。宜依珣奏直處分〔六〕，仍專委轉運使高秉處畫。自今委中書選人知資州，帶主管梓、夔兩路兵馬司事。」

四年十月十四日，英州刺史、步軍都虞候林廣言：「梓夔路鈐轄司欲乞依舊止於遂州安置，如戎、瀘州遇有諜報夷賊事，入急遞飛申轉運、鈐轄司，同議處置。賊勢稍大，即鈐轄領兵往赴〔七〕，就近照應。」從之。

五年四月十九日，詔：「徙梓夔路鈐轄司於瀘州，遇有邊事，安撫、鈐轄司措置施行，轉運司更不干預。」

七月二十九日，詔：「已置瀘南安撫司，其遂州鈐轄司事並隨安撫司移瀘州。」

七年十一月二日，詔：「增差廣東鈐轄張整爲廣西鈐轄，駐桂州。其廣西上供錢、禁軍缺額錢米，並令樁留；其常平免役寬剩、經畧司和糴、度僧牒錢，緩急並奏聽支用。」從知桂州苗時中請也〔八〕。尋又詔整馭軍太急，委苗時中覺察，無致生事。

哲宗元祐元年十月二十八日，樞密院言：「臣僚奏，梓夔路鈐轄司元在遂州，昨因蠻賊作過，慮報應遥遠，遷往瀘州，今乞依舊在遂州。」詔候邊事寧息，奏聽朝旨。

十一月二日，詔：「三路、京東鈐轄並只差內臣一員，如未有可選之人，即權於前班內差。」

五年九月十三日，詔：「除三路外，諸路鈐轄司各權添差大使臣兩員，充準備差使。」

〔一〕瑾：原作「僅」，據《長編》卷二七三、《宋史》卷三三三《劉瑾傳》改。
〔二〕李：原作「季」，據《長編》卷二九六改。
〔三〕初：原作「物」，據《長編》卷二九六改。
〔四〕輒：原作「轍」，據《長編》卷二九六改。
〔五〕「珣」原作「洵」，又「於」下原有「其」字，並據《長編》卷三〇三改删。
〔六〕宜：原作「且」，據《長編》卷三〇三改。
〔七〕往：原無，據《長編》卷三一八補。
〔八〕「桂州」原作「貴州」，「苗時中」原作「黄時中」，據《長編》卷三五〇改。

六年五月十二日，太原府路鈐轄、兼第一將、皇城使、康州刺史訾虎罷兼將，依舊寄充本路鈐轄。以帥司藉虎綏急統制諸將，故有是命。

閏八月[112]六日，給事中兼侍講范百禄言〔一〕：「梓夔路鈐轄及沿邊安撫兩司專委武臣，既不隸帥府，又無別官同領。當用兵之際，或可從權；於無事之時，則爲偏重。乞依祖宗舊制，以鈐轄司移歸遂州，其瀘州止存沿邊安撫司〔二〕。」詔：「梓夔路鈐轄、梓州路轉運、提刑司相度，瀘州樂共城差大使臣充知城，更不帶路分都監。以梓夔路都監一員知瀘州，兼管勾瀘南沿邊安撫司公事。移梓夔路鈐轄歸遂州，與遂州共治鈐轄司軍馬，及同議戎、瀘州邊事。其合行更改等事，並條畫以聞。」

八日，江南東路鈐轄司言：「本路舊有路分都監二員。緣本司統制江東軍政，乞循舊制差路分一員。」詔東南第五將武端民兼權。

元符三年三月十八日，詔：「建湟州爲都護府，以濰州團練使、熙河蘭會路都監、兼本路鈐轄王贍爲隴右都護、知湟州、兼隴右都巡檢使；東上閤門副使、知湟州、兼隴右沿邊都巡檢使王厚爲隴右同都巡檢使。都護職事如沿邊安撫司例施行，仍令經畧司以時檢校。」

五月七日，詳定一司敕令所言：「臣僚奏路分兵官駐劄處不係將禁軍，不因本司牒差，許與不許巡覰教閱，及點檢軍中差遣；所有不係將禁軍指揮小分，亦未審路分兵官合與不合管轄等事。檢會樞密院劄子節文，諸路分鈐轄、都監自置將後來，所管職事、訓練軍馬、繫書銜位，皆未有定制，逐路事理不一。除三路、二廣係邊帥統屬，舊成[113]倫緒，及元置係在控扼去處，如淮南、兩浙、江南東西、荆湖南北、福建路，並合依舊外，其餘諸路今相度到路分兵官合管職務：一、管轄本路不係將屯駐、駐泊就糧禁軍，應駐劄處歲首揀選及排連轉補公事，並與知州等同共商量行遣，兼提舉本處所管諸軍教閱。若與鈐轄司共州者，應鈐轄司行遣軍馬公事，並簽書同行；不同州者，亦繫銜書其某處。一、路分兵馬兼將者，除管轄本將軍馬外，亦依前項指揮。如因巡教揀選將兵，所至有管轄不係將兵，亦仰巡覰教閱，點檢軍中差遣。一、每年春秋，許安撫、鈐轄司相度有不係將兵兩指揮以上州軍，輪定三兩處，牒差不兼將路分兵官一員前詣，仍與隨處長吏同共商量措置，務在勞逸均平。奉聖旨依，今欲依上件指揮施行。」從之。

徽宗建中靖國元年正月十八日，永興軍路巡撫、都總管司奏：「逐司久來行遣文字，管下縣鎮將領訓練官司之類，並用劄子行下。」詔依所申。詳見「總管」門。

崇寧二年正月二十六日，中書省言：「四川地遠，軍防

〔一〕事：原作「侍」，據《長編》卷四六五改。又「范百禄言」，《長編》正文作「范祖禹狀」，文末有小注辨解，可參看。

〔二〕州：原作「河」，據《長編》卷四六五改。

不修，乞利州、夔州依成都府例，各置鈐轄，移利州路分於劍門關，兵卒增倍。成都府舊以便宜從事，罷去已久，軍民所犯巨蠹者，令酌情處斷。四川監司、鈐轄、大州守臣不差蜀人，所轄兵馬東軍與土人參用，如舊法。」從之。

大觀二年九月十四日，詔：「應東南路鈐轄司置簿，每月各具見管開收兵馬文狀，具帳聞奏。」詳見「總管」114門。

三年六月二十七日，內降劄子：「帥府舊無路分鈐轄者，許置一員，無路分都監者，望郡置一員，參總軍政，並選材武、有功人充。東南除舊有路分鈐轄或路分都監去處，依舊差置於帥、望州駐劄外，其餘添置路分鈐轄、路分都監，許令終滿今任，更不差人。」

政和五年十二月二十八日，詔：「瀘南自克復晏州，疆理益廣，可令帶梓夔路兵馬鈐轄，仍充瀘南安撫使。」

六年十一月七日，詔：「應見理路分鈐轄，路分都監、州鈐轄資序人，並改正。今後如敢奏陳乞理爲資序者，以違御筆論。仍委御史臺覺察。」

宣和二年四月四日，詔：「近緣諸路州軍多占破有手藝人充白直，更代不時，軍士嗟怨，委廉訪使者據籍點檢。深慮日後經隔歲月，差使依前不均，便行改造新簿，無憑照證。今後諸軍差使簿籍，並限三年一易，仍申鈐轄司照會，違者以違制論。」

（二）〔三〕年四月二十日〔一〕，詔：「荆湖北路荆南府、歸、峽、安、復州、荆門軍、漢陽軍爲荆南路，帶兵馬都鈐轄，治荆南府；鼎、澧、岳、鄂、辰、沅、靖州爲鼎澧路，帶兵馬都鈐轄，治鼎州。」

五月六日，詔：「杭、越州、江寧府守臣並帶安撫使、兩浙東西、江東路鈐轄，並依三路法選差。」詳見「安撫使」門。

六年四月十四日，詔：「潼川府守臣可帶潼川府夔州路兵馬鈐轄，瀘州帶管勾瀘南沿邊安撫司公事，仍差武臣。」

九月三日，詔：「近降潼川府守臣帶潼川府夔州路兵馬鈐轄、瀘州止帶管勾瀘115南沿邊安撫司公事，差武臣指揮勿行。」以言者論瀘（川）〔州〕控扼南夷，移（師）〔帥〕潼川，地遠不便也。

高宗建炎元年六月二十一日，詔：「沿江要郡江、宣州，文臣各一員帶兵馬鈐轄，武臣各一員充副鈐轄。」

二十八日，詔：「諸路要郡兵馬鈐轄，以武臣爲之副。」

八月八日，詔：「諸路都監改爲副鈐轄，其請給、人從、序位等，並依舊定（監）〔體〕例，仍於要郡駐劄。」

四年七月八日，詔臨安府依舊帶浙西路兵馬鈐轄。

八月二十五日，知洪州軍州、江南西路安撫使、馬步軍都總管高衛言：「洪州舊來係帶江南西路鈐轄，後緣帶馬步軍都總管，却令虔州帶江西路鈐轄。今洪州既隸江州

〔一〕三年：原作「二年」，據本書方域六之三二改。下條爲三年五月六日，見本書職官四一之九五，益可證本條之「二年」當作「三年」。

路，其江州路安撫大使已帶馬步軍都總管，欲乞却令洪州守臣帶江州路鈐轄。應本州駐劄及時暫差發到本州統制、統領兵將官等，並聽節制。」從之。

十一月二十一日，詔鄂州置兵馬副鈐轄一員。

紹興元年二月三十日，詔：「建康府、池、饒、宣、徽、信、撫、太平州、廣德、建昌軍爲江南東路，依臨安府例，改作江南東路兵馬鈐轄。」

十一月一日，詔：「諸路諸州鈐轄自今差除兵官，令樞密院更切遵守見行條格，其添差除係隨龍并宗室及歸明、歸朝官外，更不差人。」

二年四月十九日，詔：「逐路分充聽候差使，依條許差撥去處，每司不得過六人，二年一替。其見帶兵馬鈐轄州軍充聽候差使人並罷。」

五月十八日，知臨安府、兼兩浙西路兵馬116鈐轄宋煇言[一]：「臨安府車駕駐蹕，事體愈重，即與要郡兵馬鈐轄州府不同。即今並無屬官，欲乞差置主管文字一員。」從之。

三年三月十七日，詔：「要郡、（決）〔次〕要郡守臣已罷兼帶兵職，其逐路官兵亦合措置。鈐轄改充路分都監，内增置副鈐轄去處，皆係衝要控扼州軍，方今多事之際，未可便罷，副鈐轄依見置員數改作路分都監，權且存留，並候寧息日取旨。仍仰逐路帥司開具見任人申樞密院，將不應格法人别行選差，内見添差人依舊。」

十一月十五日，淮南轉運司言：「諸州禁軍指揮自經兵火之後，例皆缺額，見在兵級不多，除廬州係帥府合存留鈐轄外，其餘州軍鈐轄欲並行減罷。」從之。

七年閏十月十六日，右正言李誼言：「乞樞密院今後選差路分鈐轄及州鈐轄，當以軍功、武藝及累歷邊任之人。」從之。

十年二月十一日，詔淮南東路兵馬鈐轄移就揚州帥府駐劄。

十八年七月十日，樞密院言：「諸路鈐轄循例陳乞差破隨行指使，即無專一許差條法指揮。」詔今後更不差破。

二十八年十二月十五日，知鎮江府楊揆言：「舊法，一路則有路分鈐轄，一州則有州鈐轄，如常、秀州、平江府皆有之。獨鎮江府無州鈐轄，目今不係將及厢軍緣無總轄之官，甚不整肅，欲乞差置州鈐轄一員。」從之。

二十九年二月十二日，詔復置淮南西路兵馬鈐轄一員，依舊廬州駐劄。

孝宗隆興二年二月八日，臣僚言：「都、副總管至州鈐轄差遣，乞依祖宗六等格法，將117曾立戰功、有履歷人等第除授，庶可杜絶僥倖，整肅軍容。」從之。

乾道元年八月十四日，詔：「今後應文武臣知州軍、諸路鈐轄務總管、副總管、鈐轄、都監見辭，並令上殿，批入料錢文曆。如托避免對，並未得差除舊任，委臺諫、監司常切按

[一] 宋：原作「永」，據《咸淳臨安志》卷四七改。

察，以違制論。」

三年七月四日，樞密院言：「諸路鈐轄到任二年，過滿不候差替成資罷除揀汰，應初離軍第一任添差到任人，在乾道二年四月十四日指揮之前，並令終滿三年爲任。」從之。

八年五月十五日，宰執進呈降下吳挺劄子，乞令本司統制王世但離軍添差兩浙西路兵馬鈐轄，平江府駐劄。奉御筆批依。虞允文奏曰：「王世但在軍中日已帶江南東路兵馬鈐轄，太平府駐劄。今既離軍，自合前赴新任。」上曰：「既有現帶差遣，此劄子不必施行。可特添差兩浙西路兵馬鈐轄，平江府駐劄，不釐務，請給、人從却與依正官例支破。」

九年閏正月十七日，上諭宰執：「臨安府既有路分都監一員，而平江府又有一員，何也？可并路分、鈐轄員數，契勘創始之由。」梁克家奏：「初因特添差，後遂因仍作闕。」上曰：「可盡刷諸路所增數，見任人許終滿，後不再差。亦不許指揮於外，但行下樞密院吏房遵守。」

四月四日，宰執進呈賈和仲乞添差副都總管。梁克家等奏曰：「考之格法，觀察使以上方除副都總管，庶官止合除總管，而和仲前三任乃已除副總管。」上曰：「既於格法有礙，且118當守法，可除江南西路正任總管。」

淳熙二年九月十三日，詔：「揚州、廬州、荆南、襄陽〔府〕、金州、興元府、興州依舊分爲七路，每路文臣一人充安撫使以治民，武臣一人充都總管以治兵。其逐路都總管職事，且令帥臣依舊帶行，候正官到日交割。」

六年六月八日，詔諸路兵馬鈐轄除訓〔練〕將兵逐路各留一員，餘並省罷，見任並差下人令終任，內浙東路兵馬鈐轄特令依舊。以浙東路鈐轄、紹興府駐劄爲管幹昭慈永祐陵攢（官）〔宮〕修造故也。

八年正月六日，詔添差兩浙西路副總管、提舉德壽宮陳源與在京宮觀，免奉朝請。先是，奉太上皇帝聖旨，以源應奉有勞，特轉兩官，權給事中趙汝愚因論內侍不可參預軍政：「伏覩建炎三年詔書：『自崇寧以來，內侍用事，循習至今，理宜痛革。自今內侍不許與主兵官交通，假貸饋遺，借役禁兵。』當是時，內侍與兵官交通、借役禁兵〔一〕，且猶不可，今乃假以一路總戎之任，恐非太上所以防微杜漸之意。神宗皇帝時，始令王中正、李憲稍預邊事。是時朝廷法度峻整，若無甚害，而卒之夤緣攀引，竟致童貫開邊之禍〔二〕。」上以汝愚之言進呈太上皇帝，繼而又宣諭宰執，凡有似此差遣者，皆改差在京宮觀云。

九年九月一日，詔：「諸路帥司行下訓練路鈐，每歲一詣州軍按教，分作春秋兩番前去，不許趁赴筵會、收受折送、多帶人從、過〔支〕驛券、差顧夫脚、須索買物并犒設等。」

〔一〕自「當是」至「禁兵」，原無，據《宋史全文》卷二七上補。
〔二〕竟：原作「覺」，據《歷代名臣奏議》卷二九三改。

仰帥臣、監司常切覺察，如有違戾，按[119]劾以聞。」以湖南安撫李椿奏諸州被擾故也。

十三年十月二日，上曰：「押行門久在殿陛，出職差遣拘以兩州鈐轄，太狹，可降指揮存留五州。」於是詔建康府、隆興府、福州三處依舊存留總管窠闕，專差轉員後合得恩例人。先是，六年詔諸州總管內留二闕差轉員恩例人外，餘闕更不差人，至是復。

十六年閏五月二十三日，樞密院言：「諸路副總管許差破指使一名，別無職事，委是虚破員缺。」詔見任人且令終滿，日後更不差人。

十月二十三日，詔：「今後差諸路訓練路鈐，並要年六十以下、曾經從軍或有材武人充，其已差下人且令依舊。」

紹熙元年四月十五日，詔：「州鈐轄、將官如係別路無統攝，準令序官；如本路有統攝，依乾道元年三月二十六日已降指揮序職。」

九月二十五日，臣僚言：「近年以來，戎職(寢)〔寖〕雜，其最甚者，國信所人吏是也。昨來國信所通事如聶攸、薛師道之徒，久年祇應，官止州鈐轄、路分都監而已，未聞任路鈐者，今既任路鈐矣，所餘者止副總管爾。有王舜臣者，頃以夤緣僥冒而得之，臣僚失於論列。今者孟守忠復除江東副總管，然則止緣王舜臣一人破例，遂皆源源而起。乞罷孟守忠新任，止與前任一般差遣。仍降指揮，今後雜流出身之人不得過路分、州鈐差遣。」從之。

慶元六年四月十八日，樞密院言：「嘉興府申，本府路當津要，歲解朝廷上供錢斛，應辦金國往來使[120]人，并月支厢、禁、土軍、遞鋪、宗室、嶽廟、歸正、忠順、歸朝、大小寄居等官俸給，百色費用，日慮窘乏，即與其他豐餘大郡事體不同。本府慶元四年八月內，蒙朝廷特添差武節大夫、浙西兵鈐、仍釐務張卓，續又特添差武節大夫、浙西副總管、(乃)〔仍〕釐務曹組，并以副將馬立闕差武功大夫、果州團練使、總管程孝廉，以將官修武郎李顯闕特添差武節大夫、浙西副總管壽昌，以忠翊郎張祐闕特差訓武郎、浙西兵鈐董致中。今將替官請給除豁外，張卓五員自到任止今年二月，計增支錢二萬一百一十九貫、米五百七十二石、麥二百八十二石。竊念本府所收財計有限，深慮雜軍揀汰等官經朝廷作闕陳乞注授，在本府實有利害。欲望朝廷日後有分本府路分總管差遣人，須要資格相當，庶幾凋郡稍可扶持。」詔將嘉興府戰功、歸正添差闕，今後更不差總管，餘照應逐州軍體例施行。

慶元六年七月九日，樞密院言：「檢會知江陵府、充荆湖北路安撫使楊輔言：『江陵爲今重地，財計所入頓虧，所出益廣，今帥司及本府官兵有總管，有路鈐，有州鈐，有正任、添差路分正副將，而入隊禁軍不滿三百人，實無職事可管。欲乞朝廷于除授之際，如差總管則免差路鈐，差州鈐則免差路分。若向上五員之中減兩員，則歲可省五六千緡。』已降指揮依，續據楊輔申，鈐轄江大濟身故，乞省併州鈐一員，并本路副總管吳漢英終滿，121乞不差替官。」從之。

開禧二年五月十二日，臣僚言：「乞行下諸路安撫司，遍牒諸路所管州軍，見任總管、路鈐、鈐轄、路分、將副有昏耄癃疾及七十以上人，許自行陳乞解罷，特與宮觀差遣。(令)〔令〕所居州軍應副請給，無致失禄。或身居兵職，不能當繁難任使而顧位不去，帥臣、監司按劾以聞，仍疾速催以次官赴上。內有曾從軍者，與存留在任，講究軍事。」詔令逐路安撫司逐一從公(鈐)〔銓〕量，保明申樞密院。

嘉定十三年十二月十日，詔：「張威特差充利州路馬步軍副總管，利州駐劄，三年滿日罷，更不作闕。」(以上《永樂大典》卷二一二三一)

巡檢

【宋會要】

122掌巡檢州邑、捕詰盜賊之事，以閤門祗候以上至諸司使、將軍或內侍充，自兩州至十州。及沿邊寨或路當險要者，亦因其地爲名。亦有同都巡檢使，供奉官以下爲者不云「使」。沿邊又有巡檢、都監之名。巡檢使自一州至九州軍，有或從道路便宜，不限境土。亦有同巡檢使，三班爲者不云「使」，自二縣至七縣。開封府諸縣有巡檢一員，二縣至三縣有駐泊、巡檢各一員。府界東、西路都巡檢使各一員，京城四面各一員。緣海有刀魚舡、戰棹巡檢，江、河、淮、海亦有捉賊巡檢使，又有駐泊捉賊及巡馬遞鋪、巡河、巡捉私茶鹽之名。

太祖乾德五年二月，詔：「諸處巡檢、監押自今捕得盜賊及犯麴鹽人，並送本屬州府，不得擅行決斷。」

太宗太平興國元年十二月，以前登州刺史翟美爲濠州刺史，兼江南諸州巡檢使，樞密副承旨潘仁謙副之。

二年正月，以廣南諸州巡檢、唐州刺史曹光實爲本州團練使，依前巡檢。

二年五月，以單州團練使劉延欽爲兩浙諸州巡檢。

真宗咸平三年正月十一日，以西京左藏庫使、康州刺史楊允恭爲荆湖江浙都巡檢使，內殿崇班楊守遵副之，侍禁、閤門祗候焦守節爲都監。

景德二年三月，以殿直、知雄州機宜司趙延祚爲左侍禁、雄州北關城巡檢。延祚，本州之大姓，自123太宗朝常出家財交結虜中豪傑〔一〕，伺戎人動静以白州將，因授殿直，令掌其任。至是，以契丹和好，廢機宜司，而有是命。

三年五月十日，置京東五路巡檢司，以應天府、曹、濮州、廣濟軍爲一路，淄、齊、青州爲一路，登、萊、濰、密州爲一路，單、濟、鄆、兖州爲一路，沂、徐州、淮陽軍爲一路。先是，京東諸郡常有羣盜依阻山河，州縣苦之，乃令閤門祗候

〔一〕朝：原作「廟」，據《長編》卷五九改。

胡守節與京東轉運使張知白等相度所部州軍，分爲五路，令便於警捕也。

九月，詔選使臣二員爲長城口巡檢，一緣西山，一東抵順安軍，各給兵百人，分道巡邏。以邊民多齎禁物及盜販北界馬故也。

大中祥符元年八月，詔：「自京至應天府、曹、濟、單、蔡、許、汝、(穎)〔潁〕、陳、澶、濮、淄、青州、廣濟軍，並增置巡檢兵、捕賊使臣，及令寄班忠佐提振之。」

二年八月，令湖州發卒數十人屯洞庭山。初，帝出山圖以示輔臣曰：「此山在水中，四面去岸各十餘里，聞歉歲則寇盜多匿其中。」故命警巡之。

九月，徙廣州都巡檢使廨於州東南之海澳，從轉運使所請也。

五年正月，京東都大巡檢胡守節言：「部民王吉知羣盜所匿，密以告官，請俟擒獲，以其贓給之。」帝曰：「然則被盜之家不已重傷乎！宜賜官錢三萬，贓物悉歸其主。」

二月，詔三班院擇使臣爲諸州都、同巡檢。先是多用補廕未歷事者，故申明之。

三月，京城都巡檢言：「京城宿鋪兵士，自來官中不曾給與杵棒，只逐旋借代 124 及自收買。欲乞逐鋪官給三鬚鈲子各三條，置簿管係，遞相交割，壞即官爲易換。」從之。

九月二十八日，淮南轉運使王隨請差使臣一員充(盧)〔廬〕、壽等州提轄橋道兼巡檢，量給兵士、器械，仍與巡檢添支。從之。

十二月，命吏部員外郎、知延州李及兼蕃界沿邊都巡檢使[一]，仍給衙隊馬步兵士。如邊境無事，即不得出巡。

六年十一月，分命閤門祗候、寄班、三班使臣等爲在京新城外駐泊畿縣巡檢，以奉祀故也。俟車駕回，悉如舊。

七年九月，詔選寄班四員充京城四面巡檢[二]，仍優與添給，各差禁軍馬軍五十人、步軍八人，支給器甲。帝以京城四面巡檢疆界闊遠，兵士至少，其使臣復不諳練，故有是命。

十月，以侍禁、閤門祗候龔德爲慶州沿邊都巡檢使，管勾慶州華池縣、平戎、鳳川、柔遠、淮安、鄜、延州子午山[三]、狗道嶺、義位[四]、達磨、洛河川，至保安軍小胡族地分。置廨於華池縣，歲給緡錢五十萬，備牢酒以犒蕃族。帝以慶州管熟户尤衆，其間有納質夏州者，故特置是職。

十一月，置戎、瀘、資、榮州、富順監都巡檢使一員。時内殿承制、閤門祗候馬守遵言：「戎、瀘等州夷獠雜居，本路鈐轄在遂州，緩急不能扞禦。」故特置此職。

八年十一月，京東轉運司言：「青、濰等州提舉巡檢捉賊、寄班侍禁劉元晟等到任已來，獲賊殊少，手下軍馬甚

[一] 蕃：原作「管」，據《長編》卷七九改。

[二] 寄：原作「可」，據《長編》卷八三改。

[三] 山：原無，據《武經總要》前集卷一八上補。

[四] 義位：《武經總要》前集卷一八上作「義征」。

多，所至寧無搔擾？況逐州(目)〔自〕有巡檢使臣，乞廢提舉巡檢捉賊一司，却移125登、萊等州都巡檢於密州安丘縣廨宇安泊。」從之。

九年五月五日，以東染院使〔一〕、平州刺史、知辰州曹克明爲宜、融、桂、昭〔二〕、柳、象、邕、欽、廉〔三〕、白等州都巡檢使兼安撫使〔四〕，殿直馬玉爲閤門祗候，充同巡檢兼安撫都監，並管勾溪洞事〔五〕。時蠻人屢入寇，故有是命。仍發潭州駐泊虎翼兵三百人以從，歲給公費錢三十萬。

七月，以入内西頭供奉官楊守珍爲東頭供奉官、宜融等州權同巡檢，兼安撫都監〔六〕、管勾溪洞公事，乘傳之任。

九月，詔：「如聞諸道巡檢兵士老病不任事，宜令該路轉運、提點刑獄司分行點檢，悉以强壯兵卒易之。其衣甲、器械損弊者亦然。」

天禧元年三月，詔徙戎瀘資榮州富順監都巡檢使於江安縣廨。先是，其廨在戎州，去淯井監近踰百里〔七〕，緩急夷寇驚擾，即應(授)〔援〕不及故也。

二年正月，詔：「川峽巡檢、捉賊隨行兵卒無料錢者，月給醬菜錢二百，其見請不及者足其數。」初，壽春郡王友張士遜言〔八〕，捕賊食不及時，皆須自市食物，(故)〔欲〕望加給之，故有是命。

二月，徙泗濠州路巡檢廨宇于龜山。先是，僧智悟集鄉里兇黠之人爲行者〔九〕，計千餘人，凌毆平民，恣爲不逞〔一〇〕。帝遣内侍任守忠取新隸籍者盡逐之〔一一〕，因命徙巡檢以防察焉。

四月，詔：「自〔今〕巡檢使臣宜令選脚色有武勇者充。如軍職出身及化外歸朝班行，當更詳酌差遣。」

八月，新城内權都巡檢周仁美言：「地分巡檢軍士捕亡卒、賊盜不獲皆有決罰，而126獲之者無賞。今請獲亡卒一人賞錢二百，賊一人錢五百。」從之。

三年九月二日，供備庫使侍其旭言〔一二〕：「廣州多蕃漢大商，無城郭。雖有海上巡檢，又往復不常，或有剽劫，則全乏禦備。請徙廣、恩州海上都巡檢一員〔一三〕，廨於廣州市舶亭南，以便防禦。」從之。

二十九日，令諸路巡檢不得以犯罪配軍卒景跡百姓，於地内緝賊。時京東提點刑獄言，巡檢使臣差軍卒於地分

〔一〕染：原缺，據《長編》卷八七補。
〔二〕昭：原作「照」，據《長編》卷八七改。
〔三〕廉：原作「廣」，據《宋史》卷二七二《曹克明傳》改。
〔四〕兼：原無，據《宋史》卷二七二《曹克明傳》補。
〔五〕溪：原作「涯」，據《長編》卷八七改。
〔六〕監：原脱，據《長編》卷八七補。
〔七〕「井」原作「并」，「近踰」原作「押將」，據《長編》卷八九改。
〔八〕友：原作「支」，據《宋史》卷三一一《張士遜傳》改。
〔九〕集鄉里兇黠：前四字原缺，「黠」原作「轄」，據《長編》卷九一補改。
〔一〇〕「恣」原作「恐」，「不」原缺，據《長編》卷九一改補。
〔一一〕者：原無，據《長編》卷九一補。
〔一二〕侍：原作「傳」，據《長編》卷九四改。
〔一三〕「恩」上原有「祥」字，據《長編》卷九四删。

緝賊，所差之人皆犯罪配隸者，恣鄉村擾民，故有條約。

仁宗天聖四年九月，詔：「諸路轉運使、提點刑獄、知州、知軍等，今後常切提舉覺察巡檢、捉賊使臣，若有盜賊之處，不住催促擒捕。如顯是怯懦，即具狀以聞，仍於部內選有武勇使臣權差替換。候有勞績，則具奏聞。如不切覺察，當行朝典。」

十月，上封者言：「在處水路巡檢使臣每至警巡，船載骨肉隨行，或遇賊驚劫，皆有顧戀，不晝時尋趁捉殺，致令潰散。乞今後不得船載骨肉隨行。」從之。

五年六月二十一日，同提點開封府界諸縣鎮公事張君平言：「汴河至泗州千里堤，多盜賊剽劫，雖有縣鎮監押、巡檢，又緣地里遥遠，各有煙火、倉場、庫務所繫。欲乞每兩驛添置巡檢使臣一名，却廢自京至楚州夾河巡檢。」樞密院請於沿汴每兩驛置捉賊使臣一員，選差與人員、兵卒七十人，器甲六分，人船一隻，於空迥處立廨舍，却省夾河巡檢。從之。

七年八月，開封府界提點諸縣鎮公127事張仲宣言：「府界諸縣頗有賊徒，蓋巡檢使臣只於廨宇端坐，並不用心。望降詔旨，(鈴)〔鈐〕轄府界東西路都同巡檢、駐泊、捉賊使臣等，自今常切於地分內往來，所到縣鎮不得住過三五日。仍令諸縣每遇巡檢、駐泊到彼，却具到發日時文狀報本府。如有諸縣申報賊盜，令本府畫時勾收巡檢、駐泊印紙曆子批上，候獲銷破。」從之。

八年十月，供奉官、閤門祇候康文德(奉)〔奏〕：「舊制，都、同巡檢及捉賊使臣在任至得替，捉到强劫竊盜及殺人賊分數，磨勘升降施行。其諸州軍縣鎮兼巡檢使臣捉獲賊盜，不該磨勘賞罰之法，事體未均。欲望(目)〔自〕今依都、同巡檢捉賊使臣例，許令磨勘。」從之。

慶曆三年九月，置開封府諸縣巡檢各一員，分東、西二路置提舉捉賊各一員。是月，詔諸路轉運、按察使、提點刑獄及諸州長吏，舉所部兵馬都監至監臨場務使臣有材勇、堪任巡檢者以名聞。若捕賊有功，即不次遷擢之。

〔五〕年四月〔一〕，詔：「保州〔二〕、廣信、安肅軍巡檢、都監，仍舊每月輪一員出巡邊。」

六年正月，詔：「道州、桂陽監傜賊未息，權置都巡檢使一員。」

七年八月，詔以保州沿邊巡檢司隸定州路，雄、(霰)〔霸〕等州界河隸高陽關路。其兩司守捍之計，委逐路主將處置。仍分屯兵馬，控禦賊盜，毋令侵軼。

八年六月二十五日，以禮賓副使喬銓充廬、壽、光州兼沿淮都巡檢使。

皇祐元年二月六日，涇原路都總管、知渭州夏安期言：128「乞(今)〔令〕原州等處揀選弓手，分作三等，分屬東、

〔一〕五：原缺，據《長編》卷一五五補。
〔二〕保：原缺，據《長編》卷一五五補。

西兩路都巡檢下管係。乞差土人使臣四人充弓箭手巡檢。」從之。

七月二十四日，京西轉〔運〕司言：「相度滑州韋城，開封府長垣、東明，曹州冤句、南華五縣之間，自來多有賊盜，合添置使臣一員充五縣管界巡檢。」從之。

至和二年二月，增置益州外城巡檢一員〔一〕，兼管勾城池事。

八月，置寧化軍東陽、西陽川至天池東西巡檢使臣一員〔二〕，專管勾弓箭手公事。以富弼言寧化軍所招耕禁地弓箭手已千餘人〔三〕，其土人右班殿直高政材勇絶倫，可使爲巡檢，因以命之。

嘉祐元年五月，權置京城裏外巡檢，以晝夜大雨。是年七月，罷京師舊城裏所增巡檢〔四〕。

三年十二月，詔：「諸路每一州軍巡檢有至三五員者，又三兩州至八九州有都、同巡檢或駐泊捉賊，員數過多，非唯軍馬勢分，兼遇驚劫，罕能獲賊，惟逐縣弓手習知賊所匿藏而捕獲之。其一州軍止留巡檢一員，數州留都、同巡檢一員。其沿邊、沿海及河汴江湖險僻之地〔五〕，舊有巡檢處並留之。其增逐縣弓手，減散從承符脚力，代以剩員。」

四年二月二十一日，減罷京東西路鄆、齊等七州軍管界巡檢及駐泊兵士，以起居舍人、知制誥劉敞上言，而本路安〔府〕〔撫〕、轉運司相度以爲便也。

五年三月，詔：「京城外四面巡檢，自今並選閤門祗候以上〔常〕〔嘗〕經外任親民而無贓私罪者爲之。」是月，罷滄州路嵐石及高129陽關路保州〔六〕、廣信等軍都巡檢司。

六年七月六日，廣南東路轉運司言：「廣州東江水路至東莞縣界，海水至闊，多盜賊，去東南道巡檢至遠，難爲防遏。有地名亭頭，千餘家，日有市井，乞添置巡檢一員於亭頭，仍分東南道巡檢水軍二百人防截。」從之。

十月，詔：「京東西、淮南、江浙〔七〕、荆湖南北路，比年水災，盜賊仍起，其令逐路安撫、轉運、提點刑獄、鈐轄司於控扼之地〔八〕，相度權增置都、同巡檢。候向去豐熟，即復減罷。」

英宗治平元年二月，樞密院言：「請自今使臣充替及降監當者，歷任曾經親民，實有武勇，堪捕賊者，元犯情輕，許舉充權巡檢，理監〔賞〕〔當〕資序。其入親民差遣，曾犯贓私罪，實有武勇者，亦聽舉差沿邊任使。」從之。

二年十二月二十八日，詔：「界河巡檢三員，自今當以一員屯獨流寨，一員屯信安軍，一員居霸州治本司事。仍

〔一〕益州外：原缺，據《長編》卷一七八補。
〔二〕川：原作「州」，據《長編》卷一八〇改。
〔三〕軍所：原缺，據《長編》卷一八〇補。
〔四〕師舊：原缺，據《長編》卷一八三補。
〔五〕湖：原作「潮」，據本卷後文職官四八之一三〇改。
〔六〕滄：原作「倉」，據《長編》卷一九一改。
〔七〕江浙：原倒，據《長編》卷一九五乙。
〔八〕於：原脱，據《長編》卷一九五補。

一月一出巡，每季番休相代。」

三年十月，以泰州團練使郭緒爲滄州總管，兼雄、霸州沿界河至海口及滄州界沿海都巡檢使。

都巡檢使　巡檢使　巡檢〔一〕

國朝以閤門祇候以上至諸司使、將軍或内侍充，自兩州至十州。及緣邊寨或路當險要者，亦因其地爲名。亦有同都巡檢使，若供奉官以下爲之者即不云「使」。緣邊又有巡檢、都監之名。巡檢使自一州至九州軍，有或從道路便宜，不限境土。亦有同巡檢使，三班爲之者亦不云「使」，自二縣至七縣。開封府諸縣有巡檢一員，130 二縣至三縣有駐泊、巡檢各一員，府界東、西路都巡檢各一員，京城四面各一員。緣海有刀魚船、戰櫂巡檢，緣江、河、淮、海亦有捉賊巡檢，又有駐泊捉賊及巡馬遞鋪、巡河、巡捉私茶鹽之名。

景德三年，置京東五路巡檢司，以應天府曹、濮州、廣濟軍爲一路，單、濟、鄆、兖州爲一路，淄、齊、青州爲一路，登、萊、濰、密州爲一路，沂、徐州、淮陽軍爲一路。

大中祥符五年，詔三班院擇使臣爲諸州都、同巡檢。

七年，詔選寄班四員充京城四面巡檢。

慶曆三年，置開封府諸縣巡檢各一員，又分東、西二路置提舉捉賊各一員。

嘉祐元年，權置京城裏外巡檢，以晝夜大雨。尋罷舊城裏所增巡檢。

三年，詔：「諸路每一州軍巡檢有至三五員者，又兩三州至八九州有都、同巡檢或駐泊捉賊，員數過多，非唯軍馬勢分，兼遇驚劫，罕能獲賊，惟逐縣弓手習知賊所匿藏而捕獲之。其一州軍止留巡檢一員〔二〕，數州留都、同巡檢一員。其緣邊緣海及河汴江湖險僻之地，舊有巡檢處並留之。」

(景祐)〔景德〕三年〔三〕，上封者言：「諸處巡檢務(在)〔任〕武勇、心力强明者，乞不以福建、荆湖、江浙、川峽及衙前、省職文資出身人領其事〔四〕。」真宗謂樞密使王欽若曰：「人之勇怯豈拘南北，若此區别，非任人之道。」

【歸田録】

太祖時，郭進爲西山巡檢，有告其陰通河東劉繼元，將有異志者。太祖大怒，以其誣害忠臣，命縛其人予進，使自處置。進得而不殺，謂曰：「爾能爲我取 131 繼元一城一寨，不止贖爾死，當請賞爾一官。」歲餘，其人誘其一城來降，進具其事送之于朝，請賞以官。太祖曰：「爾誣害我忠良，此

〔一〕此題原夾在正文之中。按以下文字，至《歸田録》以上諸條實皆抄自《職官分紀》卷三五，非《宋會要》之文，此題亦爲《職官分紀》之題。今分出，作爲小題。其中，下一「使」字原脱，據《職官分紀》補。蓋《大典》於「巡檢」總題下抄録他書，别爲一細目。

〔二〕州：原作「員」，據本卷前文職官四八之一二九改。

〔三〕景德：原作「景祐」，據《職官分紀》卷三五改。

〔四〕領：原作「嶺」，據《職官分紀》卷三五改。

纔可贖死爾，賞不可得也。」命以其人還進。進復請曰：「使臣失信，則不能用人矣。」太祖於是賞以一官。君臣之間蓋如此。

太祖時，李漢超爲關南巡檢使。漢超武人，所爲多不法。久之，關南百姓詣闕訟漢超貸民錢不還，及掠其女以爲妾。太祖召百姓入見便殿，賜以酒食，徐問曰：「自漢超在關南，契丹入寇者幾？」百姓曰：「無也。」太祖曰：「往時契丹入寇，邊將不能禦，河北之民歲遭劫虜，汝於此時能保其貲財、婦女乎？今漢超所取，孰與契丹之多？」又問訟女者曰：「汝家幾女？所嫁何人？」百姓具以對。太祖曰：「然則所嫁皆村夫也。若漢超者，吾之貴臣也，以愛汝女則取之，得之必不使失所。與其嫁村夫，孰若處漢超家富貴。」於是百姓皆感悦而去。太祖使人語漢超曰：「汝須錢，何不告我，而取於民乎？」乃賜以銀數百兩，曰：「汝自還之，使其感汝也。」漢超感泣，誓以死報。

提舉兵甲巡檢事[一]

淳熙十五年七月八日，詔夔州守臣兼提舉歸峽州兵甲司公事。以知夔州楊輔言：「夔之與歸，(歷)〔脣〕齒相資，今以歸州改隸湖北，則夔之屏蔽單弱，一有緩急，事不相應。乞依江西贛州兼廣東南雄州兵甲公事例，庶幾利害相通，以備不虞。」故有是命。

淳熙元年正月四日，詔永州祁陽縣排山增置巡檢一員。五年，【132】詔改作衡永州接界巡檢。並從前後守臣之請也。

二年閏九月七日，廣南西路司言[二]：「邕、賓、横、貴數州之間，有古棘、虚、通諸州境，寇盜往來會集之地，向來有巡檢。今乞依舊置一員，乞以賓横州同巡檢爲名；招置土軍，五十人爲額。」從之。

三年三月十三日，成都府路都鈐轄司言：「威州巡檢即無立定滿替賞格，乞依茂州、石泉軍巡檢例，減磨勘三年。」從之。

八年二月二日，知江陵府高夔言：「石首、監利、潛江三縣巡檢見在監利縣置寨，緩急只可照管一縣。其魯家洑在三邑之間，欲移就魯家洑置寨把截，庶可通照三縣地分。」從之。

十一年正月九日，詔：「鬱林州博白縣巡檢移就本縣周羅鄉駐劄，仍於衙内帶入。」從知鬱林州施埠奏請也。

十二年二月十二日，權户部侍郎葉翥等言：「近日二浙私鹽公行，略無畏避。巡、尉任滿，不過宛轉請囑提舉司保明，却以無透漏推賞。雖曰止得占射差遣一次，然亦不

[一] 此七字原作正文，據文意亦當是《大典》之小題，今改。但此小題所領之《會要》文僅「淳熙十五年」一條。

[二] 「司」上當有脱文，疑脱「諸」字。

可以妄予也。今欲將提舉司保明巡、尉合得無透漏賞，到部之日未得便與放行，須自户部行下榷貨務，契勘本人在任月日，本州軍住賣鹽額有無增虧。如住賣鹽額虧[一]，即是巡、尉任内必有透漏私鹽，難以與賞；若住賣鹽及額，所合得無透漏賞却與依舊放行。」從之。

六月二十二日，令諸州縣不得輒令巡檢就寨自行受納，有違戾者，所差及受差官並坐之。

十一月十三日，權發遣黔州蔣介言：「本州兵官巡檢、駐泊、[133]捉賊三闕，並係大使臣窠闕。七八年來，久無正官。緣川蜀大使臣極少，並無本等人可以注授。乞下夔路轉運司，凡沿邊大使臣差遣，日後無本等人注擬，通差試中材武小使臣。」從之。

十三年五月十七日，詔：「西和州祁山寨巡檢、監押二員内，一員移充威遠鎮巡檢，於威遠鎮置司，兼煙火公事。」從本路帥、憲司請也。

十四年二月八日，知福州賈選言：「乞今後應沿海巡檢，須係武舉或軍功出身、年未五十[二]、諳曉兵機行陣之人，方許差注。」吏部看詳，欲將沿海巡檢窠闕從條先選曾經海道捕賊立功、諳會船水人，次注武舉出身人。如無，即依見行條法差注，止不注流外出身之人。從之。

十五年七月四日，詔成州天水縣巡檢移就黄竹置司。從四川制置司請也。

淳熙十六年八月二十三日，詔：「施州廢罷同巡檢窠闕一員，今任滿更不差注。將同巡檢下土軍併入管界巡檢司，補填闕額。」從本路諸司請也。

紹熙元年九月二十九日，權發遣(盧)〔廬〕州趙鞏言：「安豐軍花靨鎮巡檢兼監河渡，後來多有不帶兼監。今來創置榷場，全藉巡檢機察私渡，乞於差劄内照元降指揮，以『花靨鎮巡檢兼煙火公事酒税河渡』十四字繫銜[三]。」從之。

二年六月二十四日，宰執進呈許及之奏：「盱眙軍浮山鎮巡檢李漢超已經三任，於本地及北界人情稔熟，與姦爲市，因致透漏錢寶。乞別差官承替，只以二年爲任。」上曰：「此説極是。大率人情[134]稔熟，不能無弊。」

四年九月二日，權發遣郢州羅頌言：「京山縣疆界遼遠，不時盜賊竊發，乞省罷添差指使四員，復置巡檢一員。」吏部勘當，乞省罷指使并聽候使唤各二員，日後更不作闕；添置巡檢一員，於永隆市駐劄，乞作郢州長壽京山兩縣巡檢繫銜。從之。

十二月二十一日，樞密院言：「吏部擬注沿海巡檢并諸路押隊差遣，並申樞密院銓量，竊慮行遣迂滯。」詔今後並委本部長貳一面子細(鈐)〔銓〕量差注施行。

[一]「額」上原有「及」字，據前文職官四八之八〇删。
[二]未：原脱，據《宋史全文》卷二七下補。
[三]十四字：原作「四字」，據上文所述計之，正爲十四字，因補「十」字。

嘉泰元年九月十二日，辰州奏：「沅陵縣管下有黑栗堡，與浦口堡相距止十數里，尋常多是黑栗巡檢兼之。其浦口地分不數十里，爲巡檢者絶無職事。乞將黑栗、浦口巡檢共爲一闕，通管兩處地分事，却將浦口巡檢闕改作楠木山巡檢，注擬合入闕人。」下湖北諸司相度，公共保明，及吏部勘當，委爲經久利便。從之。

開禧二年正月二十九日，知盱眙軍常褚奏：「本軍所管户口不及江浙一大縣，而都監乃有五員。闔境之内已有五巡檢而外，有沿淮巡檢兩闕，其間一員至無一職可爲，赤地可管。乞省罷一都監，一巡檢，却於天長、盱眙各置主簿。」詔減罷沿淮巡檢一員，更不差人，增置盱眙縣主簿一員。

五月二日，吏部言：「夔路諸司乞從臣僚奏請，將施州建始縣巡檢司移屯南寨，却廢南寨監押一員，令巡檢兼領，任滿從監押酬賞條格。本部却欲從所請，將施州建始縣管界巡檢[135]銜内，繫帶『南寨兵馬監押及催綱巡捉私茶鹽礬私鑄銅器』，令本路轉運司認定，永遠使闕，專一定差小使臣。所有建始縣巡檢地分，專責建始縣尉巡捕，并移置巡檢司土兵於南寨屯駐。」從之。

七月十日，臣僚言：「乞專委諸州守臣銓量巡、尉，如有年老昏耄、不堪任職之人，即與改授祠禄。若年高精力未(哀)[衰]之人，即與管下主簿或監當對易職任。其已注未上之人，與別官兩易差遣。仍今後應恩科、吏職、雜流、非材武之人，不許注授巡、尉。」從之。詳見「縣尉」門。

嘉定元年九月七日，淮西運判張孝仲奏：「本路見任知縣、縣令，許諸司審量，有不勝任人，選辟承替。若縣尉、巡檢、監鎮所管(人煙)[煙火]盜賊，於邊頭利害實有關係，欲乞一體審量。或不稱職，許從辟替。」詔從之。淮東准此。

四年十月七日，詔添置郴州桂東縣縣丞、巡檢各一員。從知潭州曹彦約之請也。詳見「州縣陞降廢置」。

同日，詔郴州英田巡檢隸于酃縣，資興巡檢隸于資興縣。

五年六月二十四日，詔吳江巡塘以「兼權巡檢」入銜。以平江府言：「長洲縣尹山小長橋及吳江縣四橋等處一帶，接連太湖，盜賊出没，措置創蓋鋪屋、寨屋，分差兵士，乞以巡塘兼權巡檢。」故有是命。

十二月一日，廣西諸司奏：「梧州蒼梧一縣，譚甫山則有巡檢，西岸則有同巡檢，在州則有都監、都巡。以郭言之，不過三百餘户，而有都巡檢使，將安用乎？乞將都巡檢除罷，其都巡司額管一百[136]二十名土軍内，將五十名撥付譚甫寨招填把截外，餘七十名併付同巡司收管。」從之。

六年五月二十二日，江西轉運司奏：「筠州申，上高縣銀場土豪請買，招集惡少，採銀山中，又於近山清谿創立市井，貿通有無大小，嗜利無厭，輕命好鬬。乞選移兩縣巡檢，置於清谿市防拓。本司相度，合於袁州分宜縣白斜圍創置巡檢爲宜，却以『筠袁州分宜上高縣巡檢』繫銜，可以彈壓蒙山、方山、大漿之患。已得旨依。今臨江軍新喻縣尉陳朴厚陳乞，蒙山係上高、分宜、新喻三縣之界，去本縣治九十餘里，地形峭拔，姦滑所聚，三縣均以爲病。今者巡檢繫銜只以分宜、上高兩縣，則姦徒不容於彼界，必致奔聚於本縣。巡檢於本縣既無統攝，則必置於度外，自此蒙山之民不獲安枕。乞於巡檢銜内增入新喻繫銜。本司照得所乞，委涉新喻尉司利害。」從之。

八年三月二十五日，淮東安撫司奏：「滁州之三縣，全椒、來安皆有巡檢，惟清流一縣正介西北之衝，乃獨無之。本縣止有令、尉兩人，勢尤單弱，願置清流巡檢一員，俾立寨於關山，創招土兵五十人。平居可以遏盜，便安行旅，緩急可以助大軍之耳目。仍將本州添差將官、兵官員闕並行省罷，庶幾減省冗員無益之費，增添巡檢有用之官。」詔滁州清流縣添置管界巡檢一員，令淮東安撫司從公選辟一次。

八年三月二十六日，湖州奏：「本路歸安縣管下地[137]名荷葉浦，水面宏闊，寇盜出没。今於韶村建立寨屋，招募土兵，添造巡船。其安吉縣酒税官三員，一員係在昇慈，專差武臣，今欲省此官，却置荷葉浦巡檢一員。所是新置巡檢，乞從朝廷選差一次，自後徑作部(關)〔闕〕。其請給却從本州(勘)〔斟〕酌，量行添增，使之可以養廉，專一巡警。」從之。

九年三月二十三日，淮西安撫、轉運司奏：「照得滁州申，無爲軍(盧)〔廬〕江縣金牛鎮市有居民二百餘家，本軍酒坊一所，從例係差本軍指使官權攝，兼煙火公事。今乞創差巡檢一員，置在彼處，兼煙火、酒務，使之巡視城壁，關防盜賊，庶幾其職稍專。」詔無爲軍金牛鎮創置巡檢一員，專一巡視修治城壁、關防盜賊等事。(今)〔令〕淮西安撫、轉運司公共奏辟一次，其請給等並依本軍指使則例支破。餘依。

十二月十七日，詔：「天水軍移就天水縣舊治，其天水縣巡檢一員，令四川制置司選辟一次。」(以上《永樂大典》卷一二二〇六)

監當

【宋會要】

[138]淳熙七年三月二十八日，利州東路安撫諸司言：「利州紹興監監官一員，欲改注應選大使臣，先親民，次監當，並銓量人材注擬。」從之。諸司言其元係本路提舉鑄錢官踏逐武臣申宣撫制置司差辟，昨來撥付轉運司。每季使闕集注，先職官，次從政、修職郎，次迪功郎。緣本監所管人兵並係兇惡免死配隸之徒，以此多是掛闕，無人願就。其間有指射，率皆怯懦，不能彈壓。其錢監官吏部四選皆有差注條格，許差文武官，故〔從〕其請。

九年三月二十七日，詔：「監興元府在城商税兼合同場二員撥歸利州路轉運司，依見條法差注。」以知興元府張堅奏：「本府税務監官二員，皆兼管合同茶場，頃歲茶馬司或乞專辟，或乞踏逐人才關轉運司通簽奏差。其間累年變革雖不同，大抵皆借茶以爲重，而税務事則恬不顧恤。且被茶司之檄而來者，必有夤緣，興元既在屬部，豈敢誰何？乞撥上件闕歸轉運司，則茶司與本府皆可考其能否。」事下吏部，以爲允當，故有是命。

八月十一日，詔：「光州税務鹽監一員，依舊歸部差注。」

淳熙十六年十一月二十一日，户部尚書葉翥言：「乞撥還犒賞酒庫内監官，及二萬貫以上許置二員，不及二萬貫去處各乞省罷一員。」從之。

紹熙三年閏二月二十三日，湖廣總領139所〔言〕：「鄂州大軍庫經常收支浩瀚，止有監當一員，委是闕官管幹。照得紹興二十三年五月内，得旨許令添置一員，自後未蒙差到。今踏逐文林郎程愈可以任上件職事，其請給、人從、理任、酬賞，並乞依見任監官體例。」從之。已上《光宗會要》。

慶元三年二月四日，詔：「紹興府添差不釐務支鹽官，今後以十五員爲額，見任人許令終滿。」以浙東提舉司言：「紹興府諸鹽場官吏及押袋官，并諸處監事官吏食錢，逐時修葺諸處鹽敖、（食）〔倉〕場、屋宇，收買行遣紙扎、雜物并扛鹽脚錢，從條係將支鹽倉每袋所收客人别納袋息錢四百四十文專一支給，每年約支錢一萬五千餘貫。續蒙省部注下添差不釐務支鹽忠順、歸正官，其添給食錢亦循例于上件窠名錢内幫支。蓋緣别納袋息錢所支數多，逐年所收不償所費，以致支遣不行。照得添差不釐務支鹽官，已於紹興府隨資序每月支破驛料及供給等外，又於支鹽倉逐月添給鹽事食賃錢二十貫文，委是優厚。在乾道、淳熙年，不過一二十員而已，今來節次承準都省注下三十員，每月支錢六百貫，以一年計之，約支錢六千餘貫。蓋緣貪圖前項添給，多有指射上件差遣，致見侵支袋息窠名，深爲不便。」故有是命。

八月十七日，詔：「嚴州復置神泉監，差監官一員，權隸工部。將諸處拘納到銅器並鑄當三錢，俟鑄足十萬貫日，監官取旨，特與優異推賞。仍令嚴州140知、通日下修蓋監屋，其餘事件檢照舊來監例施行。」

四年三月十八日，詔潭州衡山縣（瞻）〔贍〕軍酒庫官改作監橋口鎮〔一〕。〔橋口鎮〕乃湖南封域下流之地，當長沙、益陽、湘陰三縣界首，商賈往來，多於此貿易，盜賊出没，亦於此窺伺。市户二千餘家，地狹不足以居，則於夾江地名暴家歧者，又爲一聚落，亦數百家。緣暴家歧却屬湘陰縣管，去縣六十餘里，其本地分巡捕官司則隸土山巡檢寨，相

〔一〕按此條首稱「詔」，其末又有「故有是命」一語，則此下文字必爲某臣僚或某官司奏狀，詔、奏之間似有脱文。

去又一百一十里，忽有驚急，官兵在遠，難以救應，而橋口巡檢又以非其界分，坐視不顧。其橋口鎮雖有巡檢一員，職兼煙火，專注右選大使臣，往往不堪更練民事，遂致群不逞陽爲市人，陰爲鼠竊。本官又却聽長沙、寧鄉兩縣差使，每遇差出，本鎮動是十日半月無人彈壓，及領接日逐相争鬬打公事。頃年常有劫盜入市，剽掠富家財物而去，無可誰何。政緣其地四通八達，水陸無迹，若不措置，恐啓小人窺窬之心。今欲添置文臣監領專管煙火，緣不敢創爲此闕，却契勘得本州管下衡山縣有（瞻）〔贍〕軍一員，别無職事，坐縻廩稍。乞將衡山縣（瞻）〔贍〕軍一員改作監橋口鎮主管煙火公事，就將見任人迪功郎姜必大改差。所有已差下人如願承替，從赴部陳乞换付身，其請給本州自行支給，於衡山酒務初無妨廢，而於橋口一鎮可以倚仗。所有本鎮巡檢，却責其專一巡捕盜賊，仍乞以『橋口鎮暴家歧橋江水陸巡檢』入銜。141應暴家歧沿江二十里内，如有彊竊盜賊，並仰巡捕，庶幾事任歸一，委是經久利便。」故有是命。

五年四月二十九日，臣僚言：「場務監官趁集課額，乃職分之常事，設有不辦，或遇譴罰，亦法禁之當然。身所自爲，彼將安咎？今乃有前政拖下欠數，必欲後官抱認補填，程督移催，急於星火，卑官小吏，惟命是從。前日之額未填，後來之數已闕，因仍展轉，虧欠愈深。或閣俸錢，或索印紙，間有追呼受辱，質貸備償。罹此非辜，誠可憐憫。乞戒勅州郡，自今場務監官或有虧欠課額，即合將本人任内所虧分數申嚴批書，以爲殿罰，不得抑令後政抱認，以貽場務小官久遠之患。」從之。

六年三月二十六日，監登聞檢院吴英雋言：「諸路州軍多以諸軍揀汰養老不釐務使臣差管發賣酒醋、監門、河渡之類，其間多有曾立戰功之人，無力待次，率就養老，以（瞻）〔贍〕其家。朝廷立此窠闕以優其老，今州郡不能體察，多與釐務使臣混同差使。兼其平日捨金鼓之外，素所不習，既不善委曲於人，又不能規爲措置，多爲吏輩肆欺。或有折欠，悉以俸資陪備，捫心飲恨，無路自明。由是觀之，所謂優之者，乃害之也。乞下諸路州軍，今後不得差養老不釐務使臣管賣酒醋及監門、河渡之類。如或違戾，當職官吏重寘典憲。專委提點刑獄司、總領所覺察奏聞。」從之。

嘉泰元年三月六日，詔：「鄂州在城酒務撥併付湖廣總領142所兼都統司承認課額。已差下監官，（領）〔令〕吏部别行改注。」以湖北諸司有請故也。

四年正月二十三日，詔省罷紹興府諸暨縣楓橋鎮税官，令鎮官兼領。從守臣辛棄〔疾〕之請也。

開禧元年閏八月二十四日，吏部言：「提領建康府酒庫所申，監建康府户部東西南北中酒庫，五庫各係監官二員，乞將見任監官各省罷一員。見任人許令終滿，已注未上者别行注授。仍乞下吏部，照格法選差使臣五員赴所準備差使，分幹諸庫事務，以『提領建康府户部（瞻）〔贍〕軍酒庫所準備使唤』結銜。召在部經任識字校尉、小使臣指射，仍從本部銓量差注。」從之。

十月七日，知建昌軍趙汝礪言：「本軍監（瞻）〔贍〕軍酒庫一員，曩時酒務分局，故有監酒税二員，復有監（瞻）〔贍〕軍酒庫一員。（令）〔今〕三務合而爲一，且酤賣微細，日計息錢不登三數十緡，既有兩酒官，則（瞻）〔贍〕軍自不必置。又有監太平銀場一員，頃歲銀坑興發，故置官以（辨）〔辦〕。使臣之俸，月錢百緡，米幾十石，或大使臣以上，其數又不止此，豈不重爲州縣之蠹！乞將監（瞻）〔贍〕軍酒庫、監太平銀場二員省罷。」從之。

嘉定元年三月九日，詔：「行在贍軍激（賣）〔賞〕酒庫所都錢庫監官，令吏部侍左、侍右通行差注，依條使闕。如同日有文武官指射，先差選人。」

八月十六日，吏部言：「小使臣任課利場務監官，一時被監司、郡守差檄部綱，不曉法意，不曾給到所屬自陳辭避干照。被差在路，風濤險阻，交納了足，動[143]涉百日之外。洎至回任，仍舊管幹趁辦課利，無虧欠，批成二考，替罷却將所差日月不許理爲在任，往往皆破考任，反以爲害。乞將似此小使臣監當被差部綱不曾給到自陳干照，即取索印紙，見得任内課利敷足，即與批書，滿罷權與理爲在任月日。」從之。

二年正月二十日，權知開州王煒言：「本州監税官一員，係轉運司定差，每一日課額止二十千。又添差一員不釐務之人，坐食耗蠹。清酒務初無正官員闕，日課五十千，止是本州措置酤賣，每日輪差公吏而已。乞下轉運司減添差監税，只令正員税官兼監清酒務，許令文武官通注。」從之。

三年八月二十三日，知邛州舊管蒲江縣鹽井一監〔一〕，僻居窮谷之間，民居不滿百家，鹽筴僅供一郡，而監官乃以兩員爲額。内一員兼賣引、商税、煙火，一員兼買茆、支鹽，職小而任不一，事簡而官獨繁。乞省減兼買茆、支鹽監官。從之。

二十八日，詔：「潭州船料場、造船場、都作院、在城酒税監官五員，見任人且令終滿，已差下人依省罷（去）〔法〕。」以湖南諸司言，從潭州所請，廢罷所有錢米添助（瞻）〔贍〕軍支遣故也。

五年九月二十一日，臣僚言：「行在酒〔庫〕所以（瞻）〔贍〕軍激賞爲名，合都城内外列爲十有七庫，事煩責重，專在監官得人。曩歲多注文臣，近來庫官除四員注差文臣外，其餘皆右選也。攷其出身，往往非盡由科目世家，或自軍伍奮身，或從吏胥出職。其間有不顧廉恥[144]者，有不知文墨者，則上無以趣辦國課，下無以檢柅吏姦。照得列庫監官其有雙員者，縱不能盡差文臣，而以一文一武相須並任，不惟增重其官，而左選士流希望陞改，有所顧藉，必能

〔一〕「知邛州」下似應有「某某言」數字，方與文末「從之」語意合。

盡瘁乃職。欲望下三省詳酌施行。」詔將(瞻)〔贍〕軍諸酒庫雙員監官自今後並以文武官對差，見任人許令終滿，已差下人元係雜出身及流外人，並令赴部別行注授。內堂除人赴尚書省，别行陳乞合入差遣。續勘會已降上件指揮，除見任并已差流內武臣一闕存留外，所有合差文臣闕次，開具下項：南上庫、藩葑庫、南庫、東庫、西庫、北庫、南外庫、北外庫、中庫、餘杭庫。詔十闕並令堂差經任有舉主選人一次。內堂差闕今後仍舊堂差，部闕今後令吏部照應已得指揮差注流內文臣。其藩葑庫內一員，自後(今)〔令〕點檢所奏辟流內文臣。

十二月四日，樞密院言：「勘會內諸司等處吏職出官之人，多是出官之後却差充內諸司等處幹辦、監門等官差遣，既先於本司執役，後趣於監官同職，委是分守無別。其元係吏職出官，却任在京局務監當差遣，事體亦同。」詔自今後內諸司等處吏職出身之人，並不許差充內諸司等處幹辦、監門等官差遣。其以吏職出官，亦不得任在京局務監當差遣。仍令三省、樞密院常切遵守。

五日，詔：「賀州稅官一員省罷，以本所官監〔一〕。及添差稅官一員并監廟二員，不欲盡行省減，監廟於內止 145 省減一員，與太平錫場監官一員並省罷〔二〕。象州稅官一員省罷，以本州官兼。又有添差監廟三員、指使兩員，各存留一員。梧州添差監稅一員省罷。」從廣西諸司奏請也。

六年七月八日，都大主管川秦茶馬監牧王鉛言：「本司馬務、錦院最係繁夥去處，皆係使臣兼攝。竊見本司管押茶船官三員，舊來運茶應副陝西博馬，遂有此官。今不過昭化一處用船，餘皆茶鋪陸運，全無職事，誠可省併。內二員係成都幫請，一員係漢州幫請，欲乞存留成都府一員外，省罷一員并漢州一員，却於前件窠闕，許令本司辟差馬務監官一員、錦院監官一員，並以小使臣奏辟，兩年爲任。」詔從之。令本司於小使臣內踏逐曾經任、有舉主、無過犯人充。

七年八月五日，淮西提舉喬行簡言：「訪聞兩淮州縣榷場，商旅般運物貨過淮，却打博北界鈔鹽回歸。其弊皆緣州郡利於收稅，更不覺察禁戢，却將捕到北鹽拘没入官，置鋪出賣，或分與鹽鋪户發泄，合行措置。本司近準指揮，今後兩淮榷場監渡官選差見任官兼管，令提舉司常切覺察，遂行下光州、安豐軍，其花靨鎮、中渡兩榷場不得差補攝公吏。去後據安豐軍申，選差本軍花靨鎮巡檢兼管。光州申，中渡係屬光山縣，巡、尉亦當任責，遂差本縣縣尉、仙居巡檢、砂窩巡〔檢〕輪流兼管，三月一易。本司已備申朝廷照會訖外，訪聞淮河兩渡非特北鹽過界，近來本界私茶
146 渡淮而北亦復不少，尤當謹嚴，亦何愛一二差遣，不使之專一管幹？今欲乞將中渡、花靨兩渡監官創置員闕，選差

〔一〕本所：據下文，似當作「本州」。
〔二〕「與太平」上疑脱「添差稅官一員」。

曾經任有舉主人充。應内有（補）〔捕〕獲到茶鹽，與照巡尉格推賞，其透漏者罰亦如之。庶幾職思其憂，亦可使之巡檢姦細，機察盜賊，體探邊境事宜。」詔從之，增置中渡、花靨兩渡監官各一員，仍令淮西運司選辟經任有（選）舉主選人一次，今後作堂除使闕。

十一月四日，提領建康鎮江府轉般倉（言）：「監門職事，自來係差武臣，自（喜）〔嘉〕定六年内準指揮，專差經任有舉主無過犯選人，永作堂除。照得本倉監官亦係堂除選人，昨因提轄鎮江榷貨務詹阜民陳乞倉官任滿推賞，已蒙行下，任滿與減二年磨勘訖。惟是門官雖係改差文臣，與倉官事均一體，未蒙比附推賞。乞明降指揮。」詔今後建康府、鎮江府轉般倉監門官任滿，如能搜檢、無透漏官物，比倉官與減半推賞施行。

八年十一月二十三日，淮東總領宋鈞言：「諸軍分屯淮甸已多，而揚州爲最，月支糧米計一萬七千餘石。本所每歲截撥不下十三四綱，而倉敖不增築，監官不專差，但委之本州司户，大率視爲他司委送之事，漫不屑意，交納稽時。今欲乞轉置揚州户部大軍〔倉〕官一員，從本所選辟廉潔有才力一次，使之措置添架倉敖，一意出納。自後歸之部闕，注選人曾經任無過犯者，庶幾職掌專一。」詔令淮東總領於揚州見任縣147官内選辟一員，仍以「兼監户部大軍倉」（擊）〔繫〕銜，候任滿日於本州及總領所批書訖，方得離任。任滿合得酬賞，與照條放行。已上《寧宗會要》。（以上《永樂大典》卷九七七五）

宋會要輯稿　職官四九

都監　監押〔一〕

【宋會要】

1〔都監〕以閤門祇候以上充，三班爲者名監押。諸州、府、軍、監皆有之。領本城及屯駐兵，掌屯戍、邊防、訓練之令，以肅清所部。有至二員者，或爲同監押。禁兵駐泊則增〔至〕〔置〕一員，不領本城兵。邊州有至三員者，亦有一路兩路三路者，其關、城、縣、鎮、寨、津、堡亦有置者。縣或知縣兼充，朝官爲都監，京官幕職爲監押，畿縣則云簽書兵馬司公事。國初〔以〕諸州都監或雜用文臣爲之，其後遂罷，止以武臣爲之。

《兩朝國史志》：都監有路分，有州、府、軍、監，有縣、鎮，有城、寨、關、堡，並以閤門祇候以上充，然〔以〕〔亦〕參用三班使臣，凡監押則專用使臣焉。都監、監押悉充在城巡檢〔二〕，自都監而上至路分，大率皆置一員，亦有一州一路數員者。其知縣監鎮，朝官即兼都監，京官即兼監押，畿縣則云同簽書兵馬司公事。掌屯戍、邊要、訓練之政令，以肅所部。以上《續國朝會要》。

太祖乾德三年五月，詔差起居舍人劉兼通判泗州、兼兵馬都監。

七月，以尚食奉御劉儀充西路兵馬都監。

十二月，詔西川管内監軍、巡檢使不得與州縣公事〔三〕。

太宗太平興國三年五月，以客省使翟守素爲兩浙諸州兵馬都監，莊宅使花光進、酒坊副使弭德超並充監押。

五年十一月，以太子中允董頎充唐州方城縣兵馬都監、兼監商税。

真宗咸平六年十月，長樂郡主高氏爲其弟殿直處約求亳州兵馬監押，真宗曰：「護戎之任，實司軍旅，處約未歷事，不可從也。」

景德元年七月，以水部郎中、三門發運使許玄豹兼河陰都監，知縣事。河陰領汴口，每歲均節水勢，以濟江、淮漕運。玄豹上書自言習知利害，願兼領以自效故也。

是月，又詔西路沿邊有都監、監押處，罷駐泊都監。

三年六月，詔以六宅使康繼英、如京使苗忠、右領軍衛將軍潘璘、右司禦率府率劉文質充昇、洪、杭、福逐州駐泊都監，各提舉本路諸州軍兵馬巡檢公事。仍於〔泗〕〔四〕州各選置都監、巡檢使，量益駐泊兵甲。時司天言星文災異主吴越之分，帝曰：「西北兵民雖漸息肩，而東南久安，當

〔一〕都監：原無，據正文内容及《職官分紀》卷三五補。《大典》此卷爲「押」字韻，故只標「監押」。
〔二〕監押：原無「監」字，而旁批一「都」字。按本條所述全爲都監、監押事，并無「都押」之名目，當是原校者筆誤，因改。
〔三〕與：原作「御」，據《長編》卷六改。

深慮之。」近臣曰：「數歲前，司天亦言吳越有災，宜過爲備，陛下分遣使命，周恤黎民，釋逋租，選良吏，雖小有險歉而終保謐寧。今郡邑豐穰過前遠矣，復何患也！」帝曰：「居安思危，有備無患，古之善教也。」故有是詔。

三年八月，以禁衛步騎兵分屯河陽〔一〕、澶州，各三千人；曹、滑、徐、許州，陝府，白波，各二千人；陳、汝、懷、虢州，各千人。仍選使臣充監押，命御前忠佐同管轄之。

九月，詔：「三班院，自今使臣年及三十、累經勾當者，乃得選差充監押、巡檢。」先是，宿、泗州巡檢王文用受賊父賂而釋其賊，復慮敗露，即謀剽劫，伏法。帝覩[2]案，見文用裁二十歲，未嘗歷事，因有是詔。

四年八月，令環慶路都監二員，每歲一巡沿邊戍寨，更迭而往。時上封者〔言〕環慶諸軍多分屯淮安、洪德寨，時總管未嘗按視〔二〕，戎事弛慢故也。

十二月，詔：「川峽節度州及衝要兵多處〔三〕，監押用侍禁已上爲之。」時興元府言，有小校對護軍無禮，其人乃三班奉職，以秩輕故也。

大中祥符元年八月，以車駕巡幸，東京、陝西、淮南路諸州地當衝要者，權增屯兵，命諸司使已下爲駐泊都監。又以內殿崇班劉文質爲齊州駐泊都監、兼都巡檢，以泰山北面有路抵齊州，故增警備也。

二年六月，詔西北諸路駐泊司事，並與知州同管勾。以事多違戾故也。

八月，以閤門祗候康訓同管勾峽路駐泊公事〔四〕。時峽路都監侯延賞有疾〔五〕，帝以蠻寇未寧，發兵招遏，慮施、黔、夔、峽夷人擾懼，故擇訓涖事，仍令慰撫之。

三年四月八日，詔：「京東西、河北、河東有屯兵處〔六〕，並選諸司使、副及御前忠佐爲都監駐泊，令以時訓練。」

五年二月，詔：「開封府諸縣軍民相毆訟者，令知縣、都監同議裁斷。」以上封者言縣與本軍各庇所部，多致枉抑故也。

六年五月二十八日，前荊湖北路轉運使陳世卿上言：「新立澧州澧川、武口等寨，其監押尤須得人。請自今歲滿，即委本路轉運使、本州知州保舉使臣授之，俟其任滿有勞，特與酬奬。」從之。

七年十二月，陝西轉運使請增置慶州柔遠寨、鳳川、柳泉等鎮，環州合道鎮監押各一員，從之。

八年五月，詔：「江淮、兩浙駐泊及巡檢兵士〔七〕，並遣習水者往。」以舊兵不習船水，難於捕寇故也。

〔一〕陽：原作「揚」，據《長編》卷六三改。

〔二〕總管：《長編》卷六六作「部署」。按英宗時因避英宗諱改部署爲總管，修《會要》者遂將英宗以前之部署統改稱總管，《長編》尚用舊稱。

〔三〕峽：原作「陝」，據《長編》卷六七改。

〔四〕峽：原作「浹」，據《長編》卷七二改。

〔五〕「都監」原脱，「侯」原作「侯」，據《長編》卷七二補改。

〔六〕河東：原無「河」字，據《長編》卷七三補。

〔七〕兩：原作「西」，據《長編》卷八四改。

六月，供備庫使劉知訓言：「廣州人煙闊遠，軍營最多，其兵馬都監、監押廨宇並在(古)〔右〕廂，請徙一員廨宇於左廂。」從之。

八月十四日，增置忻州駐泊都監一員，從河東安撫司之請也。

十七日，新知永興軍李迪言〔一〕：「永興所部慮非時寇賊，望(今)〔令〕駐泊使臣量領兵捉搦。」帝曰：「大段寇劫，即令駐泊使臣與巡檢捕捉；如小可賊盜，勿令差出。」

十月，益州路轉運使薛田言：「綿州路當要衝，見管戍兵甚衆，請依彭州例增置駐泊都監一員。」從之。

十一月，權涇原路鈐轄、兼知渭州郝榮言：「涇州戍兵甚衆，請用閤門祗候一員充都監。」從之。

天禧四年六月，三班院言：「自今內地駐泊捉賊使臣，請以合任遠地監押、巡檢、殿直以上習戎事者充。仍支監押添給，代還日復任遠地。」從之。

五年四月，知秦州陳堯咨上言：「慶州監押以奉職，而所屯軍校多軍廂主、忠佐都虞候，並係統攝，事體非便。」詔三班院自今差陝西沿邊州軍兵馬監押，須慎擇曾經邊防任使、少壯有武勇、殿直以上使臣充。

乾興元年十一月，仁宗已即位，未改元。詔：「開封府諸縣兵馬都監，自今應係縣郭煙火賊盜、軍人與百姓鬭爭公事，並仰與縣司同共施行。」

〔天聖〕二年十月三日〔二〕，三門白波 **3** 發運使張方言：「望差京朝官充河陰知縣，仍乞依鞏縣例，同僉書兵馬司事。」詔白波發運判官文洎兼知河陰縣〔三〕，同僉書兵馬司公事。

天聖三年八月，河北緣邊安撫司言：「近以奉職張可久充廣信軍兵馬監押，竊緣本軍最處窮邊，屯兵不少，其張可久新自舉人得官，不惟未諳邊事，兼恐職卑，難爲彈壓管勾。欲望於殿直以上別選曾歷邊任監押者充。」從之。

四年二月，同管勾河東緣邊安撫司王世文言：「代州界寶興軍寨主李繼忠見任右班殿直，其新差到本寨監押王格乃是左班殿直，職序非便，恐致不和。望下三班院，自今凡監押職位須在寨主之下。」從之。格仍移他任。

七年六月，鳳州防禦使何俊上言：「環、慶州沿邊鎮寨，借職、本職充寨主、監押、巡檢者，其間有年高不諳武藝之人。又緣鎮寨及巡檢下各有禁軍，或軍主、都虞候在彼駐泊，慮官卑不爲畏懼，欲望自今並以殿直以上充。」從之。

九月，上封者言：「河北沿邊州軍兵馬監押，多是近裏州軍小處監當一任後，便即差充，全未知邊任事體。欲望自今於曾任監押、巡檢及曾任沿邊指使臣內差充。」從之。

〔一〕軍：原作「知府」，據《長編》卷八五改。

〔二〕天聖：原無。按乾興無二年，此當是天聖二年，因補。

〔三〕文洎：原作「文泊」，據本書食貨四二之一五、又四六之一二、《長編》卷一一五改。文洎，介休人，即彥博之父。

景祐三年八月，置廣南西路駐泊兵馬都監一員。

寶元二年六月九日，益州路轉運司言：「威州是蕃部出入要路，乞選使臣一員充兵馬監押。」從之。威州舊曰維州，控制吐蕃之要害，地形絶險。唐天寶後陷于吐蕃，宣宗朝收復，景祐中改州名。

康定元年六月，涇原路總管司言：「諸堡寨有寨主、監押二員者，請月遣一人行邊〔一〕。若斥候不謹者，劾其罪。」從之。

慶曆六年五月，置青、鄆州路分都監，以知登州、吉州刺史劉涣兼青州路兵馬都監，内殿崇班竇舜卿爲鄆州路兵馬都監。以上封者言，京東武衛、宣毅軍皆土人，凶悍者衆，請選置青、鄆州路分都監各一員，以時訓練之。

七年十二月，詔：「陳留、雍丘、襄邑、尉氏、咸平、陽武等六縣兵馬都監，自今開封府及府界提點司更舉閤門祗候以上、曾經外任者爲之。」

皇祐二年二月二十五日，秦鳳路經略司言：「竊見本路都監崔懿文在當路諸事周知，欲乞就差再任。」從之。

嘉祐二年八月，詔：「内臣爲鈐轄、都監者〔二〕，逐路止置一員。」

九月，樞密院言：「河北、陝西、河東路分都監，自轉崇班以上〔三〕，更三任親民，有本路安撫經略、轉運、前兩府五人同辭奏舉者，方得差。其京東減親民一任、舉主二人。若有戰功者勿拘。」從之。

三年正月十八日，詔：「開封府陳留、襄邑、尉氏縣兵馬都監，自今差諸司副使以上〔四〕，三年一代之，與減磨勘一年。」

閏十二月十九日，大名府路駐泊兵馬都監、本城都監、監押，鈐轄潘若冲言：「三路州軍所差駐泊都監、本城都監、監押，朝廷於歷任中分別高下以定資序。自來多是本城都監、監押爲見駐泊司差4占當直兵士數多，要近上禁軍當直，或抽禁軍手藝人占役，却於所轄處乞兼同管駐泊軍馬公事，事體不便。欲乞本城都監、監押除在帥臣手下自來例差管將分軍馬外，其餘州軍不得擅差同管駐泊公事。其駐泊臣僚如有不職及闕官，於鄰近處選差，往彼填替。所貴各司其局，免致相侵。如違，乞重寘之法。其見同管勾駐泊軍馬去處，令勾收所差文字，各守本職。」從之。

八年十月，詔：「自今陝西四路極邊城寨主、都監、監押、巡檢，令帥臣舉官。」以上《國朝會要》。

《哲宗正史・職官志》：路分都〔監〕掌本路禁旅、屯戍、邊防、訓練之政令，州府以下都監皆掌其本城屯駐兵甲訓練、差役之事，資淺者爲監押。

〔一〕邊：原作「遣」，據《長編》卷一二七改。
〔二〕者：原作「押」，據《長編》卷一八六改。
〔三〕「轉」下原有「運」字，據《長編》卷一八六删。
〔四〕司：原作「使」，據《長編》卷一八七改。

治平四年六月，神宗已即位，未改元。詔知欽州、宜州候見任官年滿差官日，更不兼安撫都監。

熙寧元年七月二日，詔：「（泰）〔秦〕州大甘谷口寨新築城，可名甘谷城，仍置知城、監押。」從陝西經略使韓琦請也。

二年閏十一月，京東轉運司言：「乞今後應係本路都監、監押，並與選差曾經任都監、監押任使（精）〔經〕歷之人，所（責）〔貴〕軍政得人。況所養禁軍乃是准備河北戰（士）〔事〕，軍政當與三路一同，主兵之官資選即與三路不等，亦乞今後並與河北兵官一體選任。」從之。

三年七月三日，詔增開封府陳留兵馬監押一員。從本府請也。

十三日，樞密院言：「夔州兵馬都監只兼管勾訓練本州駐劄本路兵馬，所有路分兵甲公事即不得管勾。」從之。

是月，詔減衛州駐泊兵馬都監一員，從權河北監牧使周革之請也。

九月，鄜延路走馬承受公事歐育言：「沿邊監押官高〔一〕，即寨主却爲監押所壓，人情不能相下，由是罕得和同。乞自今選心力武幹者充寨主，不以官資，並在監押之右。」從之。

十月，詔：「諸路見闕兵馬都監處，如未有本等合入人〔二〕，即於選差一州駐泊都監內，差管勾本路都監公事〔三〕。」

十一月，詔減同、陝二州駐泊都監各一員。上以西陲用兵多在邊，內地官冗故也。

四年三月二十七日，詔：「府界諸縣兵馬都監，今後樞密院選人。」

五年五月三日，詔：「河北、陝西、河東、京東路都監，自轉大使臣後歷三任親民，內一任邊任，有舉主五人者充，第二任親民者與權，第一任親民者與權發遣。其京西等路自轉崇班後經親民一任及曾經邊任方許差。其因戰功陞擢者，雖未成一任亦與權。並不許陳乞。」

元豐元年八月十八日，詔自今路分官與將官互差。

三年三月十四日，上批：「近差梓夔路都監王宣，雖後累曾薄立戰功，然皆就本路陞擢，未嘗一至京師，朝廷得以親審其材否。聞宣人品椎鈍，全少識畧，常須得人指蹤，或且稍堪驅策。今若委以處置職任，不惟於邊事無補，亦恐緩急別致乖方，貽朝廷憂，可別選一稍可思慮者代宣〔四〕。」遂以左藏副 5 使高遵治兼閤門通事舍人代之。

五年二月十三日，詔熙河經畧、都總管司至路分都監，並加「蘭會」二字。

六年五月十七日，熙河蘭會路制置司言：「王慜已至

〔一〕高：原無，據《長編》卷二一五補。
〔二〕人：原無，據《長編》卷二一六補。
〔三〕差：原無，據《長編》卷二一六補。
〔四〕選：原作「邊」，據《長編》卷三〇三改。

本司，乞依舊充本路都監。」詔賜慇裝錢二百千，速發赴鄜延本任。

哲宗元祐元年十一月二日，詔：「三路、京東路都監並只差內臣一員。如未有可選之人，即權於前班內差。」

六年閏八月六日，給事中、兼侍講范百祿言：「乞依祖宗舊制，以鈐轄司移歸遂州，其瀘州止存沿邊安撫司。」詔瀘州樂共城差大使臣充知城，更不帶路分都監；以梓夔路都監一員知瀘州，兼管勾瀘南沿邊安撫司公事；移梓夔路鈐轄歸遂州〔一〕。

紹聖四年九月二十一日，詔：「供備庫副使劉永安，令尚書吏部添差充揚州駐泊都監。」永安以先朝隨龍人有請也。

元符二年五月二十一日，定州路安撫司言〔二〕：「深州係次邊州，欲乞城外更差兵馬監押。」從之。

三年二月四日，中書省勘會〔三〕：「本省吏房元豐八年三月二十四日（剌）〔赦〕覃恩，文臣除在京職事官，武臣樞密都副承旨、帶御器械、閤門通事舍人、閤門祗候，內臣都知、押班之類職任，各除逐項聲說外，其餘差遣依例並權不帶。所有見充兵馬監押處，因今來轉官合陞爲都監者，即令吏部於申狀內勘當聲說，一就行下。今來本房見行（單）〔覃〕恩轉官人，欲乞〔依〕元豐八年故例施行。」從之。

徽宗大觀二年四月十六日，吏部狀：「勘會元降指揮，帥府、望郡通判、幕職、兵官並朝廷選差。慮上件指揮內『兵官』字止爲駐泊都監、兵馬都監及監押，兼後（剌）〔勑〕杭、越等州都巡檢使，令本部擬注，申三省審察差人，致未敢施行。」詔東南帥府、望郡駐泊都監、兵馬都監、監押及杭越等州創添都監、巡檢，並朝廷差。

三年六月二十七日，詔：「帥府舊無路分鈐轄者，許置一員；無路分都監者，望郡置一員，參總軍政。並選材武有功人充。東路除舊有路分鈐轄或路分都監去處，依舊差置於帥、望州駐劄外，其餘添置路分鈐轄、路分都監，許令終滿今任，更不差人。」

政和六年十一月七日，詔：「應見理路分鈐轄、路分都監、州鈐轄資序人，並改正。今後如敢奏陳乞理爲資序者，以違御筆論。仍委御史臺覺察。」

七年七月五日，真定府路安撫使趙遹奏：「昨乞差武義大夫吳子厚充本路兵馬都監，奉御筆依奏。近承降到宣命，就差權鼎澧路都監。契勘子厚係太原人，累任河北沿邊差遣，於北方利害素來諳練，出官所立戰功奇功悉係三路，備見得力。若蒙聖慈許令再留本路，緩急以備驅使，不致闕事。」詔依舊充真定府路兵馬都監。

宣和二年四月六日，詔：「虔州地接廣東，江山險阻，

〔一〕遂：原脱，據本書職官四八之一一二補。
〔二〕安：原脱，據《長編》卷五一〇補。
〔三〕「中書」上原有一「安」字，當是原抄者誤將上條脱字補於此，逕刪。

私鑄盜販，習以成俗，嘯聚出没，民被其害。可於江南西路、廣南東路添置路分都監各一員。」

6 十月二十三日，樞密院言：「臣僚奏：國家養兵訓卒，分屯州縣，因其大小而立多寡之數，掌兵之官則又隨其多寡而定員額，此舊制也。並邊極塞藩府節鎮屯軍稍衆，自有將帥統轄外，其餘路分州鈐轄、都監、監押各有常數。至如東南列郡及非邊州，舊來不過一二人而已。比歲正額之外，添差兵官有及數倍。臣畧行取會，如湖州舊額一員，今乃添七人；平江舊額三員，今乃添五人；江寧、信德、襄陽、慶源府等處，見任各六七人；下至宣、蔡小壘，亦皆五人，悉有添差之數。若此之類，未易槩舉，是非以兵多而增官也，殆以州郡供給優厚而溢員爾。增官溢員，豈特卒伍有將迎之勞，至於占破人從，逐州往往差使不足，其害百出，閲習武藝則又未聞也。太過之弊，遂至於此！臣契勘昨降處分已罷添差，後來減省溢冗員額，肅清銓曹，差注頗便。宸翰申敕，使之遵守，舉而行之，不應增溢如是之多也。若額管兵官一員處，宜不可暫闕，今獨不然，有至七年而不補者，榮州是也；四年而不補者，孚州是也。見今全闕亦踰十數郡。至於城外巡檢，專以警捕爲職，若間有盜賊竊發，要在晝時掩捕，今有累歲闕官不差者，其利害得失與東南兵官豈可同日而語哉！朝廷之上，運化變通，顧不難也。伏望聖慈詳酌，減罷添差人數，其諸州見闕兵官及巡檢去處，即乞睿旨速賜差注，庶無一偏不舉之弊。」詔額外人並放罷，見闕官仰樞密院限三日差填員足，將上奏知。及令尚書省吏部勘會闕官去處，係樞密院窠闕，申樞密院差人補。繼而十一月十三日，樞密院言：「勘會除將額外人依所降旨揮先次放罷外，本院即未審依條許添差宗室并歸明蠻傜人使臣係與不係依今來旨揮減罷〔一〕。兼契勘軍班換授之人，逐時降旨揮許添差三路都總管司教押軍隊，即别無正額。及昨蒙旨揮，爲李奎冒用階官換武臣，奉御筆許添差都監、監押，本院已添差訖，今來即未審依今降旨揮一例減罷，亦未審合依舊存留在任。有此疑惑，未敢擅便施行。」詔並係合添差。以上《續國朝會要》。

高宗紹興元年十月九日，内侍楊公恕以潛邸舊人乞差遣，三省欲與都監。上曰：「若以潛邸之恩與一都監，亦不爲僥倖，但其爲人難使之近民，可别與一差遣。」

十一月一日，臣僚言：「方今用武之時，諸處掌兵之官尤當遴選。比來所除諸路鈐轄、都監、諸州鈐轄，一州之間多至三四員，或是貴戚子弟，或是胥吏出身，或是臣僚（子）〔之〕家給賜恩澤，不惟坐縻厚俸，兼諸州士卒不多，僅能充其徒從，無復教閲，甚失祖宗建置兵官之意。乞詔樞密院，今後專用武藝出身、累立戰功、資序應入之人，其添差窠闕

〔一〕自本句「傜人使臣」以下至下文紹興元年「十一月一日」條之「諸處掌兵之」凡二百餘字，原錯簡在下文「三年三月四日」條「職事不修」之後，今據文意及《建炎要録》卷六三、《寶慶四明志》卷三移正。

除隨龍人及宗室外，餘減罷。」詔差除兵官，令樞密院更切遵守本院見行條格，其添差除係隨龍并宗室及歸明、歸朝官外，今後更不差人。

三年三月四日，中書舍人趙思誠言：「祖宗朝兵馬都監、監押，大州不過三員，小州止一員。今一州之中至有六七人，職事不修〔一〕，7 類多騷擾〔二〕。乞降睿旨，今後惟忠義、勳勞之後，朝廷特加優卹者許添差外，餘更不添差。」詔吏部，除宗室外，具諸路添差過員數並元差因依，申尚書省。

三十年七月二十一日，詔：「武翼大夫、兼閤門宣贊舍人李唐義添差兩浙東路兵馬都監，台州駐劄；武節大夫李珍添差兩浙東路兵馬副都監，衢州駐劄。並釐務。」唐義等以隨龍恩自陳，故有是命。以上《中興會要》。

孝宗隆興二年八月二十二日，真州申：「據本州兵馬都監胡永等狀，真州正當水陸衝要，累經兵火，自隆興元年應辦軍期糧草，即無闕誤。伏覩揚州已申乞將揚州官任滿賞，依舒州、無爲軍例，内選人許到部一併收使。今乞比類揚州、舒州、無爲、高郵軍例施行。」吏部勘會，無爲軍、舒州係是次邊，昨緣逐州叙陳與極邊州軍事體一同，已降指揮並依光州減半推賞。揚州、真州亦次邊，並許依舒州、無爲軍推賞。今欲依本州所乞。從之。

乾道元年三月二十五日，三省、樞密院奏：「近降旨揮，諸路州軍禁軍闕額已行招填，專任武將，各統一路之兵，循環教閱。内一項，逐州都監令吏部依格注授，内釐務都監除煙火公事、捉捕盜賊外，不得預雜務。」從之。

四月二十四日，詔：「成忠郎、鎮江府駐劄御前前軍第二將正將魏方添差鎮江府兵馬監押，不釐務，請給、人從並依正官例支破。候三年滿罷，更不差人。」從故節度使魏勝妻乞姪照恤孤遺，故有是命。

五月六日，詔：「今後差州都監、監押，雖應格法，並令吏部長貳躬親銓量，人材堪充兵官許擬差，如精力衰弱、不能治軍，及病患不堪職任之人，並不得差注。」

十二月十日，詔：「前軍第一副將魏均添差常州兵馬監押，不釐務，候三年滿日罷，更不差人。」以鎮江府駐劄御前諸軍都統制郭振申〔三〕：「據故齊安郡夫人于氏狀：亡夫贈寧國軍節度使魏勝昨在楚州淮陰縣戮力鏖戰，死於陣前，蒙朝廷追贈節鉞，加謚建廟，令子郊襲父元官。今男魏郊年尚幼小，未能就禄，雖有賜到田土，係在常州宜興縣界，無人管當。今有姪魏均見充前軍第一副將，欲乞家便差遣，庶得專令照管莊産。」故有是命。

二年九月十八日，詔：「今後諸路釐務總管、鈐轄、都監已授未赴任人，依監司、郡守已降旨揮，闕到前半年赴

〔一〕此下原有「傜人使臣」至「諸處掌兵之」凡二百餘字，已移至前。
〔二〕類：原作「數」，據《寶慶四明志》卷三改。
〔三〕都：原作「者」，據本書食貨三之一三改。

闕，上（朕）〔殿〕訖之任。」

三年三月十九日，樞密院劄子奏：「檢會建炎四年七月二十五日已降旨揮，今後應堂除並權替二年爲任。」有旨，諸路分副都監、州鈐轄以上，已到任二年過滿之人，不候差下替人，合照上件旨揮成資 8 滿罷。

十月五日，宰執進呈使臣張鑑差遣，魏杞奏曰：「張鑑監押資序〔一〕，若除兵馬都監恐太高。」上曰：「可與副都監。其人亦能文，（達）〔遠〕方召來，須有以處之。」

四年九月十一日，詔：「武翼郎曹潭添差明州兵馬都監〔二〕，兼在城巡檢，不釐務。」以潭係慈聖光獻皇后親姪孫，陳乞故也。

八年六月一日，吏部狀：「准江淮等路提點鑄錢江璆申，乞立定都監、巡檢、縣尉任滿獲私錢推賞格法，其在城都監任内批書失覺察其獲私鑄錢因依〔三〕。今勘當，依所乞，都監任内添入批書逐項因依，與巡尉一體施行。」從之。

九年閏正月十七日，宰〔執〕進呈，先得旨，臨安府既有路分都監一員，而平江府又有一員，可并路分鈐轄員數，契勘創始之由。梁克家奏曰：「初皆（因）添差，後遂因而作闕。」上曰：「可盡刷諸路初增數，見任人許終滿，後不再差，亦不須降旨揮，行下密院吏房遵守。」

淳熙元年五月二十八日，詔：「兩浙東路移處州路分副都監一員於婺州駐劄，浙西路移常州路分副都監一員於江陰軍駐劄，江南東路移池州路分都監一員於廣德軍駐劄，江南西路移江州路分都監一員於臨江軍駐劄，淮南東路移揚州路分都監一員於（秦）〔泰〕州駐劄，荆湖北路移岳州路分副都監一員於鄂州駐劄。見任人且令終滿，已差下人權依今來改移駐劄州軍之任。」以樞密院言：「諸軍所管禁軍有人數多而全無兵官駐劄、訓練、總領者，有禁軍數少而兵官多者，今欲以諸州軍禁軍多寡參酌均定。」故有是詔。〔以〕上《國朝會要》〔四〕。

三年十一月十二日南郊赦：「揀汰離軍曾經立功、應修武郎以上見在部、係親民資序、應材武格法、年六十以上，令吏部長貳銓量人材，精力不衰，堪充兵官，與免呈試，許指射淳熙三年六月終以前見榜破格都監、巡檢闕一次。」其後六年、九年明堂赦亦如之。

十年十二月二十一日，詔：「成都府路兵馬都監仍舊於三都統下兵將官内，選擇素諳戰陣、年尚强壯之人，具職次取旨差官。」從知成都府留正請也〔五〕。以上《孝宗會要》。

淳熙十六年五月二十三日，四川制置司言：「欲將珍州遵義、麗皐兩寨監押二員省罷，却存留遵義、高富兩寨巡

〔一〕押：原脱。按本門序文云：「三班（使臣）爲者名監押」，「凡監押則專用使臣」。張鑑正爲三班使臣，是此處「監資序」當作「監押資序」，因補。

〔二〕「潭」字筆畫詭異，字書有「⿰氵葦」字，或即此字。

〔三〕「察」下「其」疑當作「與」。

〔四〕按，據全書通例，此注應在上條之末，當云「以上《乾道會要》」。

〔五〕正：原作「其」，據《宋史》卷三九一《留正傳》改。

檢一員，於思義寨駐劄。」從之。

紹熙元年四月二十九日，臣僚言：「外郡禁軍唯藉兵馬都監日逐監視教閱，間有宗室戚里奏薦子弟，未諳從事，一旦責以訓練，懵然不曉。乞令吏部將逐州兵馬都監、監押合差員數之內，專以一闕注授曾從軍、有材武及軍班換授曉習行陣之人，庶可倚仗。」吏部看詳，今後乞將諸軍兵馬都監係獨員去處，專注應材武（次）〔及〕曾任主兵官之人。內有合差都監二員以上及都監、監押共差兩員以上去處，並乞通融注授一員應材武、曾任主兵官之人。從之。

二年十一月二十七日南郊 9 赦：「勘會揀汰離軍曾經立功、應修武郎以上見在部、係親民資序、應材武格法、年六十以上人，可令吏部長貳銓量人材，精力未衰、堪充兵官者，與免呈試，許指射紹熙二年六月終以前見榜破格親民都監、巡檢闕一次。」〔一〕

嘉定二年十一月五日，荆湖北路轉運司言：「岳之爲郡，盜賊出没。紹興初，劇賊楊（公）〔么〕嘯聚，朝廷特遣大將以平之。其州雖有厢禁兵，然三都監權輕職卑，不可倚仗。乞省都監一員，復置路分。」從之。

五年十二月一日，廣西諸司言：「賀州有添差不釐務兵馬監押一員，委實冗贅，乞下所屬銷豁。又柳州已有正任監押，又有添差監押，並無職事管幹。又象州合城內外不過二百餘家，軍籍不滿二百，既有兵馬監押，又有添差，是誠爲贅。見任之人乞聽其終滿，自後並乞住差。」從之。

十二年十一月十七日，詔利州更與差置兵馬監押一員，仍釐務。以四川宣撫司言：「據利路轉運司申，利州地臨劍外，正係蜀漢往來衝要去處，總所倉庫之聚，戎司軍馬之屯。嘉定而後，始以漕臣兼之，今止有兵馬都監一員，獨力管幹。乞倣興元府例，更置兵馬監押一員，仍釐務。其差注格例，照興元府見差小使臣親民資序人。竊見目即正任添差指使數內，多是癃老，虚廢帑廩，無補公家，所當減汰。乞將見任指使三員候終滿日，並乞廢罷，却以此俸補助支給。」故有是命。以上《寧宗會要》。（以上《永樂大典》卷二二七八二）

〔一〕按，據全書通例，此處當脱「以上《光宗會要》」。

宋會要輯稿　職官五〇

遣使巡撫

【宋會要】

❶太祖建隆元年三月，命武勝軍節度使宋延渥等領舟師緣江巡撫，而貽書於江南國(王)〔主〕曰：「朕自勉徇推崇，志安兆庶，顧邊陲之罷警，欲疆理之大同。乃睠江濱，近屬中夏，當開創之方始，諒巡撫以攸宜。聊會帥臣，往諭朝旨。今差鄧州節度使宋延渥爲都總管，舒州團練使司超副之，量率兵棹，自襄州下江，直至通州以來，緣北岸經畧巡檢，提舉口岸，止絶偷渡舟船，安撫人民。若或經過之處，須經南岸，即令先發文字告諭本處人員，然後過往。載惟明達，當體所懷。」

太宗淳化四年二月，分遣使於諸路巡撫：工部郎中、直昭文館韓援，考功員外郎、直秘閣潘慎修，淮南；司封員外郎、直昭文館李蕤，水部員外郎、直史館樂史，兩浙；翰林侍讀、左司諫呂文仲，秘書丞、直史館陳堯叟，陝西；殿中侍御史陳載，右司諫、直史館馮起，江南。皆賜緡錢以遣之，仍下詔曰：「去年以來，僽亢茲甚，江浙淮陝，最被其災。歲既荐饑，人則艱食，大開廩庾，以救流亡〔一〕。常平之蓄屢空，轉徙之民相繼〔二〕，頗恣攘奪，多罹刑辟，繫狴牢者既衆，斃枯木而亦繁。當官者謹守科條，不體好生之意；按察者專務循默，罔伸刺舉之文。畫然疚懷，明發不寐。用擇通方之士，俾宣欽卹之仁。韓援等所至可勞問疲羸，申明詔旨，首詢獄犴，周訪❷惸嫠，招輯流亡，俾復其所，導揚壅遏，使得上聞。刑辟之間，哀矜爲務，率從輕典，寧失不經。有可以惠茲下民，悉得以便宜從事。官吏罷軟不勝任，苛刻不撫下者，上所行。詔令有所未便等事，咸宜條奏，附疾置以聞。」

八月，以虞部員外郎高象先爲本曹郎中，充江南荆湖廣南路巡撫使。

真宗咸平二年三月，以度支判官〔三〕、刑部員外郎、直史館陳堯叟爲廣南東路巡撫使，賜金紫。

三年七月，以翰林侍讀學士夏侯嶠爲江南巡撫使，知制誥趙安仁副之；翰林侍講學士邢昺爲兩浙巡撫使，倉部郎中、直秘閣潘慎修副之。所至問民疾苦，疏理滯獄。厚賜而遣，復命中使餞于郊外。

四年十二月，命司封郎中樂崇吉、閤門祗候郭盛巡撫荆湖路。

景德三年四月二十一日，遣屯田員外郎謝濤爲益、利

〔一〕流：原作「荒」，據《宋大詔令集》卷一八七改。
〔二〕繼：原作「斷」，據《宋大詔令集》卷一八七改。
〔三〕判官：原無，據《宋史》卷二八四《陳堯叟傳》補。

等州巡撫使，閤門祗候王承僅副之；左正言、直史館孫冕爲梓、夔等州巡撫使，閤門祗候郭盛副之；太常丞、直史館路振爲福建等州巡撫使，閤門祗候鄒恩副之。所至存問犒設官吏、將校、父老等，疏決見禁罪人。雜犯罪人至死及官典犯贓依法外，流已下遞減一等。其雜犯死罪情理可憫者，諸負欠官物累經赦宥除放而尚令理納者，悉條其事以聞。仍按察官吏能否、民間利害以聞。内出名香付冕等，令所經名山大川及古聖先賢祠宇，精虔至禱，爲民祈福。

二十八日，命職方郎中、直昭文館韓國華爲昇、宣等州 3 巡撫使，閤門祗候張士宗副之；審刑院詳議官、殿中丞周寔爲江、洪等州巡撫使，閤門祗候王德信副之；度支郎中裴莊爲兩浙路巡撫使，閤門祗候張雄副之。其存問、按察、疏決，如謝濤等例。

大中祥符二年正月，命右司諫、直史館張知白按巡陝西路。自去冬華、解少雪，穀價騰貴，流民入唐、鄧州，轉運使言潁河倉庾止有二年之蓄，故遣使視之。

十月二十三日，遣使巡撫舒州，以霖雨害稼故也。

八年二月，命知制誥陳知微、閤門祗候曹珣巡撫淮南路，三司户部判官、虞部員外郎袁成務、閤門祗候王承僅巡撫兩浙路。候到逐州軍，取索見在斛㪷數目，内有少闕之處，即相度撥填。仍密切體量巡檢使臣能否，如老而慢職者，即對换訖聞。先是，真宗以淮浙去秋不稔，物價稍貴，民頗艱食，故遣使賑卹。時上封者又言淮右物價貴，民家積穀者多，請勒其減價出糶，以惠貧民。帝慮其擾，止令知微等勸諭富民出糶，無得抑逼民間。

九年三月，命虞部員外郎張懷寶、閤門祗候王守榮巡撫温、處州，發廩粟救貧民。因令按視杭州江岸，具事狀以聞。

天禧四年閏十二月，以龍圖閣學士陳堯咨爲鄜延邠寧環慶涇原儀秦渭州等路巡撫使，皇城使劉承宗爲副。時邊臣言唃廝囉作文法，竊恐爲患，曹瑋又言其文法已散，必無生事，頗致異同，故遣使撫察。仍詔曰：「眷兹列郡，實介西陲，輟内閣之近臣，暨禁 4 庭之信使。屬邊防之無事，示(晏)〔宴〕犒以申恩，允爲原隰之輝華，且訪閭閻之疾苦。至於官吏之治行，州縣之賦徭，宿負之未蠲，滯訟之或訴，即當平處，並以敷聞。仍就決於薄刑，在廣宣於寬詔。勉遵朝命，用副予衷。」仍以七事付堯咨等：一、到逐州軍，並官備酒食，犒設軍校、使命官員等。一、察訪民間利害，條上其目。一、有朝廷、轉運司配率物色，及鄉村追糾工匠打造官物來擾民者，並件(折)〔析〕其事。一、體量官員、使臣能否，内有貪濁深刻、昧於綏撫者，速上其狀。一、州軍係逋欠錢物見依三司定限校料無可償，及該赦敕除放、三司未與指揮者，並仰件(折)〔析〕其事。一、應諸色人陳訴屈抑，已經轉運司、提點刑獄司行遣區斷，稱是不當，便仰收接文狀，詳事理。按鞫得實，杖罪已下即仰區分，徒罪已上飛驛以聞。其斷遣不當事狀，仍候回日齎赴闕進呈。一、候到逐州軍，取索見禁罪人，當面録問，如已結成公案，催促疾速結絶，不得淹延。其小罪即當面詳度決放。（以上《永樂大典》卷一〇九四八）〔一〕

〔一〕八：原作「七」，據《永樂大典目録》卷二九改。此卷爲「撫」字韻，中有「巡撫」目，卷一〇九四七則爲「阻」字等韻，與此無涉。